Practical Modern English
II

Practical Modern English

이홍배 지음

M~Z
II

한국문화사

Practical Modern English II (M to Z)

1판 1쇄 발행 2024년 4월 25일

지 은 이	이홍배
펴 낸 이	김진수
펴 낸 곳	한국문화사
등 록	제1994-9호
주 소	서울시 성동구 아차산로49, 404호(성수동1가, 서울숲코오롱디지털타워3차)
전 화	02-464-7708
팩 스	02-499-0846
이 메 일	hkm7708@daum.net
홈페이지	http://hph.co.kr

ISBN 979-11-6919-206-4 94740
ISBN 979-11-6919-204-0 (세트)

· 이 책의 내용은 저작권법에 따라 보호받고 있습니다.
· 잘못된 책은 구매처에서 바꾸어 드립니다.
· 책값은 뒤표지에 있습니다.

오류를 발견하셨다면 이메일이나 홈페이지를 통해 제보해주세요.
소중한 의견을 모아 더 좋은 책을 만들겠습니다.

차례

- 일러두기 / xiii

M

M1	magic과 magical	642
M2	majority, most, plurality	642
M3	make	643
M4	make와 전치사/부사	645
M5	man	647
M6	MANNER (양태), MEANS (수단), INSTRUMENTS (도구)	648
M7	many와 much	652
M8	marry와 divorce	656
M9	matter	657
M10	may와 might-1: 개요	659
M11	may와 might-2: 가능성	660
M12	may와 might-3: 허가	662
M13	may와 might-4: 제안과 소망	663
M14	may와 might-5: 목적절, 간접화법, 대조적 내용	664
M15	mean	665
M16	means	667
M17	MEASUREMENTS (치수): 유표형과 무표형	668
M18	mind (동사)	669
M19	miss	672
M20	moan과 mourn	674
M21	MODAL AUXILIARY VERBS (양상조동사)-1: 개요	674
M22	MODAL AUXILIARY VERBS-2: 확실성	676
M23	MODAL AUXILIARY VERBS-3: 의무	678
M24	MODAL AUXILIARY VERBS-4: 능력, 습관, 비실제적 상황	679
M25	MODIFIERS (수식어)와 HEAD-WORDS (핵어)	680
M26	momentary와 momentous	681
M27	MONEY (화폐)	682
M28	MOOD (서법)와 MODALITY (양상성)	684
M29	more	685
M30	most	687
M31	MULTIPLIERS (배수)	689
M32	must-1: 개요	690

M33	must-2: 의무		691
M34	must-3: 확실성		693

N

N1	NAMES (인명)와 TITLES (직함)-1: 개요	695
N2	NAMES와 TITLES-2: 호칭	696
N3	NAMES와 TITLES-3: 글과 말	698
N4	NATIONALITIES (국적)와 COUNTRIES (국가)	699
N5	near (to)와 nearby	702
N6	nearest와 next	703
N7	necessaries와 necessities	704
N8	need	704
N9	NEGATIVES (부정적 표현)-1: 특성	707
N10	NEGATIVES-2: 부정문의 구성	707
N11	NEGATIVES-3: 다른 단어에 의한 부정	710
N12	NEGATIVES-4: 전이된 부정	712
N13	NEGATIVES-5: 부정문의 해석	714
N14	neglect와 negligence	717
N15	negligent와 negligible	717
N16	neither (of), neither/not ... nor, not ... either	717
N17	never	720
N18	next와 the next	721
N19	no와 not	723
N20	no doubt	725
N21	no more, not anymore, no longer, not any longer	726
N22	no one과 nobody	727
N23	no one과 none	728
N24	NONASSERTIVE EXPRESSIONS (비단언적 표현)	730
N25	not only (... but also)	732
N26	notorious와 famous	734
N27	NOUNS (명사)-1: 유형과 기능	735
N28	NOUNS-2: 가산명사와 불가산명사	736
N29	NOUNS-3: 구상명사와 추상명사	742
N30	NOUNS-4: 규칙명사	744
N31	NOUNS-5: 불규칙명사	747
N32	NOUNS-6: 복수형 명사	750
N33	NOUNS-7: 단수형 명사	753
N34	NOUNS-8: 복합명사의 복수형	757
N35	NOUNS-9: 여타 복수형	759
N36	NOUN-NOUN STRUCTURES-1: 명사+명사 구조	759
N37	NOUN-NOUN STRUCTURES-2: 속격+명사 구조	761
N38	NOUN PHRASES (명사구)-1: 기본 구조	763
N39	NOUN PHRASES-2: 선행수식어	764
N40	NOUN PHRASES-3: 제한적 수식어	766

N41	NOUN PHRASES-4: 후행수식어	769
N42	now와 nowadays	770
N43	NUMBERS (수사)-1	771
N44	NUMBERS-2: 숫자와 문자	779

⇒ O

O1	OBJECT (목적어)	782
O2	OBJECT COMPLEMENT (목적어보어)	783
O3	obligate와 oblige	783
O4	observance와 observation	784
O5	occupancy와 occupation	784
O6	of	785
O7	of course	789
O8	official과 officer	790
O9	often	790
O10	on	792
O11	on the contrary, on the other hand, in contrast	795
O12	once	796
O13	one	798
O14	one, you, we, they	804
O15	only	806
O16	open과 close	808
O17	OPERATORS (연산자)	809
O18	opposite와 across	810
O19	or	812
O20	oral, spoken, verbal	814
O21	otherwise	815
O22	ought to	816
O23	out of	818
O24	outside와 inside	819
O25	over (전치사)	820
O26	over (부사)	822
O27	own	825
O28	own과 possess	826

⇒ P

P1	part, portion, piece	828
P2	PARTICIPLES (분사)-1: 개요	829
P3	PARTICIPLES-2: 형용사적 용법	832
P4	PARTICIPLES-3: 부사적 용법	833
P5	PARTICIPLES-4: -ing형과 -ed형	837
P6	PARTITIVE CONSTRUCTIONS (부분사 구조)	841
P7	PASSIVES (수동문)-1: 형태	844
P8	PASSIVES-2: 타동사	848
P9	PASSIVES-3: 행위자	851

P10	PASSIVES-4: 수동문의 사용	852
P11	PASSIVES-5: 전치사적 동사	853
P12	PASSIVES-6: 이중타동사	854
P13	PASSIVES-7: 절 목적어	858
P14	PASSIVES-8: 복합 타동사	860
P15	PAST TENSES (과거시제)-1: 단순과거	861
P16	PAST TENSES-2: 과거진행	864
P17	PAST TENSES-3: 과거완료	865
P18	PAST TENSES-4: 과거완료진행	867
P19	PAST TENSES-5: 현재와 미래	867
P20	PAST TIME (과거시간)	869
P21	penny, pennies, pence	872
P22	percent와 percentage	873
P23	PERCEPTION VERBS (지각동사)-1: 특성	875
P24	PERCEPTION VERBS-2: 지각동사+목적어+동사 구조	876
P25	perpetrate와 perpetuate	879
P26	persecute와 prosecute	879
P27	PHRASAL VERBS (구동사)	880
P28	pity와 sympathy	882
P29	PLACE (장소)	882
P30	POLITENESS (공손함)	884
P31	politic과 political	886
P32	PREDETERMINERS (한정사 선행어)-1: all, both, half	886
P33	PREDETERMINERS-2: 배수와 빈도	889
P34	PREDETERMINERS-3: 분수와 특별한 표현	890
P35	PREPOSITIONS (전치사)-1: 개요	891
P36	PREPOSITIONS-2: 유형	893
P37	PREPOSITIONS-3: 전치사의 선택	896
P38	PREPOSITIONS-4: 전치사의 생략	901
P39	PREPOSITIONS-5: 독립 전치사	907
P40	PREPOSITION STRANDING (전치사 좌초)	910
P41	PREPOSITIONAL VERBS (전치사적 동사)	912
P42	prescribe와 proscribe	915
P43	PRESENT TENSES (현재시제)-1: 단순현재	916
P44	PRESENT TENSES-2: 현재진행형	918
P45	PRESENT TENSES-3: 현재완료형	920
P46	PRESENT TENSES-4: 현재완료진행형	921
P47	pretense와 pretension	922
P48	priceless와 valueless	922
P49	principal과 principle	923
P50	PROGRESSIVE VERBS (진행형 동사)	924
P51	PRONOUNS (대명사)-1: 핵심 대명사	930
P52	PRONOUNS-2: 개별 대명사의 특성	933

	P53	PRONOUNS-3: it	934
	P54	PRONOUNS-4: 용법	938
	P55	PRONOUNS-5: 주어형과 목적어형	941
	P56	PUNCTUATIONS (구두법)-1: 대문자	943
	P57	PUNCTUATIONS-2: 마침표, 의문부호, 감탄부호	945
	P58	PUNCTUATIONS-3: 쉼표	946
	P59	PUNCTUATIONS-4: 세미콜론	950
	P60	PUNCTUATIONS-5: 아포스트로피	951
	P61	PUNCTUATIONS-6: 따옴표	952
	P62	PUNCTUATIONS-7:	954
	P63	PUNCTUATIONS-8: 대쉬	956
	P64	PUNCTUATIONS-9: 괄호	956
	P65	PUNCTUATIONS-10: 이탤릭체와 밑줄	957
	P66	PUNCTUATIONS-11: 하이픈	958
	P67	PURPOSE (목적)	961
➡ Q			
	Q1	QUANTIFYING WORDS (양화사)	962
	Q2	QUESTIONS (의문문)-1: 기본적 속성	963
	Q3	QUESTIONS-2: 가부의문문	965
	Q4	QUESTIONS-3: WH-의문문	967
	Q5	QUESTIONS-4: 반응의문문	972
	Q6	QUESTIONS-5: 수사의문문	974
	Q7	QUESTIONS-6: 부가의문문	975
	Q8	quiet, silent, still	978
	Q9	quite	979
➡ R			
	R1	rarely와 seldom	982
	R2	rather	982
	R3	reality와 realty	985
	R4	REASON과 CAUSE (이유와 원인)	986
	R5	rebellion, revolt, revolution	988
	R6	recently와 lately	988
	R7	recollect과 remember	989
	R8	REFLEXIVE PRONOUNS (재귀대명사)	989
	R9	referee와 umpire	993
	R10	refuse, decline, reject	994
	R11	REINFORCEMENT (보강)	995
	R12	RELATIVE CLAUSES (관계절)-1: 구조와 관계사	996
	R13	RELATIVE CLAUSES-2: 비제한적 관계절	1002
	R14	RELATIVE CLAUSES-3: 명사적 관계절	1006
	R15	RELATIVE CLAUSES-4: 여타 관계절	1008
	R16	repel과 repulse	1011
	R17	REQUESTS (요청)	1011

R18	respectable, respectful, respective	1013
R19	rest, leftover, remains, residue, remainder	1014
R20	RESULT (결과)	1015
R21	revenge와 avenge	1016
R22	rob와 steal	1016

➡ S

S1	salary와 wage	1018
S2	same	1018
S3	say와 tell	1021
S4	see	1023
S5	see, look, watch	1026
S6	seem	1027
S7	sensible과 sensitive	1029
S8	sensory, sensual, sensuous	1029
S9	SENTENCES (문장)	1030
S10	sewage와 sewerage	1032
S11	shade과 shadow	1033
S12	shall	1033
S13	should	1034
S14	since (시간)	1037
S15	small과 little	1040
S16	smell	1041
S17	so-1: 부사	1042
S18	so-2: 접속사	1044
S19	so-3: 대용어	1046
S20	so, then, therefore	1048
S21	so much와 so many	1049
S22	so that과 in order that	1050
S23	some	1052
S24	some과 any	1054
S25	some time, sometime, sometimes	1055
S26	soon	1056
S27	sound	1057
S28	speak와 talk	1058
S29	SPELLING (철자)	1060
S30	SPELLING과 PRONUNCIATION (철자와 발음)	1063
S31	stationary와 stationery	1067
S32	statue, stature, statute	1067
S33	stop, cease, halt, pause, quit	1068
S34	street, avenue, boulevard	1070
S35	STRESS (강세), RHYTHM (운율), INTONATION (억양)	1071
S36	SUBJUNCTS (종속어)	1074
S37	SUBJUNCTIVE MOOD (가정법)	1077

	S38	SUBSTITUTION (대치)	1079
	S39	such와 so	1083
	S40	suggest와 propose	1087
	S41	supplementary와 complementary	1088

➡ **T**

T1	take	1089
T2	taste	1091
T3	tasteful과 tasty	1092
T4	that	1092
T5	that-절-1: 명사절	1094
T6	that-절-2: 형용사절과 부사절	1096
T7	that-절-3: that의 생략	1098
T8	that-절과 비교절	1102
T9	there is와 there are	1103
T10	there you go와 there you are	1107
T11	think	1107
T12	through	1111
T13	time	1111
T14	TIME EXPRESSIONS (시간 표현)	1113
T15	to	1117
T16	too	1119
T17	too much와 too many	1122
T18	try to와 try and	1123

➡ **U**

U1	unless	1125
U2	unsatisfied와 dissatisfied	1127
U3	until과 till	1127
U4	up과 down	1130
U5	up to	1132
U6	used to-부정사	1133
U7	used to+(동)명사	1134

➡ **V**

V1	VERBS (동사)-1: 정형동사와 비정형동사	1136
V2	VERBS-2: 의미	1140
V3	VERBS-3: 보충어	1144
V4	VERBS-4: 단순타동사	1147
V5	VERBS-5: 이중타동사	1151
V6	VERBS-6: 복합타동사	1156
V7	VERBS-7: 경동사	1159
V8	VERBS-8: 불규칙동사	1162
V9	VERBLESS CLAUSES (무동사절)	1168
V10	very	1169
V11	virtually와 actually	1170

	V12	vocation, avocation, profession, occupation	1171

⇒ W

	W1	-ward와 -wards	1173
	W2	way	1174
	W3	we	1176
	W4	well, good, fine	1177
	W5	were	1178
	W6	what	1179
	W7	when	1182
	W8	when-절과 if-절	1183
	W9	whereabouts와 whereby	1184
	W10	whether (or)	1185
	W11	whether와 if	1186
	W12	which	1188
	W13	while	1189
	W14	WH-어와 ever	1190
	W15	who, whom, whose	1191
	W16	whoever, whatever 등	1192
	W17	why와 why not	1196
	W18	will	1198
	W19	wish	1200
	W20	with	1201
	W21	within과 without	1204
	W22	worth, worthwhile, worthy	1206
	W23	would	1208

⇒ Y

	Y1	year, grade, form	1213
	Y2	yes와 no	1213
	Y3	you	1215

⇒ Z

	Z1	ZERO ELEMENTS (영의 요소)	1217
	Z2	zero와 naught	1218

■ 용어 해설 / 1220

■ 참고문헌 / 1234

■ 사전 / 1237

■ 색인

  어휘 / 1238

  주제(영어) / 1278

  주제(한글) / 1283

■ 일러두기 [별표(*)의 이해]

문법적으로 허용되는 표현과 허용되지 않는 표현을 구별하기 위해, 허용되지 않는 표현 앞에 별표(*)를 붙였다. 예를 들어 영어에서 "Only a few children in this class like maths"와 "Only a few of the children in this class like maths"는 허용되지만, "children" 앞에서 정관사 "the"가 빠진 "*Only a few of children in this class like maths"는 허용되지 않는다. "She was surprised (*at) that he noticed her"와 같은 예문에서는 "at"가 선택된 "*She was surprised at that he noticed her"는 문법적으로 허용되지 않는 표현이고, "at"가 빠진 "She was surprised that he noticed her"는 허용되는 표현이다. 또한 "Everything is/*are going smoothly"와 같은 예문에서는 "is"가 선택된 "Everything is going smoothly"는 허용되지만, "are"가 선택된 "*Everything are going smoothly"는 허용되지 않는다.

M1 magic과 magical

magic은 "마술과 관련이 있는" 것을 의미하고, magical은 "놀라운, 신기한, 불가사의한" 것을 의미한다.

I'll show you a **magic** trick. (내가 요술을 보여주겠다.)
He wrote a book of **magic** spells. (그는 마법에 대한 책을 썼다.)

Diamonds were once thought to have **magical** powers.
(다이아몬드는 한때 신비한 힘을 가진 것으로 여겨졌다.)
That tropical island is a **magical** place to get married.
(저 열대 섬은 결혼하기에 매력이 있는 장소다.)

M2 majority, most, plurality

majority는 "과반수(more than half)"를 의미하고, most는 "대다수의, 대부분의"를 의미하며, plurality는 "(당선자와 차점자 간의) 득표 차, 상대적 표차"를 의미한다.

1 majority와 most: "the majority of"와 "most of"는 한 집단을 구성하는 사람이나 사물 중에 더 많은 수나 부분인 "대다수의, 대부분의"를 의미한다. "the majority of"의 경우 일반적으로 복수명사가 뒤따라온다.

The majority of/Most of the employees have university degrees.
(대다수의 직원이 대학학위를 소지하고 있다.)
The majority of/Most of the citizens went to the music festival.
(시민의 대부분이 음악축제에 갔다.)

Most of/*The majority of what you said was true. (그가 말한 것 대부분이 사실이었다.)
Most of/*The majority of the city was destroyed by the rebels.
(도시의 대부분이 반군들에 의해 파괴되었다.)

▶ 정확한 숫자를 세었을 때의 "과반수"의 경우에는 majority를, 어림잡아 센 숫자의 "대다수"의 경우에는 most를 사용한다.

A **majority of** the members of the club voted to admit him.
(클럽회원의 과반이 그를 입회시키는 데 투표했다.)
Most of the members of the club are out of town just now.
(지금은 대부분의 클럽회원들이 도시를 떠나 있다.)

most의 다른 용법에 대해서는 M30을 보라.

2 majority와 plurality: "a majority of"는 투표나 어떤 경합에서 "과반수의(more than half)" 득표를 얻는 것을 의미하고, "a plurality of"는 투표나 경합에서 "(당선자와 차점자 간의) 득표 차, 상대적 표차"를 의미한다.

A majority of the children chose hamburgers for lunch.
(과반수의 아이들이 점심으로 햄버거를 택했다.)
Of the two candidates for student president, Miss Lee received **a majority of** 1,560 votes over those cast for Mr. Kim.
(두 명의 학생회장 후보 중에 이양이 김군에 비해 과반이 넘는 1,560표를 얻었다.)

In 2017 Mr. J. I. Moon received **a plurality of** more than 5,000,000 votes over those cast for Mr. J. P. Hong. He didn't, however, receive a majority of votes cast.
(2017년에 문재인 씨는 홍준표 씨보다 5백만 표 이상 더 많은 득표를 했으나, 그는 과반의 득표는 하지 못했다.)

If Raoul received 12,000 votes, Bill 7,000, and Jack 3,000, Raoul had **a majority of** 1,000 and a plurality of 5,000.
(라울이 12,000표를 얻고, 빌이 7,000표를 얻고, 잭이 3,000표를 얻었으면, 라울은 과반보다 1,000 표가 많은 득표를 했고, 차점자와의 득표 차는 5,000표다.)

M3　make

make는 영어에서 문법적으로 가장 다양한 구조를 갖는 동사 중의 하나다.

1　**단순타동사**: make는 목적어 하나만을 취하는 단순타동사로 쓰일 수 있으며, 일반적으로 그 목적어에 의해 의미가 결정된다.

She **made a new dress** for the party. (만들다, 생산하다)
(그녀는 파티를 위해 새 드레스를 만들었다.)
The children are supposed to **make their own beds**. (정리/정돈하다)
(아이들은 자신의 침대를 정돈해야 한다.)
He's the one who always **makes trouble** in the class. (야기시키다)
(그는 교실에서 항상 말썽을 일으키는 학생이다.)
We **made a good breakfast** before leaving. (먹다)
(우리는 떠나기 전에 아침을 잘 먹었다.)
She **made over $1 million** last year. (벌다, 획득하다)
(그녀는 지난해에 100만 불 이상을 벌었다.)
"What do you **make the time**?" "I make it ten to five." (평가/계산하다)
("지금 몇 십니까?" "5시 10분 전입니다.")
That sports car can **make over 200 miles** an hour. (가다, 달리다)
(저 스포츠카는 시속 200마일 이상을 달릴 수 있다.)
I'm sure that she'll **make Seoul** next Monday. (도착하다, 닿다)
(나는 그녀가 다음 월요일에 서울에 도착할 것으로 확신한다.)
Oxygen and hydrogen **make water**. (구성하다)
(물은 산소와 수소로 구성되어 있다.)
She'll **make an excellent reporter**. (...이 되다)
(그는 훌륭한 기자가 될 것이다.)

My grandfather **made the headlines of Donga Ilbo**. ((신문 등에) 실리다, 나다)
(동아일보의 표제에 나의 할아버지 이름이 실렸다.)

2   **이중타동사**: 목적어를 두 개 가지는 구조로서 동사에 가까이 있는 목적어가 "간접목적어"라고 하고 멀리 있는 목적어를 "직접목적어"라고 부른다. 간접목적어는 항상 명사구가 되고, make의 경우 직접목적어는 "명사구, 부정사구, 분사구"가 될 수 있다. (V5를 보라.)

(1) 간접목적어 + 직접목적어: 두 개의 명사구를 취한다.

The man **made him a toy horse**, using just straw.
(그 남자는 밀짚만을 써서 그에게 장난감 말을 만들어 주었다.)
This movie **made the young man a star**. (이 영화가 그 젊은이를 스타로 만들었다.)
When was the last time you had **made me sandwiches**?
(네가 나에게 샌드위치를 마지막으로 만들어준 게 언제냐?)

(2) 목적어 + 부정사구: 부정사는 반드시 "to-없는 부정사"여야 하며 make는 "...하게 하다"의 의미를 갖는다. (C10과 I32.3을 보라.)

They **made me feel** really welcome. (그들은 내가 정말로 환영을 받는다는 느낌을 주었다.)
(*They **made me to feel** really welcome.)
I cannot **make the washing machine work**. (나는 세탁기를 돌릴 줄 모른다.)
(*I cannot **make the washing machine to work**.)

▶ 수동구조에서는 반드시 to를 가진 부정사가 쓰인다. (I32.4를 보라.)

I **was made to wait** four hours, before I was examined by a doctor.
(의사의 진찰을 받기 전에 나를 4시간이나 기다리게 했다.)
(*I **was made wait** four hours, before I was examined by a doctor.)
The prisoners **were made to dig** holes. (죄수들에게 땅에 구덩이를 파게 했다.)
(*The prisoners **were made dig** holes.)

(3) 목적어 + 과거분사: 이 경우에는 목적어로 "재귀대명사"가 사용된다. 이 구조는 "understood, heard, liked, disliked, hated, known" 등과 흔히 같이 쓰인다.

I don't speak French well, but I can **make myself understood**.
(나는 프랑스어를 잘 못 하지만 내 생각을 이해시킬 수 있다.)
She had to shout to **make herself heard** above the noise.
(그녀는 잡음을 누르고 자기 목소리가 들릴 수 있도록 고함을 질러야 했다.)
He **made himself known** throughout the country with this movie.
(그는 이 영화로 자신을 전국에 알렸다.)

3   **복합타동사**: 목적어 다음에 목적어보어로 "형용사나 명사"가 오는 구조를 말한다. (V6을 보라.)

His attitude **made him very unpopular** with colleagues.
(그는 태도 때문에 동료들 사이에 평판이 아주 좋지 않았다.)

The President has **made it clear** that he's not going to change his mind.
(대통령은 자신의 마음을 바꾸지 않을 것이라고 명백히 밝혔다.)
Education and her determination **made her a great teacher.**
(교육과 그녀의 결단은 그녀를 위대한 선생으로 만들었다.)

4   주어보어: make는 연결동사처럼 주어보어를 이끌 수 있으며, make는 "...가 되다"라는 의미를 갖는다. (C52.2와 V3.2를 보라.)

I doubt he'll ever **make** a general. (나는 그가 과연 장군이 될지 의심이 간다.)
Champagne and caviar **make** a wonderful combination.
(샴페인과 철갑상어 알은 완전한 조화를 이룬다.)
She'll **make** a good teacher. (그녀는 훌륭한 교사가 될 것이다.)

5   행위명사: make는 여러 가지 "행위명사"와 결합하여 상응하는 동사적 표현을 만들 수 있다. (V7.4를 보라.)

He **made an** unsuccessful **attempt** to resist arrest.
(그는 체포되지 않으려고 저항했으나 실패했다.)
(= He **attempted** to resist arrest unsuccessfully.)
They **made claims** that they couldn't live up to.
(그들은 자신들이 기대에 부응하는 삶을 살지 못했다고 주장했다.)
(= They **claimed** that they couldn't live up to.)

make arrangements/an attempt/changes/a claim/claims/progress
make a contribution/a donation/an offer/payments/a profit
make an apology/an error/an excuse/a mistake
make a choice/a decision/a guess
make a (phone) call/a request/a speech/a suggestion
make a journey/a trip

M4   make와 전치사/부사

make는 다양한 "전치사나 전치사적 부사"와 결합하여 관용적 표현을 구성한다.

1   전치사: make가 전치사와 결합하면 그 본래의 의미를 유지한다.

(1) make from: 원자재로 완전히 새로운 물건을 만들었을 경우

Beer is **made from** barley. (맥주는 보리로 만든다.)
Butter is **made from** milk. (버터는 우유로 만든다.)

(2) make of: 원자재가 거의 변하지 않은 경우

Most toys seem to be **made of** plastic these days.
(요즈음은 대부분의 장난감을 플라스틱으로 만든다.)

These earings are **made of** gold.
(이 귀걸이는 금으로 만들어졌다.)

(3) make with: 자료 중의 하나를 말할 경우

We **make** Kimchi **with** lots of garlic. (우리는 김치를 만들 때 많은 마늘을 넣는다.)
This cake is **made with** six eggs, which give it a rich taste.
(이 케이크에는 6개의 계란이 들어가서 감칠맛이 있다.)

2 **전치사적 부사**: make가 전치사적 부사와 결합하면 본래의 의미에서 상당히 다른 의미를 갖는다.

(1) make out

When you **make out** the bill, please give a copy. (write)
(청구서를 작성하면 나에게도 사본 한 장을 주십시오.)
He couldn't **make out** the dark shape moving towards him. (see clearly)
(그는 자신을 향해서 움직이는 검은 형상을 식별할 수가 없었다.)
Can you **make out** what he is trying to say? (understand)
(너는 그가 무슨 말을 하려고 하는지 알아들을 수 있어?)
Mary has always **made out** that her parents were rich, but it isn't true. (pretend)
(메리는 항상 부모님이 부자인 체했으나 사실이 아니다.)
Whatever professions this young man chooses, I'm sure he'll **make out** all right.
(이 젊은이는 어떤 직업을 선택하든 잘 해낼 수 있을 것으로 나는 확신한다.) (be successful)

(2) make over

He **made over** his whole estate to his son. (transfer)
(그는 전 재산을 아들에게 넘겨주었다.)
I'll have to **make** this dress **over** for the graduation party. (change)
(나는 졸업파티를 위해 이 드레스를 개조해야겠다.)

(3) make up

When you're the boss, you can **make up** your own rules. (invent)
(네가 사장이 되면 너 자신의 규칙을 만들 수 있다.)
The committee is **made up** of representatives from every state. (constitute)
(위원회는 각 주에서 온 대표자로 구성된다.)
I think they're **making** the whole thing **up**. (fabricate)
(나는 그들이 모든 것을 조작하고 있다고 생각한다.)
Can you **make up** a bottle of milk for the baby? (prepare)
(아이를 위해 우유 한 병을 준비해 줄 수 있지?)
Wait a minute, while I **make up** my face. (put make-up)
(얼굴 화장을 하는 동안 잠깐만 기다리세요.)
I saved as much as I could, and my parents **made up** the rest. (supplement)
(나는 할 수 있는 데까지 저축하고 나머지는 부모님이 보충해줬다.)

I'm trying to **make up** the time I lost while I was sick. (compensate)
(나는 아플 동안 잃어버린 시간을 벌충하려고 애쓰고 있다.)
Jim and Mary usually **make up** their quarrel the same day. (reconcile)
(짐과 메리는 보통 그들의 다툼을 그날 화해한다.)

3 전치사적 부사 + 전치사

(1) make away with

Thieves **made away with** the contents of the safe. (steal and get away)
(도둑들은 금고 안에 있던 내용물을 훔쳐 달아났다.)
The boy tried to **make away with** himself by drinking poison. (kill)
(그 남자아이는 독을 마시고 자살하려고 했다.)

(2) make up for

I don't eat breakfast much but **I make up for** it at lunch. (compensate)
(나는 아침을 많이 먹지 않고 점심에 벌충한다.)
Carl doesn't have a natural talent for music but he **makes up for** it with hard work.
(칼은 음악에 대한 천부적 자질은 없으나 노력으로 그것을 보충하고 있다.)

(3) make up to

Have you noticed the disgusting way he **makes up to** the boss? (flatter)
(당신은 그가 상사에게 구역질나게 아첨하는 것을 알아차렸습니까?)
He was looking for a way to **make up to** her for what he had done. (atone)
(그는 자신이 그녀에게 한 짓을 속죄하는 방법을 찾고 있었다.)

M5   man

1   남성 (male): 여성(woman)과 대조되는 "남성"을 의미한다.

Women live longer than **men** on average. (평균적으로 여성이 남성보다 오래 산다.)
There were two women and a **man** in the car. (차에 여자 두 명과 남자 한 명이 타고 있었다.)
I've always regarded him as a **man** of integrity. (나는 항상 그를 성실한 사람으로 생각했다.)

2   개인 (person): 남성과 여성을 구별하지 않은 "개인"을 의미한다.

All **men** are equal in the eyes of the law. (모든 사람은 법의 관점에서 평등하다.)
Who was the first **man** to swim the English Channel?
(영국해협을 처음 헤엄쳐 건넌 사람이 누구였습니까?)
The Constitution guarantees a **man**'s right to pursue happiness.
(헌법은 개인의 행복 추구권을 보장하고 있다.)

3   인류 (people): man은 "인류(mankind) 전체"를 가리킬 수 있으며, 이 경우 부정관사와 함께

쓰일 수 없다.

The pest was one of the worst diseases known to **man**.
(흑사병은 인류에게 알려진 최악의 질병 중의 하나였다.)
Stone Age **man** began to keep livestock and cultivate crops.
(인류는 석기시대에 가축을 기르고 곡물을 재배하기 시작했다.)
Man is rapidly destroying the environment of the Earth.
(인류는 지구의 환경을 급속도로 파괴하고 있다.)

4 고용인 (worker): 회사나 어떤 조직체에서 "일하는 사람"을 가리킬 수 있다.

The company sent a **man** to fix the TV. (회사는 텔레비전을 수리하도록 직원을 보냈다.)
Why were there no protests from the **men** at the factory?
(어째서 공장 직원들의 항의가 하나도 없습니까?)
I've waited all day for the gas **man**. (나는 가스회사 직원을 종일 기다렸다.)

5 남편 (husband): 종종 "남편"을 의미한다.

Have you met her new **man** yet? (너는 그녀의 새 남편을 벌써 봤냐?)
She waited five years for her **man** to come out of the prison.
(그녀는 남편이 감옥에서 나오기를 5년이나 기다렸다.)
They became **man** and wife on April 15th, 2001. (그들은 2001년 4월 15일에 부부가 되었다.)

6 병사 (soldier): 군 조직에서 장교와 대조되는 "병사"라는 의미로 쓰인다.

The captain ordered his **men** to attack the hill.
(지휘관은 병사들에게 고지를 공격하라고 명령했다.)
About 100 officers and **men** were taken to hospital after the battle.
(전투 후에 약 100명의 장교와 병사가 병원으로 이송되었다.)
The drill sergeant trains the **men** every day in bayonet fencing.
(훈련 담당 중사가 매일 병사들에게 총검술을 훈련시킨다.)

▶ 점점 더 많은 사람이 "man"이라는 단어가 성적인 구별 없이 일반적으로 "사람"을 가리키는 단어로 쓰는 것을 거부하는 경향이 나타나고 있다. 이 점에 대해서는 G2를 보라.

M6 MANNER (양태), MEANS (수단), INSTRUMENTS (도구)

"양태, 수단, 도구 부가어"는 모두 how로 시작하는 의문문의 응답이 될 수 있는 부사구를 가리킨다. 수동문의 행위자를 표현하는 "by-구"를 포함하여 이 세 부가어를 "과정 부가어 (process adjuncts)"라고도 부른다.

"**How** did they treat the patient?"
("환자를 어떻게 치료했습니까?")

"They treated him **very carefully**."　　　　　[양태]
("환자를 신중히 치료했다.")
"They treated him **medically**."　　　　　　　[수단]
("환자를 의학적으로 치료했다.")
"They treated him **with a new drug**."　　　　[도구]
("환자를 새로운 약으로 치료했다.")

수동문의 행위자에 대해서는 P9를 보라.

1. **양태부사**: 양태부사는 일반적으로 형용사에 -ly어미가 붙은 형태를 가지며, 몇몇 -ly형 부사형이 없는 형용사가 양태부사로 쓰인다.

badly	beautifully	coldly	courteously
differently	foolishly	generously	gently
gracefully	hesitantly	honestly	impatiently
loudly	quietly	quickly	slowly
softly	thoroughly	fast	hard
straight	well 등		

Ted was so tired that he couldn't walk **straight**. (테드는 너무 피곤해서 똑바로 걸을 수 없었다.)
We looked for the missing documents **thoroughly**. (우리는 없어진 서류를 철저하게 찾았다.)

2. **양태부사의 위치**: 양태부사는 일반적으로 동사와 그 보충어 뒤에 오지만 "장소 부가어"와 "시간 부가어" 앞에 온다.

She sang **beautifully** in the music hall last evening.
(그녀는 어제 저녁에 음악당에서 멋있게 노래를 불렀다.)
The boy behaved **well** during the visit to the Blue House.
(그 남자아이는 청와대를 방문하는 동안 훌륭하게 행동했다.)

▶ 양태부사는 다음 조건을 충족할 경우 동사 앞 위치에 올 수 있다.

(a) 부사가 문장의 수의적 성분이고
(b) 부사가 -ly어미를 가지며
(c) 동사가 자신의 보충어나 부사구를 의무적 성분으로 갖는다.

The boy hid his toy car **quickly** when he heard footsteps approaching.
(그 남자아이는 발소리가 가까워지는 소리를 듣자 장난감 차를 재빨리 숨겼다.)
(= The boy **quickly** hid his toy car when he heard footsteps approaching.)
(*The man **quickly** left.)

He ran into the house **fast**. (그는 집으로 빨리 뛰어들어 왔다.)
(*He **fast** ran into the house.)

The small girl said her name to the policeman **slowly**.
(어린 여자아이는 경찰관에게 천천히 이름을 말했다.)

(= The small girl **slowly** said her name to the policeman.)
(*The small girl **slowly** talked.)

▶ 수동문에서 양태부사는 "과거분사형 동사" 앞에 올 수 있다.

The seminar was organized **badly**. (세미나 준비가 엉망이었다.)
(= The seminar was **badly** organized.)

Any complaint about safety must be treated **seriously** in our department.
(우리 부서에서 안전에 대한 불만은 어느 것이든 중요하게 처리되어야 한다.)
(= Any complaint about safety must be **seriously** treated in our department.)

3   **양태 전치사구**: 양태 전치사구는 일반적으로 두 가지 형태로 표현된다.

     (a) in a(n) + 형용사 + manner/way
     (b) with + 추상명사

양태 전치사구에 나타나는 대부분의 형용사는 -ly어미를 붙여 양태부사로 쓰일 수 있고 또한 형용사에는 상응하는 추상명사가 있기 때문에, 많은 경우에 양태부사와 두 가지 양태 전치사구가 같은 의미로 사용될 수 있다.

He acted **confidently/in a confident manner/with confidence**.
(그는 확신을 갖고 행동했다.)
She dances **gracefully/in a graceful way/with grace**. (그녀는 우아하게 춤을 춘다.)
He greeted us **very courteously/in a very courteous way/with great courtesy**.
(그는 매우 예의 바르게 우리를 맞이했다.)
He handled the new equipment **carefully/in a careful way/with care**.
(그는 새 장비를 조심스럽게 다루었다.)

4   **여타 양태 부가어**

     (1) as와 like: 유사성을 의미하는 전치사 like와 접속사 as도 양태 부가어를 이끌 수 있다. (A97을 보라.)

He talks and walks **like his father/as his father does**.
(그는 자신의 아버지처럼 말하고 걷는다.)
She makes sandwiches **like her mother/as her mother did**.
(그녀는 자기의 어머니처럼 샌드위치를 만든다.)

     (2) as 대신에 "(in) the way (that)"을 사용할 수도 있다.

She makes sandwiches **(in) the way her mother did**.

     (3) as if/as though: 비실제적 의미를 표현하는 "as if-절"과 "as though-절"도 양태의 의미를 표현한다.

They treat him **as if/as though he were a king**.
(그들은 그가 마치 왕인 것처럼 대접한다.)

5　　**수단과 도구**: 수단 부가어는 일반적으로 "by-전치사구"로 표현되며 "How ...?" 의문문의 응답이 될 수 있는 부가어이고, 도구 부가어는 "with-전치사구"로 표현되며 "How ...?"와 "What ... with?" 의문문의 응답이 될 수 있는 부가어다.

"**How** did he write the letter?"
("그는 편지를 어떻게 썼습니까?")
"He wrote it **with a fountain pen**."　　　　　[수단/도구]
("그는 편지를 만년필로 썼습니다.")

"**What** did he write the letter **with**?"
("그는 무엇으로 편지를 썼습니까?")
"He wrote it **with a ball-point pen**."　　　　[도구]
("그는 편지를 볼펜으로 썼습니다.")

▶ 좀 더 격식적인 표현으로는 "**With what** did he write the letter?"가 있다.

6　　**교통수단 (by)**: by는 일반적인 교통수단을 표현할 때 사용된다.

by air	**by** boat	**by** bus	**by** car
by plane	**by** sea	**by** subway	**by** taxi
by train 등			

I always go to work **by car**. (나는 항상 차로 출근한다.)
I'd prefer to travel **by air**. (나는 비행기로 여행하는 것을 더 좋아한다.)
The best way to get there is **by bus**. (그곳에 가는 최상의 방법은 버스를 타는 것입니다.)

▶ 그러나 "on foot, on horseback"이라고 한다.

We're planning to travel across the country **on foot**.
(우리는 그 나라를 걸어서 횡단할 계획이다.)
They crossed the Great Plains **on horseback**. (그들은 말을 타고 대평원을 횡단했다.)

7　　**통신수단 (by)**: by는 통신방법을 표현할 때 사용된다.

by airmail	**by** e-mail	**by** telegraph	**by** (tele)phone 등

I received the messages **by e-mail**. (나는 이메일로 메시지를 받았다.)
He sent the letter **by airmail**. (그는 항공으로 편지를 보냈다.)
He does most of his work **by (tele)phone**. (그는 대부분의 일을 전화로 한다.)

▶ 한정사의 수식을 받을 경우에는 다른 전치사가 사용되기도 한다.

I'll send the check **in the mail** tomorrow. (나는 내일 수표를 우편으로 보낼 것입니다.)
They discussed the problems **over the (tele)phone**. (그들은 전화로 문제점을 논의했다.)

8　　**도구 (with)**: 도구 부가어는 일반적으로 "with-전치사구"로 표현된다.

He catches the ball **with his left hand**. (그는 왼손으로 볼을 받았다.)

The murderer killed him **with a hammer**. (살인범은 그를 망치로 죽였다.)
She cut the meat **with a sharp knife**. (그녀는 고기를 날카로운 칼로 잘랐다.)

▶ 동사 "use"와 with의 목적어를 사용하여 도구의 의미를 표현할 수 있다.

She always writes letters **with a ball-point pen**. (그녀는 항상 볼펜으로 편지를 쓴다.)
She always **uses a ball-point pen** to write letters. (그녀는 편지를 쓸 때 항상 볼펜을 사용한다.)

▶ 전치사 with를 대신하여 "by using, by means of"를 사용할 수도 있다.

He translated the sentence **by using a dictionary**. (그는 사전을 이용하여 그 문장을 번역했다.)
She found out the truth **by means of interrogation**. (그녀는 심문을 통해 진실을 밝혔다.)

9 **부사**: 일반적으로 "수단 부가어"와 "도구 부가어"는 전치사구로 표현되지만, 드물게 -ly부사로 표현되기도 한다.

The doctor treated the patient **surgically**. (= by surgical means)
(의사는 환자를 외과적 방법으로 치료했다.)
The scientist examined the specimen **microscopically**. (with a microscope)
(과학자는 현미경을 사용하여 표본을 조사했다.)

▶ "They settled their differences **legally**."를 세 가지로 해석될 수 있다.

They settled their differences **quite legally**.   [양태]
(그들은 그들의 다툼을 완전히 합법적으로 해결했다.)
They settled their differences **by invoking the law**.   [수단]
(그들은 그들의 다툼을 법에 호소하여 해결했다.)
They settled their differences **with legal arguments**.   [도구]
(그들은 그의 다툼을 법적 논쟁을 통해서 해결했다.)

부가어에 대해서는 A23을 보라.

M7 many와 much

many는 few의 반의어로 "다수, 많은 수"를 뜻하고, much는 little의 반의어로서 "다량, 많은 양"을 뜻한다. 이들의 용법은 각각 (a) few와 (a) little과 유사하며, many는 "복수가산명사"와, much는 "불가산명사"와 함께 쓰인다.

There aren't **many people** who are satisfied with their jobs.
(자신의 직업에 만족해하는 사람은 많지 않다.)
I don't have **much information** about the presidential candidate.
(나는 그 대통령 후보에 대해 정보를 많이 가지고 있지 않다.)

1 **many/much + 명사**: many와 much는 명사 앞에서 "한정사"로 사용되기 때문에 다른 한정사(a, the, this 등)와 함께 올 수 없다.

Many/These houses are not equipped with modern electronic gadgets.
(많은/이 집들에는 현대식 전기기구가 설치되어 있지 않다.)
(***Many these** houses are not equipped with modern electronic gadgets.)
(***These many** houses are not equipped with modern electronic gadgets.)

She doesn't eat **much/her** breakfast. (그녀는 아침을 많이 먹지 않는다.)
(*She doesn't eat **much her** breakfast.)
(*She doesn't eat **her much** breakfast.)

2   many/much of + 한정사 + 명사: many나 much 뒤에 오는 명사가 다른 "한정사"를 가졌거나 대명사일 때 many와 much 뒤에 반드시 전치사 of를 삽입해야 한다. 한정사가 없을 때는 전치사 of의 삽입이 허용되지 않는다.

Many of these houses are equipped with modern electronic gadgets.
(이들 중에 많은 집들에는 현대식 전기기구가 설치되어 있다.)
(***Many of** houses are equipped with modern electronic gadgets.)
Many of them are equipped with modern electronic gadgets.
(그들 중에 많은 집들에는 현대식 전기기구가 설치되어 있다.)
(***Many them** are equipped with modern electronic gadgets.)

She didn't eat **much of her** breakfast. (그녀는 아침을 많이 먹지 않았다.)
(*She didn't eat **much of breakfast**.)
She didn't eat **much of it**. (그녀는 그것을 많이 먹지 않았다.)
(*She didn't eat **much it**.)

▶ 그러나 "much of"는 뒤에 한정사가 따라오지 않는 몇몇 경우에도, 예를 들어 "인명"과 "지명" 앞에서 사용될 수 있다.

I have seen too **much of Howard** recently. (나는 최근에 하워드를 너무 많이 만났다.)
Not **much of Denmark** is hilly. (덴마크에는 언덕이 많지 않다.)

3   대명사 many/much: 의미가 명백할 경우 이들은 대명사로 홀로 사용될 수 있다.

Many of the houses have bathrooms but **many** do not.
(많은 집에 욕실이 있지만 없는 집도 많다.)
Let the child try as **many** as he likes. (아이들에 좋아하는 만큼 해보라고 해라.)
... **many** are invited, but few are chosen.
(청함을 받은 자는 많되 택함을 입은 자는 적으니라.) [마 22:14]
You haven't eaten **much**. (너는 많이 먹지 않았다.)
He's eating too **much** and drinking too **much**. (그는 지나치게 많이 먹고 지나치게 많이 마신다.)

4   긍정문: many와 much는 일반적으로 구어체에서 "의문문"이나 "부정문"에서 사용되는 것이 자연스럽다. 긍정문에서는 같은 의미를 가진 다른 표현(plenty of, a lot of, a great deal of, a great number of 등과 같은)들이 사용된다.

There're **not very many** weekends left between now and Christmas.
(지금부터 크리스마스 사이에 주말이 별로 많이 남아 있지 않다.)
(There're **very many** weekends left between now and Christmas는 부자연스럽다.)
I **don't** earn **much** money, but I enjoy my job. (돈을 많이 못 벌지만 나는 내 일을 즐긴다.)
(I earn **much** money, but I don't enjoy my job은 부자연스럽다.)
Is there **much** wine left? (포도주가 많이 남아 있습니까?)
(There's **much** wine left는 부자연스럽다.)
How many students are there in each class? (각 반에 학생 몇 명이 있습니까?)
(There're **many** students in each class는 부자연스럽다.)
He always carries **plenty/a lot/lots/a great deal of** money.
(그는 항상 돈을 많이 가지고 다닌다.)
(He always carries **much** money보다 더 자연스럽다.)
There're **plenty/a lot/lots/a great number of** cars on the street. (길에 차들이 많다.)
(There're **many** cars on the street보다 자연스럽다.)

far와 long(= a long time)도 대체로 의문문과 부정문에서 사용된다. F3과 L17을 보라.
a lot of 등 양화사에 대해서는 A6과 Q1을 보라.

▶ 그러나 many와 much는 "so, as, too"와 함께 쓰이는 경우에 긍정문에서 자연스럽게 사용될 수 있다.

You make **too many** mistakes — lots of spelling mistakes, for example.
(너는 오류를 너무 많이 저지른다. 예를 들어 철자에 오류가 많다.)
There were **as many** people as we had expected. (우리가 기대했던 만큼 사람이 많았다.)
I didn't realize that I had **so many** friends. (나는 나에게 친구가 이렇게 많은지 몰랐다.)
We've wasted **too much** time. (우리는 시간을 너무나 많이 낭비했다.)
There was **so much** traffic that it took me an hour to get home.
(교통량이 너무 많아서 집에 오는 데 한 시간이 걸렸다.)
Schools must be given **as much** freedom as possible.
(학교에는 가능한 한 많은 자율권을 주어야 한다.)

▶ 또한 공식적 문어체에서는 many와 much가 긍정문에서 사용되기도 한다.

Many politicians concern about the high level of defense spending.
(많은 정치인이 높은 수준의 방위비를 염려하고 있다.)
Much has been written about the causes of unemployment. In the opinion of many economists, ... (실업의 원인에 대해 많은 글들이 나왔다. 많은 경제학자들의 의견에 따르면 ...)

5   much: much는 many와 달리 "부사"로 사용될 수 있다.

I'm not **much** good at knitting.
(나는 뜨개질을 잘하지 못한다.)
She doesn't go out **much** since her husband died.
(그녀는 남편이 죽은 이래 외출을 많이 하지 않는다.)

I haven't met him **many times/much**, and I can't remember his name.
(나는 그를 여러 번 만나지 않아서 그의 이름을 기억하지 못한다.)
(*I haven't met him **many**, and I can't remember his name.)

▶ much는 "비교형 형용사나 부사"를 수식할 수 있으며, "too 수식을 받는 형용사나 부사"를 수식할 수도 있다.

These shoes are **much more** comfortable. (이 신발이 훨씬 더 편안하다.)
I have **much more** to say to you, **more** than you can now hear.
(내가 아직도 너희에게 이를 것이 많으나 지금은 너희가 감당하지 못하리라.) [요 16:12]
How **much longer** do you have to wait? (얼마나 더 오래 기다려야 합니까?)
The hamburger is **much too big** for the children to eat.
(햄버거가 아이들이 먹기에는 지나치게 크다.)

He's **much too old** for her to marry. (그는 그녀가 결혼하기에는 나이가 너무 많다.)
I think you've drunk **much too much** to drive.
(너는 너무나 취해서 운전하지 말아야 한다고 생각한다.)
He keeps **much too many** books in his library.
(그는 서재에 너무나 많은 책을 보관하고 있다.)

▶ much는 문어체에서 명사를 수식하는 몇몇 "과거분사형 형용사"를 수식할 수 있다.

Education is one of the **much discussed** problems of the country.
(교육은 이 나라에서 많이 논의된 문제 중의 하나다.)
The money will buy **much needed books** for the school.
(그 돈은 학교가 필요로 하는 많은 책들을 살 것이다.)

6   very much: "very much"는 긍정문에서 "부사"로 흔히 사용되지만, 명사를 직접 수식하는 "한정사"로는 사용되지 않는다.

I liked it **very much**. (나는 그것을 몹시 좋아했다.)
Thank you **very much**. (매우 감사합니다.)
There's **a whole lot of** water coming under the door.
(매우 많은 물이 문 밑으로 흘러 들어오고 있다.)
(*There is **very much** water coming under the door.)

7   much as: "much as"는 although의 뜻으로 사용될 수 있다.

Much as I like John, I wouldn't want to marry him.
(나는 존을 좋아하지만 결혼하고 싶지는 않다.)
Much as they want to go home now, they're resigned to staying on until the end of the month. (그들은 지금 집에 가고 싶지만 월말까지 기꺼이 머물기로 했다.)

8   much less: "much less"는 이미 언급한 것보다 지금부터 말하는 것이 "더 진실에서 멀다"는 점을 강조할 때 사용된다.

Mary can barely boil an egg, **much less** cook dinner.
(메리는 계란도 겨우 삶는데 저녁 식사를 요리하다니 말도 안 된다.)
We're always short of water to drink, **much less** to bathe in.
(우리는 마실 물도 항상 부족한데 목욕할 물은 말할 것도 없다.)

9 many: many는 복수명사를 수식하는 more를 수식할 수 있다.

There're **many more opportunities** now for college graduates than there were fifty years ago. (대학 졸업생들에게는 지금이 50년 전보다 기회가 훨씬 더 많다.)
They're making **many more grammatical mistakes**, even after they took an English grammar course last semester.
(그들은 지난 학기에 영문법 과목을 수강했는데도 더 많은 문법적 오류를 범한다.)

10 many a + 단수명사: 공식적인 글에서 "다수"를 강조하기 위해서 이 표현을 사용한다. 이 표현이 주어가 되면 "단수동사"와 일치를 이룬다.

Many a firm has gone bankrupt through mismanagement.
(많은 회사가 관리 잘못으로 파산한다.)
I've spent **many a morning** with my wife drinking tea.
(나는 오전을 내 처와 차를 마시면서 보낼 때가 많다.)
Many a mother tries to act out her unrealized dreams through her daughter.
(많은 어머니들은 실현하지 못한 자신의 꿈을 딸을 통해서 실현하려고 한다.)

11 a good/great many: 큰 수를 강조할 때 사용한다.

Thousands of young men went off to the war, and **a good many** never came back.
(수천 명의 젊은이가 전쟁터로 나가서 많은 수가 돌아오지 못했다.)
It all happened **a great many** years ago. (모든 것이 아주 여러 해 전에 일어났다.)

M8   marry와 divorce

marry와 divorce는 다음의 세 가지 형태의 문장이 가능하다.

Lulu and Joe **got married/divorced** last week.
Lulu and Joe **married/divorced** last week.
Lulu and Joe **were married/divorced** last week. (룰루와 조는 지난주에 결혼했다/이혼했다.)

1 get married: "get married/divorced"는 구어체에서 문어적인 "were married/divorced"나 "married/divorced"보다 더 자주 쓰인다.

When are you going to **get married**? (너는 언제 결혼할 거냐?)
My parents are **getting divorced**. (나의 부모님은 이혼하려고 한다.)

2   (be) married: 문어체에서는 "marry/divorce"나 "be married/divorced"가 더 자주 쓰인다.

Although she had many lovers, she never **married**.
(그녀는 연인이 많았으나 한 번도 결혼하지 않았다.)
After three very unhappy years they **were divorced**.
(매우 불행한 3년을 보낸 후에 그들은 이혼했다.)

3   목적어: 이들은 모두 단수주어를 가질 수 있으며, 목적어를 생략할 수 있다.

He **divorced/married his wife** when he was 35.
(그는 서른다섯 살 때 부인과 이혼했다/결혼했다.)
I **divorced/married** when I was 35. (나는 서른다섯 살에 이혼했다/결혼했다.)

4   전치사: 목적어 앞에 전치사를 둘 수 없다.

He **married his wife** when he was 35. (그는 서른다섯 살 때 부인과 결혼했다.)
(*He **married to his wife** when he was 35.)
He **divorced his wife** when he was 35. (그는 서른다섯 살 때 부인과 이혼했다.)
(*He **divorced from his wife** when he was 35.)
Will you **marry me**? (나와 결혼해 주실래요?)
(*Will you **marry to/with me**?)

▶ 수동형인 "be/get married"와 "be/get divorced"는 전치사를 대동한다.

I **was/got married to her** when I was 35.
I **was/got divorced from her** when I was 35.

5   marry: marry는 "결혼을 시키거나 배우자를 찾아준다"라는 의미로도 쓰인다.

The priest **married** us in the church. (신부님이 교회에서 우리의 결혼식을 주례했다.)
He was determined to **marry** all her daughters to rich men.
(그는 딸들을 모두 돈 많은 남자와 결혼시키기로 결심했다.)

M9   matter

matter는 명사와 동사로서 다양한 관용적 표현에 나타난다.

It was clear that she wanted to discuss some private **matter**.   [명사]
(그녀가 어떤 개인적인 사정에 대해서 논의하고 싶어 하는 것이 명백했다.)
Will it **matter** if I'm a little bit late?   [동사]
(내가 좀 늦게 오는 것이 문제가 됩니까?)

1   as a matter of fact: 방금 언급한 말에 관해 설명을 첨가하거나 좀 더 상세한 반의적 내용을 추가할 때 (in fact와 같은 뜻으로) 사용된다.

"Have you had many visitors yet?" "No, **as a matter of fact** you're the first."
("벌써 방문객이 많이 왔습니까?" "아니. 사실은 네가 첫 방문객이다.")
I don't work. **As a matter of fact**, I've never had a job.
(나는 일을 하지 않습니다. 사실은 나는 직업을 가진 적이 없습니다.)

2 what's the matter?: 어떤 대상에게 어떤 좋지 않은 일이 일어났다고 생각할 때 사용된다.

What's the matter? You look as though you've been crying.
(왜 그래? 울고 있었던 것처럼 보이는데.)
What's the matter with your office? (너희 사무실에 무슨 일이 있어?)

3 no matter what: "no matter how/whether/what" 등은 어떠한 상황에서도 어떤 것이 사실이거나 일어날 것이라고 표현할 때 사용된다.

No matter what your age, you can lose weight by following this program.
(나이에 상관없이 이 프로그램대로 하면 체중을 줄일 수 있다.)
Feeding a baby is a messy job, **no matter how** careful you are.
(아무리 조심한다고 해도 아이를 먹이는 것은 귀찮은 일이다.)

▶ "no matter what"는 어떤 일을 확실히 실행할 것이라는 것을 표현할 때도 사용된다.

I'll call you tonight, **no matter what**.
(오늘 밤에 반드시 너에게 전화할게.)
We have to get to the airport on time, **no matter what**.
(무슨 일이 있어도 우리는 공항에 정각에 도착해야 한다.)

4 no matter that: 어떤 상황이 다른 상황에 아무런 영향도 미칠 수 없음을 표현할 때 사용된다.

I would always be an outsider, **no matter that** I spoke fluent Korean.
(나는 한국어를 유창하게 하지만 어디까지나 국외자다.)
He visited his parents every year, **no matter that** he lived far away.
(그는 멀리 떨어져 살지만 부모님을 매년 찾는다.)

5 it doesn't matter that: 말하는 것이 중요하지 않다는 것을 표현할 때 사용된다.

It doesn't matter that the gun was in fact unloaded.
(실제로 총이 장전되어 있지 않았다는 것은 중요하지 않다.)
It doesn't matter that people know the fact.
(사람들이 그 사실을 안다는 것은 문제가 되지 않는다.)

6 it doesn't matter what: "it doesn't matter who/why/what" 등은 중요하지 않아서 어떤 상황에 아무런 영향도 미칠 수 없음을 표현할 때 사용된다.

It doesn't matter what you wear, as long as you look neat and tidy.
(깨끗하고 깔끔하게 보이는 한 네가 무엇을 입든 상관이 없다.)

As long as they're smart, **it doesn't matter how** long their hair is.
(그들이 똑똑하면 됐지, 머리카락 길이는 문제가 되지 않는다.)

7   all that matters: "all/the only thing that matters/what matters/nothing else matters"는 가장 중요한 것을 표현할 때 사용된다.

All that matters is that you come back safe.
(무엇보다도 중요한 것은 네가 안전하게 돌아오는 것이다.)
I don't care what it looks like — **what matters** is that it works.
(나는 모양에 관심이 없다. 중요한 것은 그것이 작동하는 것이다.)

8   it doesn't matter: 어떤 결과가 크게 문제가 되지 않는다는 것을 표현할 때 사용된다.

"I've spilled coffee on the carpet." "**It doesn't matter**."
("내가 양탄자 위에 커피를 쏟았습니다." "괜찮습니다.")
"Red or white wine?" "Oh, either, **it doesn't matter**."
("적포도주를 드시겠습니까 백포도주를 드시겠습니까?" "오, 어느 것이나 상관이 없습니다.")

9   what does it matter?: 언급한 것이 중요하지 않다는 것을 표현할 때 사용된다.

It all happened long before you were born, **what does it matter?**
(모든 것이 네가 태어나기 전인 오래전 일인데 무엇이 문제냐?)
What does it matter how old she is? (그녀의 나이가 몇이든 무엇이 문제냐?)

M10   may와 might-1: 개요

may와 might는 "양상조동사"이므로 그 문법적 특성에 대해서는 M21을 보라. 이들은 "가능성(possibility), 허가(permission), 양보(concession), 제안(suggestion), 소원(wish)" 등 다양한 의미를 표현할 때 사용된다.

I **may** see you at the meeting later.   [가능성]
(회의에서 나중에 너를 볼 수 있을 것이다.)
Don't go any closer — it **might** be dangerous.
(더 가까이 가지 마라. 위험할 수 있다.)
You **may** go swimming, but be home by six.   [허가]
(수영을 가도 되지만 6시까지 집에 와라.)
Might I have a quick look at your newspaper?
(당신의 신문을 잠시 볼 수 있을까요?)
Some evidence **may** suggest she's guilty,   [양보]
   although it's hardly conclusive.
(결정적인 것은 아니지만 증거가 그가 유죄임을 암시할 수 있다.)
He **might** be nearly 17, **but** he's still very immature.
(그는 17살이 다 됐을지는 몰라도 아직 매우 철이 없다.)

If you're tired, it **might** be a good idea to go to bed early. [제안]
(피곤하면 일찍 잠자는 것이 좋을 것이다.)
May she rest in peace. [소망]
(고이 잠드소서.)

M11 may와 might-2: 가능성

1 **may와 might**: may와 might는 어떤 일이 사실이거나 일어날 "가능성이 있지만 확신이 없을 때" 종종 사용된다.

I **may** be late, so don't wait for me. (내가 늦을 수도 있으니까 기다리지 마라.)
(= It's possible that I'm late, so don't wait for me.)
There **may** not be enough money to pay for the repairs.
(수리비를 낼 돈이 충분하지 않을 수 있다.)
He **might** not want to come with us. (그가 우리와 함께 가는 것을 원하지 않을 수 있다.)
Peter **might** call. If he does, ask him to call later.
(피터가 전화할 수도 있습니다. 그가 전화하면 다음에 전화하라고 하십시오.)

2 **might**: might는 일반적으로 may의 과거형으로 사용되지 않는다. may와 might는 둘 다 현재나 미래를 가리킬 수 있으며, might는 대체로 may보다 "덜 확정적"이고 "더 공손한" 의미로 사용된다. may는 어떤 일이 일어날 확률이 반반일 경우에 사용되고, might는 가능성은 있지만 실제로 일어날 확률이 낮을 때 사용된다.

I **may** be in New York next week. (나는 다음 주에 뉴욕에 갈지도 모른다.)
"Are you going to Bill's party?" "I suppose I **may**."
("빌의 파티에 갈 거냐?" "갈 수도 있다고 생각해.")
She **might** come with me. (그녀가 어쩌면 우리와 같이 갈지도 모른다.)
He's very fast; he **might** finish in the top three in the race.
(그는 매우 빠르다. 경주에서 3등 안에 들 수도 있다.)

▶ may와 might는 과거의 가능성에 대해 말할 때는 일반적으로 사용될 수 없으며, "perhaps, maybe"와 같은 부사를 사용한다.

I could not think clearly, then. **Perhaps** I was ill.
(그때 나는 생각을 투명하게 할 수가 없었다. 내가 몸이 좋지 않나 봐.)
(*Perhaps I **may/might** be ill.)
Jessica was my classmate in high school. **Maybe** I was in love with her then.
(제시카는 고등학교 때 급우였다. 아마 그때 내가 그녀를 사랑했었나 봐.)
(*Maybe I **may/might** be in love with her then.)

3 **may not/might not**: "may/might not"는 "cannot/can't"와 대조를 이룬다. "may not/might not"는 어떤 일이 "일어나지 않을 가능성"을 의미하는 데 반하여 (it is possible that ... not ...), "cannot/can't"는 "가능성이 없음"을 의미한다. (it is not possible/impossible that

...) 다음을 비교해보라.

Noise **may not/might not** be a problem when you're living on the top floor.
(위층에 살면 소음이 문제가 되지 않을 가능성이 있다.)
(= **It is possible that** noise is not a problem when you're living on the top floor.)
Noise **cannot** be a problem when you're living on the top floor.
(위층에 살면 소음이 문제될 수 없다.)
(= **It is impossible that** noise is a problem when you're living on the top floor.)

4 **의문문**: 가능성을 질문하는 의문문에서는 may가 사용되지 않고 might가 사용된다.

Might he still be at the station? (그가 아직도 정거장에 있을까요?)
(***May** he still be at the station?)
Might he be able to help you? (그가 당신을 도와줄 수 있을까요?)
(***May** he be able to help you?)

5 **may와 can**: can은 어떤 것이 성립할 가능성이 명백할 경우에 쓰이고, may는 가능성이 반반일 경우에 흔히 쓰인다.

Anybody **can** be sick. (누구나 아플 수 있다.)
John **may** be sick. (존이 아플 수 있다.)

"누구나 아플 수 있다"는 것은 우리가 모두 인정하는 사실이므로 첫 문장에 may는 적합하지 않다. 그러나 두 번째 문장에서 John이 아플 확률은 반반이다. 따라서 두 번째 문장은 "John may not be sick"의 뜻도 가지고 있다.

6 **실질적 가능성**: may는 can과 같이 가능성을 뜻하는 양상조동사이지만, may는 "사실적 가능성(factual possibility)", 즉 어떤 상황이 실제로 일어났을 가능성을 표현하는 데 반하여, can은 "이론적 가능성(theoretical possibility)", 즉 어떤 상황이 일어날 수 있음을 표현한다. 다음을 비교해 보라.

The flight to New York **may** be cancelled. (뉴욕행 비행기가 취소됐을 수 있다.)
(= **It is possible that** the flight to New York is cancelled.)

The flight to New York **can** be cancelled. (뉴욕행 비행기가 취소될 수 있다.)
(= **It is possible to** cancel the flight to New York.)

▶ may 문장은 "it is possible that-절/it may be that-절"이나 "possibly/perhaps" 따위의 부사를 써서 바꾸어 쓸 수 있다.

You **may** be right. (네가 옳을 수 있다.)
(= **It is possible that** you are right.)
(= **It may be that** you are right.)
(= **Possibly/Perhaps** you are right.)

이 이론적 가능성과 실질적 가능성에 대해서는 C4.2를 보라.

7   may/might well: 가능성이 높음을 암시한다.

You **may well** get lost, so take a map. (길을 잃기 쉬우니까 지도를 가져가라.)
He's not well. It **might well** be his last public speech.
(그는 건강이 좋지 않다. 이것이 그의 마지막 대중연설이 될 가능성이 높다.)

8   may/might + have + 과거완료: 어떤 일이 과거에 일어났거나 사실이었을 가능성을 말할 때 사용된다. 다음을 비교해 보라.

I think I saw her on the campus. Well, I **may have been** wrong.
(나는 그녀를 교정에서 보았다고 생각한다. 그런데 내가 틀렸을 수도 있다.)
(= it is possible that I was wrong.)
He hasn't arrived yet. He **might have missed** the train.
(그가 아직 도착하지 않았다. 어쩌면 그 기차를 놓쳤을 수도 있다.)
(= It is possible that he missed the train.)

▶ 이 구조는 가능하지만 실제로 일어나지 않은 사태를 표현할 수 있다.

Had I been more perceptive, I **might have noticed** that she was not happy.
(나에게 좀 더 감수성이 있었더라면 그녀가 행복하지 않았다는 것을 알아차렸을 것이다.)
If she had not been so bad-tempered, I **might not have divorced** her.
(그녀가 그렇게 화를 잘 내는 성격을 가지지 않았다면 나는 그녀와 이혼하지 않았을 것이다.)

▶ 이 구조는 또한 (현재 완료나 미래 완료처럼) 현재나 미래를 가리킬 수 있다.

I'm going to visit him, but he **may have left** his office by now.
(내가 그를 찾아가려고 하는데 지금쯤 사무실에 없을 수도 있다.)
I **might have saved** enough money to buy my own house in 20 years from now.
(나는 지금부터 20년 후에 나 자신의 집을 살 충분한 돈을 저축하게 될지도 모른다.)

can과 could도 가능성을 의미할 수 있으며, 이 점에 대해서는 C4를 보라.
could have + 과거분사의 유사한 용법에 대해서는 C4.6-8을 보라.

M12   may와 might-3: 허가

1   **허가**: may와 might는 어떤 일을 하도록 허가할 때 사용된다. might는 may보다 좀 더 공손하고 형식적 표현에 흔히 나타난다.

Thank you. You **may** go now. (고맙다. 지금 가도 된다.)
You **may** sit down or stand, just as you wish.
(앉아 있든 서 있든 네 마음대로 해.)
I wonder if I **might** speak to your son. (당신의 아들과 말을 했으면 하는데요.)
Might I make a suggestion? (내가 제안을 해도 되겠습니까?)

▶ may는 공손하게 허가해 줄 것을 의문문 형태로 표현할 수 있다.

May I come in and wait? (들어가서 기다려도 되겠습니까?)
May we borrow your office for a few days? (당신의 사무실을 며칠 동안 사용해도 되겠습니까?)

2 **허가의 여부와 불허**: may는 허가의 여부를 물을 때 사용되고, "may not"는 불허할 때 사용된다. 그러나 might와 "might not"는 이런 뜻으로 사용되지 않는다. may와 "may not"는 문어적이며, 구어체에서는 can과 "cannot/can't"가 더 흔히 쓰인다.

"**May/Can/*Might** I go home now?" "Yes, of course you **may/can**."
("지금 집에 가도 됩니까?" "응, 물론 가도 되지.")
"**May/Can/*Might** I borrow your bike?" "No, I'm afraid you **may/cannot**."
("자전거를 빌려 가도 됩니까?" "아니요. 빌려 갈 수 없습니다.")
Students **may not/cannot/*might not** park cars in this parking lot.
(학생들은 이 주차장에 차를 주차할 수 없다.)

3 **금지**: 어떤 것을 하지 말 것을 표현할 때는 흔히 "must not"를 사용하지만, "may not"도 종종 사용된다.

You **may not/must not** smoke in this building. (이 건물 내에서 담배를 피워서는 안 된다.)
You **may not/must not** see my daughter again. (너는 내 딸을 다시 만나서는 안 된다.)

같은 뜻으로 쓰이는 can과 could에 대해서는 C5를 보라.

M13 may와 might-4: 제안과 소망

1 might: might는 어떤 일을 할 것을 공손히 제안할 때 사용된다.

If you need more information, you **might** try the Internet.
(정보가 더 필요하면 인터넷을 이용해 보세요.)
It **might** be a good idea to put those plants in the shade.
(저 식물들을 그늘에 놓는 것이 좋을 수도 있습니다.)

2 may/might as well: 구어에서 많이 나타나며 흥미롭거나 유용한 다른 일이 없으니 어떤 일을 할 것을 강력히 제안할 때 사용된다.

If there's nothing more to do, you **may as well** go to bed.
(할 일이 더 없으면 잠을 자는 게 어때.)
You **may as well** tell us now — we'll find out sooner or later.
(지금 우리한테 말하는 것이 좋을 것 같다. 우리가 머지않아 알게 될 거야.)
I suppose we **might as well** go home. (우리는 집에 가는 편이 좋을 것 같다고 생각한다.)

▶ may/might as well과 had better: 이들의 차이점에 유의하라. 다음을 비교해보라.

I think you **may as well** go home.
((별로 할 일도 없으니까) 너는 집에 가는 게 어떤가 하고 생각한다.)
(참고: I think you ought to go home; there's nothing more interesting to do.)

I think you **had better** go home.
(((집에 일이 있으니까) 너는 집에 가는 게 좋겠다고 생각한다.)
(참고: I think you ought to go home; there's a good reason to go home now.)

3 비판: 우리는 타인의 어떤 행위를 비판할 때 might를 사용할 수 있다. "might have +과거분사"는 과거를 말할 때 사용된다.

You **might** ask before you borrow my car. (차를 빌려가기 전에 물어봐야 하잖아.)
She **might have told** me she was going to stay out all night.
(그녀는 밤새도록 밖에 있을 것이라는 것을 나에게 말했어야 했다.)

4 소망 (wish/hope): may는 원하는 것 혹은 희망을 표현하는 문장을 이끈다.

May the New Year bring you all your heart desires. (새해에는 모든 소원을 이루시기 바랍니다.)
May God be with you. (신이 함께하기를.)
May she rest in peace. (고이 잠드소서.)
Long **may** the peace continue. (평화가 오래도록 지속되기를!)
May the rest of your married life be as happy as it has been.
(남은 결혼 생활이 여전히 행복하기를 빕니다.)
May you never bear fruit again!
(이제부터 영원토록 네가 열매를 맺지 못하리라) [마 21:19]
May the Lord deal with me... (여호와께서 나에게 벌을 내리시고 ...) [룻기 1:17]
My father, if it is possible, **may** this cup be taken from me.
(내 아버지여 만일 할 만하시거든 이 잔을 내게서 지나가게 하옵소서.) [마 26:39]

도치된 어순에 대해서는 I48.2를 보라.

M14 may와 might-5: 목적절, 간접화법, 대조적 내용

1 목적절 (purpose clauses): may와 might는 목적 접속사 "so that"나 "in order that"이 이끄는 절에 나타날 수 있다. 여기서는 might가 may의 과거형으로 쓰인다.

The hero sacrifices his life **so that/in order that** his friend **may** live.
(영웅은 친구를 구하기 위해 자신의 생명을 희생한다.)
The hero sacrificed his life **so that/in order that** his friend **might** live.
(영웅은 친구를 구하기 위해 자신의 생명을 희생했다.)

Please, bring it closer **so that** I **may** see it better.
(내가 그것을 더 잘 볼 수 있게 더 가까이 가져오시오.)
He brought it closer **so that** I **might** see it better.
(그는 내가 그것을 더 잘 볼 수 있게 더 가까이 가져왔다.)

so that과 in order that 다음에 나타나는 may와 might에 대해서는 S22를 보라.

2   **간접화법**: might는 간접화법 문장에서 인용동사가 과거시제일 때 may 대신에 쓰인다.

"Where are you going for your vacation?" "I **may** go to Australia to see my aunt."
("방학에 어디를 갈 거냐?" "고모를 보러 호주에 갈지도 모른다.")
Tom **said** that he **might** go to Australia to see his aunt.
(탐은 고모를 보려고 호주에 갈지도 모른다고 말했다.)

3   **대조적 내용**: may와 might는 "양보 또는 대조 접속사절"과 함께 실제로 언급하고 싶은 것과 대조가 되는 내용을 말할 때 사용된다.

He **might** be nearly 17, **but** he still acts like a little child.
(그는 17세가 다 되었을지는 몰라도 아직도 어린애처럼 행동한다.)
Although I **may be** slow, at least I don't make stupid mistakes.
(내가 좀 느릴지는 몰라도 적어도 바보 같은 실수는 하지 않는다.)
You **might** have plenty of money, **but** that doesn't mean you're better than me.
(네가 돈은 많을지 몰라도 그것이 네가 나보다 잘났다는 의미는 아니다.)

> ► be that as it may: 한 상황이 사실이라고 할지라고 다른 상황에는 아무런 변화가 없음을 말할 때 사용한다.

"I'm really tired of driving all day." "**Be that as it may** (= Despite that), you have to pick up your little brother from school." ("하루 종일 운전을 했더니 몹시 피곤합니다." "그렇다 하더라도, 학교에 가서 어린 동생을 데려와야 한다.")

M15   mean

1   **의미**: "의미하다, 표현하다(express)"의 의미로 특정 표현의 의미를 정의할 때 사용되며, 일반적으로 진행형이 없다.

In American slang, "cancer stick" **means** "a cigarette."
(미국 속어에서는 "궐련"을 "암 막대기"라고 한다.)
This light **means** you're running low on fuel.
(이 불빛은 연료가 떨어져 간다는 것을 의미한다.)
These figures **mean** that almost 7% of the working population is unemployed.
(이 수치들은 노동인구의 거의 7퍼센트가 실업상태라는 것을 의미한다.)

> ► 어떤 표현의 의미를 물어볼 때는 일반적으로 다음과 같이 질문한다.

What does "hectic" mean? ("hectic"은 무엇을 의미합니까?)
(*What means "hectic"?라고 하지 않는다.)

2   **결과**: "어떤 특정 결과가 일어날 것이라(result in)"는 의미로 사용되며, 일반적으로 진행형이 없다.

Lower cost **means** low prices. (낮은 비용은 낮은 가격을 의미한다.)

The merger **means** the closure of the Jamsil Branch of the Bank.
(합병은 은행의 잠실지점 폐쇄를 가져올 것이다.)
The high cost of housing **means** that many young people can't afford to buy a house.
(주택의 고가는 많은 젊은 사람들이 집을 살 수 없는 결과를 낳는다.)

3 　중요성: "중요성을 가지다"의 의미로 쓰이며 진행형이 없다.

It isn't a valuable picture, but it **means** a lot to me.
(그것은 값나가는 그림은 아니지만 나에게 특별한 의미를 갖는다.)
Possessions **mean** nothing to him. (그에게 소유는 중요하지 않다.)
I know how much your work **means** to you.
(나는 너의 일이 너에게 얼마나 중요한지 알고 있다.)

4 　의도: "의도하다, 시도하다(intend)"의 의미로 쓰이고, "(목적어 +) 부정사 구조"를 허용하며 종종 진행형을 허용한다.

I didn't **mean to upset you**. (나는 너를 당황하게 할 의도는 아니었다.)
He never **meant her to find out**. (그는 결코 그녀가 알게 하려는 의도는 아니었다.)
I didn't **mean for him to get hurt**. (나는 그를 마음 상하게 할 생각은 아니었다.)
I'm sure he didn't **mean any harm**. (나는 그가 해코지하려고 한 것이 아니라고 확신한다.)
I've **been meaning to call you for a week**. (나는 너와 일주일 동안 연락하려고 애썼다.)

5 　what do you mean: 상황에 따라 몇 가지 의미로 사용된다.

▶ 상대방이 어떤 표현을 무슨 뜻으로 말하는지 이해하지 못할 때

"When you meet her, be careful." "**What do you mean**?"
("그녀를 만나면 조심해라." "왜 그런 말씀을 하시는 겁니까?")
What do you mean by "patronizing my daughter"? ("내 딸을 후원하다니"가 무슨 말이야?)

▶ 상대방이 한 말이나 행한 행위에 대해 놀라거나 짜증이 날 때

What do you mean it's my fault? (내 잘못이라니 무슨 뜻이야?)
What do you mean you don't care what happens to her?
(그녀에게 어떤 일이 일어나도 상관없다니 무슨 말이야?)
What do you mean you've decided not to come to the meeting?
(모임에 오지 않기로 했다니 무슨 말씀입니까?)
What do you mean by arriving so late? (이렇게 늦게 와서 어떻게 하겠다는 거야?)

6 　I mean: 상대의 행동에 불찬성하는 입장에서 말을 할 때

I mean, he should have asked me before he borrowed my bike.
(내 말은 그가 자전거를 빌려가기 전에 나에게 물어봤어야 한다는 거야.)
I mean, he was late to the meeting, because he didn't take the 10 o'clock train.
(참 기가 막힌 것은 그가 회의에 늦은 것이 10시 기차를 타지 않았기 때문이랍니다.)

▶ 방금 말한 것을 수정하거나 설명을 붙일 때

She's very talented — as a performer, not as a musician, **I mean**.
(그녀는 매우 재능이 뛰어납니다. 음악가로서가 아니라 연주자로서 말입니다.)
He's rich — **I mean**, he's a billionaire. (그는 부잡니다. 다시 말해서 억만장자입니다.)

7   see what I mean: 일어난 상황이 내가 말한 것을 입증해 줄 때

You have to lift up the bar to open the gate — **see what I mean?**
(대문을 열려면 빗장을 들어올려야 한다. 무슨 말인지 알겠지?)
She's an odd sort of person — **(you) see what I mean?**
(그녀는 이상한 성격의 사람이다. 내가 왜 그런 말을 하는지 알겠지?)

M16   means

1   **수단**: means는 복수어미를 가진 명사로서 "단수" 또는 "복수"로 쓰일 수 있으며, 어떤 일을 하는 데 필요한 "수단, 방법"을 의미한다.

We must use **every means** at our disposal.
(우리는 우리가 가진 모든 수단을 사용해야 한다.)
The city provides **several means** of transportation for the citizens.
(시는 시민을 위해 다양한 교통수단을 제공한다.)

2   **돈**: means는 종종 "돈, 수입"을 의미하기도 한다.

He has the **means** to buy a big house in the uptown.
(그에게는 외곽 주택지구에 큰 집을 살 수 있는 재력이 있다.)
They describe him as a man of **means**. (우리는 그를 재력가라고 평한다.)

3   **특별 용법**

(1) by all means: "of course"의 뜻으로 공손하게 어떤 것을 허가할 때 사용된다.

"May I use the computer?" "**By all means**." ("컴퓨터를 써도 됩니까?" "물론입니다.")
"Can I bring my dog?" "**By all means!**" ("개를 데려와도 되겠습니까?" "좋지요!")

(2) by no means/not by any means: "not at all"의 뜻으로 강하게 부정할 때 사용된다.

It's **by no means** certain that the match will take place.
(시합이 있을지는 전혀 확실치 않다.)
He's **not** a bad boy, **by any means**. (그는 결코 나쁜 아이가 아니다.)

(3) a means to an end: 어떤 "목표 달성을 위한 한 가지 수단"을 의미한다.

For him, the job was simply **a means to the end**.
(그에게는 직장이 단지 목적 달성을 위한 한 가지 수단이었다.)

He doesn't seem to realize the fact that marketing is **a means to an end**.
(그는 마케팅이 목적 달성을 위한 한 가지 수단이라는 사실을 인정하지 않는 것 같다.)

(4) by means of: "...을 수단으로, ...을 사용하여"를 의미한다.

I couldn't speak, but made my intentions known **by means of** hand signs.
(나는 말할 수 없어서 손짓으로 내 의도를 전했다.)
The big stone blocks were raised **by means of** pulleys.
(도르래를 써서 큰 돌 블록을 들어 올렸다.)

M17 MEASUREMENTS (치수): 유표형과 무표형

영어에서 "나이, 무게, 높이, 길이, 넓이, 깊이" 등 그 크기의 정도를 표현할 때 일반적으로 형용사를 사용한다. 이 형용사들은 일반적으로 자신과 반의어 관계에 있는 형용사와 쌍을 이루게 된다.

old ∷ young	high ∷ low	deep ∷ shallow
heavy ∷ light	tall ∷ short	fast ∷ slow
long ∷ short	wide ∷ narrow 등	

위의 단어 쌍에서 왼쪽 단어가 치수 등급에서 상위 등급을, 오른쪽 단어가 하위 등급을 가리키는 단어다.

He's too **old** for the job. (그는 그 일을 하기에는 나이가 너무 많다.)
He's too **young** for the job. (그는 그 일을 하기에는 너무 젊다.)

1 **무표적 형용사**: 위 단어들의 반의어 관계가 치수를 말하는 표현에서는 유지되지 않는다. 다시 말해서, 상위 등급의 단어가 의미적으로 중화가 되어 상위 등급의 의미를 상실한다. 문법학자들은 단어의 이러한 용법을 "무표적(unmarked)" 용법이라고 한다. 예를 들어, 아무리 키가 작은 사람의 키에 대해 단순히 질문할 때도 "How tall is he?"라고 말해야지 "How short is he?"라고 말하지 않는다.

My brother is very **tall** but I am very **short**. [유표적]
(내 동생은 키가 매우 큰데 나는 매우 작다.)
How **tall** is he? [무표적]
(그는 키가 얼마냐?)
(*How **short** is he?)

He's too **young** to be a manager. [유표적]
(그는 너무 젊어서 지배인이 될 수 없다.)
Nobody knows how **old** he is. [무표적]
(그가 몇 살인지 아무도 모른다.)
(*Nobody knows how **young** he is.)

This lake is too **wide** for me to swim across. [유표적]
(이 호수는 너무나 넓어서 내가 수영해서 건너갈 수 없다.)

How **wide** is this lake? [무표적]
(이 호수의 폭이 어떻게 됩니까?)
(*How **narrow** is this lake?)

2　**무표적 명사**: 명사들도 일반적인 치수를 표현할 때는 무표적으로 사용될 수 있다.

age　　　　height　　　　length　　　　depth 등

Some of the furniture was showing signs of **age**. [유표적]
(가구 중에 어떤 것은 오랜 세월의 표시가 났다.)
Do you know her exact **age**? [무표적]
(그녀의 정확한 나이를 압니까?)

We're annoyed at the **length** of time the movie has taken. [유표적]
(우리는 영화의 긴 상영시간에 짜증이 났다.)
What's the **length** of a standard swimming pool? [무표적]
(표준 수영장의 길이가 어떻게 됩니까?)

The ship sank slowly to the **depths** of the ocean. [유표적]
(배는 대양의 심연으로 천천히 가라앉았다.)
What's the **depth** of this lake? [무표적]
(호수의 깊이가 어떻게 됩니까?)

3　**질문**: "나이나 키 또는 체중"을 물을 때는 일반적으로 "How ...?"와 "What ...?"를 사용하지만 "how구조"를 쓰는 것이 자연스럽다. 체중을 물을 때는 weigh라는 동사를 사용하는 것이 자연스럽다.

How **old** are you? (너 몇 살이냐?)
What's his age? (그의 나이가 어떻게 됩니까?)

How **tall** is he? (그는 키가 어떻게 됩니까?)
What's your height? (키가 어떻게 됩니까?)

How **heavy** are you?
What's your weight?
What do you **weigh**?
How much do you **weigh**?
(몸무게가 어떻게 됩니까?)

M18　mind (동사)

mind는 명사로도 쓰이지만 동사로 더 널리 사용된다. 여기서는 동사로 쓰일 경우만을 논하기로 하겠다.

It's impossible to understand the complex nature of the human **mind**.
(인간 정신의 복잡한 본질을 이해한다는 것은 불가능하다.)

I don't **mind** the heat, in fact I quite like it. (나는 더위에 신경 안 쓴다. 사실은 즐긴다.)

1   동사 mind: mind는 "조심하다 (be careful), 싫어하다 (dislike), 반대하다 (oppose), 돌보다 (look after), 따르다 (obey), 유의하다 (pay attention)" 등 다양한 의미로 쓰인다. mind는 일반적으로 부정문과 의문문에 많이 나타나지만, 긍정문에서도 제한적으로 사용된다.

     She asked me if I'd **mind** the children for an hour.
     (그녀는 나에게 아이들을 한 시간 정도 보살필 수 있는지를 물었다.)
     Mind you don't fall. (넘어지지 않도록 조심해라.)
     Some dogs **mind** instructions better than others.
     (어떤 개들은 다른 개들보다 지시를 더 잘 따른다.)
     I wish he would **mind** his own business.
     (나는 그가 자신의 일에나 관심을 가졌으면 한다.)

2   not mind: "관심이 없다(not care/ignore)"라는 의미로 쓰일 때는 일반적으로 의문문과 부정문에서 사용된다.

     Don't your parents **mind** you staying out so long at night?
     (너의 부모님은 네가 밤에 그렇게 오래 집에 안 들어가도 뭐라고 하지 않냐?)
     He **didn't mind** that other people in the village thought him odd.
     (그는 동네 사람들이 그를 괴이하다고 생각하는 것에 관심이 없었다.)

3   never mind: "걱정하지 않다(not worry/not be annoyed)"라는 의미로 사용된다.

     "We haven't done very well, have we?" "**Never mind**. At least we tried."
     ("우리가 잘 해내지 못했지?" "걱정하지 마라. 적어도 노력은 했잖아.")
     "I'm really sorry I was late to the party." "**Never mind**. You came anyway."
     ("파티에 늦어서 정말 미안하다." "괜찮아. 여하튼 왔잖아.")

4   not mind doing sth: "반대하지 않다(not oppose)"를 의미한다.

     I **don't mind driving** if you're tired. (네가 피곤하다면 내가 운전을 할 수도 있다.)
     I **don't mind having** a dog in the house so long as it's clean.
     (깨끗하게 한다면 집에서 개를 키우는 것을 반대하지 않는다.)

5   wouldn't mind (doing) sth: "원하다(want)"라는 의미를 지닌다.

     I **wouldn't mind something** to eat. (뭐 좀 먹고 싶은데.)
     She's gorgeous! I **wouldn't mind looking** like her.
     (그녀는 정말 멋지다. 나도 그녀를 닮았으면 좋겠다.)

6   Would/Do you mind ...?: 공손하게 무엇을 하라고 부탁하거나 타인의 허가를 청할 때 사용되며, 일반적으로 "-ing형"이나 "if-절"이 뒤에 온다.

(1) would/do you mind if: 공손하게 타인의 허가를 청할 때

Would you mind if I opened the window? (문을 열어도 되겠습니까?)
(= Can/May I open the window?)
Would you mind if I came with you? (당신과 같이 가도 되겠습니까?)
Do you mind if I turn your radio down a little?
(당신의 라디오 소리를 약간 줄여도 되겠습니까?)

(2) would you mind (sb) doing sth: 타인에게 무엇을 할 것을 요청할 때

Would/Do you mind turning your radio down a little?
(당신의 라디오 소리를 약간 줄여주시겠습니까?)
(= Would you turn your radio down a little?)
Would/Do you mind my turning your radio down a little?
(당신의 라디오 소리를 약간 줄여도 되겠습니까?)
(= Can I turn your radio down a little?)

(3) would you mind doing sth: 타인에게 화가 나서 무엇을 할 것을 요구할 때도 쓰인다.

Would you mind telling me what you're doing in here?
(지금 여기서 무엇을 하고 있는지 말해줄 수 있습니까?)
Would you mind shutting up for a minute? (잠시 입을 다물고 있을 수 있습니까?)

(4) Do you mind …?: 생각에 대한 일반적인 질문을 할 때는 일반적으로 "Would you mind …?"를 사용하지 않고 "Do you mind …?"를 사용한다.

Do you mind people smoking in your house? (너희 집에서 담배를 피워도 되냐?)
(*Would you mind people smoking in your house?)
Do you mind if people smoke in your house? (너희 집에서 담배를 피워도 되냐?)

7   no와 not at all: "Would/Do you mind …?" 다음에 허락하는 대답으로 일반적으로 "No" 혹은 "Not at all"을 사용한다.

"**Do you mind** if I come along with you?" "**No/Not at all**."
("당신을 따라가도 되겠습니까?" "좋습니다.")
"**Do you mind** if I look at your paper?" "**No, please do**."
("당신의 신문을 좀 봐도 되겠습니까?" "네. 그러십시오.")

8   if you don't/wouldn't mind: "의향이 있다(be willing), 허용하다(allow to do)"의 의미로 쓰인다.

If you don't mind, I won't be joining you at the party tonight.
(만약 네가 괜찮다면 나는 오늘 밤에 파티에 너와 함께 가지 않으려고 한다.)
I'd like to stay a while longer **if you wouldn't mind**.
(만약 네가 허용한다면 나는 잠시 더 머물고 싶다.)

9　　if you don't mind my/me saying so/asking: 말한 내용이 듣는 사람에게 실례가 될 수도 있다고 생각할 경우 문장 끝에 이 표현을 첨부할 수도 있다.

You look tired, **if you don't mind my saying so**. (말하기가 죄송한데요 피곤해 보이십니다.)
How old are you, **if you don't mind me asking**?
(물어봐도 될지 모르겠지만 나이가 어떻게 됩니까?)

M19　miss

1　　fail: 어떤 일을 하는 데 실패하거나 어떤 일이 일어나지 않을 경우를 표현할 때 사용된다.

He had **missed** being elected by a single vote. (그는 한 표 차로 당선에 실패했다.)
He threw an ashtray at me, but narrowly **missed**.
(그는 나에게 재떨이를 던졌으나 간신히 빗나갔다.)
The arrow **missed** his heart by a couple of centimeters.
(화살이 그의 심장을 이삼 센티미터 정도 빗나갔다.)

2　　late: 어떤 일을 하기에는 너무나 늦었음을 표현할 때 사용된다.

I **missed** the bus yesterday and was late for school.
(나는 어제 버스를 놓쳐서 학교에 지각했다.)
By the time we got to the theater, we'd already **missed** the start of the movie.
(우리가 영화관에 도착했을 때는 영화가 이미 시작했다.)

3　　lonely: 좋아하는 사람이나 사물과 함께 있지 않음으로써 느끼는 외로움을 표현할 때 사용된다.

I **miss** him so much, now that he's gone away. (그가 떠나버리니까 매우 그립다.)
This little girl keeps crying. I think she's **missing** her mom.
(이 어린 여아가 계속 울고 있다. 내 생각에는 엄마를 찾는 것 같다.)
He really **missed** his girlfriend when she went away.
(그는 여자 친구가 떠나니까 정말로 보고 싶어 했다.)

4　　not notice: 어떤 것이 어렵기 때문에 알아채지 못함을 표현할 때 사용된다.

He noticed a fault in the design which everybody else had **missed**.
(그는 설계에서 다른 사람들이 지나친 오류를 알아냈다.)
The restaurant is easily **missed** because its name has fallen off the entrance.
(그 음식점은 입구에 있던 간판이 떨어져서 쉽게 지나칠 수 있다.)

5　　give something a miss: 어떤 것이 중요하지 않다고 생각하거나 다른 어떤 것을 하려고 무엇을 하지 않는 것을 표현할 때 사용된다.

Do you mind if we **give the show a miss**? It's for kids, after all.
(오늘 공연에 가지 않아도 괜찮지? 어쨌든 아이들을 위한 공연이잖아.)

John decided to **give school a miss** and went for a ride in his new car instead.
(존은 학교에 가지 않기로 하고 대신에 그의 새 차로 드라이브를 갔다.)

6   **you can't miss it/him**: 너무나 명백해서 알아차릴 수밖에 없음을 의미한다. 이 표현은 길을 묻거나 사람을 찾는 사람에게 정보를 알려주면서 종종 사용된다.

Their house is on the left. It has a pink door. **You can't miss it**.
(그들의 집은 왼쪽에 있으며 문이 분홍색입니다. 지나칠 수가 없습니다.)
"I'm looking for Mr. Jones." "He's wearing a white suit and white shoes with a red tie. **You can't miss him**." ("존스 씨를 찾고 있는데요?" "존스 씨는 흰 양복과 흰 구두 그리고 빨간색 타이를 하고 있습니다. 쉽게 알아볼 수 있을 겁니다.")

7   **miss a chance/opportunity**: 좋거나 유익한 기회를 놓치는 것을 표현할 때 사용된다.

Jerry's sold the car to someone else. You've **missed your chance**.
(제리는 차를 다른 사람에게 팔아버렸다. 너는 기회를 놓쳤다.)
Don't **miss this great opportunity** to fly for a half price.
(반값에 비행기를 탈 수 있는 이 좋은 기회를 놓치지 마라.)

▶ "miss a chance"와 유사한 의미의 "miss out on"과 구어체의 "miss the boat"가 있다.

Her family made her leave school very young so she **missed out on** her education.
(그녀의 가족은 그녀를 아주 어릴 때 학교를 그만두게 했기 때문에 교육을 받을 기회를 못 가졌다.)
If you don't come to the picnic, you'll **miss out on** all the fun.
(야유회에 오지 않으면 재미있는 것을 모두 놓치게 될 거야.)
Buy your shares in the company now or you'll **miss the boat**.
(지금 회사의 지분을 사라. 그렇지 않으면 너는 기회를 놓치게 될 것이다.)
He didn't get the application in early enough so he **missed the boat**.
(그는 지원을 일찍 하지 않아서 기회를 놓쳤다.)

8   **miss the point**: 글이나 말의 요점을 잘못 알고 있음을 표현할 때 사용된다.

It was obvious from his reply that he **missed the point** completely.
(그가 핵심을 완전히 벗어났다는 것은 그의 응답에서 명백했다.)
I think you **missed the point**. We want to encourage competitiveness, not prevent it.
(나는 당신이 요점을 잘못 알고 있다고 생각합니다. 우리는 경쟁을 막는 것이 아니라 권장하고 싶습니다.)

9   **missing**: 형용사로서 사람이나 물건이 사라지거나 분실되어 있어야 할 곳에 없음을 표현한다.

Her son has been **missing** since March 2001.
(그녀의 아들은 2001년 3월 이래 실종되었다.)
The burglars are in prison now but the jewellery's still **missing**.
(강도들은 지금 감옥에 있는데 보석은 아직도 행방불명이다.)

They've been borrowing my tool kit and now there're several tools **missing**.
(그들이 내 연장 상자를 빌려가곤 했는데 지금은 연장 몇 개가 없어졌다.)
The police have been doing their best to find his **missing** son.
(경찰은 그의 실종된 아들을 찾으려고 최선을 다하고 있다.)

▶ missing은 특히 군에서 전투 중에 전사한 것이 확인되지 않은 실종된 군인을 가리킬 때 사용된다.

After the battle, the company leader reported an officer and three soldiers were **missing** in action. (전투가 끝난 후 중대장은 장교 한 명과 병사 세 명이 전투 중 실종이라고 보고했다.)

M20 moan과 mourn

1   moan[moʊn]: 불편한 것에 대해 "불평하다, 불만을 말하다" 또는 고통이나 슬픔으로 "신음하다, 끙끙거리다"를 의미한다.

A lot of people are always **moaning** about the parking problems.
(많은 사람들이 주차문제에 대해 항상 불만을 표시한다.)
He **moaned** with pain, before losing consciousness.
(그는 의식을 잃기 전에 고통으로 신음했다.)
She **moans** it's too hot, so I open the window and then she complains that it's too cold.
(그녀는 너무 덥다고 불평해서 창문을 여니까 너무 춥다고 불평한다.)

2   mourn[mɔːrn]: 특히 죽음에 대해 "슬퍼하다, 애통하다"를 의미하고, 또한 실패나 잘못에 대해 "한탄하다, 탄식하다"를 의미한다.

The whole nation **mourned** the death of the much-loved President.
(전 국민이 많은 사랑을 받던 대통령의 서거를 슬퍼했다.)
Hundreds of people gathered to **mourn** the slain policeman.
(수백 명의 사람들이 살해당한 경찰관을 애도하기 위해 모였다.)
They're **mourning** the loss of their last opportunities.
(그들은 마지막 기회를 놓친 것에 대해 탄식하고 있다.)

M21 MODAL AUXILIARY VERBS (양상조동사)-1: 개요

영어의 조동사에는 "기본조동사(have, be, do)"와 "준조동사(have to, had better 등)" 그리고 "양상조동사" 세 가지가 있다. (A117을 보라.) 학자에 따라 약간 다르지만 양상조동사에 "can, could, may, might, will, would, shall, should, must, ought to"를 포함시키는 것에는 이의가 없는 것 같다. 어떤 학자는 "used to, need, dare, had better"도 양상조동사로 분류하기도 하고 조동사가 아닌 어휘적 동사로 분류하기도 한다. 그 분류기준은 곧 논의할 양상조동사의 문법적 특성이다. 따라서 "used to, need, dare, had better"는 양상조동사의 문법적 특성을 준수하지 않는 경우도 있다. 이들은 양상조동사의 문법적 특성과 어휘적 동사의 문법적 특성을 모두 포함하고 있다고 할 수 있다.

양상조동사는 어휘적 동사와 다음과 같은 점에서 다르다.

1 **삼인칭 단수어미**: 양상조동사는 삼인칭 단수어미 -s를 갖지 않는다.

He **will** come to see you. (그는 너를 만나러 올 것이다.)
(*He **wills** come to see you.)
She **may** know his address. (그녀가 그의 주소를 알지도 모른다.)
(*She **mays** know his address.)
He **can** go to the beach with us. (그는 우리와 바다에 갈 수 있다.)
(*He **cans** go to the beach with us.)

2 **의문문과 부정문**: "의문문, 부정문, 부가의문문, 짧은 응답"을 do 없이 만든다.

Can you swim? (수영할 줄 알아?)
(***Do** you **can** swim?)
He shouldn't be sleeping there, **should** he? (그는 거기서 잠을 자면 안 되잖아?)
(*He **doesn't should** be sleeping there, **should** he?)
"**Will** you come with me?" "No, I **won't**." ("나와 함께 갈 거야?" "아니요, 안 갑니다.")
(*No, I **don't will**.)

3 **부정사**: 양상조동사 다음에는 "to-없는 부정사"가 온다. (ought는 예외다. (O22를 보라.))

I **must water** the flowers. (나는 꽃에 물을 주어야 한다.)
(*I **must to water** the flowers.)
You really **ought to quit** smoking. (너는 정말 담배를 끊는 게 좋겠다.)
(*You really **ought quit** smoking.)

4 **순서**: 양상조동사는 "진행조동사, 완료조동사, 수동조동사"와 결합할 수 있으며, 이 경우 양상조동사가 다른 조동사들을 항상 앞선다.

I **may not be** working tomorrow. (나는 내일 일을 하지 않을 수도 있다.)
(*I **am not may** working tomorrow.)
She was so angry she **could have** killed him. (그녀는 너무나 화가 나서 그를 죽일 수도 있었다.)
(*She was so angry she **has could** killed him.)
The kitchen **ought to be painted** one of these days. (머지않아 부엌에 페인트칠을 해야 한다.)
(*The kitchen **is ought to painted** one of these days.)

5 **부정사형과 완료형**: 양상조동사에는 부정사형과 진행형 그리고 완료형이 없으며 (*to may, *maying, *mayed) 일반적으로 과거형이 없다. "would, could, should, might"가 각각 때때로 "will, can, shall, may"의 과거시제형으로 사용될 수 있으나, 꼭 필요할 경우 다른 표현을 사용하기도 한다.

I would like **to be able to** skate. (나는 스케이트를 탈 줄 알면 좋겠다.)
(*I would like **to can** skate.)

People really **had to** work hard in those days.
(그 당시에는 사람들이 정말로 열심히 일해야 했다.)
(*People really **musted** work hard in those days.)

to-없는 원형부정사에 대해서는 132를 보라.

6   **과거**: 과거의 개념을 "양상조동사 + have + 과거분사" 구조를 써서 표현할 수 있다.

You **should have told** me you were coming. (너는 온다는 것을 나에게 말했어야 했다.)
I think I **may have annoyed** Aunt Mary. (내가 메리 고모를 괴롭혔을 수도 있다고 생각한다.)

7   **의미**: 우리가 위의 조동사를 "양상조동사"라는 이름을 붙인 것은 그 문법적 특성뿐만 아니라 문장 해석에서 이 조동사들이 하는 역할 때문이기도 하다. 양상조동사는 일반적으로 문장이 표현하는 행위나 상태에 대한 화자나 필자의 "심적 태도"를 표현한다. 따라서 어떤 상황이나 행위가 명백한 사실이거나 실제로 실현되어 그 상황이나 행위에 대해 화자/필자의 생각을 덧붙일 여지가 없을 경우에는 양상조동사가 사용되지 않는다. 양상조동사는 문장이 기술하고 있는 사태가 사실이거나 실현될 "가능성의 정도," "기대의 정도," "필요성의 정도," "강제성의 정도" 등에 대한 "화자/필자의 심적 태도"를 표현한다. 예를 들어 다음의 문장을 생각해 보자.

It **may** rain.

양상조동사 may를 가진 위 문장이 전달하려는 의미를 생각해보자. 화자는 이 문장을 통해서 "It rains"가 표현한 현상이 실현될 가능성(possibility) 또는 개연성(probability)이 있다는 자기 생각을 청자에게 전달하고 있다.

양상조동사의 의미는 크게 두 가지 유형, 즉 "확실성의 정도(degrees of certainty)"와 "의무의 정도(degrees of obligation)"로 나눌 수 있다. 이외에도 "능력(ability), 미래성(futurity), 습관(habit)" 등을 표현한다.

양상조동사의 상세한 용법에 대해서는 각 양상조동사의 항목을 보라.

M22   MODAL AUXILIARY VERBS-2: 확실성

양상조동사는 어떤 상황이 실현될 또는 실현되지 않을 "확실성(certainty)"의 다양한 정도를 표현한다.

1   **강한 확실성** (긍정적 혹은 부정적): must, shall, will, can't, have to

He **must** be nearly 90 years old now. (그분은 지금쯤 틀림없이 90살 가까이 됐을 것이다.)
He **can't** be nearly 90 years old now. (그분은 지금쯤 90살 가까이 됐을 리가 없다.)
We **shall** be away next week. (우리는 다음 주에 떠날 것이다.)
I **shan't** see you again. (나는 너를 다시 보지 않을 것이다.)
He**'ll** be seventeen next Monday. (그는 다음 월요일 17살이 될 것이다.)

That car **won't** hold five people comfortably. (그 차는 다섯 사람을 편하게 태울 수 없다.)
House prices **have to** go up sooner or later. (집값은 언제고 오를 수밖에 없다.)

▶ 과거시제 맥락에서 나타나는 조동사: could, would

I said he **couldn't** be nearly 90 years old then.
(나는 그분이 그 당시 90살 가까이 됐었을 리가 없다고 말했다.)
I knew he **would** be seventeen the next Monday.
(나는 그가 그 다음 월요일에 17살이 될 것이라는 것을 알았다.)
I told you that the car **wouldn't** hold five people comfortably.
(그 차가 다섯 사람을 편하게 태울 수 없다고 내가 너에게 말했잖아.)

▶ "must not"는 "금지"를 표현할 때 사용되고 "확실성"을 나타내는 must의 부정은 "can't"가 된다.

He **must** be guilty. (그는 유죄가 틀림없어.)
He **cannot** be guilty. (그는 유죄일 수 없어.) (*He **must not** be guilty.)
She **cannot** be hungry, because she had a big lunch an hour ago.
(그녀는 한 시간 전에 풍성한 점심을 먹었기 때문에 배가 고플 리가 없다.)
(*She **must not** be hungry, because she had a big lunch an hour ago.

2   **중간 확실성**: should, ought

The next road **should/ought to** be King Street. (다음 길이 킹 스트리트일 것이다.)
It **shouldn't/oughtn't to** be difficult to get there. (그곳을 찾아가는 것이 어렵지 않을 것이다.)

3   **가능성**: may, can

We **may** buy a new house. (우리가 새집을 살 수도 있다.)
The water **may** not be warm enough to swim. (물이 수영할 정도로 따뜻하지 않을 수 있다.)
New England **can** be very warm in September. (뉴잉글랜드는 9월에 매우 더울 수 있다.)

▶ 약한 가능성: might, could

I **might** see you again — who knows? (누가 알아, 다시 보게 될지?)
Things **might** not be as bad as they seem. (상황이 겉보기처럼 나쁘지 않을 수도 있다.)
We **could** all be millionaires one day. (우리 모두는 언제고 백만장자가 될 수도 있다.)

▶ may는 가능성을 뜻하는 의문문에는 쓰이지 않는다.

Can/Could/Might she still be at the station?
(그녀가 아직도 정거장에 있을 가능성이 있습니까?)
(***May** she still be at the station?)

4   **과거 가능성**: 가능성의 등급에 따라 "must/should/ought/may/might + have + 과거분사"를 써서 표현한다.

He **must have arrived** at the office by now.
(그는 지금쯤 사무실에 틀림없이 도착했을 것이다.)
He **should/ought to have arrived** at the office by now.
(그는 지금쯤 사무실에 도착했을 것이다.)
He **may/might have arrived** at the office by now.
(그는 지금쯤 사무실에 도착했을 수도 있다.)

M23 MODAL AUXILIARY VERBS-3: 의무

양상조동사는 "의무, 금지, 요청, 권고, 허가, 제안" 등을 표현한다.

1 강한 의무: must, have (got) to, will, need to

All passengers **must** wear seat belts. (모든 승객은 안전띠를 매야 한다.)
You **have (got) to** mix the flour and the water. (밀가루와 물을 뒤섞어야 한다.)
All sales staff **will** arrive for work by 8:40 a.m.
(모든 판매사원은 아침 8시 40분까지 일터에 도착해야 할 것이다.)
He **needs to** see a doctor immediately. (그는 즉시 의사를 봐야 한다.)

2 강한 금지: must not, may not, cannot

You **must not** show this letter to anyone else. (이 편지를 다른 사람에게 보여서는 안 된다.)
Books **may not** be taken out of the library. (책을 도서관 밖으로 반출해서는 안 된다.)
You **cannot** park over there — there's a sign telling you not to.
(그곳에 주차할 수 없습니다. 표지판을 보면 알 수 있잖아요.)

3 의무의 결여: need not, not have to

You **needn't** work this Saturday. (이번 토요일에는 일을 안 해도 된다.)
You **don't have to** go to Busan tomorrow. (내일 부산에 가지 않아도 된다.)

4 권고 (긍정적/부정적): should, ought to, had better

You **should** try to work harder. (더 열심히 일을 하도록 하십시오.)
She really **ought to** wash her hair. (그녀는 정말 머리를 감아야 한다.)
You**'d better** leave a note so they'll know when you're late.
(네가 늦으면 그들이 알 수 있도록 쪽지를 남기는 것이 좋겠다.)

You **ought not to** meet him — he's really mean.
(그를 만나지 않는 게 좋겠다. 그는 정말 비열하다.)
The company **shouldn't** make changes in its marketing strategy.
(회사는 마케팅 전략을 바꾸지 말아야 한다.)
You**'d better** not call to say you'll be late. (늦는다고 말하려는 전화를 하지 않는 게 좋겠다.)

5 의향, 결심, 주장, 제안: will, should, shall, would

Shall we go out for dinner tonight? [제안]
(오늘 저녁 식사하러 나갈까요?)
Don't worry, I **shall** be there to meet you. [의향/결심]
(걱정하지 마세요. 당신을 만나러 그곳에 갈 것입니다.)
I**'ll** always love you. [결심]
(항상 당신을 사랑할 것입니다.)
You**'ll** need a strong will in order to succeed. [주장]
(성공을 하려면 강한 의지가 필요하다.)
It worries me that you **would** drive all the way to Mokpo. [의향]
(목포까지 쭉 운전할 생각이라니 걱정이 된다.)
You **might** like to join us for dinner. [제안]
(저녁 식사를 우리와 함께하시겠습니까?)
We're going to the concert. You **might** like to come with us. [제안]
(우리는 연주회에 가는 중입니다. 우리와 함께 가시겠습니까?)

6 허가: can, may, might

You **can** have a piece of cake if you want to. (원하면 케이크 한 조각 먹어도 된다.)
Can I borrow your keys? (열쇠를 빌려도 됩니까?)
A reader **may** borrow up to five books at any one time.
(독자는 한 번에 책을 다섯 권까지 빌려 갈 수 있다.)
May we use the phone? (전화를 써도 됩니까?)
I wonder if I **might** have a quick look at your paper. (당신의 보고서를 잠시 볼 수 있을까요?)
Might I borrow your dictionary, please? (미안합니다만 사전을 좀 빌리고 싶은데요?)

M24 MODAL AUXILIARY VERBS-4: 능력, 습관, 비실제적 상황

1 능력: can, could

I **can** read English, but I **can't** speak it. (나는 영어를 읽을 줄 알지만 말할 줄은 모른다.)
My father **could** speak five different languages. (나의 아버지는 5개 국어를 말할 수 있었다.)

2 습관: will, would, used to

Most evenings he**'ll** just sit in front of the TV and go to sleep. [나쁜 습관]
(그는 대부분의 저녁시간에 텔레비전 앞에 앉아 있다가 잠에 든다.)
On summer evenings they**'d** sit out in the garden. [과거의 습관]
(여름 저녁에는 그들은 정원에 나가 앉아 있곤 했다.)
They **used to** go to the park every day. [과거의 습관]
(그들은 매일 공원에 가곤 했었다.)

would와 used to의 차이에 대해서는 W23.6을 보라.

3   **비실제적 상황**: could/might/should/ought/needn't + have + 과거분사

She **could have married** a millionaire, if she wanted to.
(그녀는 원했다면 백만장자와 결혼할 수 있었다.) [She didn't marry a millionaire.]
They **might have cleaned** up the room before they left.
(그들은 떠나기 전에 방을 깨끗이 청소할 수 있었다.) [They didn't clean up the room.]
Mary **should have gone** to the dentist yesterday.
(메리는 어제 치과에 갔어야 했다.) [Mary didn't go to the dentist yesterday.]
He **ought to have arrived** last night, but the train was delayed.
(그는 어젯밤에 도착했어야 하는데 기차가 연착됐다.) [He didn't arrive last night.]
He **needn't have sent** me flowers.
(그는 나에게 꽃을 보낼 필요가 없었다.) [She did send me flowers.]
This perfume **could have been sold** at a high price and money given to the poor.
(이것[향유]을 비싼 값에 팔아 가난한 자들에게 줄 수 있었겠도다.) [마 26:9]
[The perfume hasn't been sold.]

상세한 것은 각각의 양상 조동사 항목을 보라.

M25   MODIFIERS (수식어)와 HEAD-WORDS (핵어)

두 개 이상의 단어로 구성된 표현을 우리는 구(phrase)라고 하며, 모든 구는 일반적으로 구의 핵심이 되는 "핵어/머리어(head-word)"와 그 핵어를 제한하는 "수식어(modifier)"로 구성된다. 수식어의 역할은 핵어의 의미를 더 정확하게 규정하는 것이다. 예를 들어 "animals(동물)"보다 "domestic animals(가축)"가 의미상으로 더 구체적이 되고, "large female domestic animals that produce milk for people"라고 하면 우리는 대략 어떤 동물을 의미하는지를 알 수 있다.

1   **명사와 수식어**: 명사의 수식어로는 "한정사, 명사, 형용사, 전치사구, 비정형절, 관계절" 등이 있다. (N38-N41을 보라.)

a man	**my** son	[한정사]
a rain coat	the **railroad** station	[명사]
some important information	**another interesting** story	[형용사]
a book **on Vietnam War**	the road **to Rome**	[전치사구]
students **arriving late**	any coins **found on this site**	[비정형절]
the next train **to arrive**	a tiny kitchen **that she likes**	[관계절]

전통문법에서는 "관사, 부정사절, 관계절" 등을 종종 모두 "형용사구"로 분류하기도 한다. 우리의 문법적 설명에서도 어떤 표현이 명사를 수식할 경우 그 표현이 "형용사적으로 사용되었다"고 한다.

2   **부사**: 부사의 기본기능은 다른 표현을 수식하는 것이다. 많은 문법서에서 부사는 "동사, 형용사, 다른 부사"를 수식한다고 정의하고 있지만, 실제로 부사는 거의 모든 표현을 수식할 수 있다.

Fortunately, everything worked out all right in the end.	[문장 수식]
(다행히도 결국 모든 것이 잘 해결되었다.)	
Slowly they walked back home.	[동사 수식]
(그들은 천천히 걸어서 집으로 돌아왔다.)	
They walked back home **very slowly**.	[부사 수식]
(그들은 매우 천천히 걸어서 집으로 돌아왔다.)	
I hope they'll be **really happy**.	[형용사 수식]
(나는 그들이 진정으로 행복하기를 희망한다.)	
He made his application **well within** the time.	[전치사 수식]
(그는 마감 시간을 넉넉히 남기고 지원을 했다.)	
I think she loves **only you**.	[대명사 수식]
(나는 그녀가 너만을 사랑한다고 생각한다.)	
They recovered **roughly half** their equipment.	[한정사 선행어 수식]
(그들은 장비의 절반 정도를 되찾았다.)	
Over two hundred deaths were reported.	[수사 수식]
(200명 이상이 죽은 것으로 보도되었다.)	
That was **quite a party** we had last night.	[명사구 수식]
(어젯밤 파티는 대단한 것이었다.)	

M26 momentary와 momentous

1   momentary: 짧은 기간을 가리키는 "순간의, 찰나의"를 의미한다.

There was momentary silence, when she entered the room.
(그녀가 방에 들어왔을 때 순간적인 침묵이 흘렀다.)
Her feeling of fear was only **momentary**; it soon passed.
(그녀의 공포심은 순간적이었을 뿐 곧 사라졌다.)

2   momentous: 상황이 "중대한, 심각한"을 의미한다.

We listened on the radio to the **momentous** news that war had begun.
(우리는 라디오에서 전쟁이 시작되었다는 중대한 뉴스를 들었다.)
Momentous events are taking place between the U.S. and China.
(미국과 중국 사이에 중차대한 사건이 일어나고 있다.)

M27　MONEY (화폐)

화폐(currency)는 나라에 따라 그 단위와 호칭이 다르다. 일반적으로 화폐단위를 표현하는 기호는 숫자 앞에 표시하고, 말을 할 때는 숫자 뒤에 말한다.

미국:	$537:	"five hundred (and) thirty-seven **dollars**"
	$10.25:	"ten **dollars** (and) twenty-five **cents**"
		"ten **dollars** twenty-five"
		"ten **dollars** and a quarter"
		"ten twenty-five"
영국:	£3.7m:	"three point seven million **pounds**"
	£9.40:	"nine **pounds** forty **pence**"
		"nine **pounds** forty"
		"nine forty"
한국:	₩2,567:	"two thousand five hundred (and) sixty-seven **won**"
일본:	¥534:	"five hundred (and) thirty-four **yen**"

1　**dollar와 won**: 한국화폐 won과 일본화폐 yen은 미국화폐 dollar와 영국화폐 pound와는 달리 "복수형"이 없다.

one **dollar**	*100 **dollar**	100 **dollars**
one **pound**	*100 **pound**	100 **pounds**
one **yen**	100 **yen**	*100 **yens**
one **won**	100 **won**	*100 **wons**

2　**영국화폐**: 영국화폐에서 1파운드(pound(£))는 100펜스(pence)다.

(1) 지폐: 영국에서는 지폐를 "note"라고 한다.

£10:　　"a ten pound note"
£100:　　"a hundred pound note"
£200:　　"a two-hundred pound note"

(2) 동전: pence 표지인 "p"는 파운드 표지와는 달리 숫자 뒤에 표시한다.

1p:　　"a one-p (piece)"
2p:　　"a two-p (piece)"
5p:　　"a five-p (piece)"
10p:　　"a ten-p (piece)"
20p:　　"a twenty-p (piece)"
50p:　　"a fifty-p (piece)"
£1:　　"a (one-) pound (coin)"
£2:　　"a two-pound (coin)"

우리는 종종 "piece"를 생략할 수 있다. 따라서 1p와 2p를 각각 "a one-p[piː]"와 "a two-p[piː]"라고 말한다. "p"의 복수는 "p's[piːz]"라는 점에 유의하라.

Can you change this one pound coin with two 50p's?
(이 1파운드 동전을 50펜스 동전 두 개와 바꿔줄 수 있습니까?)

(3) penny의 복수는 pence지만, 어떤 사람들은 구어체에서 복수의 pence를 단수로 사용하기도 한다.

How many **pence** are there in a pound? (1파운드 몇 펜스입니까?)
That's two **pounds** and one **pence**, please. (2파운드 1펜스입니다.)

3 **미국화폐**: 미국 화폐에서 1달러(dollar($))는 100센트(cent(¢))다.

(1) 지폐: 미국에서는 지폐를 bill이라고 한다.

$1:   "a dollar bill"
$5:   "a five-dollar bill"
$10:   "a ten-dollar bill"
$100: "a hundred-dollar bill"

(2) 동전: 미국에서는 1 dollar보다 적은 화폐단위를 cent라고 부른다. 미국의 동전에는 특별한 별칭이 있다. cent 대신에 penny를 사용하기도 한다. 미국 동전들은 특별한 명칭으로 불리기도 한다.

1¢/cent: "a **penny**"
5¢/cents: "a **nickel**"
10¢/cents: "a **dime**"
25¢/cents: "a **quarter**"
50¢/cents: "a **half dollar**"

4 **money와 change**: money와 잔돈 또는 거스름돈을 의미하는 change는 모두 불가산명사로서 양을 묻는 질문에서는 "how much"와 함께 쓰인다. 그러나 지폐(note/bill)나 동전(coin)은 가산명사이기 때문에 그 수를 묻는 표현에서는 "how many"가 사용된다.

How much **money** do you have now? (지금 돈이 얼마나 있습니까?)
How many **one dollar bills** do you have? (1불짜리 지폐를 얼마나 가지고 있습니까?)
How much **change** do I have to give you? (거스름돈을 얼마나 드려야 합니까?)
How many **coins** do you have in your pocket? (주머니에 동전이 몇 개 있습니까?)

5 **금액과 수**: 금액의 표현이 비록 복수형 명사구라고 할지라도 하나의 단위로 간주하여 단수가 되며, 항상 "단수 동사, 단수 한정사, 단수 대명사"를 사용한다.

Twelve dollars is all I have.
(12불이 내가 가진 전부입니다.)
(*Twelve **dollars are** all I have.)

"Where **is that fifty dollars** I lent you?" "I spent **it**."
("내가 빌려준 그 50불이 어디 있습니까?" "써버렸습니다.")
("*Where **are those fifty dollars** I lent you?" "*I spent **them**.")

M28 MOOD (서법)와 MODALITY (양상성)

1 **직설법**: 화자는 보거나 듣거나 혹은 알고 있는 "사실"을 (그 사실에 대해 화자 자신이 어떤 생각을 가지고 있는가를 표현하지 않고) 그대로 상대방에게 전달할 수 있다. 우리는 이러한 발화방법을 직설법(indicative mood)이라고 부른다.

We went to Hawaii in 2010. (우리는 2010년에 하와이에 갔다.)
My mother-in-law is coming to see us next month. (장모님이 다음 달에 우리를 보러 옵니다.)
They don't care about money anymore. (그들은 더 이상 돈에 관심이 없다.)

이 책의 대부분의 예문이 직설법 문장이라고 할 수 있다.

2 **명령법**: 우리는 말을 함으로써 상대방에게 어떻게 할 것을 지시하거나 요청 또는 부탁을 할 수 있으며, 이 방식을 우리는 명령법(imperative mood)이라고 한다. 명령법에는 2인칭 명령법과 1인칭 명령법이 있다.

(1) 2인칭 명령법: 주어는 일반적으로 생략되며, 동사는 원형부정사가 사용된다.

Open the door. (문을 열어라.)
Don't open the door. (문을 열지 마라.)

(2) 1인칭 명령법: let로 시작한다.

Let's open the door. (문을 엽시다.)
Let's **not** open the door. (문을 열지 맙시다.)

명령법에 대해서는 I11을 보라.

3 **양상성**: 양상성이란 화자가 자신의 발화 내용에 대해 갖는 태도를 가리킨다. 우리는 우리가 말한 것이 사실이라기보다 사실이 될 "가능성, 확실성, 필연성, 비실제성" 등을 표현할 수 있다. 그 방법에는 크게 세 가지가 있다. 특별한 동사형을 사용하는 가정법(subjunctive mood)과 양상(modal)조동사를 사용하는 방법 그리고 특별한 어휘를 사용하는 방법이다.

(1) 가정법: 가정법에서는 동사의 원형이 일반적으로 사용되며, were가 be동사의 과거형으로 사용된다. (S37을 보라.)

I **demanded** that she **be** on time. (나는 그녀에게 정시에 오라고 요구했다.)
It's **desirable** that he **not** leave school before finishing his exams.
(그는 시험을 마치기 전에 학교를 나가지 않는 것이 바람직하다.)
If I **were** you, I'd accept his apology. (내가 너라면 그의 사과를 받아들일 것이다.)
I wish I **were** a millionaire. (내가 백만장자라면 얼마나 좋을까.)

(2) 양상조동사: 양상조동사는 문장이 기술하고 있는 상황이 사실이거나 실현될 "가능성의 정도," "기대의 정도," "필요성의 정도," "강제성의 정도" 등에 대한 화자의 심적 태도를 표현한다.

We **might** all be millionaires some day. (우리는 언제고 모두 백만장자가 될 수도 있다.)
He **must** be over 80 years old now. (그는 지금쯤 틀림없이 80은 넘었을 것이다.)
You **needn't** work on Saturday. (토요일에 일할 필요가 없다.)
We'd **better** leave some money for them. (우리는 그들을 위해 돈을 좀 남겨두는 게 좋겠다.)
You **can't** park your car in this area. (이 지역에는 차를 주차해서는 안 됩니다.)

양상조동사에 대해서는 M21-M24를 보라.

(3) 어휘: "perhaps, probably"와 같은 부사나 "possible, necessary, certain"과 같은 형용사를 써서 양상성을 표현할 수 있다.

Perhaps, he'll no longer bother us. (어쩌면 그는 우리를 더 이상 괴롭히지 않을 것이다.)
It's **possible** that we find a right person for the job.
(그 일에 맞는 사람을 찾을 가능성이 있다.)

M29 more

more는 "더 큰 수량 또는 더 높은 정도"를 의미하는 단어로서 "부사, 한정사, 대명사"로 쓰이며, 비교구문을 구성하는 핵심적인 단어다.

You'll have to be **more careful** next time. [부사]
(다음에는 좀 더 조심해야 할 것이다.)
We need **more money** to live in the big city like Seoul. [한정사]
(서울과 같은 큰 도시에서 살려면 돈이 더 필요하다.)
Perhaps **more of us** will be able to afford holidays abroad. [대명사]
(어쩌면 우리 중에 더 많은 사람이 외국에서 휴가를 보낼 수 있을 것이다.)
She walks **more slowly than** her mother. [비교구문]
(그녀는 자기의 어머니보다 더 느리게 걷는다.)

1 부사: more는 "동사, 형용사, 부사"를 수식한다.

You need to **listen more**, and talk less. (남의 말은 더 듣고 내 말은 적게 해야 한다.)
You couldn't be **more wrong**. (너는 완전히 틀렸다.)
Play that last section **more passionately**. (그 마지막 부분을 더 정열적으로 연주해라.)

2 한정사: more는 한정사이기 때문에 다른 한정사(a, the, his 등)의 수식을 받는 명사를 수식할 수 없다.

More people live in the city than in the rest of the country.
(더 많은 국민이 나라의 다른 곳보다 도시에 산다.)
(***More the people** live in the city than in the rest of the country.)

Could I have **more time** to finish the job? (일을 끝낼 시간을 더 줄 수 있습니까?)
(*Could I have **more my time** to finish the job?)
He's **more Christian** than Buddhist. (그는 불교신자라기보다 더 기독교인이다.)
(*He's **more a Christian** than Buddhist.)

▶ "one more" 다음에는 단수명사가 오지만 "no more, two more" 등 다음에서는 복수명사가 온다.

I have **one more question** to ask. (나는 질문이 하나 더 있습니다.)
I have **no more questions** to ask. (나는 질문할 것이 더 없습니다.)
I have **two more questions** to ask. (나는 질문이 두 개 더 있습니다.)

유사한 another에 대해서는 A71을 보라.

3   **대명사**: more는 "of-전치사구"와 결합할 수 있으며, 이 경우 전치사 of의 목적어는 대명사가 되거나 한정사의 수식을 받는 명사구가 되어야 한다.

He's **more of a poet** than a musician. (그는 음악가이기보다 시인에 더 가깝다.)
(*He's **more of poet** than a musician.)
You should take some **more of your medicine**. (너는 약을 좀 더 먹어야 한다.)
(*You should take some **more of medicine**.)
Could I have some **more of that smoked fish**? (그 훈제한 물고기를 좀 더 먹어도 됩니까?)
I don't think any **more of them** want to come.
(나는 그들 중에 오고 싶어 하는 사람이 더 없다고 생각한다.)

▶ 그러나 사람의 이름이나 지역 명칭과 같은 고유명사는 한정사의 수식 없이 of-구에 나타날 수 있다.

It would be nice to see **more of Ray and Barbara**.
(레이와 바바라를 더 자주 보게 되면 좋겠다.)
Five hundred years ago, much **more of Britain** was covered with trees.
(500년 전에 브리튼은 더 많은 부분이 나무로 덮여 있었다.)

▶ 의미가 명백할 경우 more 다음에서 명사를 생략할 수 있다.

I'd like to have some **more**, please. (= more food)
(미안하지만 좀 더 먹고 싶은데요.)
We should spend **more** on health and education. (= more money)
(우리는 건강과 교육에 돈을 더 써야 한다.)

4   **비교구조**: more는 긴 형용사와 대부분의 부사의 비교급형을 만드는 데 사용된다. (비교구문에 대해서는 C28-C33을 보라.)

As you get **older**, you get **more tolerant**. (나이가 들어가면 인내심이 는다.)
Please, drive **more slowly**. (제발 더 천천히 운전하십시오.)

▶ more는 than과 결합하여 비교구문을 구성한다.

She cares **more** for her dog **than** she does for me. (그녀는 나에게보다 개에 더 마음을 쓴다.)
He's **more intelligent than** his brother. (그는 형보다 더 머리가 좋다.)

no more, not anymore/any longer에 대해서는 N21을 보라.
far more, much more, many more 등에 대해서는 C33을 보라.

M30 most

most는 more와 마찬가지로 "부사, 한정사, 대명사"로 쓰인다.

Our department needs two more computers to work **most effectively**. [부사]
(우리 부서는 가장 효과적으로 일을 하기 위해서 컴퓨터 두 대가 더 필요하다.)
Most people think the President has done a good job last four years. [한정사]
(대부분의 국민은 대통령이 지난 4년간 일을 잘했다고 생각한다.)
More than 50 people were killed by the terrorist attack. **Most** are women and children.
(50명 이상의 사람이 테러리스트의 공격으로 죽었다. 대부분이 여성과 아이들이다.) [대명사]

1   한정사: most는 한정사로서 한정사가 없는 명사구를 수식하며, "비교를 하지 않을 경우"에는 most 앞에 "정관사 the"를 쓰지 않는다.

Most cheese is made from cow's milk. (대부분의 치즈는 소젖으로 만든다.)
(*The most cheese is made from cow's milk.)
Like **most people**, I try to take a vacation every year.
(대부분의 사람들처럼 나도 매해 휴가를 가려고 애쓴다.)
(*Like **the most people**, I try to take a vacation every year.)

2   most of: "most of"는 한정사(예: 관사나 소유격)를 가진 명사구나 대명사 앞에 오며, 이 경우에도 most 앞에 the를 사용할 수 없다.

Most of the songs they played were new to us.
(그들이 연주한 노래의 대부분은 우리에게는 생소했다.)
(*The most of the songs they played were new to us.)
It was Sunday and **most of the shops** were shut all day.
(그날은 일요일이었고 대부분의 상점이 종일 문을 닫았다.)
(*It was Sunday and **the most of the shops** were shut all day.)
Most of what Tom told me wasn't true at all.
(탐이 나에게 말한 것의 대부분은 전혀 사실이 아니었다.)
Most of us support the price increase of tobacco.
(우리의 대부분은 담뱃값을 올리는 것을 지지한다.)

▶ 인명이나 지명과 같은 고유명사는 한정사 없이 "most of" 뒤에 나타날 수 있다.

I had plenty of time to see **most of Demark** last winter.
(나는 지난겨울에 덴마크의 대부분을 충분히 볼 시간이 있었다.)

We found **most of John** covered with mud.
(우리는 진흙을 흠뻑 뒤집어쓴 존을 발견했다.)

3 **(the) most**: the most 또는 most는 의미가 명백할 경우 명사 없이도 사용될 수 있다.

The most (thing) I can hope is to make him listen to my ideas.
(내가 가장 바라는 것은 그가 내 아이디어를 듣게 만드는 것이다.)
Some people had difficulty with the lecture, but **most (people)** understood.
(어떤 사람들은 강좌를 어려워했으나 대부분(의 사람)은 이해했다.)

4 **the most**: 다른 대상과 비교하여 "가장 큰 수나 양 또는 정도"를 나타낼 때 사용된다.

The team that scores **the most points** wins the game.
(가장 많은 점수를 득점한 팀이 경기를 이긴다.)
Which of you earns **the most money**? (너희들 중에 누가 가장 돈을 많이 버느냐?)

5 **부사**: 형용사나 부사를 수식한다.

(1) (the) most는 또한 형용사와 부사와 결합하여 "최상급 구문"을 구성한다.

The gardening is said to be **the most popular** activity among the over 50.
(정원 가꾸기가 50세가 넘은 사람들에게 가장 인기 있는 활동이라고 말한다.)
It's the tea **most often** served in Chinese restaurants.
(중국 음식점에서 가장 흔히 제공되는 것은 차다.)

(2) (the) most: 부사로도 사용될 수 있으며 the는 종종 구어체에서 생략된다. (C32를 보라.)

They all talk a lot, but your little girl talks **(the) most**.
(그들 모두가 말을 많이 하지만 너의 꼬마 아가씨가 가장 말을 많이 한다.)
You can help me **(the) most** by preparing the vegetables for dinner.
(나를 가장 많이 돕는 길은 저녁 식사에 먹을 채소를 준비하는 것이다.)

(3) most: 특히 주관적 평가(subjective evaluation)를 의미하는 형용사를 수식할 경우 "very"의 의미를 갖는다. (A19.2를 보라.)

He argued his case **most persuasively**. (그가 자신의 입장을 매우 설득력 있게 주장했다.)
It was a **most interesting** morning. (그날은 매우 흥미로운 아침이었다.)
The experience he had was **most distressing**. (그의 경험은 마음을 몹시 아프게 했다.)

(4) 최상급의 의미: 최상급(most)의 의미가 내포된 "complete, favorite, ideal, perfect, principal, unique"와 같은 단어는 "most"와 함께 쓰지 않는 것이 좋다. 그러나 사람에 따라서는 "complete, favorite, perfect" 등을 "most"와 함께 쓰는 것을 허용한다.

"Gone with the Wind" is my **(*most) favorite** movie.
(〈바람과 함께 사라지다〉가 내가 가장 좋아하는 영화다.)
The **(*most) principal** reason for changing my mind is that she's much too rich.
(내가 마음을 바꾼 가장 주된 이유는 그녀가 지나치게 부자라는 것이다.)

The new president is in (*most) complete control of the company.
(새로운 사장님은 회사를 완전히 장악하고 있다.)

6 mostly: 부사로서 어떤 대상이나 상황의 대부분을 언급할 때 사용된다.

Green teas are **mostly** from China and Japan.
(녹차는 대부분 중국과 일본에서 생산된다.)
There're about twenty people in the lounge, **mostly** men.
(휴게실에 20명 정도의 사람이 있는데 대부분이 남자다.)

7 **관용적 표현**: "most of all, at (the) most, at the very most, make the most of/out of sth" 등이 있다.

(1) most of all: 부사구로서 "더욱더, 무엇보다도 더"를 의미한다.

The kids loved the playground, but they enjoyed the bumper cars **most of all**.
(아이들은 유원지를 좋아했지만 무엇보다도 범퍼카를 가장 좋아했다.)
He wanted **most of all** to be fair to all the students.
(더욱이 그가 가장 원하는 것은 모든 학생을 공정하게 대하는 것이었다.)

(2) at (the) most와 at the very most: 이들은 언급된 수량보다 더 많지 않다는 "최대로, 많아야, 고작"을 의미한다.

It'll take 30 minutes **at most** for me to come up with a solution of the problem.
(그 문제의 해답을 생각해 내는 데 많아야 30분이면 됩니다.)
Many companies are expecting **at the most** a 2 to 3 percent increase of sales this year.
(많은 회사들이 올해에 고작 2에서 3퍼센트의 판매 증가를 예상하고 있다.)
It'll cost us $10,000 **at the very most**. (최대로 10,000불이 필요할 것입니다.)

(3) make/get the most of/out of: 주어진 상황을 최대로 이용하여 최상의 이득을 얻는 것을 의미한다.

She'll help you **get the most of** your visit.
(방문하는 동안 최대로 즐겁게 보내시도록 그녀가 도와드릴 것입니다.)
Happiness is the ability of **making the most out of** what you have.
(행복은 가진 것을 최대로 이용하는 능력이다.)
It's a lovely day — let's **make the most of** our picnic.
(오늘 날씨가 좋습니다. 야유회를 마음껏 즐깁시다.)

M31 MULTIPLIERS (배수)

배수를 나타내는 표현으로는 다음과 같은 것들이 있다.

twice/double, (드물게) thrice, triple [미국]/treble [영국], quadruple, quintuple, 기수 + times (예: three times, four times, etc.)

1	**한정사 선행어**: 배수는 한정사 선행어로서 "복수 가산명사," "불가산명사" 그리고 "수(number)"나 "양(amount)"을 뜻하는 "단수 가산명사" 앞에 나타날 수 있다. (N39.2를 보라.)

    The lawyer charged me **three times the legal fees** of an average lawyer.
    (그 변호사는 평균보다 세 배나 많은 변호사 비용을 나에게 청구했다.)
    She exerted **twice/double her normal strength** to lift the refrigerator.
    (그녀는 냉장고를 들기 위해 그녀의 정상적인 힘의 두 배를 발휘했다.)
    My wife earns **treble/three times/triple my salary**. (내 처가 나보다 세 배를 번다.)
    The young boy ate about **four times the amount** that I usually eat.
    (그 소년은 내가 보통 먹는 양의 네 배 정도를 먹었다.)
    This year about **twice the number** of people watched the Super Bowl than last year.
    (금년에는 작년보다 약 두 배수의 사람들이 슈퍼볼을 시청했다.)

2	**of-구**: 배수는 다른 한정사 선행어와는 달리 수식하는 명사구 앞에 전치사 "of"를 허용하지 않는다.

    *My wife earns **double/twice of my salary**.
    *The young boy eats about **four times of the amount** that she usually eats.
    *The lawyer charged me **three times of the legal fees** of an average lawyer.

다른 한정사 선행어에 대해서는 P32-P34를 보라.

M32 must-1: 개요

must는 양상조동사로서 원형부정사와 함께 쓰이며, 어떠한 어미도 가질 수 없다. (즉 -s나 -ed어미를 붙일 수 없다) 양상조동사의 일반적인 속성에 대해서는 M21을 보라.

1	have to: must가 나타날 수 없을 경우 "have to"가 대신하며, must에는 과거형이 없기 때문에 (*musted) 필요한 경우 상응하는 "have to"의 과거형 "had to"를 대신 사용한다. (H10을 보라.)

    All the passengers **must** wear seat belts. (모든 승객은 안전띠를 매야 한다.)
    All the passengers **have to** wear seat belts. (모든 승객은 안전띠를 매야 한다.)
    All the passengers **had to** wear seat belts. (모든 승객은 안전띠를 매야 했다.)
    (*All the passengers **musted** wear seat belts.)
    All the passengers **will have to** wear seat belts. (모든 승객은 안전띠를 매야 할 것이다.)
    (*He **will must** wear seat belts.)
    All the passengers **have** always **had to** wear seat belts.
    (모든 승객은 안전띠를 항상 매야 했다.)
    (*She **has** always **musted** wear seat belts.)

    ▶ 그러나 과거의 개념은 must 다음에 완료형 부정사를 놓아 (have + 과거분사) 표현할 수도 있다.

I cannot find my keys. I **must have left** them at home.
(열쇠를 찾을 수 없다. 틀림없이 집에 놓고 온 것 같다.)
She looks familiar. I **must have met** her somewhere.
(그녀의 낯이 익다. 어디선가 그녀를 본 게 틀림없어.)

2   must: must는 종종 간접화법에서 "과거의 의미"를 나타낼 수 있다.

Everybody **told** me I **must** stop worrying. (모두가 나보고 걱정을 그만하라고 말했다.)
She **said** we **must** attend the conference. (그녀는 우리가 회의에 참석해야 한다고 말했다.)

▶ must는 양상조동사의 두 개의 의미 축, 즉 확실성과 의무에서 가장 위에 있는 "강한 의무"와 "강한 확실성"을 의미한다. (M22와 M23 그리고 M33과 M34를 보라.)

M33   must-2: 의무

must는 필요한 것을 말할 때 또는 강력한 충고나 명령을 할 때 주로 사용된다.

1   의무: 어떤 행위를 하는 것이 "매우 중요하거나 불가피하다"고 말할 때 사용한다.

We **must** eat to live. (우리는 살기 위해 먹어야 한다.)
In Korea, we **must** drive below 30kph in the school zone.
(한국에서는 학교지역에서 시속 30킬로 이하고 운전해야 한다.)
You **must** take these pills regularly every day. (이 알약을 매일 규칙적으로 먹어야 한다.)
The lever **must** be up for the engine to work. (엔진을 작동하려면 지렛대를 위로 올려야 한다.)
"**Must** I finish the job by 5 o'clock?" "Yes, you **must**."
("5시까지 일을 끝내야 합니까?" "네, 그래야 합니다.")

▶ must를 대신하여 미국영어의 구어체에서는 "have to"가, 영국영어의 구어체에서는 "have got to"가 자주 사용된다. (H10을 보라.)

You **have to** clean your room, before mother gets home.
(어머니가 집에 오기 전에 너는 방을 깨끗이 치워야 한다.)
What time **have** we **got to** be there? (우리가 몇 시까지 그곳에 가야 합니까?)
Does he **have to** follow the instructions? (그는 명령을 따라야 합니까?)

2   must not과 not have to: "must not"은 어떤 행위를 "하지 않는 것이 꼭 필요하다"고 생각할 때 사용되고, "do not have to"는 어떤 행위를 반드시 "할 의무나 필요가 없음"을 표현할 때 사용된다.

You **must not** show this letter to anyone else.
(너는 이 편지를 타인에게 보여주어서는 안 된다.)
You **mustn't** bite your finger nails. (손톱을 깨물면 안 된다.)
"Can you let me come in?" "No, you **mustn't**."
("들어가게 해 줄 수 있습니까?" "아니요, 들어올 수 없습니다.")

"Must I sign this letter?" "No, you **don't have to**."
("이 편지에 서명해야 합니까?" "아니요, 할 필요는 없습니다.")
You **don't have to** work this Saturday. (너는 이번 토요일에 일을 안 해도 된다.)
He **doesn't have to** go to Busan tomorrow. (그는 내일 부산에 가지 않아도 된다.)

not have to와 같은 의미를 가진 need not에 대해서는 N8을 보라.

3   **have to**: 일반적으로 외부로부터 오는 의무를 표현할 때 사용된다.

I **have to** go to Busan tomorrow for business. (나는 내일 사업차 부산에 가야 한다.)
(I **must** go to Busan tomorrow for business보다 자연스럽다.)
What time do we **have to** be there? (우리는 몇 시까지 그곳에 가야 합니까?)
(What time **must** we be there?보다 자연스럽다.)

4   **had to**: 과거의 필요성과 의무를 표현할 때는 일반적으로 must를 (간접화법을 제외하고는) 사용하지 않고 had to를 사용한다.

My brother and I **had to** walk three miles to school when we were children.
(어린 시절에 형과 나는 학교에 가기 위해 3마일을 걸어야 했다.)
We didn't have time — we **had to** rush to work.
(우리에게 시간이 없어서 일터로 급히 서둘러 가야 했다.)

5   **간접화법**: must는 과거형 보고동사 다음에서 마치 과거시제형처럼 사용될 수 있다.

The staff **said** that candidates **must** satisfy the general conditions for admission.
(지원자는 입학을 위한 일반적인 조건을 충족해야 한다고 직원이 말했다.)
The professor **said** that the book **must** not be removed from the shelf.
(교수님은 그 책을 서가에서 옮겨서는 안 된다고 말했다.)

▶ 의무의 경우에는 또한 "had to"와 "would have to"를 쓸 수도 있다.

The staff **said** that candidates **had to/would have to** satisfy the general conditions for admission. (지원자는 입학을 위한 일반적인 조건을 충족해야 한다고 직원이 말했다.)

6   will have to와 must: 이미 결정된 미래의 약속에 대해서는 "have (got) to"가 선호되지만, "will have to"와 "must"는 일반적으로 미래의 의무에 대해서 표현할 때 사용된다.

You **have (got) to** be at the hospital at 4 o'clock tomorrow.
(너는 내일 4시에 병원에 가야 한다.)
You **must** come and stay with us in Daejeon sometime.
(언제고 대전에 와서 우리 집에 묵어야 한다.)
You may go out with him, but you **will have to** return home before ten.
(그와 외출할 수는 있지만 10시 전에 귀가해야 한다.)

have (got) to에 대해서는 H10을 보라.

needn't과 don't need to에 대해서는 N8.5와 6을 보라.

M34　must-3: 확실성

1　**강한 확실성**: must는 어떤 일이 일어날 것이 확실하거나 높은 가능성이 있음을 표현할 때 사용한다.

She **must** be the same age as my grandson.
(그녀는 틀림없이 내 손자와 동갑일 것이다.)
She **must** be Anna's sister — she looks just like her.
(그녀는 안나의 여동생이 틀림없다. 안나를 빼닮았다.)
There **must** be something wrong with the engine.
(엔진에 뭔가 문제가 있는 것이 확실하다.)

▶ have (got) to도 확실성을 표현한다.

This **has to** be a mistake. (이것은 실수일 수밖에 없다.)
You've **got to** be joking! (틀림없이 농담이겠지요!)

2　**부정적 확실성** (cannot): 어떤 일이 실현되거나 일어날 "가능성이 거의 없음" 표현할 때 "must not"가 아니라 "cannot"을 사용한다.

You **can't** be hungry already — you had a big lunch only an hour ago.
(네가 배가 고플 리가 없다. 한 시간 전에 점심을 많이 먹었잖아.)
(*You **mustn't** be hungry already — you had a big lunch only an hour ago.)
"She **can't** be his daughter — she's much older."
(그녀는 그의 딸일 리가 없다. 그러기에는 나이가 너무 들었다.)

3　can: 의문문에서 강한 확실성을 표현할 때도 "can"을 사용한다.

Can this be the right road? (이 길이 확실히 맞는 겁니까?) (***Must** this be the right road?)
"Somebody's knocking at the door." "Who **can** it be?"
("누가 문을 노크하고 있습니다." "그게 누구겠어?") (*Who **must** it be?)

must와 should의 차이점에 대해서는 S13.3을 보라.

4　mustn't: 일반적으로 영국영어의 부가의문문과 부정의문문에서 "확실성을 부정"하는 의미로 사용된다.

He must be kind to us, **mustn't** he? (그는 우리한테 친절해야 하는 것 아닙니까?)
Mustn't it have been hard to work under such a director?
(그런 상사 밑에서 일하는 것이 힘들지 않았을 리가 없지요?)

5　need not와 not have to: 어떤 일이 반드시 그래야 "할 필요가 없다"고 말할 때 "need not"

이나 "do not have to"가 사용된다. "must not"은 이런 의미로 사용되지 않는다.

Going to the dentist **need not** necessarily be a painful experience.
(치과에 가는 것이 꼭 괴로운 경험이 될 필요는 없다.)
(*Going to the dentist **must not** necessarily be a painful experience.)
(참고: 치과에 가는 것이 꼭 괴로운 경험이 되어서는 안된다.)
You **don't have to** accept this job offer right now.
(이 일자리 제안을 당장 받아들일 필요는 없다.)
(*You **must not** accept this job offer right now.)
(참고: 이 일자리 제안을 당장 받아들여서는 안된다.)

6 **must + have + 과거분사:** 과거에 어떤 일이 실현된 것이 확실하다고 생각할 때 사용한다.

"Her son broke an old Chinese vase." "She **must have been** really upset."
("그녀의 아들이 오래된 중국 꽃병을 깨뜨렸다." "그녀는 몹시 화가 났을 것이 틀림없다.")
There's no food left — we **must have eaten** it all.
(음식이 하나도 남지 않았다. 우리가 다 먹어버린 것이 틀림없다.)
Her new car **must have costed** at least 70 million won.
(그녀의 새 차는 적어도 7천만 원은 준 것이 틀림없다.)

▶ "과거의 확실성"을 표현하는 의문문과 부정문에서는 "can"이 사용된다.

Where **can** John **have put** the matches? He **can't have thrown** them away.
(존이 어디에 성냥을 두었을까? 그것을 버리지는 않았겠지.)
What **can** she **have bought** at the store? She **can't have bought** the Gucci handbag.
(그녀가 그 상점에서 무엇을 샀을까? 구찌 핸드백을 산 것은 아니겠지.)

7 **간접화법:** must는 과거형 보고동사 다음에서 마치 과거시제형처럼 사용될 수 있다.

I **thought** there **must** be some mistakes. (나는 틀림없이 어떤 실수가 있었다고 생각했다.)
He **said** she **must** be Tracy's sister. (그녀가 트레시의 여동생이 틀림없었다고 그는 말했다.)

N1   NAMES (인명)와 TITLES (직함)-1: 개요

1   **성명과 관사**: 성명의 표기는 항상 대문자로 시작된다. 일반적으로 성명은 홀로 쓰이거나 "직함+성명"이 함께 쓰이며, 일반적으로 관사를 붙이지 않는다. (A92.1을 보라.)

직함과 함께: Dr. Zhibago, General Douglas MacArthur, President John F. Kennedy
직함이 없이: John Smith, Mary O'connor, Bill, Shakespeare

▶ 고유명사도 보통명사처럼 관사나 복수형을 가질 수 있는데, 이 경우에는 뜻이 변한다.

an Edison (에디슨과 같은 발명가)
Shakespeare**s** (셰익스피어와 같은 작가들)
the Lees, **the** Smiths (가문)

2   **VIP**: 교황, (여)왕, 왕자, 성직자, 고위직에 붙는 존칭에는 "정관사나 인칭대명사의 소유격"이 붙는다. "이인칭 소유격"은 해당 인을 부를 때 사용되고, "삼인칭 소유격"은 해당 인에 대해서 말할 때 사용된다.

Your/His Holiness (성하): 교황을 부를 때 혹은 대해서 말할 때
Your Majesty (폐하): 황제, 왕, 여왕을 부를 때
His/Her Majesty (폐하): 황제, 왕, 여왕에 대해서 말할 때
Your (Royal) Highness (전하): 왕자, 공주, 왕비를 부를 때
His/Her (Royal) Highness (전하): 왕자, 공주, 왕비에 대해서 말할 때
His/Her Highness (각하): 대통령이나 수상과 같은 높은 공직자에 대해서 말할 때
The Honorable (각하): 귀족이나 의회의원과 같은 고위직에 대해서 말할 때
The Reverend ((추기경/목사/신부)님): 성직자에 대해서 말할 때

His Holiness the Pope John Paul II had an official visit to Korea in 1984.
(존 바울 2세 교황 성하께서는 1984년 한국을 공식 방문하셨다.)
The Prime Minister is here to see you, **Your Majesty**.
(폐하, 수상이 알현을 청하옵니다.)
Her Majesty the Queen requests your presence in the royal chamber.
(여왕 폐하께서는 궁중 사무실에 귀하의 참석을 요청하셨습니다.)

3   **보통 사람 (Mr., Mrs., Miss, Ms.)**: 보통사람의 성명 앞에는 남성이냐 여성이냐 혹은 결혼여부에 따라 다른 호칭을 쓴다. 결혼여부와 상관없이 남성에게는 Mr.(= Mister [místə(r)])라는 호칭이 붙고, 여성에게는 결혼했을 경우에 Mrs.([mísɪz])를, 결혼하지 않았을 경우에 Miss를 붙인다. Ms.는 결혼여부를 모르거나 결혼여부를 밝힐 이유가 없을 때 여성을 호칭할 때 사용된다. 많은 여성들이 자신들의 성명 앞에 Mrs.나 Miss 대신에 Ms.([mɪz])를 선택적으로 사용한다. Ms.는 비교적 최근의 호칭으로 영국에서는 1970년대 이후부터 많이 사용되고 있으며 미국에서는 좀 더 오래 사용되었다.

약자 뒤에 마침표를 찍는 문제에 대해서는 A3.1과 P57.1을 보라.

4   **직업과 호칭**: 직업에 따른 호칭은 직업에 따라 다양하다.

President Obama decided to bomb Syria to defeat the IS.
(오바마 대통령은 이슬람 국가를 물리치기 위해 시리아 폭격을 결정했다.)
Judge O'Connor sentenced him life in prison. (오코너 판사는 그를 종신형에 선고했다.)
The Reverend Billy Graham gave a sermon to about 1 million people in Seoul, Korea.
(빌리 그레이엄 목사님께서는 한국의 서울에서 약 100만 명의 신도 앞에서 설교를 했다.)
Professor (Prof.) Mozart will be new head of our Department.
(모차르트 교수가 우리 학과의 새 학과장이 될 것이다.)
General (Gen.) Douglas MacArthur led the US Forces in the Pacific during World War II.
(더글라스 맥아더 장군은 2차 세계대전 동안에 태평양 지역의 미군을 지휘했다.)
Colonel (Col.) Maxwell served as a pilot during the Vietnam War.
(맥스웰 대령은 베트남 전에서 조종사로 근무했다.)
Sergeant (Serg.) Lewis was a machine-gun instructor in Fort Benning.
(루이스 중사는 포트베닝에서 기관총 교관이었다.)

N2   NAMES와 TITLES-2: 호칭

상대를 호칭할 때는 일반적으로 다음의 세 가지 방법 중 하나를 사용한다.

1   **이름** (first/given/Christian name): 구어체로서 가까운 "친척, 친구, 아래 사람, 아이"들에게 사용된다.

Hi, **Rachel**! How are you doing? (안녕, 레이첼! 어떻게 지내?)
John, I can't believe what you've just said. (존, 네가 방금 말한 것을 믿을 수가 없다.)

2   **직함과 성** (title + last/family name/surname): 문어체로서 존경을 표시한다.

Dr. Williams will see you now, **Miss Green**. (그린 양, 윌리엄 박사님이 지금 보자고 합니다.)
Excuse me, **Mr. Brown,** you've dropped your purse.
(실례합니다만, 브라운 씨, 지갑을 떨어뜨렸습니다.)
What can I do for you, **Ms. Woods**? (우즈 씨, 무엇을 도와드릴까요?)

(1) 사람의 이름을 "호칭"할 때 이름과 성과 직함을 함께 사용하기도 하지만 일반적으로 "이름과 성"을 함께 사용하지 않는다.

Excuse me, **Peter/Mr. Brown**, you've dropped your umbrella.
(실례합니다만 피터/브라운 씨, 우산을 떨어뜨렸습니다.)
(*Excuse me, **Peter Brown**, you've dropped your umbrella.)

(2) 공공의 인물을 지칭하거나 남성으로만 구성된 집단의 구성원들끼리는 때때로 성(last name)만을 사용하기도 한다.

Do you think **Johnson** would make a good Senator for the State?
(너는 존슨이 우리 주를 위해 훌륭한 상원의원이 될 거라고 생각해?)

696 Practical Modern English II

Owens won four gold medals in the 1936 Berlin Olympics.
(오웬스는 1936년 베를린 올림픽에서 4개의 금메달을 땄다.)

3 **직함**: 이름을 모를 때에 남성을 호칭할 때는 Mister(= Mr.)를, 여성을 호칭할 때는 Miss를 사용한다. Mrs.와 Ms.는 이렇게 사용되지 않는다.

Would you sign at the bottom of the page please, **Miss/*Ms**?
(아가씨, 이 페이지의 아랫부분에 서명해 주시겠습니까?)
Excuse me, **Mister/*Mrs.**, can you spare some change for a cup of tea?
(실례합니다. 선생님, 차 한 잔 마실 잔돈을 적선해주실 수 있으십니까?)

(1) sir와 Madam/ma'am: 영국에서는 대체로 이름을 모르는 고객에게 종업원들이 말할 때 사용한다.

Can I help you, **Sir**? (선생님, 무엇을 도와드릴까요?)
Are you being served, **Madam/ma'am**? (여사님, 도와드릴까요?)

(2) 미국영어에서는 "sir와 ma'am"이 영국영어에서보다 덜 문어적이며, 이름을 모르는 사람을 부를 때 매우 자주 사용된다.

Excuse me **sir**, would you mind telling me what sort of car that is?
(미안합니다만 저 차가 무슨 차인지 말씀해 주실 수 있으십니까?)
Ma'am, would you repeat that, please?
(여사님, 다시 말씀해 주시겠습니까?)

(3) sir와 miss: 학교의 어린 학생들은 자신의 선생님을 "sir" 혹은 "miss"라고 부른다.

Sir, I've forgotten my homework. (선생님, 숙제를 잊었습니다.)
Would you let me know the result of my last exam, **Miss**?
(선생님, 나의 마지막 시험 결과를 알려주실 수 있으십니까?)

(4) doctor와 professor: "doctor"는 의사뿐만 아니라 학문 분야에서 최고의 학위(즉 박사학위)를 취득한 사람에게 붙는 직함이고, "professor"는 대학 이상의 교육 기관에서 가르치는 사람에게 붙는 직함이다.

Doctor, I've had this headache for a month. (박사님, 내 이 두통이 한 달이 되었습니다.)
Doctor Lee is chief engineer of our company. (이 박사는 우리 회사의 수석 기술자다.)
He retired from Sogang University as a **professor** in 2004.
(그는 2004년에 서강대학교에서 교수로 은퇴했다.)

(5) Miss: "국가, 도시, 지역, 단체" 등을 대표하는 미인대회에서 뽑힌 여성을 대표하는 곳의 명칭 앞에 "Miss"를 붙여 부른다.

Has ever **Miss Korea** won Miss World contest?
(미스 코리아가 미스 월드에 뽑힌 적이 있습니까?)

(6) Dear Sir와 Dear Madam: 잘 모르는 사람에게 쓰는 편지를 시작할 때 흔히 사용된다. (L11을 보라.)

Dear Sir/Madam, (선생님 귀하)
Your letter of the 13th of October ... (10월 13일의 귀하의 편지 ...)

4   Jr.(Junior)와 Sr.(Senior): 자식은 아버지의 성(last name)을 따르지만 많은 경우 아버지와는 다른 이름(first name)을 갖는다. 예를 들어 아버지는 "George Taylor"이고 아들은 "Carson Taylor"일 수 있다. 그런데 종종 아버지가 아들에게 자신의 성과 이름을 둘 다 물려주기도 한다. 이 경우 우리는 아들을 "John F. Kennedy, Jr.(존 에프 케네디 2세)"라고 하고 아버지는 "John F. Kennedy, Sr.(존 에프 케네디 1세)"라고 한다. 미국 골프선수 중에 꽤나 명성이 있는 "David Love III(데이비드 러브 3세)"라는 분이 있는데 이 분은 자신의 할아버지의 이름과 성이 아버지에게 상속되고 또 이것이 자신에게 상속된 경우라고 할 수 있다. 많은 경우 1세, 2세, 3세, ...를 로마숫자(Ⅰ, Ⅱ, Ⅲ, ...)를 써서 표기하며, 특히 왕조의 계승자인 왕을 지칭할 때 많이 사용된다.

Louis XVIII was the last king of France. (루이 18세는 프랑스의 마지막 왕이었다.)

▶ "David Love III"은 "David Love the 3rd"라고, "Louis XVIII"은 "Louis the 18th"라고 읽는다.

N3   NAMES와 TITLES-3: 글과 말

글이나 말에서 "이름"을 들어 어떤 사람에 대해 언급할 때는 네 가지 방법을 사용한다.

1   이름: 구어체에서는 일반적으로 이름이 사용된다. 대체로 친척이나 친구 또는 아이들에 대해 말할 때 사용된다.

I haven't seen **Peter** lately. He said he'd been abroad.
(나는 근래에 피터를 못 봤다. 그는 해외에 있었다고 말했다.)
How is **Maud** getting on at school? (마우드가 학교에서 어떻게 지내고 있습니까?)

2   이름 + 성: 이 표현은 중립적이다. 특별히 문어체도 아니고 특별히 구어체도 아니다. 알지만 그렇게 친밀한 사이가 아닌 사람에 대해서 말할 때 사용된다.

Isn't the man you met **Soan Connolly**? (네가 만난 남자가 숀 코널리가 아니냐?)
We are going on holiday with **Mary** and **Daniel Sinclair**.
(우리는 메리와 다니엘 싱클레어와 휴가를 가려고 한다.)

3   직함 + 성: 문어적이며 친근하지 않은 사람에 대해 말할 때나 존경을 표시할 때 또는 공손할 필요가 있을 때 사용된다. 종종 "직함 + 이름 + 성"을 사용하기도 한다.

May I speak to **Ms. Maggie Smith**? (매기 스미스 씨와 통화할 수 있을까요?)
We have a new teacher called **Mrs. Campbell**. (캠벨 부인이 우리 새 선생님이다.)
Why don't you ask **Miss Andrews** where you can find the book?
(그 책이 어디 있는지 앤드류 양에게 물어보시지 그래요.)

▶ 자신을 소개할 때는 일반적으로 직함을 붙이지 않는다.

My name is **Soan Johnson**. (내 이름은 숀 존슨입니다.) (*My name is **Mr. Soan Johnson**.)
I'm **Soan Johnson**. (나는 숀 존슨입니다.) (*I'm **Mr. Soan Johnson**.)

▶ 그러나 남을 소개할 때는 "직함+이름+성"을 흔히 쓴다.

Mr. Smith, this is **Miss Stacy Lewis**. (스미스 씨, 이 분이 스테이시 루이스 양입니다.)
John, this is **Mrs. Mary Trump**. (존, 이 분이 메리 트럼프 부인이시다.)

4 성: 대중적 인물, 즉 정치인, 운동선수 등 유명인에 대해 말할 때 "성"만을 종종 사용하기도 한다.

Everybody thinks **Jones** is a good candidate for the job.
(모두는 존스가 그 일에 잘 맞는 후보자라고 생각한다.)
In the 1936 Berlin Olympic Games, **Owens** won the men's 100 meter sprint.
(1936년 베를린 올림픽에서 오웬스는 남자 100미터 단거리 경주에서 우승했다.)
Is it true that Queen Elizabeth wouldn't exchange India with **Shakespeare**?
(엘리자베스 여왕이 셰익스피어를 인도와도 바꾸지 않을 것이라고 한 것이 사실입니까?)

▶ 때때로 (특히 남성) 피고용인을 부를 때, (특히 군인, 학교, 운동선수와 같은 남성만의 집단에서) 서로 호칭을 할 때 성만을 사용한다.

Tell **Stanton** to pitch in the ninth inning. (스탠튼에게 9회에 투구하라고 말해라.)
Sergeant Peterson wants to interview **Johnson** in his office.
(피터슨 중사는 그의 사무실에서 존슨을 면담하기를 원한다.)

N4   NATIONALITIES (국적)와 COUNTRIES (국가)

국가나 지역 그리고 이와 관련이 있는 것에 대해 말하기 위해서는 적어도 "네 가지" 단어를 알 필요가 있다. 이 네 가지 단어들은 모두 대문자로 시작된다. 일반적으로 "형용사형"은 그 국가의 "언어"를 의미한다.

국명	형용사	개인	국민
Denmark	Danish	a Dane	the Danes
Japan	Japanese	a Japanese	the Japanese
France	French	a French(wo)man	the French
Catalonia	Catalan	a Catalan	the Catalans

일반적으로 한 국가의 "개인"을 가리키는 명사는 형용사와 같은 형태를 가지며 (예: Japanese, Mexican 등), "국민"을 가리키는 명사는 복수어미 "-s"를 (예: the Mexicans 등) 갖는다. 그러나 많은 예외가 있다.

1   -an 어미: 형용사와 개인을 가리키는 명사가 "-an 어미"로 끝나면 국민을 가리키는 명사는

복수어미 -s를 갖는다.

국명	형용사	개인	국민
Afghanistan	Afghan	an Afghan	the Afghans
America	American	an American	the Americans
Belgium	Belgian	a Belgian	the Belgians
Brazil	Brazilian	a Brazilian	the Brazilians
Europe	European	a European	the Europeans
Italy	Italian	an Italian	the Italians
Kenya	Kenyan	a Kenyan	the Kenyans
Korea	Korean	a Korean	the Koreans
Morocco	Moroccan	a Moroccan	the Moroccans
Norway	Norwegian	a Norwegian	the Norwegians
Tyrol	Tyrolean	a Tyrolean	the Tyroleans

2 **특정 어미가 없는 것**: 특정 어미를 가지고 있지 않지만 형용사와 개인 명사의 형태가 같으면서 국민 명사가 복수어미를 갖는 예는 다음과 같다.

국명	형용사	개인	국민
Argentina	Argentine	an Argentine	the Argentines
Czech	Czech	a Czech	the Czechs
Greece	Greek	a Greek	the Greeks
Iraq	Iraqi	an Iraqi	the Iraqis
Israel	Israeli	an Israeli	the Israelis
Pakistan	Pakistani	a Pakistani	the Pakistanis
Thailand	Thai	a Thai	the Thais

3 **-ese 어미**: Swiss를 포함하여 형용사가 "-ese 어미"로 끝날 경우 개인 명사와 국민 명사는 형용사와 같은 형태를 갖는다.

국명	형용사	개인	국민
China	Chinese	a Chinese	the Chinese
Congo	Congolese	a Congolese	the Congolese
Japan	Japanese	a Japanese	the Japanese
Portugal	Portuguese	a Portuguese	the Portuguese
Vietnam	Vietnamese	a Vietnamese	the Vietnamese
Switzerland	Swiss	a Swiss	the Swiss

▶ Switzerland는 자신의 언어가 없기 때문에 형용사 Swiss는 스위스어를 의미하지 않는다.

4 **형용사와 개인이 다른 것**: 형용사와 개인을 가리키는 명사의 형태가 다를 경우 국민 명사는 개인 명사에 복수어미를 붙여 만든다.

국명	형용사	개인	국민
Britain	British	a Briton	the Britons
Denmark	Danish	a Dane	the Danes
Finland	Finnish	a Finn	the Finns
Poland	Polish	a Pole	the Poles
Scotland	Scottish/Scotch	a Scot	the Scots
Sweden	Swedish	a Swede	the Swedes
Turkey	Turkish	a Turk	the Turks

5　**-man/-woman 어미**: 형용사에 "-man/-woman 어미"을 붙여 개인 명사를 만드는 경우도 있다.

국가	형용사	개인	국민
England	English	an Englishman/Englishwoman	the English
France	French	a Frenchman/Frenchwoman	the French
Ireland	Irish	an Irishman/Irishwoman	the Irish
The Netherlands/ Holland	Dutch	a Dutchman/Dutchwoman	the Dutch
Wales	Welsh	a Welshman/Welshwoman	the Welsh

6　**유의할 점**

(1) Argentina와 연관이 있는 단어로는 위에 제시된 것 외에도 Argentinian(형용사), an Argentinian(개인), the Argentinians(국민)가 있다.

(2) 형용사 Scottish가 널리 사용되고 있으며, the Scottish는 국민을 가리키기도 한다. 어떤 사람들은 종종 옛 형태인 Scotch를 형용사로 사용하며, Scotch는 "whisky"를 의미하기도 한다.

(3) British라는 단어는 신문의 기사 제목이나 영국의 공공기관(예: the British government)에 주로 사용된다. 대영제국에 사는 대부분의 사람은 출신에 따라 Scottish, Welsh, Irish, English를 사용한다.

(4) English는 British와 다르며, 스코틀랜드인이나 웨일스인 혹은 아일랜드인에게는 사용되지 않는다.

(5) American이라는 단어는 미합중국 시민과 미합중국과 관련이 있는 사건을 가리키는 전형적인 영어 단어지만, 미주 대륙의 다른 부분에 사는 사람들은 이 단어를 이런 식으로 쓰는 것을 반대하며, 어떤 사람들은 이러한 이유로 이 단어를 사용하는 것을 회피한다.

(6) Arabia와 연관된 형용사로는 Arabic과 Arab 그리고 Arabian이 있으며, 아랍인은 Arab이라고 하고 아랍어는 Arabic이라고 한다. 아랍인 전체를 가리키는 표현은 "the Arabs"다. (A85를 보라.)

(7) Irishman/men, Dutchman/men과 같은 단어의 발음에 유의하라. 단수의 발음이 복수의

발음[áɪrɪʃmən, dʌ́tʃmən]과 같다.

N5   near (to)와 nearby

near는 "공간, 시간, 관계" 등에서 "근접함(proximity)"을 의미한다. near는 형용사나 부사로 쓰이고, 전치사 to와 함께 복합 전치사로 쓰이며, to의 도움이 없이도 전치사로 사용될 수도 있다. 그러나 nearby는 (명사를 앞에서 수식하는) 한정적 형용사나 부사로는 쓰이지만 전치사로는 쓰이지 않는다.

The house is located about 20 miles from the **nearest** town. [형용사]
(그 집은 가장 가까운 도시와 약 20마일 정도 떨어져 있다.)
As he came **nearer**, I clearly saw the scar of his face.   [부사]
(그가 가까이 옴에 따라 나는 그의 얼굴의 상처를 똑똑히 보았다.)
We stayed at a hotel **near (to)** the beach.   [전치사]
(우리는 해변 가까이에 있는 호텔에 투숙했다.)
I've spent last winter in the **nearby** town of Miami.   [형용사]
(나는 지난겨울을 마이애미 근방에 있는 도시에서 보냈다.)
Mary got a job as a waitress at the restaurant **nearby**.   [부사]
(메리는 근방에 있는 음식점의 점원으로 취직했다.)

1   near (to): "near to"는 일반적으로 "어떤 행위나 추상적 개념에 대한 근접함"을 말할 때 자주 사용되지만, "공간적 접근성"을 표현할 때도 사용된다.

The two parties are **near (to) signing a peace agreement**.
(양측은 평화협정 서명에 임박했다.)
He seems to know that he's **near (to) death**.
(그는 자신이 죽음에 가까이 왔음을 아는 것 같다.)

▶ near (to)는 "시간, 수, 양"의 근접성에도 사용될 수 있다.

My Dad gives us presents a bit **nearer to Christmas**.
(우리 아버지는 크리스마스에 아주 가까워서 우리에게 선물을 준다.)
Inflation of the country is **near (to) 7%**. (나라의 물가 인상이 7퍼센트에 가깝다.)
The factory manufactures **near (to) 1 million cars a year**.
(그 공장은 일 년에 100만 대에 가까운 자동차를 생산한다.)

▶ near (to)는 "공간적 근접성"을 의미하기도 한다.

She lives **near (to) Suwon**. (그녀는 수원 가까이에 산다.)
He said he stayed at a cabin **near (to) the lake**.
(그는 호수 가까이에 있는 오두막에 머물렀다고 말했다.)

▶ near to가 비교급과 최상급으로 사용될 때는 to가 생략되지 않는다.

He moved to be **nearer to** his girlfriend. (그는 여자친구에게 더 가까이 있기 위해 이사했다.)

He sat on the chair **nearest to** the door. (그는 문에 가장 가까이 있는 의자에 앉았다.)

2 nearby: nearby는 "공간적 근접성"을 뜻하며 형용사와 부사로 사용될 수 있다.

Lucy was staying in the **nearby** town of Boston.
(루시는 보스턴 근교의 도시에 머무르고 있었다.)
Tom got a job on one of the factories **nearby**.
(탐은 가까이 있는 공장들 중 하나에 일자리를 얻었다.)

3 nearby와 near

▶ nearby가 형용사로 쓰일 때는 명사 앞에만 올 수 있으며, "공간적 근접성"을 표현할 때는 near를 형용사로 사용할 수 없다.

I saw a couple sitting at **the nearby table**.
(나는 인접한 식탁에 앉아 있는 부부를 보았다.)
(*I saw a couple sitting at **the near table**.)
They always take a walk at **the nearby park**.
(그들은 인접한 공원에서 항상 산책한다.)
(*They always take a walk at **the near park**.)

▶ 그러나 near의 최상급형인 nearest는 명사를 수식하는 형용사로 쓰일 수 있다.

The young man got off the **nearest station**. (그 젊은이는 가까운 역에서 내렸다.)

▶ "공간적 근접성"이 아닌 경우에는 nearby를 사용할 수 없다.

The election was a **near disaster** for the Republican Party.
(선거가 공화당에는 재앙에 가까웠다.)
(*The election was a **nearby disaster** for the Republican party.)
They promised to contact us in the **near future**.
(그들은 가까운 장래에 우리와 접촉할 것이라고 약속했다.)
(*They promised to contact us in the **nearby future**.)

N6   nearest와 next

nearest는 "공간적으로 가장 가까움"을 뜻하고, next는 "시간상으로 가장 가까운 미래" 또는 "어떤 대상의 다음"을 의미한다.

Excuse me. Where is **the nearest** coffee shop? (실례합니다. 가까운 커피점이 어디 있습니까?)
We went to **the nearest** subway station to get there as soon as possible.
(우리는 그곳에 가능한 한 빨리 가기 위해 가장 가까이 있는 지하철역으로 갔다.)

We got up early **the next** morning. (우리는 그다음 날 아침에 일찍 일어났다.)
(*We got up early **the nearest** morning.)

Who do you think will be **our next President**?
(누가 우리나라 다음 대통령이 될 것으로 생각합니까?)
(*Who do you think will be **our nearest President**?)

▶ next와 nearest는 "공간적 근접성"을 나타낼 때는 종종 같은 의미로 사용된다.

We got off the train at **the next/nearest station**. (우리는 다음 정거장에서 기차에서 내렸다.)
Turn left at **the nearest/next corner** and go straight.
(다음 모퉁이에서 좌회전한 후에 직진하십시오.)
We have to stop at **the nearest/next gas station** for fuel.
(우리는 연료를 넣기 위해 다음 주유소에 서야 한다.)

next와 the next에 대해서는 N18을 보라.

N7 necessaries와 necessities

necessaries는 어떤 목적을 달성하는 데 반드시 "필요한 것"을 의미하고, necessities는 살기 위해서 없어서는 안 되는 "필수불가결한 것"을 의미한다.

I packed drinks, a map and a compass — all the **necessaries** for a day's hiking.
(나는 마실 것, 지도, 나침판 등 하루 동안의 하이킹에 필요한 모든 것을 꾸렸다.)
Parents are responsible for providing their children with **necessaries**.
(부모는 자신의 아이들에게 필요한 것을 마련해줄 책임이 있다.)
A car is an absolute **necessity** to live in this country.
(이 나라에 살려면 자동차는 없어서는 안 되는 필수품이다.)
They lack the money even for basic food and heating — the **necessities** of life.
(그들은 살아가는 데 없어서는 안 되는 기본적인 음식과 난방을 위한 돈도 없다.)

N8 need

need는 보통동사로도 쓰이고 양상조동사로도 쓰인다. (M23을 보라.)

1 　**보통동사**: need는 보통동사로서 타동사로 사용되며 "to-부정사"가 따라올 수 있다. 이 경우 삼인칭 단수어미 -s를 가질 수 있고 의문문과 부정문에서 조동사 do의 도움을 받는다.

Plants **need** light in order to survive. (식물은 살아남기 위해 빛이 필요하다.)
My camcorder **needs** a new battery. (나의 캠코더는 새 전지가 필요하다.)
I think you **don't** really **need** a car. (나는 차가 너에게 꼭 필요한 것이 아니라고 생각한다.)
Do we **need to go out** for dinner? (저녁을 먹으러 나갈 필요가 있습니까?)
Everybody **needs to rest** sometimes. (모든 사람에게는 때때로 휴식이 필요하다.)

2 　**양상조동사**: need는 양상조동사로 쓰일 경우에는 다른 양상조동사처럼 삼인칭 단수어미 -s를 가질 수 없으며, 의문문과 부정문에서 do를 필요로 하지 않는다. need 다음에는 to

없는 부정사가 온다. need가 양상조동사로 사용될 때는 일반적으로 긍정문에서 사용되지 않으며 "부정문, 의문문, if-절" 등 비단언적 구조에서 사용된다. (N24를 보라.)

He **need never find out** what I said.
(내가 말한 것을 그가 절대로 알지 못하게 할 필요가 있다.)
(*He **needs never find out** what I said.)
Need we **leave** so soon? (우리가 그렇게 빨리 떠날 필요가 있습니까?)
(***Do** we **need leave** so soon?)
We **need not reserve** seats — there'll be plenty of room.
(좌석을 예약할 필요가 없습니다. 충분한 자리가 있을 것입니다.)
I wonder **if** I **need fill** in the form. (이 양식의 빈칸을 채울 필요가 있는지 궁금하다.)
You **need only look at** the car to see that we can afford.
(우리가 감당할 수 있는 차인지 보아만 주시면 됩니다.)

3   필요성: need는 무엇을 할 "필요가 있다"는 것을 말할 때와 무엇을 반드시 할 "필요가 없음"을 말할 때 사용된다.

You **need** to let me know by Monday if you accept our offer.
(우리의 제안을 받아들일 것인지에 대해 월요일까지 저에게 알려줄 필요가 있습니다.)
More blood donors are urgently **needed**. (더 많은 헌혈자가 긴급하게 필요합니다.)

He **doesn't need** to see a doctor immediately. (의사를 당장 만나볼 필요는 없습니다.)
(= He **needn't see** a doctor immediately.)
He **doesn't need** to catch up on his office work.
(그는 사무실 업무가 뒤처진 것을 만회할 필요가 없다.)

have to의 유사한 용법에 대해서는 H10.5를 보라.
미국영어에서는 need를 양상조동사로 자주 사용하지 않는다.

4   need not + have +과거분사: 누군가 무엇을 했는데 그럴 필요가 없었다는 것을 표현할 때 사용된다.

You **needn't have sent** me the book you wrote. I bought one a week ago.
(네가 쓴 책을 나에게 보낼 필요가 없었다. 한 주 전에 한 권을 샀다.)
You **needn't have worried** about the dinner — it was absolutely delicious!
(저녁 식사에 대해서 걱정할 필요가 없었다. 식사는 정말로 맛있었다.)
I **need not have watered** the flowers. Just after I finished it started raining.
(나는 꽃에 물을 줄 필요가 없었다. 물을 준 후에 바로 비가 오기 시작했다.)

5   did not + need to: 어떤 일을 할 필요가 없는데 했거나, 할 필요가 없어서 하지 말았어야 한다는 것을 단순히 말할 때 사용된다.

It started raining, so I **did not need to water** the flowers.
(비가 오기 시작해서 나는 꽃에 물을 줄 필요가 없었다.)

I **didn't need to buy** any extra material. I regret having spent all that money.
(나는 재료를 추가로 살 필요가 없었다. 나는 그 모든 돈을 써 버린 것을 후회한다.)
He already prepared all the necessary material, so I **didn't need to buy** more.
(그가 이미 필요한 모든 재료를 준비했으므로 나는 더 살 필요가 없었다.)

6   need not과 must not: "need not"는 무엇을 "할 필요가 없다"는 것을 말할 때 사용되고, "must not"는 무엇을 "하지 말아야 할 의무가 있다"는 것을 말할 때 사용된다.

You **needn't** take any money — we already have enough.
(너는 돈을 가져갈 필요가 없다. 우리에게 이미 돈이 충분히 있다.)
You **mustn't** take any sharp objects on the plane — they're not allowed.
(비행기에 날카로운 물체를 지참해서는 안 된다. 그런 물체는 비행기에 허용되지 않는다.)
You **needn't come** to the meeting — it's cancelled.
(회의에 올 필요가 없습니다. 회의가 취소되었습니다.)
You **mustn't come** to the meeting — you're not eligible.
(회의에 오면 안 됩니다. 당신은 자격이 없습니다.)

7   미래: need의 현재시제형은 미래에 대한 결정을 말할 때 사용된다.

She **needs** to lose a lot of weight in the near future.
(그녀는 가까운 장래에 체중을 많이 줄일 필요가 있다.)
We **need** to find an answer to the problem by tomorrow.
(우리는 내일까지 그 문제의 해답을 찾아야 한다.)

▶ 보통동사인 need는 조동사 will과 함께 사용될 수 있으며, 미래에 할 필요가 있는 일이나 충고를 표현할 때 사용될 수 있다.

He'**ll need** to fix his car before taking a vacation.
(그는 휴가를 떠나기 전에 차를 수리할 필요가 있을 것이다.)
We'**ll need** to practice hard to win the Sunday match.
(우리는 일요일에 있을 시합에서 이기려면 열심히 연습할 필요가 있다.)

8   need ...ing: 영국영어에서 need 다음에 "-ing형 동사"가 올 수 있으며, 그 의미는 수동 부정사와 같다.

This room **needs brightening** up a bit. (이 방은 조금 더 밝게 할 필요가 있다.)
(= This room **needs to be brightened** up a bit.)
She **needs** her hair **washing/washed**. (그녀는 머리를 감을 필요가 있다.)
(= She **needs** her hair **to be washed**.)

there is no need to ...에 대해서는 T9.11을 보라.
need ...ing와 유사한 구조에 대해서는 G10.5를 보라.

N9   NEGATIVES (부정적 표현)-1: 특성

영어의 대표적인 부정문은 부정소 not를 사용하는 것이다. 영어의 부정문은 다음과 같은 문법적 특성을 가지고 있다.

1 **긍정 부가의문문**: 부정문은 긍정문과는 달리 "긍정 부가의문문"을 갖는다.

   She **doesn't** work hard, **does she?** (그녀는 열심히 일하지 않지요?)
   (*She **doesn't** work hard, **doesn't she?**)
   He **won't** do such a thing, **will he?** (그는 그런 일을 하지 않을 거지요?)
   (*He **won't** do such a thing, **won't he?**)

2 **등위접속절**: 부정문은 "축약된 부정 등위접속절"을 대동한다.

   She **didn't** work hard, and **neither did he/he didn't either**.
   (그녀도 열심히 일하지 않았고, 그도 열심히 일하지 않았다.)
   (*She **didn't** works hard, and **so didn't he/he didn't too**.)

3 **비단언적 표현**: 부정문에는 비단언적(nonassertive) 표현이 나타날 수 있다. (N24를 보라.)

   We **haven't** had **any** lunch. (우리는 전혀 점심을 먹지 않았다.)
   (*We **haven't** had **some** lunch.)

   They **haven't** arrived **yet**. (그들은 아직 도착하지 않았다.)
   (*They **haven't** arrived **already**.)

   He's **not** at school **any longer**. (그는 더 이상 학생이 아니다.)
   (*He's **not still** at school.)

4 **조동사 도치**: 부정소가 붙은 표현이 문장 앞에 오면 주어와 조동사의 도치가 일어난다. (I48.4를 보라.)

   Not once was his smile genuine. (그의 미소는 한 번도 진정인 적이 없다.)
   (***Not once his smile was** genuine.)
   For once his smile was genuine. (그의 미소가 한 번은 진정이었다.)

N10   NEGATIVES-2: 부정문의 구성

"긍정" 평서문을 "부정" 평서문으로 만드는 가장 기본적인 방법은 not를 동사 앞에 놓는 것이다.

1 **조동사가 있는 경우**: 긍정문에 "조동사"가 있으면 조동사 다음에 not를 놓아 부정문을 구성한다. (조동사에 대해서는 A117을 보라.)

He **has not** finished the book yet. (그는 아직 책을 끝내지 못했다.)
I **will not** be working tomorrow. (나는 내일 일하지 않는다.)

2   **조동사가 없는 경우**: 긍정문에 조동사가 없는 경우에는 조동사 do를 not 앞에 놓아 부정문을 만든다.

I like the salad, but I **do not** like the soup. (나는 샐러드는 좋아하지만 수프는 싫어한다.)
She **does not** want to go to Arizona during the summer.
(그녀는 여름에 애리조나에 가고 싶지 않다.)

3   **be 동사가 있는 경우**: be 동사는 조동사로 사용되든 본동사로 사용되든 바로 뒤에 not를 넣어 부정문을 만든다.

He **was not** at his office this afternoon. (그는 오늘 오후에 사무실에 없었다.)
(*He **did not be** at his office this afternoon.)
She **is not** coming to the party. (그녀는 파티에 오지 않는다.)
They **were not** invited to the conference. (그들은 학회에 초청받지 못했다.)

4   **be동사 명령문**: be동사가 있는 명령문에서는 be동사 앞에 do가 올 수 있다.

Don't be silly! (바보처럼 굴지 매!) (*Not be silly!/*Be not silly!)
Do not be noisy! (소리 내지 매!)

5   **have 동사가 있는 경우**: have는 완료 조동사로 사용될 수도 있으나 본동사로도 사용될 수 있다. "완료 조동사"로 사용될 경우에는 not를 have 다음에 놓아서 부정문을 만들고, "본동사"로 사용될 경우에는 조동사 do의 도움을 받아 부정문을 구성한다.

They **have not** finished their assignments yet. (그들은 아직 숙제를 마치지 않았다.)
She **has not** visited her parents since she saw them 10 years ago.
(그녀는 부모님을 10년 전에 본 후 찾지 않았다.)
We **did not have** lunch until 2 o'clock. (우리는 2시까지 점심을 먹지 않았다.)
I'm afraid that they **did not have** a good holiday.
(그들은 휴가를 즐겁게 보내지 못한 것 같다.)

▶ 그러나 영국영어에서는 본동사로 사용되는 have가 기본적으로 "소유하다(possess)"를 뜻하면서 "진행형"이 불가능할 경우 종종 not를 직접 뒤에 넣어 부정문을 만들 수 있다. 물론 이 경우에도 미국영어에서는 일반적으로 do의 도움을 받는다. (H8을 보라.)

I **have not** a car. (나는 차가 없다.)
I **do not have** a car. (나는 차가 없다.)

We **have not** any sympathy for these troublemakers.
We **do not have** any sympathy for these troublemakers.
(우리는 이 말썽꾸러기들에게는 어떠한 동정심도 느끼지 않는다.)

6　**가정법 문장의 부정**: 가정법 문장의 "that-종속절"에서는 본동사 앞에 직접 not를 넣어 부정문을 만든다. (S37.1을 보라.)

It's important that she **not realize** what's happening.
(그녀가 무슨 일이 일어나고 있는지 모르는 것이 중요하다.)
It's essential that pilots **not be** distracted while operating airplanes.
(비행기를 조종하는 동안 조종사들의 주의를 산만하게 하지 않는 것이 매우 중요하다.)

7　**부정사와 -ing절의 부정**: not를 부정사와 -ing동사 바로 앞에 놓는다.

Try **not to come** late. (늦지 않도록 해라.) (*Try **to not come** late.)
It's absolutely essential **not to interfere** with other people's life.
(타인의 생활을 간섭하지 않는 것이 절대적으로 필요하다.)
(*It's absolutely essential **to do not interfere** with other people's life.)
I regret **not having** left her sooner. (나는 그녀를 더 일찍 떠나지 않은 것을 후회한다.)
(*I regret **having not** left her sooner.)
Not knowing that she would feel uncomfortable, he decided to stay longer.
(그녀가 불편해할 것이라는 것도 모르고 그는 더 오래 머물기로 했다.)
(***Don't knowing**/*Knowing not** that she would feel uncomfortable, he decided to stay longer.)

have to, dare, need, used to의 부정형에 대해서는 각 동사의 항목을 보라.
방언인 ain't에 대해서는 A64와 C46.8을 보라.

8　**조각 문장**: 불완전한 조각 문장에서 동사 외의 다른 성분을 부정하는 경우가 있다.

"Can you go to the park?" "No, **not today**."
("공원에 갈 수 있으세요?" "아니요, 오늘은 안 됩니다.")
Come early, but **not before six**. (일찍 와! 그러나 6시 전에는 안 돼.)
"Would you go to the movies this afternoon?" "No, **not interested**."
("오늘 오후에 영화 보러 갈까요?" "아니요, 관심이 없어요.")
"Who has taken my pen?" "**Not me**." ("누가 내 펜을 가져갔냐?" "나는 아닙니다.")

명사와 함께 쓰이는 not와 no의 차이점에 대해서는 N19를 보라.

9　**짧은 응답**: not는 "절을 대치하는 긍정적 so"에 대응하는 부정적 표현으로 사용된다. (S19.2와 3을 보라.)

"Has the children returned home safely?" "I'm afraid **so**./I'm afraid **not**."
("아이들이 안전하게 집에 돌아왔습니까?" "그런 것 같습니다./그렇지 않은 것 같습니다.")

▶ not를 짧은 응답에서 허용하는 동사로는 다음과 같은 것들이 있다.

| appear | believe | expect | guess |
| hope | imagine | presume | reckon |

seem   suppose   suspect   think 등

"The missiles have recently been moved." "It **appears/seems so/not**."
("미사일이 근래에 이동됐습니다." "그런 것 같은데요./그런 것 같지 않은데요.")
"Do you think there'll be snow tomorrow?" "I **believe/suppose/think so**."
("내일 눈이 올 것으로 생각합니까?" "그렇게 생각합니다.")
"Do you think there'll be snow tomorrow?" "I **believe/suppose/think not**."
("내일 눈이 올 것으로 생각합니까?" "안 올 거라고 생각합니다.")
"Will he come to see you tomorrow?" "I **hope so/not**."
("그가 내일 널 보러 올까?" "그러기를 바란다./그러지 않기를 바란다.")
"Is she going to donate some money to the school?" "I **suppose/think so/not**."
("그녀가 학교에 돈을 좀 기증할까요?" "나는 그렇게 생각합니다./생각하지 않습니다.")

N11   NEGATIVES-3: 다른 단어에 의한 부정

not 외에도 다른 부정적 단어(no, never, little 등)를 써서 동사가 아닌 단어와 결합하여 부정문을 구성할 수 있다.

1 **완전한 문장**: 완전한 문장 내에서 동사 아닌 다른 성분을 부정하는 경우

There's **no food** left in the refrigerator. (냉장고에 음식이 하나도 남아 있지 않다.)
(= There's **not any food** left in the refrigerator.)
No trains will be affected by this incident.
(어떤 기차도 이 사건으로 영향을 받지 않을 것입니다.)
(= **Trains** will **not** be affected by this incident.)
We left **not one bottle** behind. (우리는 한 병도 남겨놓지 않았다.)
(= We **didn't** leave **one bottle** behind.)
I'm **never** going back to Australia again. (다시는 호주로 돌아가지 않을 것이다.)
(= I'm **not** going back to Australia **ever** again.)

▶ 부정된 성분을 앞으로 이동하면 주어와 조동사의 도치가 일어난다.

No food is there left in the refrigerator. (냉장고에 음식이 하나도 남아 있지 않다.)
(*No food there's left in the refrigerator.)
Not one bottle did we leave behind. (우리는 한 병도 남겨놓지 않았다.)
(*Not one bottle we left behind.)
Never am I going back to Australia again. (다시는 호주로 돌아가지 않을 것이다.)
(*Never I'm going back to Australia again.)

2 **부정 부사**: 부정부사를 써서 부정문을 만들 수 있다.

barely   hardly   never   rarely
scarcely   seldom 등

He has **never** been so confused. (그가 그렇게 당황해본 적이 없다.)
The city had **scarcely/hardly** changed in 20 years. (도시가 20년간 거의 변하지 않았다.)
I've **seldom/rarely** read an article that was so full of lies.
(나는 거짓으로 가득 찬 이런 기사를 거의 본 적이 없다.)

▶ 이들이 부정문이라는 것은 두 가지 점에서 알 수 있다. 부정부사를 문두위치에 두면 "주어와 조동사의 도치"가 일어나고, 또한 "긍정 부가의문문"을 대동한다.

Never has he been so confused.
Hardly had the city changed in 20 years.
Seldom have I read an article that was so full of lies.

He has **never** been so confused, **has he**? (그가 그렇게 당황해 해본 적이 없지?)
(*He has **never** been so confused, **hasn't he**?)
The city had **scarcely/hardly** changed in 20 years, **had it**?
(도시가 20년간 거의 변하지 않았지?)
(*The city had **scarcely/hardly** changed in 20 years, **hadn't it**?)
You've **seldom/rarely** read an article that was so full of lies, **have you**?
(너는 거짓으로 가득 찬 이런 기사를 거의 본 적이 없지?)
(*You've **seldom/rarely** read an article that was so full of lies, **haven't you**?)

도치에 대해서는 148.4와 5를 보라.

3   little과 few: little과 few를 포함하는 문장도 부정문이 된다. 긍정 부가의문절만이 가능하다는 점에 유의하라. (A5를 보라.)

Few people want low-paid jobs, **do they**?
(낮은 임금을 받고 일하기를 원하는 사람은 많지 않지요?)
(***Few** people want low-paid jobs, **don't they**?)
The government has done **little** to change the situation, **has it**?
(정부가 상황을 바꾸기 위해 한 것이 별로 없지요?)
(*The government has done **little** to change the situation, **hasn't it**?)

4   단어 부정: no와 not 그리고 un- 등 다양한 부정접사를 써서 단어의 의미를 부정의 뜻으로 바꿀 수 있다. 그러나 이것이 문장을 부정문으로 만드는 것은 아니다. 예를 들어, "He's not happy"와 "He's unhappy"는 유사한 뜻을 가지지만 전자는 부정문이고 후자는 긍정문이다. 다음을 비교해보라.

He's **not** happy, **is he**? (그는 행복하지 않지요?)
He's **unhappy**, **isn't he**? (그는 불행하지요?) (*He's **unhappy**, **is he**?)

Not surprisingly, they missed the train. (예상했던 것처럼 그들은 기차를 못 탔다.)
I visit my parents **not very often**. (나는 부모님을 그렇게 자주 찾지는 않는다.)
I talked with them **not long ago**. (나는 얼마 전에 그들과 말을 했다.)
We'll be there **in no time**. (우리는 즉시 그곳에 갈 것이다.)

5　**비단언적 단어**: 부정문에서는 일반적으로 "some, somebody, something" 등과 같은 단언적 표현을 사용하지 않는다. 대신에 비단언적 단어인 "any, anybody, anything" 등을 사용한다. 다음을 비교해보라.

I've found **some** mushrooms. (나는 버섯을 좀 찾았다.)
I **haven't** found **any** mushrooms. (나는 버섯을 하나도 못 찾았다.)
They've left the town **already**. (그들은 이미 마을을 떠났다.)
They **haven't** left the town **yet**. (그들은 아직 마을을 떠나지 않았다.)
He's **still** working late. (그는 아직도 일하고 있다.)
He's **not** working **anymore**. (그는 이제는 일하고 있지 않다.)
I've met **both** of Lucy's parents. (나는 루시의 부모님 두 분을 다 만났다.)
I **haven't** met **either** of Lucy's parents. (나는 루시의 부모님 중에 어느 분도 만나지 않았다.)

다른 비단언적 단어들도 의문문과 부정문에 나타난다. 상세한 것은 N24를 보라.

N12　NEGATIVES-4: 전이된 부정

다음의 두 부정문을 비교해보라.

I **think** he's **not** a good man. (나는 그가 좋은 사람이 아니라고 생각한다.)
I **don't think** he's a good man. (나는 그가 좋은 사람이라고 생각하지 않는다.)

두 번째 문장은 자신의 의미(즉 그 사람이 좋은 사람인지 아닌지에 대해 아무런 생각이 없다는 것) 외에 첫 번째 문장의 의미(즉 그 사람이 좋은 사람이 아니라는 생각)도 가지고 있다. 다시 말해서 종속절의 부정이 주절의 부정으로 전이될 수 있다는 것이다. 이러한 현상을 "전이된 부정(transferred negation)"이라고 부른다. 이에 반하여 다음의 두 문장을 비교해보라. 이 두 문장 사이에는 앞에서 논의한 의미적 관계를 볼 수 없다.

He **knows** she's **not** alive. (= He knows she's dead.)
(그는 그녀가 살아 있지 않다는 것을 안다.) (= 그는 그녀가 죽었다는 것을 안다.)
He **doesn't know** she's alive. (= He doesn't know the fact that she's alive.)
(그는 그녀가 살아 있다는 것을 모른다.) (= 그는 그녀가 살아 있다는 사실을 모른다.)

1　**동사**: 전이된 부정을 허용하는 동사는 매우 제한적이며, 일반적으로 부정소의 인상이 일어난 문장이 그렇지 않은 문장보다 더 자연스럽다.

(1) 견해/생각(opinion) 동사

anticipate	be supposed to	believe	calculate
expect	figure	imagine	reckon
suppose	think 등		

I **anticipate** the schedule **isn't** final. (나는 그 일정표가 최종적인 것이 아니라고 예상한다.)

I **don't anticipate** the schedule is final.
(나는 그 일정표가 최종적인 것이라고 예상하지 않는다.)

I **believe** I **haven't** met you before. (나는 너를 전에 만난 적이 없다고 생각한다.)
I **don't believe** I've met you before. (나는 너를 전에 만난 적이 있다고 생각하지 않는다.)
We **expect not to** win. (우리는 이기지 못할 것이라고 예상한다.)
We **don't expect to** win. (우리는 이길 것이라고 예상하지 않는다.)

(2) think와 유사한 의미를 가진 assume과 presume은 전이된 부정이 허용되지 않는다.

I **assumed** that he **didn't** know me. (나는 그가 나를 모른다고 가정했다.)
I **didn't assume** that he knew me. (나는 그가 나를 안다고 가정하지 않았다.)
I **presumed** that we **wouldn't** be there by 6 o'clock.
(나는 우리가 그곳에 6시까지 가지 못할 것이라고 추정했다.)
I **didn't presume** that we would be there by 6 o'clock.
(나는 우리가 그곳에 6시까지 갈 것이라고 추정하지 않았다.)

(3) 지각(perception)동사들도 전이된 부정을 허용한다.

appear   feel   look   seem
sound 등

It **seems** that we **can't** get our money back. (우리는 돈을 돌려받을 수 없을 것 같다.)
It **doesn't seem** that we can get our money back.
(우리는 돈을 돌려받을 수 있을 것 같지 않다.)

It **looks like** it **isn't** going to rain. (비가 오지 않을 것 같이 보인다.)
It **doesn't look like** it's going to rain. (비가 올 것 같이 보이지 않는다.)

2 **형용사**: "likely, probable, possible"과 같은 형용사도 전이된 부정을 허용한다.

It's **likely** that he **isn't** alive. (그가 살아 있지 않은 것 같다.)
It **isn't likely** that he's alive. (그가 살아 있는 것 같지 않다.)

It's **possible** that she **isn't** at home. (그녀는 집에 없을 가능성이 있다.)
It's **not possible** that she's at home. (그녀가 집에 있을 가능성이 없다.)

3 **양상조동사와 부사**: 주절에 양상조동사가 있거나 부사가 있으면 전이된 부정이 불가능하다.

You **must** believe that he's **not** broke. ≠ You **mustn't** believe that he's broke.
(그가 파산하지 않았다고 믿어야 한다.) ≠ (그가 파산했다고 믿어서는 안 된다.)

It **just** seemed that it **wouldn't** rain. ≠ It **just didn't seem** that it would rain.
(비가 안 올 것이 틀림없는 것 같았다.) ≠ (비가 전혀 올 것 같지 않았다.)

N13 NEGATIVES-5: 부정문의 해석

1 **부정문의 다중적 해석**: 부정문의 동사 앞에 오는 not는 동사뿐만 아니라 문장의 다른 성분도 부정할 수 있다.

I **didn't tell** Andy to work in the office today.
(나는 앤디에게 오늘 출근하라고 말하지 않았다.)

위 부정문의 전형적인 해석은 다음과 같다.

I forgot **to tell Andy to work in the office today**.
(나는 앤디에게 오늘 출근하라고 말하는 것을 잊었다.)

▶ 부정소 not가 문장의 어느 성분에 초점을 두느냐에 따라 부정문의 해석이 달라진다. 다음 문장은 각괄호를 친 단어에 부정의 초점이 주어질 때의 해석을 보여준다.

I didn't tell **Andy** (but Mary) to work in the office today.   [Andy]
(나는 (메리에게 그러나) 앤디에게는 오늘 출근하라고 말하지 않았다.)
I didn't tell Andy to **work** (but relax) in the office today.   [work]
(나는 앤디에게 사무실에서 (쉬고) 일하지 말라고 말했다.)
I didn't tell Andy to work **in the office** (but in his house) today.   [office]
(나는 앤디에게 (집에서 일하고) 출근하지 말라고 말했다.)
I didn't tell Andy to work in the office **today** (but yesterday).   [today]
(나는 앤디에게 (어제가 아니고) 오늘 출근하라고 말하지 않았다.)
I didn't (not I but my brother) tell Andy to work in the office today.   [I]
(앤디에게 오늘 출근하라고 말한 것은 (내 동생이지) 내가 아니다.)

우리는 말을 할 때는 이들의 정확한 의미를 강세나 억양을 써서 나타낼 수 있으나, 글에서는 일반적으로 맥락과 상황에서 그 의미를 파악하게 된다. 그러나 때때로 혼동을 피할 수가 없다.

2 **분열문 구조**: 부정문을 해석하는 데 있을 수 있는 이러한 혼동은 일반적으로 문장구조를 강조구문으로 재구성함으로써 피할 수 있다.

It wasn't **Andy** that I told to work in the office today.
(내가 오늘 출근하라고 말한 사람은 앤디가 아니었다.)
What I didn't tell Andy is to **work** in the office today.
(내가 앤디에게 말하지 않은 것은 오늘 출근하라는 것이다.)
It wasn't **in the office** that I told Andy to work today.
(내가 앤디에게 오늘 출근하라는 곳은 사무실이 아니었다.)
It wasn't **today** that I told Andy to work in the office.
(내가 앤디에게 출근하라고 한 날은 오늘이 아니었다.)
It wasn't **I** who told Andy to work in the office today.
(오늘 앤디에게 출근하라고 말한 사람은 내가 아니었다.)

► 다음의 문장을 비교해보면 의미의 모호성이 어떻게 살아지는가를 알 수 있다.

Jane didn't marry Max. (제인은 맥스와 결혼하지 않았다.)
It wasn't Jane who married Max. (맥스와 결혼한 사람은 제인이 아니었다.)

첫 문장만 보고는 말하고 있는 시점에 Max가 총각인지 결혼했는지를 알 수가 없다. 그러나 두 번째 문장에서는 Max가 결혼을 했는데 결혼한 사람이 Jane이 아니고 다른 사람이라는 것을 말하고 있다.

3   **because-절의 모호성**: "because-절"이 나타나는 부정문은 종종 그 의미가 모호해진다.

I didn't leave **because I loved her**.

이 문장은 "내가 그녀를 떠나지 않은 이유는 그녀를 사랑했기 때문이다"라는 의미와 "내가 떠난 이유는 그녀를 사랑했기 때문이 아니다"를 의미할 수 있다. 첫 번째 의미는 "because-절"을 문두위치에 놓으면 명백해진다.

Because I loved her, I didn't leave.

위 문장의 모호성은 "it ... that" 구문으로 바꾸어 쓰면 사라지는 것을 알 수 있다.

It was **because I loved her** that I **didn't** leave.
(내가 떠나지 않은 것은 그녀를 사랑했기 때문이다.)
It was **not because I loved her** that I left. (내가 떠난 것은 그녀를 사랑했기 때문이 아니다.)

4   **부정의문문**: 부정의문문에는 두 가지 형태가 있다.

축약형: **조동사 + -n't + 주어** ...
비축약형: **조동사 + 주어 + not** ...

축약형은 구어에서뿐만 아니라 두루 널리 사용되고 비축약형은 문어적 표현이다.

Didn't I tell you Mark would give up smoking?   [축약형]
Did I not tell you Mark would give up smoking?   [비축약형]
(마크가 담배를 끊을 것이라고 내가 너에게 말하지 않았느냐?)

5   **긍정 편향적 해석과 부정 편향적 해석**: 부정의문문은 긍정 편향적 해석과 부정 편향적 해석이 가능하다. 다음과 같은 상황을 생각해보자. 가령 화자가 "John이 성탄절을 자신의 부모와 함께 보낼 예정"이라는 정보를 가지고 있다고 하자. 그런데 성탄절 모임에 John이 참석한 것을 보고 다음과 같이 말했다고 하자.

Isn't John spending Christmas with his parents?
(존이 부모님과 함께 크리스마스를 보내고 있는 것 아닙니까?)

이 상황에서 이 말은 "John이 성탄절을 자신의 부모와 함께 보내지 않고 있다"는 의미가 되므로 "부정 편향적 해석"이 된다. 이와는 반대로 누가 화자에게 John이 어째서 성탄절 모임에 오지 않느냐고 물었다고 하자. 이 경우에 위의 문장은 "John이 성탄절을 자신의 부모와 함께 보내고 있다"는 의미로 해석됨으로 "긍정 편향적 해석"이 된다.

6   **긍정 편향적 해석**: 화자가 자신의 정보나 믿음에 대해 확신을 가지고 말할 때 종종 부정의문문을 사용한다. 다시 말해서 위의 문장을 내면적으로 "Isn't it true that John is spending Christmas with his parents?" 말하면서 긍정적 응답을 기대하는 것이다.

         Didn't you meet Helen yesterday? How is she? (= I believe you met Helen yesterday.)
         (너 어제 헬렌을 만지나 않았어? 어때?) (= 나는 네가 어제 헬렌을 만났다고 생각한다.)

         ▶ 긍정 편향적 부정의문문은 종종 감탄문 또는 수사적 의문문으로 사용되기도 한다. (E37.6과 Q6.4를 보라.)

         Aren't they lovely? (= How lovely they are!)
         (그들이 귀엽지 않아?) (= 그들이 정말 귀엽군!)
         Haven't I been a fool? (= What a fool I have been!)
         (내가 바보였던 것 아냐?) (= 나는 참 바보였다!)
         Isn't the answer obvious? (= Surely the answer is obvious.)
         (답이 명백한 것 아냐?) (= 답이 명백하다.)
         Who **doesn't** know? (= Everyone knows.)
         (누가 몰라?) (= 모두가 안다.)
         And **will not** God bring about justice for his chosen one, who cry out to him day and night?
         (하물며 하나님께서 그 밤낮 부르짖는 택하신 자들의 원한을 풀어주시지 않겠느냐?) [눅 18:7]

7   **부정 편향적 해석**: 긍정 편향적 해석과는 달리 부정 편향적 해석은 자신의 부정적 생각이나 믿음에 대한 확인을 요청할 때 사용되며, 일반적으로 화자의 불만이나 비난을 표현한다.

         Can't you think of a more useful idea?
         (= It appears you **can't** think of a more useful idea.)
         (너는 더 도움이 되는 생각을 해낼 수 없어?) (= 너는 더 도움이 되는 생각을 해낼 수 없는 것 같다.)
         Didn't you turn off the gas valve? (= You apparently **didn't** turn off the gas valve.)
         (너는 가스 밸브를 잠그지 않았어?) (= 가스 밸브를 잠그지 않은 것이 명백하다.)
         Don't you have any sympathy for these innocent victims?
         (= It seems that you **don't** have any sympathy for them.)
         (너는 이 죄 없는 희생자들에게 어떠한 동정심도 느끼지 않느냐?)
         (= 너는 이 죄 없는 희생자들에게 어떠한 동정심도 느끼지 않는 것 같다.)
         Didn't the alarm go off? I wonder what's wrong with it.
         (경보기가 작동하지 않았어? 무엇이 잘못된 것 같다.)

8   **정중한 초대와 제안**: 정중한 초대나 제안을 할 때 부정의문문을 사용할 수 있다.

         Won't you have some more tea? (차를 좀 더 드시지 않으실래요?)
         Wouldn't you like to help that old lady? (저 나이 드신 여자 분을 도와드릴 수 있으십니까?)
         Why don't you sit on the sofa and wait for a while? (소파에 앉아서 잠시 기다리시겠습니까?)

N14 neglect와 negligence

neglect와 negligence는 거의 같은 의미로 쓰이며, 전자가 후자보다 더 강한 의미를 갖는다. neglect는 조심성이 없거나 게으름으로 인한 습관적인 "태만"을 의미하고, negligence는 일이나 임무에 주의를 쏟지 않거나 어떤 일을 처리하는 데 "소홀함"을 의미한다.

He has shown a persistent **neglect** of duty. (그는 지속적인 의무태만을 보여주었다.)
Tenants are complaining about the landlord's **neglect** of the property.
(임차인들은 주인이 자신의 재산을 돌보지 않는 데 대해 불평하고 있다.)
The town's old ferry is collapsing after years of **neglect**.
(마을의 옛 나루터가 수년간의 방치로 파괴되고 있다.)

The bridge's architect was sued for criminal **negligence**.
(교량 설계자는 형사상의 과실로 고소당했다.)
Most of the accidents in industry are caused by the **negligence** of the workers.
(산업현장에서의 대부분의 사고는 노동자들의 부주의에 기인한다.)
The soldiers were ordered to appear before a disciplinary council on charges of **negligence**. (병사들은 근무태만 혐의로 징계위원회에 출두할 것을 명받았다.)

N15 negligent와 negligible

negligent는 "태만한, 부주의한, 무관심한"을 의미하고, negligible는 "무시해도 좋은, 하찮은"을 의미한다.

The jury determined that the airline was **negligent in** training and supervising the crew.
(배심원은 항공사가 승무원에 대한 교육과 감독에 태만했다고 결론을 내렸다.)
Mr. Brown was found guilty of **negligent** driving.
(브라운 씨는 부주의한 운전에 대해 유죄를 받았다.)
The judge said the teacher had been **negligent in** letting the children swim in dangerous water.
(판사는 선생님이 아이들이 위험한 곳에서 수영하도록 하는 부주의를 저질렀다고 판결했다.)

The difference in experience between the two players is **negligible**.
(두 선수 간의 경험상의 차이는 무시해도 좋다.)
I have a **negligible** knowledge of German. (나는 독일어 실력이 형편없다.)
In buying a suit, the difference of 10 thousand won in price is **negligible**.
(양복 한 벌을 사는 데 만 원의 가격 차이는 무시할 만하다.)

N16 neither (of), neither/not ... nor, not ... either

이 표현들은 모두 부정문과 연관이 있다. 영국에서는 neither를 [náɪðə] 또는 [níːðə]로 발음하고, 미국에서는 [níːðər]로 발음한다.

1   **neither (of)**: neither는 "두 대상 중에 어느 하나도 아니다"라는 것을 뜻하며 "한정사, 대명사, 부사"로 사용될 수 있다.

   I think **neither** team deserves to win.   [한정사]
   (나는 둘 중에 어느 팀도 승리할 만하다고 생각하지 않는다.)
   "Would you like tea or coffee?" "**Neither**, thanks."   [대명사]
   ("차를 드시겠습니까 커피를 드시겠습니까?" "고맙지만 둘 다 아닙니다.")
   "I don't have any money." "**Neither** do I."   [부사]
   ("나는 돈이 없다." "나도 없다.")

2   **neither + 단수명사**: neither는 단수명사와만 결합할 수 있다.

   There're two men in the room, but **neither man** can speak English.
   (방에 두 남자가 있는데 둘 중에 누구도 영어를 할 줄 모릅니다.)
   "Can you come on Monday or Tuesday?" "I'm afraid **neither day** is possible."
   ("월요일이나 화요일에 올 수 있습니까?" "미안합니다만 둘 중에 어느 날도 불가능한데요.")

3   **neither of + 복수명사**: "neither of"는 한정사(예: the, his, those)의 수식을 받는 복수명사나 복수대명사와 결합할 수 있다.

   Neither of his sisters likes me. (그의 여동생 둘 중에 아무도 나를 좋아하지 않는다.)
   (***Neither of sisters** likes me.)
   Neither of them is likely to be aware of my absence.
   (그들 중에 아무도 나의 결근을 알지 못하는 것 같다.)
   (***Neither them** is likely to be aware of my absence.)

   ▶ "neither of + 복수명사/대명사"는 일반적으로 단수동사를 취하지만, 구어체에서는 종종 복수동사도 쓰인다.

   Neither of his sisters likes/like me.

4   **neither**: 맥락에서 그 의미를 알 수 있을 경우 명사나 대명사 없이 neither를 홀로 쓸 수 있다.

   We have two TVs, but **neither** works properly.
   (텔레비전이 두 대 있는데 둘 다 잘 작동하지 않는다.)
   "Which one would you choose?" "**Neither**. They're both terrible."
   ("어느 것을 선택할 것이냐?" "둘 다 아닙니다. 둘 다 끔찍합니다.")

5   **neither do**: 앞에 오는 부정문을 받아 이것이 다른 대상에 대해서도 사실이라는 것을 표현한다.

   If Sandra **doesn't** agree to the plan, **neither will** Ed.
   (샌드라가 그 계획에 동의하지 않으면 에드도 동의하지 않을 것이다.)
   "**I don't** feel like going out this evening." "**Neither do I**."
   ("저는 오늘 저녁에 외출할 기분이 아닙니다." "나도 그렇다.")

Tom **didn't** believe a word she said, and **neither did** the police.
(탐도 그녀가 말한 것을 한마디도 믿지 않았고 경찰도 믿지 않았다.)

▶ neither 앞에 오는 접속사 "and"를 임의로 생략할 수 없다.

I never learned to swim, **and neither did** he. (나도 수영을 배운 적이 없었고 그도 그랬다.)
(*I never learned to swim, **neither did** he.)
He isn't going to the party, **and neither am** I.
(그도 파티에 가지 않을 것이고 나도 안 갈 것이다.)

▶ "neither do"는 부정문 뒤에 오는 부정문을 강조하기 위해서 사용될 수 있다.

I **don't** ever recall Dad hugging me. **Neither did** I sit on his knee.
(나는 아버지에게 안긴 기억도 없고 아버지 무릎에 앉아본 기억도 없다.)
"No one sews a patch of unshrunk cloth on an old garment, ... **Neither do** men pour new wine into old wineskins." ("생베 조각을 낡은 옷에 붙이는 자가 없나니, ... 새 포도주를 낡은 가죽 부대에 넣지 아니하나니.") [마 9:16과 17]

6   neither/not/never ... nor: nor는 항상 neither나 not와 함께 사용되며, 두 개의 상황이 "둘 다 진실이 아니거나 일어나지 않을" 때 사용된다.

He can **neither** read **nor** write. (그는 읽을 줄도 쓸 줄도 모른다.)
(= He can**not** read **and write**.)
Neither Mr. Smith **nor** Miss Taylor is going to visit the school.
(스미스 씨와 테일러 양 두 분 중에 아무도 학교를 방문하지 않을 것입니다.)
I will **never leave** you **nor** forsake you.
(내가 너를 떠나지 아니하며 버리지 아니하리니.) [여호수아 1:5]

(1) 일치: "neither A nor B"의 표현이 주어일 경우 동사는 B와 일치한다.

Neither John nor I am responsible for the accident. (존도 나도 사고에 책임이 없다.)

(2) "neither A nor B"는 "both A and B"의 반의적 표현이므로 후자를 부정문에서 사용할 수 없다.

*Both John and I aren't** responsible for the accident.
*Both Mr. Smith and Miss Taylor aren't** going to visit the school.

(3) "neither A nor B"에서 A와 B가 완전한 문장이 될 수는 없다. 이 점은 "both A and B" 구조와 유사하다. (B32.8을 보라.)

*Neither** Peter was responsible **nor** was his wife responsible.
Neither Peter **nor** his wife was responsible. (피터도 그의 부인도 책임이 없다.)

*Both** Peter was responsible **and** his wife was responsible.
Both Peter **and** his wife were responsible. (피터와 그의 부인 두 분 다 책임이 있다.)

7   nor do: neither처럼 부정문 뒤에 오는 부정문을 강조하기 위해서 사용될 수 있다.

I **don't** expect the child to be polite, **nor do** I expect him to be obedient.
(나는 그 아이가 공손할 거라고 생각하지도 않았고 더욱이 순종적이라고는 생각하지도 않았다.)
They **can't** even read, **nor can** they understand such concepts.
(그들은 읽을 수 없을 뿐만 아니라 그런 개념을 이해한다는 것은 불가능하다.)
No good tree bears bad fruit, **nor does** a bad tree bear good fruit.
(못된 열매를 맺는 좋은 나무가 없고 또 좋은 열매를 맺는 못된 나무가 없느니라.) [눅 6:43]

▶ neither do처럼 앞에 오는 부정문을 받아 이것이 다른 대상에 대해서도 사실이라는 것을 표현하며, neither와 같이 nor 앞에 접속사가 올 수도 있다.

"I **don't** want to go." "**Nor do** I."
("나는 가고 싶지 않다." "나도 가고 싶지 않다.")
They **couldn't** understand it at the time, **(and) nor could** I.
(그때는 그들도 그것을 이해하지 못했고 나도 그랬다.)

8   do not either: "neither do"와 같은 의미로 사용되며 정상적인 어순을 갖는다.

I **never** learned to swim, and he **didn't either**.
(나도 수영을 배운 적이 없고 그도 배운 적이 없다.)
(*I **never** learned to swim, and **either didn't** he.)
"I **can't** swim." "I **can't either**." ("나는 수영을 못 한다." "나도 못 한다.")

▶ 흥미로운 점은 미국영어에서 다음의 두 문장이 뜻이 같다는 점이다.

"I **don't** have any money." "Me **neither**."
"I **don't** have any money." "Me **either**."
("나는 돈이 하나도 없다." "나도 없다.")

N17   never

never는 "앞으로도 또는 지금까지 ... 않다"를 의미하며, not와는 달리 조동사의 도움을 필요로 하지 않는다. never는 일반적으로 조동사가 있을 경우 그 다음이나 어휘동사 앞에 온다.

My parents **never let** me go out in the evening.
(나의 부모님은 내가 저녁에 외출하는 것을 결코 허락하지 않는다.)
I'm **never** going back there, not as long as I live.
(나는 살아 있는 한 그곳에 절대로 돌아가지 않을 것이다.)
Most Americans **have never** been to Hawaii.
(미국인 대부분은 하와이에 가본 적이 없다.)

▶ never는 not와 함께 사용되지 않으며, 대신 ever가 사용된다.

I **didn't ever** doubt that I would pass the test.
(나는 시험을 통과할 것이라는 것을 의심한 적이 없었다.)
(*I **didn't never** doubt that I would pass the test.)

► ever는 강조하려고 할 때 never와 함께 쓰인다.

She'll **never ever** forgive me for leaving her.
(그녀는 자기를 떠난 나를 결코 절대로 용서하지 않을 것이다.)

► 강조하기 위해서 never를 문장 앞으로 전치하면 주어와 조동사의 도치가 일어난다.

Never have I lost the weight I put on in my teens.
(나는 10대의 체중에서 내려가 본 적이 한 번도 없다.)

N18 next와 the next

1   the next: next는 "현재의 것 바로 다음"에 오는 것 또는 "앞서 있었던 것 바로 다음"에 오는 것을 의미하며, "시간명사"와 결합하는 특별한 경우를 제외하고는 일반적으로 "정관사 the"를 동반한다.

Who will be **the next President**? (누가 다음 대통령이 될 것입니까?)
I just missed the KTX to Seoul. When's **the next one**?
(방금 서울행 KTX를 놓쳤습니다. 다음 KTX는 언제 있습니까?)
Go straight on at the traffic lights and take **the next turning** on the right.
(교통신호에서 직진하고 그 다음에 오른쪽으로 도십시오.)
He could hear them arguing about his background in **the next room**.
(그는 자신의 배경에 대해서 그들이 옆방에서 논쟁하는 소리를 들을 수 있었다.)

2   next와 시간명사: 말하는 시점, 즉 현 시점 바로 다음에 오는 시점을 지칭할 때는 관사 없이 사용된다. 따라서 "next week, next month, next year"는 "현재의 다음 주, 달, 연도"를 의미한다. 이 경우에 정관사를 사용할 수 없다.

Let's plan a big night **next week**. (다음 주에 성대한 밤을 계획합시다.)
(*Let's plan a big night **the next week**.)
I'm spending **next Christmas** with my family.
(나는 다음 크리스마스를 가족과 함께 보낼 것이다.)
(*I'm spending **the next Christmas** with my family.)
What do you think we'll be doing this time **next year**?
(다음 해 이때쯤에 우리는 무엇을 하고 있을 것이라고 생각하느냐?)
(*What do you think we'll be doing this time **the next year**?)

► "next day"라는 말은 없으며 대신에 "tomorrow"를 사용한다. (T14.4를 보라.)

I'm going to see her **tomorrow**. (나는 내일 그녀를 보려고 한다.)
(*I'm going to see her **next day**)

► 다음 문장에서 "the next day"는 이 문장이 의미하는 "과거의 어느 날의 그다음 날"을 의미한다.

I was going to see her **the next day**. (나는 그다음 날에 그녀를 보려고 했다.)

3   **next Monday**: next가 요일명이나 월명을 가리키는 명사와 결합하면 의미가 모호해질 수 있다.

I'll be seeing her **next Monday**. (나는 다음 월요일에 그녀를 보려고 한다.)
He's planning to have a big birthday party **next April**.
(그는 다음 4월에 거창한 생일파티를 계획하고 있다.)

위의 문장은 각각 두 개의 의미를 가질 수 있다.

Are you saying **this Monday or the one after**?
(이번 주 월요일을 말하는 겁니까 혹은 다음 주 월요일을 말하는 겁니까?)
Do you mean **this April or the one after**? (올해 4월을 의미합니까, 내년 4월을 의미합니까?)

우리는 말하는 시점이 월요일(Monday)이나 4월(April)에서 떨어져 있을수록 앞의 뜻(this Monday와 this April)으로 해석하고, 가까울수록 뒤의 뜻(the one after)으로 해석하는 경향이 있다. (조사에 의하면 "3"이라는 숫자가 경계선이라고 한다.) 이러한 혼동을 피하기 위하여 다음과 같은 표현을 쓰기도 한다.

I'll be seeing you **on Monday/this Monday/the coming Monday/
 this coming Monday/(on) Monday this week**   [금주]
(나는 너를 금주 월요일에 볼 것이다.)
I'll see you **(on) Monday week/a week on Monday/
 (on) Monday next week/ one week after Monday**.   [다음 주]
(나는 너를 다음 주 월요일에 볼 것이다.)
He's planning to have a big birthday party **in April/
 this April/the coming April/this coming April/in April this year**. [올해]
(그는 올해 4월에 거창한 생일파티를 계획하고 있다.)
He's planning to have a big birthday party **next April/
 in April next year/a year after April**.   [내년]
(그는 내년 4월에 거창한 생일파티를 계획하고 있다.)

4   **the next와 시간명사**: the next는 말하는 시점부터가 아니라 "미래 또는 과거의 어느 시점 바로 뒤따라오는 시점"을 가리킨다.

They'll visit us in May and stay with us until **the next month**.
(그들은 5월에 와서 다음 달까지 우리 집에 머물 것이다.)
(*They'll visit us in May and stay with us until **next month**.)
She called me and we arranged to meet **the next week**.
(그녀는 나에게 전화를 걸었고 우리는 그다음 주에 만나기로 결정했다.)
(*She called me and we arranged to meet **next week**.)
They met at a party in 2001 and got married **the next year**.
(그들은 2001년에 파티에서 만났으며 그다음 해에 결혼했다.)
(*They met at a party in 2001 and got married **next year**.)

5 **the next + 기간명사**: 시간명사가 순수하게 "기간"만을 의미할 때는 the next는 "현시점으로부터 시작하는 기간"을 의미할 수 있다. 따라서 다음의 예에서 "the next"는 "(바로) 다음의" 의미가 아니라 "지금부터"를 의미한다.

He's going to stay at our place **for/during the next week**.
(그들은 우리 집에 1주일간 머물 것이다.)
The next year will be very difficult for the company.
(지금부터 1년간은 회사가 매우 어려울 것이다.)

위 예문에서 "the next week"는 "the next one week"를, "the next year"는 "the next one year"를 의미한다. 다시 말해서 여기 week와 year는 각각 "1주"와 "1년"이라는 기간을 의미한다.

6 **the next + 수 + 시간명사**: 구체적인 숫자나 양화사와 시간명사를 결합하여 기간을 표현할 수 있다.

I'll be in Hawaii for **the next three years**. (나는 지금부터 3년 동안 하와이에 갈 것이다.)
We're going to spend **the next six weeks** to finish the job.
(우리가 일을 끝내는 데 지금부터 6주가 걸릴 것이다.)
The next few days are going to be wet. (다음 며칠은 비가 오는 날이 될 것이다.)
The country will experience severe economic hardship for **the next several years**.
(나라는 지금부터 수년간 심각한 경제적 어려움을 겪을 것이다.)
The next couple of weeks are a critical period of the patient.
(다음 2주 정도가 환자에게는 중대한 기간이다.)

7 **the next + 복수 시간명사**: "숫자나 양화사가 중간에 끼지 않을 경우"에는 the next와 복수 시간명사를 결합하여 쓸 수 없다.

*I will be in Hawaii for **the next years**.
*We're going to spend **the next weeks** to finish the job.
***The next days** are going to be wet.
*The country will experience severe economic hardship for **the next years**.
***The next weeks** are a critical period of the patient.

the next와 the nearest의 차이점에 대해서는 N6을 보라.
last와 the last에 대해서는 L1을 보라.

N19 no와 not

이 두 단어는 영어에서 "부정적 표현"을 만드는 대표적인 단어다.

1 **not**: "단어, 구, 절, 문장"을 부정적으로 만드는 데 사용된다. 이 경우 not를 no로 바꿀 수 없다.

Not surprisingly, we were all late to the meeting. (예상했던 대로 우리는 모두 회의에 늦었다.)
(***No surprisingly**, we were all late to the meeting.)
She's a **not unattractive** girl. (그녀는 매력 없는 여자가 아니다.)
(*She's a **no unattractive** girl.)
Not a single person said thank you. (고맙다고 말한 사람이 하나도 없었다.)
(***No a single person** said thank you.)
The students went on strike, but **not the teachers**.
(학생들은 동맹휴교를 계속했지만 선생님들은 그러지 않았다.)
... **not one stone** here will be left on another; every one will be thrown down.
(돌 하나도 돌 위에 남지 않고 다 무너뜨려지리라.) [마 24:2]
You were wrong **not to inform** the police.
(경찰에 알리지 않은 것은 네가 잘못했다.)
I can come tomorrow, but **not on Monday**.
(내일은 올 수 있지만 월요일에는 안 된다.)
I've **not seen** the film. (나는 그 영화를 못 봤다.)
She does **not like** your attitude. (그녀는 너의 태도를 좋아하지 않는다.)

2 no: no는 "한정사"로서 "단수와 복수명사" 뿐만 아니라 "동명사"를 수식할 수 있으며, "부사"로서 "비교급 표현"과도 함께 쓰일 수 있다. 이 경우 no를 not로 바꿀 수 없다.

No workers joined the strike. (노동자는 아무도 파업에 동참하지 않았다.)
(***Not workers** joined the strike.)
I knocked at the door, but there was **no answer**. (문에 노크를 했으나 응답이 없었다.)
(*I knocked at the door, but there was **not answer**.)
I'll pay you $10, and **no more**. (나는 너에게 10불은 주겠지만 더 이상은 안 된다.)
(*I'll pay you $10, and **not more**.)
He's **no longer** interested in the project. (그는 그 계획에 더 이상 관심이 없다.)
There's **no knowing** what this lunatic will do next.
(이 미치광이가 다음에 무슨 짓을 할지 알 수가 없다.)

NO SMOKING   NO CROSSING   NO PARKING
(금연)   (횡단금지)   (주차금지)

3 **부정적 응답**: no는 "질문, 제안, 부탁"에 대한 부정적 응답을 이끄는 역할을 한다. (Y2를 보라.)

"Are you Japanese?" "**No**, I'm Korean." ("일본인입니까?" "아니요, 한국인입니다.")
"Could you help me finish the letter?" "**No**, sorry, I don't have time."
("편지를 끝내도록 나를 도와줄 수 있습니까?" "아니요, 미안합니다. 시간이 없습니다.")

4 no + 명사와 not any/not a + 명사: 때때로 "not any/a(n) +명사"를 가진 문장과 "no + 명사"를 가진 문장이 유사한 의미를 갖지만 후자가 더 "강조적"이다.

not any/a +명사	no + 명사
There **wasn't an answer**. (응답이 없었다.)	There was **no answer**.
He's **not a friend of yours**. (그는 네 친구가 아니다.)	He's **no friend of yours**.
She **isn't any different**. (그녀는 다르지 않다.)	She's **no different**.
An honest man would **not** lie. (정직한 사람은 거짓말을 하지 않는다.)	**No honest man** would lie.
He **didn't** earn **any money**. (그는 돈을 한 푼도 벌지 못했다.)	He earned **no money**.
You're **not any better** than the rest of them. (너는 나머지 그들보다 더 나은 것이 없다.)	You're **no better** than the rest of them.
They're **not staying** here **any** longer. (그들은 여기에 더 이상 머물지 않을 것이다.)	They're **no longer staying** here.
He **didn't** say **a word**. (그는 한마디도 안 했다.)	He said **no word**.
He **didn't** leave **one bottle** behind. (그는 한 병도 남기지 않았다.)	He left **no one bottle** behind.

N20 no doubt

1 no doubt: "no doubt"는 부사구로서 어떤 것이 "분명히 실현될 수 있다"고 생각할 때 사용된다.

No doubt you'll have your own car soon.
(의심의 여지없이 너는 너 자신의 차를 곧 가지게 될 것이다.)
We'll **no doubt** discuss these issues at the next meeting.
(우리는 분명히 다음 모임에서 이 문제들을 논의하게 될 것이다.)

2 not any doubt와 no doubt: 어떤 상황이 사실일 것이라고 "의심할 여지가 없을 경우" 사용하며, 이 경우 이들은 일반적으로 부사구로 사용되지 않는다.

There's **no doubt/not a shadow of doubt that** the world is getting warmer.
(지구가 더워지고 있다는 것은 의심의 여지가 없다.)
(***No doubt** the world is getting warmer.)
I **never had any doubt that** we'd win. (우리가 승리할 것이라는 것을 의심하지 않았다.)
(= I **had no doubt that** we'd win.)
The prosecution must establish his guilt **beyond (a) reasonable doubt**.
(검찰 당국은 의심의 여지가 없이 그의 범법행위를 입증해야 한다.)
Mr. Park is **without (any) doubt** one of the greatest swimmers in the world.
(박 군은 세계에서 가장 위대한 수영선수 중에 한 명인 것은 확실하다.)

3   doubtless: doubtless는 (문어적이지만) "no doubt"와 유사한 반면, undoubtedly는 "there is no doubt that"와 유사하다는 점에 유의하라.

Doubtless there'd be lots of rumors. (분명히 많은 소문들이 있을 수 있다.)
Undoubtedly the world's getting warmer. (의심의 여지없이 지구는 더워지고 있다.)

N21   no more, not anymore, no longer, not any longer

이 표현들은 부사로 사용될 경우 과거에 존재했었거나 일어났던 일이 "더 이상 존재하지 않거나 일어나지 않을 것임"을 의미한다.

Harry lives in London **no more/no longer**.   [문어적]
(해리는 런던에 더 이상 살지 않는다.)
Harry **doesn't** live in London **anymore/any longer**.
(해리는 런던에 더 이상 살지 않는다.)

1   no more: "no more"는 형용사로서 모든 형태의 명사와 함께 쓰일 수 있다.

I have **no more questions** on your proposals.
(나는 당신의 제안에 대해 더 이상 질문이 없습니다.)
We have **no more time** to finish the work.
(우리에게는 그 일을 끝낼 시간이 더 없다.)

▶ no more ... than: 어떤 대상이 무엇이 되기에는 자질이 없음을 말할 때 사용한다.

A whale is **no more a fish than** a horse is.
(말이 물고기가 아닌 것처럼 고래도 물고기가 아니다.)
He's **no more a great football player than** I am.
(내가 위대한 축구선수가 아닌 것처럼 그도 아니다.)

2   no more와 동사: 표준영어에서는 "no more"를 "행위나 상황의 중단"을 표현하는 부사로 쓰일 수 있으나, 일반적으로 동사 앞에는 오지 않는다.

He **plays** the piano on the stage **no more**. (그는 무대에서 피아노를 더 이상 연주하지 않는다.)
(*He **no more plays** the piano on the stage.)
I decided to see her **no more**. (나는 그녀를 더 이상 만나지 않기로 결심했다.)
(*I **no more** decided to see her.)

▶ no more는 neither와 nor처럼 앞에 오는 부정문을 받아 이것이 다른 대상에 대해서도 사실이라는 것을 표현할 때 사용될 수 있다.

"She didn't understand a word of his lectures."
"**No more** did I. (= Neither did I.)"
("그녀는 그의 강의를 한마디로 알아듣지 못했다." "나도 마찬가지였다.")

3   no longer/not ... any longer/not ... anymore: 이들은 "no more"를 대신하여 동사 앞에는 나타날 수 있다.

       He **no longer plays** the piano on the stage.
       (그는 무대에서 피아노를 더 이상 연주하지 않는다.)
       (= He **plays** the piano on the stage **no longer**.)

       He **didn't any longer see** her.
       (그는 그녀를 더 이상 만나지 않았다.)
       (= He **didn't see** her **any longer**.)

       He **doesn't anymore love** her.
       (그는 그녀를 더 이상 사랑하지 않는다.)
       (= He **doesn't love** her **anymore**.)

4   any more: anymore는 특히 영국영어에서 두 단어로 쓰인다.

       He **didn't** want to see her **any more**. (그는 그녀를 더 이상 보고 싶지 않았다.)

N22   no one과 nobody

"no one"과 nobody는 부정적 부정대명사다. (I23을 보라.) no one과 nobody는 거의 모든 맥락에서 바꾸어 사용될 수 있으나, no one은 글에서, nobody는 말에서 더 자주 쓰인다.

       No one/Nobody knows where Allen lives. (앨런이 어디 있는지 아무도 모른다.)
       No one/Nobody wants to speak to her. (아무도 그녀에게 말을 걸고 싶어 하지 않는다.)
       No one comes to the Father except through me.
       (나로 말미암지 않고는 아버지께로 올 자가 없느니라.) [요 14:6]

1   **비단언적 맥락**: "no one"과 "nobody"를 포함하는 문장은 부정문이 되기 때문에 "비단언적 표현"과 함께 쓰일 수 있다. (N24를 보라.)

       No one saw **anyone** leaving the building. (아무도 건물을 나가는 사람을 못 봤다.)
       Nobody has arrived **yet**. (아직 아무도 도착하지 않았다.)

2   **대명사**: 수적으로는 단수이지만 다른 부정대명사에서와 마찬가지로 삼인칭의 모든 대명사가 "no one"과 "nobody"를 선행사로 가리킬 수 있다.

       No one/Nobody had finished **his/her/their** homework in time.
       (아무도 시간 내에 숙제를 마치지 못했다.)

3   nobody: "하찮은 사람"을 의미하기도 한다.

       I have nothing to fear about a **nobody** like you.
       (나는 너 같이 별 볼 일 없는 사람을 두려워할 이유가 없다.)

N23   no one과 none

none은 형태적으로 "no one"과 유사하지만, none은 단순 부정대명사이고 "no one"은 복합 부정대명사다. (I22와 I23을 보라.)

No one wants to speak to her. (아무도 그녀와 말하고 싶어 하지 않는다.)
None of my students missed the class. (나의 학생 중에 아무도 수업에 빠지지 않았다.)

1   none of: none은 다른 단순 부정대명사와 마찬가지이고 "of-구"를 대동할 수 있으며, "of-구"의 명사구는 "한정사(예: the, my, this)를 가진 명사구"나 "대명사"이어야 한다.

None of the presidential candidates won over 50% of the vote.
(대통령 후보 중에 누구도 투표의 50퍼센트 이상을 얻지 못했다.)
(***None of presidential candidates** won over 50% of the vote.)
None of his children ever visit their parents.
(그의 자식 중에 누구도 부모님을 지금까지 찾지 않는다.)
(***None of children** ever visit their parents.)
None of this food is any good.
(이 음식 중에 어느 것도 맛이 없다.)
(***None of food** is any good.)

They were not good students, but **none of them** failed in the exam.
(그들은 뛰어난 학생은 아니지만 그들 중에 누구도 시험에 실패하지 않았다.)
None of it is worth buying. (이 중에 살 만한 것이 없다.)
None of us knows how to make spaghetti. (우리 중에 누구도 스파게티를 만들 줄 모른다.)

▶ 복수명사나 대명사를 "none of"와 함께 사용할 경우에 동사는 단수(문어체) 혹은 복수(구어체)가 될 수 있다.

None of my friends is interested.   [문어체]
None of my friends are interested.   [구어체]
(내 친구들 중에 누구도 관심이 없다.)

2   no one: "nobody, nothing, nowhere"와 같이 독립 대명사로 사용되며, none과는 달리 "of + 명사구"가 따라 올 수 없다.

I saw **nobody/no one**. (나는 아무도 보지 못했다.)
(참고: I **didn't** see **anybody/anyone**보다 강조적이다.)
(*I saw **no one of** my children.)
I know **nothing** about her family. (나는 그녀의 가족에 대해서는 아는 바가 없다.)
(참고: I **don't** know **anything** about her family보다 강조적이다.)
No one/Nobody did anything about the problem.
(어느 누구도 그 문제에 대해서 아무것도 하지 않았다.)
(***No one**/***Nobody of them** did anything about the problem.)

... **no one** can see the kingdom of God unless he is born again.
(사람이 거듭나지 아니하면 하나님의 나라를 볼 수 없느니라.) [요 3:3]

any에 대해서는 A74-78을 보라.
no와 not any에 대해서는 N19.4를 보라.

3   **none of와 neither of**: "none of"는 "두 대상"에 대해 말할 때는 사용되지 않으며, 대신에 "neither of"를 사용한다.

Neither of my parents could be there.
(나의 부모님 두 분 중에 어느 분도 그곳에 갈 수 없다.)
(***None of my parents** could be there.)
Neither of my eyes has restored the sight after the operation.
(내 두 눈 중의 어느 것도 수술 후에 시력을 회복하지 못했다.)
(***None of my eyes** has restored the sight after the operation.)

같은 의미로 사용되는 both에 대해서는 B32.1을, each에 대해서는 E2.1을, either에 대해서는 E8.1을 보라.

4   **독립적 none**: none은 앞의 맥락에서 그 의미가 명백해지면 홀로 사용될 수 있다.

"How many of the employees have you met?" "**None**."
("직원 중에 몇 명을 만났습니까?" "한 명도 만나지 않았습니다.")
Although they were good students, **none** had a score over 70.
(그들은 뛰어난 학생들이었으나, 아무도 70점 이상을 받지 못했다.)

5   **not any**: none은 "not any"의 부정적 의미를 강조하고 싶을 때 사용될 수 있다.

Despite her illness, she **hadn't** lost **any of her enthusiasm** for life.
(그녀는 몸이 좋지 않음에도 불구하고 생에 대한 그녀의 열정은 잃지 않았다.)
Despite her illness, she had lost **none of her enthusiasm** for life.   [강조적]

She **didn't** make **any** attempts to extend her life.
(그녀는 자신의 생명을 연장하기 위해 어떠한 시도도 하지 않았다.)
She made **none of** the attempts to extend her life.   [강조적]

▶ "not any"는 주어의 일부로 사용될 수 없으며, 대신에 "none of"가 사용된다.

I know what people are saying — **none of it** is true.
(사람들이 무슨 말을 하고 있는지 알고 있다. 그중에 어느 것도 사실이 아니다.)
(*I know what people are saying — **not any of it** is true.)
None of my friends call me anymore.
(나의 친구 중에 누구도 나에게 더 이상 연락을 하지 않는다.)
(***Not any of my friends** call me anymore.)

6   none too + 형용사/부사: 어떤 상황이 "전혀 ... 않다(not at all)"는 것을 강조할 때 사용한다.

  I was **none too pleased** to have to take the exam again.
  (나는 시험을 다시 쳐야 한다는 것에 기분이 매우 좋지 않았다.)
  His strong hand grasped my wrist, **none too gently**.
  (그는 강한 손으로 나의 손목을 거칠게 움켜잡았다.)

7   none but: "외에는 결코 ... 아니다(only)"라는 의미로 명사 앞에 쓰인다.

  None but God will ever know what I suffered.
  (신을 제외하고는 아무도 내가 얼마나 상처를 입었는지 절대로 모를 것이다.)
  She whispered so softly that **none but Tom** heard her.
  (그녀는 너무나 낮은 소리로 속삭였기 때문에 탐을 제외하고는 그녀의 말을 아무도 듣지 못했다.)

8   none + the 비교급: 어떤 상황이 전과 비교하여 "전혀 바뀐 것이 없다"는 것을 표현할 때 사용된다. (C31.3을 보라.)

  She became convinced that her illness is purely imaginary: that made it **none the better**.
  (그녀는 자신의 병이 전적으로 상상이라는 것을 확신하게 되었으나, 그렇다고 더 나아진 것이 없었다.)
  He seemed **none the worse for** his night out in the cold.
  (그는 추위에 밤새도록 나가 있었으나 더 나빠지지 않은 것 같았다.)

N24   NONASSERTIVE EXPRESSIONS (비단언적 표현)

모든 언어에서 대부분의 단어는 문장의 속성에 상관없이 두루 사용될 수 있다. 그러나 단어 중에는 긍정 서술문에서 일반적으로 사용되는 단어들이 있는가 하면, 긍정 서술문이 아닌 "부정문"이나 "의문문"에서 주로 사용되는 단어들이 있다. 긍정 서술문은 화자가 어떤 상황이 진실이라고 단언(assertion)할 때 사용되기 때문에, 긍정 서술문에만 주로 사용되는 단어를 "단언적 단어(assertive words)"라고 부르고, 의문문이나 부정문에 주로 사용되는 단어를 "비단언적 단어(nonassertive words)"라고 부른다. 물론 이 구분이 절대로 넘을 수 없는 경계는 아니다. 맥락에 따라 단언적 단어가 비단언적 문장에서 사용될 수도 있으며 그 반대 현상도 가능하다. 비단언적 표현에는 세 가지 유형, 즉 "대명사, 한정사, 부사"가 있다.

대명사: any, anybody, anyone, anything
한정사: any, either
부사: anyplace, anywhere, anytime, anymore, any longer, at all, either, ever, in the least, whatsoever

Are any of the paintings for sale? (그림들 중에 어느 것이나 판매하는 것입니까?)
(***Any** of the paintings **are** for sale.)
We **haven't** met **either** man. (우리는 두 사람 중에 누구도 만나지 않았다.)
(*We've met **either** man.)
He has **no** interest **whatsoever** in the royal family. (그는 왕족에게 조금의 관심도 없다.)
(*He has **some** interest **whatsoever** in the royal family.)

1 **단언적과 비단언적**: 대부분의 경우 비단언적 표현에 상응하는 단언적 표현이 있다.

단언적	**비단언적**
I need **some** money for lunch. (점심 먹을 돈이 좀 필요하다.)	Do you need **any** money for lunch? (점심 먹을 돈이 필요하냐?)
Somebody called you up. (어떤 사람이 너에게 전화했다.)	Did **anybody** call me up? (누군가가 나에게 전화했어요?)
He bought her **something**. (그는 그녀에게 무엇인가 사줬다.)	He didn't buy her **anything**. (그는 그녀에게 아무것도 사주지 않았다.)
They lived **somewhere** else. (그들은 다른 어딘가에 살았다.)	Did they live **anywhere** else? (그들은 다른 어딘가에 살았습니까?)
I've met **both** of your parents. (나는 너의 부모님 두 분 다 만났다.)	I haven't met **either** of your parents. (나는 너의 부모님 두 분 중에 아무도 못 만났다.)
I met the Queen **once**. (나는 예전에 여왕님을 알현했다.)	Have you **ever** met the Queen? (너는 여왕님을 알현한 적이 있느냐?)
I **sometimes** go to the theatre. (나는 때때로 연극을 보러 간다.)	Do you **ever** go to the theatre? (너는 연극을 보러 간 적이 있느냐?)
They've arrived **already**. (그들은 이미 도착했다.)	They haven't arrived **yet**. (그들은 아직 도착하지 않았다.)
He's **still** at school. (그는 아직도 학생이다.)	He's **not** at school **anymore/any longer**. (그는 더 이상 학생이 아니다.)
He's a teacher **too**. (그도 선생이다.)	He **isn't** a teacher **either**. (그는 선생도 아니다.)

2 **비단언적 맥락**: 비단언적 문장은 "의문문"과 "부정문"에 국한되지 않는다. "if-절, 비교구문, 부정의 의미를 가진 부사, 동사, 전치사, 형용사, 한정사가 나타나는 문장"도 비단언적 맥락을 형성한다.

I'll give you some money, **if** you need **any**.
(필요하다면 내가 너에게 돈을 좀 주겠다.)
She's **taller than anyone** I know.
(그녀는 내가 아는 어느 누구보다 키가 크다.)
She **seldom** buys me **anything**.
(그녀는 나에게 거의 아무것도 사주지 않는다.)
He **denied** that he had **ever** accepted the bribe.
(그는 뇌물을 받은 적이 없다고 부인했다.)
He climbed the mountain **without anyone's** help.
(그는 누구의 도움도 없이 산을 등정했다.)
No students want to stay at school **anymore/any longer**.
(어떠한 학생도 학교에 더 있기를 원하지 않았다.)
It's **difficult** to understand **anything** he says. (그가 말하는 어떤 것도 이해하기가 어렵다.)

Few visitors have seen it **yet**. (그것을 본 방문자는 아직 많지 않다.)

3 **동사**: "mind"와 "lift a finger"와 같은 표현도 비단언적 표현이라고 할 수 있다.

I **don't mind** if she has a limp. (그녀가 다리를 절어도 괜찮습니다.)
(*I **mind** if she has a limp.)
He **never lifts a finger** to help me with the kids.
(그는 아이들을 돌보는 나를 돕는 데 손가락 하나 까딱하지 않는다.)
(*He always **lifts a finger** to help me with the kids.)

4 **비단언적 맥락과 단언적 단어**: 단언적 단어들도 비단언적 맥락인 의문문이나 if-절 등에서 "긍정적 뜻을 강조"하기 위해서 사용될 수 있다.

When are you planning to hire **someone**? (언제 사람을 뽑을 겁니까?)
[누군가를 뽑을 것이라는 전제에서 그것이 언제인가를 묻는 말이다.]
Did you say **something**? (뭔가 말했습니까?)
[네가 무엇인가 말을 했다는 것을 암시한다.]
Would you like **something** to eat? (뭔가 좀 드시고 싶으십니까?)
[무엇인가를 먹고 싶어 한다는 것을 암시한다.]
If you have **already** finished, let's go. (일이 벌써 끝났으면, 갑시다.)
[일이 이미 끝났음을 암시한다.]

특정 비단언적 단어들에 대해서는 각 단어의 항목을 보라.
any의 단언적 용법에 대해서는 A77을 보라.

N25 not only (... but also)

1 not only X but Y: "not only X but Y"는 "both X and Y"와 같이 첨가적 의미를 지닌 등위접속 구문이지만, not과 but를 사용함으로써 더 강한 의미를 표현한다.

She's **both** attractive **and** bright. (그녀는 매력적이고 영리하다.)
She's **not only** attractive **but** bright. (그녀는 매력적일 뿐만 아니라 영리하다.)

2 also, as well, too: "not only X but Y"에서 화자는 X의 내용도 놀라울 뿐만 아니라 Y의 내용은 더 놀랍다는 것을 표현한다. but 다음에 종종 "also, as well, too" 등을 넣어 뒤 절의 내용을 더 강조하게 된다.

She studied **not only** history **but also** literature.
(그녀는 역사뿐만 아니라 문학도 공부했다.)
They **not only** broke into his office **but** they stole his manuscripts **as well**.
(그들은 그의 사무실에 침입했을 뿐만 아니라 그의 서류도 훔쳐 갔다.)
He had told the story **not only** to the teachers **but** to the students **too**.
(그는 그 이야기를 선생들뿐만 아니라 학생들에게도 했다.)

3   **등위접속사**: "not only X but Y"에서 X와 Y가 등위접속되는 기본원리는 X와 Y가 동일한 문법적 속성을 가진 성분이라는 점과 일반적으로 접속사가 등위접속되는 성분 바로 앞에 온다는 점이다. 그러나 "not only"는 문법적으로 both나 neither와 다른 속성을 가지고 있다.

Bill **both** loves Joan **and** wants to marry her.
(빌은 조안을 사랑하며 그녀와 결혼하기를 원한다.)
(*Bill **both** loves Joan **and** Mary.)
Bill loves **both** Joan **and** Mary. (빌은 조안과 메리를 둘 다 사랑한다.)
Bill **neither** loves Joan **nor** wants to marry her.
(빌은 조안을 사랑하지도 않으며 그녀와 결혼하기도 원하지 않는다.)
(*Bill **neither** loves Joan **nor** Mary.)
Bill loves **neither** Joan **nor** Mary. (빌은 조안도 메리도 사랑하지 않는다.)
Bill **not only** loves Joan **but** (**also**) wants to marry her.
(빌은 조안을 사랑할 뿐만 아니라 (또한) 그녀와 결혼하기를 원한다.)
Bill loves **not only** Joan **but** (**also**) Mary.
(빌은 조안뿐만 아니라 메리도 (역시) 사랑한다.)
Bill **not only** loves Joan **but** (**also**) Mary.
(빌은 조안뿐만 아니라 메리도 (역시) 사랑한다.)

▶ 위에서 본 것처럼 "not only"는 both나 neither보다 그 위치가 훨씬 자유스럽다. 다음을 비교해보라.

Absolute power **not only** corrupts **but** it **also** attracts the greedy.
(절대 권력은 부패할 뿐만 아니라 또한 탐욕스러운 사람들을 끌어들인다.)
(*Absolute power **both** corrupts **and** it **also** attracts the greedy.)
(*Absolute power **neither** corrupts **nor** it attracts the greedy.)

She **not only** plays the piano, **but also** the violin.
(그녀는 피아노뿐만 아니라 바이올린도 연주한다.)
(*She **both** plays the piano **and** (also) the violin.)
(*She **neither** plays the piano **nor** the violin.)

He said that he was **not only** sick, **but** he was **also** penniless.
(그는 병들었을 뿐만 아니라 무일푼이었다고 말했다.)
(*He said that he was **both** sick **and** he was also penniless.)
(*He said that he was **neither** sick **nor** he was also penniless.)

4   **조동사 도치의 유발**: "not only"는 전체 문장에 대한 더 극적인 효과를 위하여 정상적인 위치인 동사 앞 위치에서 문두위치로 이동할 수 있다. 이 경우 주어와 조동사의 도치가 동반하며 조동사가 없으면 "do동사"의 도움을 받는다.

Not only has she been late three times, **but** (she) has **also** done no work.
(그녀는 세 번이나 지각했을 뿐만 아니라 일을 끝낸 것도 없다.)
(참고: She has **not only** been late three times, **but** (she) has **also** done no work.)

Not only did he tell the story to the teachers but to the students **too**.
(그는 그 이야기를 선생들뿐만 아니라 학생들에게도 말했다.)
(참고: He **not only** told the story to the teachers **but** to the students **too**.)

▶ 구어체에서는 종종 but가 생략되기도 한다.

Not only was she attractive, she was bright **as well**.
(그녀는 매력적일 뿐만 아니라 또한 영리하다.)
Absolute power **not only** corrupts, it **also** attracts the greedy.
(절대 권력은 부패할 뿐만 아니라 사람들을 탐욕스럽게 만든다.)
We **not only** go there in winter, we go in summer **too**.
(우리는 겨울에 그곳에 갈 뿐만 아니라 여름에도 간다.)

both ... and에 대해서는 B32와 C54를 보라.
neither ... nor에 대해서는 N16을 보라.

N26   notorious와 famous

이 단어들은 세상에 "널리 알려진" 사람이나 사물을 가리킬 때 사용된다.

1   famous: 어떠한 이유에서든지 사람들의 주의를 끄는 대상을 가리킬 때 사용된다.

I was invited to play golf with a **famous** movie star at Pebble Beach Golf Course.
(나는 페블비치 골프 코스에서 유명한 영화배우와 골프를 하도록 초청을 받았다.)
The town is **famous** for its hot springs and good cooking.
(그 도시는 온천과 맛있는 음식으로 유명하다.)
The great crowd of people greeted the **famous** hero of the Korean War.
(큰 대중이 한국전쟁의 유명한 영웅을 환영했다.)

2   notorious: 바람직하지 못한 행위로 우리의 주의를 끄는 대상을 가리킬 때 사용된다.

Chicago was known as a city of **notorious** gangsters during Prohibition.
(시카고는 금주법 시행 시기에 악명 높은 갱단들의 도시로 알려졌다.)
This part of the city is an area **notorious** for crime.
(도시의 이 부분은 범죄로 널리 알려진 지역이다.)
The book is about the **notorious** immorality of Hollywood in its heyday.
(그 책은 세상에 널리 알려진 전성기의 할리우드의 부도덕성에 관해 쓰고 있다.)

N27　NOUNS (명사)-1: 유형과 기능

1 **유형**: 전통문법은 영어의 명사를 다음과 같이 분류한다.

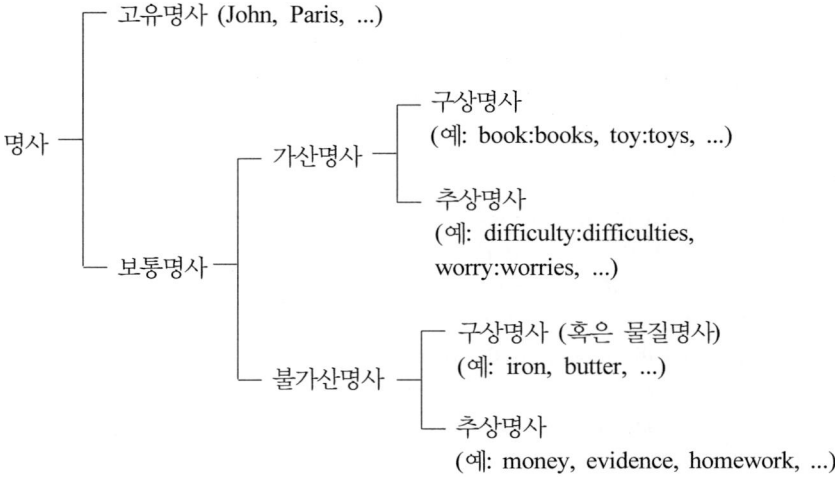

(1) 보통명사와 고유명사: 영어의 명사는 "보통(common)명사"와 "고유(proper)명사"로 분류된다. 보통명사는 사람이나 사물을 가리키는 반면, 고유명사는 이러한 사람이나 사물에 주어지는 고유의 명칭(names)을 의미한다. 보통명사는 일반적으로 관사(a(n)과 the)와 함께 쓰일 수 있는 데 반하여, 고유명사는 특별한 경우에만 관사와 함께 쓰일 수 있다. 글에서 고유명사는 대문자로 시작한다.

a book	the friend	the water	a tiger
Brian	Korea	Miss Williams	Earth

고유명사와 정관사의 관계에 대해서는 A92를 보라.
대문자에 대해서는 P56을 보라.

(2) 가산명사와 불가산명사: 보통명사는 복수형을 허용하면 "가산명사"가 되고 허용하지 않으면 "불가산명사"가 된다. 영어에서 단수와 복수는 비단 의미적 구분이 된다는 것뿐만 아니라 중요한 문법적 현상의 하나인 "주어-동사 일치"와 관계가 있다.

The **window is** open. (창문이 열려 있다.) (*The **window are** open.)
The **windows are** open. (창문들이 열려 있다.) (*The **windows is** open.)

주어-동사 일치에 대해서는 A41을 보라.
가산명사와 불가산명사에 대해서는 N28을 보라.

(3) 추상명사와 구상명사: "추상(abstract)명사"는 실체가 없어서 눈으로 보거나 만질 수 없는 추상적인 개념을 가리키며, "구상명사"는 우리가 볼 수 있거나 만질 수 있는 것 혹은 시간과 공간에서 어떤 위치를 차지하는 대상을 가리킨다.

추상명사: freedom, belief, emotion, hope, trust 등
구상명사: baby, people, table, knife, snake, mountain 등

추상명사와 구상명사에 대해서는 N29를 보라.

2 **기능**: 명사는 여러 가지 수식어와 더불어 자신이 핵어(head)가 되는 "명사구"를 구성한다. 이렇게 구성된 명사구는 문장 내에서 "주어, 직접/간접 목적어, 전치사 목적어, 주어/목적어 보어, 동격구, 호격구" 등의 역할을 한다.

The walls are painted white.	[주어]
(벽은 흰 페인트칠이 되어 있다.)	
The man liked **his new house**.	[직접목적어]
(그 사람은 그의 새집을 좋아했다.)	
He bought **his wife** a Christmas present.	[간접목적어]
(그는 부인에게 크리스마스 선물을 사주었다.)	
He deposited the money in **the bank**.	[전치사 목적어]
(그는 돈을 은행에 예금했다.)	
Mr. Smith is **an intelligent teacher**.	[주어보어]
(스미스 씨는 지성적인 선생님이다.)	
The committee elected Mr. Jones **chairman**.	[목적어보어]
(위원회는 존스 씨를 의장으로 뽑았다.)	
Mr. Bush, **president of the club**, gave a speech.	[동격구]
(클럽 회장인 부시 씨가 연설했다.)	
Mr. Kim, please come in.	[호격구]
(김군, 들어오세요.)	

명사구의 구조에 대해서는 N38을 보라.

N28   NOUNS-2: 가산명사와 불가산명사

영어의 보통명사는 "가산명사"와 "불가산명사"로 분류된다. 가산명사는 단수와 복수로 사용될 수 있지만, 불가산명사는 단수로만 사용된다.

She eats **an apple** every day.	[가산명사]
(그녀는 매일 사과 하나씩을 먹는다.)	
She bought **a dozen apples** in the supermarket.	
(그녀는 슈퍼에서 사과 열두 개를 샀다.)	
She usually eats **bread** with her soup.	[불가산명사]
(그녀는 통상적으로 빵을 수프와 함께 먹는다.)	
(*She bought **a dozen breads** in the supermarket.)	

1 **가산과 불가산의 개념**: 가산명사는 동일한 유형의 독립적 개체들의 집합을 의미한다. 예를

들어 "house"라는 단어는 "house"라는 독립적 개체들의 집합체를 가리킨다. 이 개체는 같은 유형의 개체로 분리될 수 없는 것이 특징이다. 즉 "house"에는 "출입문, 창문, 안방, 건넌방, 마루" 등이 있지만 이들이 개별적으로 "house"가 될 수 없다. 또한 가산명사는 독립적 개체를 가리키기 때문에 단수와 복수가 가능하며, 따라서 "부정관사(a/an)"와 "기수(cardinal numbers)"와 함께 쓰일 수 있다. 그러나 "water, air, salt, oxygen, milk"와 같은 불가산명사는 일종의 물질을 가리키며, 이들을 작게 쪼갠 부분도 여전히 동일한 물질을 가리킨다.

I always buy **a newspaper** before getting on the bus.
(나는 버스를 타기 전에 항상 신문을 산다.)
(*I always buy **newspaper** before getting on the bus.)
We need to put **air** in the tires. (타이어에 공기를 넣어야 한다.)
(*We need to put **an air** in the tires.)
He bought **a new car** for his wife. (그는 부인에게 새 차를 사줬다.)
There's **water** all over the bathroom floor. (욕실 바닥이 온통 물이다.)
He ordered **two plates** of bacon and eggs for them.
(그는 그들이 먹을 베이컨과 계란 두 접시를 주문했다.)
(*He needed **two more crockery** to store the food.)

▶ 많은 경우에 한 명사가 "가산명사"로도 쓰이고 "불가산명사"로도 쓰일 수 있다.

I'd like to have another **chocolate**.   [가산명사]
(초콜릿을 하나 더 먹고 싶습니다.)
I'd like to have some more **chocolate**.   [불가산명사]
(초콜릿을 좀 더 먹고 싶습니다.)

2 **음료**: "coffee, tea, lemonade, whiskey, orange-juice"와 같은 단어는 "음료 자체"를 가리킬 때는 불가산명사가 되고, 잔이나 병 또는 컵과 같은 "용기"에 담겨서 제공될 때는 가산명사로 취급한다.

Not everyone likes **coffee**. (모든 사람이 커피를 좋아하는 것은 아니다.)
We want **two lemonades** and **one coffee**. (레모네이드 두 개와 커피 하나를 주십시오.)

3 **재료**: 재료 자체를 가리킬 때는 불가산명사로 쓰이고, 이 재료가 용기에 담겼거나 가공된 물품으로 표현될 때는 가산명사로 사용된다.

Cheese is used for a variety of western dishes. (치즈는 다양한 종류의 서양 음식에서 사용된다.)
There're two of my favorite **cheeses**. (내가 가장 좋아하는 치즈 두 종류가 있다.)

4 **동물**: 동물 자체를 가릴 때는 가산명사로 쓰이고, 음식재료로 쓰일 때는 불가산명사로 쓰인다.

I was lucky to catch three **salmons** today. (오늘 내가 연어 세 마리를 잡은 것은 행운이었다.)
We're going to have **salmon** for dinner. (우리는 저녁 식사로 연어를 먹을 것이다.)

▶ 몇몇 단어는 동물 자체와 (불가산명사로 쓰이는) 고기를 가리키는 단어가 다르다.

cow :: beef deer :: venison pig :: pork sheep :: mutton

▶ 그러나 동물의 고기가 음식점의 요리로 만들어 제공될 때는 가산명사로 쓰인다.

We'd like to order three **porks** and two **lambs**.
(돼지고기 세 개와 양고기 두 개를 주문하고 싶습니다.)
Two roast **beefs** and three **chickens**, please. (구운 소고기 두 개와 닭고기 세 개를 주십시오.)

5 **곡물과 콩**: 일반적으로 "곡물(cereals)"은 불가산명사이고 "콩과식물(legumes)"은 가산명사다.

곡물: rice, wheat, barley, corn, millet, rye 등
콩: bean(s), pea(s), peanut(s), soybean(s), lentil(s) 등

6 **과일**: 과일(fruits)은 (예: apple(s), banana(s), cherry(cherries), coconut(s), fig(s), grape(s), lemon(s), mango(es), orange(s), pear(s), peach(es), plum(s), strawberry(strawberries)) 일반적으로 "가산명사"로 쓰이지만, 몇몇 과일은 (예: grapefruit, melon, pineapple, watermelon)은 "가산명사" 또는 "불가산명사"로 쓰인다.

She eats **an apple** every day for her health. (그녀는 건강을 위해 매일 사과 하나씩을 먹는다.)
(*She eats **apple** every day for her health.)
I paid 10,000 won for **five apples**. (나는 사과 다섯 개에 만 원을 주었다.)

We'll have **watermelon** for dessert. (후식으로 수박을 먹을 것이다.)
She bought **five watermelons** for the picnic. (그녀는 야유회를 위해 수박 다섯 개를 샀다.)

7 **채소**: 채소는 그 종류에 따라 "가산, 불가산, 가산/불가산명사"로 분류할 수 있으나 예외도 있다.

(1) 가산명사

과일 채소: avocado(s), tomato(es), olive(s), pepper(s), eggplant(s), orange(s) (pumpkin, cucumber, cauliflower는 가산/불가산명사)
구근(bulb)채소: leek(s), scallion(s), onion(s), potato(es), yam(s) (garlic은 불가산명사다)

(2) 불가산명사

줄기채소: asparagus, broccoli, celery, chard (mushroom은 가산명사다)

(3) 가산/불가산명사

잎채소: cabbage, lettuce, kale (bok choy, spinach는 불가산명사다)
뿌리채소: carrot, radish, beet, turnip (ginger, ginseng은 불가산명사다)

8 **빵**: 일반적인 명칭인 "빵(bread)"은 불가산명사이지만 "특정 종류의 빵"은 가산명사다.

croissant(s), baguette(s), bagel(s), muffin(s), tortilla(s), doughnut(s)

9   **질병**: 복수형 병명과 "염증"을 의미하는 "접사 -itis"를 가진 병명은 일반적으로 불가산명사로 사용된다.

measles(홍역), diabetes(당뇨병), piles(치질), shingles(대상포진)
arthritis(관절염), bronchitis(기관지염), crytitis(방광염), tonsillitis(편도선염)

Shingles is often very painful; I hope I never get **it**.
(대상포진은 종종 몹시 고통스럽다. 걸리지 않기를 바랄 뿐이다.)
If you've already had **measles**, you can't get **it** again.
(홍역은 한 번 걸리면 다시 걸리지 않는다.)

▶ 그러나 우리가 흔히 접하는 질병은 세 가지 유형으로 분류된다.

불가산명사: influenza/flu(독감), diarrhea(설사), heart failure(심부전) 등
가산명사: (a) cold, (a) headache, (a) heart attack, (a) sore throat 등

A great number of people came down with **flu** last year.
(많은 수의 사람들이 지난해에 독감으로 몸져누웠다.)
One should drink clean water not to be infected with **diarrhea**.
(설사에 걸리지 않으려면 깨끗한 물을 마셔야 한다.)
Wear warm clothes so you don't catch **a cold**.
(감기에 걸리지 않으려면 따뜻한 옷을 입어라.)
His father died of **a heart attack** last night.
(그의 아버지가 어젯밤에 심장마비로 돌아가셨다.)

▶ "cancer(암), backache(등통), earache(이통), toothache(치통)" 등은 일반적으로 "불가산명사"로 사용되지만, 이 질병에 대한 특성을 기술하는 형용사의 수식을 받을 경우에는 "가산명사"로 쓰인다.

Everybody knows smoking causes **lung cancer**.
(모든 사람들이 흡연이 폐암을 유발한다는 것을 안다.)
The doctor told her that she had **cancer**. (의사는 그녀에게 암에 걸렸다고 말했다.)
He suffers from **a malignant cancer**. (그는 악성 암으로 고통을 받고 있다.)
He couldn't sleep all night because of **toothache**. (그는 치통으로 밤에 한숨도 잘 수 없었다.)
I've got **a terrible toothache**. (나는 치통이 심하다.)

10   **대표 불가산명사**: 용도나 목적이 유사한 개체들을 뭉뚱그려 가리키는 "대표적인 불가산명사"가 있다. 예를 들어 cutlery는 "나이프, 포크, 스푼" 등 우리가 음식을 먹을 때 사용하는 도구를 가리킨다. cutlery와 유사한 불가산명사로는 다음과 같은 것들이 있다.

baggage	clothing	crockery	cutlery
equipment	footwear	furniture	greenery
jewellery	luggage	machinery	tableware
underwear 등			

Check your **baggage/*baggages** at the desk. (프런트에 가서 가방을 잠시 보관하세요.)
She bought a new set of **cutlery/*cutleries** for the dinner party.
(그녀는 저녁 파티를 위해 식탁용 날붙이를 한 벌 샀다.)
She wore a lot of gold **jewellery/*jewelleries**. (그녀는 많은 금 장신구로 치장했다.)
We need to buy warm **underwear/*underwears** for the winter.
(우리는 겨울에 대비하여 따뜻한 내복을 사야 한다.)

11 **추상명사와 가산성**: 추상적 개념을 의미하는 추상명사는 수량화가 불가능하기 때문에 일반적으로 불가산명사로 사용된다. 그러나 추상명사가 추상적인 개념을 나타낼 때는 불가산명사로 쓰이고, 추상적인 개념이 구체화될 경우에는 가산명사로 쓰이기도 한다.

They'll continue to fight **injustice** in the legal system of the country.
(그들은 국가의 법체계 내에 있는 불공정성에 맞서 계속 싸울 것이다.)
There've been innumerable **injustices** against the black population.
(흑인에 대한 수많은 권리침해가 있어 왔다.)

These're the topics suggested for **discussion** in this meeting.
(이번 회의에서의 논의를 위해 제안된 주제들이 있다.)
We'll have high-level **discussions** about trade and commerce.
(우리는 무역과 상업에 대해 고위급 논의를 할 것이다.)

There's been little **improvement** in her condition.
(그녀의 상태에는 거의 진전이 없다.)
There've been significant **improvements** in our health care system.
(우리의 건강보험 제도에는 의미 있는 개선이 있었다.)

▶ 그러나 추상명사가 가산명사로 쓰이는 경우는 예외가 많기 때문에 일반화하기 매우 어렵다. 예를 들어, "harm과 consent"는 가산명사로 사용될 수 없으나, 의미가 유사한 "injury와 permission"은 가능하다.

Serious **harm** was done to the project's prospects. (사업의 전망에 심각한 손상을 주었다.)
(*Several serious **harms** were done to the project's prospects.)

Luckily the child escaped **injury**. (다행히도 그 아이는 부상을 피했다.)
The child suffered horrific **injuries** to his legs and arms.
(그 아이는 다리와 팔에 심한 부상을 당했다.)

Parental **consent** is required for the children to participate in the activity.
(어린이들이 그 활동에 참여하려면 부모의 허가가 필요하다.)
(*Parental **consents** are required for the children to participate in the activity.)

They didn't have **permission** to cross the river. (그들은 도강 허가를 받지 못했다.)
Oil exploration **permissions** are required to drill for oil.
(원유채굴을 하려면 원유탐사 허가가 필요하다.)

이 점에 대해서는 좋은 사전을 참조하기 바란다.

▶ "difference, point, reason, idea, change, difficulty, chance, question"과 같은 "가산 추상명사"는 "little, much" 등의 한정사 다음에서 "불가산명사"로 쓰일 수 있다.

There's **a big difference** between knowing that something is true and being able to prove it. (어떤 것이 진실이라는 것을 아는 것과 그것이 진실이라는 것을 증명하는 능력 사이에는 큰 차이가 있다.)
There's very **little difference** between the two parties on the issues.
(그 문제에 대한 두 정당 간의 차이는 거의 없다.)
There're **three important points** we must bear in mind.
(우리가 마음에 새겨야 할 세 가지 중요한 요점이 있다.)
I think there isn't **much point** in having an interview for the job.
(그 일자리를 위해 면담을 하는 것이 큰 의미가 없다고 생각한다.)
He presented **compelling reasons** for rejecting this theory.
(그는 이 이론을 거부하는 결정적인 이유를 제시했다.)
We've **little reason** to expect prices to fall. (가격이 내리기를 바랄만한 근거가 없다.)
It was **a bad idea** to leave the little girl on her own.
(어린 여아를 홀로 남겨두는 것은 잘못된 생각이었다.)
He doesn't have **much idea** of what happened to the money.
(그는 돈이 어떻게 되었는지에 대해 아는 것이 별로 없다.)

▶ 몇몇 불가산명사는 고정된 표현에서 "복수형"을 갖는다.

We had **good weather** for playing golf yesterday. (어제는 골프하기에 좋은 날씨였다.)
He goes running **in all weathers**. (그는 날씨와는 관계없이 뛴다.)
Rail travel in Korea is getting more and more reliable.
(한국에서 철도 여행은 점점 더 신뢰를 받고 있다.)
Did you meet anybody exciting **on your travels**?
(여행 중에 마음을 설레게 하는 사람을 만났습니까?)

12   **불가산명사의 가산성 표현**: 가산성을 표현하기 위해 영어의 어떤 불가산명사는 상응하는 가산명사를 사용하는 반면, 어떤 불가산명사는 특유의 "부분사(partitives)" 또는 "단위명사(unit nouns)"를 사용한다. (P6을 보라.)

불가산명사	가산명사
baggage	a trunk/bag/case
bread	a loaf/roll
food	a meal
luggage	a trunk/bag/case
money	a note/coin/bill/sum
poetry	a poem
publicity	an advertisement
travel	a journey/trip

work	a job; a piece of work
advice	a piece of advice
chess	a game of chess
chewing gum	a piece of chewing gum
equipment	a tool; a piece of equipment
evidence	a piece of evidence
furniture	a piece/article of furniture
grass	a blade of grass
information	a piece of information
lightning	a flash of lightning
luck	a bit/stroke of luck
news	a piece of news
research	a piece of research
rubbish	a piece of rubbish
spaghetti	a piece of spaghetti
thunder	a clap of thunder

가산명사와 불가산명사와 함께 쓰이는 관사의 용법에 대해서는 A89-A91을 보라.

N29 NOUNS-3: 구상명사와 추상명사

구상명사와 추상명사에는 둘 다 가산명사와 불가산명사가 있다.

1 **구상명사**: 구상명사란 추상명사와 상반되는 개념으로서 우리가 볼 수 있거나 만질 수 있는 것 혹은 시간과 공간에서 어떤 위치를 차지하는 대상을 가리킨다.

(1) 대부분의 구상명사는 "사람, 동물, 물건, 장소"를 가리킨다.

사람: man, student, doctor, cook, baby 등
동물: dog, cat, snake, salmon, horse 등
물건: chair, car, key, book, knife 등
장소: village, river, island, mountain, park 등

이 명사들은 일반적으로 가산명사(countable nouns)로서 복수형이 가능하다.

five students   ten dogs   a couple of cars   two rivers

(2) 구상명사 중에는 우리가 흔히 말하는 물질명사(mass nouns)가 있다.

고체: wood, rock, soil glass, sand, silicon 등
액체: water, blood, wine, rain, milk 등
기체: air, gas, smoke, oxygen, steam 등
금속: iron, gold, silver, steel, copper, brass 등
음식: meat, flour, sugar, butter, honey. flour 등

이 명사들은 별개의 개체로 쉽사리 나눌 수 없는 대상으로서 대부분의 경우에 복수형이 없다.

2 **추상명사**: 추상명사는 구상명사와는 대조적으로 실체가 없어서 눈으로 보거나 손으로 만질 수 없으며, 일반적으로 "감정(feelings), 개념(ideas/concepts), 속성(quality), 상태(states), 사건(events), 과정(process), 활동(activities)" 등을 가리킨다. 어쩌면 추상명사를 이렇게 분류한다는 것 자체가 무모하다고 할 수 있다. 많은 추상명사가 이 분류의 어디에도 속하지 않을 뿐만 아니라 어떤 것들은 이 분류의 어느 것에 속하는지를 결정하기 어렵기 때문이다. 여기서 "U"는 불가산명사를, "C"는 가산명사를 의미한다.

(1) 감정: 마음의 "상태, 느낌 또는 심적 반응"을 가리키는 명사를 가리킨다. 이 명사들은 대부분의 경우 불가산명사이지만, 어떤 것들은 다른 의미로 가산명사로도 쓰인다.

abhorrence(U)	admiration(U)	adoration(U)
affection(U/C)	amazement(U)	anger(U)
annoyance(U/C)	anxiety(U/C)	apathy(U)
astonishment(U)	aversion(U)	boredom(U)
concern(U/C)	confidence(U)	delight(U/C)
depression(U/C)	disappointment(U/C)	disgust(U)
dislike(U/C)	doubt(U/C)	embarrassment(U/C)
envy(U)	esteem(U)	excitement(U)
faith(U)	fear(U/C)	grief(U)
hate(U)	hatred(U/C)	horror(U/C)
joy(U/C)	love(U/C)	pleasure(U/C) 등

(2) 개념: 어떤 사실이나 주장 또는 실질적 예나 복잡한 내용을 포괄적으로 표현하는 명사를 가리킨다. 대부분이 가산명사로 사용된다.

assumption(C)	belief(C)	cause(C)	concept(C)
conclusion(C)	conjecture(C)	conviction(C)	estimation(C)
event(C)	example(C)	fact(C)	feeling(C)
hypothesis(C)	idea(C)	notion(C)	opinion(C)
principle(C)	process(C)	theory(C)	view(C) 등

(3) 상태/속성: 이 명사들은 대부분의 경우에 상응하는 형용사가 있으며, 일반적으로 불가산명사로 쓰이지만, 몇몇은 가산명사로도 쓰인다.

ability(C)	accuracy(U)	beauty(U/C)	cruelty(U/C)
curiosity(U/C)	fascination(U)	freedom(U/C)	gentleness(U)
goodness(U)	happiness(U)	honesty(U)	indifference(U)
insensibility(U)	intimacy(U)	kindness(U/C)	length(U/C)
sadness(U)	silence(U)	sincerity(U)	strength(U)
truth(U/C)	usefulness(U)	wealth(U)	zeal 등

(4) 활동/과정/사건: 이 명사들은 많은 경우에 상응하는 동사를 가지고 있으며, 대부분은

가산명사 또는 불가산명사로 사용된다. 어떤 것들은 의미적 차이를 보인다.

admission(U/C)	arrival(U/C)	belief(U/C)	betrayal(U/C)
burial(U/C)	connection(U/C)	denial(U/C)	departure(U/C)
dismissal(U/C)	employment(U)	existence(U/C)	failure(U/C)
insistence(U)	inspection(U/C)	judgement(U/C)	marriage(U/C)
objection(U/C)	permission(U)	pressure(U/C)	refusal(U/C)
resistance(U)	removal(U/C)	trial(U/C)	utterance(U/C) 등

3　**추상명사의 가산성**: 많은 경우에 추상명사는 그 의미만을 보고 가산성을 예측하기가 쉽지 않다.

가산명사: accident, cause, disaster, event, example, fact, form, guess, invitation, month, poem, process, report, visit 등

불가산명사: accommodation, advice, evidence, homework, information, knowledge, music, news, progress, research, transport, weather 등

(불)가산명사: administration, change, difficulty, experience, murder, work 등

가산명사와 불가산명사에 대해서는 N28을 보라.
명사를 만드는 파생어미에 대해서는 D11.1과 2를 보라.

N30　NOUNS-4: 규칙명사

영어의 대부분의 명사는 "단수형(singular)"과 "복수형(plural)"을 가지고 있다. 영어에서 명사가 단수형이냐 복수형이냐는 단순한 형태적인 차이만이 아니다. 예를 들어 삼인칭 단수 주어는 (조)동사의 경우에는 현재형에 영향을 미치고, be동사의 경우에는 현재형과 과거형에도 영향을 미친다.

The girl likes ice cream.　　　　　[단수 주어]
(그 아가씨는 아이스크림을 좋아한다.)
The girl is/was pretty.
(아가씨는 예쁘다/예뻤다.)

The girls like ice cream.　　　　　[복수 주어]
(그 아가씨들은 아이스크림을 좋아한다.)
The girls are/were pretty.
(그 아가씨들은 예쁘다/예뻤다.)

또한 명사구를 대명사(pronoun)로 대치할 때도 단수와 복수의 차이가 나타난다. 다시 말해서 단수 대명사 "he/she/it"는 단수 명사구를 선행사로 가질 수 있으며, 복수 대명사 they는 복수 명사구를 선행사로 가질 수 있다.

The boy did **his** best to solve the problem. (그 소년은 문제를 풀기 위해 최선을 다했다.)
The boys did **their** best to solve the problem. (그 소년들은 문제를 풀기 위해 최선을 다했다.)

규칙적 복수명사는 단수명사에 "-(e)s 어미"를 붙여 만들며, 다음의 몇 가지 규칙을 따라야 한다.

1. **"-s, -z, -x, -ch, -sh"로 끝나는 명사:** 단어의 마지막 음이 치찰음 [s, z, ʧ, ʤ, ʃ, ʒ]로 발음될 경우 "-es 어미"를 붙인다.

    bus : bus**es**   buzz : buzz**es**   box : box**es**
    church : chur**ches**   dish : dish**es**   change : chan**ges**

    (1) -z로 끝나는 명사의 복수는 "-zzes"로 끝난다.

    fez : fe**zzes**   quiz : qui**zzes**

    (2) -ch로 끝나는 단어가 [-k]로 발음될 경우에는 -s를 붙인다.

    epoch : epo**chs**   monarch : monar**chs**   stomach : stoma**chs**

2. **-y로 끝나는 명사:** "자음문자 + y"로 끝나는 (예를 들어 -by, -dy, -ry, -ty) 명사의 복수형는 -y를 -i로 바꾼 다음 "-es어미"를 붙인다.

    baby : ba**bies**   lady : la**dies**   reply : rep**lies**
    country : count**ries** party : par**ties**

    (1) 그러나 "모음문자 + y"로 끝나는 단수명사의 복수형은 단순히 -s를 붙여 만든다.

    day : day**s**   key : key**s**   boy : boy**s**
    guy : guy**s**   play : play**s**   valley : valley**s**

    (2) "자음문자 + y"로 끝나는 고유명사는 단순히 -s어미를 붙여 복수형을 만든다.

    January**s**   the Kennedy**s**   the two Germany**s**

3. **-o로 끝나는 명사:** 영어에서 -o로 끝나는 명사를 복수로 만드는 전통적인 방법은 "-o 어미"의 이중모음 [oʊ]발음을 표시하기 위해 -es를 붙이는 것이었다.

    echo : ech**oes**   embargo : embarg**oes**   hero : her**oes**
    Negro : Negr**oes**   potato : potat**oes**   tomato : tomat**oes**

    ▶ 그러나 현대영어에서는 이탈리아어에서 차용된 음악과 관련이 있는 단어들과 스페인어나 아랍어 등에서 차용된 단어들 그리고 새롭게 받아들여진 단어에는 단순히 -s어미를 붙인다.

    alto : alt**os**   cello : cell**os**   concerto : concert**os**
    piano : pian**os**   solo : sol**os**   soprano : sopran**os**

    commando : command**os** dynamo : dynam**os**   Eskimo : Eskim**os**
    Filipino : Filipin**os** gaucho : gauch**os**   ghetto : ghett**os**
    lasso : lass**os**   taco : tac**os**   zero : zer**os**

    auto : aut**os**   kilo : kil**os**   logo : log**os** memo : mem**o**s　　　photo : phot**os**　　　video : vide**os**

▶ "모음문자 + o"로 끝나는 단수명사에도 -s만 붙인다.

bamb**oo** : bamb**oos**　　　came**o** : came**os**　　　foli**o** : foli**os**
kangar**oo** : kangar**oos**　　　radi**o** : radi**os**　　　scenari**o** : scenari**os**
studi**o** : studi**os**　　　tab**oo** : tab**oos**　　　z**oo** : z**oos**

▶ 다음의 단어들은 두 가지 형이 허용된다.

buffal**o** : buffal**o(e)s**　　　carg**o** : carg**o(e)s**　　　fresc**o** : fresc**o(e)s**
mosquit**o** : mosquit**o(e)s**　　　tornad**o** : tornad**o(e)s**　　　volcan**o** : volcan**o(e)s**

4　**-th로 끝나는 명사**: -th로 끝나는 단어 중에 복수어미가 붙으면 무성음 [θ]가 유성음 [ð]로 바뀌는 것이 있다.

mouth [maʊθ] : mouths [maʊðz]　　　oath [əʊθ] : oaths [əʊðz]

▶ 한편 다음 단어들은 [-θs]와 [-ðz]가 둘 다 가능하다.

bath　　　path　　　truth　　　wreath
youth

▶ 그러나 -th로 끝나는 대부분의 단어들은 발음의 변화가 일어나지 않는다.

birth　　　booth　　　breadth　　　cloth
death　　　earth　　　girth　　　hearth
heath　　　length　　　month　　　myth
sixth　　　width

house[haʊs]는 복수어미가 붙으면 houses[háʊzɪz]로 발음된다.

5　**-s 어미가 붙는 명사**: 이외의 모든 규칙명사에는 -s 어미가 붙는다.

sof**a** : sof**as**　　　rib : rib**s**　　　pad : pad**s**
pie : pie**s**　　　gag : gag**s**　　　boug**h** : boug**hs**
kick : kick**s**　　　call : call**s**　　　germ : germ**s**
pen : pen**s**　　　cap : cap**s**　　　car : car**s**
hat : hat**s**　　　menu : menu**s**　　　law : law**s**

6　**규칙명사 어미의 발음**: 복수어미 -(e)s는 동사의 마지막 음의 속성에 따라 세 가지 발음 [ɪz], [s], [z]로 된다.

(1) [ɪz]: 치찰음 [s, z, tʃ, dʒ, ʒ, ʃ]로 끝나는 단어는 복수어미 -es가 [ɪz]로 발음된다.

bo**xes** [báksɪz]　　　qui**zzes** [kwízɪz]　　　cat**ches** [kǽtʃɪz]
chan**ges** [tʃéɪndʒɪz]　　　gara**ges** [gərá:ʒɪz]　　　di**shes** [díʃɪz]

(2) [s]: [s, tʃ, ʃ]를 제외한 무성자음[f, k, p, θ, t]로 끝나는 단어의 복수어미 -(e)s는 [s]로

발음된다.

laughs [læfs] lack : lacks [læks] tape : tapes [teɪps]
month [mʌnθs] mate : mates [meɪts]

(3) [z] : [z, ʤ, ʒ]를 제외한 모든 유성자음[b, d, g, l, m, n, r, ð, v, w]와 모음으로 끝나는 단어의 복수어미 -(e)s는 [z]로 발음된다.

cabs [kæbz]   ends [endz]   gags [gægz]
cells [selz]   lambs [læmz]   sons [sʌnz]
songs [sɔŋz]   cars [kɑrz]   clothes [kloʊðz]
hives [haɪvz]   days [deɪz]   bees [bi:z]
saws [sɔ:z]   heroes [hɪərəʊz]   bows [boʊz]

7 **-(e)s 어미**: 위에서 논의한 "-(e)s 어미"가 붙은 복수 규칙명사의 발음 규칙은 "동사의 3인칭 현재형"과 "-'s/-s' 어미"가 붙는 명사의 속격형 그리고 "is와 has"의 축약형인 "-'s"의 발음에도 적용된다.

발음	[-ɪz]	[-z]	[-s]
속격	the church's bell	the boy's hat	Mark's house
3인칭 단수 현재	teaches	runs	hates
is/has 축약형	the judge's	the girl's	the cop's

속격은 G4-G6을, 3인칭 단수 현재동사는 P43을, is/has의 축약형은 C46.2를 보라.

N31　NOUNS-5: 불규칙명사

불규칙명사란 N30에서 논의한 법칙을 따르지 않고 복수형을 만드는 명사를 가리킨다. 불규칙명사에는 다양한 형태가 있다.

1 **-f(e) 어미**: -f(e)로 끝나는 단음절 명사의 복수는 f를 v로 바꾼 다음 -(e)s를 붙여 복수형을 만든다.

knife : knives   wife : wives   life : lives
leaf : leaves   loaf : loaves   thief : thieves
calf : calves   shelf : shelves   wolf : wolves

▶ 다음절 단어를 포함하여 단음절 단수명사에 단순히 -s를 붙이는 복수형도 있다.

belief : beliefs   sheriff : sheriffs cliff : cliffs
chief : chiefs   staff : staffs   roof : roofs
safe : safes   gulf : gulfs   proof : proofs

▶ 다음의 단어들은 -fs와 -ves형이 둘 다 가능하다.

dwar**f** : dwar**fs** : dwar**ves**　　hoo**f** : hoo**fs** : hoo**ves**
scar**f** : scar**fs** : scar**ves**　　whar**f** : whar**fs** : whar**ves**

2　　**-en 어미**: 몇몇 명사는 단수형에 -en을 붙여 복수형을 만든다.

단수	복수
child	child**ren**
ox	ox**en**
brother	breth**ren**/brothers

3　　**모음/형태 변경**: 단수형의 모음을 바꾸거나 단수형의 형태를 변경시켜 복수형을 만든다.

foot : f**ee**t　　　　　mouse : m**i**ce　　　　　man : m**e**n
goose : g**ee**se　　　tooth : t**ee**th　　　　　penny : pence/pennies
louse : l**i**ce　　　　woman : w**o**men　　　person : people/persons

4　　**brethren, pence, penny**: brethren은 brother의 옛 복수형으로서 지금은 특별한, 특히 종교 집단에서 사용한다. pence는 penny의 복수로서 영국화폐의 1파운드는 100 pence다. 미국과 캐나다에서 penny는 1센트(cent)를 가리키며 1달러(dollar)에는 100 pennies가 있다. 어떤 영국인들은 pence를 단수로 사용하기도 한다. (M27을 보라.)

We must help our **brethren** — it's our duty.
(우리는 형제를 도와야 하며, 이것은 우리의 의무다.)
I paid five pounds and one **pence/penny** for the book.
(나는 책값으로 5파운드 1펜스를 지급했다.)

5　　**person과 people**: person의 일반적인 복수형은 people이며, persons는 공적인 공시나 형식적 맥락에서 흔히 사용되는 복수형이다.

Seventy-six innocent **people** were killed in the latest terrorist attack.
(최근의 테러공격으로 75명의 무고한 사람들이 죽었다.)
All **persons** born in the United States are citizens of the United States.
(미국에서 태어난 사람은 모두 미국시민이 된다.)

▶ people은 그 복수형으로 peoples를 가질 수 있다. 이 경우 people은 "국민(nation)/민족 (race)"을 뜻하며, 일반적으로 복수동사를 취한다.

The American **people** consist of **peoples** emigrated from all over the world.
(미국국민은 전 세계에서 이민 온 민족들로 구성되어 있다.)
The Basques, a **people** of northern Spain, revolt against Spain for its independence.
(북부 스페인의 국민인 바스크인들은 독립을 위해 스페인에 대항하여 반란을 일으키고 있다.)

6　　**외래어**: 외래어들도 영어의 규칙적 복수형을 취하는 경향이 있지만 몇몇 단어들은 자신의 복수형을 그대로 유지하고 있다.

(1) -us: 복수어미 -i는 [aɪ] 또는 [iː]로 발음된다.

bacill**us** : bacill**i**   Mag**us**[méɪgəs] : Mag**i**[méɪdʒaɪ]   stimul**us** : stimul**i**

► 어떤 것들은 규칙적 -es 복수어미를 취한다.

bon**us** : bon**uses**   circ**us** : circ**uses**   chor**us** : chor**uses**
geni**us** : geni**uses**   octop**us** : octop**uses**   vir**us** : vir**uses**
camp**us** : camp**uses**

► 어떤 것들은 -i와 규칙적 -es를 둘 다 취할 수 있다.

cact**us** : cact**i**/cact**uses**   croc**us** : croc**i**/croc**uses**
foc**us** : foc**i**/foc**uses**   fung**us** : fung**i**/fung**uses**
nucle**us** : nucle**i**/nucle**uses**   radi**us** : radi**i**/radi**uses**
syllab**us** : syllab**i**/syllab**uses**

(2) -a: 복수어미 -ae는 [aɪ] 또는 [iː]로 발음된다.

alg**a**[ǽlgə] : alg**ae**[ǽldʒiː]   larv**a**[láːrvə] : larv**ae**[láːrviː]

► 다음의 단어는 규칙적 복수도 허용된다.

antenn**a** : antenn**ae** (동물 더듬이)/antenn**as** (공중파 안테나)
formul**a** : formul**ae**/formul**as**   vertebr**a** : vertebr**ae**/vertebr**as**

(3) -um: 복수어미 -a는 [ə]로 발음된다.

addend**um** : addend**a**   agend**um** : **agenda**   bacter**ium** : bacter**ia**
curricul**um** : curricul**a**   dat**um** : dat**a** (종종 단수)   desiderat**um** : desiderat**a**
errat**um** : errat**a**   **stradum** : **strata**

► 다음은 규칙적 복수도 허용된다.

aquar**ium** : aquar**ia**/aquar**iums**   memorand**um** : memorand**a**/memorand**ums**
stad**ium** : stad**ia**/stad**iums**   ultimat**um** : ultimat**a**/ultimat**ums**
sympos**ium** : sympos**ia**/sympos**iums**

► 다음은 규칙적 형태만 허용한다.

alb**um** : alb**ums**   asyl**um** : asyl**ums**
chrysanthem**um** : chrysanthem**ums**   muse**um** : muse**ums**

► 영어에서 단수형 agendum은 거의 사용되지 않으며 복수형 agenda가 단수로 사용된다.

(4) on: 복수어미 -a는 [ə]로 발음된다.

criteri**on** : criteri**a**   phenomen**on** : phenomen**a**   automat**on** : automat**a**

► 다음은 규칙적 형태만 허용한다.

dem**on** : dem**ons**   electr**on** : electr**ons**   neutr**on** : neutr**ons**
prot**on** : prot**ons**

(5) -is: 복수어미 -es는 [i:z]로 발음된다.

axis : axes　　　　　　analysis : analyses
basis : bases　　　　　　crisis : crises
diagnosis : diagnoses　　ellipsis : ellipses
hypothesis : hypotheses　oasis : oases
parenthesis : parentheses　synopsis : synopses
thesis : theses　　　　　neurosis : neuroses

예외: metropolis : metropolises

▶ series와 species는 단복수형이 같다.

(6) -ex/ix: 어미 -ices는 [ɪsi:z]로 발음된다.

appendix : appendices [əpéndɪsi:z] (부록) / appendixes (맹장)
index : indices [índɪsi:z] ((수학의) 지수) / indexes (색인)
matrix : matrices [méɪtrɪsi:z] / matrixes
codex : codices

▶ spaghetti의 경우 단수형 spaghetto는 영어에서 더 이상 사용되지 않는다.

N32　NOUNS-6: 복수형 명사

명사 중에는 항상 복수형으로만 쓰이는 것들이 있다. 비록 형태는 복수형이지만 어떤 것은 복수동사만, 어떤 것은 단수동사만, 어떤 것은 단수와 복수동사를 둘 다 허용한다.

1　**두 개의 부분**: 두 개의 동일한 부분으로 구성된 명사로서 항상 복수표지를 가지며 복수로 사용된다.

(1) 의류

bermudas	braces	breeches	flannels
jeans	knickers	nylons	pants
pajamas	shorts	slacks	suspenders
tights	trousers 등		

(2) 도구

bellows	binoculars	glasses	handcuffs
pincers	pliers	reins	scales
scissors	shears	spectacles	tongs
tweezers 등			

Jeans are very popular among the young people.
(청바지는 젊은이들 사이에 매우 인기가 높다.)
She wore **striped pajamas** that **were** manufactured in China.

(그녀는 중국에서 생산된 줄무늬가 있는 잠옷을 입고 있었다.)
"How much **are those binoculars**?" "**They're** $95."
("저 쌍안경은 값이 얼마입니까?" "95불입니다.")
These scissors are very blunt — bring a new pair of scissors.
(가위가 몹시 무디니까 새 가위를 가져와라.)

이 단어들은 함께 쓰이는 "pair"라는 부분사에 대해서는 C53.2와 P6.6을 보라.

2 **의미변화 복수형 명사** (pluralia tantum): 여기에 속한 단어 중에는 개체의 집합을 의미하지만, 일반적으로 복수형으로 쓰일 때는 그 의미가 단순히 단수형의 복수의미가 아닌 다른 의미를 갖는다.

(1) 개체의 집합: 일반적으로 복수형으로 더 자주 쓰이며, 그 의미가 단수형과 밀접한 관계가 있다.

arms	clothes	clubs	contents
covers	diamonds	dishes	goods
groceries	hearts	leftovers	munitions
refreshments	remains	spades	spoils
steps	stairs	supplies	valuables 등

Most of the museum's contents were damaged in the fire.
(박물관 소장품 대부분이 화재로 손상되었다.)
The leftovers were always given to the dog. (음식 찌꺼기는 항상 개에게 주었다.)
The fuel supplies are the most important issues of the country.
(연료 재고량은 국가의 가장 중요한 문제다.)
The valuables have to be kept in the safe. (귀중품은 금고에 보관해야 한다.)

(2) 단순 복수형: 일반적으로 단수형이 없으며, 있을 경우 의미적 차이를 보인다.

accommodations	amends	annals	archives
arrears	ashes	assets	auspices
banns	billiards	belongings	bounds
bowels	brains	checkers	communications
congratulations	credentials	customs	damages
darts	dominos	draughts	dregs
earnings	entrails	fireworks	funds
grassroots	greens	gums	guts
heads	heavens	honors	humanities
intestines	letters	lodgings	looks
mains	manners	minutes	misgivings
oats	odds	outskirts	pains
particulars	premises	proceedings	proceeds
quarters	regards	remains	resources
riches	savings	shortcomings	spirits

suds	surroundings	systems	tails
thanks	troops	tropics	tidings
wages	waters	wits	writings 등

Excellent living accommodations were provided for the crews.
(훌륭한 생활시설이 승무원들에게 제공되었다.)
(*Excellent living accommodation was provided for the crews.)
The company's earnings have dropped 10% in the second quarter.
(회사의 수익이 2분기에 10퍼센트 하락했다.)
(*The company's earning has dropped 10% in the second quarter.)
The minutes of the last meeting have to be saved in the computer.
(지난 회의의 의사록은 컴퓨터에 저장해야 한다.)
All her riches were donated to children's charities.
(그녀의 모든 재산은 어린이 자선기금에 기증되었다.)
My lodgings are next to the post office.
(나의 하숙방은 우체국 옆에 있다.)

3　**질병**: 이 명사들은 일반적으로 단수로만 쓰인다.

diabetes	measles	mumps	piles
rabies	rickets	shingles 등	

Measles was/*were rampant in the early 20th century.
(20세기 초기에는 홍역이 만연했었다.)
Shingles usually attacks/*attack weak and old people.
(대상포진은 약하고 나이 든 사람들에게 침범한다.)
Rabies is/*are transmitted to human beings if bitten by an infected animal.
(광견병은 감염된 동물에게 물리면 사람에게 전염된다.)

4　**학문/전문 분야**: -ics로 끝나는 명사는 일반적으로 단수로 사용된다.

acoustics	aesthetics	athletics	bionics
classics	economics	ethics	gymnastics
linguistics	mathematics	metaphysics	phonetics
physics	politics	statistics	tactics 등

Mathematics is/*are the subject that is not so easy to learn.
(수학은 배우기가 쉽지 않은 과목이다.)
Physics was/*were my major in college. (나는 대학에서 물리학을 전공했다.)

▶ 그러나 "acoustics, politics, statistics, tactics" 등은 학문이 아니라 견해나 적용을 의미할 때는 복수로도 쓰일 수 있다.

Politics is one of the most popular subjects in the school.
(정치학은 학교에서 가장 인기 있는 과목 중의 하나다.)

I think **her politics are** rather conservative.
(나는 그녀의 정견이 오히려 보수적이라고 생각한다.)

Acoustics is a specialized subject in sciences. (음향학은 과학에서 전문화된 과목이다.)
The acoustics of the hall are good enough for the concert.
(이 강당의 음향은 음악회를 가질 정도로 훌륭하다.)

5   오락/경기: 일반적으로 단수로 사용된다.

| billiards | darts | checkers | draughts |
| craps | dominoes | fives | ninepins 등 |

Checkers is/*are played by two people. (체커는 두 사람이 둔다.)
Craps is/*are very popular among gamblers.
(주사위도박은 도박사 사이에는 매우 인기가 높다.)

▶ news는 항상 단수로 쓰인다.

That's **the best news** I have heard for a long time.
(그것은 내가 오랫동안 들어본 최고의 소식이다.)
The news of the shipwreck **has** surprised everyone. (난파선 소식은 모두를 놀라게 했다.)

6   단수 또는 복수동사: 이 복수형 명사들은 "단수" 또는 "복수동사"를 둘 다 취할 수 있다.

barracks	crossroads	gallows	headquarters
innings	kennels	links	mews
means	oats	series	species
steelworks	waterwings	waterworks	works 등

The **barracks is/are** surrounded by a high barbed-wire fence.
(병영은 높은 철조망 울타리로 둘러싸여 있다.)
The company's **headquarters is/are** located in Amsterdam.
(그 회사의 본부는 암스테르담에 있다.)
There's **only one golf links/are several golf links** in the city.
(그 도시에는 골프장이 오직 하나/여러 개가 있다.)
We must use **all/every means** available to assist the teachers.
(우리는 선생님들을 돕기 위해 가용한 모든 수단을 동원해야 한다.)
A big **steelworks was** built here in the 1970s.
(대규모 제철소 하나가 1970년대에 이곳에 건설되었다.)
There're **a number of steelworks** around this area. (이 지역 주위에 제철소가 여러 개 있다.)

N33   NOUNS-7: 단수형 명사

복수표지가 없는 명사들 중에는 복수동사만을 취하는 것과 단수 또는 복수동사를 취하는 것이 있다.

1   **단수형 복수명사**: 이 단수형 명사는 일반적으로 복수명사로 사용되며, 복수동사를 취한다.

cattle	clergy	livestock	people
the police	poultry	the press	the public
vermin	wildfowl 등		

He has about **100 cattle/*cattles** on his farm.
(그는 농장에 100마리 정도의 소를 기르고 있다.)
The Catholic **clergy do/*does** not support the birth control policy.
(가톨릭 성직자들은 산아제한 정책을 지지하지 않는다.)
Flies, lice, mosquitoes, and cockroaches can all be considered as **vermin/*vermins**.
(파리, 이, 모기, 바퀴벌레는 모두 해충이라고 할 수 있다.)

2   **집합명사** (group nouns): 가장 흔히 쓰이는 집합명사는 특별한 관계로 엮여 있는 사람들의 집단을 가리키며, 단수 또는 복수동사를 취한다.

admiralty	aristocracy	army	audience
band	choir	class	club
committee	company	congress	council
crew	crowd	department	family
government	group	jury	left
management	nation	navy	nobility
orchestra	peasantry	population	royalty
staff	team	union	youth 등

이들 집합명사는 화자가 집단 전체를 강조할 때는 단수동사를 취하고, 집단의 구성원을 강조할 때는 복수동사를 취한다.

It seems that **the audience is/are** enjoying the show.
(청중은 공연을 즐기고 있는 것 같다.)
The government never **makes** up its mind/**make** up their minds in a hurry.
(정부는 절대로 황급히 결정을 내리지 않는다.)
The crowd was/were delighted by the musician's performance.
(대중은 음악가의 연주에 환호했다.)

3   **국민**: -ese/-ss/-ish 어미를 가진 국민을 가리키는 명사는 단수 또는 복수로 쓰인다.

Burmese	Chinese	Japanese	Lebanese
Maltese	Vietnamese	Swiss	Danish
Finnish	Flemish	Polish	Spanish
Swedish	Turkish 등		

(1) -ese/-ss로 끝나는 명사는 정관사 the와 결합하면 전체 국민을 의미한다. -ish로 끝나는 단어를 비롯하여 이 명사들은 국민이나 국가를 의미하는 형용사로도 쓰이고, Swiss를 제외하고는 그 국가의 언어를 의미한다. (N4.3과 4를 보라.)

Our team consist of two Americans, three Koreans, and **one Chinese**.
(우리 팀은 미국인 두 명, 한국인 세 명, 중국인 한 명으로 구성되어 있다.)
The Chinese are the most travelling people in the world.
(중국인은 세계에서 가장 많이 여행하는 국민이다.)

I know **a Swiss** whose father owns a watch factory.
(나는 아버지가 시계공장을 소유하고 있는 스위스 인을 안다.)
The Swiss are the people who overcame its natural obstacle.
(스위스 국민은 자연장애를 극복한 국민이다.)

(2) -ish로 끝나는 명사도 정관사 the와 결합하면 전체 국민을 의미하지만 같은 의미를 가진 다른 표현이 또 존재한다.

the **Danish** = the Danes	the **Finnish** = the Finns
the **Flemish** = the Flemings	the **Polish** = the Poles
the **Scottish** = the Scots	the **Spanish** = the Spaniards
the **Swedish** = the Swedes	the **Turkish** = the Turks 등

4   **단수 또는 복수동사**: 다음의 명사는 단수 또는 복수동사를 취할 수 있으며, 어떤 것들은 복수형에 -(e)s를 붙이기도 한다.

(1) 동물

antelope(s)	buffalo(es)	deer	moose
offspring	reindeer(s)	sheep 등	

You can see **a deer** running away from a hound.
(사냥개에 쫓겨 도망치는 사슴 한 마리를 볼 수 있다.)
Deer are still the best game animals in the country.
(사슴은 아직도 그 나라에서 최고의 사냥 짐승이다.)

(2) 조류

grouse	duck(s)	snipe	fowl 등

There's only **one grouse** left in the zoo. (동물원에 뇌조가 딱 한 마리만 있다.)
Grouse are the birds we can't see easily. (뇌조는 우리가 쉽게 볼 수 있는 새가 아니다.)

(3) 물고기

carp	fish(es)	herring(s)	mackerel
pike	plaice(s)	salmon	shrimp(s)
trout(s)	tuna 등		

He hooked **a salmon** for dinner.
(그는 저녁 식사감으로 연어 한 마리를 낚았다.)
Salmon are known as fish that return to the rivers where they were hatched.
(연어는 자신이 알에서 부화된 강으로 회귀하는 물고기로 알려져 있다.)

(4) 이동수단

craft   aircraft   spacecraft   hovercraft 등

An aircraft is approaching the carrier to land on.
(비행기가 착륙하기 위해 항공모함으로 접근하고 있다.)
Three military aircraft were clashed this month. (이번 달에 세 대의 군용 비행기 추락했다.)

(5) 군사

foot (= infantry)   horse (= cavalry)   cannon(s) 등

The horse were ordered to attack at dawn.
(기병은 새벽에 공격하라는 명령을 받았다.)
The foot are hardly numerous enough to defend the city.
(도시를 방어하기에는 보병의 수가 턱없이 적다.)
The attacking troops are equipped with about **100 cannon(s)**.
(공격 부대는 약 100문의 대포로 무장되어 있다.)

(6) dice: dice는 die의 복수이지만 지금은 dice가 단수와 복수로 사용된다.

He holds **one dice** in his left hand and another in the right hand.
(그는 왼손에는 한 주사위를 들고 오른손에는 다른 주사위를 들고 있다.)
Two dice are necessary to play this game.
(이 놀이를 하려면 두 개의 주사위가 필요하다.)

5   **수사**: 숫자는 다양한 형태로 언어에 나타난다. 쓰이는 방법에 따라 단수 또는 복수동사를 취한다. (N43을 보라.)

(1) 금액과 수량: 비록 복수형 명사구라고 할지라도 하나의 단위로 간주하여 단수가 되며, 항상 "단수 동사, 단수 한정사, 단수 대명사"를 사용한다.

Ten dollars is/*are all I have. (10불이 내가 가진 전부다.)
Four kilometers is/*are as far as they can walk. (4킬로가 그들이 걸을 수 있는 거리다.)
Two thirds of the area is/*are under water. (그 지역의 3분의 2가 물에 잠겨있다.)

Where **is that ten dollars** I lent you? (내가 빌려준 그 10불이 어디 있느냐?)
(*Where are **those ten dollars** I lent you?)
We have **only five gallons of gasoline**, which **isn't/*aren't** enough.
(휘발유 5갤런밖에 없으며, 이것으로 충분하지 않다.)

(2) 계산: 수학적 계산은 단수 또는 복수로 취급된다.

2 + 3 = 5	Two **and** three **is/are** or **makes/make** five.
	Two **plus** three **equals/is** five.
5 − 2 = 3	Two **from** five **is/leaves** three.
	Take away two from five **is/leaves** three.
	Five **minus** two **equals/is** three.

3 × 4 = 12	Three **fours are** twelve.
	Three **times** four **is** twelve.
	Three **multiplied by** four **equals/is** twelve.
4 ÷ 2 = 2	Two(s) **into** four **goes** two (times).
	Four **divided by** two **equals/is** two.

N34 NOUNS-8: 복합명사의 복수형

복합명사는 그 구성성분에 따라 복수어미가 붙는 곳이 다르다.

1   **두 개의 명사**: 일반적으로 두 번째 명사에 "복수어미"가 붙는다.

      girl **scouts**   tooth**brushes**   lady **customers**
      shoe **shops**   fox **hunters**   time**tables** 등

2   **man과 woman**: man이나 woman이 복합명사에서 하는 역할에 따라 복수형이 달라진다.

    (1) man과 woman이 뒤에 오는 명사의 "성(sex)"을 표현하는 역할을 할 때 "두 명사"가 둘 다 "복수"가 된다.

      men-servants   **men-friends**   **men-supporters**
      women-doctors   **women-cooks**   **women-lawyers** 등

    (2) 앞 명사와 뒤에 오는 명사가 "목적어-동사 관계"일 때는 두 번째 명사만이 복수가 된다.

      man-**eaters**   man-**hunters**   man-**slayers**
      woman-**admirers**   woman-**haters**   woman-**chasers** 등

    (3) man이나 woman이 두 번째 성분이 되는 복합명사의 경우에는 man과 woman이 복수가 된다.

      milk**men**   police**men**   post**men**
      watch**men**   fore**men**   sea**men**
      mail**men**   show**men**   work**men** 등

      church**women**   gentle**women**   police**women**
      spokes**women**   super**women**   washer**women** 등

    (4) man이 복합명사의 일부로 느껴지지 않는 경우 -s어미를 붙여 복수를 만든다.

      Nor**mans**   Ger**mans**   Ro**mans**   Brah**mans** 등

3   **단독 명사**: 복합명사에서 하나의 성분만이 명사인 경우에는 "명사"가 "복수"가 된다.

      small**holders**   pick**pockets**   U-**boats**
      passersby   **runners**up   **notaries** public
      court **martials**/**courts** martial   **consuls** general/consul **generals** 등

► "명사 + ful"의 복합명사에서의 경우에는 끝에 복수어미가 붙는다.

basket**fuls**　　　　hand**fuls**　　　　mouth**fuls**　　　　spoon**fuls** 등

4　**명사 + 전치사구**: 이 구조를 가진 복합명사에서는 앞에 "오는 명사가 복수"가 된다.

fathers-in-law　　　　**sons**-in-law　　　　**maids**-of-honor
grants-in-aid　　　　**commanders**-in-chief　　　　**men**-of-honor 등

► 어떤 사람들은 father-in-**laws**, mother-in-**laws**를 사용한다.

5　**명사가 없는**: 복합명사의 어느 성분도 명사가 아닐 경우에 끝 단어가 복수가 된다.

hold-**ups**　　　　break-**ins**　　　　look-**outs**
forget-me-**nots**　　　　merry-go-**rounds**　　　　good-for-**nothings** 등

6　**복수형 명사 수식어**: "명사 + 명사"의 구조에서 앞에 오는 "복수형 명사"가 뒤에 오는 명사를 수식하는 표현으로 쓰일 경우에는 일반적으로 "단수"가 된다. 많은 경우에 단수형으로 사용되지 않는 명사도 단수형이 쓰인다.

billiard tables　　　　**trouser** pockets　　　　**dart**boards
binocular vision　　　　**pant**suit　　　　**pajama** bottoms 등

► 그러나 종종 앞 명사가 복수가 되는 경우가 있다. 특히 복수형이 나타나는 경우는 headquarters나 clothes처럼 단수형이 없는 경우와 arms나 customs처럼 복수형이 단수형과 의미가 다를 경우 그리고 sports나 savings처럼 복수형이 자주 쓰이는 경우가 있다.

a **clothes** designer　　　　a **headquarters** office
drugs therapy　　　　a **glasses** frame
gallows humor　　　　the **waterworks** project

the **arms** control　　　　a **mews** house
a **customs** officer　　　　**earnings** statistics
an **honors** list　　　　the **fireworks** display

savings account　　　　a **sports** car
the **sales** department　　　　the **communications** system
a **systems** analyst　　　　an **antiques** dealer

► 미국에서보다 영국에서 복수를 더 자주 사용된다.

영국　　　　　　　　　　　　미국
a **greetings** card　　　　a **greeting** card
the **arrivals** platform　　　　the **arrival** platform
a **drinks** party　　　　a **drink** party
a **sports** shirt　　　　a **sport** shirt

N35 NOUNS-9: 여타 복수형

1 **문자와 비명사**: 단독 문자의 복수를 만들 때는 "-'s"를 붙이고, 명사가 아닌 단어에는 "-s"를 붙인다.

There're two **m's**, two **t's** and two **e's** in "committee."
("committee"라는 단어에는 m이 두 개, t가 두 개, e가 두 개 있다.)
The proposal includes too many **ifs** and **buts**.
(그 제안에는 "만약"과 "그러나"가 지나치게 많다.)
I want no **ifs, ands or buts** — just pay the money now!
(나는 "만약", "그리고", "그러나"라는 말을 듣고 싶지 않다. 지금 당장 돈을 갚아라!)

2 **약자**: 약자의 복수에는 -'s를 붙일 수도 있고 -s를 붙일 수도 있다.

Many **VIP's/VIPs** are invited to the opening ceremony.
(개회식에 많은 요인들이 초청되었다.)
Only **PhD's/PhDs** are eligible to apply for that position.
(박사학위를 가진 사람만이 그 자리에 지원할 자격이 있다.)

3 **숫자**: 숫자의 복수는 -'s 또는 -s를 붙여 만든다.

The movie showed the lifestyle of **the 1970's/1970s**.
(그 영화는 1970년대의 생활양식을 보여줬다.)
The couple are both in their **80's/80s**. (그 부부는 두 분 다 80대다.)

4 **화폐**: 화폐에 따라 복수표지 -s가 붙기도 하고 안 붙기도 한다.

He only gave me 100 **dollars/pounds** for the trip.
(그는 나에게 여행비로 100불/파운드밖에 주지 않았다.)
The shoes will cost you at least 200,000 **won/yen**.
(그 신은 적어도 20만 원/엔은 나갈 것이다.)

N36 NOUN-NOUN STRUCTURES-1: 명사 + 명사 구조

영어에는 둘 또는 그 이상 명사가 나란히 결합된 구조가 있다. 이러한 구조에서 앞에 오는 명사는 형용사처럼 뒤에 오는 명사의 의미를 제한하게 된다. 두 개의 명사를 결합하는 방법에는 두 개의 명사가 단순히 결합하는 방법과 앞의 명사가 속격이 되는 경우가 있다.

명사 + 명사: an airport bus, coffee beans, ...
속격 명사 + 명사: John's car, a women's college, ...

명사-명사구조에서는 일반적으로 뒤의 명사가 앞에 오는 명사가 속하는 집단을 분류 또는 구분(classification)하는 역할을 한다. 매우 불완전하지만 분류의 기준에는 다음과 같은 것이 있다.

1. **재료 (material)**: 사용된 재료에 의한 분류

   cotton pants (= pants made from cotton)
   corn bread (= bread made from corn)
   an **wood** table (= a table made of wood)
   rubber gloves (= gloves made of rubber)

2. **목적 (purpose)**: 만든 목적이나 용도에 따른 분류

   a **conference** hall (= a hall for conference)
   an **office** building (= a building for offices)
   a **book**shop (= a shop for books)
   beef cattle (= cattle for beef)

3. **장소/위치 (place/position)**: 장소나 상대적 위치에 따른 분류

   the **London** station   the **Liverpool** fans   the **Seoul** citizens
   the **front** door   the **bottom** drawer   the **top** shelf

4. **시간 (time)**: 시간을 분류의 기준을 할 때

   morning coffee   **afternoon** tea   a **Sunday** paper
   holiday plans   a **winter** vacation   the **1988** Olympics

   ▶ 그러나 특정 사건을 말할 때는 첫 명사가 종종 소유격이 된다.

   today's weather report   **yesterday's** news   last **Sunday's** game

5. **직업 (occupation)**: 직업이나 하는 일과 관련이 있을 때

   a **taxi** driver   a **post**man   an **insurance** man
   a **animal** doctor   a **milk**man   a **delivery** man

6. **성 (sex)**: 성을 표현할 때

   a **woman** doctor   a **girl**friend   a **man**servant
   a **boy** scout   a **he**-goat   a **she**-devil

7. **부속물 (accessories)**: 완성체와 부속물의 관계를 표현할 때

   a **table** leg   the **car** door   the **chest** drawer
   the **door** knob   the **book** cover   the **shoe** string

8. **목적어-주어**: 두 명사 사이에 "주어-목적어 관계"가 성립할 때

   an **oil** well (= a well that produces oil)
   a **sheep**dog (= a dog that looks after sheep)
   an **animal** doctor (= a doctor who cures animals)

a **history** book (= a book that describes history)
a **bicycle** factory (= a factory that manufactures bicycles)

N37 NOUN-NOUN STRUCTURES-2: 속격 + 명사 구조

다음의 두 표현을 비교해보라.

my brother's bicycle
a child's bicycle

이 구조는 일반적으로 어떤 특정 대상을 제한(specification)할 때 사용될 뿐만 아니라 앞에서 논의한 "명사 + 명사" 구조와 같이 어떤 대상을 분류(classification)할 때도 사용된다. 다시 말해서 "my brother's bicycle"은 한 "특정의 자전거"를 가리키는 데 반하여, "a child's bicycle"은 "자전거의 한 종류"를 가리킨다. 전자를 제한속격(specifying genitives)이라 하고, 후자를 분류속격(classifying genitives)이라고 한다. 이 구조는 다음과 같은 경우에 많이 사용된다.

1 **소속관계**: 두 명사 사이에 일종의 "소유 또는 소속관계"가 있을 때

Mr. Brady's cottage (= Mr. Brady owns a cottage.)
my mother's sister (= My mother has a sister (who is a teacher).)
the city's plan (= The city has a plan (to build a bridge over the river).)
the treaty's importance (= the importance that the treaty has)

2 **생산물**: 창작물이나 생산물 또는 근원을 가리킬 때

Shakespeare's **plays**   Dan Brown's **novels**   cow's **milk**
the earth's **gravity**   a hen's **egg**   sheep's **wool**

▶ 생명체의 희생의 결과로 생산된 물건의 경우에는 일반적으로 "명사 + 명사 구조"를 갖는다. 다음을 비교해보라.

cow's **milk** :: **cowhide**   goat's **milk** :: **goatskin**
lamb's **wool** :: **lamb chop**   a camel's **hump** :: **camel meat**

▶ 사람이나 동물에 의해 사용되는 물건을 가리킬 때

women's **magazines**   my wife's **refrigerator**   a women's **college**
men's **rooms**   children's **clothes**   bird's **nests**

3 **주어-동사 관계**: 두 명사 사이에 "주어-동사 관계"가 성립될 때

my parents' **response** (⇐ my parents responded to something)
Mary's **protest** (⇐ Mary protested about something)
the train's **arrival** (⇐ the train arrived (in time))
the plane's **departure** (⇐ the plane departed (late))

the doctor's **performance** (⇐ the doctor performed (an operation))

4   **목적어-동사 관계**: 두 명사 사이에 "목적어-동사 관계"가 성립할 때

the prisoner's **execution** (⇐ somebody executed the prisoner)
John's **punishment** (⇐ somebody punished John)
Mr. Smith's **arrest** (⇐ somebody arrested Mr. Smith)
the city's **destruction** (⇐ somebody destroyed the city)
the people's **liberators** (⇐ somebody liberated the people)
the enemy's **defeat** (⇐ somebody defeated the enemy)

5   **신체의 일부**: 사람이나 동물의 "신체 일부"를 가리킬 때

a man's **hand**   an elephant's **trunk**   a lion's **claw**
an eagle's **beak**   my son's **leg**   the horse's **mane**

6   **지속 시간**: 어떤 행위나 상황이 "지속되는 시간"을 표현할 때

an **hour's** walk   two **days'** journey   thirty **minutes'** delay

7   **제한속격과 분류속격의 차이점**: 두 속격은 다른 문법적 속성을 보인다.

(1) 속격 앞에 부정관사 a/an이 올 경우 "분류속격"으로 해석된다.

a cardinal's hat   **a** mother's heart   **an** artist's model

(2) 대명사의 한정사적 소유격은 "제한속격"으로만 사용된다.

his car   **my** book   **her** house   **your** passport

(3) 분류속격은 뒤에 오는 명사와 "복합명사(noun compound)"를 구성하기 때문에 이 둘 사이에 어떤 표현도 올 수 없다. 다음을 비교해보라.

*a women's **new** college   *cow's **fresh** milk
John's **new** car   the grocery's **fresh** vegetables

(4) 제한속격 앞에 오는 한정사와 수식어는 "속격만"을 수식한다.

my **beautiful** neighbour's house
(= the house of my **beautiful** neighbour/*the **beautiful** house of my neighbour)
his **old** friend's expensive car
(= the expensive car of his **old** friend/*the **old** expensive car of his friend)

(5) 분류속격 앞에 오는 한정사와 수식어는 "속격"을 수식할 수도 있고 "전체 명사구"를 수식할 수도 있다.

an **old** man's coat (= a man's coat that is **old**/a coat for an **old** man)
a **strong** mother's heart (= a mother's heart that is **strong**/a heart of a **strong** mother)

N38　NOUN PHRASES (명사구)-1: 기본 구조

1　**기능**: 대부분의 명사구는 "핵"인 명사와 이를 "수식하는 표현"으로 구성되며, 동사구와 더불어 문장을 구성하는 중요한 두 요소 중의 하나이다. 명사구는 문장 내에서 "주어, 직접/간접목적어, 전치사 목적어, 주어/목적어 보어, 동격구, 호격구" 등으로 널리 쓰인다.

The walls are painted white.	[주어]
(벽은 흰 페인트칠이 되어 있다.)	
The man bought **a new house**.	[직접목적어]
(그 사람은 새집을 샀다.)	
He bought **his wife** a Christmas present.	[간접목적어]
(그는 부인에게 크리스마스 선물을 사주었다.)	
He deposited the money in **the bank**.	[전치사 목적어]
(그는 돈을 은행에 예금했다.)	
Mr. Smith is **an intelligent teacher**.	[주어보어]
(스미스 씨는 지적인 선생님이다.)	
The committee elected Mr. Jones **chairman**.	[목적어보어]
(위원회는 존스 씨를 회장으로 뽑았다.)	
Mr. Bush, **president of the club**, gave a speech.	[동격구]
(클럽 회장인 부시 씨가 연설을 했다.)	
Mr. Kim, please come in.	[호격구]
(김군, 들어오세요.)	

2　**구조**: 명사를 수식하는 표현은 명사 앞에 올 수도 있고 뒤에 올 수도 있으며, 명사 앞에 오는 수식어를 "선행수식어(premodifiers)"라고 부르고 뒤에 오는 수식어를 "후행수식어(postmodifiers)"라고 부른다.

선행 수식어	명사 머리어	후행 수식어
the handsome	boy	who is standing in the corner

▶ 명사 (nouns): 위의 예에서도 볼 수 있듯이 명사는 명사구의 "머리어" 또는 "핵어(head)"로서 명사구의 중요한 속성인 "수(number), 성(gender), 격(case)" 등을 결정한다. 명사는 다른 품사와는 달리 "단수형"과 "복수형"이 있으며(book~books) 관사(articles)를 가질 수 있는 것이 (예: the book~a book) 특징이다. 그러나 모든 명사가 이러한 속성을 가지고 있는 것은 아니다. 예를 들어, "money, homework, harm, chess"와 같은 명사는 복수형을 가지고 있지 않으며 부정관사(indefinite articles)를 취할 수 없다. (예: *a harm/*a chess) 명사들 간의 이러한 차이를 설명하기 위하여 일반적으로 명사를 "고유명사(proper nouns)"와 "보통명사(common nouns)"로 분류한다.

명사구의 핵어가 되는 명사에 대해서는 N27-N35를 보라.

N39 NOUN PHRASES-2: 선행수식어

명사를 앞에서 수식하는 선행수식어는 "한정사 선행어, 한정사, 제한적 수식어"로 나뉜다.

1 **한정사** (determiners): 한정사에는 "관사(the, a/n), 지시사(this, that, these, those), 소유격(my, his, John's 등), 양화사(some, any, every, either 등), 의문사(what, which 등)"가 있다. (한정사에 대해서는 D13을 보라.)

선행 수식어			핵어
한정사 선행어	한정사	제한적 수식어	
all	**the**	**intelligent**	students

2 **한정사 선행어** (predeterminers): 명사구 내에서 한정사 앞에 올 수 있기 때문에 "한정사 선행어"라고 하며, "all, both, half"와 "배수"와 "빈도"(once, twice, three times 등) 그리고 "분수"(a third, a half/half a, a quarter, three-sevenths 등)가 여기에 속한다. (한정사 선행어에 대해서는 P32-P34를 보라.)

Have you done **all your homework**?   [all]
(숙제를 다 했냐?)
We need **double this amount** for ten students.   [배수]
(열 명의 학생에게 주려면 이 양의 두 배가 필요하다.)
Letters are delivered **twice a week** only.   [빈도]
(일주일에 두 번만 편지가 배달된다.)
He spent **two-thirds his life** for the poor people in Africa.   [분수]
(그는 아프리카의 빈민을 위해 생애의 3분의 2를 보냈다.)

▶ "배수"를 제외한 모든 한정사 선행어는 한정사 앞에 "전치사 of"를 허용한다.

He spent **all (of) his weekly stipend** for lunch with her.
(그는 그녀와 점심을 먹는 데 자신의 주급의 모두를 썼다.)
He spent **twice/double (*of) his weekly stipend** for lunch with her.
(그는 그녀와 점심을 먹는 데 자신의 주급의 두 배를 썼다.)
He spent his whole weekly stipend for lunch with her **twice (of) a month**.
(그는 그녀와 점심을 먹는 데 한 달에 두 번씩 자신의 모든 주급을 썼다.)
He spent **a quarter (of) his weekly stipend** for lunch with her.
(그는 그녀와 점심을 먹는 데 자신의 주급의 4분의 1을 썼다.)

(1) all, both, half: all은 A46을, both는 B32를, half는 H2를 보라.

The man wasted **all his life** looking for the lost city.
(그 사람은 잃어버린 도시를 찾아 그의 전 생애를 낭비했다.)
Both my parents went to Europe.
(나의 부모님 두 분은 유럽에 갔다.)

I've finished interviewing just **half these applicants** today.
(나는 오늘 이 지원자의 절반만 면접을 끝냈다.)

(2) 배수(multipliers): 배수를 나타내는 표현으로는 "twice, double(드물게), thrice, triple(미국)/treble(영국), quadruple, quintuple 그리고 서수+times" 등이 있다. 이들은 "복수 가산명사," "불가산명사" 그리고 "수(number)"나 "양(amount)"을 뜻하는 "단수 가산명사" 앞에서 배수를 표현한다. (M31을 보라.)

He spent **twice/double his weekly stipend** for lunch with her.
(그는 그녀와 점심을 먹는 데 자신의 주급의 두 배를 썼다.)
My wife earns **treble/three times/triple my salary**. (내 처는 내 봉급의 3배를 번다.)
The young man can lift **four times the weight** that I can lift.
(그 젊은이는 나보다 4배의 무게를 들 수 있다.)

(3) 빈도(frequency): "once, twice, three/four... times" 등은 사건의 빈도를 의미하고, 뒤에 오는 한정사 "a, every, each"와 전치사 "per"는 사건의 간격(interval)을 뜻한다. (F18을 보라.)

She takes a bath **once/twice a day**. (그녀는 하루에 한 번/두 번 목욕한다.)
They visit their parents **four times each year**. (그들은 매년 네 번씩 부모님을 찾는다.)
I go to the movies at least **twice every three weeks**.
(나는 적어도 3주에 두 번은 영화를 본다.)
He eats **five times per day**. (그는 하루에 다섯 번 먹는다.)

(4) 분수(fractions): "half와 quarter"를 제외하고 모든 분수는 먼저 기수(cardinal numbers)를 쓴 다음 서수(ordinal numbers)를 그 뒤에 써서 나타낸다. "기수의 수가 둘 이상"이면 뒤따라 나오는 "서수가 복수형"이 된다는 점에 유의하라. 분수는 모든 명사와 결합할 수 있다. 기수와 서수 사이에 종종 하이픈(-)이 사용되며, 특히 분수가 수식어로 사용될 때 그러하다. (F17을 보라.)

½: a half   ⅓: a third/one third
¼: a quarter/a fourth   ¾: three quarters/three fourths
⅜: three eighths   3¾: three and three quarters

I have wasted almost **two(-)thirds** my life. (나는 내 생애의 거의 3분의 2를 낭비했다.)
About **three(-)sevenths** the students failed the test.
(학생들의 약 7분의 3이 시험에 떨어졌다.)
He ran a **three-quarter** mile in 3 minutes. (그는 3분에 4분의 3마일을 뛰었다.)

▶ "2분의 1"은 "one second"라고 하지 않고 뒤따라오는 명사에 따라 "half a(n), a half, (the) half of"라는 표현을 쓴다. (상세한 것은 H2를 보라.)

half a dozen   **a half** share   **(the) half of** her fortune

▶ ¾ hour는 "three quarters of an hour/a three-quarter hour"로, 7/10 mile은 "seven tenths of a mile/a seven-tenth mile"로 읽는다.

N40 NOUN PHRASES-3: 제한적 수식어

한정사와 머리어인 명사 사이에 오는 수식어를 "제한적 수식어(attributive modifiers)"라고 부른다. 제한적 수식어는 나타나는 순서에 따라 때때로 "한정사 후속어(post-determiners)"라고도 부르는 "수사(numerals)"와 "형용사 수식어(adjectival modifiers)" 그리고 "명사 수식어(noun modifiers)"로 분류된다.

한정사	제한적 수식어			명사
	수사	형용사 수식어	명사 수식어	
our	last	young	history	teacher

1 **수사** (numerals): 수에는 차례를 나타내는 "서수(ordinal numbers)"와 수를 나타내는 "기수(cardinal numbers)" 그리고 막연한 수 또는 양을 나타내는 "양화사(quantifiers)"가 있다. 이들의 결합에는 엄격한 제약이 있다.

(1) 서수: 순서를 뜻하는 서수는 항상 한정사와 함께 쓰이는 것이 특징이며, 기수 또는 양화사와의 결합 여부에 따라 둘로 나눌 수 있다. "first, next, last, (an)other, following" 등은 "기수" 또는 (뒤따라 나오는 명사가 복수 가산명사일 경우) "양화사 few"와 결합할 수 있지만, "second, third, tenth, ..." 따위는 이러한 결합을 허용하지 않는다.

서수 A: **한정사 + first/next/last/(an)other/following + 기수/few**
서수 B: **한정사 + second/third/fourth ... (+ *기수/*few)**

Mary's first two English teachers were very good.
(메리의 첫 번째 영어 선생님 두 분은 참 좋으셨다.)
These last few days have been very busy. (최근 며칠간은 몹시 바빴다.)
The other four men said they would consider my offer.
(그 밖의 네 사람은 나의 제안을 고려해 보겠다고 말했다.)

***My second three English teachers** were good
***The tenth few days** have been very busy.

(2) another: another는 어원적으로 "an + other"이므로 다른 한정사가 앞에 올 수 없으며(이런 이유로 another를 한정사로 분류한다), 바로 뒤에 둘 이상을 뜻하는 기수가 오지 않는 한 항상 단수명사와만 함께 쓰인다.

Please give me **another cup** of coffee.
(커피 한 잔 더 주실 수 있습니까?)
He will stay in Seoul for **another three more weeks**.
(그는 서울에 또 3주 동안 더 머물 것이다.)

(3) 기수: 정확한 수를 뜻하는 기수는 (막연한) 양을 나타내는 양화사와 함께 쓰일 수 없다. 따라서 "*two few, *five many, *three plenty, *one little" 따위의 표현은 허용되지 않는다.

Give me **one good reason** for your decision. (너의 결정에 대한 합당한 이유를 하나만 말해라.)
All (the) **four brothers** are sailors. (네 명의 형제 모두가 뱃사람이다.)

2   **양화사**: 대표적인 양화사로는 "many, much, few, little, several"이 있으며, 수량을 뜻한다는 점에서 "a lot of, lots of, plenty of, a good/great deal of, a number of" 등 함께 다루는 것이 좋다. 양화사는 그들이 수식할 수 있는 명사의 종류에 따라 다음과 같이 세 유형으로 나눌 수 있다. (양화사의 다른 분류에 대해서는 Q1을 보라.)

(a): **many/few/a few/a number of/several** + 복수 가산명사
(b): **much/little/a little/a great deal of** + 불가산명사
(c): **plenty of/a lot of/lots of** + 복사 가산명사/불가산명사

He has **few** (= not many) **friends** and **little** (= not much) **money**.
(그는 친구도 많지 않고 돈도 많지 않다.)
He has **a few** (= some) **friends** and **a little** (= some) **money**.
(그는 친구도 몇 명 있고 돈도 조금 있다.)

A large number of people were here last night.
(매우 많은 수의 사람들이 어젯밤에 여기 모였다.)
John got **a great deal of sympathy** but **little help**.
(존은 동정은 많이 받았으나 도움은 별로 받지 못했다.)

He has **lots of friends** and **plenty of money**. (그는 친구도 많고 돈도 많다.)
He has **lots of money** and **plenty of friends**. (그는 돈도 많고 친구도 많다.)

He paid **a lot of money** for that house. (그는 저 집을 사는 데 큰돈을 지급했다.)
He grows **a lot of vegetables** for his family. (그는 가족을 위해 채소를 많이 재배한다.)

▶ other: other는 "기수" 앞에 올 수도 있고 뒤에 올 수도 있지만, "양화사"와 함께 쓰일 때는 양화사 다음에 오는 것이 원칙이다.

He recommended the **five other/other five** students for the scholarship.
(그는 장학금을 위해 또 다른 다섯 명의 학생을 추천했다.)
John and **several other** people went fishing together.
(존과 또 다른 몇 명의 사람이 함께 낚시를 하러 갔다.)
(*John and **other several** people went fishing together.)
I know **many other** girls didn't come to the party.
(나는 그 밖의 많은 아가씨들이 파티에 오지 않았다는 것을 안다.)
(*I know **other many** girls didn't come to the party.)

▶ more: more는 other와 마찬가지로 "기수"와 "양화사" 뒤에 올 수 있다.

Only **two more** napkins are needed. (냅킨 두 장만 더 있으면 된다.)
Many more people came than were expected. (기대했던 것보다 더 많은 사람이 왔다.)
In a few more days he'll be leaving for California.
(며칠 더 지나서 그는 캘리포니아로 떠날 것이다.)

3   **명사 수식어**: 명사 수식어란 머리어인 명사를 수식하는 "명사" 또는 "동명사"를 가리키며 두 가지가 있다. 하나는 명사 머리어의 "재료(material)"를 의미하는 명사이고, 다른 하나는 일반적으로 명사 머리어의 "목적(purpose)"이 된다. 이 둘이 함께 나타날 경우에는 재료가 목적을 앞선다. 목적을 나타내는 단어로 종종 형용사가 쓰일 수도 있다. (명사 수식어에 대해서는 N36을 보라.)

   the famous **opera** singers (... singers for opera)
   the next **bus** stop (... stop for bus)
   Spanish **riding** boots (... boots for riding)
   a famous **medical** doctor (... doctor for medicine)

   a rare **metal** bracelet (... bracelet made of metal)
   my expensive **leather** shoes (... shoes made of leather)

   the American **aluminum cooking** foil (... aluminum foil for cooking)
   an Italian **glass flower** vase (... glass vase for flowers)
   a white **ceramic beer** mug (... ceramic mug for beer)

4   **형용사 수식어**: 다양한 형용사가 명사 앞에서 명사를 수식할 수 있다. 명사의 형용사 수식어에 대해서는 A19를 보라.

5   **후행 형용사**: 형용사는 명사 앞에서 명사를 수식하는 것이 일반적이지만 다음과 같은 경우 명사 다음에 나타난다. (A20을 보라.)

   (1) 불어에서 온 고정된 표현

   court-**martial**   the body **politic**   postmaster **general**

   (2) 공간 또는 시간을 나타내는 표현

   fifteen feet **long**   twelve miles **wide**   fifty years **old**

   (3) 이름을 붙이거나 식별을 목적으로 기수를 사용할 경우

   chapter **five**   paragraph **three**
   line **five**   World War **Two**
   (참고: the **fifth** chapter   the **Second** World War)

   (4) 수식받는 표현이 "someone, somebody, something, anyone, anybody, anything, no one, nobody, nothing, everyone, everybody, everything"과 같은 부정 대명사일 경우 형용사 수식어는 뒤에 오는 것이 특징이다.

   Mr. Kim seems to have met **someone very important** in Moscow.
   (김군은 모스크바에서 매우 중요한 사람을 만난 것 같다.)
   Did she buy **anything expensive** from your store?
   (그녀가 당신 가게에서 비싼 것을 샀습니까?)

N41 NOUN PHRASES-4: 후행수식어

명사구의 후행수식어는 "관계절, 비정형절, 전치사구"로 크게 나눌 수 있다. 일반적으로 비정형절 수식어와 전치사구 수식어는 관계절이 축약된 것으로 간주된다.

The woman **who stood in the corner** is my sister.　　　[관계절]
(모퉁이에 서 있던 여자는 내 누님이다.)
The woman **standing in the corner** is my sister.　　　[비정형절]
(모퉁이에 서 있는 여자는 내 누님이다.)
(= The woman **who is standing in the corner** is my sister.)
The woman **in the corner** is my sister.　　　[전치사구]
(모퉁이에 있는 여자는 내 누님이다.)
(= The woman **who is in the corner** is my sister.)

1　　**관계절** (relative clauses): 관계절에 대해서는 R12-R15를 보라.

2　　**비정형절** (nonfinite clauses): 세 가지 종류의 비정형절 모두가 명사의 후행수식어로 쓰일 수 있다. (명사를 수식하는 비정형절에 대해서는 I38과 P3을 보라.)

Students **arriving** late will not be permitted to enter the lecture hall.
(지각한 학생은 강연장에 들어가는 것이 허용되지 않을 것이다.)
Any coins **found** on this site must be handed to the police.
(이 장소에서 발견되는 동전은 어느 것이든 경찰에 넘겨야 합니다.)
The next train **to arrive** was from Busan. (다음에 도착한 기차는 부산 발 기차였다.)

앞에서도 지적했듯이, 비정형절은 해당하는 제한적 관계절을 가지고 있지만 일률적으로 "관계대명사+be 동사"가 생략된 것으로 볼 수는 없다. 예를 들어, "the man writing the obituary is my friend"는 그 문장이 쓰이는 맥락에 따라 다음의 어느 것으로도 해석될 수 있다.

The man **who will write/writes/wrote/was writing** the obituary is my friend.
(사망기사를 쓸/쓰는/쓴/쓰고 있던 사람은 내 친구다.)

3　　**전치사구** (prepositional phrases): 명사구의 후행수식어 중에서 가장 많이 쓰이는 것이 전치사구다.

the road **to Rome** (로마로 가는 길)
a tree **by the stream** (냇가의 나무)
two years **before the war** (전쟁 전 2년)
the book **on grammar** (문법에 관한 책)
the building **behind the park** (공원 뒤 건물)
the house **opposite the police station** (경찰서 반대편 집)

a letter **concerning my son's admission** (내 아들의 입학에 대한 편지)

the passengers **excluding the crew** (승무원을 제외한 승객)
various ideas **regarding the students' alcoholism**
(학생들의 알코올중독에 관한 다양한 생각)
your recent inquiry **with regard to side-effects of the drug**
(마약의 부작용에 관한 당신의 최근 연구)
the church **in front of the City Hall** (시청 앞 교회)
an American citizen **by virtue of her marriage** (결혼으로 인한 미국 시민)
the number of votes **in favor of Senator Johnson**
(존슨 상원의원을 지지하는 투표자수)

N42 now와 nowadays

now는 "단순히 현시점(at the present moment)"을 의미하고 nowadays는 "과거와 대조되는 현시점"을 의미한다.

There's nothing I can do about this right **now**.
(지금 당장 내가 이것에 대해서 할 수 있는 것은 아무것도 없다.)
Nowadays people are rarely shocked by the sex on television.
(요즘에는 사람들이 텔레비전의 성 장면에 별로 놀라지 않는다.)

1   **부사**: now는 부사로 가장 널리 쓰인다. 더 형식적인 표현으로는 "at the moment, at present, currently, presently" 등이 있다.

They **now** live in a town house near Seoul. (그들은 지금 서울 근교의 타운 하우스에 산다.)
I'm working in a restaurant **at the moment**. (나는 지금 음식점에서 일하고 있다.)
Mr. Kim is **currently** working on a new action movie.
(김 군은 현재 새로운 액션 영화를 만들고 있다.)

2   **전치사와 now**: now는 명사로서 종종 전치사와 결합할 수 있다.

Sara should have been home **by now**. (사라는 지금쯤 집에 왔어야 한다.)
Until now, doctors have been unable to find the way to treat the disease.
(지금까지 의사는 그 질병을 치료하는 방법을 찾지 못하고 있다.)
You may leave your shoes on the back porch **for now**.
(당분간 신발을 뒷마루에 놔두어도 된다.)
From now on, you do know him and have seen him.
(이제부터는 너희가 그[나의 아버지]를 알았고 또 보았느니라.) [요 14:7]

3   **now (that)**: now (that)는 접속사로서 "… 때문에, … 결과로"의 뜻을 가지며, that를 종종 생략할 수 있다.

Now that you're older, you should know better. (나이가 더 들었으니까 철이 들어야 한다.)
I'm going to relax, **now** the school year is over. (학년이 끝났으니까 나는 쉬려고 한다.)

Now that I, your Lord and Teacher, have washed your feet, you also wash one another's feet. (내가 주와 또는 선생이 되어 너희 발을 씻었으니 너희도 서로 발을 씻어주는 것이 옳으니라.) [요 13:14]

4 nowadays: 부사로만 사용된다.

Most people **nowadays** are well aware of the importance of a heathy diet.
(오늘날에는 사람들 대부분이 건강한 식사의 중요성을 잘 알고 있다.)
Nowadays, we buy bread at the bakery rather than bake it on our own.
(요즈음에는 빵을 스스로 굽기보다 빵집에서 산다.)

N43 NUMBERS (수사)-1

가장 많이 사용하는 수에는 정확한 수를 뜻하는 "기수(cardinal numbers)"와 순서를 뜻하는 "서수(ordinal numbers)"가 있다. 이 외에도 수에는 "분수(fractions)"와 "소수(decimals)"가 있다. 여기서는 수를 쓰고 읽는 방법에 대해서 생각해 보기로 하겠다.

He's only been in this job for **nine** months. (그는 이 자리에 9개월간 있었을 뿐이다.)
She was taught by her brother till she was **nine**. (그녀는 9살이 될 때까지 오빠에게 배웠다.)

We prepared a small party for her **ninth** birthday.
(우리는 그녀의 아홉 번째 생일을 축하하기 위해 작은 파티를 준비했다.)
I'm planing to leave on the **ninth**. (나는 9일에 떠날 계획이다.)

About **three-fifths** of the students failed the test.
(대략 학생의 5분의 3이 시험에 떨어졌다.)
Our wage has increased only 0.86 (**zero point eight six**) **percent** in the last two years.
(우리 임금은 지난 두 해 동안 단지 0.86 퍼센트가 올랐을 뿐이다.)
Our soccer team won by **three to nil**. (우리 축구팀은 3대 0으로 이겼다.)

1 기수: 기수에는 "단순형, 파생형, 복합형"이 있다.

단순형	파생형		복합형
0 **zero, naught**			
1 **one**			21 twenty-one
2 **two**	12 **twelve**	20 **twenty**	32 thirty-two
3 **three**	13 **thirteen**	30 **thirty**	43 forty-three
4 **four**	14 fourteen	40 **forty**	54 fifty-four
5 **five**	15 **fifteen**	50 **fifty**	65 sixty-five
6 **six**	16 sixteen	60 sixty	76 seventy-six
7 **seven**	17 seventeen	70 seventy	87 eighty-seven
8 **eight**	18 **eighteen**	80 **eighty**	98 ninety-eight
9 **nine**	19 nineteen	90 ninety	
10 **ten**			

11 **eleven**
12 **twelve**
100 a/one **hundred**
1,000 a/one **thousand**
1,000,000 a/one **million**
10^9 a/one **billion** (10억)
10^{12} a/one **trillion** (1조)
10^{15} a/one **quadrillion** (1,000조)

▶ 다음 철자의 변화에 유의하라.

two : twelve : twenty three : thirteen : thirty four : fourteen : forty
five : fifteen : fifty eight : eighteen : eighty

thirteen, fifteen, eighteen, twenty, thirty, forty, fifty, eighty의 철자에 유의하라.

2 **1,000 넘는 수읽기**: 100보다 더 큰 수를 읽는 방법은 주어진 수에서 가장 큰 "단위수"(예를 들어 hundred, thousand 등)를 찾는다. 단위수 앞에 오는 수를 우리는 "승수(multipliers)"라고 부른다. 승수를 먼저 말하고 그 다음에 단위수를 말한다. 단위수보다 적은 수를 "추가수(additions)"라고 하는데 추가수를 맨 끝에 말하면 수 읽는 것이 끝난다. 추가수에 또다시 단위수가 있으면, 위의 읽는 방법을 반복하면 된다.

▶ 영어의 단위 수

             100: **hundred** (백)
           1,000: **thousand** (천)
       1,000,000: **million** (백만)
   1,000,000,000: **billion** (십억)
1,000,000,000,000: **trillion** (조)
1,000,000,000,000,000: **quadrillion** (천조)

예: 54,321에서 가장 윗자리 수인 5는 만 단위로서 이 수가 가리키는 최대의 단위 수는 thousand(천)이므로, 이 단위수 앞에 있는 승수 54를 먼저 말하고 단위 수 thousand를 말한 다음 321을 추가 수로 말하면 된다.

54,321: "<u>fifty-four</u> **thousand** <u>three hundred and twenty-one</u>"
        $(54,321 = 54 \times 1,000 + 321)$
              ↑   ↑   ↑
             승수   단위수   추가수

654,321: "<u>six hundred and fifty-four</u> **thousand** <u>three hundred and twenty-one</u>"
        $(654,321 = 654 \times 1,000 + 321)$
                ↑   ↑   ↑
               승수   단위수   추가수

3 **천 단위를 읽는 법**: 천 단위를 읽는 방법에는 두 가지가 있다.

    1,234: "one **thousand**, two hundred and thirty-four"
        [단위수를 thousand로 보고 승수를 one을 봤을 때]
        "twelve **hundred** and thirty-four"
        [단위수를 hundred로 보고 승수를 twelve로 봤을 때]

4 **and의 사용**: 영국영어에서는 100단위와 10단위 사이에 and를 삽입하며, 미국영어에서는 종종 생략된다.

    543: "five hundred (**and**) forty-three"
    12,345: "twelve thousand, three hundred (**and**) forty-nine"

5 **쉼표 표시**: 단위수 앞에는 쉼표(,)를 써서 쉽게 식별할 수 있게 한다. 여기서 마침표를 사용해서는 안 된다.

    12,234,567,890: twelve **billion**, two hundred and thirty-four **million**, five hundred and sixty-seven **thousand**, eight **hundred** and ninety

    ▶ 그러나 "날짜, 일련번호, 전화번호, 사회 보장번호, 은행 계좌번호" 등을 쓸 때는 쉼표를 사용하지 않고 복잡한 수를 집단으로 나누거나 하이픈을 써서 구분한다. 여기서 하이픈은 편의상 주어진 것으로서 읽을 때 띄어 읽는 것을 제외하고는 아무런 의미가 없다.

My phone number is 010-1234-5678
Her bank account number is 12345-056-78910.
His social security number is 035-00-4231.

6 **복수어미**: "dozen, score, hundred, thousand, million, billion" 등은 "a few, several"을 포함하여 숫자의 수식을 받을 경우에는 복수를 붙이지 않는다.

a dozen	two dozen	*three dozens
a score	three score	*five scores
a hundred	three hundred	*ten hundreds
a thousand	five thousand	*nine thousands
a few million	several million	*a few/several millions

Over **seven hundred guests** attended their wedding ceremony.
(700명 이상의 손님이 그들의 결혼식에 참석했다.)
He needs at least **three thousand voters** to win the election.
(그는 선거에서 이기기 위해 적어도 3천 표가 필요하다.)
His family moved to this country **three score and ten years** ago.
(그의 가족은 이 나라로 70년 전에 이사 왔다.)

(1) 양화사의 수식을 받지 않을 경우에 복수형은 "of-구"와 함께 쓰일 수 있다.

    dozens of apples   **scores** of farmers

hundreds of students   **thousands** of people
hundreds of thousands of people   **millions and millions** of insects

(2) 다른 양화사의 수식을 받을 경우에는 "확정적 명사구"를 목적어로 갖는 "of-구"와 함께 쓰일 수 있다.

*two dozen of eggs   two dozen of **those** white eggs
*several hundred of students   several hundred of **the** angry students
*five thousand of paper cups   five thousand of **these** paper cups

7   **숫자 0**: 영국영어에서는 0을 "nought/naught"라고 하고, 미국영어에서는 "zero"라고 한다. 숫자를 하나씩 말할 때는 "0"을 종종 (문자 "o"처럼) "oh"라고 발음한다. 영국에서도 "zero"를 사용하는 사람이 늘어나고 있다. (Z2를 보라.)

My bank account number is four one three **oh** six (= 41306).
(나의 은행 계좌번호는 41306이다.)

(1) 온도를 말할 때는 영국과 미국영어에서 공히 "0"을 "zero"라고 하고, "zero"는 그 자체로 섭씨(Celsius/Centigrade) "0°"를 의미하기도 한다.

Zero degrees Celsius (= 0°C) is thirty-two degrees Fahrenheit (= 32°F).
(섭씨 0도는 화씨 32도다.)
The temperature is expected to drop to twenty degrees below **zero** (= −20°) tonight.
(오늘 밤에 기온이 영하 20도로 떨어질 것으로 예상된다.)

(2) 경기에서 "0점"은 영국영어에서 "nil"이라고 하고, 미국영어에서는 "zero" 혹은 "nothing" 또는 매우 드물게 "zip"이라고 한다. 테니스나 이와 유사한 경기에서는 "0점"에 대해서는 (불어에서 달걀을 뜻하는 "l'oeuf"에서 유래한) "love"라는 단어를 사용한다.

And the score at half-time is: Scotland three, England **nil**.
(그리고 하프타임 점수는 스코틀랜드 3 영국 0이다.)
We beat them ten to **zip** in that football game.
(우리는 그 축구경기에서 그들을 10대 0으로 물리쳤다.)
Forty-**love**; Andrews to serve. (40대 0. 앤드류 서브하세요.)

8   **서수**: "(-)first, (-)second, (-)third"를 제외하면 기수에 "-th어미"를 붙여 서수를 만든다.

first: 1st   eleventh: 11th   twenty-**first**: 21st
second: 2nd   **twelfth**: 12th   thirty-**second**: 32nd
third: 3rd   thirteenth: 13th   forty-**third**: 43rd
fourth: 4th   fourteenth: 14th   fifty-fourth: 54th
fifth : 5th   fifteenth: 15th   sixty-fifth: 65th
ninth: 9th   twentieth: 20th   ninetieth: 90th

▶ 다음 철자의 변화에 유의하라.

one : first   two : second   three : third
twelve : twelfth   five : fifth   nine : ninth

▶ -y로 끝나는 것은 -th 앞에서 -ie로 바뀐다.

twenty : twentieth   thirty : thirtieth   forty : fortieth

9 　**소수** (decimals): 1보다 작고 0보다 큰 수, 즉 소수는 다음과 같이 쓰고 말한다.

0.567 = "nought point **five six seven**"　[영국영어]
　　　= "zero point **five six seven**"　　[미국영어]
4.82 = "four point **eight two**"

(1) 읽기: 위의 수를 정상적인 수읽기의 법칙을 따라서는 안 된다.

0.567 = "*nought/*zero point **five hundred and sixty-seven**"
4.82 = "*four point **eighty-two**"

(2) 마침표: 소수를 표시하기 위해 "쉼표"를 찍어서는 안 된다.

0.375: nought point three seven five
(***0,375**: nought comma three seven five)
4.82: four point eight two
(***4,82**: four comma eight two)

10 　**분수** (fractions): 분수는 half와 quarter를 제외하고는 기수 다음에 서수를 놓아 표현한다. 기수의 수가 둘 이상이면 뒤따르는 서수는 복수형이 되고, 기수와 서수 사이에 종종 하이픈(-)이 사용되며 특히 분수가 수식어로 사용될 때는 그러하다. (F17을 보라.)

a/one half: 1/2　　　　　　a/one third: 1/3
a quarter/fourth : 1/4　　　three quarters/fourths: 3/4
three and three quarters: 3¾　five over sixty-two: 5/62
five sixty eighths: 5/68

I regret having wasted almost **two-thirds (of)** my life.
(나는 내 생애의 거의 3분의 2를 낭비한 것을 후회한다.)
He's able to run a **three-quarter** mile in 2.5 minutes.
(그는 4분의 3마일을 2분 30초에 달릴 수 있다.)

▶ 1/2은 "*one second"이라고 하지 않고 결합하는 명사에 따라 "half a/an" 또는 "a half" 혹은 "(the) half of"로 표현한다.

About **half a dozen** eggs are in the refrigerator.
(대략 반 다스의 계란이 냉장고에 있다.)
I gave them **a half share** of my profits.
(나는 그들에게 내 이익 배당의 절반을 주었다.)
She left a will to donate **the half of** her fortune to the University.
(그녀는 재산의 절반을 대학에 기증하라는 유서를 남겼다.)

45min: "forty-five minutes/three quarters (of) an hour/a three-quarter hour"
3/10m: "zero point three miles/three tenths (of) a mile/a three-tenth mile"

11   **수와 소수의 수**: 1보다 적은 무게나 시간 또는 거리를 표현하는 "분수의 경우에는 단수 계측명사"가 쓰이고, 소수 다음에 "of를 쓰면 단수 계측명사"가, "of를 안 쓰면 복수 계측명사"가 쓰인다.

3/4 ton: "**three quarters (of) a ton**"
1/10 mile: "**one tenth (of) a mile**"
45 min: "**three quarters (of) an hour**"

0.562 km: "**zero/nought point five six two of a kilometer/
             zero/nought point five six two kilometers**"
0.832 t: "**zero/nought point eight three two of a ton/
            zero/nought point eight three two tons**"

(1) 1보다 큰 "분사나 소수"에는 일반적으로 "복수 치수명사"가 쓰인다.

My car broke down after **one and a half miles/*mile**.
(내 차는 1.5마일을 간 다음 고장 났다.)
You've kept me waiting for **one and a half hours/*hour**.
(너는 나를 한 시간 반을 기다리게 했다.)
The box weighs **one and a half tons/*ton**. (그 상자는 무게가 1.5톤이다.)

(2) 지금은 자주 사용되지 않지만 "a/one + 치수명사 and a half" 구조도 쓰인다.

He followed her for **an hour and a half**.
(그는 그녀를 한 시간 반 동안 따라다녔다.)
He walked **one mile and a half** along the river.
(그는 강을 따라 1.5마일을 걸었다.)

(3) 분수나 소수로 표현된 양이나 수는 일반적으로 "단수동사"를 취한다.

Three quarters of a tone is too heavy for us to carry.
(4분의 3톤은 우리가 옮기기에는 너무 무겁다.)
(***Three quarters of a ton are** too heavy for us to carry.)
20.6 kilometers is too far to run for an hour.
(20.6킬로미터는 한 시간에 달리기에는 너무 멀다.)
(***20.6 kilometers are** too far to run for an hour.)

12   **전화번호와 은행구좌번호**: 전화번호는 각 숫자를 하나씩 말하며, 하이픈으로 구별된 숫자 사이는 약간 띄우고 말한다. 같은 숫자가 두 번 나올 때는 영국 사람들은 "double"이라고 말한다.

Dial **five one two, one three double two** (= 512-1322) to speak to the manger.
(지배인에게 말하고 싶으면 512,1322를 돌려라.)

My account number is **three oh seven, four nine double three**. (= 307-4933)
(= three zero seven, four nine three three [미국영어])
(나의 계좌번호는 307-4933이다.)

13   **기수와 서수**: 다음의 경우는 기수와 서수를 옮겨가며 사용한다.

(1) 날짜 (dates)

15 April: "**the fifteenth of April**"
April 15: "**April (the) fifteenth/April fifteen**"
in 1945: "**in nineteen forty-five**"
in the 1800s/the years 1800s: "**in the eighteen hundreds/in the years eighteen hundreds**"
in the 20th century: "**in the twentieth century**"

날짜를 쓰고 말하는 것에 대해서는 D-2를 보라.

(2) 연도를 쓸 때는 단위수 천을 표시하는 콤마를 찍지 않는다.

He was born in **1945**. (그는 1945년에 태어났다.) (*He was born in **1,945**.)

(3) "책, 작품, 계획, 사건" 등은 일반적으로 기수를 사용하지만 때때로 서수도 사용된다.

the **fifth** book ∷ Book **Five**
the **third** chapter ∷ Chapter **Three**
the **third** act ∷ Act **Three**
Mozart's **thirty-ninth** symphony ∷ Symphony Number **thirty-nine** by Mozart
the **third** day of the timetable ∷ the timetable for Day **Three**
the **Second** World War ∷ World War **Two**

(4) 왕과 여왕의 칭호에서는 서수가 사용된다.

Henry Ⅷ: Henry **the Eighth** (*Henry Eight)
Louis XIV: Louis **the Fourteenth**
Elizabeth Ⅱ: Elizabeth **the Second**

(5) 건물의 층: 영국과 미국이 다르다.

영국	미국
the **ground** floor	the **first** floor
the **first** floor	the **second** floor
the **second** floor	the **third** floor 등

14   **a와 one**: "a hundred/one hundred, a thousand/one thousand, a million/one million"이라고 말할 수 있다. one은 더 문어적이며 약간 강조적이다.

Most people want to live for **a hundred years**. (많은 사람들이 100살까지 살고 싶어 한다.)
Pay Mr. J. Baron **one thousand dollars**. (제이 배론 씨에게 천 불을 지불하세요.)

(1) "a"는 숫자의 시작에서만 사용될 수 있다. 다음을 비교해보라.

100,000: **a/one hundred** thousand
3,100: three thousand **one hundred**/*three thousand **a hundred**

(2) "a thousand" 홀로 사용될 수도 있고 "and" 앞에서도 사용될 수 있지만, "백 단위 숫자" 앞에서는 일반적으로 사용되지 않는다. 다음을 비교해보라.

1,049: **a/one thousand and** forty-nine
1,602: **one thousand**, six hundred and two
(**a thousand**, six hundred and two보다 자연스럽다.)

(3) "a"와 "one"은 치수 단어와도 사용될 수 있는데 그 용법은 위와 비슷하다.

a/one kilometer
a/one kilometer **and** six hundred meters
one kilometer, six hundred meters
(***a** kilometer, six hundred meters)

an/one hour
an/one hour **and** seventeen minutes
one hour, seventeen minutes
(***an** hour, seventeen minutes)

a/one pound
a/one pound **and** twelve ounces
one pound, twelve ounces
(***a** pound, twelve ounces)

half 다음의 of에 대해서는 H2를 보라.

15 **계산을 말로 하기**: 영국영어에서 계산을 말로 하는 흔한 방법은 다음과 같다.

2 + 2 = 4	Two **and** two is/are four.	[구어체]
	Two **plus** two equals/is four.	[문어체]
7 − 4 = 3	Four **from** seven is/leaves three.	[구어체]
	Seven **take away** four is/leaves three.	[구어체]
	Seven **minus** four equals/is three.	[문어체]
3 × 4 = 12	Three fours are twelve.	[구어체]
	Three **times** four is twelve.	[구어체]
	Three **multiplied by** four equals/is twelve.	[문어체]
9 ÷ 3 = 3	Three(s) **into** nine goes three (times).	[구어체]
	Nine **divided by** three equals/is three.	[문어체]

16 **곱셈 말하기**: 246 × 381의 곱셈(multiplication)을 말로써 계산해 보기로 하자.

```
                          246
                        × 381
첫째 줄  ⇒        246
둘째 줄  ⇒      19680
셋째 줄  ⇒      73800
더하기   ⇒      93726
```

"Two hundred and forty-six times three hundred and eighty-one."

첫째 줄: "One times 246 is 246. Write down 246."

둘째 줄: "Write down one 'zero.' Eight times six is forty-eight; write down 'eight' and carry 'four.' Eight fours are thirty-two and four are thirty-six; write down 'six' and carry 'three.' Eight twos are sixteen and (sixteen and) three is nineteen."

셋째 줄: "Write down 'two zeros.' Three times six is eighteen; write down 'eight' and carry 'one.' Three fours are twelve and (twelve and) one is thirteen write down 'three' and carry 'one.' Three times two is six and (six and) one are seven."

더하기: Six and zero and zero is six. Four and eight and zero are twelve; write down 'two' and carry 'one.' Two plus six plus eight is sixteen and (sixteen and) one are seventeen; write down 'seven' and carry 'one.' Nine and three are twelve and (twelve and) one are thirteen; write down 'three' and carry 'one.' One plus seven is eight and (eight and) one is nine.

17 **근사치의 표현**: 대략적인 "양, 수치, 크기, 기간, 거리" 등을 말할 때는 다음과 같이 말한다.

He lives **about 10 miles** from here. (그는 여기서 약 10마일 떨어진 곳에 산다.)
We left the restaurant at **around 10:30**. (우리는 대략 10시 30분에 음식점을 나왔다.)
The train is arriving in **approximately 30 minutes**. (기차는 대략 30분 후에 도착할 것이다.)
My wife gained **some 15 kilograms** in weight during pregnancy.
(나의 처는 임신 중에 약 15킬로그램 정도 몸무게가 늘었다.)
It took **nearly two days** to reach the summit of the mountain.
(산 정상에 도달하는 데 2일 가까이 걸렸다.)
We have to leave in **ten minutes or so**.
(우리는 대략 10분 후에 떠나야 한다.)
I stopped reading after **thirty or so pages**. (나는 30페이지 정도 읽고 그만두었다.)

N44 NUMBERS-2: 숫자와 문자

우리는 글에서 수(numbers)를 "숫자(figures)" 또는 "문자(words)"로 표기할 수 있다.

1 **문자**: 일상적인 글에서는 1부터 9까지의 숫자나 크지 않은 대략적인 숫자를 한 단어나 두 단어 또는 간단한 구로 표현할 수 있을 때는 숫자를 "문자"로 많이 표기한다.

We opened **four** new courses last semester.
(지난 학기에 우리는 네 개의 새로운 과정을 개설했다.)
(We opened 4 new courses last semester는 부자연스럽다.)
She's **about twenty-four** years old. (그녀는 대략 24세쯤 되었다.)
(She's about 24 years old는 부자연스럽다.)
He bought **two and a half** acres of land. (그는 2.5에이커의 땅을 샀다.)
(He bought 2½ acres of land는 부자연스럽다.)

► 문장을 숫자로 시작하는 것은 피하는 것이 좋다.

Thirty-five persons came to the meeting. (모임에 35명이 참석했다.)
(*35 persons** came to the meeting.)
He paid **$6,435** for the used car. (그는 그 중고차를 6,435달러를 주고 샀다.)
(*$6,435** was paid for the used car.)

2   숫자: 현대영어에서는 일반적으로 다음과 같은 경우에 "숫자"를 사용한다.

We ordered **30** pizzas for the party.   [정확한 수]
(우리는 파티를 위해 피자 30개를 주문했다.)
I earned **$750** last week.   [돈의 액수]
(나는 지난주에 750불을 벌었다.)
He thinks **0.10** is bigger than 0.5.   [소수]
(그는 0.10이 0.5보다 크다고 생각한다.)
The salary increase will be **4.5 percent** next year.   [백분율]
(봉급인상이 내년에는 4.5퍼센트가 될 것이다.)
The Lotte World Tower is **555m tall**.   [치수]
(롯데월드 타워의 높이는 555미터다.)
My room is **15 feet by 20 feet**.
(내방은 폭 15피트 길이 20피트다.)
The class begins at **7 a.m.**   [시간]
The class ends at **6:50 p.m.**

(1) "7 a.m."을 "*7:00 a.m." 또는 "*seven a.m."으로 표기하거나 "*7 o'clock a.m."으로 표기하지 않는 것이 좋다.

My sister is **35 years old**.   [정확한 나이]
(나의 누님의 나이는 35세다.)
Seneca lived from **4 B.C. to 65 A.D.**   [연도]
(세네카는 기원전 4년부터 기원후 65년까지 살았다.)

(2) 날짜를 표기하는 방법에는 일반적으로 다음의 세 가지가 있다. (D2.3을 보라.)

April 15, 1939   the 15th of April, 1939   15 April, 1939

► 날짜표기에서 연도와 일자는 일반적으로 숫자로 표기하지만, 결혼식 초대장과 같은 특별한 경우에는 연도와 일자를 "문자"로 표기하기도 한다.

... request the pleasure of your company at the wedding ceremony at 11 a.m. Saturday, **the twenty-fourth of two thousand and eleven** ...

(3) 큰 수는 "숫자와 단어"로 함께 표시하는 것이 읽기가 쉽다. 그러나 천 단위(thousand) 이하는 일반적으로 단어를 써서 "숫자를 표현하지 않는다".

He earned **$9,540** last year. (그는 지난해에 9,540달러를 벌었다.)
(*He earned **nine thousand and 540 dollars** last year.)
The annual education budget is **$20 billion**. (연 교육예산이 200억불이다.)
Saudi Arabia exports over **10 million** barrels of oil a day.
(사우디아라비아는 매일 천만 배럴 이상의 기름을 수출한다.)

(4) 도로명이나 건물의 층에는 일반적으로 "1부터 9까지는 문자"를 쓰고, "10 이상은 숫자"를 쓴다.

The shop is located at 117 **Sixth** Avenue.
(상점은 6번가 117번지에 있다.)
(*The shop is located at 117 **6th** Avenue.)
We live at 205 **19th** Street.
(우리는 19번가 205번지에 산다.)
(*We live at 205 **Nineteenth** Street.)
My office is on **Eighth** Floor, 1011 10th Street.
(내 사무실은 10번가 1011번지 건물의 8층에 있다.)

(5) "번지, 방 번호, 책의 페이지" 등은 숫자로 표기한다.

145 Riverside Drive (*one hundred and forty-five Riverside Drive)
Union Hall **275** (*Union Hall two hundred and seventy-five)
page **267** (*page two hundred and sixty-seven)

(6) 다른 의미를 가진 두 개의 수가 나란히 올 때 둘 중의 "첫 번째 수 또는 적은 수"를 문자로 표기한다.

We ordered **five** 50-page booklets on drug abuse.
(우리는 약물오용에 대한 50페이지짜리 소책자 다섯 부를 주문했다.)
(*We ordered 5 fifty-page/5 50-page/five fifty-page booklets on drug abuse.)
They sent **50** five-page booklets on skin cancer.
(그들은 피부암에 대한 5페이지짜리 소책자를 50부를 보냈다.)
(*They sent 50 5-page/fifty 5-page/fifty five-page booklets on skin cancer.)

01 OBJECT (목적어)

목적어란 자신을 선택하는 표현의 의미를 완성하는 역할을 한다. 예를 들어 타동사는 자동사와는 달리 "목적어"가 있어야 그 의미가 완성된다. (V3-V6을 보라.)

1 **직접목적어** (direct object): 일반적으로 명사구나 대명사가 동사의 직접목적어가 되며, 동사의 행위에 직접적으로 영향을 받는 사람이나 물건을 가리킨다. (D15와 V4를 보라.)

Peter sent **my brother** home. (피터는 내 동생을 집으로 보냈다.)
My grandson keeps **two dogs** in his room.
(내 손자는 자기 방에서 개 두 마리를 기른다.)
The man locked **the gate** after us. (그 남자는 우리가 나온 다음 대문을 잠갔다.)

2 **전치사의 목적어**: 전치사는 그 목적어인 명사구나 대명사를 문장의 다른 성분과 연결하는 역할을 한다. (P35와 P37을 보라.)

He sat on **the table**. (그는 식탁에 앉았다.)
She ran out of **the room**. (그녀는 방에서 뛰어나왔다.)
They left for **Africa** yesterday. (그들은 어제 아프리카로 떠났다.)

3 **간접목적어** (indirect object): 간접목적어는 일반적으로 직접목적어와 함께 나타나며 동사의 수혜자가 된다. (V5를 보라.)

John gave **Stacy** the flowers. (존은 스테이시에게 꽃을 주었다.)
Bill bought **Jane** a new dress. (빌은 제인에게 새 드레스를 사줬다.)
He sent **his parents** a Christmas present. (그는 부모님에게 크리스마스 선물을 보냈다.)

▶ 간접목적어는 일반적으로 직접목적어 앞에 오지만 전치사 to나 for와 함께 그 뒤로 보낼 수 있다.

John gave the flowers **to Stacy**.
Bill bought a new dress **for Jane**.
He sent a Christmas present **to his parents**.

4 **절 목적어** (clausal object): 동사의 직접목적어로 정형절과 비정형절 모두 사용될 수 있다. 목적어로 쓰이는 정형절에는 "that-절"과 "WH-절"이 있고, 비정형절에는 "부정사절"과 "-ing형 동명사"가 있다. that-절과 부정사절을 제외하고는 WH-절과 동명사는 전치사의 목적어로도 쓰인다. (V4와 V5를 보라.)

Everybody hoped **that she would sing**. (모두는 그녀가 노래를 부르기를 희망했다.)
He asked **what we wanted**. (그는 우리가 무엇을 원하는지 물었다.)
They determined **to cross the river**. (그들은 강을 건너기로 결심했다.)
We asked **what to do next**. (우리는 다음에 무엇을 할 것인가를 물었다.)
He started **working** in my office. (그는 내 사무실에서 일하기 시작했다.)

We talked **about what we would do the next day**.
(우리는 그다음 날 무엇을 할 것인가에 대해서 말했다.)
They haven't decided **on which train to take to get there**.
(그들은 그곳에 가기 위해 어느 기차를 탈 것인가를 결정하지 않았다.)
He was accused **of smuggling gold**. (그는 금 밀수로 고발당했다.)

O2 OBJECT COMPLEMENT (목적어보어)

1 **명사와 형용사**: 일명 "불완전 타동사"라고 부르기도 하는 복합타동사(complex-transitive verbs)는 목적어 다음에 목적어보어(object complement)를 갖는다. 목적어와 목적어보어 사이에는 "주어-술어 관계"가 성립하며, 목적어보어는 일반적으로 명사구 또는 형용사구가 되지만 동사에 따라 다양한 형태로 구현된다. (V6을 보라.)

I consider him **a supporter of free speech**.
(나는 그를 언론의 자유를 지지하는 사람이라고 생각한다.)
(참고: He is a supporter of free speech.)
I've often wished myself **a millionaire**. (나는 종종 내 자신이 백만장자이기를 바란다.)
(참고: I'm not a millionaire.)
The exercises made us all **very happy**. (운동은 우리 모두를 매우 행복하게 만든다.)
(참고: We're all very happy.)
They keep the streets **nice and clean**. (그들은 거리를 매우 청결하게 유지한다.)
(참고: The streets are nice and clean.)

2 **부정사절과 as-구**: "부정사절"과 "as-전치사구"도 목적어보어로 쓰인다.

He appointed Miss Kim **to be his secretary**. (그는 김 양을 그의 비서로 임명했다.)
The doctor pronounced his condition **to be hopeless**.
(의사는 그의 상태가 절망적이라고 발표했다.)
We regarded him **as a friend**. (우리는 그를 친구로 여긴다.)
He described the situation **as promising**. (그는 상황이 희망적이라고 평했다.)

3 **for-구**: take와 mistake는 "for-구"를 보어로 취한다.

Joan took me **for a fool**. (조안은 나를 바보로 생각했다.)
She mistook him **for his brother**. (그녀는 그를 그의 동생으로 착각했다.)

O3 obligate와 oblige

obligate는 "도덕적 또는 법적 의무나 제약"을 의미하고, oblige는 덜 격식적 표현으로서 "약속이나 상황 때로는 법에 따른 제약이나 의무"를 의미한다.

The ruling **obligates** airliners to release information about their flight delays.
(판결에 따라 항공사는 비행지연에 대한 정보를 공개할 의무가 있다.)

As guardian of the child, he was **obligated** to provide for her education.
(그는 보호자로서 그 아이가 교육을 받게 해야 할 의무가 있다.)
A witness in court is **obligated** to tell the truth. (법정에서 증인은 진실을 말할 의무가 있다.)
We were **obliged** to abandon the car and continue on foot.
(우리는 차를 포기하고 계속 걸을 수밖에 없었다.)
The agreement **obliges** unions to delay strikes. (협정에 따라 노조는 파업을 연기해야 한다.)
The law **obliges** parents to send their children to school.
(법에 따라 부모는 자식들을 학교에 보낼 의무가 있다.)

▶ oblige는 "(남을) 도와주다, 편의를 제공하다"의 의미로도 쓰인다.

If you ever need help with the baby-sitting, I'd be glad to **oblige**.
(만약 아이를 볼보는 데 도움이 필요하시면 제가 기쁘게 도와드리겠습니다.)
We're very much **obliged** for your kind offer. (친절한 제안이 큰 도움이 되었습니다.)
You'll **oblige** me by calling at my office tomorrow morning.
(당신은 내일 오전에 내 사무실로 전화해서 나를 도울 수 있다.)
I'm very much **obliged** to you. (당신에게 큰 신세를 졌습니다./도움에 감사드립니다.)

04 observance와 observation

observance는 법률이나 관행을 "따르거나 준수하는 것"을 의미하고, observation은 사물을 "관찰하거나 인지하는 것"을 의미한다.

Some people go to church for the **observance** of religious duties.
(어떤 사람들은 종교적 의무를 따르기 위해 교회에 간다.)
Local councils should use their powers to ensure strict **observance** of laws.
(지방의회는 엄격한 법의 준수를 확립하기 위해 그들의 권한을 행사해야 한다.)
An observatory is for the **observation** of the stars. (천문대는 별의 관측하는 곳이다.)
Bloomfield's approach to linguistics was based on **observation** of the language.
(언어학에 대한 블룸필드의 연구방법은 언어의 관찰에 기초를 두었다.)

05 occupancy와 occupation

occupancy는 임차인이 어떤 장소를 일정기간 동안 "점유, 거주"하는 것을 의미하고, occupation은 어떤 지역을 법적으로 또는 물리력으로 "점령, 점거"하는 것을 의미한다.

During their **occupancy** of the house, they had it redecorated and refurnished.
(그들은 그 집에 거주하는 동안 그 집을 재단장하고 새 가구를 설치했다.)
The cattlemen opposed the **occupancy** of the land by farmers.
(목축업자들은 농부들이 그 땅을 점유하는 것을 반대했다.)
Hotel **occupancy** has been as low as 40%.
(호텔방 점유율이 40퍼센트까지 떨어졌다.)

The Italian **occupation** of Ethiopia lasted less than 10 years.
(이탈리아의 에티오피아 점령 기간은 10년이 안 된다.)
A great number of Jews were deported from Paris during the German **occupation**.
(독일 점령 동안에 많은 수의 유대인이 파리에서 추방되었다.)

▶ occupation은 종종 "직업"을 의미한다.

I was looking for an **occupation** which was going to be an adventure.
(나는 투기사업을 할 수 있는 직업을 찾고 있었다.)

occupation에 대해서는 V12.3을 보라.

O6 of

of는 영어에서 가장 널리 사용되는 전치사로서 두 개의 명사나 명사구(즉 N_1 of N_2)를 결합하여 다양한 관계를 표현하는 역할을 한다. (N37을 보라.)

1   **부분**: of는 N_1이 N_2의 한 "부분"이거나 "부속물"이라는 것을 표현한다.

the roof **of** the house   the end **of** the day
the handle **of** a knife   the front page **of** the newspaper

2   **소유/연관**: of는 N_1이 N_2의 "소유"이거나 N_2와 "연관"이 있음을 표현한다.

a friend **of** Mozart   the owner **of** the car
the name **of** my dog   the son **of** a famous politician
the history **of** the nation   the teacher **of** the young girls

▶ 이 구조는 N_2's + N_1의 구조로도 많이 쓰인다. (N37을 보라.)

Mozart's friend   the car's owner
my dog's name   the famous politician's son
the nation's history   the young girls' teacher

3   **특성**: of는 N_1이 N_2의 "자질" 또는 "특성"을 표현한다.

the cost **of** the meal   the beauty **of** the scene
the height **of** the building   the color **of** her hair
the depth **of** the lake   the physical characteristics **of** objects

▶ of는 be동사와 결합하여 사람이나 사물의 "특성"을 표현한다.

The economic crisis over the next few years **is of entirely different scale**.
(다음 몇 해에 걸친 경제위기는 완전히 다른 규모가 될 것이다.)
In every job, safety **is of paramount importance**.
(모든 직업에서 안전은 가장 중요시 된다.)

Are you not **of more value** than they?
(너희는 이것들보다 귀하지 아니 하냐?) [마 6:26]

4   **소속/출신**: of는 N₁이 N₂ 집단의 "소속" 또는 "출신"이라는 것을 표현한다.

        a member **of** the club   one **of** the nicest people
        some **of** the students   two **of** the guests
        Jesus **of** Nazareth   the people **of** Greece
        the students **of** Harvard University

5   **직책**: of는 N₁이 N₂가 가리키는 나라나 집단에서 "특별한 직책"을 가지고 있음을 표현한다.

        Elizabeth II **of** Great Britain
        the secretary **of** the tennis club
        the president **of** Harvard University
        the captain **of** the baseball team

6   **수량**: of는 N₁이 N₂의 "수"나 "양"을 표현할 수 있다.

        (1) 계측단위나 숫자로 수량을 표현할 때

        two kilos **of** flour   millions **of** the passengers
        ten pounds **of** sugar   five acres **of** the land
        a pair **of** pants   two sets **of** tools

        (2) N₂가 담긴 "용기"를 써서 수량을 표현할 때

        a bowl **of** rice   a cup **of** coffee
        several packets **of** cigarettes   two trucks **of** cabbages
        two boxes **of** potatoes   two glasses **of** milk

        (3) N₁이 특정 "단위 명사"로 수량을 표현할 때 (P6.3과 4를 보라.)

        a herd **of** cows   the group **of** his friends
        a bunch **of** bananas   several pieces **of** paper
        two bars **of** chocolate   two lumps **of** sugar

7   **동일성**: of는 N₁과 N₂가 "동일한 것"임을 표현한다.

        the city **of** New York   the art **of** painting
        the problem **of** unemployment   the age **of** 64
        an increase **of** 5%   the game **of** football

8   **창작물**: of는 N₁이 N₂가 창작하거나 만든 "작품" 또는 "결과물"을 표현한다.

        the novels **of** Dan Brown   the paintings **of** Rembrandt
        the work **of** a great artist   the 9th Symphony **of** Beethoven

▶ of는 N₁이 N₂에 대한 "이야기, 소식, 사진, 그림" 등을 표현한다.

news **of** his death a photo **of** Obama
a map **of** Indonesia a portrait **of** the President

9 **동사-주어 관계**: of는 N₁이 N₂에 일어난 "결과"를 표현한다. 이 구조는 N₁이 N₂가 "동사-주어 관계"를 갖는다.

the sudden death **of** the millionaire (참고: the millionaire died suddenly)
the late arrival **of** the actress (참고: the actress arrived late)
the excellent performance **of** the young pianist
(참고: the young pianist performed excellently)

10 **동사-목적어 관계**: of는 N₁이 N₂에게 가해진 "행위"나 일어난 "상황"을 표현한다. 이 구조는 N₁과 N₂가 "동사-목적어 관계"를 갖는다.

the cancellation **of** the meeting (참고: cancel the meeting)
the killing **of** innocent people (참고: kill innocent people)
supporters **of** the project (참고: support the project)
the release **of** official information (참고: release official information)

11 **속성**: of는 N₁이 N₂의 "자질" 혹은 "특성" 또는 "연령"을 가졌음을 표현한다.

a man **of** courage a woman **of** ability
a building **of** great beauty an area **of** considerable historical interest
a girl **of** fifteen a boy **of** twelve

12 **보어-주어 관계**: of는 N₁과 N₂의 관계가 "보어-주어 관계"가 성립한다.

the responsibility **of** the manager (참고: the manager is responsible)
the weakness **of** the pound (참고: the pound is weak)
the excitement **of** the game (참고: the game is exciting)
the difficulty **of** learning English (참고: learning English is difficult)

13 **시점/기간**: of는 N₁이 N₂가 발생한 "시점"이나 "기간"을 표현하거나, "날짜"와 "시간"을 표현할 때

the day **of** the accident the week **of** the festival
the moment **of** the murder the period **of** World War II
the 25th **of** January a quarter **of** eleven

14 **재료**: of는 N₂가 N₁의 "재료"가 된다.

a dress **of** pure silk a bridge **of** stone
a ring **of** 24 caret gold the columns **of** white marble

a handbag **of** crocodile skin　　　　the floor **of** oak trees

▶ 위의 구조(N₁ of N₂)는 일반적으로 "N₂-N₁ 구조"로 바꿀 수 있다. (이 구조에 대해서는 N36.1을 보라.)

a pure silk dress　　　　　　　　　a stone bridge
a 24 caret gold ring　　　　　　　the white marble columns
a crocodile skin handbag　　　　　the oak tree floor

15　**동사 + of**: 전치사 of는 동사와 결합하여 "전치사적 동사"를 구성한다. (P41을 보라.)

(1) about: of는 다음과 같은 동사와 결합할 경우 "about의 의미"를 가지며, 많은 경우 of를 about로 대치할 수 있다.

dream of/about　　　know of/about　　　speak of/about
talk of/about　　　　think of/about 등

advise ~ of/about　　convince ~ of/about　remind ~ of/about
suspect ~ of/about　warn ~ of/about 등

(2) 원인: "of-구"가 어떤 상황이 있게 된 "원인(cause)" 또는 "근원(source)"을 표현할 수 있다.

die of　　　　accuse ~ of　　　consist of　　　suspect ~ of 등

(3) 박탈: "of-구"가 어떤 상황의 "박탈" 또는 "제거"를 표현할 수 있다.

cleanse ~ of　　deprive ~ of　　rid ~ of　　rob ~ of 등

(4) 이 외에 of를 가진 "전치사적 동사"로는 다음과 같은 것이 있다.

approve ~ of　　　ask ~ of　　　　beg ~ of
expect ~ of　　　　require ~ of 등

16　**형용사 + of**: "of-구"는 다양한 "형용사의 보충어"로 사용된다.

(1) about: of가 about의 의미를 가지며, 몇몇 형용사의 경우에는 of와 about가 둘 다 가능하다.

aware of　　　　certain of/about　　conscious of
critical of　　　ignorant of/about　　positive of/about 등

(2) 원인: of-구가 어떤 상황이 있게 된 "원인(cause)" 또는 "근원(source)"을 표현할 수 있다.

afraid of　　　ashamed of　　envious of　　desirous of
fearful of　　　fond of　　　　glad of　　　　guilty of
innocent of　　jealous of　　　proud of　　　thoughtful of
worthy of　　　kind of　　　　nice of　　　　stupid of
silly of　　　　tired of 등

(3) 박탈: of-구가 어떤 상황의 "박탈" 또는 "제거"를 표현할 수 있다.

    devoid of   empty of   free of   rid of 등

(4) 이 외에 of를 가진 형용사는 다음과 같은 것이 있다.

    capable of   deserving of   full of   tolerant of 등

속격(genitives)에 대해서는 G4-G6을 보라.

O7   of course

of course는 문장 전체를 수식하는 부사구로 쓰인다.

1   당연한 것: 말하는 내용이 이미 잘 알려진 것이거나 당연히 기대되는 것일 때 사용된다.

The Second World War ended, **of course**, in 1945.
(2차 세계대전은 알다시피 1945년에 끝났다.)
Of course, there are exceptions to every rule. (물론 모든 규칙에는 예외가 있다.)

2   공손한 허가: 질문에 대해 공손하게 동의하거나 요청에 대해 허가를 표현할 때 사용된다.

"Could you help me?" "**Of course**." (= Yes.) ("좀 도와주시겠습니까?" "예, 물론이지요.")
"May I have a look at your newspaper?" "**Of course**." (= Please do.)
("신문을 좀 봐도 되겠습니까?" "그러십시오.")

3   긍정적 반응: 말하는 내용이 사실이거나 옳다는 것을 강조할 때도 사용된다.

Of course, he'll come! (틀림없이 그는 온다!)
Well, **of course**, I love you. (아니, 물론 나는 너를 사랑해.)

▶ 사실을 말한 것에 대한 응답으로 사용하면 무례할 수 있다. 다음의 두 응답을 비교해보라.

"It's cold outside." "**Of course** it is." ("밖이 춥습니다." "당연하지요.")
"It's cold outside." "It **certainly** is." ("밖이 춥습니다." "그렇습니다.")

4   강한 부정: "of course not"는 사실이 아니거나 옳은 것이 아니라는 것을 매우 강력하게 말할 때 사용된다.

"You don't mind if I call her?" "**Of course not**."
("내가 그녀에게 전화해도 괜찮아?" "물론 괜찮지.")
"Where did you get the money? Did you steal it?" "**Of course not**."
("돈이 어디서 났어? 훔쳤어?" "물론 아닙니다.")

08 official과 officer

1   official: 공공기관의 책임 있는 위치의 "공무원" 또는 기업이나 단체 등의 "(하급)임원"을 가리킨다.

The mayor is the highest government **official** in City Hall.
(시장은 시청에서 가장 높은 공무원이다.)
A bank **official** who works for Shinhan Bank said that they would raise interest.
(신한은행의 임원이 이자율을 인상할 것이라고 말했다.)
A senior UN **official** hopes to visit Baghdad this month.
(국제연합의 고위직 관리가 이번 달에 바그다드 방문을 희망하고 있다.)

2   officer: 정부나 조직체에서 근무하는 다양한 직급의 소유자를 두루 가리킨다.

(1) 정부의 공무원 또는 기업이나 단체의 임원을 가리킨다.

He worked as a prison **officer** during his whole life. (그는 평생 교도관으로 일했다.)
His father was a chief executive **officer** of the Hyudai Group.
(그의 부친은 현대그룹의 최고경영자였다.)

(2) 육군이나 해군에서 장교를 의미한다.

He's commanding **officer** of the 1st Army Division. (그는 육군 제 1사단의 사단장이다.)
Her husband served during the Civil War as an **officer** in the Union Army.
(그녀의 남편은 남북전쟁 당시 북군의 장교로 근무했다.)

(3) policeman과 policewoman을 총칭하여 "경찰관"을 가리킨다.

There was a meeting of senior police **officers** presided by the Chief of Seoul Metropolitan Police. (서울특별시 경찰국장이 주재하는 경찰 고위간부 회의가 있었다.)
The police chief requested 400 more police **officers** to control the riot.
(경찰서장은 폭동을 진압하기 위해 400명의 경찰관을 추가로 요청했다.)

(4) 미국영어에서 "경찰관을 부르는 호칭"으로 사용된다.

Officer Max, would you come over here, please? (맥스 경찰관님, 이쪽으로 좀 와보시겠어요?)
Thank you! **Officer**. (경찰관 아저씨, 감사합니다.)

09 often

often은 부사로서 일반적으로 동사 앞이나 문장 끝 위치에 나타난다. 동의어로는 "again and again, time and again, over and over, frequently, repeatedly, many times, a lot of times" 등이 있다.

I **often** see her walking past with the children on the way to school.
(나는 등교 중에 그녀가 아이들과 함께 걸어가는 것을 자주 본다.)

If you wash your hair too **often**, it can get too dry.
(머리를 지나치게 자주 감으면 머리카락이 몹시 건조하게 될 수 있다.)
I quite **often** go to London in business. (나는 사업차 꽤 자주 런던에 간다.)

1   **반복적 행동**: often은 동일한 상황에서 "반복적으로 일어나는 행동"에는 일반적으로 사용되지 않는다.

I've told you **again and again** not to see her.
(그녀를 만나지 말라고 내가 너에게 여러 번 말했다.)
(*I've told you **often** not to see her.)
He fell **many times** yesterday when he was skating.
(그는 어제 스케이트를 타면서 여러 번 넘어졌다.)
(*He fell **often** yesterday when he was skating.)
The Mongols tried **repeatedly** to invade Japan from the Korean Peninsula.
(몽골은 한반도를 통해 일본을 침략하려고 여러 번 시도했다.)
(*The Mongols tried **often** to invade Japan from the Korean Peninsula.)

2   **how often**: often은 how와 결합하여 빈도를 묻는 의문문을 구성한다.

How often do you wash your hair? (얼마나 자주 머리를 감느냐?)
How often did you use to play tennis, when you were young?
(젊었을 때 얼마나 자주 테니스를 치셨습니까?)

3   **all too often**: "only too often"이라고도 하며, "좋지 않은 일"이 자주 일어날 때 사용된다.

All too often fathers are too busy to talk with their children.
(매우 자주 아버지들은 너무나 바빠서 아이들과 대화를 갖지 못한다.)
This type of accident happens **only too often**.
(이런 사고는 매우 자주 일어난다.)

4   **as/so often as not**: "more often than not"이라고도 하며, "보통(usually)"을 의미한다.

As often as not the train arrives late in this country.
(이 나라에서는 보통 기차가 연착한다.)
More often than not women live longer than men.
(대체로 여성이 남성보다 오래 산다.)

5   **every so often**: 비교적 "긴 간격"을 두고 반복해서 일어나는 것을 표현한다. 유사한 표현으로는 "sometimes"와 "now and then" 등이 있다.

The director comes to the room **every so often** to check how we work.
(이사님은 우리의 작업을 점검하기 위해 때때로 방에 오신다.)
She's going to come back **every so often** to see us.
(그녀는 우리를 보러 자주 돌아올 것이다.)

6 　**발음**: often은 [ɔ(:)fən] 혹은 [ɔ(:)ftən]로 발음된다.

　다른 빈도부사에 대해서는 A23.2를 보라.

O10　on

on은 at과 in과 더불어 영어의 대표적인 "장소" 및 "시간 전치사"다. 이 용법에 대해서는 A111과 A112를 보라.

1 　**전치사**: on은 이 외에도 다양한 의미관계를 표현한다.

　(1) 신체의 일부가 몸을 지지하기 위해 "표면과 접속한 경우" 또는 신체의 "한 부분을 접속하거나 때릴 경우"

He was **on** his knees to look for the contact lens.
(그는 콘택트렌즈를 찾기 위해 무릎을 꿇고 있었다.)
He lay **on** his back to sleep. (그는 자려고 등을 대고 누웠다.)

I wanted to punch him **on** the nose. (나는 주먹으로 그의 코에 한 방 먹이고 싶었다.)
Mark kissed her **on** the cheek. (마크는 그녀의 볼에 키스했다.)

　(2) 어떤 대상을 "가리키거나 바라볼 경우"

Her eyes were fixed **on** the stranger in the doorway.
(그녀의 시선이 문간에 있는 낯선 사람에게 머물렀다.)
He trained his binoculars **on** that house. (그는 쌍안경을 그 집 쪽으로 향하게 했다.)

　(3) 어떤 대상에 "영향을 미치거나 그것과 연관이 있을 경우"

The government decided to increase the tax **on** cigarettes.
(정부는 담배에 부과되는 세금을 올리기로 결정했다.)
What effect will these changes have **on** the tourist industry?
(이 변화가 관광 산업에 어떤 영향을 미칠 것입니까?)

　(4) 특정 "주제에 대해서 말할 때"

Do you have any books **on** Afghanistan? (아프가니스탄에 대한 책이 있습니까?)
We can get information **on** local hotels by calling this number.
(이 번호를 부르면 지역 호텔에 대한 정보를 얻을 수 있다.)

　(5) 어떤 사건의 "결과로 무엇이 일어날 경우"

He was executed **on** the king's orders. (그는 왕의 명령으로 처형되었다.)
He inherited a million dollars **on** her mother's death.
(그는 어머니의 사망으로 백만 불을 상속받았다.)

　(6) "수송 수단"을 표현할 때

He managed to get **on** the plane. (그는 간신히 비행기를 탈 수 있다.)

She said she'd be arriving **on** the one-thirty train.
(그녀는 1시 반 기차로 도착할 것이라고 말했다.)

(7) "재정 관계"를 말할 때

He retired **on** a generous pension from the company.
(그는 회사에서 넉넉한 연금을 받고 은퇴했다.)
People **on** low incomes will be hit hardest by the tax increases.
(저소득층이 세금 인상으로 가장 큰 타격을 받을 것이다.)

(8) "시간, 금전, 에너지" 등이 사용된 대상을 표현할 때

He resolved not to waste money **on** computer games.
(그는 컴퓨터 게임에 돈을 낭비하지 않기로 결심했다.)
He must concentrate more time and energy **on** the domestic affairs.
(그는 국내 문제에 더 많은 시간과 돈을 집중해야 한다.)

(9) 소비되는 "음식, 연료, 약품" 등을 표현할 때

They live **on** a balanced, healthy diet. (그들은 균형 있는 건강식을 한다.)
Most buses run **on** diesel. (대부분의 버스는 디젤로 간다.)
A lot of these kids are **on** heroin by the age of twelve.
(많은 이 어린이들은 12살 이전에 헤로인에 중독된다.)
Man does not live **on** bread alone.
(사람이 빵으로만 살 것이 아니라.) [눅 4:4]

(10) "기계나 악기"를 사용하거나 연주할 때

He's been **on** the computer all afternoon. (그는 오후 내내 컴퓨터를 하고 있다.)
My wife is still **on** the phone. (내 처는 아직도 전화를 하고 있다.)
He played Beethoven's sonata **on** the piano. (그는 피아노로 베토벤의 소나타를 연주했다.)

(11) 라디오나 TV 또는 정보를 보존하는 수단을 말할 때

What's **on** TV tonight? (오늘 밤 텔레비전에 뭐 있어?)
I heard that programme **on** the radio yesterday.
(나는 어제 라디오에서 그 프로그램을 들었다.)
The movie is now available **on** video and DVD.
(지금은 그 영화를 비디오와 디브이디로 볼 수 있다.)
He always keeps a backup copy **on** disk. (그는 항상 디스크에 예비 복사를 해 놓는다.)

(12) "집단이나 목록의 한 부분"으로 연관되어 있을 경우

Why aren't there any women **on** the committee?
(위원회에 어째서 여성이 한 명도 없습니까?)
There's no steak **on** the menu. (메뉴에 스테이크가 없다.)
In a game of baseball there're nine players **on** each side.
(야구경기에서는 각 팀에 아홉 명의 선수가 있다.)

(13) 비교할 때

This essay is a definite improvement **on** the last one.
(이번 글은 지난번 글보다 확실히 개선되었다.)
The productivity figures are down **on** last year's. (생산성 수치가 지난해보다 떨어졌다.)

(14) 소유하고 있을 때

I don't have any money **on** me now. (나에게는 지금 돈이 한 푼도 없다.)
Do you have a spare cigarette **on** you? (여유 담배가 한 대 있으십니까?)

(15) 어떤 행위나 사건 뒤에 "연속해서 어떤 일이 일어나는 경우"

All patients are examined **on** admission to the hospital.
(모든 환자는 병원에 입원하면 검사를 받는다.)
Couples are presented a bottle of wine **on** their arrival at the hotel.
(부부들은 호텔에 도착하면 포도주 한 병씩을 증정 받는다.)
On coming to the house, they saw the child with his mother Mary, ...
(집에 들어가 아기와 그의 어머니 마리아가 함께 있는 것을 보고 ...) [마 2:11]

(16) 어떤 "상황이나 상태"에 있음을 표현하는 경우

Most of the employees are **on** leave/strike. (대부분의 직원들이 휴가/파업 중이다.)
Mr. Lee was **on** guard the night the office building was **on** fire.
(사무실 건물에 불이 난 밤에 이 씨가 경비를 섰다.)
You must be **on** your guard. (너희는 스스로 조심하라.) [막 13.9]

2 **형용사**: on은 형용사로도 쓰이지만 보통의 형용사와는 달리 명사를 앞에서는 수식할 수 없다.

(1) 모든 종류의 장치나 기계의 "스위치가 켜있거나 작동 중"임을 표현할 때

The central heating system was left **on** all day by mistake.
(착오로 중앙난방 시설을 온종일 켜놨었다.)
Someone has turned their radio **on** upstairs. (누가 위층에 라디오를 켜놓았다.)

(2) 어떤 행위의 "시작이나 진행"을 표현할 때

There's a tennis match **on** at Wimbledon at the moment.
(지금 윔블던에서는 테니스 경기가 진행되고 있다.)
We hardly knew a war was **on** in Berlin in 1941.
(1941년에 베를린에서 전쟁이 시작했다는 것을 우리는 몰랐다.)

3 **부사**: on은 부사로도 쓰인다.

(1) 어떤 행위를 "계속하거나" 어떤 사태가 "이어서 발생할 때"

We decided to play **on** even though it was snowing.
(눈이 오고 있었지만 우리는 경기를 계속하기로 했다.)

If you walk **on** a little, you can see the coast. (조금만 더 걸어가면 해변을 볼 수 있다.)
Don't be afraid; from now **on** you will catch men.
(무서워하지 말라, 이제 후로는 네가 사람을 취하리라.) [눅 5:10]

(2) 어떤 특정 "시점 이후"를 가리킬 때

Now, fifty years **on**, this is one of the most successful educational institutes in the country.
 (현재 이 학교는 50년 동안 계속해서 나라에서 가장 성공적인 교육기관의 하나다.)
From that moment **on**, I never believed a word he said.
(나는 그 순간부터 쭉 그가 말한 것은 한마디도 믿지 않았다.)
From that time **on** Jesus began to preach, "Repent, for the kingdom of heaven is near."
(이때부터 예수께서 비로소 전파하여 이르시되 "회개하라 천국이 가까이 왔느니라" 하시더라.) [마 4:17]

(3) 의복을 "착용"하는 것을 표현할 때

All he had **on** was a pair of tattered shorts. (그가 입은 것은 넝마 같은 짧은 바지뿐이었다.)
They like wandering about the house with nothing **on**.
(그들은 아무것도 입지 않고 집 주위를 돌아다니는 것을 좋아한다.)

(4) "매달리거나 떨어지지 않음"을 표현할 때

Hold **on** until we can get a rope. (우리가 밧줄을 가져올 때까지 매달려 있어라.)
I wish you wouldn't screw the lid **on** so tightly. (뚜껑을 너무 꽉 잠그지 않으면 좋겠다.)

O11 on the contrary, on the other hand, in contrast

1 on the contrary: 앞의 진술을 부정할 때 사용한다.

"It's cold." "**On the contrary**, it's hot" ("날씨가 춥다." "아닙니다. 덥습니다.")
"You've nothing to do, I think." "**On the contrary**, I have piles of work."
("내 생각인데 너 할 일 없지." "무슨 말씀입니까? 일이 산더미같이 쌓여 있습니다.")

▶ to the contrary: 앞의 진술과 "상반되게, 다르게"를 표현을 말할 때 사용된다.

I'll come on Monday for interview, unless you write me **to the contrary**.
(별도의 통보가 없는 한 면접을 위해 월요일에 오겠습니다.)
If you don't hear **to the contrary**, I'll meet you at 10 at the gate of the stadium.
(만약 다른 말이 없으면 우리는 스타디움 입구에서 10시에 만나는 거다.)

2 on the other hand: 앞의 진술에 "새롭고 다른 정보"를 추가할 때 사용하며, "또 (다른) 한 편으로는 (from the different/opposite point of view)"을 의미한다.

It's cold, but **on the other hand** it's not raining. (날씨가 춥지만 반면에 비는 오지 않습니다.)
I know my job isn't much, but **on the other hand** I don't feel tied down.
(내가 하는 일이 대단한 것은 아니지만, 다른 한편으로는 내가 그 일에 얽매인 기분은 아니다.)

▶ on the one hand: "on the other hand"와 대조를 이루는 표현으로서 "한편으로는 (from this point of view)"을 의미한다. 종종 두 표현이 한 문장에 동시에 나타난다.

On the one hand, I want to buy this new car, but it costs too much money.
(한편으로는 이 새 차를 사고 싶지만, 돈이 너무 많이 든다.)
I want to buy this new car, but **on the other hand**, it costs too much money.
(이 새 차를 사고 싶지만, 다른 한편으로는 돈이 너무 많이 든다.)
On the one hand I want to buy this new car, but it costs too much money, **on the other (hand)**. (한편으로는 이 새 차를 사고 싶지만, 다른 한편으로는 돈이 너무 많이 든다.)

3   in contrast: "on the other hand"와 마찬가지로 "두 개의 매우 다른 사실을 말할 때" 사용하며, 특히 그 둘의 "차이가 놀라운 것"이라는 것을 강조할 때 사용한다.

It was cold yesterday, but **in contrast** it's very hot today.
(어제는 매우 추웠는데, 이에 비하여 오늘은 매우 덥다.)
The stock lost 60% a share this year, but **in contrast** it gained 25% last year.
(금년에는 주식이 주당 60퍼센트가 빠졌으나, 이와는 대조적으로 작년에는 25퍼센트를 벌었다.)

O12   once

once는 "부사"와 "접속사"로 사용된다.

They had **once** owned a house like this.   [시간부사]
(그들은 한때 이와 같은 집을 소유했었다.)
I went to Italy **once**, but I didn't like it very much.   [빈도부사]
(나는 이탈리아를 한 번 가봤는데 별로 좋지 않았다.)
Once you've been to Iceland, you'll understand why I like it so much. [접속사]
(네가 일단 한 번 가보면 왜 내가 아이슬란드를 그렇게 좋아하는지 이해할 것이다.)

1   **시간부사**: 시간부사로서 불확정적 "과거의 한때"를 뜻한다.

I lived in German **once**, but now I'm living in France.
(나는 한때 독일에 살았으나 지금은 프랑스에 살고 있다.)
Computers are much cheaper nowadays than they **once** were.
(컴퓨터가 옛날보다 지금은 값이 많이 싸다.)

▶ "미래의 한때"를 가리킬 때는 once를 사용하지 않고, "some time/sometime" 혹은 "one day/some day"를 사용한다.

Would you like to go for a drink **some time**? (언제 한잔하러 가겠습니까?)
(*Would you like to go for a drink **once**?)
There'll probably be a united Asia **one day**.
(어쩌면 언제고 아시아가 하나로 통합될 수도 있다.)
(*There'll probably be a united Asia **once**.)

We must have a drink together **some day**. (머지않아 우리 함께 한잔해야겠다.)
(*We must have a drink together **once**.)

2   **빈도부사**: 빈도부사로서 "단 한 번만"을 의미하며 미래를 포함하여 아무 때나 말할 수 있다. "once, twice, three times" 등은 "a day/week/month ..." 또는 "every + 기수 + days/weeks/months ..." 등과 더불어 규칙적으로 일어나는 사건을 표현한다. (F18을 보라.)

I'm only going to say this **once** (but not again). (딱 한 번만 이것을 말하겠다.)
We have lunch together **once/twice a month**. (우리는 한 달에 한 번/두 번 점심을 같이한다.)
They have separate holidays at least **once every two years**.
(그들은 2년마다 적어도 한 번은 개별적인 휴가를 갖는다.)

3   **at once**: 지체 없이 "즉각적" 또는 "동시에"를 뜻한다.

When I saw him, I recognized him **at once**. (나는 그를 보았을 때 즉각적으로 알아봤다.)
I can't do two things **at once**. (나는 두 가지 일을 동시에 할 수 없다.)
At once they left their nets and followed him.
(그들이 곧 그물을 버려두고 예수를 따르니라.) [마 4:20]

4   **all at once**: "갑자기" 또는 "동시에"를 뜻한다.

All at once there was a loud banging on the door. (갑자기 문에서 굉음이 났다.)
I can't do it **all at once**, but I'll have it finished by the end of the week.
(나는 그것을 한꺼번에 할 수는 없으나 주말까지는 끝낼 수 있을 것이다.)

5   **for once**: "(just) for once"는 다른 때는 몰라도 "한 번만은"을 의미한다.

Be honest **for once**. (한 번만은 솔직해라.)
Just for once, let me make my own decision.
(한 번은 나 스스로 결정을 내리게 해 주십시오.)

6   **once and for all**: 어떤 일을 "완전하게 마지막으로" 끝내는 것을 의미한다.

Let's settle this matter **once and for all**. (최종적으로 이 문제에 결말을 냅시다.)
Our intention was to destroy their offensive capability **once and for all**.
(우리의 의도는 그들의 공격 능력을 최종적으로 완전하게 파괴하는 것이었다.)

7   **once upon a time**: 옛이야기를 할 때 "옛날 옛적"이라는 뜻으로 혹은 "현재보다 과거에 더 좋았다고 생각하는 상황"을 표현할 때 사용된다.

"**Once upon a time**," he began, "there was a man who had everything ..."
("옛날 옛적에 부족한 것이 없는 한 남자가 있었다 ..."라고 그는 이야기를 시작했다.)
Once upon a time we used to be able to leave our front door unlocked.
(옛날에는 앞문을 잠그지 않은 채 내버려 둘 수 있었다.)

8　　　**접속사**: once는 접속사로서 "어떤 사건이 발생한 시점부터" 혹은 "일단 어떤 상황 다음에는 다른 상황이 자연스럽게 발생한다"는 것을 의미한다.

Once the new software is installed, customers will be able to place orders over the Internet. (일단 새로운 소프트웨어가 장착되면 고객들은 인터넷으로 주문을 할 수 있을 것이다.)
Once you've learned how to ride a bicycle, you never forget it.
(자전거 타는 것을 일단 한번 배우면 절대로 잊어버리지 않는다.)

O13　one

one은 "대명사, 한정사, 한정사 후속어"로 사용된다.

I'm having a **drink**. Would you like **one** too?　　　[대명사]
(한잔하려고 하는데 너도 한잔 어때?)
The auditorium is big enough to seat **one** thousand people.　[한정사]
(강당은 천 명이 앉을 정도로 크다.)
My **one** regret is that I've never learned Chinese.　　　[한정사 후속어]
(내가 하나 후회하는 것은 중국어를 배우지 않은 것이다.)

1　　**모든 사람**: one은 화자 자신을 포함한 "사람 전부(people in general)"를 가리킬 수 있다. (O14를 보라.)

One should always have respect for one's parents.
(우리는 우리 부모에 대해 항상 존경심을 가져야 한다.)
One cannot do that kind of thing unless he's crazy.
(미치지 않은 이상 사람은 그런 짓을 할 수 없다.)

▶ 특정한 사람을 말하거나 화자가 포함되지 않은 사람들을 가리킬 때는 one을 사용할 수 없다.

Someone is knocking at the door. (누가 문을 노크하고 있다.)
(*One is knocking at the door.)
In the Middle Ages, **people** thought that the earth was flat.
(중세에는 사람들이 지구가 평평하다고 생각했다.)
(*In the Middle Ages, **one** thought that the earth was flat.)

2　　**대용어**: one은 "단수 가산명사"의 대용어로, ones는 "복수 가산명사"의 대용어로 사용될 수 있다.

Here are some **apples**. Would you like **one**? (여기 사과가 몇 개 있다. 하나 줄까?)
"Which is your **boy**?" "The **one** in the blue coat."
("어느 아이가 네 아들이냐?" "파란색 코트를 입은 아이가 내 아들이다.")
I would like a **cake**, in particular, a big **one** with lots of cream.
(나는 케이크를 좋아하는데, 특히 크림을 듬뿍 얹은 큼직한 것을 좋아한다.)

Small **apples** are often more delicious than big **ones**. (작은 사과가 종종 큰 것보다 더 맛있다.)
The only **jokes** I tell are the **ones** that I hear from you.
(내가 아는 조크들은 너한테 들은 것들뿐이다.)

3   one (of): "one (of)"는 집단 중의 "한 성분 또는 구성원"을 언급하거나 "두 대상"을 비교할 때 사용될 수 있다.

This is **one of** my favorite books. (이것은 내가 가장 좋아하는 책 중의 하나다.)
One of the teachers was furious, **the other** frightened.
(선생님 중에 한 분은 화가 났고 다른 분은 겁에 질려 있었다.)
I have two friends; **one** lives in Seoul and **the other** in Busan.
(나에게 친구가 둘이 있는데, 하나는 서울에 살고 다른 하나는 부산에 산다.)

(1) "one of" 다음에는 명사구와 대명사가 올 수 있으며, 이 경우 명사구는 반드시 "한정사 (예: the, these, those, 소유격 등)"를 동반하는 복수명사로 구성되어야 하고, 대명사는 복수가 되어야 한다.

One of the students missed the class. (학생들 중의 한 명이 수업을 빼먹었다.)
(***One of my student**/*One of students** missed the class.)
He decided to buy **one of those horses** as his wife's birthday present.
(그는 부인의 생일 선물로 저 말 중의 한 마리를 구입하기로 했다.)
(*He decided to buy **one of that horse/one of horses** as his wife's birthday present.)
I recommended **one of them** for that position. (나는 그 자리에 그들 중의 한 명을 추천했다.)
(*I recommended **one of him** for that position.)
... **one of you** will betray me. (너희 중에 한 사람이 나를 팔리라.) [마 26:21]

(2) 때때로 "one of" 다음에 "단수 집단명사"가 올 수도 있다.

Why don't you ask **one of the crew**? (승무원 중의 한 명에게 물어보지 그래?)
She solved the problem with the help of **one of the Korean medical team**.
(그녀는 한국의료팀의 한 사람의 도움으로 그 문제를 해결했다.)

(3) "one of ..."가 주어이면 "단수 동사"가 나타난다.

One of my friends is a pilot of Korean Airline. (내 친구 중의 한 명이 대한항공의 조종사다.)
(***One of my friends are** a pilot of Korean Airline.)
One of our cars has disappeared. (우리 차 중의 한 대가 없어졌다.)
(***One of our cars have** disappeared.)

(4) "one of"는 한 대상이 같은 유형의 대상과 비교하여 "뛰어난 자질"을 가지고 있음을 표현할 때도 사용된다.

Incheon International Airport is **one of the biggest** airports in the world.
(인천국제공항은 세계에서 가장 큰 공항 중의 하나다.)
Subaru is **one of the smallest** Japanese car makers.
(스바루는 가장 작은 일본 자동차 제조사 중의 하나다.)

4　**상호대명사**: one은 another와 결합하여 "상호대명사(reciprocal pronoun)"를 구성한다. (E3을 보라.)

They love **one another/each other**. (그들은 서로 사랑한다.)
We often stay at **one another's/each other's** houses. (그들은 종종 서로의 집에서 머문다.)

5　**one by one**: 어떤 집단에서 구성원의 각자가 "차례로 어떤 행동"을 할 때는 "one by one" 이라고 한다.

We went into the auditorium **one by one** and gave a final salute to the deceased soldier.
(우리는 한 명씩 강당으로 들어가서 고인이 된 병사에게 마지막 예를 표했다.)
He told the applicants to come in the room **one by one** for interview.
(그는 지원자에게 면담을 위해 한 명씩 방으로 들어오라고 말했다.)

6　**한정사와 함께**: one(s)는 "최상급, this, that, these, those, either, neither, another" 그리고 몇몇 다른 한정사 바로 다음에서 생략될 수 있다.

He believes that his car is the **fastest (one)**.
(그는 자신의 차가 가장 빠른 차라고 믿는다.)
"Which coat would you like to buy?" "**That (one)** would be good."
("어느 코트를 사고 싶으냐?" "저것이 좋을 것 같아요.")
There were two witnesses, but I wouldn't trust **either (one)**.
(목격자가 두 명 있었지만 나는 그들 중의 어느 하나도 믿을 수 없다.)
There're four rooms, **each (one)** with its shower. (방이 네 개가 있는데 방마다 샤워가 있다.)
Let's have **another (one)**. (하나 더 먹자.)

7　**these와 those**: 미국영어에서 ones는 일반적으로 "these와 those" 바로 다음에는 오지 않는다. (영국영어에서도 그리 흔치 않다.)

"Which roses do you prefer?" "I'd like **those** on the right."
("어느 장미를 더 좋아하십니까?" "나는 오른쪽에 있는 저 장미가 좋습니다.")
[영국영어에서는 those ones도 가능하다.]

8　**소유격**: one(s)는 "소유격" 다음에는 쓰이지 않는다.

Take your coat and pass me **mine**. (네 코트는 가져가고 내 코트는 나에게 건네줘.)
(*Take your coat and pass me **my one**.)
That's my bike, not **my brother's**. (그것은 내 남동생 자전거가 아니고 내 거다.)
(*That's my bike, not **my brother's one**.)

9　**some, any, both**: one(s)는 "some, any, both" 다음에는 쓰이지 않는다.

Do you have any milk? I want to borrow **some**. (우유 있습니까? 좀 빌리고 싶은데요.)
(*I want to borrow **some one**.)

I need some matches. Have you got **any**? (성냥이 필요한데 가지고 있어?)
(*Have you got **any ones**?)
"There're only two pairs of **shoes**." "I'll take **both**."
("신발이 두 켤레밖에 없습니다." "내가 둘 다 가져가겠습니다.")
(*I'll take **both ones**.)

10 **기수**: one(s)는 기수 다음에는 쓰이지 않는다.

"Do you have any apples?" "Yes, I have **six**."
("사과가 있습니까?" "네, 여섯 개 있습니다.") (*Yes, I have **six ones**.)
We have ten balls all together. I brought **three**.
(우리한테 볼이 모두 합쳐서 열 개가 있다. 내가 세 개를 가져왔다.) (*I brought **three ones**.)

11 **형용사의 수식**: one(s)는 "형용사"의 수식을 받을 경우에는 "지시사, 소유격 대명사, 기수, some" 등과 함께 쓰일 수 있다.

My car's run out of gas. Let's use **your new one**.
(내 차가 기름이 떨어졌다. 네 새 차를 사용하자.)
"Which dress would you like?" "**That green one**."
("어느 드레스를 좋아하나?" "저 녹색 드레스요.")
I don't think much of **those new ones**. (나는 저 새로운 것들을 대단한 것으로 여기지 않는다.)
I bought **some sweet ones** today. (나는 오늘 단 것을 좀 샀다.)
"Has the cat had her kittens?" "Yes, she had **four white ones**."
("고양이가 새끼를 낳았냐?" "네, 흰 것 네 마리를 낳았습니다.")

12 **재료 명사**: one(s)는 "재료"를 의미하는 명사의 수식을 받는 경우를 제외하면 일반적으로 명사의 대용어로 사용되지 않는다.

Which would you like to buy? Leather shoes or **rubber ones**?
(어느 것을 사고 싶으냐? 가죽 신발이냐 고무 신발이냐?)
We can lend you plastic chairs or **metal ones**.
(우리는 플라스틱 의자나 쇠 의자를 너에게 빌려줄 수 있다.)
*Do you need coffee (cups) or **tea ones**?
*Are you planning to invite a Korean opera singer or an Italian **opera one**?

13 **불가산명사와 추상명사**: one은 "불가산명사"와 "추상명사"의 대용어로는 사용되지 않는다. 다음을 비교해보라.

If you don't have a fresh **chicken**, I'll take a frozen **one**.
(생닭이 없으면 냉동 닭을 가져가겠습니다.)
They like Italian **food**, but the kids like Chinese (food).
(그들은 이탈리아 음식을 좋아하지만 아이들은 중국 음식을 좋아한다.)
(*They like Italian **food**, but the kids like Chinese **one**.)

▶ 추상명사에 대해서 one을 사용하는 것도 부자연스럽다.

He prefers accurate **information** to useful information.
(그는 쓸모 있는 정보보다 정확한 정보를 더 좋아한다.)
(He prefers accurate **information** to useful **one**보다 자연스럽다.)
The Dutch grammatical **system** is very similar to the English system.
(네덜란드어의 문법 체계는 영어와 매우 흡사하다.)
(The Dutch grammatical **system** is very similar to the English **one**보다 자연스럽다.)

14　**beloved/dear**: one(s)는 "beloved, dear, great, little, young"과 같은 몇몇 형용사 다음에서 명사구의 대리 핵어(dummy head) 역할을 할 수 있다.

Don't look forward to seeing your **dear ones** again.
(사랑하는 사람들을 다시 볼 것이라고 기대하지 마라.)
This book is about the **great ones** of the world. (이 책은 세계의 위대한 인물에 관한 것이다.)

15　**지시적 대명사**: "the one(s)"는 "that/those"처럼 일종의 "지시대명사"처럼 쓰일 수 있다.

Their center forward is **the one** who scored most of their goals.
(그들의 센터포드가 대부분의 골을 득점한 그 선수다.)
The one who has dipped his hand into the bowl with me will betray me.
(나와 함께 그릇에 손을 넣는 그가 나를 팔리라.) [마 26:23]
My students are **the ones/those** playing in the ground.
(나의 학생은 운동장에서 놀고 있는 저 아이들이다.)

▶ 그러나 the one(s)는 that/those와는 달리 일반적으로 of 앞에 오지 않는다.

The mountains of Switzerland attract more tourists that **those of** Scotland.
(스위스의 산은 스코틀랜드의 산보다 더 많은 관광객을 끌어들인다.)
(*The mountains of Switzerland attract more tourists that **the ones of** Scotland.)
The economy of my country is as difficult as **that of** yours.
(우리나라의 경제는 너희 나라의 경제만큼이나 어렵다.)
(*The economy of my country is as difficult as **the one of** yours.)

16　**a … one**: one은 앞에 "수식어를 동반할 경우"에만 "부정관사 a/an"을 가질 수 있다.

He ate **a big one** with onions and mustard on.
(그는 양파와 겨자를 얹은 큰 것을 먹었다.)
(*He ate **a one** with onions and mustard on.)

▶ "a + one"이 친근한 관계에서 쓰이는 대화에서 흔히 사용되는데 주로 "감탄문"에 나타나며, 사람을 가리킬 때는 "용기 있고 재미있는 사람"을 뜻하고 사물을 가리킬 때는 "단 하나"라는 뜻을 갖는다.

Oh, you are **a one**, telling that joke in front of the priest!
(오, 네가 바로 신부 앞에서 그런 농담을 한 대단한 사람이구나!)

He used to own lots of luxury cars, but he doesn't have **a one** now!
(그는 한때 많은 고급 차를 소유했었으나 지금은 한 대도 없다.)

17 **한정사**: one은 "two, three 등과 같이 수사"로 쓰이며, 종종 one은 강세를 받은 "부정관사 a(n)의 개념"으로 쓰이기도 한다.

We have two sons and **one** daughter. (우리에게는 아들 둘과 딸 하나가 있다.)
One person I find very difficult to communicate with is Mr. Kim.
(소통하기가 매우 힘든 한 사람은 김 군이다.)

18 **시간명사**: one은 시간명사와 결합하여 "과거 또는 미래의 어느 불특정 시점"을 표현한다.

One morning I was sitting at the desk when a policeman knocked at the door.
(어느 날 아침 내가 책상에 앉아 있었는데 경찰관이 문을 노크했다.)
One day we hope to move to California. (언제고 우리는 캘리포니아로 이사하기를 희망한다.)

19 **이름**: one은 사람의 이름 앞에 붙여서 "그런 이름으로 부르는"이라는 뜻으로 쓰인다. 이 경우 이름 앞에 "호칭이나 직함"을 붙이지 않는다.

It seems that the next person is **one John Smith**.
(그 다음 사람이 존 스미스라고 부르는 사람인 것 같다.)
(*It seems that the next person is **one Mr. John Smith**.)
He was accused of stealing a horse from **one Peter Clinton**.
(그는 피터 클린턴이라는 사람에게서 말을 훔친 혐의로 기소되었다.)

20 **(an)other**: one은 another 또는 the other와 "상관구문(correlative construction)"을 구성한다. 가리키는 대상이 둘일 경우에는 "one... the other"를 쓰는 것이 보통이다.

We overtook **one** car after **another/the other**. (우리는 앞차를 하나씩 차례로 추월했다.)
One after another, tropical storms battered the Pacific coastline.
(열대성 폭풍우는 연속적으로 태평양 연안을 강타했다.)
I've been busy **with one** thing or **another**. (나는 이런저런 일로 바빴다.)
Thus the saying '**One** sows and **another** reaps' is true.
(그런즉 한 사람이 심고 다른 사람이 거둔다는 말이 옳도다.) [요 4:37]

21 **한정사 후속어**: one은 "정관사나 소유격 한정사" 다음에 올 수 있으며 "오직 하나의(only)"의 의미로 쓰인다.

My one regret is that I didn't marry her.
(나의 단 한 가지 후회는 그녀와 결혼하지 않은 것이다.)
Detective Collins is **the one person** that can solve the murder case.
(콜린스 형사가 그 살인사건을 해결할 수 있는 유일한 사람이다.)

대치 전반에 대해서는 S38을 보라.

014 one, you, we, they

"one, you, they, we"는 영어의 대표적인 "전칭적 인칭대명사(universal personal pronouns)"다. 이들 사이에는 약간의 의미 차이와 용법의 차이가 있다.

1   모든 사람: one과 you는 화자와 청자를 포함하는 "사람 전반(people in general)"을 가리킬 때 사용될 수 있다.

One/You can learn a lot through experience. (사람은 경험을 통해 많은 것을 배울 수 있다.)
Al Smith could make **one/you** laugh. (앨 스미스는 사람들을 웃게 한다.)
One always thinks other people's lives are more interesting.
(사람들은 항상 다른 사람들의 삶을 더 흥미롭다고 생각한다.)

▶ one과 you는 또한 "누구나(anyone)"를 의미할 수도 있다.

These days, **one** has to be careful with one's money.
(요즈음은 누구나 자신의 돈을 절제 있게 써야 한다.)
One has to be 21 or over to buy alcohol in Florida.
(플로리다에서는 술을 사려면 누구나 21살 이상이 되어야 한다.)
It's not easy for **one/you** to find people who speak English in this country.
(이 나라에서 영어를 말하는 사람을 찾는 것이 누구에게나 쉽지 않다.)
One/You should knock before going into somebody's room.
(누구나 다른 사람의 방에 들어가기 전에 노크해야 한다.)

2   you와 one: one은 격식적이고 구식이며 사용하는 사람이 스스로 자신을 높이는 것처럼 들리기 때문에, you를 대신 사용하는 것이 좋다. 특히 구어체 미국영어에서는 거의 one을 사용하지 않는다.

"How do **you** get to Ansung City?" "Go straight down Route 45."
("안성시를 어떻게 갑니까?" "45번 도로를 타고 똑바로 내려가십시오.")
You can never be sure what she's thinking.
(그녀가 무슨 생각을 하고 있는지 절대로 확신할 수가 없다.)
You can't get a driver's license till **you**'re seventeen in this country.
(이 나라에서는 17세가 될 때까지 운전면허증을 발급받을 수 없다.)

3   one: one은 일반적으로 단수 의미를 가지므로 특정 집단을 가리킬 때는 사용되지 않는다.

(*__One__ speaks a strange dialect where I come from.)
We speak a strange dialect where I come from.
(내가 태어난 곳에서는 사람들이 이상한 방언을 말한다.)
(*__One__ loves to eat raw fish in Korea.)
They love to eat raw fish in Korea.
(한국에서는 사람들이 생선회를 즐겨 먹는다.)

4   **화자와 청자**: one은 "화자"를 포함하는 경우에 사용되고, you는 "청자"를 포함할 때 사용된다. 다음을 비교해보라.

   One/You must obey the law. (누구나 법을 지켜야 한다.)
   In my country, **one/you** must do **one's/your** military service.
   (우리나라에서는 누구나 군 복무를 해야 한다.)
   In the Middle ages, **they/people** thought that the earth was flat.
   (중세에는 사람들이 지구가 평평하다고 생각했다.)
   (*In the Middle Ages, **one/you** thought that the earth was flat.)
   [위의 예에서 화자나 청자를 포함하는 "one/you"를 사용할 수 없다.]

5   **one과 대명사**: 미국영어에서 한 문장 내에서 앞에 오는 one을 가리키는 대명사로 "he, him, his"를 일반적으로 사용하지만, 영국영어에서는 one과 one's를 사용한다.

   One cannot succeed as an actor unless **he** tries hard.   [미국영어]
   One cannot succeed as an actor unless **one** tries hard.)   [영국영어]
   (누구나 열심히 노력하지 않으면 배우로서 성공할 수 없다.)
   One should always be polite to **his** teachers.   [미국영어]
   One should always be polite to **one's** teachers.   [영국영어]
   (우리는 우리 선생님에게 항상 공손해야 한다.)

6   **we**: we는 화자와 청자의 참여를 강조한다. (W3을 보라.)

   We must be careful not to jump to conclusions.
   (우리는 서둘러 결론을 내리지 않도록 조심해야 한다.)
   We must take care of our bodies. (우리는 자신의 몸을 돌봐야 한다.)

7   **they**: they는 one이나 you보다 덜 일반적인 의미를 갖는다. they는 일반적으로 화자와 청자를 배제하며 모호한 특정 집단을 (예를 들어 이웃 사람들, 주위 사람들, 당국자들을) 가리킨다.

   They don't make this kind of stove anymore.
   (그들은 이런 종류의 난로를 더 이상 만들지 않는다.)
   In this country **they** eat a variety of insects.
   (이 나라에서는 사람들이 다양한 종류의 곤충을 먹는다.)
   I bet **they**'ll put taxes up next year. (틀림없이 당국은 내년에 세금을 올릴 것이다.)

   ▶ 흔히 쓰이는 "they say (= people say)/they call"("사람들이 그러는데"의 의미)이라는 표현에 유의하라.

   They say there's plenty of opportunities out there.
   (사람들은 사회에 나가면 기회가 많다고들 말한다.)
   (*One says there's plenty of opportunities out there.)
   They call us terrorists, and **say** we must be destroyed.
   (사람들은 우리를 테러리스트라고 부르며 제거되어야 한다고 말한다.)
   (*One calls us terrorists, and **say** we must be destroyed.)

O15   only

only는 주로 문장의 어떤 성분에 초점을 주는 "종속어"로 사용되며 (S36.4를 보라.), 종종 "형용사"나 드물게 "접속사"로도 쓰인다.

I was **only** doing my job. [부사]
(나는 내 일을 하고 있을 뿐이다.)
I was the **only** one who disagreed to the plan. [형용사]
(내가 그 계획에 동의하지 않는 유일한 사람이었다.)
It's just as dramatic as a movie, **only** it's real. [접속사]
(그것은 마치 영화처럼 극적이지만 사실이다.)

1 **초점 종속어**: only는 초점 종속어로서 거의 대부분의 형태의 성분에 초점을 줄 수 있으며, 일반적으로 수식하는 성분 바로 앞에 온다.

Only Steve played the piano in the concert. [주어]
(스티브만 연주회에서 피아노를 연주했다.)
Steve **only played** the piano in the concert. [동사]
(스티브는 연주회에서 피아노를 연주했을 뿐이다.)
Steve played **only the piano** in the concert. [목적어]
(스티브는 연주회에서 피아노만을 연주했다.)
Steve played the piano **only in the concert**. [전치사구]
(스티브는 연주회에서만 피아노를 연주했다.)
I was the **only woman** there. [명사]
(나는 그곳에 있는 유일한 여자였다.)
The office is closed **only temporarily**. [부사]
(사무실은 일시적으로만 폐쇄됐다.)

2 **주어**: 주어에 초점을 주려고 하면 only를 주어 바로 앞에 놓아야 한다.

Only the President could authorize the use of the atomic bombs.
(대통령만이 원자탄의 사용을 인가할 수 있다.)
Only 10% of the people agreed the Prime Minister had broken the law.
(국민의 10퍼센트만이 수상이 법을 어겼다는 것에 동의했다.)

3 **문중위치**: 문중위치인 동사 앞이나 조동사와 본동사 사이에 오는 only는 바로 뒤에 오는 동사뿐만 아니라 동사구의 다른 성분에도 초점을 둘 수 있다. 예로서 다음의 예를 생각해보라.

He **only** kissed the girl last night.

위 문장에서 only는 전체 동사구 "kissed the girl last night"를 비롯하여 "kissed"와 "the girl" 그리고 "last night"에도 초점을 부여할 수 있다. 구어에서는 화자가 초점을 받는 성분에 강세를 줌으로써 모호성을 없앨 수 있지만, 글에서는 독자가 글의 맥락에 의존하여 모호성을 해결해야 한다. 이러한 모호성을 피하는 좋은 방법은 물론 초점을 두고 싶은 성분

바로 앞에 only를 놓는 것이다.

He kissed **only the girl** last night. (그는 어젯밤에 그 아가씨에게만 키스했다.)
He kissed the girl **only last night**. (그는 어젯밤에만 그 아가씨에게 키스했다.)

4 **분열문**: only가 문중위치에 오는 문장의 모호성을 제거하는 또 다른 방법은 분열문 구조를 사용하는 것이다. (C19를 보라.)

What he did was **only to kiss the girl last night**.
(그가 한 것은 어젯밤에 그 아가씨에게 키스한 것뿐이다.)
What he did to the girl last night was **only to kiss**.
(그가 어젯밤에 그 아가씨에게 한 것은 키스뿐이다.)
The person he kissed last night was **only the girl**.
(그가 어젯밤에 키스한 사람은 그 아가씨뿐이다.)
The time when he kissed the girl was **only last night**.
(그가 그 아가씨에게 키스한 때는 어젯밤뿐이었다.)

5 **시간표현**: only가 시간표현을 수식하면 "바로 전에(as recently as)" 혹은 "불과(not later/earlier than)"를 의미할 수 있다.

She spoke to me **only a few minutes ago**. (그녀는 바로 몇 분 전에 나에게 말했다.)
It's **only five o'clock** and it's already getting dark.
(불과 다섯 시밖에 안 됐는데 벌써 어두워지고 있다.)
I saw her **only today** — she looked much better.
(내가 그녀를 바로 오늘 봤는데 많이 좋아 보였다.)
Only then did she tell him about the meeting.
(비로소 그때 그녀는 그에게 회의에 대해서 말했다.)

6 **강한 소망**: 강한 소원이나 희망을 표현하려고 할 때 "I only wish"나 "if only"를 사용한다.

"What's happening?" "**I only wish** I knew." ("무슨 일이 있는 거야?" "나도 정말 알고 싶다.")
I **only hope** I could afford to. (내가 감당할 수 있기를 바랄 뿐이다.)
If only I had some money! (나에게 돈이 좀 있으면 좋으련만!)

7 **only to-부정사**: 어떤 행위로 인해 "놀랍고 실망스러운 사실"을 알게 될 때 사용된다.

He returned home **only to learn** that his mother was dead.
(그는 집으로 돌아왔을 때 그의 어머니가 죽었다는 것을 알게 됐다.)
I arrived **only to find** that the others had already left.
(나는 도착해서야 다른 사람들이 이미 떠났다는 것을 알았다.)

8 **조동사 전치**: 강조를 위하여 only의 수식을 받는 성분을 문두위치로 옮기면, 조동사가 주어 앞으로 전치된다. 이 문장들은 부정적 의미를 지닌다.

Only by changing its staff can the organization continue to succeed.
(= The organization cannot continue to succeed without changing its staff.)
(그 조직은 직원을 바꿔야만 계속 발전할 수 있다.)
Only in Paris did he find a purpose in life.
(= He didn't find a purpose in life anywhere but in Paris.)
(그는 파리에서 비로소 생의 목적을 찾았다.)

유사한 구문에 대해서 I48.5를 보라.

9   형용사: 어떤 행위나 사태에 참여한 대상이 그 대상뿐이라는 것을 의미한다.

He is our **only** child. (그는 우리 집 독자다.)
She was the **only** woman in the legal department. (그녀는 법률 부서의 유일한 여성이다.)
Cutting costs is the **only** solution. (비용 삭감이 유일한 해결책이다.)

10   유일한 존재: 단 한 사람뿐이라는 것을 강조할 때 "the one and only"를 붙이기도 한다.

You're **my one and only** friend in the world. (너는 이 세상에서 나의 유일무이한 친구다.)
Ladies and gentleman, one of the greatest ever rock performers, **the one and only** Tina Turner! (신사숙녀 여러분, 역사상 가장 위대한 로큰롤 가수 중의 한 분, 이 세상에 단 한 분뿐인 티나 터너입니다.)

11   접속사: only는 드물게 접속사로 사용되며, "but" 혹은 "except (that)"의 뜻으로 사용된다.

He's a good man, **only** he sometimes drinks too much.
(그는 좋은 사람이지만 때때로 지나치게 술을 마신다.)
It's a bit like my house, **only** nicer. (이 집은 우리 집과 거의 같은데 조금 더 좋다.)
I'd like to help you, **only** I'm really busy just now.
(나는 너를 도와주고 싶은데 지금은 몹시 바쁘다.)

O16   open과 close

1   동사 open과 close: 이들이 동사로 쓰일 경우 "반의어" 관계를 갖는다.

Jack **opened/closed** the window. (잭은 창문을 열었다/닫았다.)
She heard the door **open** and then **close**. (그녀는 문이 열리고 닫히는 소리를 들었다.)

close의 다른 용법에 대해서는 C21을 보라.

2   형용사 open과 closed: 형용사 open의 반의어는 close가 아니라 closed다.

I was so sleepy that I couldn't keep my eyes **open**.
(나는 너무나 졸려서 눈을 뜨고 있을 수가 없었다.)
He was so tired he kept his eyes **closed**. (그는 몹시 피곤해서 눈을 감고 있었다.)

The desk was covered with **open** books. (책상은 펼쳐진 책들로 덮여 있었다.)
They held the discussion behind **closed** doors. (그들은 비공개로 토론을 했다.)

3 opened: closed와는 달리 opened는 일반적으로 형용사로 쓰이지 않고, 동사 open의 과거시제형과 과거분사형으로 쓰인다.

Are the banks **open** on Saturdays? (토요일에 은행이 엽니까?)
(*Are the banks **opened** on Saturdays?)
She looked at the **open** suitcase with surprise.
(그녀는 열려 있는 가방을 놀라운 눈으로 바라보았다.)
(*She looked at the **opened** suitcase with surprise.)
She **opened** the drawer of the desk. (그녀는 책상 서랍을 열었다.)
The new City Hall was **opened** by the mayor. (새 시청사는 시장에 의하여 개소되었다.)

O17 OPERATORS (연산자)

영어에서 "조동사"라는 개념은 의미적으로뿐만 아니라 통사적으로도 매우 중요하다. 여기서 부정문과 의문문에서의 조동사의 역할을 생각해 보자.

1 **부정문**: 조동사는 긍정문을 부정문으로 만들어 주는 단어인 not를 자신의 바로 뒤에 가질 수 있다.

He **can** speak English. (그는 영어를 할 줄 안다.)
He **cannot** speak English. (그는 영어를 할 줄 모른다.)

▶ 긍정문을 부정문으로 만드는 위의 법칙은 엄밀히 말해서 두 개 이상의 조동사를 포함하고 있는 긍정문에 적용하면 문제가 될 수 있다. 다음의 긍정문은 세 개의 조동사를 포함하고 있다.

The patient **may have been** examined by Dr. Kim.
(그 환자는 김 박사의 진찰을 받았을 수 있다.)

위의 법칙에 따르면 "not"가 나타날 수 있는 위치가 세 군데가 있다. 즉 "may" 다음에, "have" 다음에, "been" 다음에 올 수 있다.

The patient **may not** have been examined by Dr. Kim.
(그 환자는 김 박사의 진찰을 받지 않았을 수 있다.)
*The patient may **have not** been examined by Dr. Kim.
*The patient may have **been not** examined by Dr. Kim.

실제로는 "not"가 허용되는 위치는 "첫 조동사(이 경우 may)" 다음이다. 우리는 이 첫 조동사를 "연산자(operator)"라고 한다.

2 **의문문**: 조동사는 의문문에서 주어 앞에 올 수 있다.

He can speak English. (그는 영어를 할 줄 안다.)
Can he speak English? (그는 영어를 할 줄 아느냐?)

▶ 두 개 이상의 조동사가 있을 경우 위의 정의는 문제가 될 수 있다. 다음 문장에서 주어를 넘어갈 수 있는 조동사가 셋이 있다.

The patient **may have been** examined by Dr. Kim.
(그 환자는 김 박사의 진찰을 받았을 수 있다.)
May the patient have been examined by Dr. Kim?
(그 환자가 김 박사의 진찰을 받았을 수 있을까?)
***May have the patient** been examined by Dr. Kim?
***May have been the patient** examined by Dr. Kim?

위의 예에서 볼 수 있듯이 의문문에서도 "첫 조동사", 즉 "연산자"만이 주어 앞에 오는 것이 허용된다.

3 **연산자 do**: 조동사가 하나밖에 없는 문장에서는 그 조동사가 연산자 역할을 하고, 조동사가 없는 문장에서는 "do"를 연산자로 삽입하게 된다.

He speaks English. (그는 영어를 쓴다.)
He **doesn't** speak English. (그는 영어를 쓰지 않는다.)
Does he speak English? (그는 영어를 씁니까?)

He wanted to leave her. (그는 그녀를 떠나고 싶어 했다.)
He **didn't** want to leave her. (그는 그녀를 떠나고 싶어 하지 않았다.)
Did he want to leave her? (그는 그녀를 떠나고 싶어 했느냐?)

▶ 조동사가 없는 문장을 의문문으로 바꿀 때 연산자 "do"가 삽입되는 위치 또는 시점에 대해 의문을 제기할 수 있다. 다시 말해서 "do"를 주어 앞에 직접 삽입할 것인가 혹은 주어 뒤에 삽입한 다음 주어 앞으로 이동할 것인가에 대한 질문이 있을 수 있다. 후자의 절차가 옳은 것 같다. 연산자 "do"는 의문문에서는 주어 앞에 오지만 부정문을 비롯한 다양한 구조에서 주어 다음에 온다.

He **doesn't** speak English. (그는 영어를 쓰지 않는다.)
He **does** speak English. (그는 영어를 쓰고 있단 말입니다.)
"Does he speak English?" "Yes, **he does**." ("그는 영어를 씁니까?" "네, 그렇습니다.")

따라서 조동사가 없는 서술문을 의문문으로 바꾸는 과정은 다음과 같다고 할 수 있다.

He wanted to leave her.
⇒ He **did** want to leave her.
⇒ **Did** he want to leave her?

018 opposite와 across

opposite는 "전치사, 형용사, 부사, 명사"로 쓰일 수 있다.

The people sitting **opposite** us look very familiar. [전치사]
(우리 반대편에 앉아 있는 사람들이 매우 낯익어 보인다.)
If you want to go to the station, you should be walking in the [형용사]
  opposite direction. (정거장에 가고 싶다면 반대 방향으로 걸어가야 한다.)
The people who live **opposite** are always making a lot of noise. [부사]
(맞은편에 사는 사람들은 항상 몹시 시끄럽다.)
My father is a very calm person, but my mother is just the **opposite**. [명사]
(우리 아버지는 매우 조용한 분인데 어머니는 정반대다.)

1 **형용사**: opposite가 형용사로 쓰일 경우에는 두 개의 대상이 서로 "대면" 또는 "대조"를 이루는 것을 의미한다. (C47.4를 보라.)

They came to completely **opposite conclusions** on the same subject.
(그들은 같은 주제에 대해 완전히 상반된 결론을 내렸다.)
The couple work at **opposite ends** of the city. (그 부부는 도시의 정반대 쪽에 직장이 있다.)
We need to approach the problem from the **opposite direction**.
(우리는 그 문제를 반대 방향에서 접근해 볼 필요가 있다.)

▶ opposite from/to: opposite이 서술적으로 쓰일 때에는 전치사를 대동한다.

His apartment is **opposite to** mine. (그의 아파트는 내가 사는 아파트와 마주보고 있다.)
Her personality is quite **opposite from/to** her sister's.
(그녀의 성격은 그녀의 자매와는 정반대다.)

2 **부사**: opposite가 부사로 쓰일 경우에는 "화자/청자" 또는 이미 언급된 "사람/장소와 대면"하고 있음을 의미한다.

He asked the **woman opposite** if she minded if he opened the window.
(그는 맞은편에 있는 여자에게 창문을 열어도 괜찮겠냐고 물었다.)
The lady who lives in the **house opposite** is looking for a maid.
(반대편 집에 사는 부인이 하녀를 구하고 있다.)
You can find the item you want to buy in the **shop directly opposite**.
(바로 맞은편에 있는 상점에서 사고 싶은 물품을 찾을 수 있다.)

3 **전치사**: 특히 영국영어에서 전치사로 사용된다.

She sat **opposite me** at the graduation party. (그녀는 졸업 파티에서 나의 반대편에 앉아 있었다.)
We decided to hang our father's portrait on the wall **opposite the window**.
(우리는 아버지의 초상화를 창문 맞은편 벽에 걸기로 했다.)
There's a parking lot **opposite the hotel**. (호텔 맞은편에 주차장이 있다.)

▶ 전치사로 쓰이는 opposite 다음에는 of나 to와 같은 전치사를 쓰지 않도록 유의하라.

*There's a parking lot **opposite of/to** the hotel.

4 **across (from)**: 미국영어에서는 전치사나 부사로 쓰일 경우 opposite 대신에 across (from)를 더 많이 사용한다. across는 형용사나 명사로는 쓰이지 않는다는 점에 유의하라.

They've just moved in the house **across (from) the street**.
(그들은 거리 건너편에 있는 집으로 좀 전에 이사 왔다.)
We hanged the portrait on the wall **across (from) the door**.
(우리는 문 맞은편 벽에 초상화를 걸었다.)
The woman sitting **across (from)** us in the train was our aunt.
(기차에서 우리 맞은편에 앉아 있던 여자 분은 우리 이모였다.)
Sarah slid in beside Sean, and her husband sat **across**.
(사라는 숀 옆으로 슬쩍 끼어들었고, 그녀의 남편은 반대편에 앉았다.)

O19 or

or는 등위접속사로서 "양자택일" 또는 "몇 개의 방안 중의 하나를 선택"하라는 의미다. 다시 말해서 우리가 A or B라고 말하면 A와 B 둘 다가 아니라 A나 B중의 하나를 선택하라는 말이 된다.

Shall we **go out to the cinema or stay at home**? (영화구경을 갈까요 혹은 집에 있을까요?)

그러나 특별한 경우에 "or"가 "and"로 해석될 수 있다.

This product can be used by **men or women**.
(이 상품은 남성이나 여성이 사용할 수 있다.)
(= This product can be used by **men and women**.)
Novelists or playwrights have to invent characters.
(소설가나 극작가는 등장인물을 만들어 내야 한다.)
(= **Both novelists and playwrights** have to invent characters.)

1 **등위접속사**: or는 "단어, 구, 절의 접속사"로 사용된다.

Would you like **coffee or tea**? (커피나 차를 마시겠습니까?)
We can **go swimming or sit on the beach**. (수영할 수도 있고 해변에 앉아 있을 수도 있다.)
We could arrange a whole tour, or you could book the flight and the hotel for yourself
(우리가 전체 여행을 준비할 수도 있고 또는 비행기와 호텔을 여러분 스스로 예약할 수 있습니다.)

2 **or의 생략**: or는 둘 이상의 성분을 결합하는 접속사로 사용될 수 있으며, 마지막 두 요소 사이의 or를 제외하고는 생략될 수 있다.

You can have **ham, tuna or cheese**. (햄이나 참치 또는 치즈 샌드위치를 먹을 수 있다.)
You can buy one of these handbags in **blue, brown, black or green**.
(하늘색, 갈색, 검은색 또는 초록색인 이 핸드백들 중의 하나를 살 수 있다.)

3 **or else**: or는 두 문장을 결합할 경우 "or else(= otherwise)"의 의미로 쓰이기도 한다.

I had to defend myself **or (else)** he'd have killed me.
(나 자신을 방어할 수밖에 없었다. 안 그랬다면 그는 나를 죽였을 것이다.)
We have to prevent violence on the streets. **Or (else)** the situation will become very serious.
(우리는 거리 위의 폭력을 막아야 한다. 안 그러면 상황이 매우 심각하게 될 것이다.)

4   조건절: or로 결합되는 두 문장 중에 앞 문장이 "명령문"일 경우 이 문장은 "조건절"로 이해되며, 전체 문장은 "일종의 협박"으로 해석된다.

Don't call me again, **or** I'll report you to the police.
(나에게 다시 전화하면 너를 경찰에 알릴 것이다.)
(= If you call me again, I'll report you to the police.)
Don't make a move, **or** I'll shoot. (움직이면 쏜다.)
(= If you make a move, I'll shoot.)
Do not judge, **or** you too will be judged.
(비판을 받지 아니하려거든 비난하지 말라.) [마 7:1]
(= If you judge, you too will be judged.)

5   not과 or: or는 not과 결합하여 둘 다 부정하는 and처럼 해석된다.

I **don't** want anything to eat **or** drink. (나는 아무것도 먹고 싶지도 않고 마시고 싶지도 않다.)
(= I don't want anything to eat, **and** I don't want anything to drink.)
Don't spread the inside of the bread with mayonnaise **or** butter.
(빵 안쪽에 마요네즈나 버터를 바르지 마세요.)

6   의문문: or는 의문문에서 두 가지로 해석될 수 있다. 다시 말해서 "A or B"에서 B를 상승억양으로 말하면 "가부(yest-no)"를 묻는 말이 되고, B를 하강억양으로 말하면 "선택(alternative)"을 묻는 말이 된다.

"Would you like something to **eat or drink**↗?" "Yes, thanks. I'd like a cup of coffee."
("먹을 것이나 마실 것을 좀 드릴까요?" "네, 고맙습니다. 커피 한 잔 주십시오.")
"Would you like **coffee or tea**↘?" "Coffee, please."
("커피나 차를 드시겠습니까?" "커피 주세요.")

7   동일 명칭: or는 같은 사물을 "두 개의 명칭"으로 말할 때 사용된다.

NaCl stands for **sodium chloride or common salt**.
("NaCl"은 염화나트륨 또는 보통 소금을 의미한다.)
A bowl believed to have been used by Jesus Christ at the meal before his death is called **the Grail or the Holy Grail**. (예수님이 죽기 전에 가진 식사 때 사용한 것으로 믿어지는 잔을 "the Grail(성배)" 또는 "the Holy Grail(성배)"이라고 한다.)

8   대략적 수치: or는 "대략적인 수치"를 말할 때 사용된다.

He's **forty or fifty** years old. (그는 40 혹은 50세다.)

I'm going to invite **one or two** people to dinner.
(나는 한 두 사람을 저녁 식사에 초청하려고 한다.)

9   **either와 함께**: or는 "양자택일"을 강조할 때 종종 either와 함께 사용된다. (E9를 보라.)

You can have **either fruit salad or ice cream** for dessert.
(후식으로 과일 샐러드나 아이스크림을 드실 수 있습니다.)
He's **either your friend or your enemy**. (그는 너의 친구거나 적이다.)

O20   oral, spoken, verbal

이 단어들은 일반적으로 명사 앞에서 쓰이며 "글(written)이 아니고 말(spoken)"을 의미한다는 점에서 유사하다.

1   **spoken**: 주로 "언어나 의사소통"과 연관이 있는 표현에 사용된다.

There're significant differences between **spoken** and written languages.
(구어와 문어 사이에는 큰 차이가 있다.)
Children understand a **spoken** word better than a written one.
(아이들은 글로 쓰는 것보다 말로 하는 것을 더 잘 이해한다.)
The course places more emphasis on **spoken** English.
(그 과정은 구어영어에 더 중점을 두고 있다.)

2   **oral과 verbal**: 이 두 단어는 "구두의, 구술의" 의미로 쓰일 때는 많은 경우 겹친다.

An **oral/A verbal** agreement is not enough; we must have a written promise.
(구두 약속으로 충분하지 않다. 우리는 문서로 된 약속을 받아야 한다.)
The general gave his men **oral/verbal** instructions to attack the enemy at 8 o'clock.
(장군은 병사들에게 8시에 적을 공격하라는 구두 지시를 내렸다.)
I was provided only with an **oral**/a **verbal** explanation of how to use the new machine.
(나는 새 기계의 사용방법에 대해 말로만 설명을 들었다.)
I received an **oral**/a **verbal** message that he couldn't come.
(나는 그가 올 수 없다는 구술 전언을 받았다.)

▶ **oral**: "구전되는 이야기, 역사, 전통"에 대해 말할 때는 일반적으로 oral을 사용한다.

In the Middle Ages poetry and songs were part of a largely **oral culture**.
(중세에는 시와 노래가 대부분 구전문화의 일부였다.)
Prof. Lee is interested in collecting **oral traditions** of the country.
(이 교수는 우리나라의 구전관습 수집에 관심이 있다.)

▶ oral은 특히 영국영어에서는 어학시험의 "구두시험"을 의미하고, 미국영어에서는 대학의 학위를 위한 "구두시험"을 의미한다.

We'll have our Spanish **oral** next week.

(우리는 다음 주에 스페인어 구술시험을 치른다.)
She handed in her doctoral thesis in March, and passed her **orals** four months later.
(그녀는 박사논문을 3월에 제출했고, 4개월 후에 구술시험을 통과했다.)

3   oral: "oral"은 또한 "입의, 입을 통한"을 의미한다.

A child doesn't care much about **oral** hygiene. (어린아이들은 구강 위생에 큰 관심이 없다.)
The hospital provides a free supply of **oral** contraceptives on request.
(병원은 요청만 하면 경구 피임약을 무료로 배분한다.)
The patient underwent two hours of **oral** surgery. (환자는 2시간의 구강 수술을 받았다.)

4   verbal: "verbal"은 또한 "언어의, 말의, 글자 그대로의"를 의미한다.

A few **verbal** corrections do not affect the main idea of the report.
(몇 가지 말을 고친다고 보고서의 주 아이디어에 영향을 주지 않는다.)
It can sometimes be difficult to give a **verbal** description of things like colors and sounds.
(때때로 색채나 소리와 같은 것을 말로 설명하기가 어려울 수 있다.)
A **verbal** translation of the text might sound odd in Korean.
(원문의 한국어 직역이 이상하게 들릴 수 있다.)

O21   otherwise

otherwise는 "접속어(C39.9를 보라.), 부사, (드물게) 형용사"로 사용된다.

You'd better call home, **otherwise** your parents will start to worry.   [접속어]
(집에 전화하는 게 좋겠다. 안 그러면 부모님이 걱정하게 될 것이다.)
In a democratic country, a person is presumed innocent until proved **otherwise**.
(민주국가에서는 유죄로 판명될 때까지는 무죄로 추정된다.)   [부사]
You said she was very beautiful, but the truth is quite **otherwise**.   [형용사]
(그녀가 매우 아름답다고 네가 말했지만, 사실은 완전히 다르다.)

1   **불리한 결과**: 어떤 일을 하지 않으면 (if you don't) 다른 나쁜 일이 일어날 것이라고 말할 때 사용된다.

You'll have to go home now, **otherwise** you'll miss your last bus.
(지금 집으로 가야 할 것이다. 그러지 않으면 마지막 버스를 놓칠 것이다.)
I should wear an overcoat if I were you, **otherwise** you'll catch a cold.
(내가 너라면 코트를 입겠다. 안 그러면 감기에 걸릴 것이다.)

2   **부정적 조건**: "어떤 일이 없었더라면 (if it were not the case)" 다른 일이 일어났을 수도 혹은 일어나지 않았을 수도 있었다는 것을 표현한다.

We were delayed at the airport. **Otherwise** we'd have been here by lunch time.

(공항에서 지연되었다. 안 그랬다면 우리는 점심시간까지 여기 도착했을 것이다.)
Mario couldn't play with us. **Otherwise** we'd have won the game.
(마리오가 우리와 함께 경기할 수 없었다. 했더라면 우리가 경기에 승리했을 것이다.)

3   **제외된 상황**: 이미 언급한 것을 "제외하고는 (apart from that)" 모든 것이 문제가 없다는 것을 표현한다.

The weather was terrible, but **otherwise** we had a good time.
(날씨가 몹시 나쁜 것을 제외하고는 재미있는 시간을 가졌다.)
He was tired, but **otherwise** in good health. (그는 지친 것이지 건강에는 이상이 없다.)

4   **상이한 상황**: 부사로서 앞에서 언급한 것과 "다른 상황"을 표현할 때 사용된다.

They claim that the economy is improving, but this survey suggests **otherwise**.
(당국은 경제가 좋아지고 있다고 주장하지만 이 조사는 그렇지 않다는 것을 보여준다.)
He said that there wouldn't be any tax increase, but most people think **otherwise**.
(그는 어떠한 세금 인상도 없을 것이라고 말했으나 대부분의 사람은 다르게 생각한다.)

O22   ought to

1   **형태**: 양상조동사인 ought의 문법적 특성에 대해서는 M21을 보라. 단지 ought는 원형부정사를 취하는 다른 양상조동사와는 달리 바로 뒤에 "to-부정사"를 갖는다는 점에 유의하라.

You really **ought to quit** smoking. (너는 정말 담배를 끊어야 한다.)
(*You really **ought quit** smoking.)

2   **권고**: ought(와 should)는 자신을 포함하여 상대방에게 어떤 일을 하라고 "권고" 또는 "제안"하거나 어떤 일을 할 "의무"가 있음을 표현할 때 사용된다. ought(와 should)는 must보다 "약한 의무"를 의미한다. (M23.4를 보라.)

The company **ought to** make changes in the marketing strategy.
(회사는 마케팅 전략에 변화를 주어야 한다.)
We **ought to** get her some flowers for her birthday.
(우리는 그녀의 생일에 꽃을 좀 보내는 게 좋겠다.)
You **ought to** be ashamed of yourself. (너는 부끄러워할 줄 알아야 한다.)
People **ought not to** drive like that. (사람들은 저렇게 운전해서는 안 된다.)

3   **가능성**: ought(와 should)는 상황이나 상식에 비추어 어떤 일이 일어날 "가능성" 또는 "개연성"이 높다고 생각할 때 사용될 수 있다. (M22.2를 보라.)

He left two hours ago, so he **ought to** be there by now.
(그가 두 시간 전에 떠났으니까 지금쯤은 그곳에 도착했어야 한다.)
There **ought to** be enough food for all of us.

(우리 모두가 먹을 수 있는 충분한 음식이 있을 것이다.)
The weather **ought to** improve after the weekend.
(날씨가 주말 지나서는 좋아질 것이다.)

4   **의문문과 부정문**: ought는 "의문문"과 "부정문"에서 사용되면 지나치게 문어적으로 생각되기 때문에 구어체에서는 종종 should를 대신 사용하거나 think와 같은 동사를 써서 간접적으로 질문을 하거나 부정의 의미를 전달한다.

He **ought to** be here soon. (그는 곧 여기 올 것이다.)
You **should** invite the couple. (그 부부를 초청하는 게 좋겠다.)
You **oughtn't to/shouldn't** invite the couple. (그 부부를 초청하지 않는 게 좋겠다.)
Do you think we **ought to** go now? (우리가 지금 가야 한다고 생각합니까?)
I don't think people **ought to** drive like that.
(나는 사람들이 저렇게 운전해서는 안 된다고 생각한다.)

▶ 표준영어에서는 사용되지 않지만 어떤 방언에서는 do를 사용하여 "의문문"과 "부정문"을 만들기도 한다.

Did you **ought** to cook your own meal? (먹을 음식을 직접 만들어야 합니까?)
She **didn't ought** to do that. (그녀는 그렇게 하지 않는 게 좋겠다.)

5   **ought to have**: ought to는 "have + 과거분사"와 결합하여 어떤 일이 일어난 것이 확실하지 않은 "과거의 개연성"과 일어날 것으로 예상했던 것이 "일어나지 않은 것"을 말할 때 사용된다.

He **ought to have arrived** by now. (그가 지금쯤은 도착했어야 했다.)
They **ought to have been** in Africa. (그들은 아프리카에 가봤어야 했다.)
He **ought to have gone** to the dentist yesterday. (그는 어제 치과에 갔어야 했다.)
I **ought to have called** Ed this morning, but I forgot.
(내가 오늘 아침에 에드에게 전화를 했어야 하는데 잊었다.)

▶ 이 구조의 "의문문"과 "부정문"은 어떤 행위가 "실현되었음"을 표현한다.

Ought he **to have gone** to the dentist yesterday? (그는 어제 치과에 갔어야 했습니까?)
He **ought not to have gone** to the dentist yesterday.
(그는 어제 치과에 가지 않았어야 했다.)

▶ 이 구조는 지금까지 혹은 미래의 어느 시점까지 "일어나야만 하는(ought to have happened)" 사태에 대해 말할 수도 있다.

It's ten o'clock. She **ought to have arrived** at her office by now.
(지금 10시다. 그녀는 지금쯤 그녀의 사무실에 도착했어야 한다.)
We **ought to have finished** painting the house by the end of next week.
(우리는 다음 주 말까지 집에 페인트칠을 끝내야 한다.)

023   out of

1   **외부로**: "out of"는 어떤 공간에서 "바깥으로 일어나는 행위나 현상"을 표현할 때 사용된다.

   The keys must have fallen **out of** my pocket. (열쇠가 내 호주머니에서 떨어진 것이 틀림없다.)
   All the roads **out of** the city were snowbound.
   (도시 외곽으로 나가는 모든 도로가 눈으로 갇혔다.)
   He went on staring **out of** the window. (그는 창문 밖을 계속 응시했다.)

2   **연관 없음**: "out of"는 어떤 대상이나 상태와 더 이상 "연관이 없음"을 표현한다.

   Mr. James is **out of** the country until June 7th. (제임스 씨는 6월 7일까지 국외에 있을 것이다.)
   My son is just **out of** college. (나의 아들은 얼마 전에 대학을 그만뒀다.)
   The patient is now **out of** danger. (그 환자는 지금 고비를 넘겼다.)
   He missed two practices, and he's now **out of** the team.
   (그는 연습에 두 번이나 빠졌고 지금은 팀에서 제외됐다.)

3   **재료**: "out of"는 어떤 것을 만드는 데 필요한 "재료"를 표현할 때 사용된다.

   The dress was made **out of** silk. (그 드레스는 비단으로 만들었다.)
   The statue was carved **out of** a single block of stone.
   (그 조각상은 한 덩어리의 바위를 쪼아서 만들었다.)
   He made a toy boat **out of** old tin cans. (그는 오래된 깡통으로 장난감 배를 만들었다.)

4   **이유**: "out of"는 어떤 일을 하게 된 "이유"를 표현할 때 사용된다.

   He took up office **out of** a sense of duty. (그는 의무감에서 공직에 취임했다.)
   He left the room **out of** embarrassment. (그는 당황해서 방을 나왔다.)
   I came to you **out of** desperation — you have to help me.
   (나는 자포자기 상태에서 찾아왔습니다. 꼭 도와주십시오.)

5   **한 부분**: "out of"는 집단의 "일부"를 표현할 때 사용된다.

   Nine **out of** ten people agreed to accept my proposal.
   (열 명 중의 아홉 명이 내 제안을 받아들이는 데 동의했다.)
   No one got 20 **out of** 20 for the test. (시험에서 20 문제 중에 20개를 푼 사람이 없었다.)
   Only ten **out of** fifty students were able to finish the course.
   (50명의 학생 중에 10명만이 과목을 마칠 수 있었다.)

6   **근원**: "out of"는 어떤 대상으로부터 무엇을 "획득"하는 것을 표현한다.

   They tried to get necessary information **out of** the prisoner.
   (그들은 그 포로에게서 필요한 정보를 얻으려고 했다.)
   We all had a lot of fun **out of** him. (우리 모두는 그로 인해 많이 즐거웠다.)

A lot of good music came **out of** the hippy culture in the 1960s.
(많은 훌륭한 음악이 1960년대의 히피 문화에서 나왔다.)

7 **소진**: "out of"는 어떤 것이 "소진"되었음을 표현한다.

I can't find sugar, and we're **out of** milk. (설탕도 찾을 수 없고 우유도 떨어졌다.)
They've run **out of** ideas. (그들은 아이디어가 고갈되었다.)
They had to stop building the bridge because they ran **out of** cement.
(그들은 시멘트가 떨어져서 교량 건설을 중단해야 했다.)

in에 대해서는 I12를, into에 대해서는 I46을 보라.

O24 outside와 inside

흔히 쓰이는 이 두 단어는 "부사, 전치사, 형용사, 명사"로 사용될 수 있다.

1 **부사**: inside는 건물이나 방과 같이 밀폐된 공간의 "내부"를, outside는 "외부"를 의미하며, 일반적으로 문장 끝에 온다.

When I got up, it was still dark **outside**. (내가 잠에서 깼을 때 아직 바깥은 어두웠다.)
You should put thick underwear on **inside**. (너는 두툼한 내복을 안에 입어야 한다.)
Is this coat worn with the fur **inside** or **outside**?
(이 코트를 입을 때 털을 안으로 해야 됩니까 바깥으로 해야 됩니까?)

2 **형용사**: 이들은 형용사로 쓰일 때에는 "한정적"으로만 쓰인다.

He always keeps his purse in the **inside** pocket of his jacket.
(그는 지갑을 항상 재킷의 안주머니에 넣어둔다.)
Before he goes to bed, he usually turns off the **outside** lights.
(그는 잠에 들기 전에 보통 바깥 전등을 끈다.)

3 **전치사**: 맥락이 허용할 경우 이들의 목적어는 쉽게 생략될 수 있으며, 이 경우 이들은 마치 부사처럼 행동한다.

My wife never allows the dog **inside** the house.
(내 처는 개가 집안으로 들어가는 것을 절대로 허용하지 않는다.)
We've waited for two hours **outside** his office.
(우리는 그의 사무실 밖에서 두 시간 동안 기다렸다.)

Koreans take off their shoes before going **inside** (the house).
(한국인들은 집안으로 들어갈 때 신발을 벗는다.)
She went in her room, and told us to wait **outside** (the room).
(그녀는 방으로 들어가면서 우리에게 밖에서 기다리라고 했다.)

▶ 미국영어에서는 종종 이들 단어 다음에 of가 오기도 한다.

More than 20 students packed **inside (of)** his small office room.
(20명 이상의 학생들이 그의 작은 연구실을 꽉 메웠다.)
Outside (of) the building, my parents were waiting for me.
(빌딩 밖에서 부모님이 나를 기다리고 있었다.)

4　**명사**: 이 단어들은 명사로 사용될 경우 일반적으로 "정관사 the"를 동반한다.

I think **the outside** of your house needs painting.
(너의 집 외부에 페인트칠을 할 필요가 있는 것 같다.)
Don't judge a thing from **the outside**. (외모로 사물을 판단하지 마라.)

She keeps her jewelry in **the inside** of the safe. (그녀는 보석을 금고 안에 보관한다.)
The door locked from **the inside**. (문이 안에서 잠겨버렸다.)

▶ at the (very) outside: 종종 "at the most"라는 의미로 사용된다.

There were about twenty people at the play **at the outside**.
(연극에 고작해야 20명 정도의 관람객밖에 없었다.)
I only earns 20 million won a year **at the outside**.
(나는 일 년에 기껏해야 2천만 원 번다.)

▶ inside out: 안과 밖이 "뒤집어진 것"을 표현할 때 사용된다.

You've put your shirt/coat on **inside out**. (셔츠/코트를 뒤집어 입었다.)
He turned his pockets **inside out** to show that he had no money.
(그는 돈이 없다는 것을 보이기 위해 바지 주머니를 뒤집어 보였다.)

O25　over (전치사)

1　**높은 위치**: 어떤 것이 다른 것보다 "더 높은 위치"에 있음을 표현할 때

He looked at himself in the mirror **over** the table.
(그는 식탁 넘어 위에 있는 거울에 비친 자신을 바라보았다.)
The troops successfully crossed a bridge **over** the river Danube.
(부대는 다뉴브강 위에 놓인 교량을 성공적으로 횡단했다.)

2　**위 표면**: 어떤 것 위에 무엇을 "덮어씌우거나 떨어뜨리는 것"을 표현할 때

She wore a large jacket **over** her sweater. (그녀는 스웨터 위에 큰 재킷을 입었다.)
Please, don't spill coffee **over** my best tablecloth.
(제발, 내가 가진 최고의 식탁보 위에 커피를 흘리지 말아주세요.)

3　**기준 초과**: 어떤 기준을 "넘어가는 것"을 표현할 때

Children **over** the age of 12 must have full-price air tickets.
(12세가 넘는 아이들은 전액 비행기 표를 소지해야 한다.)

Korea is producing **over** 100 million tons of steel each year.
(한국은 매년 1억 톤 이상의 강철을 생산하고 있다.)

4   **반대편으로**: 어떤 공간이나 장소 등의 "한 편에서 다른 편"으로 이동하는 것을 표현할 때

Hannibal made the famous march **over** the Alps with elephants.
(한니발은 코끼리를 거느리고 알프스를 넘는 그 유명한 행군을 했다.)
She leaned **over** the box to get the bottle.
(그녀는 병을 집어 들기 위해 상자 너머로 몸을 구부렸다.)

5   **넘기**: 어떤 것이 다른 것을 "넘어가는 것"을 표현할 때

The car plunged **over** the cliff. (자동차가 낭떠러지 너머로 돌진했다.)
A taxi ran **over** a man at this spot last night. (택시가 어젯밤에 이 지점에서 사람을 치었다.)

6   **지속 기간**: 어떤 상황이나 사건이 "지속되는 기간"을 표현할 때

Many changes happened **over** the six months that she was in charge of the company.
(그녀가 회사를 책임진 6개월 동안 많은 변화가 있었다.)
Can we talk about the subject **over** dinner? (저녁 식사 때 그 문제에 대해서 말할 수 없을까?)

7   **영향력**: 사물이나 사람에 대한 "영향" 또는 "통제"를 표현할 때

Her husband always has a great influence **over** her. (그녀는 항상 남편의 영향을 크게 받는다.)
As treasurer, he has control **over** how much money is spent.
(그는 재무담당자로서 돈이 얼마나 사용되는가에 대한 통제권을 가지고 있다.)

8   **극복**: 나쁜 상황에서 "벗어났음"을 표현할 때

Liz has never got **over** the shock of her mother's death.
(리즈는 어머니의 죽음으로 인한 충격에서 결국 벗어나지 못했다.)
I think we're **over** the worst of the crisis now.
(우리는 최악의 위기 상태에서 벗어났다고 나는 생각한다.)

9   **우위**: 어떤 것이 다른 것보다 더 "우위"라는 것을 표현할 때

Can the Labor maintain its lead **over** the Conservatives?
(노동당이 보수당에 대한 우세를 유지할 수 있을까요?)
We have great advantages **over** our rivals. (우리는 우리의 경쟁자에 비해 크게 유리합니다.)

10   **기기 사용**: "장비나 기기"와 같은 것을 사용할 때

I don't want to talk about it **over** the telephone.
(나는 그것에 대해 전화상으로 말하고 싶지 않다.)
We heard the news **over** the radio. (우리는 라디오에서 그 소식을 들었다.)

O26　over (부사)

over는 부사로 사용될 때 다양한 의미로 사용된다.

1　똑바로 선 자세에서 평평한 바닥으로 넘어지는 행동 또는 현상

He was so drunk he didn't realize that he fell **over** in the road.
(그는 너무 취해서 길바닥에 넘어졌다는 것을 알지 못했다.)
Be careful not to knock the candle **over**. (촛불을 쓰러뜨리지 않도록 조심해라.)

2　어떤 대상의 중간이 휘거나 접히는 것

As I bent **over**, I felt a sudden pain on my back.
(허리를 굽혔을 때 갑자기 등에 통증을 느꼈다.)
He folded the paper **over** and put it in his pocket.
(그는 서류를 접어서 호주머니에 넣었다.)
He leant **over** and kissed her. (그는 몸을 굽혀 그녀에게 키스했다.)

3　어떤 대상이 한 쪽에서 다른 쪽으로 이동

There're only two canoes, so some of us will have to swim **over**.
(카누가 두 척밖에 없으니 우리들 중에 몇 명은 수영해서 건너야겠다.)
I went **over** to say hello, but Vincent didn't recognize me.
((방을) 가로질러 가서 인사를 했으나 그는 나를 알아보지 못했다.)
We flew **over** to the US to visit Aunt Polly.
(우리는 폴리 아줌마를 보려고 비행기를 타고 미국에 갔다.)
One of my cousins is coming **over** from France with his wife and daughter.
(나의 조카 한 명이 부인과 딸을 데리고 프랑스에서 오고 있다.)

▶ 한 장소나 공간의 다른 쪽을 가리킬 때

His fiancée was standing **over** by the window. (그의 약혼녀가 저쪽 창문 옆에 서있었다.)
Do you see that building **over** there? (저쪽에 있는 저 건물 보이지?)
I saw him climb **over** into the back seat.
(나는 그가 뒷좌석으로 넘어가는 것을 보았다.)

4　어떤 공간이나 장소로 이동을 표현할 때

You really should come **over** and see our new house. (정말 와서 우리 새 집을 봐야 한다.)
Why don't you drive **over** to my place this afternoon? (오늘 오후에 우리 집에 오지 그래.)
I thought you might have invited her **over**. (어쩌면 그녀를 초청했어야 한다고 생각했다.)
Come on **over**. (이쪽으로 와.)

5　형용사로서 어떤 사건이나 기간의 마감을 표현할 때

Is the meeting **over** yet? (모임이 벌써 끝났어?)
I'm so glad the mid-term exams are **over** (and done with). (중간시험이 끝나서 정말 기쁘다.)

6   옆 방향으로의 이동

The bus pulled **over** to the side of the road. (버스가 길옆에 댔다.)
Would you move **over**, so I can sit next to you?
(당신 옆에 앉을 수 있게 옆으로 좀 비켜줄 수 있어요?)

7   양도 또는 기부하는 행위

The attacker was ordered to hand **over** his weapon.
(공격자에게 무기를 넘기라고 명령했다.)
Most of the money was signed **over** to his children.
(대부분의 돈을 그의 자녀들에게 주도록 문서에 서명했다.)
... the Son of Man will be handed **over** to be crucified.
(인자가 십자가에 못 박히기 위하여 팔리리라.) [마 26:2]

8   위치나 제도의 변화

The guards change **over** at midnight. (보초가 자정에 바뀐다.)
We switched **over** from electricity to gas because it was cheaper.
(비용이 저렴해서 전기를 가스로 바꿨다.)

9   뒤집어지거나 돌려져서 밑바닥이나 다른 쪽이 보이는 것

Turn the box **over** and open it at that end. (상자를 뒤집어서 그쪽에서 열어라.)
The alarm did go off, but he just turned **over** and went back to sleep.
(알람이 울렸는데 그는 몸을 뒤적거렸을 뿐 다시 잠에 들었다.)
His car rolled **over** after a tyre was punctured (그의 차는 타이어가 펑크 나서 뒤집어졌다.)

10   수나 양이 지나치거나 기준 이상일 때

Almost 40% of women are size 14 or **over**.
(거의 40퍼센트의 여성이 크기 14 또는 그 이상을 입는다.)
People earning $50,000 and **over** will pay the higher rate of tax.
(5만 달러나 그 이상을 버는 사람은 더 높은 비율의 세금을 낼 것이다.)
She stayed at his apartment three days or **over**.
(그녀는 그의 아파트에 3일 또는 그 이상 머물렀다.)

11   형용사나 부사 앞에서 "very" 또는 "too"를 의미한다.

She didn't seem **over** pleased when I asked her to wait.
(기다리라고 했을 때 그녀는 그렇게 좋아하지 않는 것 같았다.)

Perhaps we were all **over** enthusiastic about the project.
(어쩌면 우리 모두는 그 사업에 대해서 지나치게 열성적이었는지도 모른다.)
My sister is **over** cautious when driving. (나의 여동생은 운전할 때 지나치게 조심한다.)

12 어떤 것을 사용하고 남겨진 것

There should be some money **over** when I've paid all the bills.
(모든 영수증을 지불하고도 돈이 좀 남아 있을 것이다.)
There was a little food left **over** from the party.
(파티에서 먹고 남은 음식이 조금 있었다.)
Gather the pieces that are left **over**. Let nothing be wasted.
(남은 조각을 거두고, 버리는 것이 없게 하라.) [요 6:12]

13 어떤 것으로 온통 덮여 있음을 말할 때

Most of the windows have been boarded **over**. (대부분의 창문에 널빤지로 덮여 있었다.)
Parts of the river were iced **over**. (강이 부분적으로 얼음으로 덮여 있었다.)
The door had been painted **over** with a bright red. (문을 밝은 빨간색으로 온통 칠했다.)

14 어떤 대상의 위로

We stood on the roof watching the planes fly **over**.
(우리는 지붕 위에 서서 비행기들이 머리 위로 날아가는 것을 보고 있었다.)
I told him to climb **over** into the back seat.
(나는 그에게 뒷좌석으로 넘어가 앉으라고 했다.)
Planes are flying **over** every 10 or 15 minutes.
(비행기가 매 10분 또는 15분마다 우리 위를 넘어 날아간다.)

15 어떤 것이 다른 것을 넘어 한편에서 다른 편으로 가로지르는 것을 표현한다.

The man jumped **over** the fence with a baby on his back.
(그 사람은 등에 어린아이를 업고 울타리를 뛰어넘었다.)
The plane was flying **over** the Korean Peninsula. (비행기는 한반도의 상공을 날고 있었다.)
Electricity cables stretch **over** the fields. (전기선이 들판을 가로질러 뻗어 있었다.)

16 어떤 것을 (처음부터 끝까지) 상세하고 주의 깊게 말하거나 생각하는 것

After talking it **over** with my wife, I've decided to retire.
(나는 나의 처와 깊이 의논한 후에 은퇴하기로 결정했다.)
I need time to read the contract **over** before I sign.
(나는 서명하기 전에 계약서를 자세히 읽을 시간이 필요하다.)
Think it **over** carefully before you make a decision.
(결정하기 전에 깊이 생각해봐라.)

17 (미국영어에서) 어떤 것을 처음부터 다시 하거나 시작하는 것

I got mixed up and had to start **over**. (나는 온통 뭐가 뭔지 몰라서 다시 시작해야 했다.)
The boss gave me a chance to do it **over**. (상사는 나에게 처음부터 다시 해볼 기회를 주었다.)
The pianist played the sonata **over** a couple of times.
(피아니스트는 그 소나타를 처음부터 두세 번 반복해서 연주했다.)

18 무선통화에서 자신의 할 말이 끝나 상대의 응답을 기다림을 표현할 때

This is the captain; Are you hearing me loud and clear? **Over**.
(여기는 대장이다. 내 말 잘 들리나? 응답 말하라.)
I heard you; this is Lt. Lee. **Over**. (잘 들립니다. 이 소위입니다. 말씀하십시오.)

19 "도처에, 여기저기에"를 표현

I looked all **over**, but I couldn't find my car keys.
(사방을 찾아봤으나 자동차 키를 찾을 수 없었다.)
My brother travelled all **over** for ten years, and came home last week.
(나의 형은 세상 여기저기를 10년 동안 여행한 후에 지난주에 집으로 돌아왔다.)

O27 own

own은 형용사 또는 대명사로서 항상 "소유격 한정사"와 함께 쓰인다.

He cooks **his own** meal every evening. (그는 자신이 먹을 음식을 매일 저녁 요리한다.)
Your proposal is no better than **my own**. (네 제안이 내 것보다 더 나을 것 없다.)

1 **자신의 것**: own은 어떤 것이 다른 사람이나 물건의 것이 아니라 "자신의 것"이라는 것을 강조한다.

The yacht was built for **the King's own** personal use.
(그 요트는 왕의 개인적인 용도를 위해 건조되었다.)
The ideas are drawn from **his own** observations and experiences.
(그 아이디어들은 그 자신의 관찰과 경험에서 나온 것들이다.)

2 **한정사 + 명사 + of + one's own**: own은 항상 "소유격 한정사"를 동반하게 되는데, 다른 한정사와 함께 사용하려면 "한정사 + 명사 + of + one's own" 구조를 이용한다.

He'll soon save enough money to buy **a car of his own**.
(그는 머지않아 자신의 차를 살 돈을 저축할 것이다.)
(*He'll soon save enough money to buy **a own car**.)
(= He'll soon save enough money to buy **his own car**.)

She planned to remove **some books of her own** from the bookshelves.
(그녀는 서가에서 그녀 자신의 책 일부를 옮길 계획이다.)

(*She planned to remove **some own books** from the bookshelves.)
(= She planned to remove **some of her own books** from the bookshelves.)

They have **no ideas of their own** of improving the working conditions.
(그들은 작업 여건을 개선할 그들 자신만의 생각은 가지고 있지 않다.)
(*They have **no own ideas** of improving the working conditions.)
(= They **don't** have **their own ideas** of improving the working conditions.)

a ... of mine 구조에 대해서는 G6을 보라.

3   **one's own + 명사**: "one's own +명사" 구조에서 의미가 명백할 경우에 명사를 생략할 수 있다.

"Would you use my pen?" "No, thanks. I can only write with **my own**."
("내 펜을 쓰실래요?" "아니요, 감사합니다. 나는 나 자신의 펜으로만 쓸 수 있습니다.")
James Joyce wrote in a style that was all **his own**.
(제임스 조이스는 전적으로 자신의 양식에 따라 글을 썼다.)
Now that I'm retired, my time is **my own**. (은퇴했기 때문에 내 시간은 나 자신의 것이다.)

4   **own과 재귀대명사**: 재귀대명사(예: myself, yourself 등)는 (R8을 보라.) "속격형"이 없으며, 대신에 "one's own"이 사용된다.

I'll do it myself, and I'll do it in **my own** way.
(나는 그것을 직접 할 것이고 내 방식대로 할 것이다.)
(*I'll do it myself, and I'll do it in **myself's** way.)
She can wash herself and brush **her own** hair now.
(그녀는 직접 씻기도 하고 지금은 자신의 머리를 빗기도 한다.)
(*She can wash herself and brush **herself's** hair now.)

5   **(all) on one's own**: "홀로(alone)" 또는 "스스로(without anyone's help)" 두 가지 의미를 갖는다.

My mother lives **on her own**. (우리 어머니는 홀로 사신다.)
You can't expect him to do it **all on his own**.
(너는 그가 그것을 스스로 할 것이라고 기대해서는 안 된다.)

유사한 의미로 쓰이는 by oneself에 대해서는 R8.10을 보라.

O28   own과 possess

이 단어들은 구입하거나 증여를 받아서 법적으로 어떤 것을 "소유하다"를 의미하며, 둘 다 진행형을 허용하지 않는다.

This house is mine; I **own/possess** it. (이 집은 내 것이고 내가 소유하고 있다.)
Who **owns/possesses** the land? (누가 땅 주인입니까?)

1   **own**: 어떤 대상을 합법적으로 취득하여 "소유하고 있음"을 강조한다.

The building is **owned** by the local council. (그 건물은 지방의회 소유다.)
We need to get permission from the farmer who **owns** the land.
(우리는 그 토지를 소유하고 있는 농부의 허가를 받을 필요가 있다.)
Her father **owns** at least three golf courses in Jeju Island.
(그녀의 아버지는 제주도에 적어도 세 개의 골프장을 소유하고 있다.)

2   **possess**: 단순히 어떤 물건이 어떤 사람에 "속한다는 것"을 강조한다.

The man **possessed** nothing, when he died. (그 남자는 죽었을 때 가진 것이 하나도 없었다.)
He lost all that he **possessed** on the gamble. (그는 도박에서 가진 것을 모두 잃었다.)

▶ possess는 특별한 "자질이나 능력"을 가지고 있음을 표현할 때도 사용한다.

Washington **possessed** great force and wisdom.
(워싱턴은 대단한 영향력과 지혜의 소유자였다.)
She's looking for a man who **possesses** the qualities of sense, loyalty and discretion.
(그녀는 감각과 성실함과 분별력을 소유한 남자를 찾고 있다.)

▶ possess는 자신의 것이 아닐 수도 있는 것을 "단순히 소지하고" 있음을 말할 수도 있다.

Candy was found guilty of **possessing** heroin. (캔디는 헤로인 소지로 유죄를 받았다.)
He was arrested and charged with **possessing** an offensive weapon.
(그는 공격용 무기를 소지한 혐의로 체포되어 고발되었다.)

P1 part, portion, piece

이들은 공통적으로 전체의 "한 부분"을 가리킨다. part가 가장 일반적으로 쓰이며, 종종 part와 portion은 바꾸어 쓰이기도 한다.

Damage is confined to a small **part/portion** of the building.
(피해가 건물의 적은 일부분에 국한되었다.)
I've spent a considerable **part/portion** of my life here.
(나는 내 일생의 상당한 부분을 이곳에서 보냈다.)
Respect is an important **part/portion/piece** of any human relationship.
(존경은 모든 인간관계에서 중요한 한 부분이다.)

1 part: 전체의 한 부분으로 볼 경우에는 "불가산명사"로 쓰인다.

Part of my steak isn't cooked properly. (내 스테이크의 일부가 적절히 조리되지 않았다.)
Part of this form seems to be missing. (이 양식의 일부가 없어진 것 같다.)
Part of my trouble is that I cannot see very well.
(나의 어려움의 하나는 잘 볼 수 없다는 것이다.)

► 이 경우 part 앞에는 일반적으로 부정관사가 쓰이지 않는다.

*A **part** of my steak isn't cooked properly.
*A **part** of this form seems to be missing.
*A **part** of my trouble is that I cannot see very well.

그러나 part가 형용사 수식어를 대동할 경우 "부정관사"가 쓰이기도 한다.

A large part of my steak isn't cooked properly.
(내 스테이크의 큰 부분이 적절히 조리되지 않았다.)
An important part of this form seems to be missing.
(이 양식의 중요한 일부가 없어진 것 같다.)

► part를 전체를 구성하는 여러 부분들의 한 부분으로 볼 경우에는 "가산명사"로 쓰인다.

The front **part** of my car was damaged last night.
(내 차의 앞부분이 어젯밤에 손상을 입었다.)
In **parts** of Canada, French is the first language. (캐나다 일부에서는 프랑스어가 제1언어다.)
I ordered the spare **parts** needed to repair my car. (나는 차 수리에 필요한 부품을 주문했다.)
The head is more important than any other **part** of the body.
(우리 몸에서 머리가 다른 어느 부분보다 중요하다.)

2 portion: 다른 부분과 구분되는 한 부분을 가리키며, 특히 특정 사람이나 조직체에 특정 목적으로 할당된 "몫" 또는 분리되어 있는 "부분"을 의미한다.

The university decided to sell its **portion** of the estate, donated by a graduate millionaire.
(대학은 졸업생 백만장자가 기증한 부동산 중에 대학의 몫을 팔기도 했다.)

Give me the **portion** of properties that falls on me.
(재산 중에서 나에게 돌아올 몫을 주시오.)
Passengers travelling in the front **portion** of the train were mostly injured.
(기차의 앞 칸에 탔던 승객들이 대부분 부상을 입었다.)

▶ portion은 특히 음식점에서 주는 "1인분"을 의미하기도 한다.

You can have my **portion** of steak — I'm not hungry at all.
(내 스테이크를 먹어도 됩니다. 나는 전혀 배가 고프지 않습니다.)
The restaurant serves a huge **portion** of roast beef, especially on Friday evening.
(그 음식점은 특히 금요일 저녁에는 큼직한 로스트비프를 제공한다.)

▶ portion은 몇몇 사람에게 나누어진 "(책임/의무 등의) 일부"를 의미하기도 한다.

I accept **my portion of the responsibility** for the financial crisis.
(나는 재정위기에 대한 일부 책임이 나에게 있음을 인정한다.)
The other driver must bear **a portion of the blame** for the accident.
(다른 운전자도 사고의 부분적인 책임을 져야 한다.)

3   piece: 전체로부터 분리되어 나온 부분을 가리키며, 특히 그 자체로 "완전한 것으로 생각되는 부분"을 가리킨다.

He ate a big **piece** of cake. (그는 케이크의 큰 조각 하나를 먹었다.)
He broke off a **piece** of bread and gave it the dog.
(그는 빵 한 조각을 떼어서 개에게 주었다.)
Chop the potatoes into bite-sized **pieces**. (감자를 한 입에 들어갈 수 있는 크기로 썰어라.)

▶ piece는 같은 종류에 속하는 것 중에 하나를 가리킬 수 있다.

They bought several new **pieces** of furniture for their new apartment.
(그들은 새 아파트에 들어갈 새 가구 몇 점을 구입했다.)
Let me give a **piece** of advice — first, talk with your lawyer.
(내가 충고 한마디 할게. 먼저 너의 변호사와 의논해라.)
She's wearing a single **piece** of jewellery. (그녀는 보석 한 점만 착용하고 있다.)

▶ 다음을 비교해 보라.

I ate **part** of an apple. [사과 하나 전부가 아니라 한두 입 먹은 것]
I ate a **portion** of an apple. [사과를 나누어 내 몫을 먹은 것]
I ate a **piece** of an apple. [사과를 몇 조각으로 나눈 것 중에 한 조각을 먹은 것]

P2   PARTICIPLES (분사)-1: 개 요

1   **형태**: 영어의 동사는 두 가지 분사형을 가지고 있다. 하나는 "현재분사(present participle)"라고 부르는 "-ing형"과 다른 하나는 "과거분사(past participle)"이라고 부르는 "-ed형"이 있다. 진행분사(progressive participle)라고도 부르는 현재분사는 동사에 "-ing어미"를 붙여

규칙적으로 구성하지만, 과거분사에는 동사에 "-ed어미"를 붙여 구성되는 규칙적인 형태와 불규칙 형태인 "(비음이 붙은) beaten", "(치조음이 붙은) kept", "(어간의 모음이 바뀐) begun", "(동사의 원형과 같은) put" 등 여러 가지 형태가 있다. 이 분사들은 그 명칭과는 달리 "과거, 현재, 미래"에 대해 말할 때 두루 사용될 수 있다는 점에 유의하라.

(1) 현재분사

A man**'s talking** to Liz.	[현재]
(한 남자가 리즈와 말을 하고 있다.)	
She **was crying** when I saw her.	[과거]
(내가 그녀를 보았을 때는 울고 있었다.)	
This time tomorrow I**'ll be lying** on the beach.	[미래]
(나는 내일 이 시간에 해변에 누워 있을 것이다.)	

(2) 과거분사

He**'s very disturbed** by a noisy neighbor.	[현재]
(그는 시끄러운 이웃 때문에 신경이 몹시 곤두서 있다.)	
The window **was broken** in the storm.	[과거]
(창문이 태풍으로 깨졌다.)	
The new school **will be opened** next week.	[미래]
(새로운 학교가 다음 주에 개교할 것이다.)	

2 -ing형: 동사에 "-ing어미"를 붙일 때 몇 가지 유의할 점이 있다.

(1) -e로 끝나는 동사에는 "-e를 삭제"한 다음 -ing를 붙인다.

argu**e** : argu**ing**	chang**e** : chang**ing**	com**e** : com**ing**
develop**e** : develop**ing**	hop**e** : hop**ing**	mak**e** : mak**ing**

(2) 주강세를 받는 단모음 문자 다음에 단자음 문자로 끝나면 "자음문자를 반복"한 다음 "-ing어미"를 붙인다.

admít : admí**tting**	occúr : occú**rring**	refér : refé**rring**

(3) "단모음 문자 + 단자음 문자"로 끝나는 모든 단음절 동사는 단모음 문자에 주강세가 오기 때문에 위의 법칙을 따른다.

get : ge**tting**	plan : plan**ning**	run : run**ning**

▶ 그러나 "-y, -w, -x"로 끝나거나 두개의 모음문자가 단자음 문자 앞에 나타나면 이 법칙을 따르지 않고, 단순히 "ing어미"를 붙인다.

row : row**ing**	say : say**ing**	fix : fix**ing**
look : look**ing**	rain : rain**ing**	wait : wait**ing**

(4) 단모음 문자와 단자음 문자로 끝나는 동사라 할지라도 "주강세가 마지막 모음에 오지 않으면" 자음문자를 반복하지 않는다.

exhíbit : exhíbit**ing**　　　énter : énter**ing**　　　vísit : vísit**ing**

▶ 특히 영국영어에서 "-l, -p, -s, -t"로 끝나는 단어에서 종종 예외가 나타난다. 아래 단어에서 주강세가 첫 음절에 온다.

bias : biasing/biassing　　　　combat : combating/combatting
equal : equaling/equalling　　　focus : focusing/focussing
handicap : handicapping　　　　kidnap : kidnaping/kidnapping
travel : traveling/travelling　　　worship : worshiping/worshipping

(5) -ie로 끝나는 동사는 "-ie를 -y로 바꾼 다음 "-ing어미"를 붙인다.

die : d**ying**　　　　lie : l**ying**　　　　tie : t**ying**

그러나 dye의 현재분사형은 "dyeing"이다.

(6) -c로 끝나는 동사는 "-c를 -ck로 바꾼" 다음 "-ing어미"를 붙인다.

mimic : mimic**king**　　　panic : panic**king**　　　picnic : picnic**king**

3　**-ed형**: 규칙동사는 "단순 과거형"과 "과거분사형"이 동일하다. 따라서 규칙동사의 과거분사형에 대해서는 P15를 보라. 불규칙동사의 과거분사형에 대해서는 V8을 보라.

4　**be와 have**: 분사형 동사는 조동사 "be"나 "have"와 결합하여 "진행, 완료, 수동"구문을 만들 수 있다.

He **is studying** at the library.　　　　　　　　　　　　[진행]
(그는 도서관에서 공부하고 있다.)
He **was watching** TV, when you called last evening.
(네가 어제저녁에 전화했을 때 그는 텔레비전을 보고 있었다.)
I **have** recently **met** her at the seminar.　　　　　　　[완료]
(나는 최근에 그녀를 세미나에서 만났다.)
We **had been living** at a country house before.　　　　[완료 진행]
(우리는 전에 시골집에서 살고 있었다.)
The building **was built** last year.　　　　　　　　　　　[수동]
(그 건물은 지난해에 건축되었다.)
You'll **be told** as soon as possible.
(곧 듣게 될 것이다.)

현재진행에 대해서는 P44를, 현재완료진행에 대해서는 P46을, 과거진행에 대해서는 P16을, 과거완료진행에 대해서는 P18을 보라. 수동문에 대해서는 P7-P14를 보라.

5　**형용사적 용법과 부사적 용법**: 분사형 동사는 "형용사"처럼 명사를 수식할 수 있으며, 접속사가 없이도 다양한 의미의 "부사구"로 사용될 수 있다.

I couldn't tolerate his **boring** lecture anymore.　　　　[형용사적 용법]
(나는 그의 지루한 강의를 더 이상 견딜 수가 없었다.)

The road was blocked with a **fallen** tree.
(길은 쓰러진 나무로 막혔다.)

Having finished all his work, he left his office.　　　[부사적 용법]
(그는 일이 모두 끝났기 때문에 사무실을 나왔다.)
Born in better times, he would become a great statesman.
(더 좋은 시대에 태어났다면 그는 훌륭한 정치가가 될 것이다.)

P3　PARTICIPLES-2: 형용사적 용법

분사는 형용사와 마찬가지로 "주어보어와 목적어보어"로 쓰일 수 있으며 "명사를 수식하는 표현"으로도 쓰인다.

1　**명사 수식어**: 동사의 분사형은 명사를 수식하는 "제한적 형용사"로 사용될 수 있다.

I love the noise of **falling rain**. (나는 비 내리는 소리를 좋아한다.)
He attacked the man with a **broken bottle**. (그는 그 남자를 깨진 병으로 공격했다.)

모든 동사의 분사형이 명사 앞에서 제한적 수식어로 쓰일 수 있는 것은 아니다. 예를 들어 "the lost dog/the missing child"라고는 해도 "*the found dog/*the appearing child"라고는 하지 않는다. 그러나 우리는 "the losing game/the winning game" 또는 "the rejected principles/the accepted principles"이라고 말한다. 이 분야는 아직도 연구가 필요한 분야 중의 하나다.

2　**명사 후속수식어**: 명사의 대표적인 후속 수식어는 "관계절"이다. 분사형 후속수식어는 관계절에서 "관계대명사와 be동사가 생략"되어 만들어진 것으로 생각할 수 있다.

She's looking at a baby **who is sleeping** in the cradle.
(그녀는 요람에서 자고 있는 아이를 바라보고 있다.)
⇒ She's looking at a baby **sleeping** in the cradle.
He received a letter **that was written** in French.
(그는 프랑스어로 쓴 편지를 받았다.)
⇒ He received a letter **written** in French.

▶ 분사가 다른 수식어를 동반할 경우에는 명사 앞으로 이동할 수 없다.

*She's looking at a **sleeping** baby **in the cradle**.
(참고: She's looking at a baby who is **sleeping in the cradle**.)
*He received a **written** letter **in French**.
(참고: He received a letter that was **written in French**.)

3　those: those는 종종 분사와 함께 사용될 수 있으며 분사가 명사 앞으로 이동하지 않는다.

Most of those questioned refused to answer.
(질문을 받는 사람의 대부분이 답하기를 거부했다.)

Those selected will begin training on Monday.
(선발된 사람들은 월요일에 훈련을 시작할 것이다.)

4 **보어**: 분사는 형용사처럼 "주어보어"나 "목적어보어"로 사용될 수 있다.

His ideas seem extremely **interesting**. (그의 아이디어는 매우 흥미로운 것 같다.)
I found **his talk** very **interesting**. (나에게는 그의 담화가 매우 흥미로웠다.)

The disease was too far **advanced** to be treated. (병이 치료하기에는 너무나 많이 진행되었다.)
We found **the weapon systems** very **advanced**. (우리는 무기체계가 크게 발전했음을 알았다.)

분사형 형용사에 대해서는 A21.4와 7을 보라.

P4 PARTICIPLES-3: 부사적 용법

분사절은 "조건, 이유, 시간관계, 결과" 등을 표현하는 완전한 부사절과 유사하게 사용될 수 있다. 우리가 흔히 "접속사+주어+정형 동사구"의 구조를 써서 나타내는 부사절을 접속사와 주어를 생략하고 -ing형의 분사구를 써서 나타낼 수 있다. 다음을 비교해보라.

After I put down my newspaper, I walked over to the window.
Putting down my newspaper, I walked over to the window.
(나는 신문을 내려놓은 다음 창문 쪽으로 걸어갔다.)
Coming to his hometown, he began to teach the people in their synagogue,
(고향으로 돌아가사 그들의 회당에서 가르치시니.) [마 13:54]
(참고: After he came to his hometown, he began to teach the people in their synagogue.)

1 **비진행형 동사**: 부사적으로 쓰이는 분사구는 "-ing형"이 되기 때문에 진행시제로 사용될 수 없는 지각동사와 "be, have, know. believe, want, wish" 등의 동사도 -ing형이 가능하다.

Being unable to cook, she took her friends to a restaurant for dinner.
(그녀는 요리할 줄 모르기 때문에 친구들을 음식점으로 데려갔다.)
(*Because she **was being unable** to cook, she took her friends to a restaurant for dinner.)
Not knowing the telephone number, he called 114.
(전화번호를 모르기 때문에 그는 114에 전화했다.)
(*Since he **wasn't knowing** the telephone number, he called 114.)
Wanting to go to America, he decided to learn English first.
(그는 미국에 가고 싶었기 때문에 먼저 영어를 배우기로 했다.)
(*As he **was wanting** to go to America, he decided to learn English first.)
Hearing that Jesus had silenced the Sadducees, the Pharisees got together.
(예수께서 사두개인들로 대답할 수 없게 하셨다 함을 바리새인들이 듣고 모였는데.) [마 22:34]
(*When they **were hearing** that Jesus had silenced the Sadducees, the Pharisees got together.)

2　**접속사와 주어**: 접속사를 포함하는 부사절 대신에 분사구를 사용하려면 분사구가 지니는 접속사적 의미와 분사구의 주어를 문맥에서 쉽게 찾을 수 있어야 한다. 일반적으로 주절의 주어가 분사구의 주어로 이해되며, 문맥에 의해서 결정되는 분사구의 접속사적 의미는 "시간, 이유, 조건, 결과, 양보, 동시성 또는 연속 상황" 등을 가리킨다.

He handed a card to her, **having written something on it**.　　　[시간]
(그는 카드에 무엇인가 써서 그녀에게 주었다.)
(= He handed a card to her, **when/after he had written something on it**.)
Leaving Nazareth, he went and lived in Capernaum ...
([예수께서 나사렛을 떠나 ... 가버나움에 가서 사시니.) [마 4:13]
(= **After he left Nazareth**, he went and lived in Capernaum ...)
Having lived in America in his youth, he can speak English very well.　　　[이유]
(그는 젊었을 때부터 미국에 살았기 때문에 영어를 매우 잘한다.)
(= **As/Because he has lived in America in his youth**,
 he can speak English very well.)
Filled with compassion, Jesus reached out his hand and touched the man.
(예수께서 불쌍히 여기사 손을 내밀어 그에 대시며) [막 1:41]
(= **As/because/Since he was filled with compassion**, Jesus reached out his hand and touched the man.)
Born in better times, he would become a great businessman.　　　[조건]
(더 좋은 시대에 태어난다면 그는 훌륭한 실업가가 되었을 것이다.)
(= **If he were born in better times**, he would become a great businessman.)
It rained all the time, **completely ruining our holiday**.　　　[결과]
(내내 비가 내려서 우리들의 휴가를 완전히 망쳤다.)
(= It rained all the time, **so that it completely ruined our holiday**.)
Admitting what you have said, I still don't believe it.　　　[양보]
(네가 말한 것을 인정은 하지만 나는 아직도 그것을 믿지는 않는다.)
(= **Although I admit what you have said**, I still don't believe it.)
Walking along the street, I ran across an old friend of mine.　　　[동시상황]
(나는 거리를 따라 걷다가 우연히 옛 친구 한 명과 마주쳤다.)
(= I ran across an old friend of mine, **walking along the street**.)
(= I ran across an old friend of mine, **while I was walking along the street**.)
Jesus went through the towns and villages, **teaching as he made his way to Jerusalem**.
(예수께서 각 성과 각 마을로 다니사 가르치시며 예루살렘으로 여행하시더니.) [눅 13:22]
Our train started from Seoul at 6:30 pm, **arriving here at 10:00 pm**.　　　[연속상황]
(우리 기차는 오후 6시 30분에 서울에서 출발하여 오후 10시에 그곳에 도착했다.)
(= Our train started from Seoul at 6:30 pm, **and arrived there at 10:00 pm**.)

위 예에서 -ed형의 분사구는 수동형 "being born"에서 being이 생략된 것이다.

3   **주절의 주어**: 부사적으로 사용되는 분사구의 주어는 "주절의 주어"가 된다. 따라서 아래 문장에서는 "looking"의 주어가 "a stream of heavy traffic"가 될 수 없으며, "walking"의 주어가 "a car"가 될 수 없기 때문에 비문이 된다.

   ***Looking** out of the window, **a stream of heavy traffic** was seen.
   (참고: **Looking** out of the window, **she** saw a stream of heavy traffic.)
   (창문 밖을 내다보던 그녀는 수많은 차량의 흐름을 보았다.)
   ***Walking along the street, a car** ran over a little girl.
   (참고: **Walking along the street, a little girl** was ran over by a car.)
   (어린 여자 어린이가 거리를 따라 걷다가 자동차에 치였다.)

4   **허사 주어**: 주절이 허사 it이나 there로 시작할 경우에 이 규칙이 위반될 수도 있지만, 분사절은 자신의 주어를 주절의 어디에선가 찾아야 한다.

   Being American, **it**'s surprising that **she** speaks English so poorly.
   (그녀는 미국인이지만 영어를 그렇게 형편없이 한다는 것은 놀라운 일이다.)
   Having so little money, **there** was not much that **I** could do.
   (돈이 별로 없어서 내가 할 수 있는 것도 별로 없었다.)

5   **접속사와 전치사**: "주어가 없는 분사구"는 다양한 접속사 다음에서 사용될 수 있다. (E16.5를 보라.)

after	(al)though	as	as if
before	if	once	since
unless	until	when	whenever
where	wherever	whether	while 등

   After visiting Busan and Masan, we travelled on to Namhae.
   (부산과 마산을 방문한 다음 우리는 계속해서 남해로 갔다.)
   Although hired as a bookkeeper, she also does secretarial work.
   (그녀는 회계사로 고용되었지만 비서 일도 한다.)
   He closed the lid quickly, **as if wanting** to hide something inside.
   (무엇인가 속에 감추고 싶은 것처럼 그는 뚜껑을 재빨리 닫았다.)
   If carefully **done**, the experiment should be very successful.
   (만약 조심스럽게 실시된다면 실험은 매우 성공적일 수밖에 없다.)
   Since agreed on by the majority, this measure will be carried out.
   (이번 조치는 다수의 동의를 받았기 때문에 실행될 것이다.)
   She always turns on the radio **when doing** the housework.
   (그녀는 집안일을 할 때 항상 라디오를 켠다.)

6   **절대절**: 앞에서도 지적했듯이 주절의 주어가 분사구의 주어로 해석되는 것이 보통이지만, 분사구가 주절과 다른 "독립적인 주어"를 가질 수 있으며 우리는 이러한 구문을 "독립 분사구" 또는 "절대절(absolute clauses)"이라고 부른다.

The elevator being out of order, everyone had to walk up the stairs.
(엘리베이터가 고장 나서 모두가 걸어서 계단을 올라가야 했다.)
(= Everyone had to walk up the stairs, **the elevator being** out of order.)
(= Everyone had to walk up the stairs, because the elevator was out of order.)
The boy came running into the room, **his face and hands covered** with mud.
(그 소년은 얼굴과 손에 진흙이 묻은 채 방 안으로 뛰어들어 왔다.)
(= The boy came running into the room, while his face and hands were covered with mud.)
Nobody having anymore to say, the meeting was closed.
(아무도 할 말이 더 없어서 회의는 끝났다.)
(= Because nobody has anymore to say, the meeting was closed.)

▶ with는 이유를 의미하는 전치사로서 종종 "절대절의 주어" 앞에 올 수 있다. (W20.4를 보라.)

With all that noise going on, I can't do anything.
(계속되는 온갖 잡음 때문에 나는 아무것도 할 수가 없다.)
With his wife (being) sick, he's taking care of the children alone.
(부인이 아파서 그는 혼자서 아이들을 돌보고 있다.)
With exams approaching, it's a good idea to review your class notes.
(시험이 가까워지면 학업 노트를 복습하는 것이 좋은 생각이다.)

▶ what with: "이유가 둘" 이상일 경우에는 "what with"가 사용될 수 있다.

What with the snow and the bronchitis, I haven't been out for weeks.
(눈과 기관지염으로 나는 수 주 동안 외출하지 않았다.)
She lay in bed **what with the door unlocked and the window open.**
(그녀는 문을 잠그지도 않고 창문은 열어놓은 채 잠자리에 들어 있었다.)
He couldn't get to sleep, **what with all the shooting and shouting.**
(총소리와 고함으로 인해 그는 잠을 잘 수가 없었다.)

7   we/you 주어: 분사구의 주어가 전칭적인 "we" 또는 "you"를 가리킬 때는 표현되지 않을 수 있다. 이러한 분사구문을 "비인칭 독립분사구"라고 부른다.

Generally **speaking**, there's little rain in November here.
(일반적으로 말하면, 여기는 11월에 비가 많이 내리지 않는다.)
(= If we speak generally, there's little rain in November here.)
Judging from his expression, it's certain that he got a grade A in maths.
(그의 표정에서 판단하건대 그가 수학에서 A 학점을 받은 것이 확실하다.)
(= When we judge from his expression, it's certain that he got a grade A in maths.)
Granting that he is right, we have nothing to expect from him.
(가령 그가 옳다고 하더라도 우리는 그에게서 기대할 것이 없다.)
(= Although we grant that he is right, we have nothing to expect from him.)

P5 PARTICIPLES-4: -ing형과 -ed형

1 **능동과 수동**: 일반적으로 "-ing형"은 "능동적" 의미를, "-ed형"은 "수동적" 의미를 나타낸다. 다음을 비교해보라.

Be quiet, or you might wake up the **sleeping baby**.
(조용히 해라. 안 그러면 잠든 아이를 깨울 수 있다.)
(참고: the baby **is sleeping**)
John submitted a **written report** on last year's sales to the committee.
(존은 지난해의 매출에 대한 서면 보고서를 위원회에 제출했다.)
(참고: a report **is written** by John)
She's looking at the man **parking the car on the driveway**.
(그녀는 차도에 주차를 하고 있는 남자를 바라보고 있다.)
(참고: the man **is parking** the car on the driveway)
They're repairing the roof **damaged during the last storm**.
(그들은 지난 폭풍우에 망가진 지붕을 수리하고 있다.)
(참고: the roof **was damaged** during the last storm)

2 **감정상태**: 감정상태를 표현하는 동사는 일반적으로 "-ing형"과 "-ed형"이 둘 다 형용사처럼 사용될 수 있다.

amusing : amused	annoying : annoyed
boring : bored	disappointing : disappointed
disgusting : disgusted	disturbing : disturbed
embarrassing : embarrassed	exciting : excited
frightening : frightened	interesting : interested
intriguing : intrigued	pleasing : pleased
surprising : surprised	terrifying : terrified
tiring : tired	troubling : troubled 등

이들 쌍에서 "-ing형"은 "우리의 느낌에 원인"을 제공하는 사람이나 사물을 기술하고, "-ed형"은 "우리의 느낌"을 표현하고 있다.

I thought the lecture was **interesting**. (나는 그 강연이 흥미로웠다고 생각했다.)
I was **interested** in the lecture. (나는 그 강연을 관심있게 들었다.)

The party was very **boring**. (파티가 몹시 지루했다.)
Most of the guests went home early because they felt **bored**.
(손님들 대부분은 지루함을 느껴서 일찍 집으로 갔다.)

It has been a very **tiring** day for everybody. (오늘은 모두에게 매우 피곤한 하루였다.)
It made everybody **tired**. (그것은 모두를 피곤하게 했다.)

3 **동사와 분사**: 동사에 따라 선택하는 분사가 다르며 그 의미도 달라진다.

(1) have동사의 경우에는 "-ing형"과 "-ed형"이 의미가 다르다.

He **had** her picture **hanging** in his office. (그는 그녀의 초상화를 그의 사무실에 걸어 두었다.)
He **had** her picture **hung** in his office. (그는 그녀의 초상화를 그의 사무실에 걸게 했다.)
(= He **had** someone **hang** her picture in his office.)

(2) "catch, find, keep, leave, send" 등의 동사도 "목적어와 술어관계"를 갖는 분사를 가질 수 있다.

The police **caught** the boy **stealing** a car. (경찰은 자동차를 훔치는 소년을 잡았다.)
The soldiers **caught** the terrorists **trapped** at the roadblock.
(병사들은 도로방어벽에 갇힌 테러분자들을 잡았다.)
She **found** him quietly **weeping** alone. (그녀는 그가 혼자서 조용히 울고 있는 것을 보게 됐다.)
He **found** the car key **stolen**. (그는 자동차 열쇠를 도난당했다는 것을 알게 됐다.)

(3) "sit, stand, lie"와 같은 동사도 분사구를 동반할 수 있으나, 그 의미는 주어를 수식하는 "비제한적 관계절"과 유사하다. (R13을 보라.)

John was sitting on a chair, **reading** a sports magazine.
(존은 의자에 앉아서 스포츠 잡지를 읽고 있었다.)
(= John was sitting on a chair, and (he was) **reading** a sports magazine.)
He just stood at the corner, **wondering** where to turn.
(그는 모퉁이에 서서 어느 쪽으로 갈 것인가를 망설이고 있었다.)
(= He just stood at the corner, and (he) **wondered** where to turn.)

이러한 이유에서 이 분사구는 부사적 분사구의 "동시 상황"이나 "연속 상황"을 의미하는 것으로 분석할 수도 있다. (P4.2를 보라.)

4 **-ed형 자동사**: 몇몇 "자동사의 -ed형"은 특히 명사 앞에서 "능동적 의미"로 해석된다.

a **retired** general   an **escaped** prisoner
the **departed** guests   a **grown** boy
faded wallpaper   a **burnt-out** cigar
fallen rocks   **vanished** civilization
a **developed** country   **swollen** ankles
molten lave   a **sunken** ship
a **drunken** bully   a **shrunken** old woman

▶ -ed형 자동사 중에는 부사를 대동할 경우에만 명사 앞에서 "능동적 의미"로 사용된다.

a **well-read** student (*a **read** student)
a **much-travelled** woman (*a **travelled** woman)
a **newly-arrived** visitor (*an **arrived** visitor)
a **newly-wed** couple (*a **wed** couple)

5 **very**: "-ed형" 분사 중에 특히 "감정상태"를 의미하는 것은 전형적인 형용사의 수식어인

very의 수식을 받을 수 있다. (P5.2를 보라.)

annoyed	bored	concerned	confused
delighted	disappointed	embarrassed	interested
irritated	pleased	puzzled	satisfied
shocked	startled	surprised	tired
troubled	upset	worried 등	

I'll be **very annoyed** if you don't finish by eight.
(만약 네가 8시까지 끝내지 않으면 나는 몹시 짜증이 날 것이다.)
All the people are **very concerned** with children's education.
(모든 국민이 어린이들의 교육에 큰 관심이 있다.)
She was **very upset** with the way her father treated her.
(그녀는 자기 아버지가 자신을 대하는 방식에 매우 화가 났다.)

그러나 다음의 문장과 비교해 보라.

He was **fully occupied** with work. (그는 일에 푹 빠져 있다.)
(*He was **very occupied** with work.)
He's **much admired** by his students. (그는 학생들에게 매우 존경을 받는다.)
(*He's **very admired** by his students.)
He's **well-known** for his artistic ability. (그는 자기의 예술적 재능으로 유명하다.)
(*He's **very known** for his artistic ability.)

6 **위치와 의미**: 몇몇 분사는 위치에 따라 의미가 변한다. 다음을 비교해보라.

The mayor came under attack from **concerned** (= worried) citizens.
(시장은 염려하는 시민들로부터 공격을 받았다.)
Some of the farmers **concerned** (= affected) suffered from the low prices.
(영향을 받는 농부들의 일부가 낮은 가격으로 피해를 보았다.)

He presented an **involved** (= complicated) explanation of his project.
(그는 자기의 계획에 대한 복잡한 설명을 제시했다.)
An essential element is good communication between the people **involved**. (= concerned)
(필수적인 요소는 관련된 사람들 간의 원활한 의사소통이다.)

They talked to the consultant about their **adopted** (= non-biological) son.
(그들은 그들이 양자에 대해서 상담사와 의논했다.)
This is the solution finally **adopted** (= chosen) for the peace between us.
(이것이 우리 사이의 평화를 위해 마지막으로 선택된 해결책이다.)

7 **-en 분사형**: 몇몇 옛날 분사형인 "-en분사"는 명사 앞에만 오는 형용사로 사용된다. 다음을 비교해보라. (A19.8을 보라.)

| drunk : drunken | melt : molten | shaved : shaven |
| shrunk : shrunken | sunk : sunken 등 | |

Drunken driving is very dangerous. (음주운전은 매우 위험하다.)
(***Drunk** driving is very dangerous.)
He is **drunk**. (그는 취했다.) (*He is **drunken**.)
They exhibit **shrunken** heads. (그들은 줄어든 두개골을 전시하고 있다.)
(*They exhibit **shrunk** heads.)
The firm's staff had **shrunk** to only five people. (회사의 직원이 단지 다섯 명으로 줄어들었다.)
(*The firm's staff had **shrunken** to only five people.)

8   **-ed형 분사와 전치사**: 과거분사형 동사의 여러 기능 중에 하나는 "be동사"와 결합하여 수동문을 만드는 것이다. 수동문에는 일반적으로 "행위자(agent)"를 포함하며, 행위자는 전치사 by를 대동한다. 그러나 "-ed형 분사"는 동사처럼 사용될 때는 전치사 "by"를 대동하지만, 형용사처럼 사용될 때는 자신의 "특유의 전치사"를 대동한다.

The government have been **embarrassed by** the revelation in the press.
(정부는 언론의 폭로에 당황해 했다.)
He was very **embarrassed at** her rude behavior.
(그는 그녀의 무례한 행동에 매우 당황스러웠다.)

He was **amazed by** the fact that she was attracted to Sam.
(그는 그녀가 샘에게 매료되었다는 사실에 놀랐다.)
We were all **amazed at** his rapid recovery.
(우리 모두는 그의 신속한 회복에 놀랐다.)

They've been deeply **troubled by** the allegations.
(그들은 근거 없는 주장으로 심한 괴로움을 당했다.)
You don't have to be **troubled about** the precise details.
(너는 정확한 세부사항에 대해서는 걱정을 할 필요가 없다.)

-ed형 형용사에 대해서는 A21.4와 P9.3을 보라.

9   **동사 특성의 상실**: -ed형 분사 중에는 "동사의 특성을 잃은 것"들도 있다.

They're completely **absorbed in** their new house.
(그들은 새집에 완전히 빠져 있다.)
The boy is **accustomed to** the practice of getting up early in the morning.
(그 소년은 아침에 일찍 일어나는 훈련에 익숙해졌다.)
He's **blessed with** uncommon ability to fix things.
(그는 고장 난 것을 고치는 비상한 재능을 축복받았다.)
I'm deeply **indebted to** him for his help. (나는 도움을 준 그에게 크게 신세를 졌다.)
He's the only person who is **qualified for** the job.
(그는 그 자리에 맞는 자격을 가진 유일한 사람이다.)

P6   PARTITIVE CONSTRUCTIONS (부분사 구조)

부분사 구조란 "전체의 한 부분(a part of a whole)"을 의미하는 구조를 가리킨다. 가산명사와 불가산명사가 모두 부분사 구조를 구성할 수 있으며, 부분사 구조에는 "종류(kind)"를 가리키는 것(예: a kind of cloth)과 "양(quantity)"을 가리키는 것(예: a piece of cloth) 두 가지 유형이 있다.

(1) 종류

a new type of computer/shirt/apartment ...	[가산명사]
new types of computers/shirts/apartments ...	
a different kind of coffee/cheese/work ...	[불가산명사]
different kinds of coffee/cheese/work ...	

(2) 양

a large crowd of people/visitors/spectators ...	[가산명사]
crowds of people/shoppers/angry protesters ...	
a piece of cake/bread/wood ...	[불가산명사]
several pieces of cake/bread/wood ...	

1   **종류 부분사 구조**: 종류를 나타내는 부분사 구조는 "brand, form, kind, mode, sort, style, type" 등의 가산명사로써 표현된다.

   The company developed **a new brand of** deodorant.
   (회사는 새로운 품종의 탈취제를 개발했다.)
   Hindi is **a form of** the Indo-European group of languages.
   (힌두어는 인구어족에 속하는 한 언어 형태다.)
   The flowers attract several **different kinds of** insects.
   (꽃은 다른 여러 종류의 곤충을 끌어들인다.)
   The old couple have **a relaxed mode of** life that suits them well.
   (그 노부부는 그들에게 잘 어울리는 편안한 방식의 생활을 하고 있다.)
   What sort of shampoo do you use? (어떤 종류의 샴푸를 사용합니까?)
   Cubism is **a 20th century style of** art initiated by Picasso.
   (입체파는 피카소가 시작한 20세기 예술의 한 양식이다.)
   What type of music did the Beatles play?
   (비틀즈는 어떤 형태의 음악을 했습니까?)

2   **양 부분사 구조**: 양 부분사 구조는 "of-구"에 어떤 유형의 명사(구)가 오느냐에 따라 "of-구" 앞에 오는 "부분사 명사"가 결정된다. "of-구"에는 가산명사와 불가산명사 둘 다 나타날 수 있다.

   A herd of sheep blocked our bus on the road. (양 떼가 길에서 우리 버스를 가로막았다.)

Flocks of geese often fly in a V-shaped formation. (야생거위 떼는 종종 브이 형태로 비행한다.)

Let me give you **a piece of advice** — sell your stocks.
(내가 너에게 충고 한마디 하겠다. 네 주식을 팔아라.)

She bought **three loaves of bread** for dinner.
(그녀는 저녁 식사를 위해 빵 세 덩어리를 샀다.)

3 **불가산명사**: 불가산명사는 일반적으로 분리할 수 없는 덩어리로 정의된다. 그러나 우리는 부분사 명사를 써서 불가산명사에 "가산성(countability)"을 부여할 수 있다. 부분사 명사에는 불가산명사에 두루 사용될 수 있는 "일반 부분사"와 불가산명사의 의미에 따라 사용되는 "특수 부분사"가 있다.

(1) 일반 부분사: 가장 널리 사용되는 일반 부분사로는 piece가 있다.

How about a **piece** of cake for desert? (후식으로 케이크 한 조각이 어떻습니까?)
She ate several **pieces** of cakes after a good meal.
(그녀는 꽤 많은 식사를 한 후에 케이크를 여러 조각 먹었다.)

piece는 불가산 구상명사와 불가산 추상명사를 구별하지 않고 두루 쓰인다.

구상명사: a **piece** of butter/coal/furniture/land/paper/wood ...
추상명사: a **piece** of advice/help/information/luck/news/research ...

(2) 특수 부분사: 결합하는 불가산명사에 따라 부분사가 결정된다.

a **bar** of chocolate/soap
a **blade** of grass
a **block** of ice
a **cup** of coffee/tea
a **drop** of water/oil/vinegar/blood
a **glass** of water/milk/whiskey/beer
a **grain** of sand/salt/rice/corn
an **item** of information/news/clothing/furniture
a **loaf** of bread
a **lump** of coal/sugar
a **scrap** of paper/cloth/news/evidence
a **sheet** of paper/stamps
a **slice** of bread/cheese/cake/meat/paper
a **speck** of dust/blood
a **stick** of dynamite/chalk
a **strip** of cloth/tape/land/water
a **suit** of clothes

4 **가산명사**: 일반적으로 가산명사는 그 유형에 따라 "집단을 표현하는 부분사"가 있으며 "of-구" 다음에는 항상 복수명사가 온다. 상당수의 부분사는 둘 이상의 명사 유형과 함께 쓰인다.

a band of volunteers/soldiers/rebels ...
a bundle of newspapers/clothes/sticks ...
a bunch of flowers/grapes/bananas ...
a crowd of people/children ...
a deck of cards ...
a flock of sheep/goats/birds/children ...
a herd of cattle/goats/elephants ...
a horde of people/tourists/protesters ...
a pack of cigarettes/cards/frozen peas/wolves/dogs ...
a packet of cigarettes/envelopes/biscuits ...
a series of events/experiments/articles/books ...
a throng of excited spectators/Christmas shoppers ...

(1) band와 horde: 사람 명사와 함께 쓰이는 부분사가 여러 개 있다. 이들은 약간씩 다른 의미를 표현하기도 한다. 예를 들어 "band"는 공통의 목표나 이익을 가진 사람의 집단을 의미하고, "horde"는 흥분상태에 있는 큰 집단의 사람을 의미한다.

The president still has a small **band** of supporters.
(대통령에게는 아직도 작은 집단의 지지자들이 있다.)
There were **hordes** of fans waiting outside the theater.
(극장 밖에는 큰 무리의 팬들이 기다리고 있었다.)

(2) flock과 herd: flock과 herd는 일반적으로 동물의 집단을 의미하지만 종종 사람집단에게도 사용된다. "flock"은 큰 집단의 사람을 의미하고, "herd"는 남에 의해 쉽게 좌우되는 사람들의 집단을 의미한다.

A noisy **flock** of tourists rushed into the duty-free shop.
(시끄러운 여행객 무리가 면세점으로 밀고 들어왔다.)
You have to be an individual; it's no use running with the **herd**.
(당신은 독립적인 개인이다. 군중에 휘말려서는 안 된다.)

5   **부정구문**: 이 부분사들 중에 어떤 것들은 부정구문에서 "not at all"의 의미로 사용된다.

There's **not a grain of** truth in what he says. (그의 말에는 티끌만큼의 진실도 없다.)
There **hasn't** been **a breath of** fresh air for an hour.
(한 시간 동안 약간의 신선한 공기도 들어오지 않았다.)
I **couldn't** find **a scrap of** evidence to prove his innocence.
(그의 무죄를 입증할 단편적인 증거도 찾을 수 없었다.)
He came downstairs **without a stitch of** clothing on.
(그는 옷을 한 올도 걸치지 않고 아래층으로 내려왔다.)

▶ 이들 중에 "a grain of, a breath of" 등은 긍정적 표현에서는 일반적으로 사용되지 않는다.

*There's **a grain of** truth in his claims.

***A breath of** air disturbed the stillness of the day.

6 pair: pair는 항상 둘이 함께 사용되는 대상이나 두 부분으로 구성된 복수명사에 사용된다. (C53.2와 N32.1을 보라.)

a **pair** of shoes/socks/ear-rings/sandals/skis ...
a **pair** of glasses/binoculars ...
a **pair** of trousers/jeans/pajamas ...
a **pair** of scissors/pliers ...

7 set: set라는 단어는 일반적으로 "복수명사"와 함께 사용되지만, "대표 불가산명사"와도 함께 사용될 수 있다. (대표 불가산명사에 대해서는 N28.10을 보라.)

a **set** of napkins/dishes/tires/sparking plugs/spanners ...
a **set** of baggage/cutlery/footwear/furniture/jewellery/tableware ...

▶ 복수명사를 취할 경우에는 복수동사와 일치하고, 대표 불가산명사의 경우에는 단수동사와 일치한다.

A **new set of tires were**/*was ordered for her old car.
(그녀의 낡은 차를 위해 새로운 타이어 한 벌을 주문했다.)
A **set of gold jewellery was**/*were found in the tomb of the ancient kingdom.
(고대 왕국의 묘지에서 한 벌의 금 장신구가 발견되었다.)

형용사와 부사 앞에서 수식어로 쓰이는 a bit에 대해서는 A4를 보라.
a bit of a ...에 대해서는 A4.1과 D6.1을 보라.
an amount, a lot, a large number 등에 대해서는 A6과 Q1을 보라.
sort of, type of, kind of에 대해서는 K1을 보라.

P7 PASSIVES (수동문)-1: 형태

1 **능동문과 수동문**: 어떤 사람이나 물체가 어떤 행위를 하는 것을 말할 때는 "능동문"을 사용하고, 어떤 사람이나 물체에 어떤 일이 일어났는지를 말할 때는 "수동문"을 사용한다.

The dog chased the cat.   [능동문]
(개가 고양이를 쫓았다.)
The cat was chased by the dog.   [수동문]
(고양이가 개에게 쫓겼다.)

능동문의 "목적어"는 수동문의 "주어" 위치로 이동하고, 능동문의 "주어"는 "전치사 by"를 붙인 다음 "문장 끝"으로 보낸다. 동사는 "조동사 be"를 첨가한 다음 동사 자체는 "과거분사형"으로 바꿔주어야 한다. 수동문의 필요조건은 동사가 "타동사(transitive verbs)"여야 한다는 점이다.

2. **수동형 동사**: 다음은 영어의 보통동사의 모든 수동형과 그 명칭이다.

(1) 단순현재

능동	수동
speak	am/is/are spoken

We **speak** English here. (우리는 여기서 영어를 사용한다.)
English **is spoken** here. (여기서는 영어가 사용된다.)

(2) 단순과거

spoke	was/were spoken

They **spoke** only English there. (그들은 그곳에서 영어만을 사용했다.)
Only English **was spoken** there. (그곳에서는 영어만 사용되었다.)

(3) 현재진행

am/is/are painting	am/is/are being painted

We **are painting** the house. (우리는 집에 페인트칠을 하고 있다.)
The house **is being painted**. (집이 페인트칠이 되고 있다.)

(4) 과거진행

was/were watching	was/were being watched

I felt as if someone **was watching** me. (나는 누군가 나를 감시하고 있는 것처럼 느꼈다.)
I felt as if I **was being watched**. (나는 감시당하고 있는 것처럼 느꼈다.)

(5) 현재완료

have/has invited	have/has been invited

We**'ve invited** Mary to the party. (우리는 메리를 파티에 초청했다.)
Mary**'s been invited** to the party. (메리는 파티에 초청을 받았다.)

(6) 과거완료

had chosen	had been chosen

I knew that they **had chosen** me. (나는 그들이 나를 선택했다는 것을 알았다.)
I knew that I **had been chosen**. (나는 내가 선택되었다는 것을 알았다.)

(7) 완료진행

have been burning	have been being burned

The enemy **has been burning** down the whole city. (적군은 전 도시에 불을 지르고 있었다.)
The whole city **has been being burned** down by the enemy.
(전 도시가 적군에 의해서 불에 타고 있었다.)

(8) will 미래

| will tell | will be told |

We **will tell** you about it tomorrow. (우리는 내일 그것에 대해서 너에게 말할 것이다.)
You **will be told** about it tomorrow. (너는 내일 그것에 대해서 듣게 될 것이다.)

(9) will 완료

| will have done | will have been done |

We'**ll have done** it by Tuesday. (우리는 화요일까지 그것을 해내야 할 것이다.)
It'**ll have been done** by Tuesday. (그것은 화요일까지 끝이 나야 할 것이다.)

(10) 현재부정사

| (to) love | (to) be loved |

She wants everyone **to love** her. (그녀는 모든 사람이 자기를 사랑하기를 바란다.)
She wants **to be loved** by everyone. (그녀는 모든 사람의 사랑을 받기를 바란다.)

(11) 완료부정사

| (to) have invited | (to) have been invited |

It's possible for them **to have invited** her to the party.
(그들이 그녀를 파티에 초청했을 가능성이 있다.)
It's possible for her **to have been invited** to the party.
(그녀가 파티에 초청되었을 가능성이 있다.)

(12) will 진행형: 흔히 쓰이지 않는다.

| will be burning | will be being burned |

The enemy **will be burning** down the whole city. (적군이 전 도시에 불을 지를 것이다.)
The whole city **will be being burned** down by the enemy.
(전 도시가 적군에 의해 불이 타게 될 것이다.)

3   **get 수동문**: 비형식적 영어에서는 수동문에서 "be동사" 대신에 "get"를 사용하기도 한다.

(1) get는 주로 "동적인(dynamic) 동사"와 함께 사용된다. (G13.2와 V2.1을 보라.)

My camera **got broken** while I was jumping out of the car.
(차에서 뛰어 내릴 때 카메라가 깨졌다.)

He **got caught** by the police driving at 120 mph.
(그는 시속 120마일로 운전하다가 경찰에 걸렸다.)
My uncle **got killed** in a car clash. (나의 삼촌은 자동차 충돌 사고로 사망했다.)
*It **got believed** that the letter was a forgery.
(참고: It **was believed** that the letter was a forgery.)
(그 편지는 위조인 것으로 믿어진다.)
*The manager **gets admired** by most of the staff.
(참고: The manager **is admired** by most of the staff.)
(이사님은 직원 대부분의 존경을 받는다.)
*He **got forgiven** for what he had said.
(참고: He **was forgiven** for what he had said.)
(그는 자신이 말한 것에 대해 용서를 받았다.)

(2) get는 주로 주어에 "이득이 되거나 안 좋은 상황"을 표현할 때 사용된다.

Helen will **get promoted** to senior manager at the end of the year.
(헬렌은 연말에 수석 지배인으로 승진할 것이다.)
They're **getting married** early next year. (그들은 내년 초에 결혼할 것이다.)
You might **get hurt** if you don't follow me closely.
(나를 바짝 따라오지 않으면 다칠지도 모른다.)
Does he ever **get asked** for his autograph? (그는 서명해달라고 요청받은 적이 있습니까?)

(3) get는 "느낌, 상황, 상태의 변화"를 표현한다.

I soon **got bored** with my new job. (나는 얼마 안 돼서 새로운 일에 싫증이 났다.)
She really **got upset** about the way her father treated her.
(그녀는 자기 아버지가 그녀를 대하는 방식에 정말로 화가 났다.)
I **got surprised** to find how smart you are about math.
(나는 네가 얼마나 수학에 재능이 있는지 알고는 놀랐다.)

(4) get는 또한 "지속적이고 의도적이며 계획된 행동"에 대해 말할 때는 일반적으로 사용되지 않는다.

Our house **was built** in 1827. (우리 집은 1827년에 건축되었다.)
(*Our house **got built** in 1827.)
Congress **was opened** on Thursday. (의회가 목요일에 개회했다.)
(*Congress **got opened** on Thursday.)
Mr. Kim **was seen** to leave the room with Prof. Lee.
(김 군이 이 교수와 함께 방을 나오는 것을 보았다.)
(*Kim **got seen** to leave the room with Prof. Lee.)

get에 대해서는 G13을 보라.

P8 PASSIVES-2: 타동사

수동형 동사의 필요조건은 목적어를 가질 수 있는 "타동사"이지만, 모든 타동사가 수동형이 될 수 있는 것은 아니다. 수동화는 기본적으로 동사가 표현하는 상황이 어떤 동작주가 하는 행위(action) 또는 활동(activity)을 가리킬 경우 가능하다. 따라서 동적동사인 "행위동사"는 대부분의 경우에 수동형이 가능하다. 그러나 동적동사인 "과정동사"와 "사건동사" 등은 비록 타동사라 할지라도 수동화에 많은 제약을 받는다.

1 **과정동사 (process verbs)**: 상태의 변화 또는 어떤 상태로의 전환을 의미하는 "과정동사"는 "사람에 의해 통제될 수 없는 과정"을 가리킬 때는 일반적으로 수동형이 불가능하다. (V2.1을 보라.)

change	darken	decrease	deepen
develop	diminish	expand	grow
improve	increase	reduce	slow down
strengthen	thicken	widen	worsen 등

The new president has greatly **expanded** the firm. (새 사장님이 회사를 크게 팽창시켰다.)
The firm has greatly **been expanded** by the new president.
(회사는 새 사장님에 의해 크게 팽창되었다.)

The captain suddenly **changed** the course of the ship. (선장이 배의 진로를 갑자기 변경했다.)
The course of the ship **was** suddenly **changed** by the captain.
(배의 진로가 선장에 의해 갑자기 변경되었다.)

The ship **changed** its course. (배가 진로를 바꿨다.)
(*The course **was changed** by the ship.)
Giving up smoking significantly **reduces** the risk of heart disease.
(금연이 심장병의 위험을 현저하게 감소시켰다.)
(*The risk of heart disease **is** significantly **reduced** by giving up smoking.)
The typhoon **reduced** its strength. (태풍의 위력이 감소했다.)
(*Its strength **was reduced** by the typhoon.)
The ice on the road **slowed** us **down**. (길 위에 깔린 얼음이 우리를 지체시켰다.)
(*We **were slowed down** by the ice on the road.)

2 **사건동사**: 동사가 인위적으로 만들어진 사건이 아니고 "그냥 발생한 사건"을 의미할 때는 수동화가 불가능하다. (V2.1을 보라.)

befall	burst	catch	explode
inherit	receive 등		

The Russians **exploded** an atomic bomb far sooner than anyone thought possible.
(러시아인은 가능할 것이라고 생각했던 것보다 훨씬 빨리 원자탄을 폭발했다.)

An atomic bomb **was exploded** by the Russians far sooner than anyone thought possible.
(가능할 것이라고 생각했던 것보다 훨씬 빨리 원자탄이 러시아인에 의해 폭발되었다.)

Michael **inherited** a lot of money from his grandparents.
(마이클은 조부모에게서 많은 돈을 상속받았다.)

(*A lot of money **was inherited** by Michael from his grandparents.)

Michael **caught** the pitcher's fast ball. (마이클은 투수의 빠른 볼을 잡았다.)
The pitcher's fast ball **was caught** by Michael. (투수의 빠른 볼이 마이클에게 잡혔다.)

Jane has **caught** a cold. (제인이 감기가 들었다.) (*A cold has **been caught** by Jane.)

3 **인지동사**: 대부분의 인지동사는 수동형을 허용하지만 몇몇은 수동형을 허용하지 않는다. (V2.2를 보라.)

| guess | hate | like | mean |
| mind | want 등 | | |

He **guessed** the identity of the special guests. (그는 특별한 손님들의 신원을 추측했다.)
(*The identity of the special guests **was guessed** by him.)
He **hates** his job. (그는 자기 일을 싫어한다.) (*His jobs **are hated** by him.)
He **likes** you. (그는 너를 좋아한다.) (*You **are liked** by him.)
They **wanted** me to be with them. (그들은 내가 그들과 함께하기를 원했다.)
(*I was wanted to be with them.)

4 **감정동사**: "심적 상태, 반응, 느낌"을 표현하는 감정동사는 일반적으로 수동형을 허용한다. (P9.3과 V2.2를 보라.)

| astonish | frighten | impress | irritate |
| please | shock | surprise 등 | |

We're all **surprised** by what she said. (우리 모두는 그녀의 말에 놀랐다.)
The passengers **were frightened** by the sudden drop of the plane.
(승객들은 비행기의 갑작스러운 하강에 겁이 났다.)

▶ 수동화된 감정동사는 very의 수식을 받을 수 있다는 점에서 "형용사"의 특성을 가지고 있다고 볼 수 있다.

We're all **very surprised** by what she said. (우리 모두는 그녀의 말에 매우 놀랐다.)
The passengers **were very frightened** by the sudden drop of the plane.
(승객들은 비행기의 갑작스러운 하강에 몹시 겁이 났다.)

5 **모호성**: 모든 "be + 과거분사형 동사구"가 수동구조인 것은 아니다. 동사구가 어떤 완료된 상태를 만들어 내는 상황을 가리키면, 이 문장은 어떤 사건(event)을 의미하는 "동적 (dynamic)해석의 수동구조"와 어떤 상태(state)를 의미하는 "정적(stative)해석의 비수동 (non-passive)구조"로 두 가지 해석이 가능하다. 특히 이러한 현상은 어떤 완성된 결과를

초래하는 동적인 동사에서 나타난다. "break, close, cut, build, lock, marry, pack, ruin" 등의 동사에서 나타나고 "carry, hit, live, speak" 등의 동사에서는 나타나지 않는다. 다음의 문장을 보라.

The vase **was broken**.

위의 문장은 두 가지로 해석될 수 있다. 첫째는 수동문으로 해석되는 경우로서 능동문 "someone broke the vase"와 같이 한 "사건"을 의미하고, 둘째는 (꽃병을 깬) 사건의 결과로 만들어진 "상태"를 의미한다. 후자의 경우에 과거분사형 동사는 형용사처럼 "본동사의 보어"로 해석된다.

The vase **was broken** by the maid.　　　　　　　　[수동]
(꽃병을 하녀가 깨뜨렸다.)
The vase **was broken** when it was brought to me.　[비수동]
(꽃병이 나에게 가져왔을 때는 깨져 있었다.)

▶ 행위자인 "by-구"는 이 문장이 수동문이라는 것을 가리킨다.

They **were married** by a minister in Las Vegas.　　[수동]
(그들은 라스베이거스에서 목사의 주례로 결혼했다.)
They **were married** when I first met them.　　　　[비수동]
(그들은 내가 처음 만났을 때 결혼했다.)
They **were married** last year.　　　　　　　　　　[수동과 비수동]
(그들은 지난해에 결혼했다.)

6　　**수동과 조동사**: "조동사 + 본동사" 구조가 수동화되면 본동사만 수동화되고 조동사에는 아무런 변화가 없다.

They **will welcome** him whole-heartedly. (그들은 진심으로 그를 환영할 것이다.)
He **will be welcomed** whole-heartedly. (그는 진심으로 환영을 받을 것이다.)

You **ought not to inform** him. (너는 그에게 알려서는 안 된다.)
He **ought not to be informed**. (그는 알아서는 안 된다.)

▶ 이러한 현상은 부정사를 취하는 소위 "준조동사(semi-auxiliaries)"라고 하는 표현에서도 나타난다.

begin to	come to	get to	happen to
fail to	tend to	turn out to	be apt to
be bound to	be certain to	be liable to	(un)likely to
be sure to	appear to	seem to	need to
tend to	be about to 등		

The police **are bound to catch** the murderer. (경찰은 살인자를 꼭 체포해야 한다.)
The murderer **is bound to be caught**. (살인자는 꼭 체포되어야 한다.)

They **failed to recognize** me. (그들은 나를 알아보지 못했다.)
I **failed to be recognized**. (나를 알아차리지 못했다.)

They **happened to have seen** her crossing the street.
(그들은 그녀가 길을 건너가는 것을 우연히 보았다.)
She **happened to have been seen** crossing the street.
(그녀가 길을 건너가는 것을 우연히 보게 되었다.)

7 **능동형이 없는 수동문**: 몇몇 동사는 상응하는 "능동형" 표현이 없다.

He **is reputed** to be extremely wealthy. (그는 엄청 부자라는 소문이 있다.)
(*Someone reputes him to be extremely wealthy.)
It **was rumored** that the King had been poisoned. (왕이 독살되었다는 소문이 돌았다.)
(*They rumored that the King had been poisoned.)
The lady **is said** to be over 100 years old. (그 부인이 100세가 넘었다고 말한다.)
(*They say the lady to be over 100 years old.)

수동문에서의 전치사 위치에 대해서는 P11과 P40.3을 보라.
타동사와 자동사에 대해서는 V3.1,3을 보라.

P9 PASSIVES-3: 행위자

1 **행위자**: 행위자(agent)란 어떤 행위가 있게 한 "주체"를 말한다. 행위자는 스스로 그 행위를 실행하거나 또는 다른 사람으로 하여금 그 행위를 실행에 옮기도록 하는 주체를 가리킨다. 능동문에서 일반적으로 행위자는 "주어 위치"에 오고, 수동문에서는 "by-구"로 표현된다.

Everyone criticized her. (모두가 그녀를 비판했다.)
She was criticized **by everyone**. (그녀는 모두에게 비판을 받았다.)

The thieves broke the kitchen window. (도둑이 부엌 창문을 깼다.)
The kitchen window was broken **by the thieves**. (부엌 창문이 도둑에 의해 깨졌다.)

Your bold attitude shocked me. (너의 과감한 태도가 나에게도 충격이었다.)
I was shocked **by your bold attitude**. (나는 너의 과감한 태도에 충격을 받았다.)

2 **행위자의 생략**: 수동문에서 행위자를 언급할 필요가 없거나 관심이 없을 때는 생략될 수 있다.

That government building **was built** in 1995. (저 정부청사는 1995년에 건설되었다.)
The bridge **was destroyed** during the war. (그 다리는 전쟁 중에 파괴되었다.)
The shop **was closed** an hour ago. (그 상점은 한 시간 전에 닫았다.)
The Son of Man must **be delivered** into the hands of sinful men, **be crucified** and on the third day **be raised** again. (인자가 죄인의 손에 넘겨져 십자가에 못 박히고 제 삼일에 다시 살아나야 하느니라.) [눅 24:7]

3 **수동동사와 형용사**: 마음의 상태 또는 느낌을 표현하는 "감정동사"의 과거분사가 "수동동사"로 사용될 때는 전치사 "by"를 대동하지만, "형용사"처럼 사용될 때는 자신의 특정 "전

치사"를 대동한다. 후자의 경우에 과거분사형은 일반적으로 전형적인 형용사의 수식어인 "very"의 수식을 받을 수 있다.

The President was **embarrassed by** the opposition of the Government party.
(대통령은 여당의 반대에 당황했다.)
(*The President was **very embarrassed by** the opposition of the Government party.)
He was **very embarrassed at** her rude behavior.
(그는 그녀의 무례한 행동에 몹시 당황했다.)

He was **amazed by** the fact that she got married with John.
(그는 그녀가 존과 결혼했다는 사실에 놀랐다.)
(*He was **very amazed by** the fact that she got married with John.)
They were all **very amazed at** his rapid promotion.
(그들은 모두 그의 빠른 승진에 매우 놀랐다.)

Peter's family were **delighted by** his success at college.
(피터의 가족은 그의 성공적인 대학 생활에 기뻤다.)
(*Peter's family were **very delighted by** his success at college.)
Alex was **very delighted at** Max's misfortune. (알렉스는 맥스의 불행에 매우 기뻤다.)

P10   PASSIVES-4: 수동문의 사용

능동문 대신에 수동문을 사용하는 이유는 다음 몇 가지로 요약할 수 있다.

1   **주어의 불필요**: 능동문의 주어가 확실하지 않거나 주어를 언급할 필요가 없을 때 (주로 학술적인 글에서 이런 현상이 많이 일어난다.)

This Buddhist Temple **was built** around 1,000 years ago.
(이 불교사원은 약 천 년 전에 지어졌다.)
Too many songs have **been written** about love. (사랑에 대한 노래가 엄청나게 많이 작곡되었다.)

2   **언급하고 싶지 않은 주어**: 화자/필자가 행위자를 언급하고 싶지 않거나 필요 없을 때

Thanks to the installment of a new computer, about 20% of the staff has to **be reduced** by the end of the year.
(새 컴퓨터의 설치 덕분에 약 20퍼센트의 직원이 연말까지 감원되어야 한다.)
He **was caught** and **put** into jail because of drunken driving on the highway.
(그는 고속도로에서의 음주운전으로 잡혀서 감옥에 있다.)

3   **by-행위자**: 반대로 행위자를 강조하기 위해서 "by-행위자"를 표현할 수 있다. (I40.3을 보라.)

The trade agreement was not approved **by the National Assembly**.
(무역협정이 국회에서 인준되지 않았다.)

This painting is very valuable. It was painted **by Van Gogh.**
(이 그림은 반 고흐가 그린 그림으로서 큰 값이 나간다.)

4 **목적어에 관심**: 화자가 능동문의 주어가 아니라 목적어에 어떤 일이 일어났는가에 관심이 있을 경우에 수동문이 사용된다.

The escaped prisoner was caught again two hours later.
(탈옥한 죄수가 두 시간 후에 다시 체포됐다.)
My brother and his close friend were killed during the Korean War.
(나의 형님 그리고 형님과 친한 친구가 한국전쟁에서 전사했다.)

5 **새로운 정보**: 문장은 일반적으로 알려진 정보로 시작되고 새로운 정보로 끝을 맺는다.

"What happened to **that man**?" "**He** was hit by **a falling rock**."
("저 사람에게 무슨 일이 있었습니까?" "낙석에 맞았습니다.")
("that man"이 앞 문장에서 언급되었기 때문에 "A falling rock hit him"보다 더 자연스럽다.)
"What destroyed **the building**?" "**It** was destroyed by **a bomb**."
("무엇이 건물을 무너뜨렸습니까?" "폭탄이 그랬습니다.")
("the building"이 앞 문장에서 언급되었기 때문에 "A bomb destroyed it"보다 더 자연스럽다.)

6 **긴 표현의 후치**: 길고 복잡한 표현을 문장 끝으로 보내는 영어의 특성 때문에 수동형이 사용될 수 있다.

We were surprised **by John's decision to quit smoking**. (우리는 존의 금연 결심에 놀랐다.)
(긴 주어를 가진 **John's decision to quit smoking** surprised us보다 자연스럽다.)
The university is always supported **by the graduates who have received their education here.** (대학은 이곳에서 교육을 받은 졸업생들 후원을 항상 받고 있다.)
(**The graduates who have received their education here** always support the university보다 자연스럽다.)

▶ 이 현상은 "it ... that" 구문과도 관련이 있다. (E42를 보라.)

It surprised me **that John decided to quit smoking**.
(존이 금연하기로 결심한 것이 나를 놀라게 했다.)
(**That John decided to quit smoking** surprised me보다 자연스럽다.)

정보가 문장 내에서 조직화되는 것에 대해서는 I40을 보라.

P11 PASSIVES-5: 전치사적 동사

특정의 전치사를 대동하는 동사를 "전치사적 동사"라고 한다. (P41을 보라.) 전치사적 동사에는 목적어가 하나인 것과 두 개인 것 두 유형이 있다. 이들 중에 어떤 것은 수동형을 허용하고, 어떤 것은 허용하지 않는다. 다음은 수동형을 허용하는 전치사적 동사들이다.

1   **목적어가 하나인 동사**: 전치사의 목적어가 직접목적어가 된다.

account for	agree on	aim at/for	allow for
apply for	approve of	attend to	ask for
believe in	call for	call on	care for
consent to	comment on	deal with	decide on
hint at	hope for	interfere with	keep on
listen to	look after	look at	look into
look for	object to	pay for	refer to
rely on	run over	stare at	talk about
talk of	talk to	wonder at 등	

She hasn't **accounted for** the accident. (그녀는 사고에 관해 설명하지 않았다.)
The accident hasn't **been accounted for** by her. (사고가 그녀에 의해 설명되지 않았다.)

The nurse will **look after** the kids tomorrow. (간호사가 내일 아이들을 보살필 것이다.)
The kids will **be looked after** by the nurse tomorrow.
(아이들은 내일 간호사의 보살핌을 받을 것이다.)

My brother **paid for** my driving lessons. (형님이 나의 운전연습 비용을 지불했다.)
My driving lessons **were paid for** by my brother.
(나의 운전연습 비용은 형님이 지불했다.)

2   **두 개의 목적어를 가진 동사**: 이 동사는 "간접목적어"가 주어가 되는 수동문을 허용한다.

accuse ~ of	advise ~ about	charge ~ with
compare ~ with	congratulate ~ on	convince ~ of
deprive ~ of	interest ~ in	inform ~ of
persuade ~ of	prevent ~ from	protect ~ from
punish ~ for	thank ~ for 등	

He **advised me** about my new job. (그는 나의 새로운 직업에 대해 충고했다.)
I was advised about my new job. (나는 나의 새로운 직업에 대해 충고를 받았다.)

They **informed me** of the sad news. (그들은 나에게 슬픈 소식을 전해주었다.)
I was informed of the sad news. (나는 슬픈 소식을 전달받았다.)

We **thanked them** for their help. (우리는 그들의 도움에 감사했다.)
They were thanked for their help. (그들은 그들의 도움에 감사를 받았다.)

P12   PASSIVES-6: 이중타동사

이중타동사란 두 개의 목적어, 즉 "직접목적어"와 "간접목적어"를 가질 수 있는 타동사를 가리킨다. (상세한 것은 V5를 보라.)

1   **두 개의 목적어가 명사구인 경우**: 몇몇 동사는 이중타동사로 쓰일 경우 "간접목적어"와 "직접목적어"가 항상 명사구가 된다.

allow	bet	charge	cost
envy	excuse	fine	forgive
permit	refuse	strike	tax
wish 등			

They **allow** passengers one item of hand luggage each.
(항공사는 승객 각자에게 손가방 하나만을 허용한다.)
His brave action **cost** him his life. (그의 용감한 행위로 그는 생명을 잃었다.)
They **fined** the club 20 million won for financial irregularities.
(당국은 재정적 불법행위 때문에 그 클럽에 이천만 원의 벌금을 부과했다.)
We **wish** you a Merry Christmas and a Happy New Year.
(우리는 여러분에게 즐거운 성탄과 행복한 새해를 기원합니다.)
The government **refused** her a work permit. (정부는 그녀에게 취업허가를 거부했다.)

▶ 이 동사들은 직접목적어를 주어로 하는 수동문을 허용하지 않지만, "allow, charge, fine, permit, refuse"는 간접목적어를 주어로 하는 수동문을 허용한다.

Passengers **are allowed** one item of hand luggage each.
(승객 각자에게 손가방 하나만이 허용된다.)
(*One item of hand luggage is each **allowed** passengers.)

The club **was fined** 20 million won for financial irregularities.
(그 클럽은 재정적 불법 행위 때문에 이천만 원의 벌금이 부과되었다.)
(*20 million won **was fined** the club for financial irregularities.)

We **were charged** 150,000 won for the wine.
(포도주 값으로 십오만 원이 우리에게 청구됐다.)
She **was refused** a work permit. (그녀는 취업허가가 거부당했다.)

2   **명사구/to-전치사구 간접목적어**: 이 동사들은 "명사구" 또는 "to-전치사구"를 간접목적어로 허용하며, 전치사구 간접목적어는 문장 끝으로 이동한다. 이로 인하여 이 동사들은 또 하나의 수동구조를 허용한다. (P5.2를 보라.)

award	bring	cable	deny
feed	give	hand	leave
lend	offer	owe	pass
promise	read	sell	send
show	take	teach	tell
throw	write 등		

He showed **the detective John's picture**. (그는 형사에게 존의 사진을 보여주었다.)
He gave **his wife an expensive car**. (그는 부인에게 값비싼 차를 주었다.)

(1) 제 1수동문: 간접목적어가 주어가 된다.

The detective was shown John's picture. (형사에게 존의 사진을 보여주었다.)
His wife was given an expensive car. (그의 부인에게 값비싼 차를 주었다.)

(2) 제 2수동문: 직접목적어가 주어가 된다.

John's picture was shown the detective. (존의 사진이 형사에게 보여졌다.)
An expensive car was given his wife. (값비싼 차가 그의 부인에게 주어졌다.)

▶ to-전치사구의 후치: 이 동사들은 간접목적어 앞에 전치사 to를 허용하며, "to-전치사구 간접목적어"는 문장 끝으로 이동된다. 이로 인하여 이 동사들은 또 하나의 수동구조를 허용한다.

He showed John's picture **to the detective**.
He gave an expensive car **to his wife**.

(3) 제3수동문: 직접목적어가 주어가 된다.

John's picture **was shown** to the detective. (존의 사진이 형사에게 보여졌다.)
An expensive car **was given** to his wife. (값비싼 차가 그의 부인에게 주어졌다.)

제3수동문이 제2수동문보다 선호되며, 어느 수동문을 선택할 것인가는 P10에서 언급한 필요에 의해 결정된다.

3 **to-전치사구 간접목적어**: 이중타동사 중에는 간접목적어가 항상 "to-전치사구"가 되는 것들이 있다. "say" 등 몇 개의 단어를 제외하고는 이들은 일반적으로 다른 언어에서 영어로 차입된 "다음절" 단어들이다. (V4.4를 보라.)

announce	confess	contribute	convey
declare	deliver	describe	donate
exhibit	explain	introduce	mention
refer	return	reveal	say
submit	transfer 등		

He **described** his house **to us**. (그는 자기 집을 우리에게 설명했다.)
(*He **described us** his house.)
I **explained** the problem **to her**. (나는 문제를 그녀에게 설명했다.)
(*I **explained her** the problem.)
She **returned** the book **to the library**. (그녀는 책을 도서관에 돌려줬다.)
The students **submitted** their papers **to the professor**.
(학생들은 그들의 보고서를 교수에게 제출했다.)

▶ 수동문: 이들은 "직접목적어"가 주어가 되는 수동문만을 허용한다.

His house was described to us by him.
The book was returned to the library.

4 **대명사 직접목적어**: 이중타동사 구문에서 "대명사 직접목적어"는 일반적으로 문장 끝에 올 수 없다. 이 경우 명사구 간접목적어를 "전치사구"로 바꾸어 문장 끝으로 이동해야 한다. 다음의 문장을 비교해보라.

*He threw me **it**.	He threw **it** to **me**.
He threw **me** a **ball**.	He threw **a ball** to **me**. (그는 나에게 볼을 던졌다.)
*He sent **her them**.	He sent **them** to **her**.
He sent **her flowers**.	He sent **flowers** to **her**. (그는 그녀에게 꽃을 보냈다.)

5 **명사구/for-전치사구 간접목적어**: 두 개의 명사구를 목적어로 가지는 동사 중에는 간접목적어를 "for-전치사구"로 허용하는 동사가 있다. (V5.3을 보라.)

bake	build	buy	cook
design	fetch	find	fix
get	hire	leave	make
order	rent	reserve	save
sing	spare	write 등	

Jim **bought Mary** a present. (짐은 메리에게 선물을 사 줬다.)
(= Jim **bought** a present **for Mary**.)
She **made me** a hat. (그녀는 나에게 모자를 만들어 줬다.)
(= She **made** a hat **for me**.)
I'll **save you** some cake. (나는 너에게 케이크를 좀 챙겨주겠다.)
(= I'll **save** some cake **for you**.)

▶ 이 동사들은 일반적으로 간접목적어가 주어가 되는 수동문을 허용하지 않는다.

A present **was bought** for Mary. (***Mary was bought** a present.)
A hat **was made** for me. (***I was made** a hat.)
Some cake will **be saved** for you. (***You'll be saved** some cake.)

6 **대명사 직접목적어**: 직접목적어가 "대명사"일 경우에는 간접목적어는 강제로 "전치사구"로 바뀌어야 한다.

*She saved **me it**.
She saved **it for me**. (그녀가 너를 위해 그것을 챙겼다.)
She saved **me some cake**. (그녀는 나를 위해 케이크를 좀 챙겨두었다.)
(= She saved **some cake for me**.)

*He bought **her them**.
He bought **them for her**. (그는 그녀에게 그것들을 사줬다.)

He bought **her flowers**. (그는 그녀에게 꽃을 사줬다.)
(= He bought flowers **for her**.)

7   **for-전치사구 간접목적어**: 이중타동사 중에는 항상 "for-전치사구"를 간접목적어로 취하는 동사들이 있다. (V5.5를 보라.)

    acquire   borrow   collect   obtain
    recover   retrieve   withdraw 등

John **acquired** a big apartment **for Mary**. (존은 메리를 위해 큰 아파트를 취득했다.)
He **borrowed** a large sum of money **for her**. (그는 그녀를 위해 큰돈을 빌렸다.)
She **withdrew** her resignation **for him**. (그녀는 그를 위해 사표를 철회했다.)

▶ 이 동사들은 일반적으로 "직접목적어"가 주어가 되는 수동문을 허용한다.

A large sum of money **was borrowed** for her. (큰돈이 그녀를 위해 차용되었다.)
Her registration **was withdrawn** for him. (그녀의 사표가 그를 위해 철회되었다.)

P13 PASSIVES-7: 절 목적어

타동사 중에는 "절"을 목적어로 가질 수 있는 것들이 있다. (V4-V6을 보라.)

He advised his wife **to see a doctor**.   [부정사]
(그는 처에게 의사를 만나보라고 충고했다.)
He advised his wife **what to wear for the party**.   [WH-부정사]
(그는 처에게 파티에 무엇을 입을 것인가를 충언했다.)
He convinced his wife **that he was innocent**.   [that-절]
(그는 처에게 자신이 죄가 없다는 것을 납득시켰다.)
He told his wife **who she should invite to his birthday**. [WH-절]
(그는 처에게 그의 생일에 누구를 초청할 것인가를 말했다.)
He saw his wife **crossing the street**.   [-ing 분사]
(그는 처가 길을 건너가는 것을 보았다.)
He wants his wife **examined medically**.   [-ed 분사]
(그는 처가 의학적으로 검사받기를 원했다.)

1   **부정사절 목적어**: 부정사절 목적어에는 "to-부정사절"과 "WH-부정사절" 그리고 "원형부정사절"이 있다. 이 동사들은 "간접목적어"가 주어가 되는 수동문을 허용한다.

(1) to-부정사

advise	ask	beg	beseech
command	direct	entreat	forbid
instruct	invite	order	persuade
pray	remind	request	recommend
teach	tell	urge 등	

Bill **advised** Mark **to see** a doctor.
(빌은 마크에게 의사를 만나 보라고 충고했다.)

Mark **was advised** by Bill **to see** a doctor.
(마크는 빌에게서 의사를 만나 보라는 충고를 받았다.)

They **persuaded** Mary **to stay** with them. (그들은 메리에게 그들과 함께 머물라고 설득했다.)
Mary **was persuaded to stay** with them. (메리는 그들과 함께 머물라는 설득을 받았다.)

(2) WH-부정사

advise	ask	instruct	remind
show	teach	tell	warn 등

She **advised** me **what to wear** for the party.
(그녀는 나에게 파티에 무엇을 입고 갈지를 조언해주었다.)
I **was advised** by her **what to wear** for the party.
(나는 그녀에게서 파티에 무엇을 입을 것인가를 조언 받았다.)

The instructor **taught** us **how to drive** the truck.
(강사가 우리에게 트럭을 운전하는 방법을 가르쳐 주었다.)
We **were taught** by the instructor **how to drive** the truck.
(우리는 강사에게서 트럭을 운전하는 방법에 대해 배웠다.)

(3) 사역동사(have, make, let(=allow), bid(=request))와 지각동사(feel, hear, listen to, look at, notice, observe, overhear, see, watch): 이 동사들은 "원형부정사"를 목적어로 취하지만, 수동문에서는 "원형부정사"가 "to-부정사"로 변한다. (C10, P23, P24를 보라.)

We **made** John **fix** the refrigerator. (우리는 존에게 냉장고를 고치게 했다.)
John **was made to fix** the refrigerator.

They **noticed** him **leave** the building. (그들은 그가 건물을 나가는 것을 알아차렸다.)
He **was noticed to leave** the building.

2 **that-절과 WH-절**: 명사구를 간접목적어로 취하고 "that-절"이나 "WH-절"을 직접목적어로 취하는 동사는 다음과 같으며, 모두 수동구조를 허용한다.

(1) that-절을 직접목적어로 취하는 동사는 매우 많다.

advise	assure	convince	inform
notify	persuade	promise	remind
satisfy	show	teach	tell
warn	write 등		

John **convinced** everyone (that) he was innocent.
(존은 모두에게 자신이 무죄라는 것을 납득시켰다.)
Everyone **was convinced** by John (that) he was innocent.

They **told** me (that) John was ill. (그들은 존이 아프다고 나에게 말했다.)
I **was told** (that) John was ill.

(2) WH-절: WH-절을 직접목적어로 취하는 동사는 "ask"가 대표적이며, "that-절"을 취하

는 동사는 일반적으로 비단언적 맥락에서 "WH-절"을 목적어로 취한다.

He **asked** me what time it was. (그는 나에게 몇 시냐고 물었다.)
I **was asked** (by him) what time it was.

He **didn't remind** me (about) how we would start the engine.
(그는 엔진을 어떻게 시동하는가를 일깨워주지 않았다.)
I **wasn't reminded** (about) how we would start the engine.

3   **that-절을 직접목적어로, to-전치사구를 간접목적어로 취하는 동사**: 이 동사는 "that-절"이 수동문의 주어가 되는 것을 허용한다. 여기서 "간접목적어"는 수의적 요소로서 생략되어도 문법적으로 이상이 없다.

acknowledge	admit	announce	complain
confess	declare	explain	mention
notify	point out	promise	propose
prove	recommend	remark	report
say	show	signal	state
suggest	teach	write 등	

He **admitted** (**to me**) that he took my purse.
(그는 내 지갑을 가져갔다고 (나에게) 시인했다.)
That he took my purse was admitted to me.
(= It **was admitted** to me that he took my purse.)

I **reported** (**to the police**) that there was a car accident.
(나는 차 사고가 있었다고 (경찰에) 알렸다.)
That there was a car accident was reported to the police.
(= It **was reported** to the police that there was a car accident.)

P14   PASSIVES-8: 복합 타동사

복합타동사(complex-transitive verbs)는 직접목적어 다음에 이 목적어를 "설명하거나 분류하는 명사나 형용사 목적어보어"를 가질 수 있다. (V6을 보라.)

1   **명사와 형용사**: 명사구와 형용사구가 "목적어보어"로 쓰인다.

We **consider** him **a supporter of free speech**.
(우리는 그가 언론의 자유를 지지하는 사람이라고 생각한다.)
They **elected** Mrs. Sanderson **president**. (그들은 샌더슨 부인을 회장으로 뽑았다.)

The exercises **made** us all **very happy**. (운동은 우리 모두를 매우 행복하게 만든다.)
They **keep** the streets **nice and clean**. (그들은 거리를 매우 청결하게 유지한다.)

2   **부정사와 as-구**: 부정사절과 "as-전치사구"도 "목적어보어"로 쓰인다.

He **appointed** Miss Kim **to be his secretary**. (그는 김 양을 그의 비서로 임명했다.)
The doctor **pronounced** his condition **to be hopeless**.
(의사는 그의 상태가 절망적이라고 발표했다.)
Everybody **regarded** him **as a friend**. (모든 사람이 그를 친구로 간주한다.)
He **described** the situation **as promising**. (그는 상황이 희망적이라고 설명했다.)

3 **for-구**: take와 mistake는 "for-구"를 보어로 취한다.

Joan **took** me **for a fool**. (조안은 나를 바보로 생각했다.)
She **mistook** him **for his brother**. (그녀는 그를 그의 형으로 오해했다.)

4 **수동문**: 이들은 모두 직접목적어가 주어가 되는 수동구조를 허용하며, "목적어보어"는 "주어보어"가 된다.

He **is considered a supporter of free speech**. (그는 자유언론의 지지자로 생각된다.)
We **were all made very happy** by the exercises. (우리 모두는 운동으로 매우 행복해졌다.)
Miss Kim **was appointed to be his secretary**. (김 양은 그의 비서로 임명되었다.)
He **was regarded as a friend** by everybody. (그는 모든 사람에게 친구로 간주된다.)
He **was mistaken for his brother** by her. (그는 그녀에게 그의 동생으로 오인되었다.)

P15 PAST TENSES (과거시제)-1: 단순과거

과거시제는 진행시제와 완료시제와 결합하여 "단순과거, 과거진행, 과거완료, 과거완료진행" 4가지 동사 복합체를 구성한다.

I **worked**. (나는 일을 했다.)   [단순과거]
I **was working**. (나는 일을 하고 있었다.)   [과거진행]
I **had worked**. (나는 일을 했었다.)   [과거완료]
I **had been working**. (나는 일을 하고 있었었다.)   [과거완료진행]

영어의 단순 과거시제형에는 "규칙형(regular verbs)"과 "불규칙형(irregular verbs)"이 있다. (불규칙형에 대해서는 V8을 보라.) 여기서 규칙동사란 "과거형"과 "과거분사형(past participle)"이 곧 논의할 법칙에 따라 구성되는 동사를 가리킨다.

1 **철자**: 규칙동사란 과거형과 과거분사형이 원형에 "-ed어미"를 붙여 만들어지는 동사를 가리킨다. "-ed어미"를 붙이는 방법에는 동사의 형태에 따라 지켜야 할 몇 가지 추가적인 규칙이 있다.

(1) -e로 끝나는 동사에는 "-d어미"를 붙인다.

conclude : conclud**ed**   decide : decid**ed**   hope : hop**ed**

(2) "자음문자+y"로 끝나는 동사에는 "y를 i로 바꾼" 다음 "-ed어미"를 붙인다.

cry : cr**ied**   hurry : hurr**ied**   study : stud**ied**

(3) "모음문자 + y"로 끝나는 동사에는 "-ed어미"를 붙인다.

play : played　　　　**stay : stayed**　　　　**survey : surveyed**

(4) 동사가 "주강세"를 받는 "하나의 모음문자 + 하나의 자음문자"로 끝나면, 그 자음문자를 반복한 다음 "-ed어미"를 붙인다. 단음절이면서 하나의 자음문자로 끝나는 모든 동사에서도 자음문자의 반복이 일어난다.

admít : admítted　　　**occúr : occúrred**　　　**refér : reférred**
bat : batted　　　　　**flip : flipped**　　　　**plan : planned**

(5) 다음 동사들은 "두 개의 모음문자"가 있어서 자음의 반복이 일어나지 않는다.

fail : failed　　　　　**shout : shouted**　　　**cook : cooked**

(6) 다음 동사들은 "두 개의 자음문자"로 끝나기 때문에 자음문자의 반복이 일어나지 않는다.

walk : walked　　　　**attack : attacked**　　　**work : worked**

(7) "하나의 모음문자 + w, y, x"로 끝나면 자음의 반복이 일어나지 않는다.

row : rowed　　　　　**play : played**　　　　**fix : fixed**

(8) 하나의 모음문자와 하나의 자음문자로 끝나는 동사라 할지라도 주강세가 마지막 모음에 오지 않으면 자음을 반복하지 않는다.

énter : éntered　　　　**prósper : próspered**　　**vísit : vísited**

▶ 특히 영국영어에서 위의 자음반복 법칙에 대한 예외가 "-l, -p, -s, -t"로 끝나는 단어에서 종종 나타난다. 아래 단어에서 주강세가 첫 음절에 온다.

bias : biased/biassed　　　　combat : combated/combatted
equal : equaled/equalled　　　focus : focused/focussed
handicap : handicapped　　　kidnap : kidnaped/kidnapped
travel : traveled/travelled　　　worship : worshiped/worshipped

(9) -c로 끝나는 동사는 -c를 "-ck"로 바꾼 다음 "-ed어미"를 붙인다.

mimic : mimicked　　　**panic : panicked**　　　**picnic : picnicked**

2　　**발음**: 동사의 마지막 음에 따라 "-ed어미의 발음"이 달라진다.

(1) [-d]나 [-t]로 끝나면 [-ɪd]로 발음된다.

batted [bætɪd]　　　　　concluded　　　　　　decided
regretted　　　　　　　started　　　　　　　 waited

(2) 모음과 [-d]를 제외한 "유성 자음"으로 끝나면 [-d]로 발음된다.

failed [feɪld]　　　　　　cried　　　　　　　　rained
showed　　　　　　　　used　　　　　　　　wondered

(3) [-t]를 제외한 "무성 자음"으로 끝나면 [-t]로 발음된다.

helped [helpt]	hoped	walked
cooked	fixed	laughed

3   **단순과거의 사용**: 단순과거시제는 다음과 같은 상황에서 사용된다.

(1) 현재와의 단절: 과거에 발생한 것으로서 현시점과 단절된 "행위, 현상, 사건, 습관" 등을 말할 때

Mr. Jones **bought** a new house. (존스 씨는 새집을 샀다.)
He **spent** all his childhood in Africa. (그는 자신의 어린 시절을 모두 아프리카에서 보냈다.)
We **used to** play tennis very often. (우리는 매우 자주 테니스를 쳤었다.)

(2) 명시된 과거: 과거 시간이 명시적으로 주어질 때

I met Mr. Jones **yesterday**. (나는 어제 존슨 씨를 만났다.)
There was a haunted house on that hill, **when I was a boy**.
(내가 어렸을 때 저 언덕 위에 유령의 집이 있었다.)

(3) 과거의 행위: 과거의 "반복적 행위"나 "습관적 행위"를 말할 때

We **went** swimming every day, when we lived in Incheon.
(우리는 인천에 살 때 매일 수영하러 갔다.)
(*We were going swimming every day, when we lived in Incheon.)
When I was a child, we **made** our own toys. (내가 어릴 때는 장난감을 직접 만들었다.)
(*When I was a child, we were making our own toys.)

(4) 현 상황의 원인: 현 상황이 있게 한 "원인"을 묻거나 말할 때

Who **gave** you that hat? (누가 그 모자를 너에게 주었느냐?)
The Chinese **invented** paper for the first time. (중국인이 처음으로 종이를 발명했다.)
The boy's crying, because John **slapped** him on the cheek.
(존이 뺨을 때렸기 때문에 그 소년이 울고 있다.)

(5) 불일치: 기대나 실제와 "일치하지 않을 때"

She's not as pretty as I **expected**. (그녀는 내가 생각했던 것처럼 예쁘지 않다.)
He's much younger than I **thought**. (그는 내가 생각했던 것보다 훨씬 젊다.)
Please, let us go as you **promised**. (약속했던 것처럼 우리를 가게 해 주십시오.)

(6) 가상적 상황: 가상적 행위나 상황을 나타내는 "if, as if, as though, it is time, if only, wish, would sooner/rather"와 함께 사용된다.

If I **dropped** this, it would explode. (내가 이것을 떨어뜨렸다면 폭발했을 것이다.)
He would buy her what she wants, **if** he **had** money.
(그에게 돈이 있다면 그녀가 원하는 것을 사 줬을 것이다.)
He behaves **as if** he **was** the host. (그는 마치 주인인 것처럼 행동한다.)

He talks **as though** he **knew** everything. (그는 마치 모든 것을 아는 것처럼 말한다.)
It's time you **went** to bed. (잠잘 시간이 됐다.)
Only if he **didn't meet** her. (그가 그녀를 만나지 않았더라면 좋았을 것을!)
If only I **had** some money. (나에게 돈이 좀 있으면 좋겠다.)
I wish I **knew** the answer. (내가 답을 알고 있다면 바랄 게 없겠다.)
I'd rather/sooner she **went** by train. (나는 그녀가 차라리 기차로 떠나면 했다.)

P16 PAST TENSES-2: 과거진행

1 **형태**: "be동사의 과거형 + 동사의 현재분사형"을 결합하여 만든다. "be동사"의 과거형은 "1인칭 단수주어"와 "3인칭 단수주어"와 일치하는 형태와 "2인칭 주어"와 "모든 복수주어"와 일치하는 형태 두 가지가 있다.

긍정문	의문문	부정문
I/he/she/it **was working** you/we/they **were working**	was I/he/she/it **working**? were you/we/they **working**?	I/he/she/it **was not working** you/we/they **were not working**

2 **과거진행형의 사용**: 과거진행형은 다음과 같은 상황에서 사용된다.

(1) 불명확한 시각과 끝: 시작과 끝이 명확하지는 않지만 "과거의 어느 시점에 일정 기간 동안 진행된 행위나 사건"을 말할 때

It **was getting** darker. (날이 어두워지고 있었다.)
The wind **was growing** stronger. (바람이 점점 세지고 있었다.)
At 7 o'clock, I **was having** supper. (7시에 나는 저녁을 먹고 있었다.)

(2) 과거의 시점: 다른 절의 과거시제의 동사가 가리키는 "과거의 어느 시점에 진행되고 있었던 행위"를 표현할 때

I **was watching** TV, when you **called** last evening.
(네가 어젯밤에 전화했을 때 나는 텔레비전을 보고 있었다.)
When I **arrived**, Tom **was talking** on the telephone.
(내가 도착했을 때 탐은 전화를 하고 있었다.)

(3) 진행되고 있는 행위: 과거의 어느 기간 동안 "어떤 행위가 진행되고 있었음"을 강조할 때

I **was reading** all day yesterday. (나는 어제 종일 독서를 했다.)
The couple **were** always **arguing** when they were together.
(그 부부는 같이 있을 때는 항상 다퉜다.)

(4) 회상: "과거의 상황을 마치 진행 중에 있는 것처럼" 마음에 그리듯 기술할 때

A warm breath of wind **was blowing** from the south, and a dog **was sleeping** on the porch. A young man **was playing** the guitar and **was singing** to himself ...
(따스한 바람이 남쪽에서 산들산들 불어오고 개는 툇마루에서 잠을 즐기고 있었다. 한 젊은이가

기타를 들어 자신에게 노래를 불러주고 있었고 ...)

(5) **진행형과 부사**: 과거진행형과 always와 같은 부사에 대해서는 P50.13을 보라.

(6) **간접화법 구조**: 간접화법에서 "직접화법의 현재진행형"을 표현할 때

He said, "I **am staying** at Hotel Lotte." ("나는 롯데호텔에 묵고 있다"라고 그는 말했다.)
He said that he **was staying** at Hotel Lotte. (그는 롯데호텔에 묵고 있다고 말했다.)

화법에 대해서는 125-129를 보라.

P17　PAST TENSES-3: 과거완료

1　**형태**: 완료조동사 have의 과거형인 "had + 동사의 과거분사형"과 결합하여 구성한다.

긍정문	의문문	부정문
I/he/she/it/you/we/they **had worked**	**had** I/he/she/it/you/we/they **worked**?	I/he/she/it/you/we/they **had not worked**

2　**과거완료형의 사용**: 동사의 과거완료형은 다음과 같은 경우에 사용될 수 있다.

(1) **과거에서 시작-완료**: 과거에서 시작하여 "과거의 어느 시점에 완료"된 것으로 여겨지는 행위나 사건 또는 상황을 말할 때

When I met him, he **had been** in the army for thirty years.
(내가 그를 만났을 때는 그는 군에서 30년을 보냈었다.)
I didn't realize that we **had met** before.
(나는 우리가 전에 만났었다는 것을 몰랐다.)
Mary **had** already **left** the city, when I arrived.
(내가 도착했을 때는 메리가 이미 도시를 떠났다.)

(2) **과거에서의 회상**: 말하는 사람이 "과거의 어느 시점에서 옛것을 말할 때"

John was fifteen when the story begins. His mother **had died** two years before, and since then he **had lived** alone. ... (이야기는 존이 13살이 되던 때부터 시작한다. 그의 어머니는 2년 전에 돌아가셨고, 그때부터 그는 홀로 살았었다. ...)

(3) **과거행위의 순서**: 과거의 "두 행위가 일어난 순서"를 표현하려고 할 때

When he **had sung** his song, he sat down. (그는 노래를 부른 후에 자리에 앉았다.)
They refused to leave until they **had eaten** all the food.
(그들은 모든 음식을 먹어 치울 때까지 떠나려 하지 않았다.)

(4) **간접화법 구문**: 직접화법의 현재완료나 단순과거시제를 간접화법으로 바꿀 때

He said, "I**'ve lived** in New York for twenty years."
("나는 20년 동안 뉴욕에 살았다"라고 그는 말했다.)

He said that he **'d lived** in New York for twenty years.
(그는 20년 동안 뉴욕에 살았었다고 말했다.)

He said, "I **loved** her very much." ("나는 그녀를 많이 사랑했다"라고 그가 말했다.)
He said that he **had loved** her very much. (그는 그녀를 많이 사랑했었다고 말했다.)

(5) wish와 함께: "wish, as if, as though, if, only if"와 함께

I wish you **hadn't told** him. (네가 그에게 말하지 않았기를 바란다.)
He talks/talked about Rome **as though** he **had been** there himself.
(그는 마치 자신이 그곳에 있었던 것처럼 말한다/말했다.)

Only if he **had listened** to his parents! (그가 부모님을 말을 들었었더라면!)
If he **had seen** you, he would have helped you.
(그가 너를 보았었더라면 너를 도와주었을 것이다.)

(6) 시간 접속사 (time conjunctions): "두 개의 과거 행위나 사건이 연속"해서 일어날 때 시간접속사를 사용할 수 있으며, 과거완료형이 종종 사용되기도 하지만 반드시 그럴 필요는 없다.

After he **(had) finished** his exams, he went to Paris for a month.
(그는 시험을 마친 후에 한 달간 파리에 갔다.)
She didn't feel the same **after** her dog **(had) died**.
(그녀는 개가 죽은 후에 옛날과 같지 않았다.)
As soon as I **(had) put** the phone down, it rang again.
(전화를 내려놓자마자 다시 울렸다.)

▶ 그러나 첫 번째 행위가 두 번째 행위의 시작 전에 완료되는 독립적인 별개의 행위로 표시할 때는 "과거완료형"이 사용되고, 이와는 대조적으로 첫 번째 행위가 두 번째 행위를 일어나도록 하거나 이 행위 사이에 인과관계가 있음을 암시할 때 "과거시제"가 사용된다. 다음을 비교해보라.

When I **had opened** the windows, I **sat down** and **had** a cup of tea.
(나는 창문을 연 뒤에 앉아서 커피를 한 잔 마셨다.)
(*When I **opened** the windows, I **sat down** and **had** a cup of tea.)

When I **opened** the windows, the cat **jumped out**.
(내가 창문을 여니까 고양이가 뛰어나갔다.)
(**When** I **had opened** the windows, the cat **jumped out**보다 자연스럽다.)

When I **had finished** reading the novel, I **took** a walk in the park.
(나는 그 소설책을 다 읽은 후에 공원에서 산책을 했다.)
(*When I **finished** reading the novel, I **took** a walk in the park.)

When I **finished** reading a novel, she **gave** me another novel.
(내가 소설책 한 권을 다 읽었을 때 그녀는 나에게 다른 소설책 한 권을 주었다.)

P18 PAST TENSES-4: 과거완료진행

1 **형태**: 완료조동사의 과거형인 "had + (be동사의 과거분사형인) been + 동사의 -ing 분사형"을 결합하여 구성한다.

긍정문	의문문	부정문
I/he/she/it/you/we/they **had been working**	**had** I/he/she/it/you/we/they **been working**?	I/he/she/it/you/we/they **had not been working**

2 **과거완료 진행형의 사용**: 동사의 과거완료 진행형은 다음과 같은 경우에 사용된다.

(1) 과거 어느 시점까지 지속: "과거 어느 시점까지 지속되고 있는 것"으로 사료되는 행위나 상황을 말할 때

We **had been living** at a country house, before we **moved** in the apartment.
(우리는 아파트로 이사 들어오기 전에 시골 저택에서 살고 있었다.)
When I **found** her, it seemed that she **had been crying** for several hours.
(내가 발견했을 때 그녀는 몇 시간을 울고 있었던 것 같았다.)

(2) 일시적 상황: 장기적이거나 영구적인 상황에 대해서는 "단순 과거완료형"을 쓰고, 일시적인 상황에 대해서는 "과거 완료진행형"을 쓴다.

She lived in an old mansion that **had stood** on the hill for about 500 years.
(그녀는 약 500년간 저 언덕 위에 서 있었던 오래된 저택에 살았다.)
I was very tired because I **had been standing** still for a long time.
(나는 꼼짝도 않고 오랫동안 서 있었기 때문에 몹시 피곤했다.)

P19 PAST TENSES-5: 현재와 미래

과거시제가 항상 과거시간을 가리키는 것은 아니다. 단순과거와 과거진행은 종종 "현재시간"이나 "미래시간"을 가리킬 때도 사용된다.

1 **가상적 상황**: 다음의 표현들은 가상적 행위나 상황을 표현할 때 사용되며, 과거시제가 이 표현들과 함께 사용되면 "현재"나 "미래"를 의미한다.

if	as if	as though	it is time
if only	only if	wish	would sooner
would rather	supposing 등		

If I **were** you, I would accept his apology. (내가 너라면 그의 사과를 받아들일 것이다.)
He looks **as if** he **heard** some bad news. (그는 마치 어떤 나쁜 소식을 들은 것 같이 보인다.)
He talks **as though** he **knew** everything. (그는 마치 모든 것을 아는 것처럼 말한다.)
It's time you **went** to bed. (잠자러 갈 시간이다.)

Only if he **didn't meet** her. (그가 그녀를 만나지 않았더라면 좋았을 텐데.)
If only I **had** some money. (나에게 돈이 좀 있으면 좋으련만!)
I wish I **knew** the answer. (내가 답을 알면 좋으련만!)
I'd rather/sooner you **came** tomorrow. (나는 네가 내일 집에 오면 좋겠다.)
Supposing you **lost** your job tomorrow, what would you do?
(내일 직업을 잃게 된다면 너는 어떻게 할 거냐?)

2 **공손한 의사표현**: 우리가 부탁이나 질문 또는 제안을 공손하게 그리고 직접적이 아니라 간접적으로 돌려서 할 때 "과거시제"를 사용한다.

I **was wondering** if I **could** borrow your car this afternoon.
(미안합니다만 오늘 오후에 차 좀 빌릴 수 있을까요?)
(Can I borrow your car this afternoon?보다 공손한 표현이다.)
Would you mind if I **opened** the window? (창문을 열어도 되겠습니까?)
(Can I open the window?보다 공손한 표현이다.)
I **thought** we could go swimming tomorrow.
(우리가 내일 수영하러 갈 수 있을 것이라고 생각했는데요.)
(Can we go swimming tomorrow?보다 공손한 표현이다.)
I just **wanted** to check that the meeting's still on next week.
(나는 회의가 다음 주에도 여전히 열리는지를 알고 싶을 뿐입니다.)
(Is the meeting still on next week?보다 공손한 표현이다.)

3 **과거형 양상조동사**: 과거형인 양상조동사 "could, might, should, would"는 현재나 미래를 의미할 수 있다. (F23.7과 W23.2를 보라.)

Could I have a glass of water, please? (물 한 잔 마실 수 있겠습니까?)
We're going to a concert — you **might** like to come with us.
(음악회에 가려고 하는데 우리와 함께 가시지요.)
We **should** be delighted to help you in any way we can.
(우리는 할 수 있는 데까지 당신을 기꺼이 도와드리겠습니다.)
Would someone tell me what's going on? (무슨 일인지 누가 말 좀 해줄 수 없을까?)

4 **현시점까지 지속**: 과거의 어떤 상황을 말할 때, 그 상황이 "현재까지도 사실이고 존재할 경우"에도 과거시제를 사용할 수 있다.

I drove her home because only I **had** a driver's license.
(나만 운전면허증을 가지고 있어서 내가 그녀를 집까지 태워주었다.)
I never forget the time I studied at Brown. It **was** a nice university.
(나는 브라운대학에서 공부할 때를 잊을 수가 없다. 브라운은 훌륭한 대학이다.)
We met a group of young men on a train for Busan. They **were** all doctors.
(우리는 부산행 기차에서 한 집단의 젊은이들을 만났는데 그들은 모두 의사였다.)
We travelled across America with old people, some of whom **were** Korean.
(우리는 노인들과 함께 미국 횡단 여행을 했는데 그들 중의 몇 분은 한국인이었다.)

5   다음과 같은 주조에서는 과거시제형 동사가 현재시간을 가리킨다.

(1) it's time: I52를 보라.

It's time you **went** to bed. (너희들 잠잘 시간이다.)
It's noon. It's time we **had** lunch. (12시다. 점심 먹을 시간이다.)

(2) would rather: R2.4와 5를 보라.

I'd rather you **went** to bed. (너희들 자러 가면 좋겠다.)
My wife would rather we **left** early (내 처는 일찍 출발하기를 원한다.)

(3) wish: W19를 보라.

I wish we **didn't go** to bed. (잠자러 가지 않으면 좋겠다.)
I wish you **could help** her. (네가 그녀를 도울 수 있으면 좋겠다.)

P20   PAST TIME (과거시간)

영어에서 과거와 관련된 행위나 상황을 표현하는 데 "여섯 가지 시제"가 사용될 수 있다.

I **have lived** in this city.   [현재완료]
(나는 이 도시에서 살아왔다.)
I **have been living** in this city.   [현재완료진행]
(나는 이 도시에서 살아오고 있다.)
I **lived** in this city.   [단순과거]
(나는 이 도시에서 살았다.)
I **was living** in this city.   [과거진행]
(나는 이 도시에서 살고 있었다.)
I **had lived** in this city.   [과거완료]
(나는 이 도시에서 살았었다.)
I **had been living** in this city.   [과거완료진행]
(나는 이 도시에서 살아오고 있었다.)

1   **단순과거와 현재완료**: 단순과거와 현재완료는 둘 다 "과거의 행위나 상황"을 표현하는 데 사용될 수 있다.

(1) 현시점과의 단절과 연관: 과거의 어느 시점에 끝난 행위나 상황을 말할 때는 "단순과거"를, 과거의 어느 시점에서 시작하여 현재까지 계속되고 어쩌면 미래로도 지속될 수 있는 행위나 상황을 말할 때는 "현재완료"를 사용한다.

He **lived** in this town all his life. (그는 이 마을에서 평생을 살았다.)
He **has lived** in this town all his life. (그는 이 마을에서 평생을 살아왔다.)

(2) 결과의 소멸과 지속: 과거의 행위나 상황의 결과가 현시점에 사라졌을 때는 "단순과거"를, 그 결과가 현시점까지도 남아 있을 때는 "현재완료"를 사용한다.

He **broke** the window. (그가 창문을 깼다.)
[어쩌면 깨진 창문을 새것으로 갈아 끼웠을 수 있다.]
He **has broken** the window. (그가 창문을 깼다.)
[어쩌면 깨진 창문을 그대로 놓아두었을 수 있다.]

(3) 최근 상황: 비교적 최근에 일어난 행위나 상황을 말할 때는 "현재완료"를 사용한다.

Did you have your breakfast this morning? (오늘 아침 식사를 했냐?)
Have you **had** your breakfast? (아침 식사를 했냐?)

(4) 불명확한 과거시점: 어떤 행위나 상황이 일어난 과거의 시점에 대해 명백히 알지 못하고 있을 때 "현재완료"를 사용한다.

I **visited** a mosque, when I was in Cairo two years ago.
(나는 2년 전에 카이로에 갔을 때 모스크를 방문했다.)
Have you ever **visited** a mosque? (모스크를 방문해 본 적이 있습니까?)

(5) 부사구: 과거의 한 시점을 가리키는 부사구가 있을 경우 "과거시제"를, 현재까지의 기간을 가리키는 부사구가 있을 때는 "현재완료"를 사용한다.

Mike **saw** her **last night/at 10 o'clock/in 2001/two months ago**.
(마이크는 그녀를 어젯밤에/10시에/2001년에/두 달 전에 만났다.)
We **have lived** in this city **since 2005/for ten years**.
(우리는 2005년부터/10년 동안 이 도시에서 살았다.)

2 **단순과거와 과거진행**: 단순과거와 과거진행은 종종 함께 사용된다.

(1) 진행과 완료: 과거의 어느 시점에 어떤 행위나 상황이 진행 중에 있을 때는 "과거진행"을, 이 기간 중에 어떤 행위나 상황이 일어났을 때는 "단순과거"를 사용한다.

As he **was crossing** the street, a car **hit** him. (그가 길을 건너고 있었는데 차가 그를 쳤다.)
I **saw** the accident through the window, while I **was drinking** my coffee.
(나는 커피를 마시고 있다가 창문을 통해 사고를 목격했다.)

(2) 영구적인 것과 일시적인 것: "단순과거"는 비교적 영구적이고 지속적인 행위나 상황을 표현하고, "과거진행"은 일시적인 행위나 상황을 표현한다.

He studied physics at Harvard, while I **was chasing** girls.
(내가 여자들 꽁무니를 쫓고 있을 때, 그는 하버드에서 물리학을 공부했다.)
We lived in a small fishing village when I **was** a child.
(내가 어릴 때 우리는 작은 어촌에서 살았다.)

(3) 반복적이고 습관적 행위: 과거의 반복적이고 습관적인 행위를 말할 때는 과거진행을 사용하지 않고 "단순과거"를 사용한다.

We **went** golfing every weekend, when we lived in the South.
(우리는 남쪽에 살 때는 주말마다 골프를 했다.)
(*We **were going** golfing every weekend, when we lived in the South.)

When I was a child, we **made** our own toys. (내가 어릴 때는 장난감을 직접 만들었다.)
(*When I was a child, we **were making** our own toys.)

3   현재완료와 현재완료진행

(1) 현시점과의 연관과 진행: 과거의 어느 시점에 시작된 행위나 상황이 현시점과 어떤 연관이 있다고 생각될 때는 "현재완료"를, 현시점에도 일어나고 있다고 생각될 때는 "현재완료진행"을 사용한다.

All the students **have been invited** to the graduation party.
(모든 학생들이 졸업파티에 초청되었다.)
We all **have been waiting** for you for two years. (우리는 당신을 2년간이나 기다려 왔다.)

(2) 현시점까지의 반복적 행위: 과거의 어느 시점에서 시작하여 현시점에도 반복적으로 일어나는 행위나 상황을 말할 때는 "현재완료진행"을 사용한다. 다음을 비교해 보라.

He **has visited** his parents every year. (그는 매년 부모님을 찾았다.)
[어쩌면 그는 내년에 부모님을 찾을 수도 있고 안 찾을 수도 있다.]
He **has been visiting** his parents every year. (그는 매년 부모님을 찾고 있다.)
[그가 내년에도 부모님을 찾을 것이 확실하다.]

(3) 현시점까지의 지속: "현재완료진행"은 과거에 시작된 행위나 상황이 현시점까지 지속되고 있다고 강조할 때 종종 쓰인다.

It's **been snowing** since Christmas. (크리스마스 이래 눈이 오고 있다.)
I've **been learning** English for five years. (나는 5년 동안 영어를 배우고 있다.)

4   과거완료와 과거완료진행

(1) 오래된 과거: "과거완료"의 기본적인 용법은 어느 과거시점보다 더 과거시점에서 시작하여 완료된 행위나 상황을 표현할 때 사용되고, "과거완료진행"은 과거시점에서 시작된 행위나 상황이 어느 과거시점까지 지속되는 비교적 길게 진행되는 행위나 상황을 말한다.

I didn't know that we **had met** at the meeting two years ago.
(나는 우리가 2년 전에 회의에서 만났었다는 것을 몰랐다.)
We **had been living** in a mobile house for three years, before we moved to an apartment.
(우리는 아파트로 이사하기 전에 3년 동안 이동 주택에 살았었다.)

(2) 일시적 행위와 지속적 행위: 모든 진행시제와 마찬가지로 "과거완료진행"도 일시적인 행위나 상황을 표현하고, "과거완료"는 지속적이고 비교적 영구적인 행위나 상황을 표현한다.

We were all very tired, because we **had been waiting for** him for two hours.
(우리는 그를 두 시간이나 기다리고 있었기 때문에 모두 몹시 지쳤다.)
They **had dated** for long, before they got married. (그들은 결혼하기 전에 오랫동안 사귀었었다.)

5   **과거에서의 미래** (future in the past): 더 먼 과거로부터 미래인 과거의 사건을 말하고 싶을 때는 다음과 같은 몇 가지 표현이 있다.

   (1) was/were to (B9와 F23.7을 보라.)

   John and Mary, who got married in 2001, **were to** visit Australia in 2002.
   (2001년에 결혼한 존과 메리는 2002년에 호주를 방문할 예정이었다.)

   (2) was/were going to (F23.7을 보라.)

   He **was going to** call me yesterday, but I haven't heard from him yet.
   (그는 어제 나에게 전화하기로 했는데 아직까지 연락이 없다.)

   (3) would (W23을 보라.)

   They took me to the hotel where we **would** be staying.
   (그들은 우리가 머물게 될 호텔로 나를 데려갔다.)

   (4) was/were + 동사-ing (P16을 보라.)

   He left the meeting early, because he **was flying** to Seoul the next morning.
   (그는 다음 날 아침에 서울행 비행기를 타야 해서 회의에서 일찍 나왔다.)

P21   penny, pennies, pence

1   penny: 미국과 캐나다에서 사용하는 1센트짜리 동전을 가리킨다. 따라서 "100 pennies"는 "1 달러(dollar)"다. 영국에서는 화폐단위이며 한 때 "1 penny"는 "1/12 실링(shilling)"이었으나 1971년부터 "1/100파운드(pound)", 즉 "100 pennies"가 "1파운드"가 되었다.

   ▶ shilling: 영국의 구 화폐단위로서 "1 shilling"은 "12 pence" 또는 "1/20 pounds"를 가리킨다. shilling은 아프리카의 "케냐, 우간다, 탄자니아, 소말리아" 등의 나라에서 화폐단위로 지금도 쓰인다.

2   pennies와 pence: 이들은 penny의 복수형으로서 pence는 영국의 화폐단위로 쓰이고 pennies는 "1 penny"(미국에서는 "1 cent")의 가치를 가진 "동전"들을 가리킬 때 사용된다. 약자로는 마침표가 없는 "p"를 쓴다.

   The bus fare is **50 pence**. (버스비는 50펜스다.)
   A loaf of bread costs **90p**. (빵 한 덩어리는 90펜스다.)

   I need two more **pennies** to buy a hairpin.
   (머리핀을 사려면 (1페니/센트짜리) 동전 두 개가 더 있어야 한다.)
   I found 9 old **pennies** in my desk drawer
   (나의 책상서랍에 오래된 (1페니/센트짜리) 동전 아홉 개가 있었다.)

   ▶ piece: 어떤 "특정의 가치를 가진 동전"을 가리킬 수 있다. 예를 들어, "20p piece"는 "20펜스짜리 동전"을 의미한다.

Do you have change for a 50p **piece**? (50펜스짜리 동전을 바꿔주실 수 있습니까?)
I need three more ten-p **pieces**. (나는 10펜스짜리 동전 세 개가 더 필요하다.)

화폐에 대해서는 M27을 보라.

P22 percent와 percentage

1 percent: 영국영어에서는 종종 percent를 두 단어 "per cent"로 표기하며, 100개의 부분 중에 몇 개를 포함하는가를 나타내는 표현으로 "퍼센트(1/100)"를 의미한다. 이 단어는 "명사, 형용사, 부사" 등으로 쓰인다.

(1) [명사]

Thirty **percent** of the soldiers were killed. (병사들의 30퍼센트가 전사했다.)
We aim to increase the sale by 10 **percent**. (매출을 10퍼센트 올리는 것이 우리의 목표다.)
About 70 **percent** of the population voted in the election.
(선거에서 인구의 약 70퍼센트가 투표했다.)

▶ "percent"는 복수형이 없다는 점에 유의하라.

*Thirty **percents** of the soldiers were killed.

(2) [형용사]

There's been a ten **percent** increase in the number of new students.
(새로운 학생의 수가 10퍼센트 증가했다.)
We expect a 10 **percent** decrease in house prices.
(우리는 주택가격이 10퍼센트 감소할 것으로 생각한다.)
There's been a 20 **percent** reduction in crime this year.
(금년에 범죄가 20퍼센트 감소했다.)

(3) [부사]

I'm one hundred **percent** healthy. (= completely healthy) (나의 건강은 완전하다.)
House prices will fall 10 **percent** over the year.
(주택가격이 1년 동안에 10퍼센트 하락할 것이다.)
I agree with you a hundred **percent**. (나는 너와 전적으로 동의한다.)

▶ "0.5%"는 일반적으로 "0.5 percent"라고 하지 않고 "half of one percent"라고 하며, "1%"보다 적은 것은, 예를 들어, "0.7%"는 "point 7 percent" 또는 "point 7 of one percent"라고 말한다.

2 percentage: 100이 전체인 한 부분이 되는 비율인 "(백분)율, (백분)비율, 퍼센트"를 의미하며 "명사"로만 쓰이며, 흔히 "high, low, small, tiny, large"와 같은 형용사나 부사 또는 "only"와 같은 수식어와 함께 쓰인다.

A **large** percentage of high school students smoke. (높은 비율의 고등학생들이 흡연한다.)

Only a few vegetable-origin foods have such a **high** percentage of proteins.
(채소로 만든 음식 중에 그렇게 높은 담백질을 함유하고 있는 음식은 몇 개밖에 없다.)
The **percentage** of high school students that go to university are about 60 percent.
(고등학생 중에 대학에 진학하는 학생의 비율은 약 60퍼센트다.)

(1) percent와 percentage 뒤에 오는 전치사 "of"의 목적어가 "복수명사"일 경우 동사도 복수가 되며, "집합명사"일 경우에는 단수와 복수동사 둘 다 가능하다.

One **percent of voters are/*is** undecided. (투표자의 1퍼센트가 부동층이다.)
Ten **percent of the electorate has** yet to make up its mind/**have** yet to make up their mind. (유권자의 10퍼센트가 아직도 마음의 결정을 내리지 않았다.)
A **high percentage of married women have/*has** jobs.
(높은 비율의 기혼여성이 직업을 가지고 있다.)

(2) percent 앞에는 "숫자"만 올 수 있고, percentage 앞에는 숫자가 올 수 없다.

A **high percentage/*percent** of businesses fail in the first year.
(높은 비율의 사업체가 첫해에 실패한다.)
About 30 **percent/*percentage** of businesses fail in the first year.
(사업체의 약 30퍼센트가 첫해에 실패한다.)

(3) percentage를 써서 명시적인 "백분율"를 표현하려면 "of-전치사구"를 사용한다.

The last-year economic growth of Korea was a **tiny** percentage of 1.
(지난해의 한국 경제성장률은 미미한 1퍼센트였다.)
Interest rates for a fixed deposit have risen by a **percentage of two**.
(정기예금의 이자가 2퍼센트 올랐다.)

3 percent와 percent/percentage point: 이 두 표현은 어떤 상황이 두 단계에 걸쳐 일어나는 변화를 백분율로 표현하는 개념으로서 구별해서 사용해야 한다. "percent"는 어떤 상황이 일어나는 앞 단계의 비율과 뒤 단계의 비율의 차이를 백분율로 표현한 것이며, "percent points 또는 percentage points"는 단순히 두 단계의 비율의 차이를 말한다. 예를 들어 직원의 수가 1,000명인 회사에서 2000년도에는 40%가 흡연자(400명)였고 2010년도에는 50%(500명)가 되었다고 하면, 우리는 이 차이를 10 percent points 또는 10 percentage points라고 말한다. 그러나 흡연자 숫자의 입장에서 보면 흡연자 수가 400명에서 100명이 증가하여 500명이 되었으므로 흡연자는 실제로 "25 percent((500-400)÷400 × 100)"가 증가한 것이 된다.

The number of smokers between 2000 and 2010 in our company increased by **10 percent points** and **25 percent**.
(우리 회사에서 2000년과 2010년 사이에 흡연자수가 10% 포인트 그리고 25% 증가했다.)

▶ 따라서 선거의 여론조사에서 입후보자들 간의 지지도의 차이는 "percent points"라고 할 수 있다.

According to a recent Gallop Poll, the Republican candidate leads the Democratic

candidate by **15% points**.
(최근의 갤럽여론조사에 따르면 공화당 후보가 민주당 후보를 15퍼센트 포인트 앞서도 있다.)

P23 PERCEPTION VERBS (지각동사)-1: 특성

"지각동사"란 우리의 오감(five senses)인 "시각, 청각, 촉각, 후각, 미각"과 관련이 있는 동사를 가리킨다. 대표적인 지각동사로는 "see, hear, feel, smell, taste"가 있으며, 이 동사들은 여러 방법으로 사용될 수 있다. (a) 무의식적인 지각 현상, (b) 의식적인 지각 활동, (c) 지각을 불러일으키는 현상이 있다. 어떤 지각동사는 이 세 가지 용법에 다른 동사를 사용하지만, 어떤 동사는 동일한 동사를 사용한다.

(a)	(b)	(c)
hear	listen	sound
feel	feel	feel
see	look	look
smell	smell	smell
taste	taste	taste

위 단어 외에도 우리의 감각과 연관이 있는 단어로는 다음 몇 가지를 들 수 있다.

(a) notice, observe, overhear, watch
(b) observe, watch
(c) appear, seem

지각동사 구문에서는 지각하는 "주체"가 주어가 될 수도 있고, "지각되는 대상"이 주어가 될 수 있다. (a)에서는 주어가 "무의식적 주체"가 되고 (b)에서는 "의식적 주체"가 되는 반면, (c)에서는 주어가 "지각의 대상"이 된다.

1   **무의식적 지각의 주체**: (a) 동사가 쓰인 문장에서는 주어가 "무의식적 지각의 주체"가 된다.

I heard the children's voice upstairs. (위층에서 아이들 목소리가 들린다.)
He saw a big ship in the distance. (그는 멀리 떠 있는 큰 배를 보았다.)
She smelled cigarette smoke in this room. (그녀는 이 방에서 담배 연기 냄새를 맡았다.)
I overheard part of their conversation. (나는 그들의 대화 일부를 우연히 엿들었다.)

2   can: (a) 동사는 진행형이 없는 대신 (특히 영국영어에서는) 양상조동사 "can"을 써서 어떤 상황을 지각하고 있음을 표현할 수 있다. (C3.6을 보라.)

I can hear the children's voice upstairs. (위층에서 아이들 목소리가 들린다.)
Can you **see** a big ship in the distance? (저 멀리 떠 있는 큰 배가 보입니까?)
He could smell cigarette smoke in this room.
(그는 이 방에서 담배 연기 냄새를 맡을 수 있었다.)

3   **의식적 지각의 주체**: (b) 동사가 쓰인 문장에서는 주어가 "의식적 지각의 주체"가 된다.

I'm **listening to** the music. (나는 음악을 듣고 있다.)
The cook is **tasting** the soup. (요리사가 수프의 맛을 보고 있다.)
She **was feeling** his forehead to check fever.
(그녀는 열이 있나 알아보기 위해 그의 이마를 만지고 있었다.)
He sat and **watched** the sunset. (그는 앉아서 일몰을 지켜봤다.)

4 　지각의 대상: (c) 동사가 쓰인 문장에서는 주어가 "지각의 대상"이 된다.

That building **looks** very old. (저 건물은 매우 오래된 것처럼 보인다.)
The sunshine **felt** good. (햇빛이 좋았다.)
He **sounds** as if he's quite exhausted. (그는 매우 지친 것 같은 인상을 준다.)
The idea **appears** useful. (그 생각이 쓸 만해 보인다.)

5 　as if/as though와 함께: (c) 동사와 함께 사용될 수 있다.

It **seemed as if** the end of the world had come. (마치 세상이 끝나는 것 같았다.)
It **appears as though** we didn't have much choice.
(우리에게 선택의 여지가 많지 않은 것 같이 보인다.)
My leg **feels as if** it's broken. (나는 마치 다리가 부러진 것 같은 느낌이다.)
It **sounds** to me **as if** he needs medical attention.
(나에게는 그가 의학적으로 돌볼 필요가 있는 것 같다.)

P24　PERCEPTION VERBS-2: 지각동사+목적어+동사 구조

"hear, see, feel, observe, overhear, oversee, notice, watch"와 같은 지각동사(perception verbs) 다음에는 "목적어 + (to없는) 부정사/-ing형"이 올 수 있으며, 이 두 구조 사이에는 종종 의미적 차이가 나타난다.

지각동사 + 목적어 + 원형 부정사/-ing형

I **heard him go up** the stairs. (나는 그가 계단을 올라가는 소리를 들었다.)
I **heard him going up** the stairs. (나는 그가 계단을 올라가고 있는 소리를 들었다.)
(*I **heard him to go/went up** the stairs.)

He **saw her park** a car outside the building. (그는 그녀가 건물 밖에 주차하는 것을 보았다.)
He **saw her parking** a car outside the building.
(그는 그녀가 건물 밖에 주차하고 있는 것을 보았다.)
(*He **saw her to park/parked** a car outside the building.)

1 　**전체와 부분**: 어떤 행위나 사태의 "전체"를 듣거나 보았을 때는 "부정사"를 사용하고, 진행 중인 행위나 사태를 "일부분" 듣거나 보았을 때 "-ing형"을 사용한다. 다음을 비교해 보라.

I **saw her swim** across the river. (나는 그녀가 강을 건너 헤엄치는 것을 보았다.)
["그녀가 강의 한쪽에 반대쪽까지 헤엄을 쳐서 건넜다"는 의미를 표현한다.]

I **saw her swimming** across the river.
(나는 그녀가 강을 가로질러 헤엄을 치고 있는 것을 보았다.)
["그녀가 강을 건널 의도에서 헤엄을 치는 중이었다"를 의미한다.]

I **heard him talk** on world economy. (나는 그가 세계 경제에 대해 말하는 것을 들었다.)
["나는 그의 세계 경제에 대한 연설을 처음부터 끝까지 들었음"을 의미한다.]
As I walked past his room, I **heard him talking** on world economy.
(나는 그의 연구실 옆을 지나다가 그가 세계 경제에 대해 말하고 있는 것을 들었다.)

I **felt something touch** my feet. (나는 무엇인가 내 발에 닿는 느낌이 들었다.)
As I crossed the river on bare foot, I **felt something touching** my feet.
(나는 맨발로 강을 건널 때, 무엇인가 발을 건드리는 느낌이 들었다.)

The teacher **observed him climb(ing)** over the fence.
(선생님은 그가 담을 넘어가는 것을 보았다.)
She **overheard two doctors discuss(ing)** her case.
(그녀는 의사 둘이 그녀의 상태에 대해서 논의하는 것을 엿들었다.)
Did you **notice me leave/leaving** the house? (내가 집을 나가는 것을 알았습니까?)
Watch me jump over the stream. (내가 냇물을 뛰어 넘어가는 것을 봐라.)
I like to **watch people walking** in the street.
(나는 사람들이 걸어 다니는 것을 지켜보는 것을 좋아한다.)

2 **순간적 상황과 지속적 상황**: "순간적으로 일어나는 상황"을 의미하는 동사는 hear 다음에서 "ing형"이 될 수 없고, "상태의 지속성"을 의미하는 동사는 see 다음에서 "부정사형"이 될 수 없다.

I **heard the bomb explode**. (나는 폭탄이 터지는 소리를 들었다.)
(*I **heard the bomb exploding**.)
I **heard the plane crash** on the mountain. (나는 비행기가 산에 충돌하는 소리를 들었다.)
(*I **heard the plane crashing** on the mountain.)
I **saw the book lying** on the table. (나는 책상 위에 책이 놓여 있는 것을 보았다.)
(*I **saw the book lie** on the table.)
I **saw my mother sitting** quietly in her chair.
(나는 어머니가 의자에 조용히 앉아 있는 것을 보았다.)
(*I **saw my mother sit** quietly in her chair.)

3 **반복적 상황**: "진행형"은 동사에 따라 "반복적 현상"을 암시할 수 있다.

I **saw her throwing** stones at the other children.
(나는 그녀가 다른 아이들에게 돌을 던지는 것을 보았다.)
I **heard the tap** in the kitchen **dripping**.
(나는 부엌의 수도꼭지에서 물이 똑똑 떨어지는 소리를 들었다.)
I **heard the man kicking** on the door. (나는 그 남자가 문을 차는 소리를 들었다.)

4　　can see/hear: (진행의 의미를 가진) "can see/hear"는 목적어 다음에 "-ing형만" 가능하다.

　　　I **can see John getting** on the bus. (나는 존이 버스에 타고 있는 것을 볼 수 있다.)
　　　(*I **can see John get** on the bus.)
　　　I **could hear someone calling** my name.
　　　(내 귀에 누군가가 내 이름을 부르는 소리가 들린다.)
　　　(*I **can hear someone call** my name.)

5　　수동형: hear와 see의 수동형 다음에서도 "-ing형"은 그대로 유지되며, "부정사형"의 경우에는 to를 갖게 된다.

　　　I **saw him cross/crossing** the street. (나는 그가 길을 건너가는 것을 보았다.)
　　　(= He **was seen to cross/crossing** the street.)
　　　(*He **was seen cross** the street.)
　　　We **heard him talk/talking** to himself. (우리는 그가 자신에게 말하는 것을 들었다.)
　　　(= He **was heard to talk/talking** to himself.)
　　　(*He **was heard talk** to himself.)
　　　They **noticed him leave/leaving** the building. (그들은 그가 건물을 떠나는 것을 알았다.)
　　　(= He **was noticed (by them) to leave/leaving** the building.)
　　　(*He **was noticed (by them) leave** the building.)

6　　과거분사: 목적어 다음에 "과거분사형" 동사가 오면 "수동"의 의미를 지니게 되고, "진행형(being + 과거분사)"이 오면 "진행 중인 수동"의 의미를 지닌다.

　　　I saw a police car **parked** outside the building. (나는 건물 밖에 경찰차가 주차된 것을 보았다.)
　　　I heard my name **repeated** several times. (나는 내 이름이 여러 번 반복되는 소리를 들었다.)
　　　He watched the tree **being cut down**. (그는 나무가 잘려나가는 것을 바라보았다.)
　　　I woke up to hear the bedroom door **being opened** slowly.
　　　(나는 침실 문이 천천히 열리는 소리를 듣고 깨어났다.)

　　　▶ hear와 see의 수동형 다음에서는 "수동 진행형 구조"가 불가능하다.

　　　*He **was seen being beaten** by her. (참고: He **saw** him **being beaten** by her.)
　　　*She **was heard being criticized** by her assistants.
　　　(참고: I **heard** her **being criticized** by her assistants.)

7　　look at: "look at" 다음에도 "목적어 + -ing형"이 가능하며, 미국영어서는 "목적어 + 부정사"도 가능하다.

　　　They **looked at** the children **playing** in the backyard.
　　　(그들은 뒤뜰에서 아이들이 뛰어놀고 있는 것을 쳐다봤다.)
　　　They **looked at** the children **play** in the backyard.　　　[미국영어]

　　　부정사와 -ing형 앞에 나오는 동사에 대해서는 G10을 보라.

hear와 listen의 차이점에 대해서는 H12를 보라.
see, look, watch에 대해서는 S5를 보라.

P25 perpetrate와 perpetuate

유사한 철자에 조심해야 된다.

1   perpetrate: "(나쁜 짓, 과오를) 범하다, 저지르다(commit)"를 의미한다.

Joe **perpetrated** the crime in blind anger.
(조는 화가 나서 충동적으로 범죄를 저질렀다.)
The police still don't know who **perpetrated** the murder of the housewife.
(경찰은 아직도 누가 그 가정주부를 살해했는지 모르고 있다.)
A high proportion of crime in any country is **perpetrated** by young males in their teens and twenties.
(모든 나라에서 범죄의 상당 부분이 10대와 20대의 젊은 남성들에 의해 저질러진다.)

2   perpetuate: "영속시키다, 불멸하게 하다"를 의미한다.

This statue will **perpetuate** our memory of heroes.
(이 동상은 우리로 하여금 영웅들을 영원히 기억하게 할 것이다.)
This monument was built to **perpetuate** the memory of the national heroes.
(이 기념물은 국가의 영웅들을 기념하기 위해 건립되었다.)
We **perpetuate** the memory of the great king Sejong by erecting a statue of him.
(우리는 동상을 세워서 위대한 세종대왕을 영원히 기념하고 있다.)

P26 persecute와 prosecute

1   persecute: 종교나 사상 등의 차이로 남을 "박해하다, 학대하다"를 의미한다.

They were **persecuted** by the authorities for their beliefs.
(그들은 자신의 신앙 때문에 당국에 의해 박해를 받았다.)
Blessed are those who are **persecuted** for righteousness' sake.
(의를 위하여 핍박받는 자는 복이 있나니.) [마 5:10]
Religious minorities were **persecuted** and massacred during the ten-year regime.
(종교적 소수자들은 10년 정권 동안에 박해를 받았고 대량 학살되었다.)
Saul, Saul, why do you **persecute** me?
(사울아 사울아 네가 어찌하여 나를 박해하느냐?) [행 26:14]

2   prosecute: 법적으로 "기소하다, 고발하다"를 의미한다.

The engineer of the wrecked train was **prosecuted** for criminal negligence.
(파손된 기차의 기관사는 형사상의 과실로 기소되었다.)

The police have decided not to **prosecute** because the evidence was not strong enough.
(경찰은 증거가 충분히 명확하지 않기 때문에 기소하지 않기로 했다.)
Shoplifters will be **prosecuted** without exception.
(가게 물건을 슬쩍하는 사람은 예외 없이 기소될 것이다.)

P27 PHRASAL VERBS (구동사)

구동사는 외형적으로는 전치사적 동사(P41을 보라.)와 유사하다. 차이는 구동사를 구성하는 동사와 "전치사적 부사"가 매우 제한적이라는 점이다. 그러나 이 둘은 활발한 결합을 통해 일상생활에 소위 "식자"들이 사용하는 고급단어를 대신하는 역할을 한다.

1　동사: 구동사를 구성하는 동사는 일반적으로 자주 쓰이는 단음절 동사다.

ask	be	break	come
drop	fall	find	get
give	go	keep	let
look	make	pick	put
run	set	take	turn 등

2　전치사적 부사: 구동사를 구성하는 "전치사적 부사"는 일반적으로 "공간전치사"다.

around	across	along	around
away	back	by	down
forward	in	off	on
over	through	under	up 등

3　자동사: 이 구동사는 어떠한 보충어 없이 사용될 수 있다.

ask around	be up	break down	come in
fall back	get by	give in	go away
keep on	let up	look out	make off
run out	set in	take off	turn up 등

Are the kids still **up**? (아이들이 아직도 잠을 안 자고 있어?)
After a week of fierce fighting, the enemies began to **fall back**.
(한 주 동안의 격렬한 전투 후에 적들은 후퇴하기 시작했다.)
Eventually he **gave in** and decided to go to college.
(그는 결국 항복하고 대학에 진학하기로 결정했다.)
Stop **messing around** and get ready for school.
(빈둥거리는 것 그만두고 학교 갈 준비나 해라.)
How long can the economic boom **keep on**?
(경제적 호황이 얼마나 오래 지속될까요?)
The wind had dropped and the rain gradually **let up**. (바람이 잦아들고 비가 점차 멎어 갔다.)

We have to act now because time is **running out**.
(시간이 다 되어 가니까 우리는 지금 행동해야 합니다.)
Winter seems to be **setting in** early this year. (올해에는 겨울이 빨리 시작할 것 같다.)
We felt excited as the plane **took off** from Incheon. (비행기가 인천공항을 뜨자 우리는 흥분했다.)

4   **단순타동사**: 전치사적 부사 뒤에 하나의 목적어를 가지는 "단순타동사"를 구성할 수 있으며, 그 수는 방대하다.

bring about	bring up	call up	call off
catch on	give up	give out	hand in
hand over	hold up	keep back	look up
make out	make up	mess up	pull up
put off	take up	turn down	turn off
turn on 등			

She has **brought up** five children without husband. (그녀는 남편 없이 다섯 아이를 양육했다.)
They **called off** the picnic because of bad weather.
(그들은 나쁜 날씨 때문에 야유회를 취소했다.)
There're people at the entrance **giving out** leaflets.
(입구에서 사람들이 전단지를 나누어주고 있다.)
It's hard to **make out** what criteria are used.
(어떤 기준이 사용되고 있는지 판별하기가 쉽지 않다.)
The policeman **pulled** him **up** for speeding. (경찰관이 과속한 그의 차를 세웠다.)
They offered her the job, but she **turned** it **down**.
(그들은 그녀에게 일자리를 제안했으나 거절했다.)
They will **hand** you **over** the local authorities.
(그들이 너희를 공회에 넘겨주겠고.) [마 10:17]

5   **전치사적 구동사** (prepositional phrasal verbs): 전치사적 구동사란 "동사 + 전치사적 부사 + 전치사"로 이루어진 복합동사를 말하며, 이 복합동사는 구어체에서 널리 쓰인다. 전치사적 구동사에서 마지막 단어가 "전치사"이므로 그 뒤에 오는 표현은 전치사의 목적어로서 "명사적 표현"이 와야 한다.

catch on with	catch up with	come through with
do away with	drop in on	drop out of
get along with	get away with	give in to
keep up with	look down on	look forward to
look up to	put up with	run out of 등

She ran after him and managed to **catch up with** him.
(그녀는 그의 뒤에서 달려 그를 따라잡는 데 성공했다.)
Our goal must be to **do away with** nuclear weapons altogether.
(우리의 목표는 핵무기를 모두 없애는 것이어야 한다.)

He thinks he can **get away with** everything. (그는 무엇을 하든 벌을 모면할 수 있다고 생각한다.)
Wages are failing to **keep up with** inflation. (임금이 물가인상을 따라잡지 못하고 있다.)
We're all **looking forward to** meeting you on Saturday.
(우리 모두는 토요일에 당신을 만나기를 고대하고 있습니다.)
How long shall I **put up with** you? (내가 얼마나 너희에게 참으리오?) [막 9:19]
They **ran out of** money and had to abandon the project.
(그들은 돈이 떨어져서 그 사업을 포기해야 했다.)

구동사와 전치사적 동사의 차이에 대해서는 P41.3을 보라.

P28   pity와 sympathy

이 두 단어는 타인이 겪고 있는 고통이나 슬픔에 대한 "동정심, 연민의 정"을 의미한다.

1   pity: "애석함"을 강조하며 불가산명사로 쓰인다.

I **feel pity for** people who have no home of their own.
(나는 집이 없는 사람들을 불쌍하게 생각한다.)
We **had pity on** an old man waiting in the rain for the bus and gave him a lift.
(우리는 비가 오는데 버스를 기다리고 있는 어르신이 가여워서 차를 태워주었다.)
But if you can do anything, **take pity on** us and help us.
(그러나 무엇을 하실 수 있거든 우리를 불쌍히 여기사 도와주옵소서.) [막 9:22]

▶ 어떤 상황에 실망해서 그 상황이 실제와는 다르게 되었으면 할 때 사용하며, 이 경우 "부정관사 a"가 사용된다.

It's **a pity** that you have to leave so soon. (그렇게 빨리 떠나야 한다니 애석하다.)
Can't you go to the party? That's **a pity**. (파티에 갈 수 없다고? 그거 안 됐다.)
What **a pity** that you couldn't swim. (수영할 줄 모른다니 어쩐담!)

2   sympathy: 남의 슬픔이나 어려움을 나누려고 하는 "공감, 동조"를 강조한다.

I have a lot of **sympathy for** her; she had to bring up the children on her own.
(나는 그녀를 매우 가엾게 생각한다. 그녀는 혼자서 아이들을 길러야 했다.)
I have absolutely no **sympathy for** students who get caught cheating in exams.
(나는 시험 중에 부정행위를 해서 발각된 학생들에게는 털끝만치의 동정심도 없다.)
We have a great deal of **sympathy with** this movement. (우리는 이 운동을 크게 찬성한다.)
The railway workers went out on a strike **in sympathy with** the miners.
(철도노동자들이 광부들에게 동조하여 파업을 했다.)

P29   PLACE (장소)

영어에서 장소를 의미하는 표현은 "Where ...?" 의문문의 응답으로 쓰일 수 있다. 영어에서

"장소"를 표현하는 데 가장 중요한 성분은 "전치사"다.

1   **전치사**: 영어의 장소나 위치를 표현할 때 사용되는 전치사로는 다음과 같은 것들이 있다.

aboard	about	above	across
after	against	ahead of	along
alongside	amid	among(st)	around
at	away from	before	behind
below	beneath	besides	between
beyond	by	close to	down
for	from	in	in front of
inside	into	near	next to
off	on	onto	on (the) top of
opposite	out	out of	outside
over	past	round	since
through	throughout	to	toward(s)
under	underneath	up	via
within	without 등		

The airliner flies **above** the clouds. (여객기가 구름 위를 날고 있다.)
A car parked **in front of** the bus. (승용차가 버스 앞에 주차했다.)
The President's motorcade is going just **around** the corner.
(대통령의 차량 행렬이 막 모퉁이를 돌아가고 있다.)
An old man is fishing **by** the lake. (한 노인이 호숫가에서 낚시하고 있다.)
A big tree stands **between** two buildings. (두 건물 사이에 큰 나무 한 그루가 서 있었다.)
The van's driving **past** the school. (그 승합차가 학교를 지나가고 있다.)
The subway runs **under** the street. (지하철은 도로 밑으로 지나간다.)
There's lots of snow **on top of** the mountain. (산 정상에 눈이 많이 쌓여 있다.)

2   at, in, on: 영어의 대표적인 장소 전치사다. 이들에 대해서는 A111을 보라.

3   **장소부사**: 장소부사로는 다음과 같은 것들이 있다.

here	there	somewhere	anywhere
everywhere	nowhere	downstairs	upstairs 등

There must be **somewhere** to rest tonight. (오늘 밤 쉴 곳이 틀림없이 어딘가 있을 것이다.)
We could go to my place and have lunch **there**. (우리 집에 가서 점심을 해도 된다.)
He ran **downstairs** to answer the door. (그는 문을 열어주기 위해 아래층으로 뛰었다.)

4   **전치사적 부사**: 대부분의 장소 전치사는 목적어가 없는 "독립 전치사, 즉 전치사적 부사"로 쓰일 수 있다.

The bridge was built **above the river.** (강 상류에 다리가 건설되었다.)

The bridge is ten miles **above**. (다리가 10마일 상류에 있다.)

They ran straight **across the road**. (그들은 길을 가로질러 똑바로 뛰었다.)
We'll have to swim **across**. (우리는 가로질러 수영을 해야 한다.)

He parked his car **alongside mine**. (그는 내 차와 나란히 옆에 주차했다.)
A car drew up **alongside**. (차 한 대가 나란히 옆에 섰다.)

They camped a few meters **below the summit**.
(그들은 정상 아래 몇 미터 지점에서 야영을 했다.)
Answer each of the questions **below**. (아래 주어진 각각의 질문에 답하시오.)

Tears were streaming **down her face**. (눈물이 그녀의 얼굴 아래로 흘러내렸다.)
Ken fell asleep face **down**. (켄은 얼굴을 아래로 한 채 잠에 빠졌다.)

He stayed at the hotel **near the beach**. (그는 해변 가까이에 있는 호텔에 머물렀다.)
The school is quite **near**. (학교는 아주 가까이에 있다.)

He got **on the bus** and left the town. (그는 버스를 타고 마을을 떠났다.)
The bus stopped and two people got **on**. (버스가 섰고 두 사람이 탔다.)

A fighter plane flew **over the building**. (전투기 한 대가 건물 위로 날아갔다.)
A fighter plane flew **over**. (전투기 한 대가 위로 날아 지나갔다.)

We slowly walked **up the hill**. (우리는 천천히 언덕 위로 걸어 올라갔다.)
He lay on his back, staring **up** at the ceiling. (그는 등을 대고 누워서 천장을 올려다봤다.)

독립전치사에 대해서는 P39를 보라.

P30　POLITENESS (공손함)

공손함이란 상대방의 감정을 배려한 언어행위를 가리킨다. 사람들은 일반적으로 나이가 많거나 높은 직위를 가진 사람 또는 잘 모르는 사람에게 "정중한" 말을 하게 된다. 영어에서는 일반적으로 긴 표현이 짧은 표현보다 더 "공손한 표현"이 될 수 있다는 점에 유의하라. 다음을 비교해보라.

명령	The door! (문 닫아!)
	Close the door! (문을 닫아라!)
	Close the door, please. (문 좀 닫을까요.)
⇕	Can you close the door, please? (문을 좀 닫아줄 수 있을까요?)
	Could you close the door, please? (문을 좀 닫아주실 수 있습니까?)
	Would you mind closing the door, please? (미안하지만 문 좀 닫아주시겠습니까?)
부탁	I wonder if you'd mind closing the door, please.
(죄송합니다만 문 좀 닫아주시면 고맙겠습니다.)

1　**가까운 사람**: 친구나 동료 또는 나이 차이가 크지 않은 가족에게 지나치게 공손한 표현을

쓸 필요는 없다. 이 경우에는 일반적으로 "명령문" 형태가 쓰인다.

Close the door! (문을 닫아라!)
Have another biscuit! (비스킷 하나 더 먹어라!)
Go to bed! (잠자라!)

2   please: 명령형 문장을 좀 더 겸손한 표현으로 바꾸려면 "please"를 사용한다.

Close the door, **please**! (문 좀 닫아줄래!)
Have another cup of tea, **please**! (차 한 잔 더 드세요!)

3   양상조동사 (could, would): 양상조동사와 "please"를 사용하면 더 공손한 표현이 된다.

Could/Would you close the door, **please**! (문 좀 닫아 주실 수 있습니까?)
Could/Would you visit me again tomorrow? (내일 다시 오실 수 있으세요?)

4   과거시제: 과거시제를 써서 우리의 생각을 간접적으로 표현하는 것이 공손한 표현이 될 수 있다.

I **was wondering** if I **could** borrow your car this afternoon.
(미안합니다만 오늘 오후에 차 좀 빌릴 수 있을까요?)
I **thought** we could go swimming tomorrow.
(우리가 내일 수영을 갈 수 있을 것으로 생각했는데요.)
I just **wanted** to check that the meeting is still on next week.
(다음 주에 회의가 여전히 있을 것인지 알고 싶을 뿐입니다.)

5   공손함: 우리는 "직장 상사, 선생님, 연장자, 잘 모르는 사람"에게는 공손한 표현을 사용하는 것이 좋다.

Would you mind closing the door, please? (미안하지만 문 좀 닫아주시겠습니까?)
Could you possibly close the door, please? (미안하지만 문 좀 닫아주시겠습니까?)

6   공손한 말씨: 영어에서 다음과 같은 표현을 사용하면 더 공손한 말씨가 된다.

(a) 사람을 만나면 먼저 "Good Morning!/Good Afternoon!/Good Evening!"과 같은 인사를 해라.
(b) "How are you?" "How are you doing?" 등을 사용하여 먼저 안부를 물어라.
(c) "Please," "Excuse me," "Thank you"와 같은 말을 자주 써라
(d) 아무리 작은 실수라 할지라도 항상 "Sorry"라는 말을 하라.
(e) 처음 만난 사람에게 말을 걸 때는 먼저 "Excuse me"라고 말하라.

공손한 표현에 대해서는 C5.1, C6.2, C55.2, D5.6, L10.4, M11.2, M12.1, M13.1, M18.6, N3.3, O7.2, P19.2를 보라.

P31 politic과 political

politic은 어떤 일을 하는 것이 그 상황에서 매우 "사리 분별이 있는" 것으로 생각된다는 것을 의미하는 반면, political은 "정치(politics)"와 관련이 있는 단어다.

I don't think it would be **politic** to ask for a loan just now.
(나는 지금 당장 대출을 신청하는 것이 현명한 것이 아니라고 생각한다.)
It would not be **politic** for you to be seen with her.
(네가 그녀와 같이 있는 것이 알려지는 것은 현명한 일이 아닐 수 있다.)

All other **political** parties have been completely banned in China.
(중국에서 모든 다른 정당은 완전히 금지되어 있다.)
Abortion is once again a controversial **political** and moral issue in this country.
(낙태는 또다시 이 나라에서 정치적 그리고 도덕적 쟁점이 되었다.)

P32 PREDETERMINERS (한정사 선행어)-1: all, both, half

한정사 선행어란 명사의 선행 수식어의 일종으로서 명사구 내에서 한정사 앞에 나타날 수 있는 것이 그 특징이다. 우리는 한정사 선행어를 문법적 그리고 의미적 특성에 따라 네 종류로 나눌 수 있다. 그 외에 특별한 구문에서만 쓰이는 한정사 선행어가 있다.

(a) all, both, half
(b) 배수: twice, double, triple, quadruple, three times, ...
(c) 빈도: once, twice, three times, four times, ...
(d) 분수: a third, a half/half a, a quarter, three-sevenths, ...
(e) 기타: what, such, many, quite, rather

1   **한정사와 한정사 선행어**: 한정사 선행어가 모든 한정사(D13을 보라.) 앞에 자유롭게 나타날 수 있는 것은 아니다. 한정사 선행어들은 의미적 이유 때문에 "양화사 한정사"나 "의문사 한정사"와 함께 쓰일 수 없으며, 일반적으로 "관사, 소유격 한정사 그리고 지시사"와 함께 쓰인다. 이 경우에도 그 결합이 자유로운 것이 아니라 한정사 선행어와 한정사 그리고 한정사 선행어와 명사 사이에는 엄격한 제약이 있다.

*all some books   *both no books   *half which coffee
all the books   both his sons   half this coffee

2   all: all은 모든 명사와 결합할 수 있으며, "부정관사"와 "양화사" 그리고 "의문사"를 제외한 모든 한정사 앞에 올 수 있다.

The man spent **all his fortune** looking after the poor.
(그 남자는 자신의 모든 재산을 가난한 사람들을 돌보는 데 사용했다.)
I still remember names of **all the students** in the 2003 English grammar class.
(나는 아직도 2003년 영문법 과목을 수강한 모든 학생의 이름을 기억한다.)
She poured **all (the) milk** into the sink. (그는 우유를 모두 하수구에 쏟아 버렸다.)

3   **all과 both**: all은 "셋 이상"을 가리키고 both는 "둘"을 가리킨다.

   I'll take **all three balls**. (내가 볼 세 개를 다 가져가겠습니다.)
   (*I'll take **all two balls**.)
   I'll take **both balls**. (내가 볼을 둘 다 가져가겠습니다.)

4   **all과 단수 시간명사**: all이 "단수 시간명사"와 함께 쓰일 때는 "정관사 the"를 생략해도 좋다.

   She spent **all ((of) the) day/week** at home. (그녀는 온종일/일주일 내내 집에서 보냈다.)
   It took **all ((of) the) morning** for her to put on makeup.
   (그녀는 화장하는 데 오전 내내 걸린다.)

5   **half**: half는 모든 명사와 결합할 수 있으며, (양화사와 의문사를 제외한) 모든 한정사 앞에 올 수 있을 뿐만 아니라 반드시 "한정사"를 동반해야 한다.

   She gave me **half a pumpkin pie**. (그녀는 호박파이 절반을 나에게 주었다.)
   (*She gave me **half pumpkin pie**.)
   I wasted **half my life** for nothing. (나는 반평생을 아무것도 하지 않고 낭비했다.)
   (*I wasted **half life** for nothing.)
   She spilt **half the ink** on the floor. (그녀는 잉크 절반을 마루에 엎질렀다.)
   (*She spilt **half ink** on the floor.)

   ▶ half가 "부정관사"와 결합할 때 미국영어에서는 종종 부정관사와 "어순"이 뒤바뀌기도 한다.

   The baby slept just for **half an hour/a half hour**. (아이가 딱 반 시간 동안 잠을 잤다.)
   It took about an hour for him to walk **half a mile/a half mile**.
   (그는 반 마일을 걷는 데 약 한 시간 걸렸다.)

6   **both**: both는 복수 가산명사와만 결합할 수 있으며 "부정관사 a(n)와 양화사와 의문사"를 제외한 한정사와 결합할 수 있다. both 바로 다음에서 "정관사 the"는 생략될 수 있으며 의미적 변화는 없다.

   Both my brothers went to Europe. (나의 남자 형제가 둘 다 유럽에 갔다.)
   Both (the) students passed the test. (학생 둘 다 시험에 통과했다.)

   ▶ "both ... not"은 일반적으로 쓰지 않으며 대신 "neither"를 사용한다. (N16.6을 보라.)

   ***Both** the students **didn't** pass the test.
   Neither of the students passed the test. (학생 둘 다 시험에 통과하지 못했다.)

7   **of-구**: "all, both, half" 모두 "of-구문"을 허용하며, of 다음에 오는 명사구는 반드시 "정관사나 지시사 또는 소유격 한정사"를 포함해야 한다. 양화사의 경우와 마찬가지로 of 다음에 "대명사"가 오면 "of-구문"이 의무적으로 쓰인다.

She used **all (of) the meat** to prepare the banquet.
(그녀는 연회를 준비하는 데 그 고기를 모두 사용했다.)
(*She used **all of meat** to prepare the banquet.)
I introduced **both (of) Mary's students** to my boss.
(나는 메리의 두 학생을 나의 상사에게 소개했다.)
(*I introduced **both of students** to my boss.)
He spent **half (of) his time** arranging books. (그는 시간의 절반을 책을 정리하는 데 썼다.)
(*He spent **half of time** arranging books.)
All of them are planning to climb the mountain. (그들은 모두 산에 오를 계획이다.)
(***All them** are planning to climb the mountain.)

▶ "*all of meat, *all of students"는 불가능하지만 "all meat, all students"는 가능하다. 이 경우는 "전칭적(generic)" 의미를 가지며 "특정의(specific)" 대상을 가리키는 "all the meat, all the students"와는 의미상으로 대조를 이룬다.

▶ 지시대명사(this/these와 that/those)의 경우에도 "of-구"가 선호되지만, 사람에 따라서는 지시대명사 앞에 단순히 "all, both, half"가 오는 구조를 허용한다.

All (of) this is my wife's. (이 모든 것이 내 처의 것이다.)
I'm willing to give you **half (of) that**. (나는 너에게 그것의 절반을 줄 의향이 있다.)
I'd like to buy **both (of) these**. (나는 이것 두 개를 사고 싶다.)
All (of) those were completely destroyed. (그것 모두가 완전히 파괴되었다.)

8 대명사: all, both, half는 모두 "대명사"로서 독립적으로 쓰일 수 있다.

All/Both/Half passed the test for driver's license.
(모두가/둘 다/절반이 운전면허 시험에 통과했다.)

9 표류(floating): all과 both는 "주어 뒤로 이동"할 수 있으며, 조동사가 있으면 조동사 뒤로 이동한다. 주어가 대명사일 경우에는 의무적으로 이동해야 한다.

The students **all** attended the graduation ceremony. (모든 학생이 졸업식에 참석했다.)
(= **All** (of) the students attended the graduation ceremony.)

The professors **both** missed the concert. (교수님 두 분 다 연주회에 못 갔다.)
(= **Both** ((of) the) professors missed the concert.)

They **all/both** visited China. (그들은 모두/둘 다 중국을 방문했다.)
(= **All/Both** of them visited China.) (***All**/*Both** they visited China.)

The students will **all/both** attend the concert. (학생들 모두/둘 다 음악회에 참석했다.)
Those apples were **all/both** rotten. (저 사과가 모두/둘 다 상했다.)
We can **all/both** play golf. (우리는 모두/둘 다 골프를 한다.)
This very night you will **all** fall away on account of me.
(오늘 밤에 너희가 다 나를 버리리라.) [마 26:31]

명사구와 all, both, half에 대해서는 N39.2를 보라.
all은 A46을, both는 B32를, half는 H2를 보라.

P33 PREDETERMINERS-2: 배수와 빈도

배수(multipliers)와 빈도(frequency)를 나타내는 표현은 부분적으로 겹친다. 예를 들어 "twice"는 "두 배(double)"를 의미할 수도 있고 "두 번"을 의미할 수도 있다.

배수: twice, double, triple, treble, thrice, three times, quadruple, ...
빈도: once, twice, thrice, three times, four times, ...

▶ 배수를 의미하는 단어 중에 "double, triple, treble, quadruple" 등은 빈도를 나타낼 수 없는 데 반하여, 빈도를 의미하는 단어 중에 (의미상 배수가 될 수 없는) "once"를 제외하면 모두 배수를 나타내는 표현으로 사용될 수 있다.

1 **배수**: 배수는 "복수 가산명사, 불가산명사, 수(number)나 양(amount)을 뜻하는 단수 가산명사" 앞에서 배수를 표현한다.

We'll need **double or triple the multilingual volunteers** for the successful 2018 Winter Olympics. (우리는 성공적인 2018년 동계올림픽을 위해 두 배 또는 세 배의 다중언어 능력을 갖춘 자원봉사자가 필요할 것이다.)
She requested **twice/double** the amount of money for the same project.
(그녀는 같은 사업에 두 배의 돈을 요청했다.)
My wife spends **treble/three times** my salary. (나의 처는 내 봉급의 세 배를 쓴다.)
The boy eats about **four times** the amount that I usually eat.
(그 소년은 내가 보통 먹는 양의 약 4배를 먹는다.)

2 **빈도**: 빈도 표현은 한정사 "a, every, each"와 전치사 "per"와 결합하여 빈도를 표현하게 된다.

She took a bath **once/twice a day**. (그녀는 하루에 한 번/두 번 목욕했다.)
They visit their parents **four times each year**. (그들은 부모를 매년 네 번씩 찾는다.)
We eat our meals out at least **twice every three weeks**.
(우리는 적어도 3주마다 두 번씩 외식한다.)
This old castle is open to the public only **once per year**.
(이 오래된 성은 일 년에 한 번씩만 대중에게 개방된다.)
I fast **twice a week** and give a tenth of all I get.
(나는 이레에 두 번씩 금식하고 소득의 십일조를 드리나이다.) [눅 18:12]

3 **of-구와 표류**: "배수와 빈도"를 표현하는 단어는 "all"이나 "both"와는 달이 "of-구" 뿐만 아니라 주어의 뒤로 표류하는 것도 허용되지 않는다.

My wife earns **treble/three times (*of) my salary**. (나의 처는 내 봉급의 세 배를 번다.)

Treble/Three times my salary is earned by my wife.
(*My salary is treble/three times earned by my wife.)

She took a bath twice (*of) a day. (그녀는 하루에 두 번 목욕했다.)
Twice a day is enough for me. (나에게는 하루에 두 번으로 충분합니다.)
(*A day is twice enough for me.)

명사구와 배수와 빈도에 대해서는 N39.2를 보라.
배수에 대해서는 M31을, 빈도에 대해서는 F18을 보라.

P34　PREDETERMINERS-3: 분수와 특별한 표현

"half"와 "quarter"를 제외하면 영어에서 분수는 먼저 기수(cardinal number)를 쓴 다음 서수(ordinal number)를 써서 표현한다. 기수(즉 분자(numerator))의 수가 둘 이상이면 뒤따라 나오는 서수(즉 분모(denominator))가 복수형이 된다는 점에 유의하라.

½: a half　　　　　　　　⅓: a third/one third
¼: a quarter/a fourth　　　¾: three quarters/three fourths
⅛: one eighth　　　　　　⅜: three eighths
3¾: three and three quarters　5/68: five over sixty-eight/five sixty eighths

1　**of-구 와 표류**: 분수는 모든 종류의 명사와 함께 쓰일 수 있으며, "all"과 "both"와 같이 "of-구"는 허용하지만 주어 뒤로 표류하는 것은 허용되지 않는다.

He finished the job in **one third (of) the time** that was allowed him.
(그는 그에게 허용된 시간의 3분의 1 기간에 그 일을 끝냈다.)
I fast twice a week and give **a tenth of all I get**.
(나는 이래에 두 번씩 금식하고 소득의 십일조를 드리나이다.) [눅 18:12]
Two thirds (of) the food has been consumed in a day.
(식량의 3분의 2를 하루에 소비했다.)
Three fifths (of) the applicants didn't appear for the interview.
(지원자의 5분의 3이 면접에 나오지 않았다.)

*The food has **two thirds** been consumed in a day.
*The applicants didn't **three fifths** appear for the interview.

2　**하이픈**: 분수를 표현하는 "기수"와 "서수" 사이에 종종 하이픈(-)이 사용되기도 한다.

I have wasted almost **two-thirds of my life**. (나는 일생의 거의 3분의 2를 낭비했다.)
About **three-sevenths of the students** failed the test.
(학생들의 약 7분의 3이 시험에 떨어졌다.)

▶ 분수가 수사로서 명사의 "제한적 수식어"로 쓰일 경우에는 분수의 기수와 서수 사이에 하이픈을 반드시 삽입해야 하며, 분수의 분모(denominator)는 "단수"가 된다.

He can run **a three-fifth mile** in 3 minutes. (그는 5분의 3마일을 3분에 달릴 수 있다.)
(*He can run **a three-fifths mile** in 3 minutes.)
(*He can run **a three fifth mile** in 3 minutes.)
It took **a three-quarter hour** to reach the bottom of the lake.
(호수의 밑바닥에 도달하는 데 45분이 걸렸다.)
(*It took **a three-quarters hour** to reach the bottom of the lake.)
(*It took **a three quarter hour** to reach the bottom of the lake.)

3   half: "2분의 1"은 "*one second"라고 하지 않고 뒤따라오는 명사에 따라 "half a(n), a half, half of"라는 표현을 쓴다.

half a dozen   **a half** share   **half of** her fortune

▶ half 앞에 "정관사"를 쓰지 않는 것이 좋으나, 특별한 half를 말할 때는 사용할 수 있다.

I've read (*the) **half** of the book. (나는 책의 절반을 읽었다.)
I've read **the first half** of the book. (나는 책의 앞 절반을 읽었다.)

4   what/such/many/quite/rather: 이들은 특별한 구문에서, 특히 부정관사 "a(n)" 앞에 나타날 수 있다.

What a surprise! (참, 놀랐습니다!)
He's **such a** nice boy! (정말 매력적인 남자아이입니다.)
Many a man has tried and failed. (많은 사람이 해봤으나 실패했다.)
There's **quite a** large crowd. (꽤 많은 군중이 모였다.)
He's **rather an** idiot. (그는 좀 바보다.)

분수에 대해서는 F17을 보라.
what에 대해서는 W6.10을, such에 대해서는 S39.2, 5-7, 9를, many에 대해서는 M7.9, 10을, rather에 대해서는 R2.1을, quite에 대해서는 Q9.7을 보라.

P35 PREPOSITIONS (전치사)-1: 개요

전치사는 자신의 목적어와 문장의 다른 성분과의 "관계"를 맺어주는 역할을 한다. 다음의 예를 보라.

There's **a cup on the table**. (식탁 위에 컵이 있다.)

위 문장에서 전치사 "on"은 자신의 목적어인 "the table"과 "a cup"의 관계, 즉 "a cup이 the table 위에 놓여 있음"을 나타낸다. 여기서 전치사는 두 대상 간의 "물리적 공간관계"를 표현하고 있다. 이러한 전치사의 "물리적 공관관계"는 전치사의 기본적인 의미이며, 이 기본적인 의미가 확대되어 전치사의 복잡한 의미인 "시간, 상황, 상태" 등의 "추상적 공간관계"로 확대되었다고 할 수 있다.

1. **물리적 공간**: 영어의 대표적인 "장소 전치사"로는 "at, on, in"이 있다. 이들의 기본적인 의미는 어떤 대상이 다른 대상에 대해서 어떤 물리적 공간관계에 있는가를 표현한다. 다시 말해서 이들은 어떤 대상과 그것이 있는 장소와의 관계를 표현한다. (A111과 P29를 보라.) 다음의 문장을 비교해보라.

    I live **at 101 Jongro Street**. (나는 종로 101번지에 산다.)
    He put the bag **on the floor**. (그는 마루 위에 가방을 놓았다.)
    There's some milk **in the refrigerator**. (냉장고에 우유가 좀 있다.)

    at는 어떤 대상이 있는 "위치 혹은 장소"를 표현하고, on은 어떤 대상이 "평면 위에" 놓여 있거나 "접촉되어 있음"을 표현하며, in은 어떤 대상이 "지역이나 용적을 가진 공간 안에" 있음을 표현한다.

2. **시간적 공간**: "at, on, in"의 물리적 공간의 의미는 "시간적 공간"으로 연장될 수 있다. (A112, T14를 보라.) 다음의 문장을 보라.

    There was a big explosion **at midnight**. (자정에 큰 폭발이 있었다.)
    We had a concert **on Monday**. (우리는 월요일에 연주회를 열었다.)
    She'll have a birthday party **in April**. (그녀는 4월에 생일파티를 열 것이다.)

    시간적 공간의 길이에 따라 at는 "시/분"을, on은 "일"을, in은 "월/년"을 가리킨다.

3. **상황적 공간**: 물리적 공간관계를 표현하는 전치사는 그 영역을 "상황적 공간관계"에까지 확장한다.

    The two nations are **at war**. (두 나라는 전쟁 중이다.)
    The workers have been **on strike** almost for a month.
    (노동자들은 거의 한 달 동안 파업 중에 있다.)
    People of different religions can live together **in peace**.
    (다른 종교를 가진 사람들도 평화롭게 같이 살 수 있다.)

4. **물리적 공간과 추상적 공간의 비교**: 다음의 표현에서 왼쪽 칸에 있는 것은 "물리적 공간"을 의미하지만 오른쪽 칸에 있는 표현은 물리적 공간의 의미를 비유적으로 확대한 "추상적인 의미"를 나타낸다.

물리적 공간	추상적 공간
across the border	**across**-the-board
at home	**at** ease
in office	**in** safety
into the tunnel	**into** difficulties
out of the room	**out of** danger
under the tree	**under** suspicion
from Seoul **to** Busan	**from** bad **to** worse
with a shield	**with** horror

  through the forest   **through** the ordeal
  to the window   **to** my horror
  across the river   **across** the color barriers
  off a ladder   **off** duty
  for you   **for** glory 등

5   **전치사구**: 전치사는 목적어와 함께 "전치사구"를 구성하며, 전치사구는 문장 내에서 "부사적, 형용사적, 명사적" 역할을 한다.

  I'll see my dentist **at 10 o'clock**.   [부사적]
  (나는 10시에 치과에 갈 것이다.)
  He wrote a book **on World Wat II**.   [형용사적]
  (그는 2차 세계대전에 대한 책을 썼다.)
  He couldn't account **for his movements** on that night.   [명사적]
  (그는 그날 밤에 있었던 자신의 동정을 설명할 수 없었다.)

6   **전치사의 목적어**: 전치사의 목적어로는 "명사구, 대명사, WH-절, 동명사" 등이 쓰일 수 있다.

  He threw himself **on the bed**.   [명사구]
  (그는 자신의 몸을 침대 위에 던졌다.)
  We don't know what happened **between you** and **her**.   [대명사]
  (우리는 너와 그녀 사이에 어떤 일이 있었는지 모르고 있다.)
  What he did is very different **from what he said**.   [WH-절]
  (그의 행동은 그의 말과 매우 다르다.)
  The war came to an end **by signing a peace treaty**.   [동명사]
  (전쟁은 평화협정에 서명함으로써 끝났다.)

  ▶ 전치사구가 또 다른 전치사의 목적어로 쓰일 수 있다.

  He picked up the gun **from under the table**. (그는 식탁 밑에서 총을 집어 들었다.)
  We didn't meet **until after the show**. (우리는 공연이 끝난 후까지 만나지 않았다.)
  Food has been scarce **since before the war**. (식량은 전쟁 전부터 모자랐다.)
  He was attracted to a woman sitting **across from him** in the train.
  (그는 기차에서 건너편에 앉아 있는 여성에게 매료되었다.)

P36   PREPOSITIONS-2: 유형

전치사의 종류에는 하나의 단어로 구성된 "단순 전치사"와 두 개 이상의 단어로 구성된 "복합 전치사"가 있다.

1   **단순 전치사** (simple prepositions): 대부분의 단순 전치사는 단음절이거나 두 음절로 구성되며 역사적으로 복합 전치사였던 것이 한 단어로 결합된 것도 있다.

aboard	about	above	across
after	against	along(side)	amid
among(st)	around	as	at
before	behind	below	beneath
beside	between	beyond	but
by	despite	down	during
except (for)	for	from	in
inside	into	less	like
minus	near	of	off
on	onto	opposite	out (of)
outside	over	past	plus
re	round	save	since
than	through	throughout	till
times	to	toward(s)	under
underneath	until	up	versus
via	with	within	without 등

2   **분사형 전치사**: 분사형 단순 전치사로는 다음과 같은 것들이 있다.

barring	concerning	considering	during
excepting	excluding	including	following
including	pending	regarding	wanting 등

I know nothing **concerning** the matter.
(나는 그 사태에 대해 아무것도 모른다.)
(= I know nothing **about/on** the matter.)
He works every day **excluding** Sundays.
(그는 일요일을 제외하고 매일 일을 한다.)
(= He works every day **except** Sundays.)
Sales of the new drug have been stopped, **pending** further research.
(새로운 약품의 판매는 추가적인 연구 때까지 중지되었다.)
(= Sales of the new drug have been stopped, **until** further research.)

3   **복합 전치사** (complex prepositions): 복합 전치사에는 두 개의 단어로 된 것과 세 개 이상의 단어로 구성된 것이 있다.

(1) 부사 + 전치사 (from/of/to/with)

apart from	aside from	away from	ahead of
instead of	next to	along with	together with 등

Apart from the ending, it's a really good film. (종결 부분을 제외하면 정말 좋은 영화다.)
The explosions happened **ahead of** our departure. (우리의 출발을 앞두고 폭발이 일어났다.)
He was murdered, **along with** three bodyguards. (그는 세 명의 경호원과 함께 살해되었다.)

(2) 형용사 + 전치사 (of/to)

devoid of	exclusive of	inclusive of	irrespective of
regardless of	short of 등		
close to	contrary to	due to	near to
prior to	relative to	subject to 등	

He seems to be **devoid of** any compassion whatsoever. (그는 어떠한 동정심도 없어 보인다.)
We're **short of** space in this apartment. (우리가 이 아파트에 살기에는 공간이 부족하다.)
The AIDS virus may not have existed **prior to** the 1960s.
(후천성 면역결핍 증후군 바이러스는 1960년대 이전에는 존재하지 않았을 수도 있다.)
Any such settlement is **subject to** the court's permission.
(그런 종류의 어떠한 합의도 법원의 허가를 받아야 한다.)

(3) 분사 + 전치사 (to)

according to   owing to 등

According to our records you owe us 100,000 won.
(우리의 기록에 따르면 당신은 우리에게 10만 원을 빚졌다.)
Flight KAL123 has been delayed **owing to** fog. (대한항공 123편이 안개로 지연되었다.)

(4) 접속사/전치사 + 전치사 (for/of/to)

as for	but (for)	except (for)	save (for)
as of	because of	on to	as to 등

As for racism, much progress has been made, but there is still much to do.
(인종 차별에 있어서는 많은 진전이 있었으나 아직도 할 일이 많다.)
She answered all the questions **save (for)** one. (그녀는 하나를 제외하고는 모든 질문에 답했다.)

4 **세 개 이상의 단어로 된 전치사**: 세 개 이상의 단어로 구성된 복합 전치사로 일반적으로 다음의 구조를 갖는다.

▶ 전치사 + (관사) 명사 + 전치사

as a consequence of	as a result of	at the risk of
by dint of	by means of	by order of
by reason of	by virtue of	by way of
for the benefit of	for fear of	for lack of
for the purpose of	for the sake of	for want of
in return for	in advance of	in back of
in care of	in the course of	in the event of
in the face of	in favor of	in front of
in the hands of	in lieu of	in the process of
in spite of	in addition to	in proportion to
in regard to	in respect to	in accordance with

in comparison with	in connection with	in contrast with
on account of	on behalf of	on the face of
on the part of	on (the) top of	to the point of
with the exception of	with the purpose of	with an eye to
with a view to	with reference to	with regard to
with respect to 등		

They'll go fishing tomorrow, even **at the risk of** offending their parents.
(그들은 부모님을 화나게 할 위험이 있음에도 내일 낚시를 하러 갈 것이다.)
By dint of hard work, he had got the job of manager.
(열심히 일한 덕분으로 그는 지배인 직위를 얻었다.)
The company is **in the process of** updating its computer systems.
(회사는 컴퓨터 시스템을 새롭게 하는 과정에 있다.)
Most novels are published **with an eye to** commercial success.
(대부분의 소설은 상업적 성공을 고려하여 출판된다.)

P37 PREPOSITIONS-3: 전치사의 선택

전치사는 일반적으로 함께 쓰이는 단어나 표현에 의해서 선택된다. 다음의 문장을 보라.

We decided to go **by bus**. (우리는 버스로 가기로 했다.)
I can't do two things **at once**. (나는 동시에 두 가지 일을 할 수 없다.)
We made repeated **requests for** more information. (우리는 더 많은 정보를 반복해서 요청했다.)
How do you intend to **deal with** this problem? (이 문제를 어떻게 처리할 생각입니까?)
She's **fond of** pointing out my mistakes. (그녀는 나의 실수를 지적하는 것을 즐긴다.)

위 문장에서 전치사는 함께 쓰이는 단어에 의해서 선택된 것이다. 예를 들어 by는 명사 bus에 의해서, at는 부사 once에 의해서, for는 명사 request에 의해서, with는 동사 deal에 의해서, of는 형용사 fond에 의해서 선택된다.

경우에 따라서는 이러한 전치사의 선택을 구조적으로 혹은 의미상으로 예견할 수도 있으나, 많은 경우에 그렇지 않다. 따라서 우리는 전치사와 결합하여 나타나는 표현을 대부분의 경우에 "관용구"로 배운다. 전치사의 용법은 우리가 영어를 배우는 데 큰 부담을 준다. 그 이유는 대부분의 전치사들이 여러 가지 용법으로 사용되고 (예를 들어, 잘 알려진 사전을 보면 in에 대해서는 30여 개, at에 대해서는 20여 개에 가까운 중요 용법을 나열하고 있다), 같은 의미를 여러 전치사가 표현할 수 있기 때문이다. 다음의 문장을 보라.

There was a big explosion **at midnight**. (자정에 큰 폭발이 있었다.)
We had a meeting **on Monday**. (우리는 월요일에 회의를 했다.)
She'll have a baby **in April**. (그녀는 4월에 아이를 낳을 예정이다.)

한국어에서는 시간명사가 찰나를 가리키든 하루를 가리키든 시간명사에 "-에"를 붙이면 되지만, 위의 예문에 볼 수 있듯이 영어에서는 "시간명사의 종류"에 따라 함께 쓰이는 전치사가 선택된다.

1. **school, church, college, university:** 이 단어들은 전치사 at의 목적어로 쓰이면, "장소"의 의미보다 그들의 "기능"이 중요시된다. "at school"은 "학교가 있는 곳"이 아니라 "학교의 기능", 즉 "학생"이라는 의미를 표현하게 된다.

   We've two children **at elementary school**, and one **at college**. [재학 중이다]
   (우리는 아이 중에 둘은 초등학생이고 하나는 대학생이다.)
   We were great friends when we were **at college**. [대학생 시절에]
   (우리는 대학생 시절에 단짝 친구였다.)
   I didn't see you **at church** this morning. [예배드리다]
   (나는 오늘 아침 예배에서 너를 못 봤다.)
   The applicant studied physics **at university**. [대학생으로서]
   (그 지원자는 대학에서 물리학을 공부했다.)

   ▶ 이 단어들은 "go to"와 결합하여 자주 쓰이며, 기능을 표현할 경우에는 "관사"를 쓰지 않는다.

   Some young people don't want to **go to college**.
   (어떤 젊은이들은 대학에 진학하고 싶어 하지 않는다.)
   My parents **go to church** every Sunday. (나의 부모님은 주일마다 교회에 가신다.)
   She **went to college/university** to study physics.
   (그녀는 물리학을 공부하기 위해 대학에 진학했다.)

   ▶ 이 명사들은 관사와 함께 사용될 수 있으며, 이 경우 이들은 "기능"보다 "장소"의 의미가 나타난다.

   I went to **the school** to meet an old friend of mine. (나는 옛 친구를 만나러 학교에 갔다.)
   He was admitted to **a college** in Seoul. (나는 서울에 있는 한 대학에 입학했다.)
   I visited **the church** to interview the minister. (나는 목사님과 면담을 위해 교회에 갔다.)

2. **at school과 in school:** 영국영어와 미국영어에서 차이를 보인다.

   [재학 중이다]
   We have two kids **at school**.   [영국영어]
   (우리는 학생이 둘이다.)
   Are your boys still **in school**?   [미국영어]
   (너의 남자아이들이 아직 학생이냐?)

   [학교(건물)에 가다]
   Sara isn't **in school** today.   [영국영어]
   (사라가 오늘 학교에 오지 않았다.)
   I can have a rest while the kids are **at school**.   [미국영어]
   (나는 아이들이 학교에 있는 동안 쉴 수 있다.)

3. **at play:** 전치사 at는 "활동" 또는 "상태"를 의미하는 명사와 결합하여 어떤 "상황에 있음"을 표현한다.

at bay	at ease	at leisure	at liberty
at odds	at peace	at play	at rest
at risk	at war	at work 등	

The hunter stood **at bay** against the wolves. [궁지에 빠진]
(사냥꾼이 늑대에 몰려 궁지에 빠져 있었다.)
She felt completely **at ease** with Bill. [편안한]
(그녀는 빌과 함께 있으면 완전히 편안함을 느낀다.)
Have lunch and then we can discuss it **at leisure**. [여유를 가지고]
(점심을 먹고 그다음에 우리는 그것을 여유를 갖고 논의할 수 있다.)
The wounded man is **at rest** now. [사망한]
(부상을 당한 사람은 지금 사망했습니다.)
The newcomers are always **at sea** about what's going on. [혼란스러운]
(갓 온 사람들은 일이 어떻게 돌아가고 있는지 항상 혼란스러워한다.)
Russia and Poland were **at war** in 1920. [전쟁 중]
(러시아와 폴란드는 1920년에는 전쟁 중이었다.)
After 10 years in prison, he is **at liberty** finally. [자유로운]
(감옥에서 10년을 보낸 후에 그는 드디어 자유로운 몸이 되었다.)
That is why miraculous powers are **at work** in him.
(그러므로 이런 능력이 그 속에서 역사하는도다.) [마 14:2] [막 6:14]

4 **at the show와 in the show**: at는 "관람"을 의미하고 in은 "참여"를 의미한다.

I first met her **at the show** a year ago. (나는 일 년 전에 공연에 갔다가 그녀를 처음 만났다.)
She will dance **in the show** tomorrow. (그녀는 내일 공연에서 춤을 출 것이다.)

He said that he was **at the movies** with her. (그는 그녀와 함께 영화를 보았다고 말했다.)
She starred with Humphrey Bogart **in the movie** "Casablanca."
(그녀는 〈카사블랑카〉라는 영화에서 험프리 보가트와 함께 주연을 맡았다.)

5 **by car**: by는 "교통수단 일반"을 표현할 때 사용된다.

by air	**by** bike	**by** boat	**by** bus
by car	**by** land	**by** plane	**by** sea
by subway	**by** taxi	**by** train 등	

We can go to the beach only **by boat**. (우리는 해변에 배로만 갈 수 있다.)
I always go to work **by car**. (나는 항상 차로 출근한다.)
I'd prefer to travel **by air**. (나는 비행기로 여행하는 것을 더 좋아한다.)
Troops began an assault on the city **by land and sea**.
(부대는 육지와 바다로 도시를 공격하기 시작했다.)
The best way to get there is **by bus**. (그곳에 가는 최상의 방법은 버스로 가는 것이다.)

▶ "특정 교통수단"을 가리킬 경우에는 한정사가 필요하며, 전치사 "in" 또는 "on"이 사용된다.

He left his passport **in the car**. (그는 여권을 차에 놓아두었다.)
They had to send me home **in a taxi**. (그들은 나를 택시를 태워 집으로 보내야 했다.)
They first met when they were **on the train** from Seoul to Busan.
(그들은 서울발 부산행 기차에서 처음 만났다.)
I left my glasses **on the bus**. (나는 안경을 버스에 놓고 내렸다.)

▶ "on foot, on horseback"이라고 한다.

It takes about an hour **on foot**. (걸어서 약 한 시간 걸린다.)
We traveled the Grand Canyon **on horseback**. (우리는 말을 타고 그랜드 캐니언을 여행했다.)

6 by mail: by는 "통신방법 일반"을 표현할 때 사용된다.

| by airmail | by e-mail | by flag | by mail |
| by MMS | by telegraph | by (tele)phone 등 |

I received the messages **by e-mail**. (나는 이메일로 메시지를 받았다.)
Did you send the application form **by mail**? (너는 지원서를 우편으로 보냈느냐?)
He sent the letter **by airmail**. (그는 항공우편으로 편지를 보냈다.)
The news came **by telegraph**. (소식이 전보로 왔다.)
He does most of his work **by (tele)phone**. (그는 대부분의 일을 전화로 한다.)

▶ "특정 통신수단"을 가리킬 때는 한정사의 수식을 받으며 다른 전치사가 사용된다.

I'll send the check **in the mail** tomorrow. (나는 내일 우편으로 수표를 보낼 것이다.)
They discussed the problems **over the (tele)phone**. (그들은 전화로 그 문제를 논의했다.)
He read the news of her marriage **in the telegraph**.
(그는 그녀의 결혼 소식을 전보에서 읽었다.)

7 on TV: "전자 기기"의 경우에는 일반적으로 on이 사용된다.

What's **on TV** tonight? (오늘 밤 텔레비전에 무엇이 있습니까?)
Did you hear the news **on the radio** last night? (어젯밤에 라디오에서 뉴스를 들었습니까?)
Do you know who's **on the phone**? (누가 전화를 하는지 압니까?)
I always keep a backup copy **on disk**. (나는 항상 디스크에 백업해 놓는다.)
This movie is now available **on DVD**. (이 영화는 지금 디브이디로 볼 수 있다.)

8 at hand, in hand, on hand: 이들은 약간씩 다른 의미로 사용된다.

The recent statistics shows that an economic crisis is **at hand**. [임박한]
(최근의 통계는 경제위기가 임박하다는 것을 보여준다.)
Having the right equipment **at hand** will be extremely helpful. [가까이에]
(가까이에 원하는 장비가 있으면 크게 도움이 될 것이다.)

I have enough money **in hand** to buy a new car. [쓸 수 있는]
(나는 새 차를 사는 데 쓸 수 있는 돈이 충분히 있다.)

He seemed to have everything **in hand** by the time she returned. [수습된]
(그는 그녀가 돌아왔을 때는 모든 것을 수습한 것 같았다.)
The Olympic organizers say that the arrangements are well **in hand**. [준비된]
(올림픽 조직위원들은 준비가 거의 다 되었다고 말한다.)

My bank always has an advisor **on hand** to discuss financial problems. [가용한]
(우리 은행은 재정적 문제를 도와줄 상담역을 항상 대기하고 있습니다.)

9 at the end와 in the end: "at the end"는 "어떤 상황의 끝"을 의미하고, "in the end"는 부사구로서 일정한 "시간이 지난 후"를 의미한다.

What did you find **at the end** of your journey?
(당신은 여행을 끝냈을 때 얻은 것이 무엇이었습니까?)
We decided to go to Australia **in the end**.
(우리는 결국 호주로 가기로 했다.)

▶ at the beginning과 in the beginning: "at the beginning"은 "어떤 상황의 시작"을 의미하고, "in the beginning"은 부사구로서 "태초에, 시초에"를 의미한다.

There's always a meeting **at the beginning** of every month.
(월초에 항상 회의가 있다.)
In the beginning God created the heavens and the earth.
(태초에 하나님께서 천지를 창조하시니라.) [창 1:1]

10 in time과 on time: "in time"은 시간적으로 여유가 있음을 말하고, "on time"은 정각을 의미한다.

Will you be able to finish it **in time**? (네가 그 일을 일찍 끝낼 수 있을까?)
John was worried about whether he'd be able to get there **on time**.
(존은 그곳에 시간에 맞춰 도착할 수 있을지 염려했다.)

11 **전치사 + 형용사/부사**: "형용사" 또는 "부사"가 전치사의 목적어로 쓰일 수 있으며 이 경우 대개 관용구로 쓰인다.

at **last**	at **least**	at **once**
at **worst**	before **long**	by **far**
by **now**	by **then**	for **ever**
for **good**	for **now**	in **brief**
in **common**	in **private**	in **public**
in **short**	since **then**	until **now**
until **then**	up to **now** 등	

We reached the summit **at last**. (우리는 드디어 정상에 도달했다.)
Her husband is always nice to her **in public**.
(그녀의 남편은 사람들 앞에서는 항상 그녀에게 잘한다.)

In brief, we should invest more money in Swiss stocks.
(간단히 말해서 우리는 스위스 주식에 더 많은 돈을 투자해야 한다.)
Until now/Up to now, we haven't been able to do much to treat the disease.
(지금까지 그 병을 치료하는 데 우리가 할 수 있는 일이 많지 않았다.)

12   명사 + 전치사: 어떤 명사는 뒤에 특별한 전치사만을 선택한다.

access to	ability in	authority on
confidence in	congratulation on/for	difficulty with/in
discussion about	faith in	influence over
interest in	marriage to	proof of
reason for	request for	responsibility for

We all gave our **congratulations on** her superb performance.
(우리 모두는 그녀의 뛰어난 연주에 축하를 보냈다.)
The minster has **responsibility for** coordinating child-care policy.
(그 장관은 어린이 보육 정책을 조정할 책임이 있다.)
He seems to place a great deal of **faith in** you. (그는 너를 크게 신뢰하고 있는 것 같다.)
He's universally recognized as an **authority on** lung cancer.
(그는 폐암에 대한 세계적인 권위자로 알려졌다.)

13   동사 + 전치사: "전치사적 동사"에 대해서는 P41을 보라.

Recent pressure at work **accounts for** his behavior.
(작업 중에 받은 최근의 중압감이 그의 행동을 설명하고 있다.)
Jennifer really **takes after** her mother. (제니퍼는 어머니를 쏙 빼어 닮았다.)

14   동사 + 목적어 + 전치사: P41.2를 보라.

She **reminded** her husband **of** his dental appointments.
(그녀는 남편에게 치과 예약을 상기시켰다.)
They **blamed** me **for** the accident. (그들은 사고를 내 탓으로 돌렸다.)

15   형용사 + 전치사: 형용사는 특정한 전치사를 취한다. (상세한 것은 A21.3과 4를 보라.)

He's written a number of books on the theories **applicable to** education.
(그는 교육에 적용할 수 있는 이론에 대해 많은 책을 썼다.)
These features aren't **typical of** the Chinese language.
(이 특성들은 중국어 특유의 것이 아닙니다.)

P38   PREPOSITIONS-4: 전치사의 생략

전치사는 다양한 구조에서 생략될 수 있으며, "의무적"으로 혹은 "수의적"으로 생략된다.

1   **that-절 앞에서**: that-절은 "전치사의 목적어"로 쓰일 수 없다. 예외로는 "except/in/save + that-절"이 있다. (T6.2를 보라.) 다음의 예들을 비교해 보자.

He was surprised **that she noticed him**. (그는 그녀가 그를 알아본 것에 놀랐다.)
(= He was surprised **at the fact that she noticed him**.)
(*He was surprised **at that she noticed him**.)

I know nothing about the man **except/save that** he lives next door.
(나는 그 남자가 이웃에 산다는 것 외에 그에 대해 아는 것이 없다.)
John held responsible **in that** (= because) he was the leader of the team.
(존은 팀의 지도자이기 때문에 책임을 졌다.)

2   **to-부정사 앞에서**: 부정사 바로 앞에서는 전치사가 생략된다.

He was **surprised at** the news. (그는 그 소식에 놀랐다.)
He was surprised **to see her**. (그는 그녀를 보고 놀랐다.)
(*He was surprised **at to see her**.)

She was really **sorry for** her rude behavior. (그녀는 자기의 무례한 행동을 정말로 미안해 했다.)
She was really **sorry to** hear the news. (그녀는 그 소식을 듣고 정말로 안쓰럽게 여겼다.)
(*She was really **sorry for to** hear the news.)

3   **WH-절 앞에서**: 전치사는 "tell, ask, depend, sure, idea, look"와 같은 단어 다음에 오는 "WH-절" 앞에서 "수의적으로" 생략될 수 있다. 이러한 생략은 특히 간접의문문에서 흔히 일어난다. 다음을 비교해보라.

Tell me **about** your trip. (너의 여행에 대해서 말해봐라.)
Tell me **(about) where** you went. (네가 어디 갔었는지 말해라.)
I **asked** her **about** her religious beliefs. (나는 그녀의 종교적 신념에 대해서 그녀에게 물었다.)
I **asked** her **whether** she believed in God. (나는 신을 믿느냐고 그녀에게 물었다.)
(I **asked** her **about whether** she believed in God보다 자연스럽다.)

We may be late — it **depends on** the traffic.
(우리는 지각을 할 수도 있는데, 그것은 교통량에 달렸다.)
We may be late — it **depends (on) how** much traffic there is.
(우리는 지각을 할 수도 있는데, 그것은 교통량이 얼마나 많은가에 달렸다.)

You must have some **idea of** his disappearance.
(너는 틀림없이 그의 실종에 대해 조금은 알고 있을 것이다.)
You must have some **idea (of) what** happened to him.
(너는 그에게 무슨 일이 있었는지 틀림없이 좀 알고 있을 것이다.)

I'm not **sure of** his method. (나는 그의 방식에 확신이 없다.)
I'm not **sure how** he does it. (나는 그가 그것을 어떻게 할 것인지 확신이 없다.)
(I'm not **sure of how** he does it보다 자연스럽다.)

Look at this. (이것을 봐라.)
Look (at) what I have. (내가 무엇을 가지고 있는지 봐라.)

▶ 그러나 다른 경우에는 전치사를 생략하는 것이 이상하거나 불가능하다.

I'm **worried about where** she is. (나는 그녀가 어디 있는지 걱정이 된다.)
(*I'm **worried** whether she is.)
The police **questioned** me **about what** I'd seen. (경찰은 내가 목격한 것에 대해 질문을 했다.)
(*The police **questioned** me what I'd seen.)
There's **the question of who**'s going to pay. (문제는 누가 돈을 낼 것인가이다.)
(*There's **the question who**'s going to pay보다 자연스럽다.)
People's chances of getting jobs **vary according to whether** they live in the city or the country.
(사람들이 직업을 얻을 기회는 그들이 도시에 사느냐 지방에 사느냐에 따라 다르다.)
(*People's chances of getting jobs **vary whether** they live in the city or the country.)

▶ if는 전치사 뒤에 오지 않으며, 대신에 whether를 사용한다.

I'm worried **about whether** you're happy. (나는 네가 행복한지 염려된다.)
(*I'm worried **about if** you're happy.)

if와 whether에 대해서는 W11을 보라.

4   **시간 전치사의 생략**: 명사구와 결합하여 시간을 표현하는 전치사는 종종 생략될 수 있으며, 실제로 전치사의 목적어인 명사구만 남게 된다. (A112.7을 보라.)

(1) at, on, in의 생략: 시점을 나타내는 전치사 "at, on, in"의 목적어인 시간명사가 "last, next, this, that"과 같은 "직시적"(deictic) 표현의 수식을 받거나, 목적어가 이러한 직시적 의미를 가진 시간명사일 경우 (yesterday, tomorrow, today 등) 또는 목적어가 "some, every"와 같은 양화사의 수식을 받을 때는 전치사를 "의무적으로" 생략해야 한다.

I saw her **last Thursday**. (나는 지난 목요일에 그녀를 봤다.)
(*I saw her **on last Thursday**.)
He's going to go to America **next year**. (그는 내년에 미국에 가려고 한다.)
(*He's going to go to America **in next year**.)
John came to see me **this morning/yesterday morning**.
(존은 오늘/내일 (오전에) 나를 보러 왔다.)
(*John came to see me **on this morning/yesterday morning**.)
Every summer she returns to her childhood home.
(매년 여름 그녀는 어릴 때 살던 집으로 돌아온다.)
(***In every summer** she returns to her childhood home.)

"직시적" 표현이란 말하는 사람, 시간, 상황에 의해 그 의미가 결정되는 표현을 말한다. 예를 들어, "나"는 철수가 쓰면 "철수"를 가리키고 영호가 쓰면 "영호"를 가리키며, "오늘, 내일, 어제"라는 말을 2020년 10월 31일에 쓰면, 오늘은 "2020년 10월 31일"이고 내일은 "2020년 11월 1일"이며 어제는 "2020년 10월 30일"이 된다.

(2) before와 after 앞에서: 현재에서 두 단위 이상 떨어진 직시적 시간을 나타내는 표현에서는 전치사가 수의적으로 생략된다. 미국영어에서는 일반적으로 생략된다.

He left the town **(on) the day before yesterday**. (그는 그저께 마을을 떠났다.)
He will leave the town **(on) the day after tomorrow**. (그는 모레 마을을 떠날 것이다.)
The war ended **(in) the January before last**. (전쟁은 재작년 1월에 끝났다.)

(3) the next 앞에서: 과거 또는 미래의 어떤 주어진 시점의 전이나 후의 시간을 가리킬 때 전치사는 수의적으로 생략될 수 있다.

They got married **(at) the next weekend**. (그들은 그다음 주말에 결혼했다.)
We met **(on) the following day**. (우리는 그다음 날 만났다.)
John visited us **(in) the previous spring**. (조는 그 전년도 봄에 우리를 방문했다.)

(4) 요일 명 앞에서: 구어체에서 요일 명이나 요일 명으로 시작하는 표현 앞에서는 전치사 on이 수의적으로 생략될 수 있다.

I start my new job **(on) Monday**. (나는 월요일에 새 일터에서 일을 시작한다.)
He first heard the news **(on) Tuesday evening**. (그는 화요일 저녁에 그 소식을 처음 들었다.)

(5) 구어체에서 "의문사 + 시간명사" 앞에서도 전치사가 생략될 수 있다.

What day will you have a party for your wedding anniversary?
(결혼기념 파티를 언제 여실 겁니까?)
(**On what day** will you have a party for your wedding anniversary?보다 더 자연스럽다.)

What time will she arrive? (그녀는 몇 시에 도착합니까?)
(**At what time** will she arrive?보다 자연스럽다.)

(6) for의 생략: 기간을 의미하는 전치사 for는 지속적 상태를 뜻하는 동사와 쓰일 경우에 수의적으로 생략될 수 있다. 그러나 명시된 기간 동안 계속적으로 어떤 행위나 상태가 지속되지 않을 경우에는 for를 생략할 수 없다.

We **stayed** there **(for) three months**. (우리는 그곳에 3개월간 머물렀다.)
The rainy weather **lasted (for) the whole time** we were there.
(비 오는 날씨가 우리가 그곳에 있는 동안 내내 지속됐다.)
I **taught** her **for three years**. (나는 그녀를 3년간 가르쳤다.)
(*I **taught** her **three years**.)
I haven't **spoken** to her **for three years**. (나는 그녀에게 3년간 말을 하지 않았다.)
(*I haven't **spoken** to her **three years**.)

▶ 문두위치: 전치사구가 문두에 올 경우에는 전치사 for를 생략하지 않는 것이 좋다.

For 600 years, the cross lay undisturbed.
(600년 동안 그 십자가는 어떠한 손길도 닿지 않은 채 묻혀 있었다.)
(***600 years**, the cross lay undisturbed.)
The cross lay undisturbed **(for) 600 years**.

▶ about 앞에서: 구어체에서 시간 전치사구가 about의 수식을 받으면 전치사가 생략될 수 있다.

We left the restaurant **(at) about** 10:30. (우리는 10시 30분경에 음식점을 나왔다.)
He taught at the University **(for) about 20 years**. (그는 대학에서 약 20년간 가르쳤다.)

▶ all 앞에서: 전치사의 목적어가 all의 수식을 받으면 for는 의무적으로 생략된다.

We stayed there **all week**. (우리는 그곳에 이번 주 내내 머물렀다.)
(*We stayed there **for all week**)
I haven't seen her **all day**. (나는 그녀를 종일 못 봤다.)
(*I haven't seen her **for all day**)

5 **전치사가 생략된 것으로 오해되는 동사**: 다음의 동사들은 전치사를 대동하는 것으로 오해하기 쉽다.

answer	approach	concern	confuse
describe	discuss	disbelieve	enter
lack	marry	meet	obey
oppose	resemble 등		

Think carefully before you **answer (*to)** the question. (질문에 답하기 전에 신중히 생각해라.)
They are **approaching (*to)** the bridge. (그들은 다리에 접근하고 있다.)
The report **concerns (*with)** the drug traffic on the Mexican-US border.
(보고서는 멕시코와 미국 국경에서의 마약 거래를 문제로 삼고 있다.)
They **confuse (*between)** the noun and verb forms.
(그들은 명사와 동사의 형태를 혼동하고 있다.)
She **described (*about)** her new boyfriend to me.
(그녀는 나에게 그녀의 새 남자친구에 대해서 말해주었다.)
I see no reason to **disbelieve (*in)** him. (나는 그를 믿지 않을 이유를 모르겠다.)
John refused to **discuss (*about)** the case publicly.
(존은 그 사건을 공개적으로 논의하는 것을 거부했다.)
Few reporters dared to **enter (*into)** the war zone.
(전쟁 지역에 감히 들어가려고 하는 기자는 많지 않다.)
Alex's problem is that he **lacks (*in/*of)** confidence.
(알렉스의 문제는 자신이 부족하다는 것이다.)
I'm going to ask her to **marry (*with)** me on St. Valentine's Day.
(나는 그녀에게 성 발렌타인 데이(2월 14일)에 나와 결혼해 달라고 요청할 것이다.)
I have promised to **meet (*with)** some friends that afternoon.
(나는 그날 오후에 친구 몇 명과 만나기로 약속했다.)
"Sit!" he said, and the dog **obeyed (*to)** him instantly.
("앉아!"라고 그가 말했고, 개는 즉각적으로 그의 말에 복종했다.)
They **oppose (*against/*to)** the project vehemently. (그들은 그 사업에 격렬하게 반대했다.)
He grew up to **resemble (*with)** his father. (그는 자라면서 그의 아버지를 닮아갔다.)

▶ 위 단어들은 다른 품사로 사용될 때는 전치사를 필요로 한다. 종종 형태의 변화도 일어난다.

Nobody could come up with an appropriate **answer to** the question.
(아무도 그 질문에 대한 적절한 해답을 생각해 낼 수 없었다.)
All the people are always **concerned with** children's education.
(모든 국민이 항상 아이들의 교육에 관심이 있다.)
They refused the open **discussion about** his sex scandals.
(그들은 그의 성 추문에 대한 공개 토론을 거부했다.)
His **marriage to** Marilyn Monroe was one of the biggest news then.
(그의 마린 먼로와의 결혼은 그 당시 최대 뉴스의 하나였다.)
He lived in **obedience to** the church's teachings.
(그는 교회의 가르침에 복종하는 삶을 살았다.)
We have to overcome their vehement **opposition against** the project.
(우리는 그 사업에 대한 그들의 격렬한 반대를 극복해야 한다.)

6 여타 전치사의 생략

(1) 부정관사 a: 부정관사 a가 each의 개념으로 "가격, 비율, 속도" 등을 표현할 때 전치사가 사용되지 않는다.

She took a shower three times **a day**. (그녀는 하루에 세 번 샤워를 했다.)
(*She took a shower three times **on a day**.)
The eggs cost 2000 won **a dozen**. (계란은 한 다스에 2000원이다.)
(*The eggs cost 2000 won **in a dozen**.)
The cheetah can run 50 miles **an hour**. (치타는 시속 50마일로 달릴 수 있다.)
(*The cheetah can run 50 miles **in an hour**.)

(2) home: home이 방향을 의미하는 부사로 쓰일 때는 전치사 to를 생략한다.

What time are you coming **home**? (몇 시에 집에 옵니까?)
(*What time are you coming **to home**?)
We stayed **(at) home** last night. (우리는 어젯밤에 집에 있었다.)

(3) place: place가 "any, no, some, every"와 결합하면 각각 "anywhere, nowhere, somewhere, everywhere"의 뜻으로 쓰일 수 있기 때문에 종종 전치사가 생략된다.

Let's go **(to) someplace** where we can talk about it.
(우리가 그 문제에 대해 말할 수 있는 곳으로 갑시다.)
He has no job and **no place** to live **(in)**. (그는 집도 없고 살 곳도 없다.)
I can't imagine living **(in) anyplace** else now.
(내가 지금 다른 곳에서 산다는 것을 상상할 수 없다.)

(4) 형용사적 부정사: 구어체에서는 "명사 + 부정사구 + 전치사" 구조에서 전치사가 생략될 수 있다.

The boy doesn't have **a single toy to play (with)**.
(그 남자아이는 갖고 놀 장난감이 하나도 없다.)
We need at least **an hour to finish it (in)**.
(우리는 그것을 끝내는 데 적어도 한 시간이 필요하다.)
I have **no place to go (to)**. (나는 갈 곳이 없다.)
I'm looking for **a place to live (in)**. (나는 살 곳을 찾고 있다.)

(5) 외모적 특성: 외모의 특성을 표현하는 "height, weight, length, size, shape, age, color" 등이 be동사와 함께 사용될 때 전치사가 사용되지 않는다.

John **is the same height** as his sister now. (존은 지금 그의 여동생과 키가 같다.)
(*John **is at/in the same height** as his sister now.)
Her eyes **are the same color** as her father's. (그의 눈 색깔은 그의 아버지와 같다.)
(*Her eyes **are in/of the same color** as her father's.)
Sam is **the same age** as me. (샘은 나와 동갑이다.)
(*Sam is **at the same age** as me.)
The table **is the funny shape**. (그 식탁은 모양이 기묘하다.)
(*The table **is in the funny shape**.)
I **am the same weight** as I was ten years ago. (나는 몸무게가 10년 전과 같다.)
(*I **am in the same weight** as I was ten years ago.)
Her house **is the same size** of ours. (그녀의 집은 크기가 우리 집과 같다.)
(*Her house is **in the same size** of ours.)

P39 PREPOSITIONS-5: 독립 전치사

전치사의 목적어는 문장 해석에 어려움이 없을 경우 종종 생략될 수 있는데, 전통문법에서는 이렇게 남게 된 전치사를 일반적으로 부사(adverbs)라고 부른다. 어쩌면 우리는 이런 전치사를 "독립 전치사"라고 분석하는 것이 옳을지도 모른다.

He's left two hours **before the end**.　　[전치사구]
(그는 끝나기 두 시간 전에 떠났다.)
He's left two hours **before**.　　[부사/독립 전치사]
(그는 두 시간 전에 떠났다.)

1　**보충어의 생략**: 영어에는 보충어가 생략되는 경우 많이 있다. 다음의 예들을 비교해보라.

Charlie chatted cheerfully as he **ate (some food)**.　　[동사의 보충어 생략]
(찰리는 (음식을) 먹으면서 즐겁게 말을 했다.)

"What's he doing in the symphony?"
(그는 교향악단에서 하는 일이 무엇이냐?)
He's **the conductor (of the symphony)**.　　[명사의 보충어 생략]
(그는 (교향악단의) 지휘자다.)

"What time does the show start?"
(몇 시에 공연이 시작합니까?)
"I'm not **sure (when the show starts)**."   [형용사의 보충어 생략]
((공연이 언제 시작하는지) 잘 모르겠는데요.)

위의 예에서 "동사, 명사, 형용사"가 보충어를 잃어도 그 문법적 범주는 변하지 않는다. 이 논리에 따르면 다음의 예에서 보충어가 생략된 전치사의 문법적 범주를 바꿀 필요가 없다.

I haven't seen her **since the war**. (나는 전쟁 후에 그녀를 못 봤다.)
I haven't seen her **since**. (나는 그 이후 그녀를 못 봤다.)

2 **문법적 특성**: 완전한 전치사구와 독립 전치사가 "동일한 수식어"의 수식을 받는다.

I haven't seen her **ever since the war**. (나는 전쟁 후에 지금까지 그녀를 못 봤다.)
I haven't seen her **ever since**. (나는 그 이후 지금까지 그녀를 못 봤다.)

He went **straight inside the house**. (그는 집안으로 똑바로 들어갔다.)
He went **straight inside**. (그는 안으로 똑바로 들어갔다.)

Not long after the wedding, his wife became ill. (결혼 후 얼마 안 돼서 그의 부인이 병들었다.)
He left the company **not long after**. (그는 얼마 안 돼서 회사를 그만두었다.)

3 **독립 전치사**: 전치사 중에 특히 "공간"을 표현하는 전치사와 몇몇 "시간" 전치사가 보충어 없는 "독립 전치사"로 사용될 수 있다. 다음의 목록을 보라.

about	above	across	after
along	alongside	around	before
behind	below	beneath	besides
between	beyond	by	downin
inside	near	off	on
opposite	outside	over	past
round	since	through	throughout
under	underneath	up	within
without 등			

He spent the whole afternoon walking **about town**.
(그는 오후 내내 마을 여기저기를 걸어 다녔다.)
People were rushing **about**, trying to find the driver.
(사람들은 운전기사를 찾으려고 여기저기 뛰어다녔다.)

There're more than 40 radio stations **around the country**.
(나라 여기저기에 40개 이상의 라디오 방송국이 있다.)
When I finished college, I travelled **around** for a while.
(나는 대학을 졸업한 후에 잠깐 여기저기로 여행을 했다.)

He arrived 10 minutes **before the ceremony**. (그는 기념식 10분 전에 도착했다.)
We were in Paris last week and in Rome the week **before**.
(우리는 지난주에 파리에 있었고, 그 전주에는 로마에 있었다.)

I turned to speak to the person **behind me**. (나는 뒤에 있는 사람에게 말을 하려고 돌아섰다.)
He set off down the road with the rest of us following close **behind**.
(그는 나머지 우리들이 바싹 뒤를 쫓는 가운데 도로 아래로 출발했다.)

The dolphins disappeared **beneath the waves**. (돌고래들은 파도 아래로 사라졌다.)
He was standing on the bridge looking at the river **beneath**.
(그는 다리 위에 서서 그 아래 강물을 바라보았다.)

People choose jobs for other reasons **besides money**.
(사람들은 돈 외의 다른 이유로 직업을 선택한다.)
The area has stunning scenery, beautiful beaches, and much more **besides**.
(그 지역은 놀라운 경치와 아름다운 해변과 그 외에 좋은 곳들이 많이 있다.)

I sat down **between Sue and Jane**. (나는 수와 제인 사이에 앉았다.)
There're a house and a stable with a few yards in **between**.
(몇 야드 간격으로 집과 마구간이 있다.)

Cattle were grazing **beyond the river**. (소들이 강 너머에서 풀을 뜯고 있었다.)
They crossed the mountains and headed for the valleys **beyond**.
(그들은 산을 넘어 그 너머의 계곡으로 향했다.)

She hanged the picture on the wall **opposite the door**. (그녀는 그림을 문 반대쪽 벽에 걸었다.)
The people who live **opposite** are always making a lot of noise.
(반대편에 사는 사람들은 항상 시끄러운 소리를 많이 낸다.)

She sat for two hours on the floor **outside her room**.
(그녀는 방 밖에 있는 마루에 두 시간 동안 앉아 있었다.)
Since it's such a nice day, shall we eat **outside**? (날씨가 정말 좋으니까 밖에서 식사합시다.)

We've been waiting here **since three o'clock**. (우리는 3시 이후부터 여기서 기다리고 있다.)
We came to Seoul in 1999 and have lived here ever **since**.
(우리는 1999년에 서울에 왔고, 그 이후 지금까지 여기서 살았다.)

She smiled at him as she walked **through the door**.
(그녀는 문을 지나 걸어오면서 그에게 미소를 지었다.)
There were people standing in the doorway and I couldn't get **through**.
(툇마루에 사람들이 서 있어서 나는 지나갈 수가 없었다.)
The disease spread quickly **throughout the country**.
(그 질병은 나라 전체로 재빨리 퍼져나갔다.)
The house was in excellent condition, with fitted carpets **throughout**.
(그 집은 전체에 맞춤 양탄자가 깔린 훌륭한 상태였다.)

He had hidden the stolen jewels **under the bed**. (그는 침대 밑에 절도한 보석을 숨겼다.)

I'd scare my mom by diving in and staying **under** for as long as I could.
(나는 물속에 들어가서 할 수 있을 때까지 오래 머무름으로써 어머니를 겁주곤 했다.)
It's near where the railway goes **underneath the road**.
(그곳은 도로 아래를 지나가는 철로와 가까운 곳이다.)
He got out of the car and looked **underneath**. (그는 차에서 내려서 밑을 살펴보았다.)

He managed to buy a small house **without a garden**.
(그는 정원이 없는 작은 집을 살 수 있었다.)
We passed two ruined abbeys, one with tower and one **without**.
(우리는 황폐해진 수도원 두 곳을 지나왔는데 하나에는 탑이 있었고 다른 하나에는 없었다.)

P40   PREPOSITION STRANDING (전치사 좌초)

그 명칭이 말해 주듯이 전치사는 일반적으로 자신의 목적어 앞에 온다. 그러나 다양한 구조에서 목적어만 문장의 다른 위치로 (일반적으로 절의 맨 앞 위치로) 이동하고, 전치사는 전치사구가 있던 "원래 위치"에 남는 경우가 있다. 이 현상을 "전치사의 좌초"라고 부른다.

1   WH-의문문: 영어에서 WH-의문사는 문장 또는 절의 맨 앞 위치로 이동하며, 그 의문사가 전치사의 목적어일 경우에는 이동하는 의문사는 전치사를 동반할 수도 있고 원래 위치에 좌초될 수도 있다.

To who(m) did you talk? (누구에게 말했느냐?)
(= **Who** did you talk **to**?)
Who do you want to go **with**? (누구와 함께 가고 싶으냐?)
(= **With who(m)** do you want to go?)
What are you arguing with them **about**? (너희가 무엇을 그들과 변론하느냐?) [막 9:16]
(= **About what** are you arguing with them?)

(1) WH-어의 이동은 간접의문문과 감탄문에서도 일어난다.

I don't know **who** I should speak **with**. (나는 누구와 말을 해야 할지 모르겠다.)
What appalling conditions she's **in**! (그녀가 얼마나 좋지 않은 상태에 놓여 있는가!)

(2) 의문문 중에는 "의문사 + 전치사"로만 이루어진 것이 있다.

"She's decided to work part time." "**What for**?"
("그녀는 시간제로 일하기로 했다." "왜 그랬대요?")
"We're going on a long journey." "**Where to**?"
("우리는 긴 여행을 떠나려고 한다." "어디로요?")

(3) "where ... to, what ... like, what ... for"는 관용적으로 그 위치가 고정되어 있어서 전치사가 그 자리에 좌초된 채 있어야 한다.

Where shall I attach the photograph **to**? (사진을 어디에 붙일까요?)

(***To where** shall I attach the photograph?)
What does she look **like**? (그녀가 어떻게 생겼습니까?)
(***Like what** does she look?)
What did you do that **for**? (왜 그것을 했습니까?)
(***For what** did you do that?)

2 **관계절**: 관계대명사가 전치사의 목적어일 경우 특히 구어체에서 전치사가 좌초된다.

They failed to find the lost car **(that)** they had searched **for**.
(그들은 찾고 있던 분실된 자동차를 찾는 데 실패했다.)
(They failed to find the lost car **for which** they had searched는 문어적이다.)
He was the only man **(who)** I'd really been in love **with**.
(그는 내가 진정으로 사랑했던 유일한 남자였다.)
She reminds me of a girl **(who)** I was at school **with**.
(그녀는 나와 함께 학교에 다녔던 한 아가씨를 상기시킨다.)
I ran into the man **(who)** you were very rude **to** in the interview.
(나는 당신이 면담할 때 매우 거칠게 대했던 그 남자와 우연히 만났습니다.)

3 **수동문**: 전치사의 목적어가 수동문에서 주어 위치로 이동할 경우 전치사의 좌초가 일어난다.

The children have been well looked **after**. (아이들은 보살핌을 잘 받고 있다.)
I hate being laughed **at**. (나는 웃음거리가 되는 것이 싫다.)
Their inexperience was taken advantage **of** by everyone.
(그들의 미숙함이 모든 사람에게 악용됐다.)

4 **부정사절**: "부정사 관계절"에서 전치사의 목적어가 관계대명사일 경우와 형용사의 보어절인 부정사에서 전치사의 목적어가 앞으로 이동하면 전치사가 좌초될 수 있다. (부정사 관계절에 대해서는 R15.1-3을 보라.)

He needs **some money to travel with**. (그는 여행할 때 쓸 돈이 필요하다.)
(= He needs **some money with which to travel**.)
She found **a pretty vase to put** the flowers **in**. (그녀는 꽃을 꽂을 예쁜 꽃병을 발견했다.)
(= She found **a pretty vase in which to put** the flowers.)

John is easy **to get along with**. (존은 함께 지내기가 쉽다.)
(= It's easy **to get along with John**.)
Mathematics was difficult for me **to major in**. (수학은 내가 전공으로 공부하기에는 어려웠다.)
(= It was difficult for me **to major in mathematics**.)
The village is pleasant **to live in**. (그 마을은 살기가 좋은 곳이다.)
(= It's pleasant **to live in the village**.)

5 **예외적 구조**: 일반적으로 "부사적으로 쓰이는 전치사구"에서는 전치사와 목적어가 밀접한 관계가 있기 때문에 전치사와 목적어의 분리, 즉 전치사의 좌초가 불가능하다.

Until when did you remain there? (어제까지 그곳에 있었습니까?)
(***When** did you remain there **until**?)
Besides whom did all of us pass the exam? (우리 중에 누구를 제외하고 시험을 통과했습니까?)
(***Who** did all of us pass the exam **besides**?)
During which period did you visit France? (어느 기간에 프랑스를 방문했습니까?)
(***Which** period did you visit France **during**?)
I wonder **with whom** he will come to dinner. (네가 누구와 저녁 식사에 올지 궁금하다.)
(*I wonder **who** he will come to dinner **with**.)
By what authority are you doing these things?
(무슨 권위로 이런 일을 하느냐?) [마 21:23]
(***What authority** are you doing these things **by**?)

P41 PREPOSITIONAL VERBS (전치사적 동사)

"전치사적 동사"란 동사와 전치사가 결합하여 마치 하나의 동사처럼 행동하는 복합동사를 가리킨다. 전치사적 동사는 일반적으로 관용적인 의미를 가지며, 그 수가 매우 많기 때문에 여기서는 몇 가지 대표적인 예들만 논의하기로 하겠다. 전치사적 동사에는 하나의 목적어를 가지는 것과 두 개의 목적어를 가지는 것 두 가지가 있다.

1 하나의 목적어: "동사 + 전치사구" 구조를 갖는다.

account for	agree on	agree with	agree about
agree on	agree to	aim at	aim for
allow for	apologize to	appeal to	apply for
approve of	arrive at	arrive in	ask for
attend to	believe in	belong in	belong on
belong to	call for	call on	care about
care for	come up	comment on	congratulate on
consent to	crash into	deal with	decide on
depend on	die of	die from	divide into
do without	dream about	dream of	dress in
drive into	enter into	fall in	fight with
get in	get into	get off	get on
get onto	get over	get to	go over
hint at	hope for	increase in	insist on
interfere with	keep on	laugh at	laugh about
listen to	live on	look at	look after
look for	look upon	make from	make of
object to	occur to	operate on	pay for
refer to	rely on	run across	run into

run over	search for	shout at	shout to
smile at	speak to	speak with	stare at
succeed in	suffer from	talk about	take after
take to	think of	think about	turn up
wonder at 등			

The pressure at the job **accounts for** his behavior.
(일에서 받는 중압감이 그의 행동을 설명해주고 있다.)
That job will allow her to **look after** her son during the day.
(그 직장은 그녀에게 낮 동안에 아들을 돌보는 것을 허용할 것이다.)
Jennifer really **takes after** her mother. (제니퍼는 정말 그녀의 어머니를 닮았다.)
I **ran across** her at a conference in Rome. (나는 로마의 한 학회에서 그녀를 우연히 만났다.)
The investigation hasn't **turned up** any new evidence.
(그 조사는 어떠한 새로운 증거도 찾아내지 못했다.)
Why were you **searching for** me?
(어찌하여 나를 찾으셨나이까?) [눅 2:49]

2 **두 개의 목적어**: "동사 + 명사구 + 전치사구" 구조를 갖는다.

accuse ~ of	advise ~ of/about	ask ~ about
ask ~ for	base ~ on	blame ~ for
borrow ~ from	buy ~ from	collect ~ from
connect ~ with	convince ~ of/about	deprive ~ of
distinguish ~ from	entrust ~ with	forgive ~ for
help ~ with	inflict ~ on	keep ~ from
prevent ~ from	protect ~ from	provide ~ with
question ~ about	remind ~ of/about	rob ~ of
stop ~ from	suspect ~ of	warn ~ of/about 등

She's **accusing** me **of** lying. (그녀는 내가 거짓말한다고 비난하고 있다.)
He **entrusted** me **with** the task of looking after the money.
(그는 돈을 관리하는 임무를 나에게 맡겼다.)
The strike **inflicted** serious financial damage **on** the company.
(파업은 회사에 심각한 재정적 손실을 입혔다.)
She **reminded** me **of** my appointment with a client at 11.
(그녀는 나에게 고객과의 11시 약속을 일깨워줬다.)
They **blamed** me **for** the accident. (그들은 사고를 내 탓으로 돌렸다.)
His back injury may **prevent** him **from** playing in tomorrow's game.
(그의 등 부상은 그를 내일 경기에서 뛰지 못하게 할 수도 있다.)

3 **전치사적 동사와 구동사의 차이**: 겉으로 보기에 유사한 형태를 가진 "전치사적 동사"와 "구동사"는 몇 가지 통사적 차이를 보인다. 다음의 두 문장을 비교해 보자.

► 전치사적 동사
The man **called on** the woman. (그 남자가 그 여자를 방문했다.)
She **looked after** her little sister at the weekend. (그녀는 주말에 여동생을 돌봤다.)
He **ran across** an old friend of his at the supermarket. (그는 슈퍼에서 옛 친구와 마주쳤다.)

► 구동사
The man **called up** the woman. (그 남자가 그 여자에게 전화를 걸었다.)
She **brought up** five children all on her own. (그녀는 전적으로 혼자서 다섯 아이를 키웠다.)
He **took off** his coat in the room. (그는 방에서 코트를 벗었다.)

(1) 목적어의 위치: 구동사에서는 일반적으로 "전치사적 부사"가 목적어를 넘어갈 수 있지만 전치사적 동사에서는 "전치사"가 목적어를 넘어갈 수 없다. 목적어가 "대명사"이면 구동사에서 부사는 목적어를 의무적으로 넘어가야 한다.

► 전치사적 동사
*The man **called** the woman **on**.
*She **looked** her little sister **after** at the weekend.
*He **ran** an old friend of his **across** at the supermarket.

► 구동사
The man **called** the woman **up**.
She **brought** five children **up** all on her own.
He **took** his coat **off** in the room.

The man **called** her **up**. (그 남자는 그녀에게 전화를 걸었다.)
(*The man **called up** her.)
She **brought** them **up** all on her own. (그녀는 전적으로 혼자서 그들을 키웠다.)
(*She **brought up** them all on her own.)
He **took** it **off** in the room. (그는 방에서 옷을 벗었다.)
(*He **took off** it in the room.)

(2) 관계대명사: 목적어가 관계대명사가 될 경우 전치사적 동사 구문에서는 전치사가 관계대명사와 함께 수의적으로 이동할 수 있지만, 구동사 구문에서는 전치사적 부사가 제자리에 남아 있어야 한다.

► 전치사적 동사
The man **called on** the woman.
I just met the woman **(who)** the man had **called on** yesterday.
(나는 그 남자가 어제 방문했던 그 여자를 방금 만났다.)
(= I just met the woman **on who(m)** the man had **called** yesterday.)

She **looked after** her little sister at the weekend.
Her little sister **(who)** she **looked after** at the weekend is 15 years old.
(그녀가 주말에 돌봤던 여동생은 열다섯 살이다.)
(= Her little sister **after who(m)** she **looked** at the weekend is 15 years old.)

He **ran across** an old friend of his at the supermarket.
This is an old friend of his **(who)** he **ran across** at the supermarket.
(이 분이 그가 슈퍼에서 마주친 옛 친구분이시다.)
(= This is an old friend of his **across who(m)** he **ran** at the supermarket.)

▶ 구동사
The man **called up** the woman.
I met the woman **(who)** the man **had called up** yesterday.
(나는 그 남자가 어제 전화로 불러냈던 여자를 만났다.)
(*I met the woman **up (who)** the man **had called** yesterday.)

She **brought up** five children all on her own.
The five children **(who)** she **brought up** all on her own are all doctors.
(그녀가 혼자의 힘으로 키운 다섯 아이들은 모두 의사가 되었다.)
(*The five children **up who(m)** she **brought** all on her own are all doctors.)

She **took off** her coat in the room.
This is the coat **(which)** she **took off** in the room. (이것이 그녀가 방에서 벗은 코트다.)
(*This is the coat **off which** he **took** in the room.)

(3) 부사의 위치: 구동사 구문에서는 "부사"가 동사와 전치사적 부사 사이에 나타날 수 없지만, 전치사적 동사구문에서는 동사와 전치사 사이에 "부사"가 올 수 있다.

▶ 전치사적 동사
The man **called early on** the woman. (그 남자는 그 여자를 일찍 방문했다.)
She **looked earnestly after** her little sister at the weekend.
(그녀는 주말에 여동생을 정성들여 돌봤다.)
He **ran suddenly across** an old friend of his at the supermarket.
(그는 슈퍼에서 옛 친구를 갑자기 마주쳤다.)

▶ 구동사
The man **called up** the woman **early**. (그 남자는 그 여자에게 일찍 전화를 걸었다.)
(*The man **called early up** the woman.)
She **earnestly brought up** five children all on her own.
(그녀는 전적으로 혼자서 다섯 명의 아이들을 정성을 다해 키웠다.)
(*She **brought earnestly up** five children all on her own.)
He **quickly took off** his coat in the room. (그는 방에서 급하게 코트를 벗었다.)
(*He **took quickly off** his coat in the room.)

P42 prescribe와 proscribe

1 prescribe: 의사가 약을 "처방하다"를 의미한다.

The doctor **prescribed** a new medicine for the pain in my joints.
(의사는 관절 통증에 대해 새로운 약을 처방해 주었다.)

The doctor diagnosed a throat infection and **prescribed** antibiotic and aspirin.
(의사는 인후염을 진단하고 항생제와 아스피린을 처방했다.)

▶ prescribe는 어떤 것을 할 것을 "규정하다"라는 의미로도 쓰인다.

Good citizens always do what the laws **prescribe**.
(훌륭한 시민은 항상 법이 정한 것을 따른다.)
Article 11 of the Constitution **prescribes** a method of electing a president.
(헌법 제11조는 대통령 선거방법을 규정하고 있다.)

2   proscribe: 격식적 표현으로 정부나 당국이 어떤 것을 "금지하다(forbid), 빼앗다"를 의미한다.

Playing the piano after ten in the evening is **proscribed**.
(저녁 10시 이후에 피아노를 치는 것은 안 된다.)
In early days, the church **proscribed** dancing and card playing.
(옛날에 교회는 춤추는 것과 카드놀이를 금했다.)
We're **proscribed** by law from owning guns in Korea.
(한국에서는 총을 소지하는 것이 법으로 금지된다.)

P43   PRESENT TENSES (현재시제)-1: 단순현재

영어에서 "현재시제"와 연관된 동사구의 형태에는 네 가지가 있다.

I **work**./He **works**.   [단순현재형]
I **am working**./He **is working**.   [현재진행형]
I **have worked**./He **has worked**.   [현재완료형]
I **have been working**./He **has been working**. [현재완료진행]

동사의 단순현재형은 주어가 "삼인칭 단수"일 경우에만 "-(e)s어미"를 붙이고 다른 경우에는 동사의 원형과 동일하다.

긍정문	의문문	부정문
he/she/it **works** I/you/we/they **work**	**Does** he/she/it **work**? **Do** I/you/we/they **work**?	he/she/it **does not work** I/you/we/they **do not work**

be 동사의 변화에 대해서는 B2를 보라.

1   **형태**: 영어에서 동사의 "3인칭 단수 현재형"은 다음과 같이 만든다.

(1) "-s, -z, -ch, -sh, -x"로 끝나는 동사에는 -es 어미를 붙인다.

kiss : kiss**es**   buzz : buzz**es**   catch : catch**es**
rush : rush**es**   fix : fix**es**

(2) "자음문자+y"로 끝나는 동사는 "-y를 -i로 바꾼 후"에 -es 어미를 붙인다.

cry : cries	reply : replies	hurry : hurries
buy : buys	play : plays	destroy : destroys

(3) 그 외의 동사에는 -s 어미가 붙는다.

call : calls	wait : waits	promise : promises

(4) 다음의 세 단어는 위의 법칙을 벗어난다.

have : has	do : does	go : goes

2 **발음**: "동사의 3인칭 단수 어미의 발음"은 "명사의 복수어미의 발음"과 같다. (N30.7을 보라.) 예외적으로 says는 [seɪz]가 아니라 [sez]로 발음되고, does는 [duz]가 아니라 [dʌz]로 발음된다.

3 단순현재형 동사는 다음과 같은 경우에 사용된다.

(1) **영구적/반복적**: 영구적인 상황이나 규칙적이고 반복적인 현상을 말할 때

The sun **rises** on the east. (해는 동쪽에서 뜬다.)
Water **freezes** at zero degrees Celsius. (물은 섭씨 영도에서 얼는다.)
Seoul **stands** on the Han River. (서울은 한강 변에 있다.)
Jane **works** for an insurance company. (제인은 보험회사에서 일한다.)

(2) **습관**: 습관적인 행위나 현상을 말할 때

He **plays** golf every Wednesday. (그는 매 수요일에 골프를 친다.)
I **go** to bed at 10 o'clock. (나는 10시에 잠자리에 든다.)
He **walks** to work every day. (그는 매일 걸어서 출근한다.)

(3) **해설**: 일련의 상황을 "해설"하거나 어떤 작업에 대해 "시범"을 보일 때 또는 일련을 행위를 "지시"할 때

Now, Brown **passes** the ball to Johnson, Johnson to Bundy, Bundy **crosses** to Smith, who **loses** the ball ... (지금 브라운이 존슨에게, 존슨은 번디에게 볼을 패스하고, 번디는 스미스에게 볼을 크로스했으나 스미스가 볼을 빼앗겼습니다 ...)

First we **turn on** this switch. We **wait** a little, while the monitor **shows** all its icons. Then **move** the mouse to select and **click** the icon we want ...
(먼저 스위치를 켜고 화면에 모든 아이콘이 나타날 때까지 잠시 기다려라. 그리고 마우스를 움직여 원하는 아이콘을 선택하여 클릭해라 ...)

To get to the station, you **go** straight on the traffic lights, and then **turn** left.
(정거장에 가려면 신호등에서 직진한 다음 왼쪽으로 도십시오.)
Please **wait** outside the store, until the manager arrives.
(지배인이 도착할 때까지 미안하지만 상점 밖에서 기다려 주십시오.)

(4) here와 there: here나 there로 시작하는 감탄표현에서는 단순현재형이 사용된다.

Here we **are** — home at last! (자, 드디어 집에 도착했다!)
Here **comes** your wife! (네 부인께서 오셨다.)
There she **goes** again — complaining the weather! (또 시작하네. 날씨만 탓하고!)

(5) 정적동사: 현재 시점에 일어나고 있는 상황이나 행위를 기술할 때는 현재진행형을 사용하지만, "진행형이 없는 정적동사"의 경우에는 현재형을 사용한다. (V2를 보라.)

He **loves** you. (그는 너를 사랑한다.)
I **like** the wine very much. (나는 포도주를 매우 좋아한다.)
We all **understand** your trouble. (우리 모두는 너의 어려움을 이해한다.)

(6) 미래 상황: 현시점에서 "이미 정해"진 미래의 상황이나 행위를 말할 때

Next year the Spring Semester **begins** on March 2. (다음 해에는 봄 학기가 3월 2일에 시작한다.)
Flight 007 **takes** off at 12:45 p.m. (비행번호 007은 오후 12시 45분에 이륙합니다.)

(7) 언표적 행위: 말로서 우리의 행위를 표현할 때

I **promise** not to smoke again. (나는 다시 담배를 피우지 않을 것을 약속한다.)
I **agree** with you. (나는 너와 뜻이 같다.)
I **pronounce** you man and wife. (당신들을 남편과 부인으로 선포합니다.)
I **wish** you a merry Christmas. (즐거운 성탄이 되시기를 빕니다.)

(8) 부사절: 시간 부사절과 조건 부사절이 "미래" 시간을 의미할 때, 단순 현재시제형을 쓴다.

The party will be over **by the time we get there**.
(우리가 도착할 때쯤에는 파티가 끝났을 것이다.)
What will he do **when he leaves school**? (그는 학교를 그만두고 뭣을 할 것입니까?)

P44 PRESENT TENSES-2: 현재진행형

1   형태: 현재진행형은 현재형 "be동사"와 "-ing 현재분사형"을 결합하여 구성한다.

긍정문	의문문	부정문
I **am working** he/she/it **is working** you/we/they **are working**	**am** I **working**? **Is** he/she/it **working**? **are** you/we/they **working**?	I **am not working** he/she/it **is not working** you/we/they **are not working**

be 동사는 특히 구어체에서 축약형이 많이 사용된다. (C46을 보라.)

I**'m** working.
He/She/It**'s** working.
You/We/They**'re** working.

동사에 -ing어미를 붙이는 방법에 대해서는 P2.2를 보라.

2 현재진행형은 다음과 같은 경우에 사용된다.

(1) **진행 중**: 현시점에 진행되고 있는 행위나 상황을 말할 때

We're all **waiting** for the department store to open.
(우리는 모두 백화점이 문을 열기를 기다리고 있다.)
Don't take the newspaper away. I'm still **reading** it.
(신문을 치우지 마라. 내가 아직 다 읽지 않았다.)
"What **are** you **doing**?" "I'm **resting**." ("무엇을 하고 있습니까?" "쉬고 있습니다.")

(2) **현시점 중심의 행위**: 비록 현시점이 아니라 할지라도 "현시점을 중심"으로 일어나고 있는 행위나 현상을 말할 때

I'm **reading** a novel by Lee Moonyul. (나는 이문열의 소설을 읽고 있다.)
Mr. Lee's **teaching** English and **learning** French.
(이 군은 영어를 가르치고 프랑스어를 배우고 있다.)

(3) **미래 행위**: 확정된 "가까운 미래"의 행위를 말할 때

We're **going** to New York on Sunday. (우리는 일요일에 뉴욕에 갈 것이다.)
Uncle John's **coming** here next week and **is staying** with us until July.
(존 삼촌은 다음 주에 여기 와서 7월까지 우리와 함께 있을 것이다.)
Are you **doing** anything tonight? (오늘 밤에 무엇인가를 할 겁니까?)

(4) **현시점과 연관된 변화**: 현시점과 연관되어 일어나는 "상황" 또는 "변화"를 강조할 때

We're **getting** tired of hearing all his negative remarks.
(우리는 그의 모든 부정적 말에 지쳐가고 있다.)
They say CO_2 emissions of cars **are** greatly **affecting** the climate change of the world.
(자동차의 이산화탄소 배출이 세계의 일기 변화에 크게 영향을 주고 있다고 말한다.)
They say the universe **is expanding**, and has been since its beginning.
(우주는 지금 팽창하고 있고 태초 이래 팽창해 왔다고 말한다.)

(5) **일시적 상황과 영구적 상황**: 일시적 상황을 말할 때는 "진행형"을, 오래 지속되거나 영구적인 상황을 말할 때는 "단순현재"를 사용한다. (P43.3을 보라.)

Smoke **is rising** from the chimneys. (연기가 굴뚝에서 피어오르고 있다.)
The sun **rises** on the east. (태양은 동쪽에서 뜬다.)

Do you know why the man **is standing** on the table?
(그 남자가 왜 식탁 위에 서 있는지 알고 있느냐?)
Seoul **stands** on the Han River. (서울은 한강 변에 있다.)

Jane's **working** for a law firm for the summer. (제인은 여름 동안 법률회사에서 일하고 있다.)
Jane **works** for an insurance company. (제인은 보험회사에서 일한다.)

(6) 느낌: "feel, hurt, ache"와 같은 육체적 느낌을 말할 때는 "진행형"과 "단순 현재형"이 큰 의미적 차이 없이 쓰인다.

You can never tell what **he's feeling**. (= You can never tell what **he feels**.)
(너는 그가 어떻게 느끼고 있는지 결코 알 수 없을 것이다.)
My right shoulder **is hurting** like hell. (= My right shoulder **hurts** like hell.)
(나의 오른쪽 어깨가 몹시 아프다.)
My feet **are aching** from standing so long. (= My feet **ache** from standing so long.)
(나는 너무 오래 서 있어서 발이 아프다.)

(7) 진행형과 부사: 진행형 동사와 always와 같은 부사에 대해서는 P50.13을 보라.

P45　PRESENT TENSES-3: 현재완료형

1　**형태**: 현재완료형은 "현재형 have 동사와 -ed 과거분사형"을 결합하여 구성한다.

긍정문	의문문	부정문
he/she/it **has worked** I/you/we/they **have worked**	**has** he/she/it **worked**? **have** I/you/we/they **worked**?	he/she/it **has not worked** I/you/we/they **have not worked**

▶ have와 has는 구어체에서 축약형이 흔히 사용된다.

I/You/We/They**'ve** worked.
He/She/It**'s** worked.

동사의 과거분사형을 만드는 방법에 대해서는 P15와 V8을 보라.

2　현재완료형은 다음과 같은 경우에 사용된다.

(1) 완료된 행위: 완료된 행위나 사건이 현시점과 연관이 있다고 생각할 때

The students **have invited** us to the graduation party. (학생들이 우리를 졸업파티에 초청했다.)
At last, I**'ve finished** my homework. (드디어 나는 숙제를 끝냈다.)

(2) 부사구: "up to now, since ..., so far"와 같은 부사구가 있을 때

I**'ve lived** in this city **since** I was born. (나는 태어나서부터 이 도시에 살았다.)
Nothing particular **has happened so far**. (지금까지는 특별한 일이 일어나지 않았다.)

(3) 가까운 과거: 가까운 과거를 의미하는 "recently, just, this minute, lately" 등의 부사가 있을 때

The telegram **has just arrived**. (전보가 방금 도착했습니다.)
I **have recently met** him at the seminar. (나는 얼마 전에 세미나에서 그를 만났다.)

(4) 과거의 행위: 과거에서 현시점 사이에 적어도 한 번은 발생한 행위나 사건을 말할 때

Have you **seen** Mary? (너는 메리를 본 적이 있느냐?)
Have you ever **been** to Africa? (너는 아프리카에 가본 적이 있느냐?)
I don't believe **I've** ever **heard** about it before.
(나는 그것에 대해서 전에 들어본 적이 있다고 생각하지 않는다.)
I'm sure we**'ve met** before. (나는 우리가 전에 만났다고 확신한다.)

(5) 최근 소식: 최근의 뉴스를 말할 때

The yen **has fallen** against the dollar. (엔화가 달러에 비해 하락했습니다.)
There **has been** an explosion at New York. (뉴욕에서 폭발이 있었습니다.)
President Bush **has had** a talk with Prime Minister Blair.
(부시 대통령이 블레어 수상과 회담을 했습니다.)

(6) 특별 구문: "this/that/it + is + the first/second/only/best/most/worst" 구문에서 사용된다.

This is the first time you**'ve asked** my help.
(네가 나의 도움을 청한 것이 이것이 처음이다.)
It's the third cup of coffee you**'ve drunk** this afternoon.
(이 커피가 네가 오늘 오후에 마신 세 번째 잔이다.)
This is the best birthday present I**'ve** ever **received** in my life.
(이것은 내 생애에서 내가 받은 최고의 생일 선물이다.)

▶ "one of the best/most/worst" 구문에서 사용된다.

He's **one of the most** interesting persons I**'ve** ever **met**.
(그는 내가 지금까지 만난 가장 재미있는 사람 중의 한 명이다.)
Seoul is **one of the most** expensive cities in Asia I**'ve lived**.
(서울은 내가 아시아에서 살아본 도시 중에 가장 생활비가 많이 든다.)

P46 PRESENT TENSES-4: 현재완료진행형

1 **형태**: 현재완료진행형은 현재형 "have동사"와 "be동사의 과거분사형 been"과 "동사의 -ing 현재분사형"을 결합하여 구성한다.

긍정문	의문문	부정문
he/she/it **has been working**	**has** he/she/it **been working**?	he/she/it **has not been working**
I/you/we/they **have been working**	**have** I/you/we/they **been working**?	I/you/we/they **have not been working**

2 현재완료진행형은 다음과 같이 사용된다.

(1) 현시점까지 지속: 과거에 시작되어 현시점에도 "지속되는" 행위나 상황을 말할 때

He's **been working** in the garden since 9 o'clock. (그는 9시부터 정원에서 일하고 있다.)
We've **been waiting** for you for two hours. (우리는 두 시간 동안 너를 기다리고 있다.)
It's **been snowing** since Christmas. (크리스마스 때부터 눈이 내리고 있다.)
How long **have** you **been learning** English? (얼마나 오랫동안 영어를 배우고 있습니까?)
What **have** you **been doing** in my office? (너는 내 사무실에서 무엇을 하고 있었느냐?)

(2) **반복적 행위**: 과거부터 현시점에도 "반복적으로" 일어나는 행위나 사건을 말할 때

I've **been playing** tennis a lot recently. (나는 근래에 테니스를 많이 치고 있다.)
He's **been visiting** his sick mother very often. (그는 병든 어머니를 매우 자주 찾아뵙고 있다.)

(3) **일시적 행위**: 장기간 또는 영구적인 것에 대해서는 현재완료형을 쓰고 단기간 또는 "일시적인" 행위나 상황을 말할 때는 현재완료진행형을 사용한다.

The stone wall **has stood** on the hill for 600 years. (돌담은 600년간 언덕 위에 서 있다.)
The man **has been standing** at the corner all day. (그 남자는 모퉁이에 온종일 서 있다.)

My parents **have lived** in Busan all their lives.
(나의 부모님은 부산에 평생 동안 살고 계시다.)
I've **been living** in Mary's apartment for a month.
(나는 한 달간 메리의 아파트에서 살고 있다.)

P47   pretense와 pretension

pretense는 영국영어에서는 pretence로 쓰며 "속이기, 가장, 체하기"를 의미한다. pretension은 일반적으로 복수로 쓰이며 "자부, 잘난 체함"을 의미한다.

Our country couldn't maintain the **pretense** of neutrality in the war.
(우리나라는 전쟁에서 중립이라는 속임수를 더 계속할 수 없었다.)
He didn't like the food but he made a **pretense** of eating some of it.
(그는 음식이 입에 맞지 않았지만, 조금 먹는 척했다.)
She isn't really sick; it's only **pretense**. (그녀는 실제로 아프지 않다. 속임수일 뿐이다.)

He makes **pretensions** to expert knowledge of the subject.
(그는 그 주제에 대해 전문적인 지식이 있는 체한다.)
Does he have any **pretensions** to being considered a scholar?
(그가 학자로 존중 받을만한 자격이 있습니까?)
She makes no **pretensions** to skill as an artist, but enjoys painting.
(그녀는 미술가로서의 재주가 있다고 자부하지는 않지만 그림 그리는 것을 좋아한다.)

P48   priceless와 valueless

priceless는 "아주 귀중한, 값을 평가할 수 없는"을 의미하고, valueless는 "가치 없는, 하찮은"을 의미한다.

Only a very rich man can afford to buy these **priceless** paintings.
(매우 부자인 사람만이 이런 값비싼 그림을 살 수 있다.)
The ability to motivate people is a **priceless** asset.
(사람을 움직이게 하는 능력은 아주 귀중한 자산이다.)
The museum is famous for its collection of **priceless** impressionist paintings.
(박물관은 값을 매길 수 없는 인상파 화가의 그림 수집으로 유명하다.)

The antique chair she bought with a lot of money turned out be a **valueless** replica.
(그녀가 큰돈을 들여 구입한 골동품 의자가 하찮은 모조품으로 드러났다.)
Most of the mountains are covered with luxuriant but commercially **valueless** trees.
(대부분의 산들이 무성하지만 상업적으로 가치가 없는 나무들로 덮여 있다.)
The house is full of **valueless** pieces of old junk.
(그 집은 가치가 없는 오래된 쓰레기들로 꽉 차 있다.)

P49 principal과 principle

이 두 단어는 발음[prínsəpəl]은 같으나 의미는 다르다.

1 principal: 형용사로 쓰일 경우에는 "주요한, 매우 중요한"을 의미하고, 명사로 경우에는 "(단체의) 장, 사장, (학교의) 교장" 등을 의미한다.

Saudi Arabia's **principal** export is oil. (사우디아라비아의 주 수출품은 기름이다.)
The **principal** reason for moving was to find a house in a more peaceful neighborhood.
(이사하는 주 원인은 더 평화로운 이웃에서 살기 위해서였다.)

If you talk anymore in class, I'm sending you off to see the **principal**.
(학업 중에 또다시 말을 하면 너를 교장선생님을 만나보도록 조치할 것이다.)
The **principal** of the company has an office in New York.
(그 회사의 사장은 뉴욕에 사무실이 있다.)

▶ principal과 president: 영국영어에서는 "principal"이 일반적으로 "교장, 학장, 총장"을 가리키는 데 반하여, 미국영어에서는 초·중·고의 "교장"은 "principal"로, 대학의 "학장"은 "dean"으로, 종합대학의 "총장"은 "president"로 부른다. 미국영어에서 "president"는 "(회사의) 사장, 회장, 대통령"을 의미하기도 한다.

The reporter planned to interview the **Principal** of Edinburg University.
(기자는 에든버러대학의 총장을 면담할 계획이었다.)
She was appointed new **Dean** of Medicine of the University.
(그녀는 대학교의 새 의대학장으로 임명되었다.)
Research and marketing will be my job as **president** of the new company.
(연구와 판매가 새 회사의 사장으로서 내가 할 일이 될 것이다.)

2 principle: 법이나 과학 등의 기본적인 "원리, 법칙, 원칙" 또는 우리의 행동의 기본이 되는 "(도덕적) 원칙, 도의"를 의미한다.

In the first year, you will study the **principles** of the criminal justice system.
(첫 해에 여러분들은 형사사법제도의 원리를 공부하게 될 것이다.)

We were told that Newton discovered the **principle** of gravitation by looking at a falling apple. (우리는 뉴턴이 사과가 떨어지는 것을 보고 중력의 법칙을 발견했다고 들었다.)

She was a woman of **principle** who I admired most.
(그녀는 원칙이 서있는 여성으로 내가 가장 존경한다.)

In **principle**, the new software will make the accounting system a lot simpler.
(원칙적으로 새로운 소프트웨어가 회계제도를 많이 간결하게 만들 것이다.)

P50   PROGRESSIVE VERBS (진행형 동사)

1 **형태**: "-ing어미"가 붙은 동사는 영어에서 "동명사(gerund)"와 "진행분사(progressive participle)"로 사용된다.

동명사에 대해서는 G7-G12를, 동사에 -ing어미를 붙이는 방법에 대해서는 P2.2를 보라.

2 **-ing형이 나타나는 구조**: 모든 구조가 흔히 쓰이는 것은 아니지만 "진행형 동사"는 이론적으로 다음과 같은 동사구에 나타난다. 물론 아래에 예로 든 모든 진행형이 자연스럽게 두루 사용되는 것은 아니다.

He's **looking** for the wallet he lost.	[현재진행]
(그는 잃어버린 지갑을 찾고 있다.)	
His office **is being** thoroughly **searched**.	[현재진행 수동]
(그의 사무실은 철저하게 수색을 받고 있다.)	
I've **been being examined** by the doctor.	[현재완료 진행수동]
(나는 의사의 진찰을 받고 있었다.)	
She **was cooking** dinner for him.	[과거진행]
(그녀는 그를 위해 저녁을 준비하고 있었다.)	
He **was being examined** at the time.	[과거진행 수동]
(그는 그때 진찰을 받고 있었다.)	
Nobody knew how long she **had been sitting** there.	[과거완료 진행]
(그녀가 그곳에 얼마나 오래 앉아 있었는지 아무도 몰랐다.)	
He didn't know I **had been being examined**.	[과거완료 진행수동]
(그는 내가 진찰을 받고 있었다는 것을 몰랐다.)	
I'd like **to be lying** on the bed now.	[현재진행 부정사]
(나는 지금 침대에 누워 있고 싶다.)	
I believed her **to have been doing** her homework.	[과거진행 부정사]
(나는 그녀가 숙제하고 있었다고 생각했다.)	
She is believed **to have been being examined** by him.	[과거진행 수동부정사]
(그녀는 그에게 진찰을 받고 있었던 것으로 믿어진다.)	

3 **단순형과 진행형과 완료형**: 진행시제와 완료시제는 전통적으로 각각 "진행상(progressive

aspect)"과 "완료상(perfective aspect)"이라고 부른다. "상(aspect)"이란 동사가 의미하는 상황이나 행위가 "시간과 어떤 관계"에 있는가를 표현한다. 그 상황이나 행위를 지속적이고 영구적인 것으로 볼 때는 단순(현재 또는 과거)시제를 사용하고, 완료된 것으로 볼 때는 "완료시제"를 사용하며, 진행 중이거나 일시적인 것으로 볼 때 "진행시제"를 사용한다. 다음을 비교해보라.

The Yalu **flows** into the Yellow Sea.   [영구적]
(압록강은 황해로 흐른다.)
Fresh air **is** freely **flowing** through the building,   [일시적]
  as the windows are open.
(창문이 열리니까 신선한 공기가 건물을 통해 자유롭게 흐르고 있다.)
I'**ve read** your letter.   [완료된 행위]
(나는 너의 편지를 읽었다.)
I'**ve been reading** a lot of thrillers recently.   [반드시 완료된 것이 아님]
(나는 최근에 스릴러물을 많이 읽고 있다.)

▶ 짧은 반복적 행위를 표현할 때도 진행형을 사용한다.

John **was kicking** a ball around the ground. (존은 운동장에서 볼을 차면서 돌아다녔다.)
Fans **are jumping** up and down and **cheering**.
(팬들이 아래위로 깡충깡충 뛰면서 환호성을 지르고 있다.)
Waves **are pounding** against the pier in the storm.
(폭풍우 속에서 파도가 선창을 세게 때리고 있다.)

진행형에 대한 상세한 용법에 대해서는 각 형태의 항목들을 보아주기 바란다.

4 **진행형과 동사의 의미**: 진행형은 일반적으로 동적인(dynamic) 상황, 즉 "행위, 사건, 과정" 등을 의미하는 동사로 표현된다. (V2.1을 보라.)

These men **are constructing** a road through the forest.   [행위]
(이 사람들은 숲을 가로지르는 도로를 건설 중이다.)
Knowledge in the field of genetics **is developing** very rapidly. [과정]
(유전학 분야의 지식이 급속도로 발전하고 있다.)
The machine **is** no longer **functioning**.   [사건]
(기계가 더 이상 작동하지 않는다.)

5 **정적인 상황**: 정적인(stative) 상황을 표현하는 동사는 일반적으로 진행형으로 사용될 수 없다. 정적인 상황을 의미하는 동사로는 "지각(perception)동사"와 "인지(cognition)동사" 그리고 "관계와 상태(relation and state)동사"와 "감정(emotion)동사"가 있다. (V2.2를 보라.)

I **didn't notice** her leave the shop.   [지각]
(나는 그녀가 상점을 나가는 것을 몰랐다.)
(*I **wasn't noticing** her leave the shop.)
I **love** you very much.   [인지]
(나는 너를 매우 사랑한다.)

(*I'm loving you very much.)
It **depends** on you whether you'll succeed.　　　　　　　[관계]
(네가 성공할 것인가 아닌가는 너에게 달렸다.)
(*It's **depending on** you whether you'll succeed.)

6　　지각동사: 우리의 오감을 통해서 인지되는 현상을 의미하는 지각동사는 진행형이 없다. (P23과 V2를 보라.)

The surveys **appear** to contradict the government's claims.
(조사는 정부의 주장과 반대인 것으로 보인다.)
(*The surveys **are appearing** to contradict the government's claims.)
Istanbul **sounds** very exciting and rewarding.
(이스탄불은 매우 감동적이고 보람을 느끼는 곳으로 보인다.)
(*Istanbul **is sounding** very exciting and rewarding.)
Do you **hear** the sound of footsteps on the porch?
(당신은 툇마루에서 나는 발소리가 들립니까?)
(***Are** you **hearing** the sound of footsteps on the porch?)

7　　인지동사 (verbs of cognition): 마음의 상태를 의미하는 인지동사는 진행형이 없다. (V2를 보라.)

Everybody **understands** your problem. (모두가 너의 어려움을 이해한다.)
(*Everybody **is understanding** your problem.)
I **forgot** your name. (나는 네 이름을 잊었다.)
(*I **was forgetting** your name.)
I **wish** I could help him. (내가 너를 도와줄 수 있으면 좋겠다.)
(*I'm **wishing** I could help him.)

8　　감정동사 (emotion verbs): 감정적 "상태, 반응, 느낌"을 유발하는 감정동사는 진행형이 없다. (V2.2를 보라.)

astonish　　　　frighten　　　　impress　　　　irritate
please　　　　　shock　　　　　surprise 등

It **astonished** me that they're getting divorced. (그들이 이혼할 것이라는 사실에 나는 놀랐다.)
(*It **was astonishing** me that they're getting divorced.)
The news of the plane crash **has shocked** all of us.
(우리는 모두 비행기 추락 소식에 충격을 받았다.)
(*The news of the plane crash **has been shocking** all of us.)

9　　지각동사와 인지동사: 앞에서 논의한 것처럼 지각동사와 인지동사에는 진행형이 없으며, 이들 중에 "see, hear, feel, taste, smell, understand, remember"와 같은 동사의 "단순현재시제형"은 "can/could"와 결합하여도 큰 의미적 변화를 보이지 않는다. (P23을 보라.)

I **feel** an insect crawling on my back. (나는 내 등에 벌레가 기어가는 것을 느낄 수 있다.)
(= I **can feel** an insect crawling on my back.)
(*I'm **feeling** an insect crawling on my back.)
Do you **smell** something burning? (무엇인가 타는 냄새를 맡을 수 있습니까?)
(= **Can** you **smell** something burning?)
(*Are you **smelling** something burning?)
I don't really **understand** the political situation in Northern Ireland.
(나는 북아일랜드의 정치적 상황을 정말로 이해할 수가 없다.)
(= I **can't** really **understand** the political situation in Northern Ireland.)
(*I'm **not** really **understanding** the political situation in Northern Ireland.)

10   **관계와 상태동사**: "관계, 상태, 존재"를 의미하는 동사는 진행형이 없다. (V2.2를 보라.)

Do the same rules **apply** to part-time workers?
(시간제 노동자들에게도 같은 규칙이 적용됩니까?)
(*Are the same rules **applying** to part-time workers?)
It **depends on** him whether they will succeed. (그들이 성공할 것인가는 그에게 달려 있다.)
(*It **is depending on** him whether they will succeed.)
The water **surrounds** the entire castle. (물이 성을 빙 돌아 둘러싸고 있다.)
(*The water **is surrounding** the entire castle.)
She **owns** a very expensive car. (그녀는 대단히 비싼 차를 소유하고 있다.)
(*She **is owning** a very expensive car.)

11   **진행형과 비진행형 용법**: 어떤 동사들은 의미하는 바에 따라 "진행형"으로도 사용될 수도 있고 "비진행형"으로도 사용될 수 있다. 다음을 비교해보라.

I'm **seeing** the doctor at ten o'clock. (나는 10시에 의사를 만나볼 것이다.)
I **see** what you mean. (네가 무슨 말을 하는지 알겠다.)
(*I'm **seeing** what you mean.)

Why **are** you **smelling** the meat? Is it bad? (어째서 고기 냄새를 맡고 있느냐? 상했어?)
Does the meat **smell** bad? (고기가 나쁜 냄새가 납니까?)
(*Is the meat **smelling** bad?)

He's **having** a good time. (그는 즐기고 있다.)
He **has** a nice wife. (그의 부인은 좋은 분이다.)
(*He's **having** a nice wife.)

Wait a minute — I'm **thinking**. (잠깐만 기다려. 생각 중이야.)
What do you **think** of the new school? (새로운 학교가 어떻다고 생각하느냐?)
(*What **are** you **thinking** of the new school?)

I'm just **tasting** the cake to see if it's OK. (괜찮은지 알아보려고 케이크를 맛보고 있을 뿐이다.)
The cake **tastes** wonderful. (케이크가 맛이 매우 좋다.)
(*The cake **is tasting** wonderful.)

The scales broke when I **was weighing** myself this morning.
(오늘 아침에 내가 체중을 달다가 저울이 망가졌다.)
I **weighed** 68 kilos three months ago — and look at me now!
(나는 3개월 전에 68킬로였다. 지금 날 봐!)
(*I **was weighing** 68 kilos three months ago — and look at me now!)

▶ 많은 비진행 동사들도 "변화나 발전의 과정"을 강조할 경우에는 진행형으로 사용될 수 있다. 특히 이런 현상은 "비교급 표현"이나 "양태부사"와 함께 많이 나타난다.

Our economy **is gradually and steadily depending** on the world economy.
(우리나라의 경제도 점차 꾸준히 세계 경제에 의존해 가고 있다.)
These days, **more and more people are preferring** to take early retirement.
(근래에 와서 점점 더 많은 사람이 조기 은퇴를 선호하고 있다.)
The water **is tasting better** today. (물맛이 오늘 더 좋아졌다.)
Fish **are quickly smelling** bad, as the temperature rises.
(기온이 오르면 생선은 급속도로 나쁜 냄새를 풍기게 된다.)

▶ 육체적 느낌을 의미하는 "hurt, ache, itch, tingle, feel" 등은 진행형과 비진행형이 큰 의미적 차이가 없이 쓰인다.

My left arm **itches/is itching**. (나의 왼쪽 팔이 근질근질하다.)
He said his stomach **hurt/was hurting**. (그는 위에 통증을 느낀다고 말했다.)
My back **ached/was aching** after the wrestling.
(나는 레슬링을 한 후에 등이 쑤셨다.)

12 **비진행형 동사의 -ing형**: 진행형으로 절대로 사용될 수 없는 동사라 할지라도 "분사구문"과 "동명사"에서는 "-ing형"을 가질 수 있다.

Knowing her tastes, I bought her a large box of chocolates.
(나는 그녀의 기호식품을 알았기 때문에 그녀에게 큰 초콜릿 한 상자를 사 주었다.)
I don't like to go to a country without **knowing** something of the people.
(나는 그 나라의 국민에 대해서 좀 알지 않고는 어떤 나라에도 가고 싶지 않다.)

13 **진행형과 부사**: 앞에서 지적했듯이 진행형은 "진행 중"이고 "일시적인 상황"을 가리키기 때문에, 제한 없이 "불명확한 기간"을 표현하는 "always, continually, constantly, for ever, perpetually, eternally"와 같은 부사와는 의미적으로 양립할 수 없지만, 이 부사들이 "진행형"과 같이 사용되면 "매우 자주(very often)"라는 의미를 갖게 된다.

I'm always losing my keys.
(나는 열쇠를 항상 잃어버린다.)
(= I keep losing my keys.)
This dishwasher **is continually breaking** down.
(접시 세척기가 계속해서 고장이 난다.)
Mr. Smith **is forever complaining** about the weather.
(스미스 씨는 끊임없이 날씨에 대해 불평한다.)

We're **constantly being** warned that tobacco is poison.
(우리는 담배가 독약이라는 경고를 끊임없이 받는다.)

(1) 이 경우 진행형과 비진행형 간에는 의미적 차이가 난다. 다음을 비교해보라.

He **always reads** detective stories.
(그는 항상 탐정소설을 읽는다.)
(= He reads only detective stories.)
He's **always reading** detective stories.
(그는 항상 탐정소설을 읽고 있다.)
(= He keeps reading detective stories.)
She **always cleaned** the house.
(그녀는 집을 항상 깨끗이 했다.)
(= She kept the house clean.)
She **was always cleaning** the house.
(그녀는 집을 항상 청소하고 있다.)
(= She kept cleaning the house.)

(2) 계획되지 않고 "우연한 반복적 상황"에는 진행형이 사용되고, "계획되고 규칙적으로 반복되는 상황"에는 단순형이 사용된다.

I'm **always meeting** that girl in the museum.
(나는 그 아가씨를 박물관에서 항상 마주친다.)
I **always meet** that girl in the museum.
(나는 그 아가씨와 박물관에서 항상 만남을 갖는다.)
Her mother **was always arranging** little surprise picnics.
(그녀의 어머니는 항상 예기치 않은 작은 피크닉을 계획했다.)
When I was a child, we **always had** picnics on Saturdays in the summer.
(내가 어렸을 때 여름에는 항상 토요일에 피크닉을 갔다.)

(3) 이들 부사와 함께 사용되는 진행형은 종종 "불편함, 노여움, 괴로움, 실망, 불만"을 표현하기도 한다.

My boss **is always smoking** cigars in my presence.
(나의 상사는 내가 있을 때 항상 시가를 피운다.)
He's **continually talking** about how beautiful his wife is.
(그는 자기 부인이 얼마나 아름다운가를 끊임없이 말한다.)
They're **perpetually grumbling** over the salaries they get.
(그들은 그들이 받는 봉급에 대해서 끊임없이 투덜거린다.)

P51 PRONOUNS (대명사)-1: 핵심 대명사

1 **대명사의 유형**: 영어의 대명사는 다음 표와 같다.

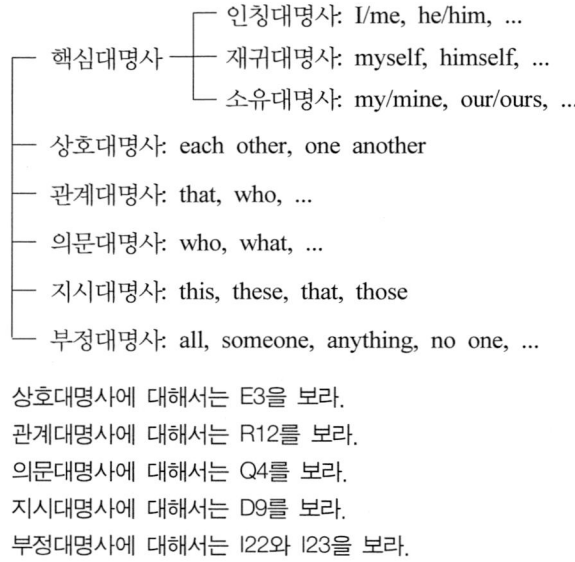

상호대명사에 대해서는 E3을 보라.
관계대명사에 대해서는 R12를 보라.
의문대명사에 대해서는 Q4를 보라.
지시대명사에 대해서는 D9를 보라.
부정대명사에 대해서는 I22와 I23을 보라.

2 **핵심대명사**: 핵심대명사는 다른 대명사들과는 달리 "인칭(person), 성(gender), 수(number)"에 따라 그 형태가 변하며, 특히 인칭대명사는 "격(case)"에 따라 다른 모습을 취한다.

		인칭대명사		재귀대명사	소유대명사	
		주어	목적어		한정사적	명사적
일인칭	단수	I	me	myself	my	mine
	복수	we	us	ourselves	our	ours
이인칭	단수	you	you	yourself	your	yours
	복수	you	you	yourselves	your	yours
삼인칭	남성 단수	he	him	himself	his	his
	여성 단수	she	her	herself	her	hers
	중성 단수	it	it	itself	its	없음
	복수	they	them	themselves	their	theirs

(1) 인칭대명사 (personal pronouns): 인칭대명사에는 "주어형"과 "목적어형"이 있으며 (I/me, we/us, he/him, she/her, they/them), it와 you는 주어형과 목적어형이 동일하다. 주어형은 "주어" 또는 때때로 "주어보어"로 쓰이며, 목적어형은 동사의 "목적어, 전치사의 목적어", me의 경우에는 "주어"로도 가끔 쓰인다.

He was late.	[주어]
(그는 늦었다.)	
It was **he**.	[주어보어]
(그였다.)	
It was **him**.	[주어보어]
(그였다.)	
I saw **him** at the station.	[동사의 목적어]
(나는 그를 정거장에서 보았다.)	
We cannot manage without **him**.	[전치사의 목적어]
(우리는 그가 없이는 해낼 수가 없다.)	
"I'm hungry." "**Me** too."	[주어]
("나는 배가 고프다." "나도 그렇다.")	

인칭대명사 중에 "it과 they/them"은 사람 외에 사물을 가리킬 수도 있다.

(2) **대명사의 필요성**: 영어에서는 한 담화(discourse) 내에서 완전한 명사구를 가급적 반복해서 사용하지 않고 상응하는 "대명사"로 대치하는 것이 원칙이다. 다음을 비교해 보라.

John and **Mary** are here. Ask **them** what **they** want.
(존과 메리가 여기 있다. 그들에게 무엇을 원하는지 물어봐라.)
(*Ask **John** and **Mary** are here. Ask **John** and **Mary** what **John** and **Mary** want.)

John took **a toy** from **my daughter**. I told **him** to return **it** to **her**.
(존이 내 딸에게서 장난감을 빼앗아 갔다. 나는 그에게 장난감을 내 딸에게 돌려주라고 했다.)
(***John** took **a toy** from **my daughter**. I told **John** to return **the toy** to **my daughter**.)

3 **대명사와 선행사**: 대명사가 가리키는 명사(구)를 우리는 흔히 그 대명사의 "선행사(antecedents)"라고 한다. 선행사와 대명사의 관계를 나타내는 법칙은 다음과 같다.

▶ **대명사-선행사 법칙**: 선행사는 대명사를 선행한다.

John said that **he** would go to Africa next year. (존은 내년에 아프리카에 갈 것이라고 말했다.)
Because **John** was hungry, **he** ate hamburgers. (존은 배가 고파서 햄버거를 먹었다.)
John's son doesn't like **him**. (존의 아들은 그를 좋아하지 않는다.)

위의 예에서 명사 "John"이 대명사 "he/him"를 선행하고 있으므로, "John"은 대명사 "he/him"의 선행사가 될 수 있다.

4 **대명사가 선행사를 선행하는 경우**: 일반적으로 다음의 경우 선행사가 대명사 뒤에 올 수 있다.

(1) 대명사가 주절 앞에 오는 "종속절" 내에 있고 선행사가 "주절" 내에 있을 때는 대명사가 선행사를 "선행"할 수 있다. 따라서 다음의 두 문장이 다 가능하다.

Because **John** was hungry, **he** ate hamburgers (존은 배가 고파서 햄버거를 먹었다.)
Because **he** was hungry, **John** are hamburgers. (배가 고파서 존은 햄버거를 먹었다.)

▶ 그러나 종속절이 주절 뒤에 올 때는 대명사가 선행사를 선행할 수 없다. 예를 들어 다음

문장에서 대명사 "he"와 "John"은 같은 사람일 수 없다.

***He** said that **John** would go to Africa next year.
***He** ate hamburgers, because **John** was hungry.

(2) "소유격 대명사"는 같은 문장에서도 선행사를 "선행"할 수 있다.

His son doesn't like **John**. (= **John**'s son doesn't like **him**.)
(그의 아들이 존을 좋아하지 않는다./존의 아들이 그를 좋아하지 않는다.)
His sister can sing better than **John** can. (= **John**'s sister can sing better than **he** can.)
(그의 여동생이 존보다 노래를 더 잘 부를 수 있다./존의 여동생이 그보다 노래를 더 잘 부를 수 있다.)

5 **단문 내에서의 대명사와 선행사**: "소유격 대명사"를 제외하면 단문 내에서는 대명사와 선행사가 함께 나타날 수 없다. 다음 문장에서 대명사 "him과 her"는 각각 "John과 Mary"를 선행사로 가질 수 없다.

John likes **him**. (존이 그를 좋아한다.)
Mary hates **her**. (메리는 그녀를 미워한다.)

▶ 대명사가 단문 내에서 선행사를 가지려면 "재귀대명사"로 바꾸어야 한다.

John likes **himself**. (존은 자신을 좋아한다.)
Mary hates **herself**. (메리는 자신을 미워한다.)

6 **인칭 대명사와 관계절**: 현대영어에서 인칭 대명사는 "분열문" 구조를 제외하고는 일반적으로 관계절의 선행사로 사용되지 않지만, 성경에는 많이 나타난다.

It is **I who am** responsible. (책임질 사람은 나다.)
It is **you who are** in the wrong. (잘못한 사람은 너다.)
Everyone who asks receives; **he who seeks** finds; to **him who knocks**, the door will be opened. (구하는 이마다 받을 것이요 찾는 이는 찾아낼 것이요 두드리는 이에게는 열릴 것이니라.) [마 7:8]
He who comes to me will never go hungry, and **he who believes in me** will never be thirsty. (내게 오는 자는 결코 주리지 아니 할 터이요 나를 믿는 자는 영원히 목마르지 아니하리라.) [요 6:35]
I who speak to you am he. (네게 말하는 내가 그라.) [요 4:26]
Come to me, all **you who are weary and burdened,** and I will give you rest.
(수고하고 무거운 짐 진 자들아 다 내게로 오라 내가 너희를 쉬게 하리라.) [마 11:28]

▶ 가장 흔히 나타나는 "he who ..."에서 he는 "anyone(누구든지)"을 의미한다. 처음부터 끝까지 확인하지는 않았으나 성경에 "she who ..." 또는 "they who ..."는 나타나지 않는 것 같다.

재귀대명사에 대해서는 R8을 보라.

P52   PRONOUNS-2: 개별 대명사의 특성

1. we와 you: we와 you는 다른 인칭대명사와는 달리 복수명사 앞에 오는 "한정사"로 사용될 수 있다.

    We Koreans are proud of our history. (우리 한국 사람들은 우리의 역사를 자랑스러워한다.)
    Are **you guys** coming to lunch? (너희들 점심 먹으러 올 거냐?)

2. you: 미국영어의 비격식적 대화에서 상대의 주의를 끄는 한 형태로 특정 단수명사 앞에서 you를 "한정사"처럼 사용할 수 있다.

    You (silly) fool, you've missed your chance, now.
    (이 (어리석은) 바보 같은 놈, 지금 너는 기회를 놓친 거야.)
    You (stupid) idiot! That's a month's work you've lost.
    (이 (바보 같은) 멍청아! 너는 한 달분의 일감을 날린 거야.)
    You poor thing, you've had a hard time, haven't you?
    (이 불쌍한 녀석, 참 힘든 시간을 보냈구나.)
    You blind fools! Which is the greater: the gold, or the temple that makes the gold sacred?
    (어리석은 맹인들이여! 어느 것이 크냐? 그 금이냐 또는 그 금을 거룩하게 하는 성전이냐?) [마 23:17]

    ▶ 이 외에도 "you people, you lot, you two/three" 등의 표현도 있다.

    Come on, **you lot/people**, hurry up! (제발 너희들 서둘러라!)
    Are **you two** ready? (너희 둘 다 준비됐냐?)
    You've succeeded in answering all those tricky questions. **You clever boy!**
    (네가 그 교묘한 질문에 다 답을 했다면서. 참 똑똑한 녀석 같으니!)
    "**You hypocrites,** why are you trying to trap me?"
    (외식하는 자들아 어찌하여 나를 시험하느냐?) [마 22:18]

3. us: we의 목적어형인 us도 "women/men/teachers" 등과 같은 "사람 복수명사"와 함께 쓰일 수 있다.

    Life is hard for **us women**. (우리 여성에게는 삶이 어렵다.)
    Another exciting time for **us youngsters** was when Michael Jackson visited Korea.
    (우리 젊은이들에게 있었던 또 하나의 감동적인 시간은 마이클 잭슨이 한국을 방문했을 때였다.)

4. lucky you와 silly me: 인칭대명사는 일반적으로 형용사의 수식을 받을 수 없다. 그러나 비격식적 영국영어에서 "lucky/poor/clever/silly (old) + you/me"와 같은 표현이 가능하다.

    "My husband is a rich man, and devoted to me." "**Lucky you!**"
    ("내 남편은 부자이며 나에게 헌신적이다." "너는 행운이다!")
    They expected that it'd have to be done by **poor old me**.
    (그들은 그것을 이 가련한 늙은 내가 해야 했다고 생각했다.)

▶ "Silly me!"는 가능하지만 "*Silly I!"는 안 되는 것을 보면, "Silly/Lucky you!"에서 "you"는 목적어형임을 말해준다. 따라서 다음 표현은 옳지 않다.

***Poor you** have to accompany her to dinner.

5 **전칭적(generic) 대명사 we, you, they**: 영어에서 사람을 일반적으로 가리킬 때는 종종 "people" 또는 "one"을 사용하거나, 주어가 없는 수동문을 사용한다. 그러나 많은 경우에 인칭대명사 "we, you, they"를 사용하기도 한다.

People seldom follow the rule. (사람들은 규칙을 지키는 경우가 드물다.)
One seldom follows the rule. (사람들은 규칙을 따르는 경우가 드물다.)
The rule **is** seldom **followed**. (규칙은 지켜지는 경우가 드물다.)

(1) we: "화자와 청자를 포함"하는 사람 전체를 의미한다.

We must love one another. (우리는 서로 사랑해야 한다.)
We always have to be careful not to jump to conclusions.
(우리는 속단을 내리지 않도록 항상 조심해야 한다.)

(2) you: "청자를 포함"하는 사람 전체를 의미한다.

You have to work hard if you want to make it in this business.
(누구나 이 사업에서 성공하기를 원한다면 열심히 해야 한다.)
You can count on Bill to tell a good joke. (재미있는 농담을 하는 문제는 빌을 믿어도 된다.)

(3) they: "화자와 청자를 제외"한 사람 전체 또는 권력을 가진 당국자를 의미한다.

They say it's going to be a hot summer this year.
((기상청) 당국은 올해 여름이 더울 것이라고 말한다.)
Why don't **they** pay nurses enough?
(그들은 어째서 간호사들에게 금전적으로 충분히 보상하지 않습니까?)

we, you, they의 이러한 용법에 대해서는 O14를 보라.

P53   PRONOUNS-3: it

1   **개요**: it는 크게 "의미를 지닌" 것과 "의미가 없는" 것으로 나눌 수 있다. 의미를 지닌 it는 이미 언급된 "사물, 동물, 개념, 상황" 등 사람이 아닌 명사나 명사구를 가리키는 대명사로 쓰이고, 일명 "허사(expletive)"라고도 부르는 의미가 없는 it는 문장 내에서 주어 혹은 목적어가 정상적으로 나타나는 위치에 나타나서 "진(true) 주어 혹은 목적어"의 출현을 "예비하는(preparatory)" 역할을 한다. (E42를 보라.) 허사 it는 "날씨, 시간, 거리" 등을 표현할 때도 사용된다. 또한 허사 it는 강조구문인 "분열문"에서 주어 위치에 나타난다. (C19를 보라.)

"Where is **your office**?" "**It**'s on the third floor."   [대명사]
("당신의 사무실은 몇 층에 있습니까?" "3층에 있습니다.")
It's three years since I last saw her.   [시간]

(내가 그녀를 본 것이 3년이 되었다.)
It's important **(for you) to be there in time**.　　　　　[허사 주어]
((네가) 그곳에 일찍 도착하는 것이 중요하다.)
We think **it** possible **that they may arrive next week**.　　[허사 목적어]
(우리는 그들이 다음 주에 도착하는 것이 가능하다고 생각한다.)
It was **yesterday** that I sent the present to you.　　　　[강조 허사]
(내가 너에게 선물을 보낸 것이 어제였다.)

2　　**확인 it**: it는 사람이 누구인가를 "확인"할 때 사용된다.

"Who's that over there?" "**It**'s John Cook." (*****He**'s John Cook.)
("저기 있는 사람이 누굽니까?" "존 쿡입니다.")
"Is that our waiter?" "No, **it** isn't." (*No, **he** isn't.)
("저분이 우리 웨이터입니까?" "아닌데요.")
On the phone: "Hello, who's **it**?" "**It**'s Alan Williams." (*****I**'m Alan Williams.)
(전화 통화: "여보세요. 누구십니까?" "앨런 윌리엄즈입니다.")

3　　**유아 it**: 남녀 성을 모르는 "유아"나 성의 구별이 중요하지 않은 "어린이"를 가리킬 때 종종 it를 사용한다.

He persuaded her to support **the child** after **it** was born.
(그는 아이가 태어난 후에 그 아이를 부양하도록 그녀를 설득했다.)
He tossed **the baby** high in the air and **it** stopped crying.
(그가 아이를 위로 높이 들어 올리니까 아이가 울음을 멈췄다.)

4　　**대명사**: "물건, 동물, 상황" 등을 가리키는 대명사로 쓰인다.

"Where's **the book**?" "**It**'s on the desk." ("책이 어디 있습니까?" "책상 위에 있습니다.")
I can hear **a dog** barking. Where do you keep **it**?
(개가 짖는 소리가 들립니다. 개를 어디에 둡니까?)
The building was on fire; **it** was terrible. (건물에 불이 났는데 끔찍했다.)

5　　**현 상황**: 현재 일어나고 있는 상황이나 처한 상황을 의미하는 단어로 쓰일 수 있다.

I can't stand **it** any longer; I'm resigning. (나는 더 이상 참을 수가 없다. 나는 그만두겠다.)
Stop **it** now. You're just being silly. (그만해라. 너 정말 우스꽝스럽다.)
If you run, you can make **it**. (뛰면 성공할 수 있다.)

6　　**날씨, 시간, 거리 대명사**

It's getting cloudy. (날씨가 흐려지고 있다.)
It's ten o'clock. (10시입니다.)
It's about ten miles to the station. (정거장까지 약 10마일입니다.)

7   **예비/예시(preparatory/anticipatory) 주어**: 일반적으로 절(clause)이 문장의 주어가 될 때는 "절-주어"가 문두위치에 오지 않고 "예비 it"가 문장의 문법적 주어 역할을 담당하고 "절-주어"는 문미 위치에 온다. 이러한 구문을 "외치(extraposed) 구문"이라고 부르고, 외치절에는 "부정사절, that-절, 의문절, -ing절"이 있다. (E42를 보라.)

It's important **for you to be there on time.**   [부정사절]
(네가 그곳에 정각에 도착하는 것이 중요하다.)
(= For you to be there on time is important.)
It is easier **for heaven and earth to disappear** than **for the least stroke of a pen to drop out of the Law.** (율법의 한 획이 떨어짐보다 천지가 없어짐이 쉬우리라.) [눅 16:17]
It's my hope **to have an opportunity to visit Greenland this summer.**
(올해 여름에 그린란드를 방문할 기회를 갖는 것이 나의 소망이다.)
It pleases me **to see a well-designed book.**
(잘 만들어진 책을 보는 것은 나를 기쁘게 한다.)

It's a shame **that we lost the game.**   [that-절]
(우리가 그 경기에 진 것은 수치다.)
(= That we lost the game is a shame.)
It's probable **that electronic books will replace paper ones soon.**
(전자책이 곧 종이책을 대체할 가능성이 있다.)
It pleased me **that my son chose a college close to home.**
(나의 아들이 집에서 가까운 대학에 가기로 해서 나는 기뻤다.)

It's unbelievable **what doctors can do these days.**   [WH-절]
(오늘날에는 의사가 무슨 일까지 할 수 있는지 믿어지지 않는다.)
(= What doctors can do these days is unbelievable.)
It's surprising **how she dares to show her face!**
(그녀가 어떻게 얼굴을 들고 나타날 수 있는지 놀라울 뿐이다!)
It's unclear **whether he arrived before or after the shot was fired.**
(그가 도착한 것이 총이 발사되기 전인지 혹은 후인지 명백하지 않다.)

It surprised him **my not remembering his name.**   [-ing절]
(내가 그의 이름을 기억하지 못한 것이 그를 놀라게 했다.)
(= My not remembering his name surprised him.)
It was nice **seeing you.** (만나서 반가웠습니다.)
It's no good **speaking to a person who doesn't want to listen.**
(들으려고 하지 않는 사람에게 말을 하는 것은 득이 없다.)
It's no use **trying to escape from the prison.**
(감옥에서 탈출하려는 시도는 소용이 없다.)

(1) 예비 it는 종종 "if, as if, as though"를 포함하는 문장을 시작할 수 있다. (A100을 보라.)

It looks **as if** you're going to be in trouble with Mary again.
(네가 메리와 다시 말썽이 일어날 것 같이 보인다.)
It sounds **as though** she's been seriously ill. (그녀가 심각한 병에 걸린 것 같은 느낌이 든다.)

It'd be crazy **if** we have to go to the party.
(우리가 파티에 가야 한다면 그것은 미친 짓일 것이다.)

(2) 예비 it는 또한 "강조 분열구문"에서 주어 역할을 한다.

It was some poet **who said that we live in an age of anxiety**.
(우리가 불안의 시대에 살고 있다고 말한 것은 어떤 시인이었다.)
It was four years ago **that he died**. (그가 죽은 것은 4년 전이었다.)

(3) "it takes ... 부정사절"을 써서 어떤 일을 하는 데 필요한 "기간"을 표현한다.

It'll **take** about five hours by car **to get to Busan from here**.
(여기서 부산까지 차로 다섯 시간 정도 걸릴 것이다.)
(= To get to Busan from here will take about five hours by car.)
It took me three hours **to reach the top of the mountain**.
(나는 산 정상에 도달하는 데 세 시간 걸렸다.)

(4) "it is not that"를 써서 우리가 어떤 일을 하는 데는 다른 이유가 있음을 표현한다.

It's not that I don't want to be with her. (내가 그녀와 함께 있고 싶지 않다는 것이 아니다.)
It's not simply that she owed me some money.
(단순히 그녀가 나에게 돈을 좀 빚지고 있다는 것이 아니다.)

(5) 예비 it는 "fun, nice, hopeless, poitless" 등의 형용사나 "any/no good, any/no use, worth" 등의 명사를 보어로 갖는 구조에서 이들 뒤에 오는 "동명사(-ing형 동사)"를 가리키는 주어로 사용될 수 있다. (G8.5)를 보라.

It's hopeless trying to escape from her. (그녀에게서 도망치려고 하는 것은 가망이 없다.)
It's been nice talking to you. (당신과 얘기하게 되어서 기뻤습니다.)
It's no use crying over split milk.
(엎지른 물은 주워 담을 수 없다/지난 일을 후회한들 뭘 하겠느냐.)
[참고: **It** is (of) little use **crying over split milk**.]
Is **it** any use **talking to her**? (그녀에게 말하는 것이 무슨 소용이 있을까?)
It's no good repairing the sink with adhesive tape.
(접착테이프로 세면대를 수리하는 것은 소용이 없다.)
It's worth/worthwhile **scrutinizing these data**. (이 자료들은 검토할 가치가 있다.)

8   **예비 목적어**: 예비 주어의 경우와 마찬가지로 "that-절, 의문절, 부정사절, -ing절"이 "진 (true) 목적어"가 될 수 있다.

I find **it** hard **to do all this work**.   [부정사절]
(내가 이 모든 일을 하는 것이 어렵다는 것을 알았다.)
My blister made **it** a problem **to walk**.
(나의 발에 난 물집이 걷는 데 문제가 됐다.)
We think **it** possible **that they may stay another week**.   [that-절]
(우리는 그들이 한 주를 더 머물 가능성이 있다고 생각한다.)

We believe **it** to be strange **that she left him**.
(우리는 그녀가 그를 떠난 것이 이상하다고 생각한다.)
John made **it** clear **what he wanted**.   [WH-절]
(존은 그가 원하는 것이 무엇인지 명백히 밝혔다.)
We find **it** interesting **talking to him**.   [-ing절]
(우리는 그와 말하는 것이 재미있다는 것을 알았다.)
I'd appreciate **it if you let me get on with my job**.   [if-절]
(나에게 일을 계속하도록 허락해 주시면 감사하겠습니다.)

▶ "leave/owe it to someone to do" 구조에 유의하라.

We'll **leave it to you to decide** where you go for the holiday.
(우리는 네가 휴가로 갈 곳을 결정하는 문제를 너에게 맡길 예정이다.)
You **owe it to your supporters not to give up** now.
(네가 지금 포기하지 않은 것은 너의 지지자들 덕분이다.)

9   **관용구 속의 it**: it는 몇몇 관용적 표현에 나타나며 특별히 가리키는 것이 없다.

(1) if it wasn't/weren't/hadn't been for: 어떤 사람이나 사물이 어떤 일에 "방해"가 됐거나 "도움"이 됐을 때 사용된다.

We would have arrived much earlier **if it hadn't been for** the snow.
(눈이 아니었더라면 우리는 훨씬 더 일찍 도착했을 것이다.)
If it wasn't/weren't for you, I never got to university.
(네가 아니었더라면 나는 결코 대학에 안 갔을 것이다.)

(2) this is it/that's it/that does it: "this is it"는 기대했던 일이 실제로 일어날 때, "that's it"는 어떤 일이 완전히 끝나서 변할 수 없을 때, "that does it"는 화가 나서 어떤 일을 계속하고 싶지 않을 때 사용된다.

This is it, girls, the moment we've been waiting for.
(아가씨들, 바로 이것이 우리가 지금까지 기다려왔던 순간이다.)
That's it then. There's nothing more we can do.
(그렇다면 이것으로 끝이다. 우리가 할 수 있는 것이 더 없다.)
That does it. I'm leaving. (참을 만큼 참았다! 난 갈 거야.)

P54   PRONOUNS-4: 용법

1   **대명사의 회피**: 사람을 대면하고 직접 말을 할 때는 인칭대명사를 사용하는 것보다 성명이나 다른 호칭을 사용하는 것이 예의에 맞는다.

Dad said I could go out. (아빠가 내가 나가도 된다고 하셨다.)
(**He** said I could go out 보다 예의 바른 표현이다.)
This lady needs an ambulance. (이 부인께서 구급차가 필요하시다.)
(**She** needs an ambulance 보다 예의 바른 표현이다.)

2 **등위접속된 선행사와 대명사**: 복수 대명사만이 and로 접속된 선행사를 가질 수 있다. 선행사에 따라 어떤 대명사를 선택할 것인가는 다음의 법칙에 따른다.

접속된 선행사의 인칭	대명사의 인칭
you and I/we	we
he/she/they and I/we	we
he/she/they and you	you
he/she/they and you and I	we

▶ 일인칭 대명사가 접속된 선행사의 일부로 포함되어 있으면 이 선행사를 받는 대명사는 다른 부분의 인칭과 상관없이 "일인칭"이어야 하고, 접속된 선행사가 이인칭 대명사와 삼인칭 명사구로 구성되어 있으면 이것을 받는 대명사는 "이인칭"이 되어야 한다.

You and I have a lot to talk about **our** present situation.
(너와 내가 우리의 현 상황에 대해 말할 것이 많다.)
Fred and I have finished **our** work. (프레드와 나는 일을 끝냈다.)
You and John can stop **your** work now, if you like.
(너와 존은 너희들이 원하면 지금 일을 그만둘 수 있다.)
Because **you, Mary and I** have already finished, **we** can have lunch.
(너와 메리 그리고 나는 이미 일을 끝냈기 때문에 점심을 먹을 수 있다.)

3 **일인칭 대명사의 위치**: 접속구문에서 화자 자신은 일반적으로 마지막에 놓는 것이 예의에 맞다.

Why don't **you and I** go away for the weekend? (주말에 너와 내가 어딘가 가는 게 어때?)
(Why don't **I and you** go away for the weekend?보다 예의 바르다.)
The invitation was for **Tracy and me**. (초청은 트레이시와 나에게 온 것이었다.)
(The invitation was for **me and Tracy**보다 예의 바르다.)

4 **명사의 수와 대명사**: 영어의 조응적(anaphoric) 대명사, 즉 명사구를 선행사로 갖는 대명사는 선행사의 수, 성, 격에 따라 그 형태가 결정되는 것이 대원칙이다.

선행사	대명사		
	주격	목적격	소유격
남성 단수 명사	he	him	his
여성 단수 명사	she	her	her
중성 단수 명사	it	it	its
복수 명사	they	them	their

John said that **he** would take a trip to Africa. (존은 아프리카로 여행 갈 것이라고 말했다.)
Mary said that **she** would take a trip to Africa. (메리는 아프리카로 여행 갈 것이라고 말했다.)
John said that Mary loved **him**. (존은 메리가 그를 사랑한다고 말했다.)

Mary said that John loved **her**. (메리는 존이 그녀를 사랑한다고 말했다.)
John and Mary said that **they** would take a trip to Africa.
(존과 메리는 아프리카로 여행 갈 것이라고 말했다.)
The car is so expensive that we can't afford **it**. (자동차가 너무 비싸서 우리는 살 수가 없다.)

위 문장에서 마지막 문장을 제외하면 대명사가 조응적으로 사용되지 않을 경우에도 문법적인 문장이 될 수 있다.

5 **집합명사와 대명사**: 집합명사는 집단을 비인격적 모임으로 간주할 때는 단수로, 무엇을 결정하고 희망하고 계획하는 집단의 구성원들을 가리킬 때는 복수로 사용된다. 따라서 이들을 가리키는 대명사도 다를 뿐만 아니라 관계대명사도 다르다. 집합명사가 비인격적 단체를 의미할 때는 대명사 it가, 구성원을 가리킬 때는 they가 사용된다.

The committee has met and **it** has rejected the proposal.
(위원회가 소집되어 그 제안을 거부했다.)
The committee have met and **they** have rejected the proposal.
(위원회 위원들이 만나서 그 제안을 거부했다.)

▶ 또한 비인격적 단체를 의미할 때는 관계대명사 which를, 구성원을 의미할 때는 who를 사용한다.

The committee, which has rejected the proposal, **plans** to meet again soon.
(그 제안을 거부한 위원회는 곧 다시 소집될 계획이다.)
The committee, who have rejected the proposal, **plan** to meet again soon.
(그 제안을 거부한 위원회 위원들은 곧 다시 만날 계획이다.)

▶ 종종 단수동사를 취하는 집합명사가 복수대명사를 택하는 경우도 있다.

Our team was defeated last week, but **they** are determined to win this week.
(우리 팀이 지난주에 패배했으나 선수들은 이번 주에 승리할 결의를 다지고 있다.)
The orchestra gave **its** first concert in March, and **they** are preparing **their** second one in June.
(관현악단은 첫 연주회를 3월에 가졌고, 단원들은 6월의 두 번째 연주회를 준비하고 있다.)

6 **부정대명사와 단수 한정사**: 불특정 대상을 가리키는 부정대명사와 단수 한정사 "a(n), each, every, either, neither, no"의 수식을 받는 명사구를 가리키는 대명사로는 종종 복수형 "they/them/their"가 사용된다.

If you want to know of **a person**, first find out what kind of friends **they** have.
(네가 어떤 사람에 대해서 알고 싶으면, 먼저 그에게 어떤 친구들이 있는가를 알아봐라.)
Someone has donated a good deal of money for a charity hospital without leaving **their** name and address.
(어떤 분이 자신의 이름과 주소를 남기지도 않고 자선병원에 큰돈을 기부했다.)
Everybody thinks **their** children are smart and different.
(모든 사람이 자신의 아이들은 영리하고 특이하다고 생각한다.)

Whoever comes, tell **them** to go away.
(누가 찾아오든 가버리라고 해라.)
The boss told **each employee** to do **their** best for the company.
(사장은 각 직원에게 회사를 위해 최선을 다해 달라고 말했다.)

P55   PRONOUNS-5: 주어형과 목적어형

인칭대명사에는 주어형과 목적어형이 있으며 (I/me, we/us, he/him, she/her, they/them, who/whom), it와 you는 주어형과 목적어형이 같다.

I love **him**. (나는 그를 사랑한다.)
He loves **me**. (그는 나를 사랑한다.)

We sent **her** some flowers. (우리는 그녀에게 꽃을 보냈다.)
She sent **us** some flowers. (그녀는 우리에게 꽃을 보냈다.)

This is Mr. Perkins, **who** works with me. (이분은 저와 함께 일하는 퍼킨즈 씨입니다.)
This is Mr. Perkins, with **whom** I am working at the moment.
(이분은 현재 제가 함께 일하고 있는 퍼킨즈 씨입니다.)

1   **주어보어**: 전통적 문법규칙에 따르면 주어보어로는 주어형의 대명사가 쓰이는 것이 옳지만, 구어체에서는 주어보어로서 목적어형 대명사가 널리 쓰인다.

"Who said that?" "(It was) **him**." (= It was **he**.)
("그 말을 한 사람이 누굽니까?" "그분입니다.")
"Who is there?" "(It's) **me**." (= It's **I**.)
("거기 있는 사람이 누굽니까?" "접니다.")

▶ 더 간단히 대답할 경우에는 "He/I"라고 하기보다 "Him/Me"라고 하는 것이 옳다. 응답에서 "주어 + 조동사" 구문이 사용될 경우에는 대명사만 사용될 수 없다.

"Who turned off the air conditioner?" "**He did**." (*He.)
("누가 에어컨을 껐느냐?" "그가 껐습니다.")
"Are they going to visit us this summer" "Yes, **they are**." (*Yes, **they**.)
("그들이 이번 여름에 우리를 보러 올 겁니까?" "예, 그럴 겁니다.")

2   **분열문** (it is/was + 대명사 + 관계절): 여기서 대명사는 문어체에서 "주어형"이 사용되지만 구어체에서는 "목적어형"이 사용된다. 여기서 특히 "that-절"과 "who-절"에 나타나는 동사의 형태에 유의하기 바란다.)

(1) 대명사의 목적어형 + that-절 [구어체]

It's **me that needs** your help most. (너의 도움을 가장 많이 필요로 하는 사람은 나다.)
(= It's **I who need** your help most.)
It was **her that reported** the accident to the police. (경찰에 사고를 알린 사람은 그녀였다.)

(2) 대명사의 주어형 + who-절 [문어체]

It's **I who am** to blame. (비난을 받을 사람은 나다.)
(= It's **me that is** to blame.)
It's **I who love** you. (너를 사랑하는 사람은 나다.)
(= It's **me that loves** you.)
It's **you who are** responsible. (책임져야 할 사람은 너다.)
(= It's **you that is** responsible.)

3 비교구문: 주어형과 목적어형의 대명사는 비교구문에서도 혼용될 수 있다. 이때 "주어형"은 식자인 척하는 표현이 되므로 필요한 "조동사"와 함께 쓰는 것이 좋으며, 구어체에서는 "목적어형"이 두루 쓰인다.

John is more intelligent than **she (is)/her**. (존은 그녀보다 더 총명하다.)
John is as intelligent as **she (is)/her**. (존은 그녀처럼 총명하다.)
You don't need help as much as **I (do)/me**. (너는 나만큼 도움을 필요로 하지 않는다.)

4 but/except와 대명사: but나 except는 전치사로서 그 대명사 목적어가 주어위치에 와도 "목적어형"이 된다.

Everybody **but me** knows where they went.
(나를 제외하고 모두가 그들이 어디를 갔는지 알고 있다.)
(*Everybody **but I** knows where they went.)
Every student **except him** went picnicking. (그를 제외하고 모든 학생이 야유회를 갔다.)

▶ 그러나 "부정적" 명사구나 대명사가 but이나 except 앞에 올 때는 "주어형" 대명사가 허용된다.

No women/Nobody **but she/her** can tell us what to do.
(그녀를 제외하고는 어떠한 여성도/아무도 우리에게 무엇을 하라고 말할 수 없다.)

5 I 또는 me: 목적어형은 구어체에서 때때로 and와 함께 등위접속 주어로 사용된다. 이것은 문어체에서 잘못된 것으로 간주된다.

John **and me** are going skiing this weekend. (존과 나는 이번 주말에 스키를 타러 갈 것이다.)
(**John and I** are going skiing this weekend가 더 옳은 것으로 간주된다.)

6 목적어 위치의 I: 구어체에서 목적어 위치에 "I"가 등위접속된 "목적어"로 사용되는 경우가 있는데, 이것도 역시 문어체에서는 잘못된 것으로 간주된다.

Between **you and I**, I think his marriage is in trouble.
(너와 나 사이의 말인데, 나는 그의 결혼에 문제가 있다고 생각한다.)
(Between **you and me**, I think his marriage is in trouble가 더 정확하다.)
That's a matter for **Peter and I**. (이것은 피터와 나의 문제다.)
(That's a matter for **Peter and me**가 더 정확하다.)

▶ 어떤 사람들은 "you and me"를 주어로 사용하는 것이 옳지 않다고 학교에서 배웠기 때문에 "you and I"를 목적어로 사용하게 되었고, "you and me"는 항상 잘못된 표현이라는 막연한 생각을 하고 있다.

Our English teacher dislikes only **you and I**.
(우리 영어 선생님은 너와 나만을 싫어한다.)
(Our English teacher dislikes only **you and me**가 문법적으로 옳은 문장이다.)

7 who(m): who(m)은 의문대명사와 관계대명사로 사용될 수 있다.

(1) 의문대명사: 구어체에서 목적어형 whom은 거의 사용되지 않는다. whom을 사용하면 지나치게 문어적이어서 피하는 경향이 있다. (Q4.1을 보라.)

Who did you see? (당신은 누구를 만났습니까?)
Who did you talk to? (당신은 누구에게 말을 했습니까?)

Whom did you see? (당신은 누구를 만났습니까?)
To **whom** did you talk? (당신은 누구에게 말을 했습니까?)

(2) 관계대명사: 제한적 관계절에서는 whom은 거의 사용되지 않는다. 목적어 관계대명사는 생략되거나 that 혹은 who가 대신 사용된다. (상세한 것은 R12를 보라.)

That's the man **(that/who)** we met in the pub last night.
(저 사람이 어젯밤에 우리가 술집에서 만난 그 사람이다.)

(3) 비제한적 관계절에서는 (R13을 보라.) 필요할 경우 목적어로 whom가 자주 사용된다. (그러나 구어체 영어에서는 흔치 않다.)

This is John Perkins, **whom** you met at the sales conference.
(이분이 당신이 판매 회의에서 만난 존 페킨즈입니다.)
I have a number of American relatives, **most of whom** live in Texas.
(나에게는 미국인 친척이 많으며, 그들의 대부분은 텍사스에서 산다.)

P56 PUNCTUATIONS (구두법)-1: 대문자

구두법이란 우리가 글을 쓸 때 활자 외에 지켜야 할 법칙이다. 영어에는 대문자를 사용하는데 우리가 따라야 할 몇 가지 법칙이 있다.

1 **시작**: "문장의 시작"을 비롯하여 다음의 경우에 대문자로 시작한다.

(1) 모든 문장의 첫 단어의 "첫 문자"는 대문자가 된다.

He sat on a chair, reading a book. (그는 의자에 앉아 책을 읽고 있었다.)
The man is a computer programer who works for a Korean company.
(그 남자는 한국 회사에서 일하는 컴퓨터 프로그래머다.)

(2) "시"나 "운문"의 모든 줄은 대문자로 시작한다.

To be, or not to be, that is the question:
Whether 'tis nobler in the mind to suffer
(이대로 살 것인가, 아니면 죽을 것인가, 문제는 그것이야.
어떤 것이 더 고결할까?)   [햄릿]

Blessed is the man
Who walks not in the counsel of the ungodly,
Nor stands in the path of sinners,
Nor sits in the seat of the scornful;
(복 있는 사람은
악인의 꾀를 따르지 아니하며
죄인들의 길에 서지 아니하며
오만한 자들의 자리에 앉지 아니하며)   [시편 1:1]

(3) "직접 인용절"의 첫 단어의 첫 문자는 대문자로 시작한다.

Jesus said, "The things which are impossible with men are possible with God."
(이르시되 무릇 사람이 할 수 없는 것을 하나님은 할 수 있느니라.) [눅 18:27]

(4) 편지의 시작과 끝

Dear Mr. Taylor:
  ...
Yours very truly,
Hong Gil Dong, Ph.D.
Associate Professor

2   **일인칭 단수 주격 대명사**: 항상 대문자로 쓴다.

I couldn't see her, but **I** could feel her. (나는 그녀를 볼 수는 없으나 느낄 수는 있다.)

3   **고유명사**: "사람, 국가, 언어, 지역, 사상, 건물, 사건" 등의 모든 명칭의 표기는 관사나 전치사를 제외하고 대문자로 시작한다. 고유명사에 대해서는 A92를 보라.

| Heung Min Son | the Republic of Korea | English |
| the Niagara Falls | Roman Catholicism | the Empire State Building |

(1) "east, west, north, south"는 방향을 가리킬 때는 소문자로 표기되지만, 명칭의 일부로 쓰일 때는 대문자로 시작한다.

| the **east** of China | to the **south** | in the **north of Seoul** | |
| the **South** Pacific | the **West** | the Far **East** | the **North** Pole |

(2) "aunt, uncle, cousin, sister, brother" 등 인척관계를 표현하는 단어가 이름의 한 부분으로 쓰일 때는 대문자로 시작한다.

Sister Mary   **Brother** Anthony   **Mother** Teresa   **Uncle** Tom

(참고: my sister Mary, her brother John)

4 **요일명, 월명, 국경일**: 요일명, 월명, 국경일 등은 대문자로 시작하지만, 계절명은 소문자로 시작한다.

    Monday   March   Labor Day   summer/winter

5 **주제명과 교과명**: 학교에서 제공되는 학문의 일반적인 "주제"를 말할 때는 소문자를 쓰지만, 특정 "과목명"을 가리킬 때는 대문자를 쓴다.

He's taking courses in physics and mathematics this semester.
(그는 이번 학기에 물리학과목과 수학과목을 수강하고 있다.)
He's taking **Physics** 101 and **Mathematics** 234 this semester.
(그는 이번 학기에 물리학 101과 수학 234를 수강하고 있다.)

6 **직위와 학위**: 일반적으로 이름 앞에 오는 "직위"와 뒤에 오는 "학위"는 대문자로 표기한다.

    Colonel Thomson   **Mayor** Gilbert   **President** George Bush
    George Taylor, **Ph.D.**   Elizabeth Faxton, **M.D.**   John Cook, **M.Sc.**

P57   PUNCTUATIONS-2: 마침표, 의문부호, 감탄부호

1 **마침표 (.)**: 마침표는 다음과 같은 경우에 사용된다.

(1) 서술문과 명령문이나 청유문 등의 끝을 나타낸다.

Robert's planning to travel across Alaska this summer.
(로버트는 올해 여름에 알래스카를 가로지르는 여행을 계획하고 있다.)
Carry this package for me, please. (이 보따리를 좀 들어주실래요.)

(2) 특히 미국영어에서 이름의 "머리글자(initials)"나 "약자(abbreviations)" 다음에 마침표를 찍는다. (A3.1을 보라.)

Mr. John **B.** Smith will arrive at Washington, **D.C.** at 2:10 p.m.   [미국영어]
Mr John **B** Smith will arrive at Washington, **DC** at 2.10 am.   [영국영어]
(존 비 스미스 씨는 오후 2시 10분에 워싱턴 디씨에 도착할 것입니다.)

▶ 과거의 글에서보다 최근의 글에서는 마침표의 사용이 감소하고 있다. 다음을 비교해보라.

JFK/J.F.K.   kg/kg.   cm/cm.
FBI/F.B.I.   NATO/N.A.T.O.   RSVP/R.S.V.P.
radar/*r.a.d.a.r.   UNESCO/*U.N.E.S.C.O.

(3) 인용문이나 대화에서 생략이 일어나거나 일시적 중지가 일어날 경우에 세 개의 연속된 마침표를 찍는다.

We the People of the United States, in order to ... secure the Blessings of Liberty to ourselves and our Posterity, do ... establish this Constitution for the United States of America. (미국 국민인 우리는 자유의 축복을 우리 자신과 후손에게 ... 보장하기 위해 미합중국을 위한 이 헌법을 ... 제정합니다.)

"Now let me think ... Yes, ... I suppose so."
("어디 생각 좀 해봅시다 ... 네에 ... 그렇게 생각합니다.")

2 　 의문부호 (?): 의문부호는 다음과 같은 경우에 사용된다.

(1) 직접의문문 끝에 찍는다.

Will you go with me? (저와 함께 가겠습니까?)
What are you going to buy? (무엇을 사려고 합니까?)

▶ 간접의문문 끝에는 의문부호를 찍지 않는다.

He asked whether I would go with him. (그는 내가 그와 함께 갈 것인가를 물었다.)
He doesn't know what he's going to buy. (그는 무엇을 사야 할지 모른다.)

(2) 말하고자 하는 사실이나 수치에 확신이 없을 경우 "괄호 친 의문부호"를 사용한다.

John Smith was born in 1787(?) and died in 1855.
(존 스미스는 1787(?)년에 태어나서 1855년에 죽었다.)

3 　 감탄부호 (!): 강력한 느낌이나 감정을 표현하는 문장이나 청자의 주의를 끌기 위한 표현 끝에 찍는다.

Help! (도와주세요!)　　　　　Fire! (불이야!)　　　　　Watch out! (주의!)
What a nice day! (날씨 좋네!)　You're so kind! (참 친절하십니다!)

P58　PUNCTUATIONS-3: 쉼표

영어의 구두법에서 "쉼표(comma(,))"는 그 용법이 매우 광범위하고 다양하기 때문에 규칙화하기가 어려우며, 쉼표의 용법에 대한 규칙에는 예외가 있는 경우가 많다. 다음의 표현을 비교해보라.

We all know fiber is important for good health. And **yet** all the natural fiber is removed from many foods such as bread and sugar. (우리 모두는 섬유질이 건강에 중요하다는 것을 안다. 그러나 모든 자연 섬유질은 빵이나 설탕과 같은 많은 식료품에서 제거된다.)
The economy continues to do well, but **even so**, many analysts are predicting a slowdown in the near future. (경제는 계속 잘 되어가고 있다. 그렇지만 많은 분석가들은 가까운 장래에 둔화될 것이라고 예측하고 있다.)

위 문장에서 "yet"과 "even so"는 이들의 앞뒤에 있는 문장이 대조를 이룬다는 것을 말해주는 대조 접속어(contrastive conjuncts)다. (C39.10을 보라.) 그런데 yet 다음에는 쉼표가 없고 even so 다음에는 쉼표가 있다. 만약 누가 yet 다음에 쉼표를 넣고 even so 다음에 쉼표를 넣지 않았다고 하자. 어느 누구도 이것이 문법적으로 잘못되었다고 할 수 없다. 이것은 글을 쓸 때 쉼표를 넣을 것인가 뺄 것인가는 글을 쓰는 사람에 따라 다를 수 있다는 것을 말해준다. 쉼표는 종종 "문장해석에 도움"을 주기 위해서 사용되기 때문에, 정확한 의미를 전달하는 것이 목표인 글에서 더 많이 쓰이는 경향이 있다. 자연히 쉼표는 우리가 문장을 쉽게 이해하는 데 도움을 주게 된다.

쉼표가 없는 문장을 읽을 때와 있는 문장을 읽을 때가 어떻게 다른가를 비교해 보자.

After washing the boy rushed into the room.
Before starting to eat the meat should be cut to size.
Above the sun burned a dull red; below the sand radiated heat like a furnace.

After washing, the boy rushed into the room. (그 소년은 씻고 나서 방으로 뛰어 들어갔다.)
Before starting to eat, the meat should be cut to size.
(고기는 먹기 전에 적절한 크기로 잘라야 한다.)
Above, the sun burned a dull red; **below**, the sand radiated heat like a furnace.
(위에서는 태양이 검붉게 타오르고, 아래서는 사막이 용광로와 같이 열을 뿜어냈다.)

위의 예에서 쉼표는 우리가 문장을 이해하는 데 큰 도움을 준다.

1   **등위접속사**: 두 개의 절이 등위접속사 혹은 유사 등위접속사 "and, but, or, nor, for" 등에 의해 결합될 경우, 특히 절이 길 경우 쉼표를 찍는다.

Their son is a medical doctor, **and** their daughter is a pharmacist.
(그들의 아들은 의사이고, 딸은 약사다.)
I can't tell whether she is pretty or ugly, **for** I have never seen her.
(나는 그녀를 본 적이 없어서 그녀가 예쁜지 미운지 말할 수가 없다.)

2   **종속절**: 종속절이 주절을 앞설 경우 일반적으로 쉼표를 찍는다.

When he finally arrived at 8 o'clock, we all felt relieved.
(그가 드디어 8시에 도착했을 때 우리 모두는 안심했다.)
After they took off from the airport, we headed back to the city.
(그들이 공항에서 이륙한 후에 우리는 다시 도시로 향했다.)

▶ 그러나 선행하는 종속절이 짧을 경우 또는 쉼표가 없어도 문장 해석에 어려움이 없을 경우에는 쉼표를 생략할 수 있다.

When he gives us a test he usually leaves the class room.
(그는 우리에게 시험을 치게 하고는 보통 교실을 비운다.)
If the boy comes I shall tell him to look for you in the library.
(그 남자아이가 오면 도서관에서 너를 찾아보라고 말하겠다.)

▶ 선행하는 종속절이 짧을 경우에도 문장해석을 돕기 위해서 종종 쉼표가 사용된다. 다음의 예를 비교해보라. 다음의 예에서 "his wife"가 종속절 동사 "left"의 목적어로 오인할 수 있기 때문에 두 번째 예에서처럼 "left"와 "his wife" 사이에 쉼표를 찍어주는 것이

좋다.

After John left his wife started vacuuming the floor.
After John left, his wife started vacuuming the floor.
(존이 나간 후에 그의 부인이 마루를 청소하기 시작했다.)

▶ 종속절이 주절의 뒤에 올 때는 일반적으로 쉼표를 찍지 않는다.

The seminar started **when the professor arrived**. (교수님이 도착하자 세미나가 시작되었다.)
He went to the movies **after he had finished his homework**.
(그는 숙제를 마치고 영화를 보러 갔다.)

3   **비제한적 관계절**: 명사를 수식하는 "비제한적 관계절"은 쉼표로 표시된다. (R13을 보라.)

John, who studied hard, always received good grades.
(존은 열심히 공부했으며, 항상 좋은 점수를 받았다.)
I met Mary**, who graduated last term**. (내가 메리를 만났는데 지난 학기에 졸업했다.)
The Golden Gate Bridge**, which was completed in 1937,** connects South Point of San Francisco to the Marine Peninsular in the north. (금문교는 1937년에 건설되었으며 샌프란시스코의 사우스 포인트와 북쪽에 있는 머린 반도를 연결한다.)

▶ 명사를 수식하는 분사절도 비제한적일 경우에는 쉼표를 찍는다. 다음을 비교해 보라.

The boy **standing near the door** is waiting to see you.
(문 가까이에 서있는 남자아이가 너를 만나려고 기다리고 있다.)
John Steinbeck, **standing there by the door**, is waiting to see you.
(존 스타인벡 씨가 당신을 만나려고 문 옆에서 서서 기다리고 있습니다.)

4   **분사 부사절**: "분사 부사절"과 "절대절"은 일반적으로 쉼표로 분리시킨다. (P4를 보라.)

Being unable to cook, she took her friends to a restaurant for dinner.
(그녀는 요리를 할 줄 몰라서 저녁 식사를 위해 친구들을 음식점으로 데려갔다.)
A great dam came into view, **water boiling from its spillways**.
(물이 방수로에서 소용돌이치며 내려오는 큰 댐이 시야에 들어왔다.)

5   **추가 정보**: 앞에 오는 명사에 "추가적인 정보"를 제공하는 "동격 명사구"에는 쉼표를 찍는다. (A81.1을 보라.)

James, my brother, lives in Seoul**, the capital of Korea**.
(나의 동생인 제임스는 한국의 수도인 서울에 산다.)
He finally finished reading *Gone with the Wind*, **a novel by Margaret Mitchell**.
(그는 드디어 마거릿 미첼의 소설인 〈바람과 함께 사라지다〉를 다 읽었다.)

위의 문장들은 추가적인 정보를 제공하는 역할을 하는 비제한적 관계절 구조로 전환해도 큰 의미적 차이가 없다. (R13을 보라.)

James, who is my brother, lives in Seoul**, which is the capital of Korea**.

▶ 앞의 명사를 "확인"시켜 주는 동격 명사구에는 일반적으로 쉼표를 찍지 않는다.

My brother James lives in Seoul. (내 동생 제임스는 서울에 살고 있다.)
He finally finished reading **Mitchell's novel** *Gone with the Wind*.
(그는 드디어 미첼의 소설 〈바람과 함께 사라지다〉를 읽었다.)

"확인 동격명사구 구조"는 비제한적 관계절 구조로 전환할 수 없다는 점에 유의하기 바란다.

***My brother, who is James,** lives in Seoul.
*He finally finished reading **Mitchell's novel, which is** *Gone with the Wind*.

6 **삽입 구문**: 주제의 흐름에 끼어드는 삽입구문인 "indeed, however, incidentally, by the way, I think, surprisingly, believe it or not"와 같은 표현에는 쉼표를 찍는다.

Indeed, he met her yesterday. (정말 그가 어제 그녀를 만났습니다.)
My father, **by the way,** retired from teaching two years ago.
(그런데 말입니다, 제 아버지는 2년 전에 교직에서 은퇴하셨습니다.)
He's disappointed, **I think**. (내 생각에는 그가 실망했습니다.)
She is**, incidentally,** my sister. (말이 난 김에 말인데 그녀는 재 여동생입니다.)
We were, **believe it or not,** in love with each other.
(믿거나 말거나 우리는 서로 사랑하고 있었다.)
The institution, **therefore,** may fail because the standards are too high.
(그러므로 그 제도는 기준이 너무 높아서 실패할 것입니다.)

7 **yes와 no**: 문장을 도입할 때 쓰이는 "yes, no, well"과 같은 표현에는 쉼표를 찍는다.

Yes, I hope so. (네, 그럴 겁니다.)
No, I didn't do it. (아니오, 나는 안 그랬습니다.)
Well, I'll go with you. (어디 봅시다. 당신과 함께 가지요.)

8 **호칭**: 호칭으로 사용되는 표현 다음에는 쉼표를 찍는다.

John, will you please be quiet? (존, 좀 조용히 할래?)
Ladies and Gentlemen, I'm honored to speak to you.
(신사 숙녀 여러분, 여러분에게 연설하게 된 것은 영광입니다.)

9 **인용구**: 직접 인용되는 표현에는 쉼표를 찍어 구분한다.

She shouted, "Go home." ("집에 가"라고 그녀가 소리를 질렀다.)
"**Will you,**" she begged, "**go to bed at once?**"
("즉시 잠자러 가줄래?"라고 그녀가 간청했다.)
"**Wait for me,**" she called. ("나를 기다려라"라고 그녀가 전화로 말했다.)

10 **날짜와 주소**: 날짜와 주소를 쓸 때 쉼표를 찍는다.

We married on **Monday, March 10, 1999**.
(우리는 1999년 3월 10일 월요일에 결혼했다.)
He was born in **Berkeley, Alameda County, California, on July 21, 1987**.
(그는 1987년 7월 21일에 캘리포니아 주 앨러미더 군 버클리에서 태어났다.)

11 나열: 나열되는 단어나 구 또는 절에는 쉼표를 찍는다.

I want to visit **Boston, New York, Niagara Falls, Chicago, San Francisco, and Los Angeles**.
(나는 보스턴, 뉴욕, 나이아가라 폭포, 시카고, 샌프란시스코 그리고 로스앤젤레스를 가보고 싶다.)
The **tall, thin, dark** gentleman is my history teacher.
(키 크고 날씬하고 피부가 검은 신사분이 우리 역사 선생님이시다.)
She bought **potatoes, lettuce, meat, asparagus, and peas**.
(그녀는 감자, 상추, 고기, 아스파라거스 그리고 콩을 샀다.)
The boys **stopped, looked, and then darted** for cover.
(남자아이들은 정지하여 바라본 다음 안전한 곳을 찾아 쏜살같이 뛰었다.)

12 숫자: 큰 단위의 수를 세 단계씩, 즉 천(thousand), 백만(million), 십억(billion) 등으로 나누어 표시할 때 쉼표를 쓴다. (N43.5를 보라.)

4,321: "four thousand three hundred (and) thirty-one"
4,321,000: "four million three hundred (and) twenty-one thousand"
4,321,000,000: "four billion three hundred (and) twenty-one million"

P59 PUNCTUATIONS-4: 세미콜론

세미콜론(;)은 두 절을 구분한다는 점에서 "마침표"와 "쉼표"의 중간 위치를 차지하며, 두 개의 주절을 연결한다는 점에서 "and"와 유사하다. 그러나 세미콜론을 써서 주절에서 종속절을 분리할 수 없다. 다음을 비교해보라.

*He was very critical of me; **because** my manners, she said, were crude and my habits inconsiderate.
He was very critical of me; my manners, she said, were crude and my habits inconsiderate. (그는 나에 대해서 몹시 비판적이었다. 그녀는 나의 태도는 무례하고 나의 성질은 배려심이 없다고 말했다.)

1 의미적 연관성: 두 문장이 "문법적으로는 독립적"이지만 "의미적으로 긴밀하게" 연결되어 있을 경우 때때로 등위접속사 대신에 세미콜론을 사용한다.

The singular form is *mouse*; the plural form is *mice*.
(단수형은 "mouse"이고, 복수형은 "mice"다.)
Some people work best in the mornings; others do better in the evenings.
(어떤 사람은 아침에 최대의 능력을 발휘하고, 어떤 사람들은 저녁에 일을 더 잘한다.)

The rain fell heavily; the thunder and lightening added to the confusion.
(비가 억수같이 왔고, 이 혼란 상태에 천둥과 번개가 더해졌다.)

▶ 위 문장의 두 절 사이에 "and"를 넣었다고 잘못된 것은 아니다.

The singular form is *mouse*, **and** the plural form is *mice*.
Some people work best in the mornings, **and** others do better in the evenings.
The rain fell heavily, **and** the thunder and lightening added to the confusion.

2 **복잡한 문항**: 세미콜론은 문법적으로 복잡한 문항을 목록에서 분리시킬 때 사용된다.

The humanist dismisses what he dislikes by calling it *romantic*; the liberal, by calling it *fascist*; the conservative, by calling it *communistic*.
(인도주의자는 자신이 좋아하지 않는 것을 "낭만적"이라고 퇴짜 놓고, 자유주의자는 "전제적"이라고 퇴짜 놓으며, 보수주의자는 "공산주의적"이라고 퇴짜 놓는다.)

You may use the sports facilities on condition that your subscription is paid regularly; that you arrange for all necessary cleaning to be carried out; that you undertake to make good any danger; ...
(여러분은 다음의 조건을 지킬 경우 체육 시설을 이용할 수 있다. 회비를 정기적으로 낼 것, 필요한 청소가 이루어지도록 계획을 세울 것, 어떠한 위험도 감수할 것을 약속할 것, 등 ...)

3 **접속어**: 접속어 "furthermore, moreover, besides, still, however, nevertheless, otherwise, therefore, consequently, thus, then, namely, meanwhile" 등의 접속어를 사용하여 두 문장을 결합할 경우 이들 부사 앞에 세미콜론을 찍을 수 있으며, 종종 쉼표가 쓰이기도 한다. (접속어에 대해서는 C39를 보라.)

The violinist couldn't come; **therefore**, the concert was canceled.
(바이올리니스트가 올 수가 없었다. 따라서 음악회는 취소되었다.)
The Democratic candidate was popular; **however**, he failed to win the election.
(민주당 후보가 평판이 좋았다. 그러나 그는 선거에서 졌다.)
The cost of transportation is a major expense for an industry; **hence**, factory location is an important consideration.
(물류비용이 기업의 주요 비용 중의 하나다. 그러므로 공장의 위치가 중요한 고려사항이 된다.)

P60 PUNCTUATIONS-5: 아포스트로피

아포스트로피(')는 다음의 경우에 사용된다.

1 **축약형**: 아포스트로피는 "두 단어를 합친 축약형"에서 생략된 문자를 나타낸다. (C46을 보라.)

can't (= cannot)　　　　**it's** (= it is/has)　　　　**he's** (= he is/has)
I'd (= I would/had)　　**who's** (= who is/has)　　**won't** (= will not)

2   **속격**: 명사의 "속격 어미 -s" 앞에 아포스트로피를 사용한다. (G4를 보라.)

Sarah's grades are good. (사라의 성적 평점이 좋습니다.)
She's a designer of **children's** clothes. (그녀는 어린이 옷 디자이너다.)
It's about **three hours'** walk from my house. (우리 집에서 걸어서 약 3시간 거리다.)

3   **복수명사**: -s로 끝나는 복수명사의 소유격에는 아포스트로피만 찍는다.

He reviewed the **reporters'** articles. (그는 기자들의 기사에 대해 비평을 쓴다.)
Ladies' hats are displayed on the third floor. (숙녀의 모자는 3층에 전시되어 있습니다.)

► 명사가 아닌 단어의 "복수형"을 쓸 때 때때로 아포스트로피를 찍는다.

He's a nice person, but he says too many **maybe's/maybes**.
(그는 좋은 사람인데, "어쩌면"이란 말을 너무 많이 쓴다.)
It's a nice idea, but there are a lot of **if's/ifs**.
(좋은 생각인데 "만약"이란 말이 많이 들어 있다.)

4   **숫자와 약자**: "문자, 숫자, 약자의 복수"에는 아포스트로피를 찍기도 하고 안 찍기도 한다.

He writes b's instead of **d's/ds**. (그는 d를 b로 쓴다.)
It was in the early **1960's/1960s**. (때는 1960년대 초였다.)
I know two **MP's/MPs** personally. (나는 하원의원 두 분을 개인적으로 안다.)

P61   PUNCTUATIONS-6: 따옴표

인용부호/따옴표(quotation marks)는 일반적으로 영국영어에서는 "도치된 쉼표 (inverted commas)"라고 부르는 "단일따옴표('...')"를 사용하고 미국영어에서는 "이중따옴표("...")" "를 사용한다.

1   **직접화법**: 화자의 말을 직접적으로 표현할 때 따옴표를 찍는다.

"I'm going for a walk," he said. ("산책을 가려고 한다"라고 그는 말했다.)
He asked, **"Are you all right?"** ("너 괜찮으냐?"라고 그는 물었다.)

► 화자의 말의 중간에 다른 표현이 끼어들면 추가적인 따옴표를 찍는다.

"Moreover," he explained, **"she will stay here three more days."**
("더욱이 그녀는 여기 3일 더 머물 것이다"라고 그는 말했다.)
"Excuse me," he said, **"I believe you are mistaken."**
("미안합니다만 잘못 알고 계시는 것 같습니다"라고 그는 말했다.)

2   **제목**: "시, 음악, 이야기, 기사, 단어, 글" 등의 제목에 따옴표를 찍는다.

We read Walt Whitman's **"O Captain, My Captain"** last night.
(우리는 어젯밤에 월트 위트만의 시 "O Captain, My Captain"을 읽었다.)

"The Blue Danube" is still one of the most popular waltzes.
("푸른 다뉴브"는 아직까지도 가장 인기 있는 왈츠 중에 하나다.)
"The Column" is a daily article of *the Chosun Ilbo*.
("The Column"은 조선일보의 일일 기사의 하나다.)
People disagree about how to use the word **"disinterested."**
(사람들은 "disinterested"라는 단어 사용에 의견을 달리한다.)

3   단어: 글에서 단어가 단어 자체로서 언급될 때는 따옴표를 사용한다. (격식적 글에서는 종종 이탤릭체로 쓴다.)

What I had to overcome was the traditional attitude toward such scare words as **"socialism," "socialization,"** and **"subsidization."** (내가 극복해야 했던 것은 "socialism(사회주의)," "socialization(사회화)," "subsidization (장려금 지급)"과 같은 겁을 주는 단어에 대한 전통적인 태도였다.)

▶ 글을 쓰는 사람이 다른 사람이 사용한 단어를 반대의 의미로 사용하려고 할 때 따옴표를 사용한다.

National greed has disguised itself in mandates to govern **"inferior"** races.
(국가주의적 탐욕이 "열등" 민족을 통치하는 위임이라는 모습으로 변장해왔다.)

▶ 단어의 정의나 의미를 표현하는 데 종종 따옴표를 사용한다.

The meaning of *pretty* is from an early meaning **"sly,"** through **"clever"** to **"beautiful."**
("pretty"라는 단어의 의미는 "sly(교활한)"라는 초기 의미에서 시작하여 "clever(재치 있는)"을 거쳐 "beautiful(예쁜)"이 되었다.)

4   이중 인용문: 인용문 내에 다른 인용문을 표현할 때는 바깥 인용문은 "이중따옴표"를, 내부 인용문은 "단일따옴표"를 찍는다.

He said, "They are studying William Shakespeare's **'Romeo and Juliet'**."
("그들은 윌리엄 셰익스피어의 '로미오와 줄리엣'을 공부하고 있다"라고 그는 말했다.)
"Finally," she said, "I just turned to him and shouted, **'Leave me alone, won't you?'**"
("나는 결국 그에게 고개를 돌려 '나를 내버려 두세요'라고 소리를 질렀다"라고 그녀는 말했다.)

5   긴 인용문: 인용된 표현이 둘 또는 그 이상의 문단으로 이루어질 경우 모든 문단의 시작에 여는 따옴표를 찍지만 닫는 따옴표는 마지막 문단의 끝에만 찍는다.

The Nineteenth Amendment to the Constitution, which gives women the right to vote, reads as follows:
  "The right of citizens to vote shall not be denied or abridged by the United States or by any State on account of sex. "Congress shall have power to enforce this article by appropriate legislation."
(여성에게 선거권을 준 미국 수정헌법 제19조는 다음과 같다:
  "국민의 선거권은 성 때문에 연방정부나 주정부에 의해 거부되거나 박탈될 수 없다. "의회는 적절한 입법을 통해서 이 조항을 강제로 집행할 수 있는 힘을 갖는다.")

6   **쉼표와 마침표**: 따옴표는 쉼표나 마침표 다음에 찍는다.

"**Here is the key,**" she said. ("여기 열쇠가 있다"라고 그녀는 말했다.)
We sang, "**Auld Lang Syne.**" (우리는 "올드 랭 사인"을 불렀다.)

7   **콜론과 세미콜론**: 따옴표는 콜론이나 세미콜론 앞에 찍는다.

The old general sang "**The National Anthem**"; however, he forgot to remove his hat.
(나이 든 장군이 "애국가"를 노래 불렀다. 그런데 모자 벗는 것을 깜박했다.)
At midnight on New Year's Eve, they sing "**Auld Lang Syne**": it's a tradition.
(섣달 그믐날 밤 자정이 되면 사람들은 "올드 랭 사인"을 부른다. 그것은 전통이다.)

8   **의문부호와 감탄부호**: 따옴표는 의문부호나 감탄부호의 다음에 오지만, 의문부호와 감탄부호가 전체 문장에 속할 경우 따옴표가 이들 앞에 온다.

"**Where are you?**" he asked. ("너 지금 어디 있어?"라고 그는 물었다.)
The girl shouted, "**Help!**" ("살려주세요!"라고 아가씨는 소리를 질렀다.)
Shall we sing "**My Old Kentucky Home**"? ("나의 옛 켄터기 집"을 노래합시다.)
How beautifully she sang "**Vissi d'Arte**"! (그녀는 "비씨 다르테"를 정말로 아름답게 불렀다.)

P62   PUNCTUATIONS-7: 콜론

콜론(:)은 다음과 같은 경우에 사용된다.

1   **추가 설명**: 콜론은 앞에 말한 것을 추가로 설명할 때 사용된다.

We decided not to go on holiday: we had too little money.
(우리는 휴가를 가지 않기로 했다. 돈이 별로 없었다.)
Mother may have to go to hospital: she's got kidney trouble.
(어머니는 병원에 가야 할지도 모른다. 신장에 문제가 생겼다.)
This is my command: Love each other.
(내가 이것을 너희에게 명함은 너희로 서로 사랑하게 하려 함이라.) [요 15:17]
Now learn this lesson from the fig tree: As soon as its twigs get tender and its leaves come out, you know that summer is near.
(무화과나무의 비유를 배우라. 그 가지가 연하여지고 잎사귀를 내면 여름이 가까운 줄을 아나니.) [마 24:32]

2   **as follows**: 특히 "as follows" 혹은 "the following" 다음에 오는 표현 앞에 콜론을 찍는다.

The following are English coordinating conjunctions: *and, or, but,* and *nor*.
(다음은 영어의 등위접속어다: and, or, but, nor.)

The message reads **as follows:** "See me before you leave."
(통지문에 다음과 같이 쓰여 있었다: "떠나기 전에 나를 만나라.")

3 **콜론과 대문자**: 영국영어에서는 콜론 다음에 (인용문의 시작을 제외하고는) 대문자가 오지 않는 것이 보통이다. 그러나 콜론 다음에 몇 개의 완전한 문장이 오면 대문자가 올 수 있다.

My main objections are **as follows:**
First of all, no proper budget has been drawn up.
Secondly, there is no guarantee that ...
(내가 반대하는 주요한 이유는 다음과 같다:
첫째, 적절한 예산이 뒷받침되고 있지 않다.
둘째, ... 할 보장이 없다.)

미국영어에서는 콜론 다음에 대문자가 더 자주 나타난다.

4 **연극대본**: (연극 대본이나 명언을 인용할 경우) "이름"이나 "짧은 어구" 다음에 사용된다.

POLINIUS: What do you read, my lord? (폴리니우스: 주인님, 무엇이 쓰여 있습니까?)
HAMLET: Words, words, words. (햄릿: 말, 말, 말.)
In the words of Murphy's Law: "Anything that can go wrong will go wrong."
(머피의 법칙에 따르면, "잘못될 수 있는 것은 결국 잘못된다.")

5 **직접화법**: 직접화법의 경우에 일반적으로 콤마(쉼표)를 사용하지만 긴 글은 콜론으로 시작하기도 한다.

Stewart opened his eyes and said, **"Who's your beautiful friend?"**
(스튜어드는 눈을 뜨고 말했다. "너의 아름다운 친구가 누구냐?")
Introducing his report for the year, the Chairman said: **First of all, "A number of factors have contributed to the firm's very gratifying results ..."**
(한 해에 대한 그의 보고서를 소개하면서 회장은 말했다: 첫째, "여러 가지 요소가 회사의 만족스러운 결과에 공헌했습니다 ...")

6 **소제목**: 주제의 세분, 예를 들어 "소제목" 혹은 "하위 표제" 등 앞에 사용된다.

questions: basic rules (의문문: 기본적인 규칙)
punctuations-7: colon (구두법-7: 콜론)

7 **편지**: 미국인들은 일반적으로 상업적 편지를 쓸 때 서두의 인사말 (Dear ...) 다음에 "콜론"을 찍는 데 반하여, 영국인들은 "쉼표"를 찍거나 아무런 구두점도 사용하지 않는다.

Dear Mr. Callan: **Dear Mr Callan(,)**
Gentlemen: **Gentlemen(,)**
Dear Sir: **Dear Sir(,)**
I am writing to ...   I am writing to ...

8   **시간표기**: 미국영어에서 시간을 숫자로 표현할 때 시(hour)와 분(minute) 사이에 "콜론"을 찍고, 영국영어에서는 "마침표"를 찍는다.

He'll arrive at Seoul Station at **8:30/8.30**. (그는 서울역에 8시 30분에 도착할 것이다.)
She left the house at **9:10/9.10**. (그녀는 집에서 9시 10분에 떠났다.)

P63   PUNCTUATIONS-8: 대쉬

대쉬 (—)는 다음과 같이 사용된다.

(1) 특히 비격식적 글에서 많이 쓰이며, "콜론", "세미콜론" 혹은 "괄호"와 같은 방식으로 사용될 수 있다.

There're three things I can never remember — **names, faces, and I've forgotten the other**. (나에게는 기억을 못 하는 것이 세 가지가 있다. 이름, 얼굴 그리고 또 하나는 잊어버렸다.)
We had a great time in Greece — **the kids really loved it**.
(우리는 그리스에서 대단한 시간을 보냈다. 아이들이 정말로 좋아했다.)
My mother — **who rarely gets angry** — really lost her temper.
(웬만해서 화를 내지 않는 어머니가 정말 성이 나셨다.)
Let us go somewhere else — **to the nearby village** ...
(우리가 가까운 마을들로 가자 ...) [막 1:38]

(2) 대쉬는 뒤돌아 생각하거나 놀랍고 기대하지 않았던 것을 말할 때 사용된다.

We'll be arriving on Monday morning — **at least, I think so**.
(우리는 월요일 아침까지는 도착할 것이다. 나는 적어도 그렇게 생각해.)
And then we met Bob — **with Lisa, believe it or not!**
(그다음 우리는 밥을 만났는데, 그것도 믿거나 말거나 리사와 함께 말이야.)
... false Christs and false prophets will appear and perform great signs and miracles to deceive even the elect — **if that were possible**.
(거짓 그리스도들과 거짓 선지자들이 일어나 큰 표적과 기사를 보여 할 수만 있다면 택하신 자들도 미혹하리라.) [마 24:24]

(3) 어떤 내용을 나열한 후에 그 내용의 요약을 "all"이나 "these"와 같은 단어로 시작할 때 대쉬를 사용하기도 한다.

Beers, dances, new clothes, blind dates — **all these** should be a part of your freshman year. (맥주, 춤, 새 옷, 소개 데이트, 이 모든 것은 대학 초년생의 겪는 경험의 한 부분이다.)

P64   PUNCTUATIONS-9: 괄호

괄호(parentheses)와 각괄호(brackets)는 다음과 같은 경우에 사용된다.

1   **괄호 (( ))**: 괄호는 문장이 표현하는 주제를 보충하거나 설명하는 소견이지만 꼭 필요한 것이 아닐 경우 사용된다.

He invited three girls **(they are all sisters, you know)** to the party.
(그는 파티에 세 아가씨를 초청했다. (알다시피 그 아가씨들은 자매간이다.))
If it rains **(and we certainly hope it doesn't)**, the picnic will be postponed.
((안 그러기를 바라지만) 만약 비가 오면, 야유회는 연기될 것이다.)

2 **각괄호 ([ ])**: 각괄호는 필자가 아닌 사람이 인용문에 "논평"이나 "의문"을 추가할 때 사용된다.

"He **[Lincoln]** gave his famous Gettysburg Address in November, 1863."
("그는 [링컨 대통령은] 1863년 11월에 그의 유명한 게티즈버그 연설을 했다.")
"Shakespeare died in April, 1616**[?]**." ("셰익스피어는 1616[?]년 4월에 죽었다.)

P65 PUNCTUATIONS-10: 이탤릭체와 밑줄

인쇄물에서 일반적으로 이탤릭체로 표현되는 것을 손으로 쓰거나 옛 타자로 찍을 때는 밑줄을 쳤었다. 다음을 비교해보라.

In the March, 1959 issue of <u>Harper's Magazine</u> there is a review of Robert Payne's <u>The Gold of Troy</u>.
In the March, 1959 issue of ***Harper's Magazine*** there is a review of Robert Payne's ***The Gold of Troy***.
(1959년 3월 판 〈하퍼 잡지〉에 로버트 페인의 〈트로이의 금〉에 대한 서평이 실려 있다.)

1 **창작물**: "책, 잡지, 신문, 대본, 악보, 예술 작품"의 명칭을 표현할 때

Soldier's Pay	***Huckleberry Finn***
Sports Illustrated	***Scientific American***
The Los Angeles Times	the ***Donga Ilbo***
Mozart's ***Marriage of Figaro***	Michelangelo's ***Pietà***
Shakespeare's ***Romeo and Juliet***	the Portland ***Oregonian***

2 **외래어**: 외래어나 어떤 표현을 강조할 때

The French expression ***noblésse oblige*** roughly means the moral duty of the people of a high social class to those of a lower social class.
(프랑스어 표현인 "noblésse oblige"는 대략적으로 높은 사회 계층의 사람들이 낮은 사회 계층에 대해 갖는 도덕적 의무감을 의미한다.)
Quotation marks are placed ***outside, not inside***, the period.
(인용부호는 마침표 안이 아니라 밖에 표시해야 한다.)
Do not write ***yours, your favor***, or ***your esteemed favor*** to end a letter.
(편지를 끝낼 때 "yours, your favor, your esteemed favor"와 같은 표현을 쓰지 마라.)

P66   PUNCTUATIONS-11: 하이픈

우리는 영어를 표기할 때 두 경우에 하이픈(hyphen)을 사용한다. 한 경우는 타자를 치다가 단어의 길이가 너무 길어서 기존의 선에 집어넣을 수 없을 때 흔히 단어를 분리하게 되며, 이때 하이픈을 써서 단어를 쪼개게 된다. 또 하나의 경우는 단어를 결합하여 합성어를 구성할 때 하이픈을 쓰게 된다. 전자의 경우에 대해서는 이 책에서 전혀 다루지 않을 예정이다. 대부분의 사전이 단어를 끊을 수 있는 부분을 표시하고 있으므로 의심이 갈 경우에는 사전을 참조하는 것이 좋다. 후자의 경우에 대해서만 간략하게 논의하려고 한다.

두 개 이상의 단어로 구성된 "합성어(compound words)"를 표기하는 방법에는 세 가지 유형이 있다. 예를 들어, birth와 rate를 "birthrate"처럼 나란히 결합하는 방법과 "birth-rate"처럼 "하이픈"을 쓰는 방법 그리고 "birth rate"처럼 띄어 쓰는 방법이 있다. 이 세 가지 방법 중에 어느 것을 선택하여 단어를 결합하는가를 규정해주는 일관된 규칙은 없다. 어떤 방법을 써서 합성어를 표기할 것인가에 확신이 없을 때는 좋은 사전을 참고하기 바라며 훌륭한 작가들의 글을 많이 읽음으로써 합성어에 대한 지식을 높이는 수밖에 없다.

우리가 법칙이라고는 주장할 수 없으나, 합성어가 만들어지는 과정은 일반적으로 두 단어 (예: birth와 rate)가 말이나 글에서 자주 함께 쓰이게 되면 이 두 단어가 일단 하이픈으로 결합되고 (예: birth-rate), 이것이 더 발전하여 한 단어의 합성어(예: birthrate)가 되는 것이라고 할 수 있다.

두 단어가 함께 자주 쓰인다고 해서 다 합성어가 되는 것도 아닌 것 같다. "in fact, in general, out of, Boy Scout, high school" 등은 함께 자주 쓰이지만 합성어가 되지 않은 예도 많다. 다음에 제시되는 몇 가지 합성어 구성방식은 법칙이라고 하기보다 "경향"을 말하는 것으로서 예외도 많다는 점을 염두에 두기 바란다. 그리고 영국영어에서보다 미국영어에서 하이픈을 덜 쓰는 경향이 있으며, 합성어는 종종 사전에 따라 다르게 표기되기도 한다. 최근에 출간된 사전일수록 하이픈이 없어지는 경향이 있다. 2006년도 판 Longman사전에는 "birthrate"로 표기되어 있고, 1995년도 판 Oxford사전에는 "birth rate"로 표기되어 있으며, Whitherspoon(1973)의 *Common Errors in English* 299쪽에는 "birth-rate"로 표기되어 있다.

1   두 개의 단어가 "전치사"로 결합된 경우 하이픈이 쓰인다.

father-**in**-law,   sergeant-at-arms,   ambassador-at-large,   free-for-all,   man-of-war, matter-of-fact 등

▶ commander **in** chief, examination in chief, attorney at law 등에서는 하이픈이 쓰이지 않는다.

▶ 이러한 현상은 동일한 두 단어 또는 대조가 되는 두 단어가 전치사나 접속사로 결합될 때도 자주 나타난다.

back-to-**back**,   by-and-by,   come-and-go,   give-and-take,   hand-in-hand,   in-and-out, mouth-to-mouth, step-by-step, up-and-down, wall-to-wall 등

2   "전치사적 부사"가 합성어의 두 번째 성분으로 결합하여 "명사적 표현"이 될 경우 하이픈이 사용된다.

break-**in**, build-up, call-in, call-on, die-in, drop-out, fly-off, freeze-up, give-up, go-by, hand-out, hold-up, lay-down, lift-off, looker-on, passers-by, pull-up, push-up, runner-up, stand-off, sit-in, summing-up 등

3   "합성 형용사"에는 종종 하이픈이 사용된다.

bone-**dry**, blood-red, brand-new, coal-black, extra-dangerous, knee-deep, off-white, oil-rich, over-anxious, red-hot 등

4   "수식어를 가진 명사구"에 "-ed어미"가 붙어 형용사로 쓰일 경우 하이픈이 사용된다.

absent-minded, cold-blooded, empty-handed, heavy-footed, hot-headed, left-handed, long-dated, narrow-minded, near-sighted, one-eyed, red-faced, soft-hearted, strong-willed 등

5   첫 번째 성분이 "부사"이고 두 번째 성분이 "동사의 분사형인 합성 형용사"가 명사의 "한정적 수식어"로 쓰일 경우에 하이픈이 사용된다.

even-handed, far-fetched, fast-moving, good-natured, long-awaited, sad-looking, well-established, well-known 등

▶ 이 합성형용사가 서술적으로 쓰일 경우에는 종종 하이픈이 쓰이지 않기도 한다.

Everyone knows that the facts are **well established**.
(사실이 확고부동하다는 것을 모두가 안다.)
The news of his release from prison has been long awaited.
(그의 출옥 소식은 우리가 오랫동안 기다렸던 소식이었다.)
He was very **even-handed** in the way he treated his employees.
(그는 직원들을 대하는 데 있어서 매우 공평했다.)

▶ 첫 성분인 "-ly어미"를 가진 부사의 경우에는 일반적으로 하이픈을 쓰지 않는다.

carefully written (report), fairly played (game), rapidly disappearing (languages), highly trained (secretary) 등

6   "구"나 "절"이 명사를 앞에서 수식하는 표현으로 쓰일 경우 하이픈이 사용된다.

all-out (offense), up-to-date (ideas), matter-of-fact (attitude), cast-iron (rules), eight-cylinder (engine), three-by-five (cards), three-mile (zone), off-the-record (remarks), on-the-spot (investigation), face-to-face (meeting), ten-item (test), do-it-yourself (job) 등

▶ 이들은 명사를 수식하는 표현으로 쓰이지 않을 경우에는 일반적으로 하이픈 없이 사용되기도 한다.

Korea will have to go **all out** on the ground if they want to win.
(한국은 승리하기를 원한다면 운동장에서 전력을 다해야 할 것이다.)
The Prime Minister's remarks were strictly **off the record**.
(수상의 말은 엄격하게 게재가 금지되었다.)

The professor always keeps his study **up to date**.
(교수님은 그의 서재를 항상 최근에 발간된 책으로 유지한다.)

7   합성어가 "등위접속된 의미"를 가질 때 하이픈이 사용된다. (종종 형태적 변화도 일어난다.)

Alsace-Lorraine (regions), Anglo-French (war), English-Korean (dictionary), freeze-dry (meat), Sino-Korean (trade), teacher-student (relationships) 등

8   숫자 "21부터 99"까지와 형용사적으로 쓰이는 "분수"를 표기할 때는 하이픈을 쓴다. (F17.2를 보라.)

twenty-one, fifty-five, ninety-nine, two-thirds, three-fifths, eight seventy-sixths 등

▶ "명사적으로 쓰이는" 분수와 "형용사적으로 쓰이는" 분수를 비교해 보라. (N43.10을 보라.)

Average smokers spend **three quarters** of an hour/a three-quarter hour for smoking every day.
(흡연자들은 평균적으로 흡연하는 데 매일 45분을 소비한다.)

9   명사가 첫 성분인 "복합 동사"를 표기할 때는 하이픈을 쓴다.

baby-sit, cross-examine, gift-wrap, hand-wash, tape-record 등

10 합성어의 첫 성분이 "문자"일 경우 하이픈이 쓰인다.

A-bomb, f-number, H-bomb, L-shape, T-shirt, U-boat, U-turn, V-sign 등

11 영어에서 대부분의 접사가 하이픈 없이 어간이 되는 단어와 결합하지만, 몇몇 접사는 단어와 결합할 경우 일반적으로 하이픈을 필요로 한다. 그러한 접사로는 "ante-, anti-, ex-, half-, neo-, non-, quasi-, post-, self-, semi-, ultra-" 등이 있다.

ante-bellum, anti-aircraft, ex-wife, half-truth, neo-Freudian, non-iron, post-communion, quasi-scientific, self-confession, semi-independent, ultra-reactionary 등

▶ "접사 re-"는 종종 의미의 모호성을 피하기 위해 하이픈이 쓰인다.

re-cover : recover   re-count : recount   re-form : reform
re-collect : recollect   re-claim : reclaim 등

▶ 접사 "anti-, co-, re-" 등은 동일한 모음으로 시작하는 어간과 결합할 때 (특히 영국영어에서) 종종 하이픈이 사용된다.

anti-imperialistic, anti-inflammatory, co-operate, co-ordinate, re-elect, re-entry 등

▶ 가족관계에서 한 세대 위를 의미하는 단어인 "great-"에는 항상 하이픈이 붙는다.

great-aunt (= grandaunt: 종조모, 대고모) great-uncle (= granduncle: 종조부), great-grandson (증손자), great-grandmother (증조할머니), great-great-grandfather (고조할

아버지), great-great-grandchild (고손자녀) 등

P67 PURPOSE (목적)

"목적"을 표현하는 부사구로는 다음과 같은 것들이 있으며, 이들은 "What... for?"나 "Why...?" 의문문의 응답으로 쓰일 수 있다.

for + 명사구/동사-ing ...
to/in order to/so as to + 동사 ...
in order that-절/so that-절

1   for: "for-전치사구"로 목적을 표현할 수 있다.

"**What**'s the $100 **for**?" "It's **for books**." ("그 100불은 무슨 돈이야?" "책 살 돈이야.")
"**What**'s this equipment **for**?" "It's **for measuring weight**."
("이 기구가 무엇에 쓰는 거야?" "체중기야.")

2   부정사: "to/in order to/so as to + 부정사" 구조가 목적을 표현할 때 가장 많이 사용된다.

"Why did you come home so early?" "**To play with our kids**."
("어째서 집에 그렇게 일찍 왔습니까?" "아이들과 놀려고요.")
We all need water **in order to survive**. (우리 모두는 살아남기 위해 물이 필요하다.)
I drive at a steady 80 kilometers an hour **so as to save fuel**.
(나는 연료를 절약하기 위해 시속 80킬로로 일정하게 운전한다.)

3   절: "in order that-절"이나 "so that-절"을 써서 목적을 표현할 수 있다.

The research is necessary **in order that new treatments can be developed**.
(새로운 치료법을 개발하기 위해서는 연구가 필요하다.)
They lowered their voices **so that nobody could hear**.
(그들은 아무도 들을 수 없게 목소리를 낮췄다.)
I have come into the world as a light, **so that no one who believes in me should stay in darkness**.
(나는 빛으로 세상에 왔나니 무릇 나를 믿는 자로 어둠에 거하지 않게 하려 함이로다.) [요 12:36]

so that-절과 in order that-절에 대한 상세한 것은 S22를 보라.
결과절을 이끄는 so that-절에 대해서는 R20을 보라.

Q1 QUANTIFYING WORDS (양화사)

수량을 나타내는 표현을 우리는 일반적으로 "양화사(quantifiers/quatifying words)"라고 부르며, 이 책에서 이들 중의 많은 양화사들은 개별적인 항목으로 다루고 있다. 양화사는 그 용법에 따라 세 가지 유형으로 분류할 수 있다.

(a) A-형: 양화사 "홀로" 쓰일 수 있다.

I've just bought some apples. Would you like **some**? (내가 방금 사과를 샀다. 좀 줄까?)
My parents went to Stanford. **Both** got jobs in Boston after the graduation.
(나의 부모님은 스탠퍼드대학을 다녔고, 졸업 후에 두 분 다 보스턴에서 일자리를 얻었다.)

(b) B-형 (양화사 + of-구): "of-구"를 대동할 수 있다.

Can I take **some of your apples**? (사과를 좀 가져가도 되겠습니까?)
Both of my parents went to Stanford. (나의 부모님 두 분 다 스탠퍼드 대학을 다녔다.)

(c) C-형 (양화사 + (수식어) + 명사): 명사의 "선행 수식어"로 쓰일 수 있다.

I bought **some delicious apples** for you. (나는 너를 위해 맛있는 사과를 좀 샀다.)
He seems to know **every single student** in the class.
(그는 학급에 있는 학생 하나하나를 다 알고 있는 것 같다.)

1 ABC-형: 세 가지 유형으로 쓰이는 양화사

all	any	both	each
either	enough	(a) few	fewer/fewest
half	less/least	(a) little	many
more/most	much	neither	one
plenty	several	some	the/a whole

one, two ... (cardinal numbers) 등

I hope **all** is well with you. (나는 모두가 너를 좋아하기를 바란다.)
Have you drunk **all of the milk**? (우유를 다 마셨습니까?)
All imported timber must be chemically treated against disease.
(모든 수입 목재는 질병에 대비하여 화학적으로 처리되어야 한다.)

There're apples and pears — you can have **either**.
(사과와 배가 있는데, 어느 것을 먹어도 된다.)
Could **either of you** lend me 10,000 won? (둘 중에 어느 분이 만 원만 빌려줄 수 있습니까?)
Either person would be fine for the job. (둘 중에 누구도 그 일에 맞을 것 같다.)

On **the whole**, I thought the movie was pretty good.
(대체로 나는 영화가 매우 훌륭하다고 생각했다.)
I wasted **the whole of the morning** to find the documents.
(나는 서류를 찾는 데 오전을 다 써버렸다.)
The whole truth came out yesterday. (모든 진실이 어제 밝혀졌다.)

► "one, two, ... a million, ..." 등 모든 기수가 여기에 속한다.
"Do you have a notebook computer?" "No." "You should buy **one**."
("노트북 컴퓨터가 있냐?" "없는데." "하나 사야 한다.")
"I don't know much about girls." "Well, that makes **two of us**."
("나는 여자에 대해서 아는 것이 많지 않다." "그렇다면 그런 점은 우리 둘이 같네.")
She's dated about **ten handsome boys** before choosing one for her husband.
(그녀는 한 사람을 남편으로 선택하기 전에 약 10명의 멋진 청년과 데이트를 가졌다.)

2   **AB-형**: A-형과 B-형으로 사용되는 양화사

a bit	a couple	a dozen	a great/good deal
a lot	a/the majority	a mass	a (large) number
a/the (large) quantity	a quarter	dozens	hundreds
lots	masses	millions	none
thousands	two-thirds	0.56	

I can't eat all this chocolate — would you like **a bit**?
(내가 이 초콜릿을 다 먹을 수 없다. 네가 조금만 먹을래?)
You can have **a bit of my chocolate**, if you want.
(네가 원하면 내 초콜릿을 조금 먹어도 된다.)
British wines will never be cheap, because they are produced in **a small quantity**.
(영국 포도주는 소량으로 생산되기 때문에 값이 싸게 될 수가 없다.)
The police found **a large quantity of drugs** in his possession.
(경찰은 다량의 마약을 그가 소지하고 있는 것을 찾아냈다.)
The trains provided cheap travel for **the masses**.
(기차는 대중들이 값싸게 여행하도록 해줬다.)
There was **a mass of people** around the club entrance.
(클럽 입구 주위에 많은 사람들이 있었다.)

3   **C-형**: C-형으로만 사용되는 양화사

every   no

The police interviewed **every employee** about the theft.
(경찰은 절도 사건에 대해 모든 직원을 면담했다.)
No students want to have classes on Saturday.
(토요일에 수업을 하고 싶어 하는 학생은 없다.)

양화사에 대해서는 개별 양화사들의 항목을 보라.

Q2   QUESTIONS (의문문)-1: 기본적 속성

모든 다른 언어에서와 같이 영어에도 두 가지 기본적인 의문문, 즉 "가부의문문(yes-no

questions)"과 "내용의문문(content questions)"이 있다. 한국어와 같은 언어와는 달리 영어의 이 두 의문문 사이에는 뚜렷한 구조적 차이가 있다. 영어의 가부의문문은 일반적으로 "조동사"로 시작하고, 내용의문문은 "의문사"로 시작한다.

Can you tell me the truth?　　[가부의문문]
(나에게 진실을 말해 줄 수 있어?)
Who do you want to speak to?　　[내용의문문]
(누구와 말하고 싶으냐?)

1 **조동사의 이동**: 서술문에서는 조동사를 포함하여 모든 동사적 성분이 일반적으로 주어 다음에 온다. 영어에서 의문문을 구성하는 가장 기본적인 규칙은 "조동사를 주어 앞으로 이동"하는 것이다. 이때 이동하는 조동사를 "연산자"라고 한다.

He has received my letter of June 17. (그는 나의 6월 17일 편지를 받았습니다.)
Has he ____ received my letter of June 17? (그는 나의 6월 17일 편지를 받았습니까?)
All those people are looking at something. (저 모든 사람들이 무엇인가를 쳐다보고 있다.)
What **are all those people** ____ looking at? (저 모든 사람들이 무엇을 쳐다보고 있습니까?)
You will be able to go with us. (너는 우리와 같이 갈 수 있을 것이다.)
Will you ____ be able to go with us? (너는 우리와 같이 갈 수 있을까?)

조동사에 대해서는 A117을, 연산자에 대해서는 O17을 보라.

▶ do의 도움: 서술문에 조동사가 없으면 "do 동사"가 연산자 역할을 대신하여 주어 앞에 온다. 여기서 연산자가 본동사의 시제를 흡수하게 된다.

She enjoyed the concert. (그녀는 음악회를 즐겼다.)
Did she enjoy the concert? (그녀는 음악회를 즐겼느냐?)
(***Do** she **enjoyed** the concert?)
He wants to do something. (그는 무엇인가 하고 싶어 한다.)
What **does he** want to do? (그는 무엇을 하고 싶어 하느냐?)
(***What do** he **wants** to do?)
She takes a walk every day. (그녀는 매일 산책을 한다.)
Does she take a walk every day? (그녀는 매일 산책을 합니까?)
(***Do** she **takes** a walk every day?)

2 **WH-이동**: how를 제외한 의문사는 모두 "WH-"로 시작하기 때문에 의문사가 문장 앞으로 이동하는 현상을 종종 "WH-이동(movement)"이라고 부른다. 주어가 아닌 "WH-어"가 문장 앞으로 이동하면, 조동사도 주어 앞으로 이동한다. 다시 말해서 이 경우 "WH-이동"과 "조동사 이동"이 동시에 일어난다.

What did you buy ____ at the shop? (그 상점에서 무엇을 샀느냐?)
Who(m) will you meet ____ tomorrow? (내일 누구를 만날 것이냐?)
Whose car is this ____? (이것이 누구 자동차냐?)

► 그러나 의문사가 주어(이거나 주어의 일부)일 경우에는 어떠한 이동도 일어나지 않는다.

Who bought the book? (누가 책을 샀느냐?)
What brought you here? (무엇 때문에 여기 왔느냐?)
How many people work in your office? (너의 사무실에는 직원이 몇 명이 있느냐?)

Q3   QUESTIONS-2: 가부의문문

"가부의문문"은 화자가 청자에게 자신이 말한 내용에 동의하는지 혹은 동의하지 않는지를 묻는 의문문을 가리킨다.

1 **가부의문문의 억양**: 가부의문문은 서술문의 어순에서 "조동사"나 "be동사"를 주어 앞으로 이동하거나, 이들이 없을 경우에는 "do동사"를 주어 앞에 삽입하여 구성한다. 서술문과 가부의문문의 차이는 어순에만 국한된 것이 아니다. 서술문은 "상승-하강억양"으로 끝나고 가부의문문은 "상승억양"으로 끝난다. (억양에 대해서는 S35.5를 보라.)

Will you be waiting for me? (나를 기다리겠느냐?)
Has the plane arrived? (비행기가 도착했느냐?)
Is she from Austria? (그녀는 오스트리아인이냐?)
Were the kids given presents? (아이들이 선물을 받았느냐?)

Do you want to come with us? (우리와 함께 가고 싶으냐?)
Does your son enjoy camping? (너의 아들은 야영을 좋아하느냐?)
Did she arrive in time? (그녀는 일찍 도착했느냐?)

2 **가부의문문에 대한 응답**: 가부의문문에 대한 응답은 일반적으로 "yes + 주어 + 조동사" 또는 "no + 주어 + 조동사 + not"로 구성되는 "짧은 응답"이 선호된다.

"Can you speak English?" "Yes, **I can**/No, **I can't**."
("영어를 할 수 있습니까?" "네, 할 수 있습니다./아니오, 못 합니다.")

► 그러나 질문에 포함된 정보의 전부를 생략하고 단순히 가부만을 표현할 수도 있다.

"Can you speak English?" "**Yes./No.**" ("영어를 할 수 있습니까?" "네./아니오.")

► 또한 질문에 포함되는 어휘에 따라 다양한 짧은 응답이 가능하다.

"Is the dinner ready yet?" ("벌써 저녁이 준비되었습니까?")
(a) "**No, it isn't.**" ("아니오, 준비되지 않았습니다.")
(b) "**No, not yet.**" ("아니오, 아직인데요.")
(c) "**Not yet.**" ("아직인데요.")
(d) "**No.**" ("아니오.")

(1) afraid를 써서 가부의문문에 대한 응답을 할 수도 있다.

"Does this mean I have to leave?" "I'm **afraid so**." (= Yes)/"I'm **afraid not**." (= No)
("이것은 내가 떠나야 한다는 뜻이지요?") ("미안하지만 그런 것 같습니다."/"안 그래도 될 것 같은데요.")

(2) 강조를 위해 종종 특별한 부사가 사용되기도 한다.

"Did he break it?" "He **certainly** did." ("그가 그것을 깨느냐?" "그렇고말고.")
"Can I come along?" "**Certainly**." ("제가 따라 가도 되겠습니까?" "물론이지.")
"Do you let your kids go out alone at night?" "(No,) **Absolutely not**."
("당신은 아이들을 밤에 혼자 나가게 합니까?" "절대로 안 되지요.")
"Is it true that there's life on Mars?" "(Yes,) **Absolutely**."
("화성에 생명체가 있다는 것이 사실입니까?" "그렇고말고.")

3 **짧은 응답과 축약**: 짧은 응답에서는 "조동사 축약"이 일어나지 않는다. 그러나 부정소 not가 올 때는 "조동사"나 "not" 중에 하나만이 축약이 가능하다. (C46.10을 보라.)

"Are you a student?" "Yes, I **am**." (*Yes, I'**m**.) ("학생이냐?" "네, 학생입니다.")
"Is he a teacher?" "No, he **isn't**/he'**s not**." ("그분이 선생님이냐?" "아닌데요.")
"Have you been there?" "No, I'**ve not**/I **haven't**."
("그곳에 가본 적이 있느냐?" "아니, 가본 적이 없어.")

4 **부정 가부의문문**: 부정 가부의문문에는 두 가지 형태가 있다.

축약형: **조동사 + -n't + 주어** ...
비축약형: **조동사 + 주어 + not** ...

축약형은 "구어"에서 뿐만 아니라 널리 사용되고 비축약형은 "문어적 표현"이다.

Didn't I tell you Mark would give up smoking?   [축약형]
Did I not tell you Mark would give up smoking? [비축약형]
(마크가 금연할 것이라고 내가 너에게 말하지 않았느냐?)
(*Did **not** I tell you Mark would give up smoking?)

5 **부정 가부의문문의 해석**: 부정 가부의문문은 일반적으로 화자의 의도에 따라서 "긍정편향적 해석"과 "부정편향적 해석"이 가능하다. 다음 문장의 해석에 대해 생각해 보자.

Hasn't John gone to the United States for Christmas?
(존이 크리스마스를 미국에서 보내려고 간 것 아니냐?)

화자가 John이 성탄절을 미국에서 보낼 예정이라는 정보를 가지고 있다고 하자. 그런데 어느 성탄절 모임에 John이 참석한 것을 보고 위의 문장을 말했다고 하면, 위 문장은 "John이 미국에 가지 않았다"는 의미가 되므로 "부정 편향적 해석"이 된다. 이와는 반대로 누가 화자에게 John이 어째서 성탄절 모임에 오지 않느냐고 물었을 때, 화자가 말한 위 문장은 "John이 성탄절을 위해 미국에 갔다"는 의미로 해석되므로 "긍정 편향적 해석"이 된다. (N13을 보라.)

6 **서술형 의문문** (declarative questions): 구어체 의문문에서는 조동사가 항상 주어 앞으로 이동하는 것은 아니다. 이러한 "서술형 의문문"은 화자가 무엇인가를 알고 있으며, 그것을 확인하거나 놀라움을 표현할 때 일반적으로 사용된다. "긍정 서술의문문"은 긍정적 대답을

기대하고, "부정 서술의문문"은 부정적 대답을 기대한다. "상승억양"이 사용된다.

You've finished reading the book? (당신은 그 책을 다 읽었지요?)
(= I suppose you have finished reading the book, haven't you?)

You haven't finished reading the book? (당신은 그 책을 다 읽은 것 아니지요?)
(= I suppose you haven't finished reading the book, have you?)

They no doubt misunderstood my intentions? (그들은 나의 의도를 오해한 것이 확실하지?)
You're surely not going to agree? (너 정말로 동의하려는 것 아니지?)

7 any와 some: 의문문은 비단언적 맥락을 형성하기 때문에 "any와 같은 비단언적 표현"이 더 자연스럽다. (N24를 보라.) 그러나 종종 긍정적 응답을 기대하는 가부의문문에는 "some과 같은 단언적 표현"이 쓰인다.

Did **anyone** telephone this afternoon? (누가 오늘 오후에 전화했습니까?)
Did **someone** telephone this afternoon? (누군가 오늘 오후에 전화했지요?)

Do you need **any** money? (돈이 필요하냐?)
Do you need **some** money? (돈이 필요하지?)

Have you learned to ski **yet**? (너는 스키를 벌써 배웠느냐?)
Have you learned to ski **already**? (너는 스키를 이미 배웠지?)

Q4 QUESTIONS-3: WH-의문문

우리가 질문을 통해 어떤 정보를 얻기를 원하는가에 따라 의문사를 선택하고, "선택된 의문사"는 주어 앞으로 이동한다. 이렇게 만들어진 문장을 "WH-의문문" 또는 "내용의문문"이라고 부른다.

Who bought it?　　　　　[사람]
(누가 그것을 샀느냐?)
What did he buy?　　　　[물건]
(그가 무엇을 샀느냐?)
Where did he buy it?　　　[장소]
(그가 그것을 어디서 샀느냐?)
When did he buy it?　　　[시간]
(그가 그것을 언제 샀느냐?)
Why did he buy it?　　　　[이유]
(그는 그것을 왜 샀느냐?)
How did he buy it?　　　　[방법]
(그는 그것을 어떻게 샀느냐?)
Which did he buy?　　　　[선택]
(그는 어느 것을 샀느냐?)

의문사는 그 통사적 기능에 따라 세 가지 유형, 즉 "의문대명사, 의문부사, 의문한정사"로 분류된다.

(a) **의문대명사** (who, whom, whose, what, which)
(b) **의문부사** (where, when, why, how)
(c) **의문한정사** (whose, what, which)

1 **의문대명사**: who와 whom은 각각 주어와 목적어로 사용될 수 있지만, 많은 경우 who가 whom 대신에 사용된다.

Who said that? (누가 그것을 말했느냐?)
Who(m) did he meet? (그가 누구를 만났느냐?)
Whose is the bike? (자전거는 누구 것이냐?)
What did you buy? (무엇을 샀느냐?)
Which is yours? (어느 것이 네 것이냐?)

▶ what는 의문대명사로서 문장의 주어보어에 대해 질문을 할 때 "be like/look like/feel like"와 함께 사용된다.

"**What's** his new girlfriend **like**?" "She's pretty and a bit shy."
("그의 새 여자 친구가 어떤 사람이냐?" "예쁘고 부끄러움을 조금 탄다.")
"**What** does he **look like**?" "Handsome, tall, very cheerful."
("그는 어떻게 생겼느냐?" "잘 생기고 키 크고 매우 명랑하다.")
"**What** does the thing **feel like**?" "It's fabric — it **feels like** velvet."
("그 물건의 느낌이 어때?" "섬유로서 벨벳 같은 느낌이다.")

2 **의문부사**: 이 의문사들은 문장 내에서 부사적 표현, 즉 "장소, 때, 이유, 방법" 등에 대한 정보를 원할 때 사용된다.

Where did he die? (그는 어디서 죽었느냐?)
When did he die? (그는 언제 죽었느냐?)
Why did he die? (그는 왜 죽었느냐?)
How did he die? (그는 어떻게 죽었느냐?)

▶ how가 "be/look/feel"과 같은 동사와 함께 사용되면 일반적으로 "건강상태"에 대한 질문이 된다.

"**How's** Ron?" "He's very well." ("론이 어떠냐?" "매우 건강하다.")
"**How** does she **look** today?" "Tired." ("그녀가 오늘 어떠하냐?" "피곤해 보인다.")
"**How** do you **feel** today?" "Much better." ("오늘 기분이 어떠하냐?" "아주 좋다.")

▶ how는 "수량, 크기, 정도" 등을 질문하는 의문사로 사용될 수 있다.

How much money do you have now? (지금 돈이 얼마나 있느냐?)
How many kids do they have now? (그들은 지금쯤 아이가 몇 명이나 돼?)

How tall is she? (그녀는 키가 어떻게 되느냐?)
How far can you hit the golf ball? (너는 골프 볼을 얼마나 멀리 칠 수 있느냐?)

▶ how는 종종 상대의 "의견"이나 "경험"에 대해 질문할 때 사용된다.

"**How** was the movie?" "**Very good.**" ("영화가 어땠어?" "매우 좋았어.")
"**How's** the new job?" "**Not bad.**" ("새 직장이 어때?" "나쁘지는 않아.")

3 **의문한정사**: 이들은 "명사를 수식할" 수 있으며 명사에 대한 제한적 정보를 원할 때 사용된다.

Whose car is it? (그것은 누구 자동차냐?)
What time is the seminar? (세미나가 몇 시에 있느냐?)
Which house is his? (어느 집이 그의 집이냐?)

4 **동사에 대한 질문**: 영어에는 동사에 대한 질문을 할 수 있는 하나의 단어가 없다. 동사에 대한 질문을 위해서는 일반적으로 "what과 do"를 사용한다.

"**What** were you **doing** last night?" "**Reading.**"
("어젯밤에 너는 무엇을 하고 있었느냐?" "책을 읽고 있었다.")
"**What** did you **do** last night?" "(I) **stayed home.**"
("너는 어젯밤에 무엇을 했느냐?" "집에 있었다.")

(1) 타동사에 대해 질문할 때는 "what ... do to/with"를 사용한다.

"**What** did he **do to** you?" "**Kicked me.**"
("그가 너에게 어떻게 했느냐?" "나를 걷어찼다.")
"**What** are you **doing with** my car?" "**Just looking.**"
("내 차를 어떻게 하려고 하느냐?" "그냥 보고 있다.")

(2) 한 사건에 대해 완전한 정보를 물을 때는 "what ... happen ..."을 사용한다.

"**What's happening** in the National Assembly these days?" "Always **quarreling with each other** without producing anything useful."
("요사이 국회에서는 무슨 일이 일어나고 있습니까?" "유용한 것은 하나도 생산하지 않으면서 항상 서로 싸움질만 합니다.")

(3) 목적어가 언급될 때는 "what ... happen to ..."를 사용한다.

"**What happened to** your parents?" "They had been lost in Africa for two weeks."
("당신의 부모님께 무슨 일이 있었습니까?" "아프리카에서 2주 동안이나 행방불명이었습니다.")

의문문의 어순에 대해서는 Q2를 보라.

5 **내용의문문에 대한 짧은 응답**: 구어체에서 내용의문문에 짧은 응답은 일반적으로 의문사에 대한 응답으로 구성된다.

"**What** are you reading?" "(I'm reading) **a morning newspaper.**"
("무엇을 읽고 있어?" "조간신문을 읽고 있어./조간신문이요.")

"**Where** is he going?" "(He's going) **to his office**."
("그가 어디를 가고 있습니까?" "사무실에 가고 있습니다./사무실에요.")
"**Who** did you meet yesterday?" "(I met) **Dr. Smith**."
("어제 누구를 만났습니까?" "스미스 박사를 만났습니다./스미스 박사요.")

6   **간접의문문과 조동사**: 간접의문문(indirect questions), 즉 종속절로 쓰이는 의문문에서는 "조동사이동"이 일어나지 않는다.

Tell me **when you're** going on holiday. (너는 언제 휴가를 갈 것인지 말해라.)
(*Tell me **when are you** going on holiday.)
Ask him **what it is**. (그것이 무엇인지 그에게 물어보라.)
(*Ask him **what is it**.)

▶ 가부의문문을 간접의문문으로 만들 때는 "whether"나 "if"를 절 앞 위치에 놓는다.

I doubt **whether** there'll be enough time to sleep.
(잠을 잘 충분한 시간이 있을지 나는 의심이 간다.)
I wonder **if** many people will be at the concert.
(나는 음악회에 많은 사람들이 올지 확신할 수가 없다.)

whether와 if의 차이점에 대해서는 W11을 보라.

7   **간접의문문의 해석**: 간접의문문이 목적어로 쓰일 경우 간접의문문을 이끄는 의문사는 여전히 "질문의 대상"이 될 수도 있고, "응답된 대상"을 가리킬 수도 있다.

(1) 질문의 대상: 의문사가 가리키는 대상에 대해 질문하고 있다.

The manager asked **who wanted to work at the weekend**.
(지배인은 누가 주말에 일하기를 원했느냐고 물었다.)
I wonder **where she bought her new coat**.
(그녀가 어디에서 새 코트를 샀는지 놀랍다.)
Jansen wants to know **what they have done to his brother**.
(잰슨은 그들이 그의 남동생에게 무슨 짓을 했는지 알고 싶어 한다.)
Would you tell me **which of you were responsible for the accident**?
(너희들 중에 누가 사고에 책임이 있는지 말해 줄 수 있어?)

(2) 응답된 대상: 의문사가 가리키는 대상에 대해서는 이미 언급되었다.

He told me **who he invited to the barbecue**, but I've forgotten.
(그는 바비큐 파티에 누구를 초청했는지 나에게 말했는데 내가 잊어버렸다.)
(= He told me the names of the people he invited to the barbecue, but I've forgotten.)
She explained to him **what the problem was**. (그녀는 그에게 무엇이 문제인지 설명했다.)
(= She explained the problem to him.)
Mary knows **why he doesn't want to come**.
(메리는 그가 어째서 오고 싶어 하지 않는지 알고 있다.)
(= Mary knows the reason that he doesn't want to come.)

(3) 의문사 절은 목적어뿐만 아니라 "주어, 보어, 부사절"로도 사용된다. 이 구조는 구어체에서 종종 사용된다.

This shows **how much I've done**. (이것이 내가 얼마나 많이 했는가를 보여준다.)
Where we stay doesn't matter. (우리가 어디에 묵든지 상관없다.)
All that matters is **how fast she can run**.
(무엇보다도 중요한 것은 그녀가 얼마나 빨리 달릴 수 있느냐다.)
You can eat it **how you like**. (그것을 네가 원하는 방식으로 먹을 수 있다.)

(4) "예시의 it"가 종종 주어절과 함께 사용된다. (P53.7을 보라.)

It's your business **who you invite**. (누구를 초청할 것인가는 네가 할 일이다.)
It doesn't matter **where we stay**. (우리가 어디에 머물든지 상관이 없다.)

(5) whether는 간접의문문에서만 사용되는 의문사다.

We need to know **whether he's coming tomorrow**.
(우리는 그가 내일 오는지를 알 필요가 있다.)
(***Whether is** he **coming** tomorrow?)

특정 의문사와 표현에 대해서는 이들에 대한 각 항목을 보라.
who ever, what ever 등에 대해서는 W14를 보라.
whoever, whatever 등에 대해서는 W16을 보라.
who else, what else 등에 대해서는 E20을 보라.
I'm not sure (of) where we are와 같은 문장에서 전치사 다음에 오는 의문사에 대해서는 P38.3을 보라.

8 **의문사의 전이**: 의문사는 일반적으로 자신이 속한 절의 앞 위치로 이동하지만 "feel, hope, know, say, suppose, think, wish"와 같은 동사의 종속절에 포함되어 있는 의문사는 "주절의 앞 위치"까지 이동할 수 있다. 다음을 비교해보라.

What does he want ____? (그는 무엇을 원하느냐?)

What do you think (that) he wants ____? (너는 그가 무엇을 원한다고 생각하느냐?)
What do you think (that) she said (that) he wanted ____?
(너는 그가 무엇을 원한다고 그녀가 말했다고 생각하느냐?)
What do you think (that) she said (that) he wanted to buy ____?
(너는 그가 무엇을 사고 싶어 한다고 그녀가 말했다고 생각하느냐?)

▶ 의문사가 종속절의 주어일 경우에는 "접속사 that"가 의무적으로 생략된다.

Who wants the car? (누가 자동차를 원하느냐?)

Who do you think ____ wants the car? (너는 누가 자동차를 원한다고 생각하느냐?)
(***Who** do you think **that** ____ wants the car?)
Who do the crowds say (**that**) I am ____? **Who** do you say (**that**) I am ____?
(무리가 나를 누구라고 하느냐?) [눅 9:18] (너희는 나를 누구라 하느냐?) [눅 7:20]

What do you think (**that**) she wants ____? (너는 그녀가 무엇을 원한다고 생각하느냐?)

Who do you think (**that**) she said ____ wanted the car?
(너는 누가 자동차를 원한다고 그녀가 말했다고 생각하느냐?)
(*****Who** do you think (**that**) she said **that** ____ wanted the car?
What do you think (**that**) she said (**that**) he wanted ____?
(너는 그가 무엇을 원한다고 그녀가 말했다고 생각하느냐?)

Who do you think (**that**) she said ____ wanted to buy the car?
(너는 누가 자동차를 사고 싶어 한다고 그녀가 말했다고 생각하느냐?)
(*****Who** do you think (that) she said **that** ____ wanted to buy the car?)
What do you think (**that**) she said (**that**) he wanted to buy ____?
(너는 그가 무엇을 사고 싶어 한다고 그녀가 말했다고 생각하느냐?)
Who do people say the Son of Man is?
(사람들이 인자를 누구라 하느냐?) [마 16:13]

9 　선택의문문 (alternative questions): 선택의문문이란 질문자가 몇 가지 가능한 응답 중에서 "하나를 선택"하도록 요구하는 의문문으로서 "가부의문문 형태"와 "내용의문문 형태" 두 가지가 있다. 선택의문문을 발음할 때 조심해야 할 점은 나열된 가능한 응답 중에서 "맨 마지막 것은 하강억양"으로 발음하고, "나머지 것은 상승억양"으로 발음해야 한다.

Would you like **chocolate, vanilla, or strawberry (ice cream)**?
(초콜릿, 바닐라, 딸기 아이스크림 중에 어느 것을 원합니까?)
(= Which ice cream would you like? **Chocolate, vanilla, or strawberry**?)
Will you **call her, write a letter, or send a telegraph**?
(너는 그녀에게 전화를 할 거냐, 편지를 쓸 거냐, 혹은 전보를 보낼 거냐?)
Which is lawful on the Sabbath: **to do good or to do bad, to save life or to kill?**
(안식일에 선을 행하는 것과 악을 행하는 것, 생명을 구하는 것과 죽이는 것, 어느 것이 옳으냐?)
[막 3:4]

Q5　QUESTIONS-4: 반응의문문

청자는 화자의 질문에만 응답을 하는 것은 아니다. 물론 청자는 화자의 "명령, 지시, 요청, 부탁" 등에도 반응하지만, 화자의 진술에 대해서도 "의문문 형태"를 써서 다양한 반응을 보인다. 이러한 의문문을 "반응의문문(responsive questions)"이라고 부른다.

1　짧은 의문문 (short questions): 화자의 진술에 대해 청자가 "추가적인 정보"를 얻고자 할 때 종종 짧은 의문문을 사용한다. 이 의문문은 일반적으로 비격식적 "구어체"에서 사용되며, 하나의 의문사나 의문사로 시작하는 짧은 구로 구성된다.

"They have occasional arguments over the children." "**Who doesn't?**"
("그들은 아이들 문제로 종종 언쟁을 벌인다." "안 그러는 사람이 있어?")
"We're getting married." "**When?**" ("우리 결혼할 겁니다." "언제?")

"The boss wants to see you." "**What for?**" ("두목이 너를 보고 싶대." "왜?")
"I think you have to attend the conference." "**Why me?**"
("나는 당신이 학회에 참석해야 한다고 생각한다." "왜 접니까?")
"She isn't coming to the party." "**Why not?**"
("그녀가 파티에 오지 않습니다." "왜 안 온답니까?")
"I don't think I'll be able to go with you." "**How come?**"
("나는 당신들과 함께 갈 수 없을 것 같습니다." "어째서요?")

2   **반향의문문** (echo questions): 반향의문문이란 청자가 화자로부터 "기대하지 않았던 말"을 들었을 때, 화자의 말을 "전부" 또는 "일부를 반복"함으로써 화자가 말한 것을 확인하는 의문문이다. 이 의문문에서는 "상승억양"이 흔히 쓰인다.

"I'm leaving her." "**You're leaving her?**" ("나는 그녀를 떠나려고 한다." "그녀를 떠난다고?")
"I didn't enjoy the show." "Did you say **you didn't enjoy it?**"
("나는 공연이 별로였다." "공연이 별로였다고 말했어?")

(1) 문장의 일부에 대해 질문할 때는 질문하고자 하는 부분을 "강세를 준 의문사"로 대치한다.

"I'll pay for the dinner." "**You'll what?**"
("제가 저녁 값을 내겠습니다." "당신이 뭘 하겠다고?")
"Have you ever been to Greenland?" "**Have I ever been where?**"
("그린란드에 가본 적이 있습니까?" "어디에 가본 적이 있느냐고?")
"She's invited thirteen people to dinner." "**She's invited how many?**"
("그녀는 저녁에 13명을 초대했다." "몇 명을 초대했다고?")

(2) 동사나 동사로 시작하는 문장의 한 부분에 대해 질문할 때는 "do what"가 사용된다.

"She set fire to the garage." "**She did what (to the garage)?**"
("그녀가 차고에 불을 질렀다." "그녀가 (차고에) 뭘 했다고?")

(3) 청자는 화자의 의문문을 반복함으로써 질문을 확인할 수 있으며, 바로 뒤에 질문에 대한 대답으로 끝낼 수 있다.

"What are you doing?" "**What am I doing? Eating lunch**."
("뭘 하고 있어?" "뭘 하고 있느냐고? 점심 먹고 있어.")
"What does he want?" "**What does he want? Money, as usual**."
("그가 원하는 게 뭐야?" "그가 원하는 게 뭐냐고? 항상 그랬듯이 돈이지 뭐.")
"Are you hungry?" "**Am I hungry? Of course not**."
("배고프냐?" "배고프냐고? 물론 아니지.")
"Is she angry?" "**Is she angry? Certainly**."
("그녀가 화났냐?" "그녀가 화났냐고? 그렇고말고.")
"Do chimpanzees eat meat?" "**Do chimpanzees eat meat? I'm not sure**."
("침팬지가 고기를 먹습니까?" "침팬지가 고기를 먹느냐고? 잘 모르겠는데.")

3   **유의신호 (attention signals)**: 유의신호란 상대방의 말에 청자가 "관심을 나타낼 때" 사용하는 표현을 말한다. 유의신호로 "짧은 의문문"을 사용하기도 하고 "Oh, yes, really"와 같은 표현이나, "부가의문문"을 (Q7을 보라.) 사용하기도 한다.

"I'm really tired." "**Really?**" ("나 정말 지쳤어." "정말?")
"It was a wonderful meeting." "**Oh, yes!**" ("참 훌륭한 모임이었습니다." "네, 그랬습니다.")

▶ 여기서 의문문은 정보를 요구하는 것이 아니라 화자의 말에 대한 청자의 "단순한 반응 또는 동의"를 표현한다.

"He has a lot of work to do." "**Does he?** I may help him."
("그가 할 일이 많은데." "그래요? 내가 도와줄 수도 있는데.")
"I didn't get a word of his lecture." "**Didn't you?** I'm sorry."
("나는 그의 강의를 한마디도 알아들을 수 없었다." "그랬어? 안됐다.")
"She's a really wonderful girl." "**Yes, isn't she?** I like her."
("그녀는 정말로 멋있는 아가씨다." "그래, 그렇지? 내가 그녀를 좋아해.")

Q6   QUESTIONS-5: 수사의문문

의문문의 기본적인 역할은 청자에게서 어떤 "응답"을 유도해내는 것이다. 그러나 우리는 의문문의 구조를 가진 표현을 청자에게서 어떤 응답을 원하는 표현이 아니라, 화자가 말하고 싶은 "강력한 진술(forceful statement)"을 표현하는 데 사용할 수 있다. 이러한 의문문을 우리는 "수사적(rhetorical) 의문문"이라고 부른다.

1   **강력한 진술이 되는 의문문**: 영어를 포함하여 많은 언어에는 의문문을 통해서 서술형 진술보다 더 강력한 진술을 표현할 수 있다.

"We have a quarrel occasionally." "**Who doesn't?**" [모든 사람이 종종 다툰다.]
("우리는 종종 다툰다." "누구는 안 그래?")
What can one do about it? [아무도 어떻게 할 수 없다.]
(우리가 뭘 어떻게 하겠어?) (= one cannot do anything about it)
Do you know what time it is? [너는 늦었다.]
(너 지금 몇 신지 알아?) (= you are late)

2   **긍정적 진술과 부정적 진술**: 긍정적 수사의문문은 부정적 진술을 표현하고, 부정적 수사의문문은 긍정적 진술을 표현한다.

Who wants to come second? (누가 2등이 되고 싶겠어?) (= No one wants to come second.)
What's the use of asking her? (그녀에게 물어보는 게 무슨 소용이 있겠어?)
(= There's no use asking her.)
Have you lost your mind? (너 정신 나갔어?) (= You're not normal.)
Is there a reason for despair? (절망할 이유가 있어?) (= There's no reason for despair.)
Who doesn't know that? (누가 그것을 몰라?) (= Everyone knows that)
Why don't you do something about it? (왜 그 문제에 대해 무슨 조치를 좀 취하지 그래?)

(= You should do something about it.)
Do you expect me to wait here all day? (너는 내가 여기서 종일 기다리리라고 생각해?)
(= You shouldn't expect me to wait here all day.)
Didn't I tell you he would forget? (그가 잊을 것이라고 내가 말하지 않았어?)
(= Surely, I told you he would forget.)

3   some: 부정적 수사의문문에 단언적 맥락에서 사용되는 "some, someone, something"과 같은 표현을 사용하면 긍정적 진술을 의미할 수 있다.

Isn't there **someone** who could help us? (우리를 도와줄 수 있는 사람이 없겠습니까?)
(= Surely, there is someone who could help us.)
Mustn't there be **some** rational explanation for the situation?
(그 상황에 대한 어떤 합리적인 설명이 틀림없이 있지 않겠습니까?)
(= Surely, there must be **some** rational explanation for the situation.)

4   **부정적 가부의문문**: 부정적 "yes-no 의문문"도 종종 "긍정적 상황"을 의미한다.

Didn't you meet Helen yesterday? (너 어제 헬렌을 만나지 않았냐?)
(= I believe you met Helen yesterday.)
Aren't they lovely? (그들이 정말 사랑스럽지 않아?) (= How lovely they are!)
Haven't I been a fool? (내가 참 어리석지 않았어?) (= What a fool I have been!)
Isn't the answer obvious? (답이 명백하지 않아?) (= Surely the answer is obvious.)

부정의문문에 대해서는 N13.4-8을 보라.

Q7   QUESTIONS-6: 부가의문문

부가의문절(tag questions)은 질문자가 응답자에게서 자신이 "기대하는 대답"을 끌어내려고 할 때 사용된다. 부가의문절은 문장 끝에 오는 짧은 의문절로서 구어와 비격식적 글에서 흔히 나타난다.

It was a wonderful lecture, **wasn't it?** (훌륭한 강연이었다. 그렇지?)

1   구조: 부가의문절은 "주절의 조동사 + (-n't) + 주절 주어의 대명사" 또는 "주절의 조동사 + 주절 주어의 대명사 + (not)"로 구성되며, 주절에 조동사가 없으면 do 조동사를 대신 사용한다.

조동사 + (-n't) + 대명사?/조동사 + 대명사 + not?

John can't go with us, **can he?** (존은 우리와 함께 갈 수 없지? 그렇지?)
Mary wants to go with us, **doesn't she?** (메리는 우리와 같이 가고 싶어 하지? 안 그래?)
They promised to finish it by tomorrow, **did they not?**
(그들이 내일까지 그 일을 끝내겠다고 약속했잖아? 안 그랬어?)

주절이 "긍정형"이면 부가의문절은 "부정형"이 되고, 주절이 "부정형"이면 부가의문절은

"긍정형"이 된다. 부가의문절은 끝을 올려서 발음하는 "상승억양"으로 발음되기도 하고 끝을 내려서 발음하는 "하강억양"으로 발음될 수도 있는데, 어떤 억양 행태를 쓰느냐에 따라 화자가 기대하는 응답의 내용이 달라진다. 부가의문문에는 다음과 같은 네 가지 기본 형이 있다.

| 긍정 주절 + 부정 부가의문절 |

하강억양: You're hungry, **aren't you?** (너 배고프지? 그렇지?)
상승억양: You're hungry, **aren't you?** (너 배고프지?)

| 부정 주절 + 긍정 부가의문절 |

하강억양: You're not hungry, **are you?** (너 배고프지 않지? 그렇지?)
상승억양: You're not hungry, **are you?** (너 배고프지 않지?)

2 **억양과 의미**: 화자가 부가의문절을 "하강억양"으로 발음하면, 응답자가 주절의 내용이 "사실임을 확인"해 줄 것을 기대하는 반면, "상승억양"으로 발음하면 주절의 내용에 대한 긍정 또는 부정에 대해서 화자는 "중립적 입장"을 취한다. (S35.5를 보라.)

You're hungry, **aren't you?**　　　　　　　　　[하강억양]
(너 배고프지? 그렇지?)
(= I assume you're hungry; am I right?)

You're hungry, **aren't you?**　　　　　　　　　[상승억양]
(너 배고프지?)
(= Are you hungry?)

3 **일인칭 주어 문장의 부가의문절**

I'm right, **aren't I?** (내가 옳지? 안 그래?)
We're right, **aren't we?** (우리가 맞지? 안 그래?)

▶ 종종 "aren't" 대신에 "ain't"가 쓰이기도 한다.

I'm right, **ain't I?** (내가 옳지? 안 그래?)
We're right, **ain't we?** (우리가 맞지? 안 그래?)

ain't에 대해서는 A64.2를 보라.

4 **명령문과 감탄문의 부가의문절**

Open the window, **won't you?** (문 좀 열어줄래?)
Don't make a noise, **will you?** (소리 좀 그만 낼래?)
What a beautiful house it is, **isn't it?** (정말 아름다운 집이지?)

▶ 명령문에는 "would/can/can't/could you?"도 부가의문절로 사용될 수도 있다.

Open the window, **would you?** (문 좀 열어줄 수 있어?)
Be quiet, **can't you?** (조용히 할래?)

5 **let's 구문**: let's 구문에는 "shall we?"가 사용된다.

Let's have lunch, **shall we?** (점심 먹읍시다.)
Let's go for a walk, **shall we?** (산책 갑시다.)

6 **there 구문의 부가의문절**: there는 부가의문절에서 주어로 사용된다.

There's something wrong, **isn't there?** (무엇인가 잘못됐지?)
There weren't any problems, **were there?** (어떤 문제도 없었지?)

7 **부정어와 부가의문절**: "never, no, nobody, hardly, scarcely, little"과 같은 부정어를 포함하는 문장 다음에서는 "긍정 부가의문절"이 사용된다.

You **never** say what you want, **do you?** (너는 네가 원하는 것을 절대로 말하지 않지?)
It's **no** use to you anymore, **is it?** (그것은 너에게는 더 이상 소용이 없지?)
We can **hardly** believe it, **can we?** (우리는 그것을 믿을 수가 없지요?)
There was very **little** traffic on the road, **was there?** (길에 차량이 별로 없었지?)

8 **부정대명사와 부가의문절**: "nothing"은 부가의문절에서 대명사 "it"로 표현되고, "nobody, somebody, everybody, no one"은 부가의문절에서 "they"로 표현된다.

Nothing can happen, **can it?** (아무 일도 일어날 수가 없지?)
Nobody phoned, **did they?** (아무도 전화하지 않았지요?)
Somebody wanted a drink, **didn't they?** (누군가 마실 것을 달라고 했지요?)

9 **어휘적 동사 have**: (상태를 가리키는) "비조동사 have" 다음에서는 영국영어에서 "have"와 "do"를 가진 두 가지 부가의문절이 가능하지만, 미국영어에서는 "do"를 사용하는 것이 정상이다.

Your father **has** a bad back, **hasn't/doesn't he?** (너의 아버지는 등이 좋지 않으시지?)
Your father **has** breakfast very early every day, **doesn't he?**
(너의 아버지는 매일 아주 일찍 아침 식사를 하시지?)
(*Your father **has** breakfast very early every day, **hasn't he?**)

have와 함께 사용되는 do에 대해서는 H8을 보라.

10 **생략**: 부가의문절을 가진 문장에서 대명사 주어와 조동사가 흔히 생략된다.

(It's a) Nice day, **isn't it?** (날씨가 좋지요?)
(She was) Talking to my husband, **wasn't she**? (그녀가 내 남편에게 말하고 있었지요?)

11 **의문문과 부가의문문**: 매우 비격식적 구어에서 긍정 부가의문절이 생략이 일어난 의문문

다음에 종종 사용된다.

(Did you) Have a good time, **did you**? (즐거운 시간을 보냈지?)
(Is) Your mother at home, **is she**? (너의 어머니가 집에 계시지?)
(Will) John be here tomorrow, **will he**? (존이 내일 여기 올 거지요?)

Q8   quiet, silent, still

이 단어들은 "조용함"을 의미한다는 점에서 유사하지만, 각 단어가 강조하는 의미가 다르기 때문에 거의 상호교환해서 사용되지 않는다.

1   quiet: "소리가 없음(no sound)" 또는 "소리가 거의 나지 않음(very little sound)"을 강조한다.

It's strange the children upstairs are **quiet** this evening.
(이상하게도 오늘 저녁에는 위층의 아이들이 조용하다.)
The LG washing machine is **quiet**, compared with the previous one.
(LG 세탁기는 먼저 것에 비해서 소리가 나지 않는다.)

▶ quiet도 silent처럼 "말이 없음"을 뜻하기도 한다.

Mom is **quiet** today — we should behave ourselves.
(오늘 엄마가 말이 없으시다. 우리 얌전히 굴어야 한다.)

2   silent: "말이 없음(no speaking)"을 강조한다.

You'd better be **silent** about what happened in school.
(학교에서 있었던 일에 대해 입 닥치는 게 좋을 거야.)
The audience fell **silent** when the conductor appeared on the podium.
(지휘자가 지휘대에 올라가자 청중은 조용해졌다.)

▶ 따라서 "무성영화"는 "silent movie"라고 하고, "발음이 되지 않는 문자"는 "silent letter"라고 하며, "말이 없는 대다수의 국민"은 "the silent majority"라고 한다.

▶ "조용히 하라"는 말에는 "Be quiet!"와 "Be silent!"가 있다. 전자는 "소리를 내지 말라"는 의미이고, 후자는 "말을 하지 말라"는 의미다.

3   still: "움직임이 없어서(no moving)" 조용한 것을 의미한다.

She told the children to stand **still** for an hour as a punishment for being late.
(그녀는 지각에 대한 벌로 아이들을 한 시간 동안 꼼짝 못 하고 서있게 했다.)
You have to sit **still** when I comb your hair.
(머리를 빗겨줄 때는 가만히 앉아 있어야 한다.)

▶ "moving picture(활동사진/영화)"와 대비되는 움직임이 없는 사진을 "still picture"라고

하고, 미술에서 정렬된 꽃이나 과일을 그린 "정물(화)"을 "still life"라고 하며, 파고가 없는 "호수의 물"을 "the still waters of the lake"라고 한다.

Q9   quite

quite는 정도의 강약을 표현하는 부사로 널리 사용된다. 그러나 quite는 미국영어와 영국영어에서 약간의 의미적 차이를 보인다.

1   **비등급성 단어**: "비등급성 (즉 비교급이 없는) 형용사, 부사, 동사"와 함께 사용될 경우 "완전히(completely/absolutely)"의 의미를 가지며, 명사구와 함께 쓰일 경우 "실제로/정말(really/truly)"의 의미를 갖는다.

I'm afraid that's **quite** (= absolutely) **impossible**. (미안합니다만 그것은 절대로 불가능합니다.)
Are you **quite** (= completely) **satisfied** now? (지금은 완전히 만족하십니까?)
She lives **quite** (= absolutely) **alone** in that big mansion.
(그녀는 저 큰 저택에서 아무도 없이 홀로 살고 있다.)
I **quite** (= absolutely) **agree** with you that we meet again next Monday.
(나는 우리가 다음 월요일에 다시 만나자는 너의 제안에 전적으로 동의한다.)
I know she's **quite** (= really) **a girl**. (나는 그녀가 대단한 아가씨라는 것을 안다.)
We're all experiencing **quite** (= actually) **a change** in the weather.
(우리는 모두 일기의 실제적인 변화를 경험하고 있다.)
That's **quite** (= truly) **a different matter**. (그것은 진정으로 별개의 문제다.)

2   **등급성 단어**: "등급성" (즉 비교급이 있는) 단어인 경우 일반적으로 미국식 영어에서는 "매우(very)"를 의미하고, 영국식 영어에서는 "꽤/상당히(fairly/rather)"를 의미한다.

The film was **quite good**, but the book was much better.
(영화도 상당히 좋았으나, 책이 훨씬 더 좋았다.)
Maggie's at college, and she's doing **quite well**. (매기는 대학생인데 매우 잘하고 있다.)
I **quite like** Chinese food. (나는 중국 음식을 꽤 좋아한다.)
He's **quite a good baseball player**. (그는 매우 훌륭한 야구선수다.)
He was **quite a success**. (그는 상당한 성공을 거두었다.)

3   **quite a(n)**: quite는 "부정관사 a/an"을 가진 명사구와 결합할 때 부정관사 앞에 온다.

My boss is **quite a woman**! (나의 상사는 대단한 여성이다.)
I must have been **quite a fool** at that time. (나는 그때 형편없는 바보였던 게 틀림없었다.)
My wife bought **quite a nice car**. (나의 처가 꽤 좋은 차를 샀다.)
I watched **quite an old movie** on TV last night.
(나는 어젯밤에 텔레비전에서 상당히 오래전 영화를 봤다.)

▶ 영국영어에서는 quite가 때때로 정관사 the 앞에 오기도 한다.

He was **quite the most wonderful man** I'd ever met.
(그는 내가 만나 본 진정으로 가장 훌륭한 사람이었다.)

4 **비교급**: quite가 비록 등급성 단어와 함께 쓰일 수 있지만 "비교급" 앞에는 올 수 없다.
(비교급 수식어에 대해서는 C33을 보라.)

She looks **rather healthier** than me. (그녀는 나보다 상당히 더 건강해 보인다.)
(*She looks **quite healthier** than me.)
She looks **far smarter** than me. (그녀는 나보다 많이 더 똑똑해 보인다.)
(*She looks **quite smarter** than me.)
She looks **much happier** than me. (그녀는 나보다 훨씬 더 행복해 보인다.)
(*She looks **quite happier** than me.)
She looks **a bit taller** than me. (그녀는 나보다 약간 커 보인다.)
(*She looks **quite taller** than me.)
She looks **no prettier** than me. (그녀는 나보다 더 예뻐 보이지는 않는다.)
(*She looks **quite prettier** than me.)

▶ "quite better"는 "(병에서) 완전히 회복됨(completely recovered)"을 의미한다.

When you're **quite better**, we can see about planning a trip.
(네가 완전히 회복되면, 우리가 여행을 하는 계획을 생각해 볼 수 있다.)

▶ 영국영어에서 "quite similar"와 "quite different"에서 quite가 다르게 해석된다.

The two brothers are **quite** (= fairly) **similar**. (두 형제는 상당히 닮았다.)
The two brothers are **quite** (= completely) **different**. (두 형제는 완전히 다르다.)

5 **not quite**: "not completely" 또는 "not exactly"의 의미로만 쓰인다.

They were**n't quite ready**, so we waited in the car.
(그들이 전혀 준비가 되지 않아서 우리는 차에서 기다렸다.)
I'm **not quite sure** where she lives. (나는 그녀가 어디 사는지 정확히 모른다.)
That's **not quite the dress** I wanted. (그것은 내가 정확히 원했던 옷이 아니다.)

▶ "not quite what/why/where" 등에서는 "not exactly"를 의미한다.

The play was**n't quite what** we expected. (연극은 우리가 기대했던 것이 전혀 아니었다.)
That wasn't **quite why** I refused to see her.
(그것은 내가 그녀를 보지 않는 정확한 이유가 아니다.)

6 **quite a lot/a bit/a few/a number**: "quite a bit"과 "quite a few"는 (비격식적 용법에서) "quite a lot"와 "quite a number"와 거의 비슷한 의미를 가지며, 일반적으로 "꽤 많은 수나 양"의 긍정적 의미로 쓰인다.

My son has **quite a lot** of friends. (나의 아들은 친구가 꽤 많다.)
We've made **quite a bit** of profit on the deal. (우리는 그 거래에서 꽤 큰 이득을 보았다.)

Quite a few cities are banning cars from their shopping centers.
(상당히 많은 도시들이 상업중심지에 차의 진입을 막고 있다.)
We've been friends for **quite a number** of years.
(우리는 상당히 오랫동안 친구로 지내고 있다.)

7   quite a/some + 명사: 영국영어에서 어떤 대상이 "매우 좋거나 흥미롭거나 크다"는 것을 표현한다.

That was **quite a party** you had. (네가 연 파티가 참 대단했다.)
He's **quite a character**. (그는 참 흥미로운 인물이다.)
Her working place is **quite some distance** away. (그녀의 직장은 매우 멀리 떨어져 있다.)

8   quite right/that's right: 다른 사람의 말에 "강력한 동의"를 표현할 때 사용된다.

"I refuse to do any more work for nothing." "**Quite right.**"
("나는 대가 없이 어떤 일도 더 하는 것을 거부한다." "네 말이 옳다.")
"I gather you're teaching at Sogang?" "**That's right.**"
("당신은 서강대학교에서 가르치고 있는 것으로 알고 있습니다." "네, 맞습니다.")

9   that's quite all right: 영국영어에서 어떤 사람이 한 행동에 대해 "화가 나지 않았음"을 표현할 때 사용된다.

"I'm sorry we're so late." "**That's quite all right.**" ("너무 늦어서 죄송합니다." "괜찮습니다.")

정도를 나타내는 다른 구조에 대해서는 D4-D8을 보라.

R1 rarely와 seldom

rarely와 seldom은 "드물게/좀처럼 ... 않다"를 뜻하며, 이들은 일반적으로 동사 앞이나 조동사가 있으면 조동사 다음에 온다. seldom은 문어체에서 더 흔히 쓰인다.

People **rarely ask** questions. (사람들은 거의 질문을 하지 않는다.)
This method **is rarely/seldom** used in modern laboratories.
(이 방식은 현대식 실험실에서는 좀처럼 사용되지 않는다.)
I've **rarely/seldom** seen a better game. (나는 더 멋있는 경기를 좀처럼 못 봤다.)

▶ "긍정적 부가의문절"이 따라오는 것을 보면 위 문장들은 "부정문"이라고 할 수 있다.

She **rarely/seldom** comes to see her parents, **does she**?
(그녀는 부모님을 보러 거의 오지 않지요?)

▶ 격식적인 글에서 rarely와 seldom을 강조하기 위해서 문장 앞 위치에 놓을 수 있으며, 이때 다른 부정적 표현과 마찬가지로 "주어와 조동사의 도치"가 일어난다.

Rarely/Seldom are the patients consulted about their diseases.
(환자들은 좀처럼 자신의 병에 대해서 상담을 받지 못한다.)

주어와 조동사 도치에 대해서는 I48을 보라.

R2 rather

rather는 "quite"나 "fairly"와 유사한 의미를 가진 "정도 부사"로 사용되거나, 한 상황이 아니고 다른 상황을 "선호"하는 것을 표현할 때 사용된다. 미국영어에서는 rather가 첫 번째 의미로는 자주 사용되지 않는다.

I was **rather surprised** to see her with her ex-husband.   [정도]
(나는 그녀가 전 남편과 함께 있는 것을 보고 상당히 놀랐다.)
I'd like to go to Hawaii **rather than** to California.   [선호]
(나는 캘리포니아보다 하와이에 가고 싶다.)

1 rather a/an: rather는 "한정사 선행어"로서 명사구를 수식할 수 있으며, 일반적으로 부정관사 "a/an" 앞에 오지만 명사 앞에 "형용사"가 있으면 "a/an" 다음에도 올 수 있다.

He's **rather a fool**. (그는 좀 바보다.) (*He's **a rather fool**.)
It's **rather a shame/*a rather shame** that he can't come to the meeting.
(그가 모임에 올 수 없다는 것은 매우 유감스러운 일이다.)

Rather a large crowd gathered to hear the speaker.
(그 연설가의 말을 들으려고 상당히 큰 대중이 모였다.)
(= **A rather large** crowd gathered to hear the speaker.)

▶ rather는 정관사 "the" 앞에는 올 수 없다.

Her son is **the rather tall/*rather the tall** boy in the corner.
(그녀의 아들은 모퉁이에 있는 좀 큰 남자아이다.)

▶ rather는 형용사의 수식을 받지 않는 복수명사 앞에는 사용되지 않는 것이 정상이다.

They're **rather stupid fools**.
(그들은 꽤 어리석은 바보들이다.)
(*They're **rather fools**.)
He'd made **rather bad mistakes** that couldn't be corrected.
(그는 되돌릴 수 없는 상당히 심각한 실수를 저질렀다.)
(*He'd made **rather mistakes** that couldn't be corrected.)

2   **비교급과 too**: rather는 "fairly"와는 달리 "비교급"과 too를 수식할 수 있다.

The exam was **rather/*fairly easier** than I expected.
(시험은 내가 생각했던 것보다 상당히 쉬웠다.)
The job proved to be **rather/*fairly more difficult** than I had expected.
(그 작업은 내가 기대했던 것보다 상당히 어렵다는 것이 증명되었다.)
It's a nice house, but **rather/*fairly too big** for a family of three.
(집은 좋지만 세 명의 가족에게는 너무나 크다.)

▶ rather와 fairly: rather는 fairly보다 "더 강한 정도"를 의미한다.

It's a **fairly** cold day. (오늘은 날씨가 좀 춥다.)
It's a **rather** cold day. (오늘은 날씨가 상당히 춥다.)

I was **fairly** surprised that my wife got a driver's license.
(나는 내 처가 운전면허를 딴 것에 좀 놀랐다.)
I was **rather** surprised that my wife got a driver's license.
(나는 내 처가 운전면허를 딴 것에 많이 놀랐다.)

정도를 표현하는 다른 구조에 대해서는 D4-D8을 보라.

3   **rather than**: 대조되는 "두 개의 대상이나 상황"에서 뒤의 것이 사실이 아니거나 원하는 것이 아닐 경우 사용된다.

He'd **rather go to Harvard than to Yale**. (그는 예일보다 하버드에 가겠다.)
I think you'd call it **a lecture rather than a talk**.
(담화라기보다 강의라고 말해야 한다고 나는 생각한다.)
Bill decided **to quit rather than work under the new boss**.
(빌은 새로운 상사 밑에서 일하기보다 그만두기로 했다.)
He likes **starting early rather than staying late**.
(그는 늦장을 부리는 것보다 일찍 출발하는 것을 좋아한다.)

(1) to-부정사: 주절이 "to-부정사"를 가지고 있을 경우에는 "rather than"을 뒤따라 나오는 부정사는 to를 갖지 않는 것이 일반적이며, 종종 동사의 "-ing형"이 오기도 한다.

I decided **to get a job rather than go/going to college**.
(나는 대학에 진학하지 않고 일을 하기로 결심했다.)
I'd like **to stay at home this evening rather than go/going out**.
(나는 오늘 밤에 외출하는 것보다 집에 있고 싶다.)

(2) -ing형: 동사의 "-ing형"은 "rather than"이 문장 맨 앞 위치에 올 때 자주 나타나며, 이 경우 "rather than"은 일종의 "접속사" 역할을 한다.

Rather than go/going straight on to college, why not get some work experience?
(대학에 곧바로 진학하기보다 직장 경험을 해보는 것이 어때?)
Rather than get/getting a job, I decided to study engineering at college.
(나는 직장을 얻기보다 대학에 가서 공학을 공부하기로 했다.)

(3) sooner than: "rather than"과 같은 의미로 쓰이며, 동일한 법칙이 "sooner than"에도 적용된다.

I'd sooner have my own business **than** work for somebody else.
(나는 다른 사람을 위해 일하기보다 내 자신의 사업을 하고 싶다.)

4 would rather: 무엇을 하는 데 있어서 한 방법 대신에 다른 방법을 "선호"한다고 말할 때 사용할 수 있다.

I'd rather have a cup of coffee in Starbucks.
(나는 차라리 스타벅스에서 커피 한 잔을 마시고 싶다.)
"I'd like to have a talk with you." "**I'd rather** not (= I don't want to)."
("너와 말 좀 하고 싶은데." "나는 그러고 싶지 않다.")
I'd rather die **than** marry him. (나는 그와 결혼하기보다 차라리 죽는 게 낫겠다.)

(1) had rather: "would rather"와 동일한 축약형 "-'d rather"를 가지고 있으며 유사한 의미로 쓰였지만 지금은 많이 사용되지 않는다.

I **had rather** come with you **than** stay here. (여기 있는 것보다 너와 같이 가는 게 좋겠다.)

 (2) would sooner: "would rather"와 같은 의미로 쓰인다.

She **would sooner** die **than** marry me. (그녀는 나와 결혼하기보다 죽음을 택할 것이다.)

5 주어1 + would rather + 주어2 + 과거시제 동사: 주어1이 주어2가 어떤 행동을 할 것을 바란다고 할 때 사용하며, 여기서 과거시제 동사는 항상 "현재시간"을 가리킨다.

I'd rather you didn't go out alone.
(나는 네가 혼자서 나가지 않으면 좋겠다.)
(= I don't want you to go out alone.)
My wife **would rather we went** home early.
(나의 처는 우리가 집에 일찍 가기를 원한다.)
We don't have money now. I **would rather we had** a vacation next year.
(우리는 지금 돈이 없다. 내년에 휴가를 가면 나는 좋겠다.)

"Shall I bring a chair for you?" "I'd rather you didn't."
("의자를 가져다 드릴까요?" "그러지 않아도 된다.")

(1) 과거완료: 때때로 현재시제가 이 구조에서 사용되기도 하지만 (예: I'd rather you stay with us.) 흔하지 않으며, 과거의 행동에 대해 말할 때는 "과거완료"가 사용된다.

I'd rather he hadn't gone to the meeting. (나는 그가 회의에 가지 않았어야 한다고 생각한다.)
I'd rather I hadn't left her. (나는 그녀를 떠나지 않았어야 했다.)

(2) would sooner: 앞에서와 마찬가지로 동일한 규칙이 "would sooner"에도 적용된다.

I would sooner you kept/*keep it a secret.
(나는 네가 그것을 비밀로 지키면 좋겠다.)

(3) I wish: 실제 구어체에서는 "I wish" 구문이 더 자주 사용된다. (W19를 보라.)

I wish he hadn't gone to the meeting. (나는 그가 회의에 가지 않았으면 했다.)
I wish I hadn't left her. (나는 그녀를 떠나지 않았어야 했다.)

과거시제가 현재시간과 미래시간을 의미하는 다른 구조에 대해서는 P19를 보라.

6   or rather: 잘못 말한 것을 수정하거나 더 구체적 정보를 제공할 때 종종 사용한다.

He has to see a psychologist — **or rather**, a psychoanalyst.
(그는 심리학자, 아니 심리분석 전문의를 만나봐야 한다.)
We all went in Jane's car, **or rather**, her mother's car.
(우리 모두는 제인의 자동차, 아니 제인의 어머니 차를 타고 갔다.)

7   not A but rather B: A가 아니고 B가 진실이라는 점을 표현할 때 사용된다.

She's **not** a writer **but rather** a painter.
(그녀는 저술가라기보다 화가다.)
Their failure was **not** the lack of funding **but rather** the lack of planning.
(그들의 실패는 자금의 부족이 아니라 계획의 결핍이었다.)

8   rather you than me: "내가 아니라 다른 사람"이 어떤 일을 하게 되어 기쁘다고 말할 때 사용된다.

"I've to have two teeth out next week." "**Rather you than me.**"
("나는 다음 주에 이빨 두 개를 빼야 한다." "그게 내가 아니라 너여서 다행이다.")
"He has to drive all the way to Busan at Chuseok." "**Rather him than me.**"
("그는 추석에 부산까지 운전해 가야 한다." "그게 내가 아니라서 좋다.")

R3   reality와 realty

reality는 real의 "진정한, 현실의" 의미에서 도출된 명사이고, realty는 real의 "부동산의,

물적인" 의미에서 도출된 명사로서 주로 미국영어에서 "부동산(real estate)"을 의미한다.

Slaughter and destruction are harsh **realities** of war.
(살상과 파괴가 전쟁의 무자비한 현실이다.)
His **realty** includes a big mansion and a ten-story building in Incheon.
(그의 부동산으로는 대저택과 인천에 10층짜리 빌딩이 있다.)

▶ 참고로 personal에서 도출된 "personality(인격, 성격)"이라는 단어와 "personalty(동산(personal property))"라는 단어가 있다.

R4   REASON과 CAUSE (이유와 원인)

우리는 어떤 행위를 하는 어떤 "이유" 나 "원인"이 있을 때 그것을 "이유절"을 써서 표현한다. 이유를 표현하는 부사구는 일반적으로 "Why ...?" 의문문의 응답으로 쓰일 수 있다.

"**Why** did they stop the game?" "**Because** it rained very hard."
("그들은 어째서 경기를 중단했습니까?" "비가 너무 와서요.")
"**Why** did she give up her job?" "**Because of** her bad health."
("그녀는 왜 직장을 포기했습니까?" "건강이 나빠서요.")

▶ 이유절 구조에서 "주절"과 "이유절"이 그 역할을 바꾸면 "결과절" 구조가 된다.

They stopped the game, **because it rained very hard**.
(비가 너무 심하게 오기 때문에 그들은 경기를 중단했다.)
It rained **so hard that they stopped the game**.
(비가 너무 심하게 와서 그들은 경기를 중단했다.)
She gave up her job, **because of her bad health**.
(건강이 좋지 않기 때문에 그녀는 직장을 그만두었다.)
Her health was **so bad that she gave up her job**.
(건강이 좋지 않아서 그녀는 직장을 그만두었다.)

결과절에 대해서는 R20을 보라.

1   구조: 이유를 표현하는 부사구는 일반적으로 다음과 같은 구조를 갖는다.

접속사 (because, as, since, for) + 절
**전치사 (because of, on account of, owing to, due to, thanks to, through)
    + 명사구**

The flight was pretty bumpy, **because** we ran into a thunderstorm.
(폭풍우를 만나서 비행기가 매우 덜컹거렸다.)
We couldn't understand the TV, **as** we hadn't learned any Italian.
(우리는 이탈리아어를 전혀 배우지 않아서 텔레비전을 이해할 수 없었다.)
We spent the evening watching TV, **since** the nightclub was closed.
(나이트클럽이 문을 닫아서 우리는 텔레비전을 보면서 저녁시간을 보냈다.)

My Dad never left the country, **for** in those days only rich people travelled abroad.
(그 당시에는 부자만이 외국 여행을 했기 때문에 나의 아버지는 나라 밖을 나가 본 적이 없다.)

He couldn't walk fast **because of** his bad leg.
(좋지 않은 다리 때문에 그는 빨리 걸을 수 없었다.)

The game was cancelled **on account of** bad weather.
(나쁜 날씨 때문에 경기가 취소되었다.)

On account of me you will stand before governors and kings as witnesses to them.
(나로 인하여 너희가 권력자들과 임금들 앞에 서리니 이는 그들에게 증거가 되려 함이라.) [막 13:9]

They couldn't come **owing to** the rainstorm. (폭풍우 때문에 그들은 올 수 없었다.)

He had a bad accident **due to** his careless driving.
(그는 부주의한 운전 때문에 큰 사고를 냈다.)

Thanks to the heavy rain, vegetable prices rose sharply.
(비가 많이 와서 채소 값이 급등했다.)

The company lost the order **through** production delays.
(회사는 생산 지연 때문에 주문을 빼앗겼다.)

▶ 이유 부사절과 부사구는 주절 앞으로 전치할 수 있다. "for-절"은 보통 주절 앞으로 보낼 수 없다.

Because we ran into a thunderstorm, the flight was pretty bumpy.
(폭풍우를 만나서 비행기가 매우 덜컹거렸다.)

Because of his bad leg, he couldn't walk fast.
(좋지 않은 다리 때문에 그는 빨리 걸을 수 없었다.)

*****For** in those days only rich people travelled abroad, my Dad never left the country.

2   글: 특히 글에서는 연결동사를 써서 다음과 같이 "이유"를 표현한다.

Fortunately, no passengers were killed in the bus crash. **The reason (for it) was that** all passengers fastened seat belts. (다행히도 버스 충돌사고에서 승객이 한 명도 죽지 않았다. 그 이유는 모든 승객이 안전띠를 맸기 때문이었다.)

"Look how slim she is!" "**That's because** she doesn't eat much."
("그녀가 얼마나 날씬한가 봐라!" "그것은 그녀가 많이 먹지 않기 때문이다.")

▶ 대화가 아니고 "글을 쓸 때"는 부사구나 부사절을 독립절로 사용하지 않는 것이 좋다.

Fortunately, no passengers were killed in the bus crash. *****Because** all passengers fastened seat belts.

Look how slim she is! *****Because** she doesn't eat much.

3   the reason... because: "the reason"과 "because"를 한 문장에서 함께 쓰는 것은 바람직하지 않다. 그러나 이 구조를 허용하는 사람도 있다.

The reason (why) he lost the race was **that** he caught a cold.
(그가 경기에서 진 이유는 감기가 들었기 때문이었다.)

(***The reason** (why) he lost the race was **because** he caught a cold.)
The reason you do not hear is **that** you do not belong to God.
(너희가 듣지 아니함은 하나님께 속하지 아니하였음이로다.) [요 8:47]

because-절의 상세한 속성에 대해서는 B11을 보라.

R5 rebellion, revolt, revolution

rebellion은 정부에 대한 "(공개적이고 직접적인) 무장저항"을 말하고, revolt는 "(적은 규모의) 무장저항"을 말하며, revolution은 기존의 법질서나 정부를 전복하고 새로운 정부를 세우는 "혁명"을 의미한다.

They're planning a **rebellion** against the conservative government.
(그들은 보수 정부에 대해 봉기를 계획하고 있다.)
The government has brutally crushed the armed **rebellion** of the extremists.
(정부는 극단주의자들의 무장 반란을 무자비하게 진압했다.)
Troops were called in to put down the **revolt**. (폭동을 진압하기 위해 군을 불러들였다.)
They were accused of trying to stir up **a revolt**.
(그들은 폭동을 일으키려고 한 혐의로 고발당했다.)
The French **Revolution** changed France from a monarchy to a republic.
(프랑스혁명은 프랑스를 군주제에서 공화제로 바꾸었다.)
The role of women in the society has changed since the **revolution**.
(혁명 이후 여성의 사회적 역할이 바뀌었다.)

R6 recently와 lately

1. recently와 lately: recently와 lately는 둘 다 "현재와 가까운 시점"을 가리키지만, 상황에 따라 그것이 "며칠, 몇 주, 몇 달"이 될 수도 있다.

    The President has **recently** come back from the five-day visit to the US.
    (대통령은 5일간의 미국 방문을 마치고 최근에 귀국했다.)
    Recently birthrates have gone down significantly in Korea.
    (최근에 한국에서 출생률이 심각할 정도로 감소했다.)
    The company went through a bad time last year, but **lately** things have been looking up.
    (회사는 지난해에 힘든 시간을 보냈으나, 근래에는 상황이 좋아지고 있다.)
    What have you been doing **lately**? (요사이 뭐 하고 지내?)

2. lately: lately는 recently보다 좀 더 "현시점에 가까운 개념"이기 때문에 일반적으로 "과거시제"나 "과거완료시제"와는 쓰이지 않는 것이 보통이다.

    I **have been** thinking about this a lot **lately/recently**.
    (나는 이것에 대해서 요사이 많이 생각해 보고 있다.)

I **recently visited** Russia. (나는 최근에 러시아를 방문했다.)
(*I **lately visited** Russia.)
Nobody **had opposed** the new road plans **until recently**.
(아무도 근래까지 새로운 도로계획에 반대하지 않았다.)
(*Nobody **had opposed** the new road plans **until lately**.)
I **had only recently returned** and was still feeling tired from the trip.
(나는 돌아온 지 얼마 되지 않아서 여행에서 얻은 피곤함을 아직도 느낀다.)

3   **유사한 표현**: 이들과 유사하게 쓰이는 표현으로는 "not long ago, a little/short while ago, a short time ago" 등이 있으며, 이들은 모두 "과거시제"와 함께 쓰인다.

Not long ago women **were** expected to stay at home and look after the children.
(얼마 전까지만 해도 여성은 집에 있으면서 아이들을 돌보는 것으로 생각했다.)
He **went** to the meeting **a short time ago**. (그는 얼마 전에 회의에 갔다.)
Bob's attorney **gave** me a call just **a little while ago**.
(잠시 전에 밥의 변호사가 나에게 전화를 했다.)

R7   recollect과 remember

recollect와 remember는 일반적으로 상호교환해서 쓸 수 없다. recollect는 어떤 것을 "기억해내려고 노력하는 것"을 말하고, remember는 노력하거나 원하지도 않는데 "마음속에 있는 기억"을 말한다.

Can you **recollect** his name? (그의 이름을 생각해 낼 수 있으세요?)
She suddenly **recollected** that she had left her handbag at the restaurant.
(그녀는 핸드백을 식당에 놓고 왔다는 것이 갑자기 생각났다.)
Can you **recollect** how your brother reacted? (너의 형이 어떻게 반응했는지 기억이나?)

I **remember** that you two couldn't stand each other at first.
(내 기억으로는 처음에는 너희 둘은 서로 맞지 않았는데.)
I find it easy to **remember** people's faces, but not their names.
(나는 사람들의 얼굴은 쉽게 기억하는데 이름은 그렇지 않다.)
I don't **remember** signing the contract. (나는 그 계약서에 서명한 기억이 없다.)

R8   REFLEXIVE PRONOUNS (재귀대명사)

1   **형태와 종류**: 재귀대명사란 일반적으로 같은 절 내에 있는 다른 명사구를 선행사로 가지며, 대부분의 경우에 그 명사구는 절의 주어일 가능성이 높다. 재귀대명사는 단수형일 때는 -self로 끝나고 복수형일 때는 -selves로 끝난다. (P51.2를 보라.)

(1) 일/이인칭 재귀대명사 = 한정사적 소유대명사+ -self/-selves

단수 = **myself, yourself**
복수 = **ourselves, yourselves**

(2) 삼인칭 재귀대명사 = 목적어형 인칭대명사 + -self/-selves

단수 = **himself, herself, itself**
복수 = **themselves**

▶ herself는 외관상으로는 소유형과 목적어형 둘 다에 속한다.

2 **재귀대명사의 조건**: 영어의 재귀대명사는 전형적으로 같은 문장 또는 절 내에 있는 주어와 목적어가 "동일한 사람이나 물건"을 가리킬 때 나타난다.

He describes **himself** as a liberalist. (그는 자신을 자유주의자라고 평했다.)
I was surprised that **everybody** acquired the ability to defend **themselves**.
(나는 모두가 자신을 지킬 수 있는 능력을 습득하고 있다는 것에 놀랐다.)
Please drive more carefully or **you**'ll kill **yourself**.
(제발 조심해서 운전해라. 안 그러면 너는 죽게 될 것이다.)
The city defended **itself** from attack. (그 도시는 공격으로부터 자신을 지켰다.)

3 **복합문**: 복합문에서 재귀대명사는 가까이 있는 주어를 가리킨다.

He said that **she** described **herself** as a liberalist.
(그는 그녀가 자신이 자유주의자라고 평했다고 말했다.)
(*He said that **she** described **himself** as a liberalist.)

4 **재귀대명사의 지시관계**: 재귀대명사는 종종 문장의 주어가 아닌 것을 가리킬 수도 있다.

His letters are all about **himself**. (그의 편지는 모두 자신에 관한 것이다.)
I'm going to tell **her** a few facts about **herself**.
(나는 그녀에게 그녀 자신에 대한 몇 가지 사실을 말하려고 한다.)
I love **you** for **yourself**, not for your money.
(나는 너를 네 돈 때문이 아니라 너 자신 때문에 사랑한다.)

5 **주어와 재귀대명사**: 재귀대명사는 시제절의 주어로는 쓰일 수 없다.

*****Himself** wanted to do it.
*He said that **himself** could do it.

6 **비강조적 용법**: 비강조적 용법에는 다음의 세 가지 유형이 있다.

(1) 재귀동사(reflexive verbs)는 재귀대명사 목적어를 의무적으로 필요로 한다.

absent oneself (from)	acquit oneself	avail oneself (of)
busy oneself with	conceal oneself	comport oneself
conduct oneself	perjure oneself	pride oneself (on) 등

We all thought he had **conducted himself** admirably in today's meeting.
(우리 그가 오늘 회의에서 훌륭하게 행동했다고 생각했다.)

She **comported herself** with great dignity at her husband's funeral.
(그녀는 남편의 장례식에서 매우 의연하게 행동했다.)
Mr. Smith always **prides himself** on his academic background.
(스미스 씨는 항상 자신의 학문적 배경을 자랑스러워한다.)

(2) 재귀대명사 목적어를 수의적으로 취하는 동사에서는 재귀대명사를 삭제해도 그 뜻에 있어서는 거의 변화가 없다.

abstain (oneself)	adjust (oneself) to	behave (oneself)
dress (oneself)	hide (oneself)	prepare (oneself) for
prove (oneself) (to be)	submit (oneself)	surrender (oneself)
wash (oneself)	worry (oneself) 등	

You must **behave (yourself)** at the party. (너는 파티에서 잘 처신해야 한다.)
The animal seems to know how to **adjust (itself)** to its environment.
(동물은 자신의 환경에 적응할 줄 아는 것 같다.)
During the rescue she **proved (herself)** to be a highly competent climber.
(구조 활동 동안에 그녀는 자신이 매우 능력 있는 등산가임을 입증했다.)

(3) "dress, shave, wash"와 같은 동사는 그 행위를 한 사람을 명백히 밝혀야 할 필요가 있을 경우 재귀대명사를 사용할 수 있다.

She's old enough to **dress herself** now. (그녀는 스스로 옷을 입을 나이다.)
The barber shaves all the people in the town who don't **shave themselves**.
(이발사는 스스로 면도할 수 없는 마을의 모든 사람을 면도해준다.)
He's too old to **wash himself**. (그는 나이가 많아서 스스로 씻지 못한다.)

7 **대명사와 재귀대명사**: 보통 타동사의 목적어로 쓰이는 재귀대명사는 일반 대명사와 그 지시관계(즉 선행사의 선택)에 있어서 대조를 이룬다. 다음의 두 문장을 비교해 보자.

Williams saw **himself** in the mirror. (윌리엄은 거울에 비친 자신을 보았다.)
Williams saw **him** in the mirror. (윌리엄은 거울에 비친 그를 보았다.)

첫 번째 예에서 "himself"는 의무적으로 주어인 Williams를 가리키지만 두 번째 예의 "him"은 절대로 주어인 Williams를 가리킬 수 없다.

▶ 전치사적 동사가 나타나는 문장에서 전치사 목적어로 재귀대명사가 쓰인다.

Mary stood **looking at herself** in the mirror. (메리는 서서 거울에 비친 자신을 쳐다봤다.)
Do **look after yourselves**! (너 자신을 돌보도록 해라!)
He **thinks** too much **of himself**. (그는 자신을 너무 대단하게 생각한다.)

8 **전치사 목적어 대명사**: 완전히 일반화하기는 어렵지만 "공간적 관계"를 나타내는 부사적 전치사구에서는 전치사의 목적어로 "목적어형 인칭대명사"가 쓰일 수 있으며, 그 대명사는 주어를 선행사로 가질 수 있다.

He looked about **him**. (그는 자기의 주위를 살펴봤다.)

They placed their papers **in front of them**. (그들은 앞에 자신의 논문을 놓았다.)
We have the whole day **before us**. (우리 앞에 완전한 하루가 있다.)

▶ 전치사 "as, but (for), except (for), like, than" 등의 목적어로 쓰일 경우 또는 다른 명사구와 등위접속될 경우 재귀대명사가 인칭대명사 대신에 쓰일 수 있다.

For someone **like me/myself**, this is a big surprise.
(나와 같은 사람에게 이것은 크게 놀라운 사건이다.)
Except for us/ourselves, the whole village was asleep.
(우리를 제외하고는 전 마을이 잠에 들어 있었다.)
My brother **and I/myself** went fishing yesterday. (동생과 나는 어제 낚시를 갔었다.)

9   강조적 용법: 재귀대명사는 어떤 행위를 한 사람이 다른 사람이 아닌 "특정한 사람"이라는 것을 말할 때 쓰인다. 이 경우 재귀대명사는 일반적으로 강조하고자 하는 사람 바로 다음 위치에 오지만 종종 문장 끝에 위치하기도 한다. 강조적 재귀대명사는 발음할 때 "주강세"를 주어 발음해야 한다.

The President himself attended the meeting. (대통령이 직접 회의에 참석했다.)
(= **The President** attended the meeting **himself**.)

Please don't wash my cup, **I myself** will do it. (내 컵을 씻지 마세요. 내가 직접 할 겁니다.)
(= Please don't wash my cup, I'll do it **myself**.)
... today — yes, tonight — before the rooster crows twice, **you yourself** will disown me three times.
(오늘 이 밤 닭이 두 번 울기 전에 네가 세 번 나를 부인하리라.) [막 14:30]

▶ 목적어를 강조하는 재귀대명사는 일반적으로 목적어 바로 다음이나 문장 끝에 온다.

He wanted **us** to lead the discussion **ourselves**.
(그는 우리 자신이 그 토의를 이끌어가기를 원했다.)
We spoke to **the victims themselves** about the accident.
(우리는 사고에 대해서 희생자에게 직접 말을 했다.)

10   여타용법

(1) by oneself: "홀로(alone), 스스로(without help)"를 의미한다.

It can be very lonely living **(all) by yourself**.
((아무도 없이) 혼자 산다는 것은 매우 고독할 수 있다.)
She's able to carry out some repairs on her car **by herself**.
(그녀는 자기의 차를 사소한 것은 스스로 고칠 수 있다.)
... the Son can do nothing **by himself**.
(아들이 ... 아무것도 스스로 할 수 없나니.) [요: 5:19]
All by itself, the soil produces grain ...
(땅이 스스로 열매를 맺되 ...) [막 4:28]

(2) oneself와 each other: 재귀대명사와 상호대명사는 그 용법이 다르다. (E3을 보라.)

Nick and John talked to **themselves**. (닉과 존은 자신에게 말을 했다.)
(= Nick talked to himself, and John talked to himself.)
Nick and John talked to **each other**. (닉과 존은 서로에게 말을 했다.)
(= Nick talked to John, and John talked to Nick.)

(3) 속격: 재귀대명사에는 속격 어미를 붙일 수 없다.

Nick and John talked to **each other's** sisters. (닉과 존은 서로의 여동생에게 말을 했다.)
(*Nick and John talked to **themselve's** sisters.)

(4) own: 재귀대명사의 소유격 대신에 "own"을 사용한다. (O27을 보라.)

I always type **my own** letters. (나는 항상 내 자신의 편지를 타자로 친다.)
Would you mind **your own** business? (자신의 일에나 신경 쓰시지요.)
She cooks all **her own** meals. (그녀는 자신의 음식을 모두 요리한다.)

R9   referee와 umpire

이 두 단어는 각종 운동경기의 진행을 책임지는 사람인 "심판(원)"을 가리킨다. 경기의 종류에 따라 referee 또는 umpire를 사용한다.

1   **referee**: 일반적으로 "축구, 농구, 권투, 아이스하키, 농구, 럭비, 레슬링, 유도" 등의 경기에서와 같이 경기장에서 "적극적으로 움직이면서" 경기를 운영하는 "심판"을 가리킨다.

Liverpool only lost a game because the **referee** was biased.
(리버풀은 편파적인 심판으로 인해 한 게임을 패했다.)
He served as a **referee** for wrestling in the 1988 Seoul Olympics.
(그는 1988년도 서울올림픽에서 레슬링 심판으로 일했다.)

▶ referee는 법적인 또는 공적인 분쟁의 "조정자, 판정관"을 의미할 수도 있다.

The Governor acted as **referee** in the dispute between the garbage men and the city government. (주지사는 미화원과 시당국 간의 분쟁을 조정하는 역할을 했다.)

2   **umpire**: 일반적으로 "야구, 배구, 테니스, 크리켓, 탁구, 조정, 수영, 배드민턴" 등의 경기에서와 같이 "많이 움직이지 않고" 한 위치에서 경기를 운영하는 "심판"을 가리킨다.

He acted as **umpire** in the 7th play-off of the 2019 World Series between Washington Nationals and Houston Astros.
(그는 워싱턴 내셔널스와 휴스턴 애스트로즈 간에 있었던 2019년도 월드시리즈의 플레이오프 7차전에서 심판을 보았다.)
The **umpire** called the ball a foul. (심판은 파울볼이라고 선언했다.)

▶ 미식축구에서는 "주심"을 referee라고, "부심"을 umpire라고, "선심"을 linesman이라고 부른다.

Who do you think will be **referee/umpire** for the next Super Bowl?
(너는 누가 다음 슈퍼볼의 심판관이 될 것이라고 생각하느냐?)

3   **judges**: 일반적으로 umpire처럼 한 위치에서 경기를 주관하지만 "다이빙, 피겨스케이팅"과 같이 경기의 결과에 대해 점수를 매기는 "집단의 심판원"을 가리킨다.

In the 2010 Vancouver Winter Olympics, the **judges** gave Yuna Kim the unprecedented high scores in the history of the figure skating.
(2010년도 밴쿠버 동계올림픽에서 심판원들은 김연아 선수에게 피겨스케이팅 역사상 선례가 없는 최고의 점수를 주었다.)

R10   refuse, decline, reject

이 단어들은 어떤 제안을 "받아들이지 않는 것"을 의미한다.

1   **refuse**: refuse는 "직선적으로 거절하는 것"을 의미한다.

He was obviously in trouble, but he **refused** any offer of my help.
(그는 명백히 곤경에 처해 있었지만 나의 어떠한 도움도 거절했다.)
He offered me some money, but I **refused** it.
(그가 나에게 돈을 좀 주려고 했으나 나는 사절했다.)
I asked him to drive more slowly, but he **refused**.
(나는 그에게 좀 더 천천히 운전하라고 말했으나 그는 거절했다.)

2   **decline**: decline은 "겸손하게 거절하는 것"을 의미한다.

He **declined** my invitation because of a previous appointment.
(그는 선약이 있어서 나의 초대를 사양했다.)
They **declined** to tell how they had gotten my address
(그들은 나의 주소를 어떻게 알았는지 말하기를 거부했다.)
He **declined** the invitation to speak at the conference.
(그는 모임에서 연설해 달라는 초대를 사양했다.)

3   **reject**: reject는 refuse보다 더 "강하고 단호하게 거절하는 것"을 의미한다.

The prime minister **rejected** the suggestion that it was time for him to resign.
(수상은 그가 사퇴할 때가 되었다는 제안을 단호하게 물리쳤다.)
The appeal was **rejected** by the Supreme Court. (상소가 대법원에서 기각되었다.)
Sarah **rejected** her brother's offer of help. (사라는 남동생의 도움을 거절했다.)

4   **보충어**: 위의 예문에서 볼 수 있듯이 refuse와 decline는 "명사구 목적어"와 "to-부정사" 보충어를 가질 수 있으나, reject는 "명사구 목적어"만 가질 수 없다.

He **declined/refused/rejected** all my offers of help.
(그는 나의 모든 도움을 사양했다/거절했다/물리쳤다.)
He **declined/refused/*rejected** to accept a reward for his services.
(그는 자신의 활약에 대해 보상을 받는 것을 사양했다/거절했다.)

5 **명사구 보충어와 부정사구 보충어**: 복합문에서 decline과 refuse의 함축된 보충어가 "명사구"일 경우에서는 반드시 "대명사"로 표현되어야 하지만, 함축된 보충어가 "부정사구"일 경우에는 생략될 수 있다.

He offered me **some money**, but I refused it/declined it/rejected it.
(*He offered me **some money**, but I refused/declined/rejected.)

I asked him **to drive slowly**, but he refused/declined.
(*I asked him **to drive slowly**, but he refused it/declined it.)
(참고: I asked him **to drive slowly**, but he refused/declined to drive slowly.)

6 **turn down**: 이들 동사와 같은 의미를 가진 구어체 구동사로는 "turn down"이 있다.

He offered her a trip to Australia but she **turned** it/him **down**.
(그는 제인에게 호주로 여행을 가자고 제안했으나 제인은 거절했다.)

R11 REINFORCEMENT (보강)

보강은 구어체에서 흔히 쓰이는 방법으로서 "강조"나 "초점화" 또는 "주제화"를 위해 문장의 일부 또는 전부를 "이동" 또는 "반복"하거나 "대용어"로 대치하는 것을 말한다.

1 **단순 반복**: 가장 간단한 방법은 강조나 명확성을 위해 단어나 구를 강세를 넣어 반복하는 것이다.

The job was **very, very** much easier than I thought.
(그 일은 내가 생각했던 것보다 아주 훨씬 더 쉬웠다.)
The suit is **far, far** too expensive. (양복이 지나치게 너무 비싸다.)
I agree with **every word** you've said — **every single word**.
(나는 네가 한 모든 말 한마디 한마디에 동의한다.)

2 **좌측전위** (left-dislocation): 문장의 한 부분을 분리하여 문장의 맨 앞으로 이동하고 그 자리에 해당하는 대명사를 남기는 것을 말한다. 이럴 때 나타나는 "대명사"를 재생대명사 (resumptive pronouns)라고 부른다. (F22.2를 보라.)

Your father, everyone thinks **he**'s a great guy.
(너의 아버지 말이야, 모두가 훌륭한 사람이라고 생각한다.)
Those kids, no one told me **they** were sick.
(저 아이들 말인데, 누구도 그들이 아프다고 나에게 말하지 않았다.)

The book I lent you, have you finished reading **it** yet?
(내가 빌려준 책 말인데, 아직 다 읽지 않았냐?)
Your friend John, I saw **him** last night. (네 친구 존 말인데 어젯밤에 내가 봤어.)

3   **우측전위** (right-dislocation): 문장의 한 부분을 문장 끝으로 옮기고 그 자리에 해당하는 대명사나 서술적 표현을 남기는 것을 말한다.

It went on far too long, **your speech**. (지나치게 오래 끌었어, 네 연설 말이야.)
I wouldn't trust **him** for a moment, **your brother-in-law**.
(너의 처남 말인데, 나는 그 사람 일순간도 믿지 않는다.)
He's **a complete idiot, that brother of yours**. (너의 그 남동생 말이야, 완전 멍청이야.)

▶이동하는 성분이 주어일 경우 조동사(조동사가 없을 경우 do)도 함께 반복될 수 있다.

You're really an idiot, **you are**. (너라는 사람 정말로 바보다.)
He likes a drink now and then, **Fred does**. (프레드, 그는 종종 한잔하는 것을 좋아한다.)
She's really disappointed me, **Jane has**. (제인, 그 여자 정말로 나를 실망시켰다.)

R12   RELATIVE CLAUSES (관계절)-1: 구조와 관계사

1   **관계절의 구성**: 두 문장이 공통의 명사구를 소유하고 있을 때 하나의 문장을 관계절로 만들어 다른 문장의 명사구를 수식하는 절로 만들 수 있다. 관계절에 있는 명사구를 관계사로 바꾸어 관계절 앞 위치로 이동시킨다. 예를 들어 "he likes the man"과 "she hates the man"이라는 두 문장은 "the man"이라는 명사구를 공유하고 있다. 관계절은 다음과 같은 과정을 거쳐 만들어진다.

[he likes the man] who [she hates the man]

⇒ He likes the man who she hates ____.

[she hates the man] who [the man likes her]

⇒ She hates the man who ____ likes her.

2   **관계사의 종류**: 관계절을 이끄는 관계사의 형태는 선행사의 종류와 관계사 자신이 관계절에서 수행하는 문법적 기능에 따라 결정된다.

기능 \ 선행사 종류	사람	사물	시간	장소	이유	방법
주어	who/that	which/that	when/that	where/that	why/that	how/that
목적어	who(m)/that	which/that				
한정사	whose	of which/whose				

"who, whom, whose, which, that"를 관계대명사(relative pronouns)라고 부르고, "when, where, why, how"를 관계부사(relative adverbs)라고 부른다. "that"를 제외한 관계사는 "의문사"와 그 형태가 같으며, 또한 의문사와 마찬가지로 관계사도 절 앞 위치에 온다는 점에서 관계사의 이동도 "WH-이동"의 일종이라고 할 수 있다. (Q2.2를 보라.)

3   who, which, that: "who, which, that"는 관계절에서 주어 역할을 할 수 있으며, who는 사람을, which는 사물을, that는 사람과 사물을 가리킬 수 있다.

The **woman who/that** ____ invited us is my mother.   [주어: 사람]
(우리를 초청한 여자 분이 나의 어머니다.)
(*The **woman which** ____ invited us is my mother.)
Here's a **book which/that** ____ describes animals.   [주어: 사물]
(여기 동물을 설명하는 책이 한 권 있다.)
(*Here's a **book who** ____ describes animals.)
... every **tree that** does not produce good fruit will be cut down and thrown in the fire.
(좋은 열매를 맺지 않는 나무마다 찍혀 불에 던져지리라.) [마 3:10]

4   who, whom, which, that: 관계절에서 동사의 목적어 또는 전치사의 목적어 역할을 할 수 있으며, who와 whom은 "사람"을, which는 "사물"을, that는 "사람과 사물"을 가리킬 수 있다.

The **woman who(m)/that** we invited ____ is my mother.   [목적어: 사람]
(우리가 초청한 여성은 나의 어머니다.)
(*The **woman which** we invited ____ is my mother.)
The **chair which/that** he broke ____ has been repaired.   [목적어: 사물]
(그가 망가뜨린 의자는 수리되었다.)
(*The **chair who(m)** he broke ____ has been repaired.)
The **woman who(m)/that** you spoke to ____ is my mother.   [전치사 목적어: 사람]
(네가 말을 한 여자 분이 나의 어머니다.)
(*The **woman which** you spoke to ____ is my mother.)
Here're the **papers which/that** you were looking for ____.   [전치사 목적어: 사물]
(여기 네가 찾고 있던 서류가 있다.)
(*Here're the **papers who(m)** you were looking for ____.)

▶ "whom"은 격식적 문체에서만 사용되며, 비격식적 문체에서 "who"가 목적어 관계대명사로 사용된다.

The woman **who** I marry has to be beautiful.
(내가 결혼할 여성은 아름다워야 한다.)
(The woman **whom** I marry has to be beautiful보다 자연스럽다.)

5   **아이와 반려동물과 관계대명사**: "어린아이나 반려동물(특히 개)"에는 "인칭대명사 he나 she" 또는 "중성인 it"를 사용할 수 있는 것처럼, 이들에게는 사람 관계대명사 "who" 또는

사물 관계대명사 "which"를 다 사용할 수 있다.

The baby lost **his/her/its** toy.　　the baby **who/which** lost the toy
(아기가 장난감을 잃어버렸다.)　　(장난감을 잃어버린 아기)
The dog lost **his/her/its** bone.　　the dog **who/which** lost the bone
(개가 뼈다귀를 잃어버렸다.)　　(뼈다귀를 잃어버린 개)
The boy lost **his** toy.　　the boy **who** lost the toy
(그 소년이 장난감을 잃어버렸다.)　　(장난감을 잃어버린 소년)
(*The boy lost its toy.)　　(*the boy which lost the toy)

사람에 따라서는 자신의 반려동물에 대해 "it"나 "which"를 사용하는 것을 매우 싫어한다.

6　　**관계대명사의 생략**: 관계절에서 동사나 전치사의 "목적어 역할"을 하는 관계대명사는 생략될 수 있다.

The woman **(who) we invited** _____ is my mother.
(우리가 초청한 여성은 나의 어머니다.)
The chair **(which) he broke** _____ has been repaired.
(그가 망가뜨린 의자는 수리되었다.)
The woman **(who) you spoke to** _____ is my mother.
(네가 말을 한 여자 분이 나의 어머니다.)
Here are the papers **(which) you were looking for** _____.
(여기 네가 찾고 있던 서류가 있다.)

▶ 전치사 목적어 역할을 하는 관계대명사가 전치사를 대동할 경우에는 생략될 수 없다.

The girl **to who(m)** you spoke was my sister. (네가 말을 한 아가씨는 나의 여동생이었다.)
(*The girl **to** _____ you spoke was my sister.)
Here are the papers **for which** you were looking. (여기 네가 찾고 있던 서류가 있다.)
(*Here are the papers **for** _____ you were looking.)

7　　**관계대명사 that와 전치사**: 관계대명사 "that"는 앞에 "전치사"를 대동할 수 없다.

The girl **that** you spoke **to** was my sister. (네가 말을 한 아가씨는 나의 여동생이었다.)
(*The girl **to that** you spoke was my sister.)
Here are the papers **that** you were looking **for**. (여기 네가 찾고 있던 서류가 있다.)
(*Here are the papers **for that** you were looking.)

예외에 대해서는 P38.1을 보라.

8　　whose: whose는 관계절에서 "한정사" 역할을 하며 "사람과 사물"을 둘 다 가리킬 수 있다.

The **girl whose** friends we invited was my sister.　　[한정사: 사람]
(우리가 친구를 초청한 아가씨는 내 여동생이었다.)
David was the father of **Solomon, whose** mother had been Uriah's wife.
(다윗은 우리아의 아내에게서 솔로몬을 낳고) [마 1:6]

They lived in the **house whose** roof was damaged. [한정사: 사물]
(그들은 지붕이 망가진 집에서 살았다.)

9 **관계부사 when, where, why**: "when, where, why"는 각각 "시간, 장소, 이유"를 가리키는 명사를 수식하는 관계절을 이끈다. "관계부사"는 "전치사+which"로 대치될 수 있다.

1988 was the **year when** the Olympic Games were held in Korea. [시간]
(1988년이 올림픽이 한국에서 개최되었던 해였다.)
(= 1988 was the **year in which** the Olympic Games were held in Korea.)
Here is the **house where** I live. [장소]
(여기가 내가 사는 집이다.)
(= Here is the **house in which** I live.)
That was the **reason why** I refused to do it. [이유]
(그것이 내가 그 일을 거절한 이유였다.)
(= That was the **reason for which** I refused to do it.)

10 **how**: how는 선행사를 가질 수 없다.

This is **the way that** he treated me. [방법]
(이것이 그가 나를 대한 방식이다.)
(*This is **the way how** he treated me.)
(참고: This is **how** he treated me.)

11 **관계부사와 선행사**: 관계부사는 선행 명사구가 없이도 "시간, 장소, 이유, 방법"을 표현할 수 있다.

1988 was **when** the Olympic Games were held in Korea.
(1988년이 올림픽이 한국에서 개최되었던 때였다.)
Here is **where** I live. (여기가 내가 사는 곳이다.)
That was **why** I refused to do it. (그것이 내가 그 일을 거절한 이유였다.)
This is **how** he treated me. (이것이 그가 나를 대한 방식이다.)

12 **관계부사의 생략**: 목적어 관계대명사와 마찬가지로 "관계부사"도 적절한 선행사를 가지면 생략될 수 있다.

1988 was the **year (when)** the Olympic Games were held in Korea.
(1988년이 올림픽이 한국에서 개최된 해였다.)
Here's the **house (where)** I live. (여기가 내가 사는 집이다.)
That was the **reason (why)** I refused to do it. (그것이 내가 그 일을 거절한 이유였다.)

▶ how는 선행사를 가질 수 없으므로 생략이 일어날 수 없다.

That was **how** he treated me. (그것이 그가 나를 대한 방식이었다.)
(*That was **the way how** he treated me.)

(참고: This is **the way (that)** he treated me.)

13   that: "장소, 시간, 이유, 방법"을 뜻하는 단어 다음에서 "관계부사"는 "that"로 대치될 수 있으며, 물론 이 that도 생략될 수 있다.

Let's go to my **place (that)** we can have coffee. (우리 집에 가서 커피를 마실 수 있습니다.)
Leonard was only nine at the **time (that)** his father died.
(아버지가 죽었을 때는 레오나드는 9살밖에 되지 않았었다.)
She didn't give any **reason (that)** she should see me.
(그녀는 나를 봐야 할 어떠한 이유도 말하지 않았다.)
She suggested the **way (that)** we could overcome the present crisis.
(그녀는 우리가 현 위기를 극복할 수 있는 방법을 제안했다.)

way에 대해서는 W2를 보라.

14   **복합 부정부사**: "somewhere, anywhere, everywhere, nowhere"는 특히 미국영어의 구어에서 각각 "someplace, anyplace, everyplace, no place"로도 쓰이며, place의 경우에서와 마찬가지로 관계부사 "where"를 생략할 수도 있고 대신에 "that"가 올 수도 있다.

We need **a place (that)** we can stay for a few days.
(우리는 며칠간 머무를 수 있는 곳이 필요하다.)
There must be **somewhere/someplace (that)** we can eat cheaply.
(우리가 값싸게 먹을 수 있는 곳이 틀림없이 있을 것이다.)
You may sit **anywhere/anyplace (that)** you like. (네가 좋아하는 곳에 어디나 앉을 수 있다.)
He's looked for his watch **everywhere/everyplace (that)** he visited.
(그는 시계를 찾아 그가 갔던 모든 곳을 다 뒤졌다.)
I have **nowhere/no place (that)** we can lie down for an hour.
(우리가 한 시간 동안 누워 있을 수 있는 곳이 나에게는 없다.)

15   **최상급과 부정대명사 선행사와 that**: 선행사가 "최상급"이거나 "서수사" 또는 "all, every, some, any, no, none, little, few, much, only"와 같은 "양화사" 그리고 "everything, something, anything, nothing"과 같은 "부정대명사" 다음에서는 관계대명사 "that"가 일반적으로 사용된다.

He's the **best** student **that** has ever studied here.
(그는 이곳에서 지금까지 공부를 한 최고의 학생이다.)
(He's the **best** student **who** has ever studied here보다 자연스럽다.)
The first and the last mountain that I climbed is Mt. Halla.
(내가 처음이고 마지막으로 오른 산은 한라산이다.)
(**The first and the last mountain which** I climbed is Mt. Halla보다 자연스럽다.)
Anything that you say to John will make him angry.
(네가 존에게 무슨 말을 하든지 그는 화를 낼 것이다.)
(**Anything which** you say to John will make him angry보다 자연스럽다.)

The **only** thing **that** matters is to find our way home.
(유일한 문제는 우리가 집으로 가는 길을 찾는 것이다.)
I hope the **little** thing **that** I've done has been useful.
(내가 한 조그마한 일이 도움이 되었기를 바란다.)

16   whose와 of which와 that ... of: 관계절 내의 "속격"의 관계를 나타낼 때 사용된다.

(1) whose: whose는 속격 관계대명사로서 "사람"과 "사물"을 모두 가리킬 수 있으며, 속격 인칭대명사와 마찬가지로 "한정사"로서 명사와 결합하여 명사구를 구성한다. 이 명사구는 다른 관계대명사와 마찬가지로 관계절의 주어로서, 동사나 전치사의 목적어로서 관계절의 앞 위치로 이동한다.

That's the man **whose house** _____ has burned down recently.   [주어]
(저 분이 최근에 집이 완전히 타버린 사람이다.)
It was a meeting **whose purpose** I did not understand _____.   [동사의 목적어]
(그 모임은 나로서는 그 목적을 이해할 수 없었던 모임이었다.)
This is the man **whose sister** I'm in love with _____.   [전치사의 목적어]
(이분이 내가 그의 여동생과 사랑에 빠진 사람이다.)

▶ whose도 "비제한적 관계절"의 관계대명사로 사용될 수 있다. (R13을 보라.)

Jurors, **whose identities** will be kept secret, will be paid $50 a day.
(신분이 비밀에 싸인 배심원들은 하루에 50불씩 받을 것이다.)

(2) of which와 that ... of: whose 대신에 "of which" 혹은 "that ... of"가 사용될 수 있으며 경우에 따라서는 후자의 표현이 선호된다. 따라서 관계절의 속격관계를 표현하는 방법에는 네 가지가 있다.

She bought **the house whose roof** I repaired. (그녀는 내가 지붕을 수리한 집을 샀다.)
(= She bought **the house the roof of which** I repaired.)
(= She bought **the house that** I repaired **the roof of**.)
(= She bought **the house of which** I repaired **the roof**.)

Last summer we saw **a play whose title** I've forgotten.
(우리는 지난여름에 연극을 관람했는데 그 제목이 생각나지 않는다.)
(= Last summer we saw **a play the title of which** I've forgotten.)
(= Last summer we saw **a play that** I've forgotten **the title of**.)
(= Last summer we saw **a play of which** I've forgotten **the title**.)

(3) of who(m): 속격관계를 나타내는 관계대명사로 사용되지 않는다.

*This is the man **the sister of who(m)** I am in love with.
*Jurors, **identities of whom** will be kept secret, will be paid $50 a day.

▶ of whom/of which/that ... of와 whose: 관계절의 "whose"는 뒤에 오는 명사의 "속격한정사"로 사용되기 때문에, 이러한 속격관계가 성립하지 않을 경우에는 "of whom/which" 혹은 "that ... of"를 사용해야 한다.

He reported **the news of which** you might not have heard.
(그는 네가 듣지 못했을 수도 있는 뉴스를 발표했다.)
(= He reported **the news which/that** you might not have heard **of**.)
(*He reported **whose news** you might not have heard.)
She brought several of her friends home, **none of whom** I had ever met before.
(그녀는 내가 전에 만나본 적이 없는 친구 몇 명을 집으로 데려왔다.)
(참고: She brought several of her friends home but I had never met **any of them** before.
/She brought several of her friends home but I had ever met **none of them** before.)

17 **관계절의 축약**: 관계절에서 주어 역할을 하는 "관계대명사"와 뒤따르는 "be동사"가 생략되고 관계절이 분사형이 될 수 있다. 이 현상을 어떤 사람들은 "WHIZ-생략"이라고 부른다.

The boy (who is) talking to the policeman is my brother.
(경찰관과 말하고 있는 소년은 내 동생이다.)
Prof. Lee likes only **the students (who are) studying** hard.
(이 교수는 열심히 공부하는 학생들만 좋아한다.)
They climbed to **the peak of the mountain (which was) covered** with snow.
(그들은 눈이 덮인 산 정상까지 올라갔다.)
The cathedral **(that was) destroyed** by fire was completely rebuilt in 1425.
(화재로 파괴되었던 대성당은 1425년에 완전히 개축되었다.)

▶ "be동사"가 "형용사"를 보어로 가질 경우에도 소위 "WHIZ-생략"이 적용될 수 있다.

The movie director finally found an actress **(who was) suitable** for the part.
(영화감독은 그 역할에 맞는 여배우를 드디어 찾아냈다.)
He bought an apartment **(that is) larger** than mine.
(그는 내 것보다 더 큰 아파트를 구입했다.)

R13 RELATIVE CLAUSES-2: 비제한적 관계절

1 **비제한적 (nonrestrictive 혹은 appositive) 관계절**: 비제한적 관계절은 글에서는 "쉼표, 즉 콤마"로써 선행사와 분리되고, 말을 할 때는 선행사와 관계절을 떼어 읽는 것이 원칙이다. 다음의 두 문장을 비교해 보라.

Snakes **which are poisonous** should be avoided.   [제한적 관계절]
((뱀 중에) 독이 있는 뱀은 피해야 한다.)
Rattlesnakes, **which are poisonous**, should be avoided.   [비제한적 관계절]
(방울뱀은 독이 있으며 피해야 한다.)

위의 첫 문장에서 제한적 관계절은 "뱀 중에 독이 있는 뱀"으로 제한하는 역할을 하는 반면에, 두 번째 문장에서 관계절은 "방울뱀은 모두 독이 있다"는 사실을 추가로 말해 주고 있다. 만약 위 문장에서 관계절을 바꾸면 사실을 왜곡하는 표현이 된다.

Snakes, **which are poisonous**, should be avoided. (뱀은 모두 독이 있으며 피해야 한다.)

Rattlesnakes **which are poisonous** should be avoided.
((방울뱀 중에) 독이 있는 방울뱀은 피해야 한다.)

2   any, all, every: "모든 사람이나 사물"을 가리키는 "한정사"를 갖는 명사구는 일반적으로 "비제한적 관계절"을 허용하지 않는다.

***Every child, who is under 12,** ought not to be left alone.
(모든 아이들은 12살 아래이며, 그들은 혼자 놔두어서는 안 된다.)
*I don't want to see **anyone/any person, who hasn't made an appointment.**
(모든 사람들이 약속을 하지 않았으며 그들을 만나고 싶지 않다.)
***All the books, which are written to deceive the readers,** should be banned.
(모든 책은 독자를 속이려고 쓰였으며 금지되어야 한다.)

▶ 그러나 someone과 같은 단언적 대명사는 비제한적 관계절을 허용하기도 한다.

Someone, who sounded like your mother, called to say she wanted to see you.
(너의 어머니와 같은 목소리를 가진 사람이 너를 만나고 싶다고 전화했다.)
(참고: Someone called to say she wanted to see you, and she sounded like your mother.)
We need **somebody, who can carry the luggage for us.**
(우리는 짐을 들어줄 사람이 필요하다.)

3   **고유명사**: 고유명사는 일반적으로 "비제한적 관계절"만을 허용한다.

She thanked **John, who had been very helpful.**
(그녀는 자기에게 도움을 많이 준 존에게 감사했다.)
Mary Smith, who is a hairdresser, inherited 2 million dollars from her deceased aunt.
(미용사인 메리 스미스는 고인이 된 고모로부터 200만 불을 상속받았다.)
I am Jesus of Nazareth, **whom you are persecuting.**
(나는 네가 박해하는 나사렛 예수라.) [행 22:8]

4   **비제한적 관계절의 관계사**: 관계사 중에 "that"를 제외하고는 모두 비제한적 관계절을 이끌 수 있다.

I enjoyed reading *the Da Vinci Code*, **which** Dan Brown published in 2003.
(나는 댄 브라운이 2003년에 출판한 〈다 빈치 코드〉를 재미있게 읽었다.)
(*I enjoyed reading *the Da Vinci Code*, **that** Dan Brown published in 2003.)
The President awarded the Medal of Honor to Sgt. Abraham Johnson, **whose** both legs were lost in Iraq.
(대통령은 이라크에서 양다리를 잃은 아브라함 존슨 상사에게 명예훈장을 수여했다.)
This bread is my flesh, **which** I will give for the life of the world.
(내가 줄 떡은 곧 세상의 생명을 위한 내 살이니라.) [요 6:51]
The couple spent the summer in Canada, **where** their son has a farm.
(그 부부는 아들이 농장을 가진 캐나다에서 여름을 보냈다.)
He was born on December 7, 1941, **when** Japanese airplanes bombed Pearl Harbor.

(그는 일본의 비행기가 진주만을 폭격한 1941년 12월 7일에 태어났다.)
No one dared to question his decision on the issue, **why** he opposes cutting government spending. (아무도 그가 정부 지출을 줄이는 것을 반대하는 이유에 대해 그가 내린 결정에 감히 이의를 제기하지 않았다.)

5   **명사구가 아닌 선행사**: 제한적 관계절과는 달리 비제한적 관계절은 "명사구가 아닌 표현"도 선행사로 가질 수 있으며, 이 경우에는 "which" 만이 관계대명사로 쓰인다.

They say John **plays hookey, which** he doesn't.　　　　　　　　[술어 선행사]
(그들이 존이 학교를 빼먹는다고 말하는데, 그는 학교를 빼먹지 않는다.)
(= They say John plays hookey, but he doesn't play hookey.)
(*They say John **plays hookey, that** he doesn't.)

The students admires Prof. Lee, which I find strange.　　　　　[절 선행사]
(학생들이 이 교수를 존경하는데 나는 그것이 이상하다고 생각한다.)
(= **The students admires Prof. Lee**, and I find it strange that the students admires Prof. Lee.)
(***The students admires Prof. Lee, that** I find strange.)

John married my sister, and I married his brother,　　　　　　[복문 선행사]
  which makes John and me double in-laws.
(존이 나의 여동생과 결혼하고 내가 그의 여동생과 결혼해서 존과 나는 겹사돈이 되었다.)
(= **John married my sister, and I married his brother**, and the fact that John married my sister, and I married his brother makes John and me double-in-laws.)
(***John married my sister, and I married his brother, that** makes John and me double in-laws.)

6   **한정사 which**: 관계절에서 "한정사"로 사용될 수 있는데, 수식받는 명사는 일반적으로 앞에 오는 표현을 포괄적으로 의미하는 명사가 된다. 이 구조는 "격식적"이며 주로 전치사 다음에 온다.

She may have missed the train, **in which case** she won't arrive for another hour.
(그녀가 기차를 놓쳤을 수도 있다. 이 경우에 그녀는 한 시간 더 늦게 도착할 것이다.)
He started talking about his past, **at which point** I left the place.
(그가 자신의 과거에 대해서 말하기 시작했고, 그 시점에 나는 그곳을 떠났다.)
We picked apples for a week, **for which work** we receive no money.
(우리는 일주일간 사과를 땄는데 그 일의 대가로 우리는 돈을 받지 못했다.)
He was appointed Lord Chancellor, **in which post** he spent the rest of his life.
(그는 대법관으로 임명되었으며 그는 그 직위에 평생 동안 있었다.)
He gave a speech in Chinese, **which language** only a few of the audience could understand.
(그는 중국어로 연설을 했는데 청중들 중에 몇 명만이 중국어를 알아들을 수 있었다.)

7   **단순 부정대명사와 비제한적 관계절**: "단순 부정대명사"의 특징 중의 하나는 뒤에 "of-구"를 가질 수 있다는 점이다. (I22를 보라.)

a few	a little	all	any
both	each	either	fewer
fewest	less	least	many
much	more	most	neither
none	one	ones	some 등

Only **a few of the staff members** come from the local area.
(직원들 중의 몇 명만이 지방 출신이다.)
The students understood **a little of his speech**. (학생들은 그의 연설의 조금만 이해했다.)
Some of my friends plan to go abroad during the vacation.
(나의 친구들 중에 몇 명은 방학 동안에 외국에 갈 계획이다.)
None of the employees complained about working conditions.
(직원 중에 아무도 작업 조건에 대해 불평하지 않았다.)

(1) 단순 부정대명사: 단순 부정대명사의 "of-구" 특성은 비제한적 관계절에서 "단순 부정대명사 + of + 관계대명사(whom/which/whose)" 구조를 가능하게 한다.

Our department hired more than 100 staff members, only **a few of whom** come from the local area. (우리 부서는 100명 이상의 직원을 채용했는데 그중에 몇 명이 지방 출신이다.)
The politician gave the students a long speech, only **a little of which** was understood.
(그 정치인이 학생들에게 긴 연설을 했는데 연설의 일부만을 이해할 수 있었다.)
The inspector interviewed all the employees of the company, **none of whom** complained about working conditions.
(감독관은 회사의 모든 직원과 면담을 가졌으나 아무도 작업 조건에 대해서 불평하지 않았다.)
Everybody likes his jokes, **some of which** are very rude.
(모든 사람들이 그의 농담을 좋아하지만 어떤 것은 몹시 상스럽다.)
I met a war hero at the meeting, **both of whose arms** were amputated.
(나는 모임에서 전쟁 영웅을 만났는데 두 팔이 없었다.)

(2) 서수, 기수, 양화사: 같은 맥락에서 뒤에 "of-구"를 가질 수 있는 "최상급, last, first, second 등의 서수, one, two 등 기수, a number, a great deal, the majority 등의 양화사" 도 같은 구조를 허용한다.

The company hired many workers, **a number of whom** were Korean Chinese.
(회사는 많은 직원을 채용했는데 꽤 많은 사람이 한국계 중국인이었다.)
The committee consists of ten members, **three of whom** I recommended.
(위원회는 열 명의 위원으로 구성되는데 그 중에 세 명은 내가 추천했다.)
She bought a gallon of milk last Sunday, almost **half of which** went bad.
(그녀는 지난 일요일에 우유 1갤런을 샀는데 절반이 상했다.)
There're a number of boys standing in a row, **the last of whom** is my son.
(여러 명의 남자아이들이 줄을 서 있는데 마지막 아이가 내 아들이다.)

8 **전치된 of whom/which**: "of + 관계대명사"만 관계절 앞으로 이동하는 구조도 가능하다. 그러나 "of whose"의 경우는 허용되지 않는다.

Our department hired more than 100 staff members, **of whom only a few** come from the local area. (우리 부서는 100명 이상의 직원을 채용했는데 그중에 몇 명만이 지방 출신이다.)
The politician gave the students a long speech, **of which only a little** was understood.
(그 정치인이 학생들에게 긴 연설을 했는데 연설의 일부만을 이해할 수 있었다.)
The inspector interviewed all the employees of the company, **of whom none** complained about working conditions.
(감독관은 회사의 모든 직원과 면담을 가졌으나 아무도 작업 조건에 대해서 불평하지 않았다.)
Everybody likes his jokes, **of which some** are very rude.
(모든 사람들이 그의 농담을 좋아하지만 어떤 것은 몹시 상스럽다.)
*I met a war hero at the meeting, **of whose arms both/of whose both arms** were amputated.
(참고: I met a war hero at the meeting, **both of whose arms** were amputated.)

R14 RELATIVE CLAUSES-3: 명사적 관계절

what는 "관계대명사" 또는 "관계한정사"로 쓰일 수 있으며, 다른 관계대명사나 관계한정사와는 달리 선행사가 없는 "독립적인 관계절"을 이끌 수 있다.

1 **what-관계절**: what는 선행사가 없는 "독립 관계대명사"로 쓰이며, 이 경우 what는 "... 것/바/일/짓(the thing(s) that)"을 의미한다.

What he did was morally wrong. (그가 한 짓은 도덕적으로 잘못되었다.)
What those kids need is some love and affection.
(저 아이들이 필요로 하는 것은 약간의 사랑과 애정이다.)
Show me **what** you bought at the market. (시장에서 네가 산 것을 나에게 보여라.)
I hope you're going to give me **what** I need.
(내가 필요로 하는 것을 네가 나에게 주기를 바란다.)
All this took place to fulfill **what** the Lored had said through the prophet: ...
(이 모든 일이 된 것은 주께서 선지자로 하신 말씀을 이루려 하심이니 ...) [마 1:22]
When Joseph woke up, he did **what** the angel of the Lord had commanded him ...
(요셉이 잠에서 깨어 일어나 주의 사자의 분부대로 행하여 ...) [마 1:24]

▶ "what-절"은 단수 또는 복수동사를 취할 수 있다. (A44.2를 보라.)

What we need most **is/are** books. (우리가 가장 필요로 하는 것은 책이다.)
What those kids need **is/are** some love and affection.
(저 아이들이 필요로 하는 것은 약간의 사랑과 애정이다.)

▶ "what-절"은 명사구처럼 주어 또는 목적어로 사용될 수 있으므로 "명사적 관계절(nominal relative clauses)"이라고도 불린다. 현대영어에서도 가끔 쓰이지만 초기 현대영어에서는 "that which"가 명사적 관계대명사 what처럼 사용되었다.

We have **that which** we need. (우리는 필요한 것을 다 가지고 있다.)
(현대영어: We have **what** we need.)

2. **한정사 what**: 명사적 관계절에서 what는 명사와 함께 나타나는 "한정사"로 사용될 수 있다.

   She gave his son **what money** she had. (그녀는 그가 가진 돈을 다 아들에게 주었다.)
   (= She gave his son **all the money** she had.)
   I'll give you **what help** I can. (나는 힘껏 너를 도와줄 것이다.)
   (= I'll give you **any help** that I can.)

3. **WH-ever 관계절**: "명사적 관계대명사"로 쓰이는 다른 단어로는 "whatever, whoever, whichever, where, wherever, when, whenever, why, how"가 있다.

   You can choose **whatever** you want. (너는 무엇이든 원하는 것을 선택할 수 있다.)
   (= You can choose **anything** that you want.)
   I'll meet **whoever** offers me a job. (나에게 일자리를 주는 사람은 누구나 만날 것이다.)
   (= I'll meet **anyone** who offers me a job.)
   I don't care of **whichever** method you choose. (나는 네가 어떤 방법을 선택하든 관심이 없다.)
   (= I don't care of **any method** you choose.)
   You have to go back to **where** you started. (너는 시작했던 곳으로 되돌아가야 한다.)
   (= You have to go back to **the place where** you started.)
   He stayed at **wherever** he could find work. (그는 일거리가 있는 곳에는 어디든지 머물렀다.)
   (= He stayed at **any place where** he could find work.)
   My parents bought a cottage in the country for **when** they retire.
   (나의 부모님은 은퇴할 때를 대비해서 시골에 오두막을 한 채 사셨다.)
   (= My parents bought a cottage in the country for **the time when** they retire.)
   He always wears glasses except **whenever** he plays football.
   (그는 축구를 할 때를 제외하면 항상 안경을 쓴다.)
   (= He always wears glasses except **the time when** he plays football.)
   We'd like to know the reason for **why** he didn't accept the job.
   (우리는 그가 왜 그 일자리를 받아들이지 않았는지 이유를 알고 싶다.)
   (= We'd like to know **the reason why** he didn't accept the job.)
   We have a number of suggestions as to **how** the services can be improved.
   (우리는 봉사활동을 개선할 수 있는 방안에 대해 여러 가지 제안을 가지고 있다.)
   (= We have a number of suggestions as to **the way that** the services can be improved.)

4. **who**: 현대영어에서 who는 whoever와는 달리 "명사적 관계대명사"로 사용될 수 없다.

   *I hate **who** you like. (참고: I hate **the person who** you like.)

   그러나 초기 현대영어에서는 명사적 관계대명사로 사용되었다.

   Who steals my purse steals trash. [Shakespeare의 *Othello*에서]
   (내 지갑을 훔치는 자는 쓰레기를 훔치는 것이다.)

(현대영어: **Whoever/Anybody who** steals my purse steals trash.)

whoever, whatever 등 -ever로 끝나는 단어의 용법에 대해서는 W16을 보라.
how-절에 대해서는 H22를 보라.

R15   RELATIVE CLAUSES-4: 여타 관계절

1   **부정사 관계절**: 관계절은 "부정사 형태"를 취할 수 있다. 부정사 관계절의 선행사 명사구는 관계절의 "주어" 또는 "목적어"가 될 수 있지만 "관계대명사"는 나타날 수 없다. (I38을 보라.)

He's not a person **to let little things disturb him**.
(그는 사소한 일로 괴로워하는 그런 사람이 아니다.)
(= He's not a person **who would let little things disturb him**.)
(*He's not a person **who to let little things disturb him**.)
She has no one **to help her**. (그녀에게는 도움을 줄 사람이 하나도 없다.)
(= She has no one **who can help her**.)
(*She has no one **who to help her**.)
Where shall we buy bread **for these people to eat**?
(우리가 어디서 떡을 사서 이 사람들을 먹이겠느냐?) [요 6:5]
He's a good man **for you to know**. (그는 네가 알아 두어야 할 훌륭한 분이다.)
(= He's a good man **who you should know**.)
(*He's a good man **who for you to know**.)
The next question **to consider** was the crucial one.
(고려해야 할 다음 질문은 매우 중요한 것이다.)
(= The next question **that we should consider** was the crucial one.)
(*The next question **that to consider** was the crucial one.)
... the Son of Man has no place **to lay his head**.
(... 인자는 머리 둘 곳이 없도다.) [눅 9:58]
(= ... the Son of Man has no place **where he lays** his head.)
(*... the Son of Man has no place **where to lay** his head.)

2   **관계대명사 + 부정사 관계절**: "선행사 명사구"가 부정사 관계절에서 "전치사의 목적어"일 경우에는 관계대명사가 사용될 수 있다. 이 경우 관계대명사는 앞에 "전치사"를 반드시 대동해야 된다.

We have to save some money **with which to travel**.
(우리는 여행에 들어갈 돈을 좀 저축해야 한다.)
(*We have to save some money **which** to travel **with**.)
She bought a pretty vase **in which to put the flowers**.
(그녀는 꽃을 꽂을 예쁜 꽃병을 샀다.)
(*She bought a pretty vase **which** to put the flowers **in**.)

I would be happy, if I didn't have neighbors **with whom to quarrel**.
(나는 다툴 이웃이 없으면 행복할 것이다.)
(*I would be happy, if I didn't have neighbors **whom** to quarrel **with**.)

3 **관계대명사의 생략**: "전치사"가 부정사 관계절의 원 위치에 있을 경우에는 관계대명사는 생략되어야 한다. 관계대명사가 생략된 문장이 더 많이 사용된다.

We have to save some money **to travel with** ____.
She bought a pretty vase **to put the flowers in** ____.
I would be happy, if I didn't have neighbors **to quarrel with** ____.

4 **전이(transferred) 관계절과 that-절**: 관계사는 일반적으로 자신이 속한 절의 앞 위치로 이동하지만, "feel, hope, know, say, suppose, think, wish"와 같은 동사의 "that-종속절"에 포함되어 있는 관계사는 주절의 앞 위치까지 이동할 수 있다. 마치 이 현상은 부정소 "not"가 종속절에서 주절로 전이되는 것(N12를 보라.)과 같은 현상이므로 이러한 관계절을 "전이 관계절"이라고 부른다. 관계사의 전이는 종속절에서 의문사가 주절의 문두위치로 이동하는 의문절과 동일하다. (Q4.8을 보라.) 다음을 비교해보라.

The company hired the man **who** you had recommended ____ for that position.
(회사는 당신이 추천한 사람을 그 자리에 채용했다.)
The company hired the man **who I knew** (that) you had recommended ____ for that position. (회사는 그 자리에 당신이 추천한 것으로 내가 알고 있는 사람을 채용했다.)

It's the country **that** we like to visit ____ next summer.
(그 나라가 내년 여름에 우리가 방문하고 싶은 국가다.)
It's the country **that we think** (that) we like to visit ____ next summer.
(그 국가가 내년 여름에 우리가 방문하고 싶다고 생각하는 국가다.)

My parents met the man **who** I'd marry ____.
(나의 부모님은 내가 결혼할 남자를 만났다.)
My parents met the man **who I wish** (that) I'd marry ____.
(나의 부모님은 내가 결혼하기를 원하는 남자를 만났다.)

5 **that의 생략**: 의문사와 마찬가지로 전이된 관계절에서 이동한 관계사가 주어일 경우에는 "접속사 that"를 의무적으로 생략해야 한다. (Q4.8을 보라.)

The company hired the man **who** ____ had been recommended for that position by you.
(회사는 그 자리에 당신의 추천을 받은 사람을 채용했다.)
The company hired the man **who I knew (*that)** ____ had been recommended for that position by you.
(회사는 그 자리에 당신의 추천을 받은 것으로 내가 알고 있는 사람을 채용했다.)

My parents met the man **who** ____ would marry me.
(나의 부모님은 나와 결혼할 남자를 만났다.)

My parents met the man **who I wish (*that)** ____ would marry me.
(나의 부모님은 나와 결혼해 주기를 바라는 남자를 만났다.)

6   관계절과 종속절: 관계절은 또한 "if-절" 또는 "whether-절"과 결합할 수도 있다.

I'm recommending a man, **who** **if** I should be grateful **if** you would accept ____ as your assistant. (나는 만약 당신이 보좌관으로 받아주면 감사하게 생각할 남자를 추천하려고 한다.)
The man was carrying a big bag, **which** I wondered **whether** there was enough room for ____. (그 남자는 놓을만한 충분한 공간이 있는지 의심이 가는 큰 가방을 운반하고 있었다.)
I'm enclosing an application form, **which** I should be grateful **if** you would sign and return ____.
(나는 만약 당신이 서명하여 돌려보내주시면 감사하게 생각할 지원서를 동봉합니다.)

7   관계절과 의문절: 일반적으로 관계절은 간접의문문과 결합하지 않지만 때때로 비격식적 구어에서 나타난다.

This is the only dish **that** he doesn't know **how** to cook ____.
(이것이 그가 어떻게 요리하는지를 모르는 유일한 음식이다.)
This is the picture **that** I can't remember **where** we took ____.
(이것이 우리가 어느 곳에서 찍었는지 기억할 수 없는 사진이다.)

▶ 관계대명사가 관계절의 주어일 경우에는 주어 자리에 해당하는 대명사가 나타난다. 이렇게 이동해 간 성분의 원위치에 나타나는 해당 대명사를 재생 대명사(resumptive pronouns)라고 부른다.

I was driving **a car that** I didn't know **how** fast **it** could go.
(나는 얼마나 빨리 달릴 수 있는지 모르는 자동차를 운전하고 있었다.)
It's ridiculous to sing **songs that** you don't know **what they** mean.
(무슨 의미를 가졌는지 모르는 노래를 부르는 것은 우스꽝스러운 일이다.)

8   관계대명사의 이중 목적어: 관계절 내에 특히 "before ...-ing, after ...-ing, without ...-ing"와 같은 절이 나올 때 관계대명사가 두 동사의 목적어를 가리킬 수 있다. 사람에 따라서는 부사절의 목적어 위치에 "재생대명사"를 쓰기도 한다.

Here's **some leftover food that** you should eat ____ **after** heating (it).
(여기에 네가 데워서 먹어야 할 남은 음식이 좀 있다.)
There're **some apples that** it's best not to eat ____ **before** washing (them).
(씻기 전에는 먹지 않는 것이 좋은 사과가 좀 있다.)
He sent me **a secret letter that** he wants me to burn ____ **after** reading (it).
(그는 읽은 후에 태워버리기를 원하는 비밀편지 한 통을 나에게 보낸다.)
He was **a man that** you could like ____ **without** admiring (him).
(그는 존경하지 않으면서도 좋아할 수 있는 사람이었다.)

다른 재생대명사에 대해서는 F22.2와 R11.2와 3을 보라.

R16 repel과 repulse

repel과 repulse는 많은 경우 서로 바꾸어 쓸 수 있다. repulse가 repel보다 더 강한 의미를 가지고 있지만, 둘 다 물리적 힘 또는 놀랍고 불쾌한 힘이 관여되어 있음을 암시한다.

The defenders **repelled/repulsed** the attack without losing any men.
(방어자들은 아무런 인명 피해도 없이 공격을 물리쳤다.)
The armed forces are prepared to **repel/repulse** any attacks.
(군은 어떠한 공격이라도 물리칠 준비가 되어 있다.)
Guards had to **repel/repulse** looters from the damaged shops.
(경비원들은 파손된 상점에서 약탈자를 몰아내야 했다.)
We're not compatible — he likes all the things that **repulse/repel** me.
(우리는 맞지 않는다. 그는 내가 싫어하는 것을 다 좋아한다.)
The very thought of his cold clammy hands **repulsed/repelled** me.
(그의 차갑고 축축한 손만 생각하면 나를 불쾌하게 한다.)

▶ repel: 모기와 같은 "곤충"을 "쫓아버리다" 또는 "물, 습도" 등을 "차단하다"를 표현할 때는 repel이 사용된다.

I bought a special lotion that **repels** insects.
(나는 벌레를 쫓는 특별한 로션을 샀다.)
This coat has a special surface that **repels** moisture.
(이 코트는 습기를 막는 특별한 표면을 가지고 있다.)

▶ 따라서 "방수의, 방충의"를 표현할 때는 repel의 형용사인 repellent를 사용한다.

The fisherman usually wears a **water-repellent** garment when he works on the boat.
(어부는 일상적으로 배에서 일할 때는 방수복을 입는다.)
We need **mosquito-repellent** incense to have a comfortable sleep.
(편하게 잠을 자려면 모기향이 필요하다.)

R17 REQUESTS (요청)

여기서 "요청(requests)"이란 타인이 어떤 행동을 하기를 바랄 때 사용하는 표현을 가리킨다. 요청을 강도에 따라 분류하면 "명령, 요청, 제안, 부탁"으로 분류할 수 있다.

1 **명령 (commands)**: 가장 강력한 요청은 타인에게 어떻게 할 것을 명령하거나 지시하는 것을 의미한다. 일반적으로 명령문(imperatives) 형태나 "be to-부정사" 구조를 사용한다.

Don't come home late! (늦게 귀가하지 마라.)
Take two tablets with a glass of water twice a day! (매일 두 번씩 두 알을 물 한 잔과 섭취해라.)
Stay home until I come back. (내가 돌아올 때까지 집에 있어라.)

You **are to do** exercises 1 to 4 inclusive. (연습문제 1부터 4까지 풀어야 한다.)

All the class **are to read** Chapter 1 by Monday.
(모든 반 학생들은 월요일까지 1장을 읽어 와야 한다.)

You **are not to waste** time chattering. (여러분은 잡담으로 시간을 낭비하지 마세요.)

2 요청 (requests): 요청은 "조동사"와 "please"를 포함하는 문장과 "wish + that-절" 등이 사용된다.

I wish (that) … would + 동사 …
Will/Can you + 동사 … (please)?
Would/Could you + 동사 … (please)?

Please, can/will you open the door? (문을 좀 열어 주겠습니까?)
Would/Could you carry this bag for me, please? (이 가방을 좀 들어주실 수 있으세요?)
Could you tell me the way to the Kookmin Bank, please?
(국민은행을 가는 길을 알려줄 수 있습니까?)
I **wish** (that) you **would** keep quiet when he's listening to the radio.
(그가 라디오를 들을 동안에는 좀 조용히 해 주면 좋겠습니다.)

3 제안 (suggestions): 상대방에게 어떻게 하라고 하거나 어떤 것을 함께 하자고 제안할 때는 다음과 같은 표현을 사용한다.

Why don't you/we + 동사 …
Shall I/we + 동사 …
How/What about + 동사-ing …
Let's (not) + 동사 …
You'd/We'd better (not) + 동사 …
You should/ought to + 동사 …
I (don't) think we should + 동사 …

Why don't you try to move the car? (차를 움직여 보지 그러세요?)
Shall we go out for a meal? (식사하러 갈까요?)
I don't think we should touch the car. (자동차를 건드리지 않는 게 좋겠습니다.)
What about having a drink? (한잔하는 게 어때요?)
We'd better pull the car back onto the road.
(자동차를 도로 위로 끌어올리는 것이 좋을 것 같습니다.)
How about having a game of go after work? (퇴근 후에 바둑 한판 두는 것 어떻습니까?)
Let's not waste time. (시간 낭비 맙시다.)
Let's wipe down the kitchen cupboards, shall we? (부엌 찬장을 깨끗하게 닦아 냅시다.)
You should/ought to rest after hard work. (심하게 일한 후에는 쉬어야 한다.)

4 부탁 (polite requests): 타인에게 어떤 행위를 해줄 것을 정중하게 부탁할 때 사용된다.

Would you mind + 동사-ing …

Would you be so kind as to + 동사 ...
Perhaps you'd like to + 동사 ...
I wonder if ...

Would you be so kind as to carry this bag for me, please?
(이 가방을 대신 좀 들어 주실 수 있으십니까?)
Could you tell me the way to the Victoria Falls, please?
(빅토리아 폭포로 가는 길을 말씀해 주시겠습니까?)
Would you mind calling a taxi for me, please?
(저를 대신해서 택시를 좀 불러주시겠습니까?)
I wonder if you could tell me how to get to Seoul Plaza.
(서울광장에 어떻게 갈 수 있는지 좀 알려주시겠습니까?)
Perhaps, you'd like to open the window for me, please.
(저 대신에 창문 좀 열어주시겠습니까?)

동사 mind에 대해서는 M18을 보라.
공손한 표현에 대해서는 P30을 보라.

R18 respectable, respectful, respective

1 **respectable과 respectful**: respectable은 "(사회적으로) 존경받을 만한, (도덕적으로) 훌륭한"을 의미하고, respectful은 타인에 대해 "경의를 표하는, 존경심이 가득한"을 의미한다.

He came from a perfectly **respectable** middle-class family.
(그는 매우 존경받는 중류층 가정 출신이다.)
It's not **respectable** in this country to pick one's teeth in public.
(이 나라에서는 대중 앞에서 이를 쑤시는 것이 바람직하지 않다.)
Some people think a writer is not a **respectable** profession
(어떤 사람들은 작가를 존경받는 직업으로 생각하지 않는다.)

The children in his family are always **respectful** to their elders.
(그 집 아이들은 집안 어르신들에게 항상 존경심을 표한다.)
He was always **respectful** of my independence. (그는 항상 나의 자립심을 존중해 줬다.)
We had a **respectful** two-minute silent tribute to remember the soldiers who had died in the war. (우리는 전사한 병사들에게 경의를 표하는 2분간의 묵념을 했다.)

2 **respective**: 이미 언급한 사람들을 개별적으로 가리키는 "각자의, 각각의"를 의미하며, 보통 복수명사와 함께 쓰인다.

They went into their **respective rooms** to pack. (그들은 짐을 싸기 위해 각자의 방으로 갔다.)
Mary and I are each going to visit our **respective mothers**.
(메리와 나는 각자의 어머니를 찾아보려고 한다.)

respective에 대해서는 A70.5를 보라.

R19 rest, leftover, remains, residue, remainder

1 **the rest:** "the rest"는 가장 일반적이고 많이 쓰이는 표현으로서 정해진 수량 외의 "나머지(what is left)"를 의미한다. rest는 항상 단수로서 정관사 "the"가 반드시 함께 나타난다.

You carry these two bags, and I'll bring **the rest**.
(네가 이 가방 두 개를 옮겨라. 나머지는 내가 옮길게.)
We only use three rooms. **The rest** of the house is empty.
(우리는 방 세 개만 사용하고, 집의 나머지는 비어 있다.)

▶ the rest가 복수명사를 가리킬 때는 복수동사를 갖는다.

There're four **chocolates** for Penny, three for Joe and **the rest are** mine.
(페니에게 초콜릿 네 개, 조에게 세 개, 나머지는 내 것이다.)
(*There're four **chocolates** for Penny, four for Joe and **the rest is** mine.)
Two of the **attackers** were killed, and **the rest were** captured.
(공격자들 중에 두 명이 사살되고 나머지는 포로가 되었다.)
(*Two of the **attackers** were killed, and **the rest was** captured.)

2 **leftover:** leftover는 비교적 비격식적 표현으로서 특히 먹고 "남은 음식"이나 과거의 것이 현재까지 "남아 있는 것"을 가리킨다.

Give the **leftovers** to the dog. (나머지 음식을 개에게 주어라.)
That's an idea that was a **leftover** from the McCarthy era. (그 생각은 매카시 시대의 잔재다.)

3 **residue:** residue는 실제로 "물질적인 나머지(leftovers)"로서 별로 유용성이 희박한 것을 가리킨다.

She scraped the **residue** of food from the plates. (그녀는 접시에서 음식 찌꺼기를 닦아냈다.)
Rinse off any soap **residue**. (비누 찌꺼기를 물로 헹구세요.)

4 **remains:** 항상 복수형으로 사용되는 "remains"는 사용하거나 먹거나 파괴하고 남아 있는 것에 대해 말할 때 종종 사용되며, 사람의 "시신"을 가리킬 수도 있다.

On the table were **the remains** of the evening meal.
(식탁 위에 저녁 식사를 먹고 남은 것들이 있었다.)
You'll see extensive **Roman remains**, if you visit Rome.
(로마를 방문하면 광범위한 로마시대 유적을 볼 것이다.)
Ten years after he died, **his remains** were returned to his homeland.
(그가 죽은 지 10년이 되어 그의 유골이 조국으로 돌아왔다.)

5 **the remainder:** 어떤 수량에서 일부 수량을 빼고 남은 것을 가리키며, 종종 "수치"를 계산할 때 쓰인다.

The remainder will be paid by next Monday. (나머지는 다음 월요일까지 지불될 것이다.)

Fifteen divided by four gives you **a remainder** of 3. (15를 4로 나누면 3이 남는다.)

R20 RESULT (결과)

결과절은 어떤 행위나 상황이 있음으로써 그 결과로 다른 행위나 상황이 발생하게 되는 것을 말한다. 그러므로 여기서 주절은 "이유/원인(reason/cause)"이 되고 종속절이 "결과"가 된다. 따라서 주절과 종속절의 역할을 바꾸면 "이유절" 구조가 된다. (이유절에 대해서는 R4를 보라.)

We haven't learned any Spanish, **so that we couldn't understand the waiters**.
(우리는 스페인어를 전혀 배우지 않아서 웨이터의 말을 이해할 수 없었다.)
We couldn't understand the waiters, **because we haven't learned any Spanish**.
(우리는 스페인어를 전혀 배우지 않았기 때문에 웨이터의 말을 이해할 수 없었다.)

결과절은 다음과 같은 구조를 써서 표현한다.

1   so that-절

I drove into town earlier, **so that I could avoid the rush-hour traffic**.
(나는 일찍이 차로 시내를 들어갔기 때문에 러시아워의 교통 혼잡을 피할 수 있었다.)
The school bus broke down this morning, **so that we were late for school**.
(학교버스가 오늘 아침에 고장이 나서 우리는 수업에 늦었다.)
... if you hold anything against anyone, forgive him, **so that your Father in heaven may forgive you your sins**. (아무에게나 혐의가 있거든 용서하라 그리하여야 하늘에 계신 너희 아버지께서도 너희 허물을 사하여 주시리라.) [막 12:25]

2   so + 형용사/부사 + that-절

The bag was **so heavy that I couldn't move it**. (가방이 너무 무거워서 나는 들 수가 없었다.)
The sofa was **so huge that it hardly went through the door**.
(소파가 너무 커서 문으로 들어올 수가 없었다.)
The crowd that gathered around him was **so large that he got into a boat and sat in it out the lake**
(큰 무리가 모여들거늘 예수께서 바다에 떠있는 배에 올라앉으시고) [막 4:1]

3   so much + 불가산명사 + that-절
       so many + 복수명사 + that-절

We've had **so much snow that most of the roads are closed**.
(눈이 너무 와서 대부분의 도로가 폐쇄되었다.)
He has **so many children that he couldn't even remember their names**.
(그에게는 아이들이 너무나 많아서 아이들의 이름도 기억하지 못한다.)

4   such + (a(n)) 명사구 + that-절

The rug had **such a big hole in it that** we had to throw it out.
(양탄자에 너무 큰 구멍이 나서 내다 버려야 했다.)
He's **such a gentleman that** everybody likes him. (그는 멋진 신사여서 모두가 좋아한다.)
He told us **such funny jokes that** we all laughed.
(그가 너무 웃기는 농담을 해서 우리는 모두 웃었다.)

R21   revenge와 avenge

revenge와 avenge는 해를 끼치거나 감정을 상하게 한 사람을 해하거나 벌하는 것을 의미한다. "avenge"는 문학작품에서 자주 쓰이며 revenge보다 좀 점잖은 표현으로서 "보복, 복수가 정당함"을 암시한다. 개인적인 보복이나 복수를 말할 때는 일반적으로 "revenge"를 사용한다.

Some Koreans want to **avenge** Japan's colonial ruling of Korea for 36 years.
(어떤 한국인은 일본이 36년간 한국을 식민지배한 것에 복수하기를 원한다.)
Tottenham's stunning victory **avenged** last year's defeat by Liverpool.
(토트넘은 놀라운 승리로 작년에 리버풀에 당한 패배를 복수했다.)
We **avenged** the insult to our flag. (우리는 우리 국기에 대한 모욕에 보복하였다.)

He took up arms to **revenge** his deceased brother.
(그는 죽은 형의 원수를 갚고자 무기를 들었다.)
Gangsters **revenged** the murder of one of their gang.
(갱들은 피살된 동료의 원수를 갚았다.)
The red team **revenged** themselves on the blue team by winning the semi-final.
(홍팀은 준결승 경기를 이김으로써 청팀에 복수했다.)

R22   rob와 steal

steal은 "(물건 등)을 훔치다, (남의 작품 등)을 도용/표절하다"를 의미하고, rob는 "(어떤 사람이나 장소 등에서 물건 등)을 훔치다, 강탈하다"를 의미한다. 이들은 일반적으로 다음과 같은 구조를 갖는다.

steal + 도난 물건 (+ from + 도난 대상)
rob + 도난 대상 (+ of + 도난 물건)

Thieves **stole** thousands of dollars from a bank at New York.
Thieves **robbed** a bank at New York of thousands of dollars.
(도둑들은 뉴욕에 있는 한 은행에서 수천 달러를 강탈했다.)

The starved children **stole some fruit from the orchard**.
The starved children **robbed** the orchard of some fruit.
(배를 줄인 아이들은 과수원에서 과일을 좀 훔쳤다.)

The man **stole** my watch. (그 사람이 나의 시계를 훔쳐 갔다.)
The man **robbed a jewellery shop**. (그 사람이 보석상을 털었다.)

My watch **was stolen**. (나는 시계를 도둑맞았다.)
I **was robbed of** my watch. (나는 시계를 도둑맞았다.)

▶ rob는 드물게 steal처럼 쓰인다.

The starved children **robbed** some fruit from the orchard.

S1   salary와 wage

salary는 일반적으로 조직체가 피고용인에게 매달 지급하는 "고정된 임금"을 의미하고, wage는 특별한 경우를 제외하고는 일반적으로 복수형 "wages"가 사용되며 노동자에게 매일 또는 매주 지급되는 "급료, 대가"를 의미한다.

The average **salary** of the company is $85,000 a year. (그 회사의 평균연봉은 85,000달러다.)
She gets quite a high **salary** in her present job.
(그녀는 현 직책에서 꽤 높은 월급을 받고 있다.)
The boss raised everyone's annual **salary** by $12,000 last year.
(사장님은 지난해에 모든 직원의 연봉을 12,000달러 인상했다.)

His **wages** are $100 dollars a week. (그의 급료는 일주일에 100달러다.)
The government decided to improve the day-laborer's **wages** drastically.
(정부는 일일 노동자의 급료를 크게 개선하기로 했다.)
He takes **his wages** home to his wife every Friday.
(그는 매주 금요일에 급료를 부인에게 가져다준다.)
The **wage** increases will come into effect in January. (임금인상은 1월부터 실시될 것이다.)
He earns a weekly **wage** of $250. (그는 주급으로 250달러를 번다.)
Some countries have a minimum **wage**, set by law.
(어떤 국가는 최소임금을 법으로 정하고 있다.)

S2   same

same은 두 가지 의미로 사용된다. same은 동일한 "하나의 대상"을 의미할 수도 있고, 어떤 둘 또는 그 이상의 대상이 "정확히 유사하다"는 것을 의미할 수도 있다.

Rachel is still going out with **the same** boyfriend.
(레이첼은 아직도 같은 남자친구와 교제한다.)
We went to **the same** school. (우리는 같은 학교를 다녔다.)

My twin sister and I have **the same** nose, **the same** hair and **the same** tastes in clothes.
(나의 쌍둥이 자매와 나는 똑같은 코, 똑같은 모발, 옷에 대한 똑같은 취향을 가지고 있다.)
Both women were wearing **the same** dress. (두 여자 분이 똑같은 옷을 입고 있었다.)

1   정관사 the: same은 정관사 the와 함께 사용되는 것이 정상이다.

My brother and I sleep in **the same** room. (형과 나는 같은 방에서 잔다.)
My teacher always wears **the same** pullover. (나의 선생님은 항상 같은 풀오버를 입는다.)
I bought a new toy car and my brother wanted **the same** one.
(내가 새 장난감 차를 샀는데 남동생도 같은 것을 원했다.)

2   the same (...) as + 명사구: 비교의 대상을 as 뒤에 둔다.

People say I exactly look **the same as** my brother.
(사람들은 내가 형과 아주 똑같다고 말한다.)
He gets **the same pay as** me but he has his own office.
(그는 나와 동일한 보수를 받지만 그에게는 자신의 사무실이 있다.)
She wore **the same hat as** my mother's. (그녀는 나의 어머니 것과 같은 모자를 쓰고 있었다.)
He was born on **the same day as** me. (그는 나와 같은 날에 태어났다.)

3   the same (...) as + 절: as 뒤에 절이 나올 경우에는 as가 "일종의 관계대명사"처럼 사용된다. (T8.3을 보라.)

She was wearing **the same dress as** she'd had yesterday.
(그녀는 어제 입었던 것과 같은 드레스를 입고 있었다.)
His son graduated from **the same medical school** last year **as** Garry had had thirty years ago. (그의 아들은 개리가 30년 전에 졸업한 같은 의과대학을 작년에 졸업했다.)
She was dating **the same man as** she'd dated two years ago.
(그녀는 2년 전에 데이트했던 같은 남자와 데이트를 하고 있었다.)

▶ 위의 예에서 접속사 as 대신에 관계대명사 that/who가 올 수 있다.

She was wearing **the same dress that** she'd had yesterday.
(그녀는 어제 입었던 그 드레스를 입고 있었다.)
His son graduated from **the same medical school** last year **that** Garry had graduated thirty years ago.
(그의 아들은 개리가 30년 전에 졸업한 그 의과대학을 작년에 졸업했다.)
She was dating **the same man as/who/that** she'd dated two years ago.
(그녀는 2년 전에 데이트했던 같은 남자와 데이트를 하고 있었다.)

4   be the same age/height/weight as: "나이, 키, 체중"이 같다는 것을 표현할 때 사용된다. (A38을 보라.)

She's **the same age as** I am/me. (그녀는 나와 동갑이다.)
She's about **the same height as** I am/me. (그녀는 나와 키가 비슷하다.)
She's **the same weight as** I am/me. (그녀는 나와 몸무게가 같다.)

5   as의 생략: as는 관계대명사 "who/that"가 동사의 "목적어"를 가리킬 때 생략될 수 있는 것처럼 생략될 수 있다.

She was dating **the same man** she'd dated two years ago.
(그녀는 2년 전에 데이트했던 같은 남자와 데이트를 하고 있었다.)
She was wearing **the same dress** she'd had yesterday.
(그녀는 어제 입었던 것과 같은 드레스를 입고 있었다.)

관계대명사의 생략에 대해서는 R12.6을 보라.

6   **as와 who/that**: as는 "who/that"과는 달리 "주어"를 가리킬 때는 쓰일 수 없다.

   She was dating **the same man who/that** had dated me two years ago.
   (그녀는 나와 2년 전에 데이트했던 같은 남자와 데이트를 하고 있었다.)
   (*She was dating **the same man as** had dated me two years ago.)
   She was wearing **the same dress that** had been fixed yesterday.
   (그녀는 어제 수리한 같은 드레스를 입고 있었다.)
   (*She was wearing **the same dress as** had been fixed yesterday.)

7   **do the same**: 남의 행위를 따라하는 것을 표현한다.

   The boy always tries to **do the same** as his big brother.
   (그 소년은 항상 자신의 형이 하는 대로 따라하려고 한다.)
   Jack's family went on a camping trip to Jeju Island, and we might **do the same**.
   (잭의 가족은 제주도로 야영을 갔다. 우리도 따라갈까 한다.)

8   **(and the) same to you**: "행복과 건강"을 빌어주는 인사에 대한 응답으로 자주 사용되며, 가끔씩 무례한 말에 대한 "분노"를 표현할 때도 사용된다.

   "Have a nice Easter!" "**And the same to you**, Max!"
   ("즐거운 부활절을 보내기 바란다!" "맥스야, 너도 그러기를 바란다!")
   "You're a pathetic idiot!" "**Same to you!**"
   ("너는 가련한 멍청이다!" "너도 마찬가지야!")

9   **all/just the same**: 어떤 집단이 "좋지 않은 특성"을 가지고 있다고 말할 때 사용된다.

   Wherever they live, men are **all the same**. (사람은 어디에 살든지 다를 바가 없다.)
   (= Men all have the same weaknesses.)
   They say there're honest politicians, but I think politicians are **all the same**.
   (정직한 정치인도 있다고들 말하지만 나는 정치인은 다 똑같다고 생각한다.)

   ▶ "방금 언급한 사실임에도 불구하고"라는 뜻으로도 쓰인다.

   It rained every day of our holiday — **all the same** (= in spite of this) we had a good time.
   (우리 휴가 동안 매일 비가 왔다. 그렇지만 우리는 재미있었다.)
   Mark is shy and dependent, but I love him **all the same**.
   (마크는 수줍어하고 의존적이다. 그래도 나는 그를 사랑한다.)

10 **more of the same**: "다를 바 없다"고 강조할 때 사용한다.

   People feel that, whichever party wins the election, it's just going to be **more of the same**.
   (선거에서 어느 당이 승리하든지 달라질 게 없다고 사람들은 생각한다.)
   We have a new manager, but the working conditions are **more of the same**.
   (새로운 감독이 왔지만 작업 여건은 달라진 것이 없다.)

11   **one and the same**: 별개의 개체로 알았는데 하나의 개체임을 표현할 때 사용된다.

   Muhammad Ali and Cassius Clay are **one and the same**.
   (무하마드 알리와 케이셔스 클레이는 동일한 사람이다.)
   We decided to support him because his interests and our interests are **one and the same**.
   (우리는 그의 이해관계와 우리의 이해관계가 같기 때문에 그를 지지하기로 했다.)

12   **same difference**: 자신이 말한 것이 정확한 것은 아니지만 그 차이가 별로 중요하지 않다고 생각할 때 사용한다.

   "Did you see that bus? Actually it was a coach." "**Same difference**."
   ("저 버스 봤어? 실제로는 우등버스였어." "그게 그거지 뭐.")
   "I could mail a letter or send a fax in the morning." "**Same difference**. It won't get there on time." ("아침에 편지를 보내거나 팩스를 보낼 수 있습니다." "다를 게 없다. 어느 것도 제 시간에 도착할 수 없을 것이다.")

S3   say와 tell

say는 우리의 "생각, 느낌, 의견, 사실, 제안" 등을 "표현하는" 모든 유형의 언어행위를 가리키고, tell은 말을 써서 "정보, 지시, 생각, 느낌, 이야기" 등을 "전달하는" 언어행위를 가리킨다.

1   **화법**: say와 tell은 둘 다 직접화법과 간접화법에서 사용될 수 있지만 "직접화법"에서는 say가 더 자주 쓰인다. 직접화법에서 일반적으로 "진술, 지시, 명령, 간청, 부탁, 충고, 경고, 약속, 위협" 등에는 say와 tell이 둘 다 사용되고, "질문, 감탄, 인사, 고별, 소개, 축하, 축복, 사과" 등에는 say가 사용된다.

   (1) say

   He **said**, "How do you do?"   [질문]
   ("처음 뵙겠습니다"라고 그가 말했다.)
   (*He **told** them, "How do you do?")
   "What a beautiful present," **said** John.   [감탄]
   ("정말 멋진 선물입니다"라고 존이 말했다.)
   (*"What a beautiful present," John told us.)
   "It's been nice knowing you," I **said**.   [인사]
   ("만나서 반갑습니다"라고 나는 말한다.)
   (*"It's been nice knowing you," I **told** her.)
   "I'm sorry. I spilt your coffee," she **said**.   [사과]
   ("당신 커피를 엎질러서 미안합니다"라고 그녀가 말했다.)
   (*"I'm sorry. I spilt your coffee," she **told** me.)

   (2) say와 tell

"I don't like this party," Bill **said**/Bill **told** me.　　　　　[진술]
("나는 이 파티가 싫다"라고 빌이 (나에게) 말했다.)
"I think you'd better see a doctor," she **said**/she **told** me.　　[충고]
("나는 네가 의사를 봐야 한다고 생각한다"라고 그녀가 (나에게) 말했다.)
"Don't walk on the grass," he **said**/he **told** us.　　　　　[지시]
("잔디를 밟지 마라"라고 그가 (우리에게) 말했다.)
He **said**/He **told** me, "I'll definitely pay the bill."　　　[약속]
("내가 틀림없이 계산할 것이다"라고 그는 (나에게) 말했다.)

2　　**간접목적어**: tell은 일반적으로 말을 듣는 사람, 즉 "간접목적어"를 대동한다.

He **told** me that the meeting was cancelled. (그는 회의가 취소되었다고 나에게 말했다.)
(*He **told** that the meeting was cancelled.)

(1) "tell a story/lie/joke/secret/the truth ..." 등에서는 간접목적어가 나타나지 않을 수도 있다.

Anthony is **telling the truth**. (안토니는 진실을 말하고 있다.)
Max **told some funny stories** about his sister.
(맥스는 자신의 여동생에 대해 재미있는 이야기를 했다.)

(2) say는 많은 경우 간접목적어 없이 사용되지만, 목적어가 나타날 경우에는 "전치사 to"를 대동한다.

A spokesman **said** that the company had improved its safety standards.
(대변인은 회사가 안전 기준을 향상시켰다고 말했다.)
He **said to me** that he would buy a motorcycle when he had enough money.
(그는 나에게 돈이 생기면 오토바이를 살 것이라고 말했다.)
(*He **said me** that he would buy a motorcycle when he had enough money.)

3　　**직접목적어**: say와 tell은 언어를 사용하는 행위, 즉 "speak"를 의미한다. 그러나 say는 "언어표현 자체"에 중점을 두는 데 반하여, tell은 언어표현을 통해서 "정보를 전달하는 것"에 중점을 둔다. 다음을 비교해보라.

She left last night without **saying goodbye**. (그녀는 잘 있으라는 말도 없이 어젯밤에 떠났다.)
(*She left last night without **telling goodbye**.)
I've **said I'm sorry** — what more do you want?
(내가 미안하다고 했잖아. 더 이상 무엇을 원해?)
(*I've **told (you) I'm sorry** — what more do you want?)
Can we go now, sir? Please, **say yes**! (선생님, 저희들 가도 됩니까? 제발 된다고 말씀해 주세요!)
(*Can we go now, sir? Please, **tell yes**!)
I would like to **say a few words** before the party. (파티 전에 내가 몇 마디 말하고 싶습니다.)
(*I would like to **tell (you) a few words** before the party.)

She's always **telling lies** about her past. (그녀는 자기의 과거에 대해서 항상 거짓말을 한다.)

(*She's always **saying lies** about her past.)
How do you know she's **telling the truth**? (당신은 그녀가 진실을 말하는지 어떻게 압니까?)
(*How do you know she's **saying the truth**?)
Can you **tell the difference** between sparkling wine and champaign?
(발포성 포도주와 샴페인의 차이점을 말해 줄 수 있습니까?)
(*Can you **say the difference** between sparkling wine and champaign?)
My daughter just learned to **tell the time**. (내 딸은 얼마 전에 시간을 말하는 것을 배웠다.)
(*My daughter just learned to **say the time**.)

4 **부정사**: tell은 뒤에 "목적어 + 부정사" 구조를 가질 수 있다.

I told **her to go home**. (나는 그녀에게 집에 가라고 말했다.)
(*I **said to her to go home**.)
The book **told them what to do**. (그 책은 그들에게 무엇을 할 것인가를 말해주었다.)
(*The book **said to them what to do**.)

5 **간접의문문**: tell과 say는 둘 다 "간접의문문"을 이끌 수 없다.

I **asked who wanted to come**. (나는 누가 오고 싶어 하느냐고 물었다.)
(*I **said** who wanted to come.)
Jansen wants to **know what they've done to his brother**.
(잰슨은 그들이 그의 남동생에게 무슨 짓을 했는지 알고 싶어 한다.)
(*Jansen **told** me what they've done to his brother.)

▶ 그러나 say와 tell은 "질문에 대한 응답"을 이끌 수 있다.

He **told** me **who he invited to the barbecue**, but I've forgotten.
(그는 나에게 바비큐 파티에 누굴 부를 것인가를 말해주었는데 내가 잊어버렸다.)
(= He told me **the names of the people he invited to the barbecue**, but I've forgotten.)
Mary hasn't **said why she doesn't want to come**.
(메리는 왜 오고 싶지 않은지 말하지 않았다.)
(= Mary hasn't said **the reason that she doesn't want to come**.)

간접화법에 대해서는 I26-I29를 보라.
say와 tell 다음에 오는 so에 대해서는 S19.2를 보라.

S4   see

see의 가장 기본적인 의미는 "눈으로 주위에 있는 사물을 지각하거나 살펴보는 것"이다. 이 기본의미에서 다양한 의미가 파생된다.

1 can: see가 "눈으로 지각하다"의 의미로 사용될 때는 진행형이 없는 것이 특징이며, 현장에서 어떤 것을 볼 경우에는 can이 사용될 수도 있다. (P23.2를 보라.)

I **can see** two cars on the street. (나는 거리에 차 두 대가 있는 것을 볼 수 있다.)
(미국영어에서는 I **see** two cars on the street도 가능하다.)
(*I'm **seeing** two cars on the street.)
Can I **see** your ticket, please? (표를 좀 볼 수 있을까요?)
Do/Can you **see** a couple in the third row? (세 번째 줄에 있는 부부가 보이지?)
The teacher **saw/could see** the van park outside.
(선생님은 밴이 밖에 주차해 있는 것을 보았다.) (*He **was seeing** the van park outside.)

▶ 놀라운 일이 눈앞에서 일어날 경우 종종 "진행형"이 사용되기도 한다.

I can't believe what I'm **seeing** — is that car really yours?
(내가 지금 보고 있는 것을 믿을 수가 없다. 저 차가 정말로 네 거냐?)

2   understand: "이해하다/알게 되다"의 의미로 사용될 수 있으며, 이 경우에도 진행형이 없다. 이 경우에도 can이 사용될 수 있다.

I **(can) see** what you mean. (네가 무슨 말을 하는지 알겠다.)
I **can't/don't see** the point of spending so much money on a car.
(나는 자동차에 그렇게 큰돈을 쓰는 의도를 이해할 수가 없다.)
They **couldn't/didn't see** the need to add more members to the club.
(그들은 클럽에 회원을 더 추가할 필요성을 이해하지 못했다.)

3   consider: 어떤 상황이나 대상에 대해 "... 의견을 가지다"라는 의미로 사용될 수 있으며 진행형이 없다.

I **see** my new job as a challenge. (나는 나의 새 직업을 도전으로 생각한다.)
We **didn't see** him as a potential leader. (우리는 그를 잠재적 지도자로 고려하지 않았다.)
Violence **is seen** in different ways by different people. (폭력은 사람에 따라 다르게 생각된다.)

4   see ... 부사구: "...을 확인하다/주시하다"의 의미로 사용될 수 있으며 항상 "부사적 표현"과 함께 사용된다.

My mother used to **see** me **across the road**.
(나의 어머니는 내가 길을 건너가는 것을 확인하시곤 했다.)
I'll get my secretary to **see** you **home**. (나의 비서가 당신이 집에 가도록 해 줄 것입니다.)
My parents **saw** me **off** at the airport. (나의 부모님은 나를 공항에서 배웅하셨습니다.)

5   find out: "(어떤 정보나 사실을) 알아보다"라는 의미로 쓰인다.

I'll **see** how the job interview went.
(내가 그 일자리 면담이 어떻게 되었는지 알아보겠다.)
We went outside to **see** what was happening.
(우리는 무슨 일이 일어나고 있는지 알아보기 위해 밖으로 나갔다.)
I'll **see** if/whether he wants to go out for a drink.

(그가 한잔하러 나가고 싶어 하는지 내가 알아보겠다.)

6   **make certain**: "확인하다"라는 의미로 쓰인다.

It's up to you to **see** that the job's done properly.
(일이 적절히 완료되었는지 확인하는 것은 네 책임이다.)
Please **see** that the lights are switched off before you leave.
(나오기 전에 전등이 꺼져 있는지 확인하십시오.)
See that you're ready by ten. (10시까지 준비하도록 하시오.)

▶ see to it: "주의/조심하다"를 의미한다.

I'll **see to it** that I'll never be late to the meeting again.
(모임에 두 번 다시 늦지 않도록 주의하겠습니다.)
See to it that it'll never happen again.
(그런 일이 두 번 다시 일어나지 않도록 조심해라.)
You will hear of wars and rumors of wars, but **see to it** that you are not alarmed.
(난리와 난리 소문을 듣겠으나 너희는 삼가 두려워하지 말라.) [마 24:6]

7   **meet**: "만나다, 방문하다, 같이 시간을 보내다"를 의미하며, 진행형이 허용된다.

Dr. Thomas **is seeing** a patient at 2:00 p.m. (토마스 박사는 오후 2시에 환자를 볼 것입니다.)
I'**ll be seeing** my parents tomorrow night. (나는 내일 밤에 부모님을 찾아뵐 것입니다.)
They'**ve been seeing** each other for a long time. (그들은 오랫동안 만나고 있었습니다.)

▶ 진행형은 "연인관계에 있다"를 의미할 때도 있다.

Is she **seeing** anyone at the moment? (그녀에게 현재 만나는 사람이 있습니까?)
How long **have** you **been seeing** her? (너는 얼마 동안이나 그녀를 만나고 있었느냐?)

8   **ability to see**: 단순히 "볼 수 있는 능력"을 말할 때는 진행형이 허용되지 않지만, "시력의 변화"에 대해 말할 때는 진행형이 때때로 사용된다.

From the tower, you **can see** for miles. (그 탑에서는 수 마일까지 볼 수 있다.)
I **can't see** a thing without my glasses. (나는 안경이 없으면 전혀 볼 수 없다.)

I'**m seeing** much better since I got those new glasses.
(나는 새 안경을 쓴 후에 훨씬 잘 본다.)
I'm reading *War and Peace* again, and I'**m seeing** a lot of things that I missed the first time. (나는 〈전쟁과 평화〉를 다시 읽고 있는데, 처음 읽었을 때 놓쳤던 많은 것을 볼 수 있다.)

see + 목적어 + 부정사/-ing형에 대해서는 P24를 보라.
see, look, watch의 차이점에 대해서는 P23과 S5를 보라.
see above와 see over에 대해서는 A11.6을 보라.

S5   see, look, watch

이 세 단어는 모두 "시각(vision)"과 관계가 있다.

1   **see**: 가장 흔히 쓰이는 동사로서 우리가 의식했든 안했든 우리에게 눈이 있어 "보이는 것"을 의미한다.

We **saw** some strange animals at the zoo. (우리는 동물원에서 낯선 동물들을 봤다.)
He **saw** the suspect entering the building. (그는 용의자가 건물로 들어가는 것을 봤다.)

▶ see에는 정상적으로는 "진행형"이 없으며 종종 "조동사 can"이 대신 쓰인다.

You **(can) see** the Capitol Building from here. (여기서 미국 국회의사당을 볼 수 있다.)

2   **look (at)**: 어떤 목적을 가지고 의식적으로 보는 것을 의미한다.

The twins **looked at** each other and smiled. (쌍둥이는 서로를 쳐다보고 웃었다.)
I **looked at** the picture, but I didn't see anybody I knew.
(나는 사진을 살펴보았으나, 내가 아는 사람은 한 명도 못 찾았다.)
She turned to **look at** the young man beside her.
(그녀는 고개를 돌려 옆에 있는 젊은이를 쳐다봤다.)

▶ 전치사 at는 "명사적 목적어"가 있을 때는 의무적으로 나타나고 목적어가 없을 경우에는 나타나지 않는다. 그러나 "WH-절" 앞에서는 at가 가끔 나타나기도 하지만 일반적으로 쓰이지 않는다.

Look! The baby's trying to walk by herself! (이봐! 애기가 혼자서 걸으려고 한다!)
(*Look at! The baby's trying to walk by herself!)
Look at that! What a horrible mess! (저것 봐! 엉망진창이네!)
(*Look that! What a horrible mess!)
Look (at) what you're doing! (네가 무엇을 하려는지 생각해봐라!)
Look who's here! (누가 여기 왔는지 봐!)

3   **watch**: 어떤 상황이 일어나는가 또는 어떤 변화가 일어나는가를 "일정 기간 동안 관찰"하는 것을 말한다.

We sat and **watched** the sunset. (우리는 앉아서 일몰을 지켜봤다.)
He **watched** helplessly as Paul fell into the icy water.
(그는 폴이 얼음물 속으로 빠질 때 무기력하게 바라만 보았다.)
They've been **watching** that independent house for several weeks.
(그들은 수 주 동안 저 독립가옥을 지켜보고 있었다.)

4   **see와 watch**: "공연, 연극, 영화, 경기, 텔레비전 프로그램" 등의 "전반에 대한 관람"을 말할 때는 see가 더 많이 쓰이고, "진행 중인 것을 관람"하는 행위를 말할 때는 watch가 선호된다.

Did you **see/watch** that programme on chimpanzees last night?
(너는 어젯밤에 침팬지에 대한 프로그램을 봤냐?)
We're going to **see/watch** "Romeo and Juliet" tonight.
(우리는 오늘 밤에 "로미오와 줄리엣"을 관람하려고 합니다.)
Did you **see/watch** the World Series on TV last night?
(너는 어젯밤에 텔레비전에서 월드시리즈를 봤느냐?)
We **watched/saw** a great movie on TV last night.
(우리는 어젯밤에 텔레비전에서 유명한 영화를 한 편 봤다.)

I was **watching** the World Series on TV, when you called me.
(네가 전화했을 때 나는 텔레비전에서 월드시리즈를 보고 있었다.)
(*I was **seeing** the World Series on TV, when you called me.)

▶ "TV/a video"의 경우에는 watch만 가능하다.

In the evenings I like to relax and **watch television**.
(나는 저녁에 편한 자세로 텔레비전을 보는 것을 좋아한다.)
(*In the evenings I like to relax and **see television**.)
Let's stay at home and **watch a video**. (집에서 비디오나 보자.)
(*Let's stay at home and **see a video**.)

5　　see if/whether: see 다음에 "if나 whether"가 따라 나올 수 있으며, see는 "find out"의 의미를 갖는다. (S4.5를 보라.) 여기서 look나 watch는 사용될 수 없다.

I'll **see if/whether** I can borrow some money for you.
(내가 너 대신에 돈을 좀 빌릴 수 있는지 알아볼게.)
(*I'll **look/watch if/whether** I can borrow some money for you.)
Will you **see if/whether** you can find anyone to help?
(도와줄 사람을 구할 수 있는지 알아봐 줄 수 있어?)
(*Will you **look/watch if/whether** you can find anyone to help?)

hear와 listen 간의 유사한 차이점에 대해서는 H12를 보라.
지각동사 전반에 대해서는 P23과 P24를 보라.
이들 동사 다음에 오는 부정사와 -ing형에 대해서는 P24를 보라.
if와 whether에 대해서는 W11을 보라.

S6　　seem

seem은 연결동사로서 진행형이 허용되지 않으며 (C52와 P23을 보라.), "형용사구"와 "명사구"를 보어로 취할 수 있다.

The news **seems too good** to be true. (뉴스가 사실이라고 하기에는 지나치게 멋있어 보인다.)
He **seemed such a nice man**. (그는 참 훌륭한 사람인 것 같았다.)

1   **to be**: seem 다음에는 큰 의미적 차이가 없이 "to be"가 올 수 있다.

       The news **seems to be** too good to be true.
       (뉴스가 사실이라고 하기에는 지나치게 멋있어 보인다.)
       He **seemed to be** such a nice man. (그는 참 훌륭한 사람인 것 같았다.)

       ▶ 종종 주관적 판단보다 "객관적 사실"로 보이는 것을 말할 때 "to be"를 사용하기도 한다.

       The boss called an emergency meeting early this morning; he **seems to be very angry**.
       (사장이 오늘 아침 일찍이 긴급회의를 소집했다. 그는 몹시 화나 보인다.)
       (The boss called an emergency meeting early this morning; he **seems very angry**보다 자연스럽다.)
       It **seems insane** to you that I'll join the army next month.
       (내가 다음 달에 군에 입대할 것이라는 것이 너에게는 미친 짓으로 보일 수 있다.)
       (It **seems to be insane** to you that I'll join the army next month보다 자연스럽다.)

2   **부정사**: seem 다음에는 "to be" 외에도 다른 동사의 "부정사형"이 올 수 있다.

       Patrick just can't **seem to relax** anymore.
       (패트릭은 더 이상 긴장을 풀지 못하는 것 같이 보인다.)
       They **seem to be taking** a long time to decide.
       (그들은 결정하는 데 오랜 시간이 걸리는 것 같다.)
       I **seem to have lost** my car keys. (나는 자동차 열쇠를 잃어버린 것 같다.)

3   **전이된 부정소**: "not seem"은 seem을 부정하는 것이 일반적이지만, 격식적 표현에서는 not 가 뒤에 오는 부정사를 부정할 수도 있다. 다음을 비교해보라.

       He **doesn't seem to know** about her.
       (그는 그녀에 대해서 아는 것 같지 않다.)
       He **seems not to know** about her.   [격식적]
       (그는 그녀에 대해서 모르는 것 같다.)

       ▶ "can't seem to 구조"에 유의하라.

       I **can't seem to** catch up with the old people.
       (나는 어르신네들을 따라잡을 수 있을 것 같지 않다.)
       I **seem not to be able to** catch up with the old people.   [격식적]
       (나는 어르신네들을 따라잡을 수 없을 것 같다.)

       전이된 부정의 다른 예에 대해서는 N12를 보라.

4   **seem like**: seem의 "명사구 보어" 앞에 like가 수의적으로 올 수 있다.

       It **seemed (like) a good idea** at the time. (그 당시 그것은 좋은 생각처럼 보였다.)
       Julian **seems (like) a nice girl**. (줄리안은 좋은 아가씨 같다.)

5   it seems ... that/as if/as though/like: 여기서 it는 "예비 주어"로 사용되고 있다.

It **seems** to me **that** you don't have much choice.
(내가 보기에는 너에게 선택의 여지가 많지 않은 것 같다.)
It **seemed as if** the end of the world had come.
(마치 세상의 끝이 온 것 같았다.)
It **seems like** you're catching a cold. (네가 감기가 드는 것 같다.)

▶ 허사 there도 "seem to be"의 예비 주어로 쓰인다.

There seems to be some mistake. (어떤 착오가 있는 것 같다.)
There seemed to be some difficulty in finishing it in time.
(그것을 시간 내에 끝내는 데는 좀 어려움이 있어 보였다.)

like와 as에 대해서는 A97을 보라.
예비 주어로서의 it에 대해서는 P53.7을 보라.
예비 주어로서의 there에 대해서는 T9를 보라.

S7   sensible과 sensitive

sensible은 "분별력 있는(reasonable), 양식이 있는, 현명한"을 의미하고, sensitive는 "민감한, 영향 받기 쉬운"을 의미한다.

It's **sensible** to keep a note of your passport number in case you lose it.
(분실할 경우를 대비해서 여권번호를 적어두는 것은 현명한 일이다.)
She was a **sensible** woman and did not panic.
(그녀는 분별력 있는 여성으로서 허둥대지 않았다.)

▶ "sensible of"는 "자각하고 있는(conscious of)"을 의미한다.

He did not appear to be **sensible of** the difficulties that lay ahead.
(그는 앞에 놓인 난관을 자각 못 하고 있는 것 같이 보인다.)

He's a **sensitive** and intelligent young man. (그는 섬세하고 지성적인 청년이다.)
Her reply shows that she's very **sensitive** to criticism.
(그녀의 응답은 그녀가 비판에 매우 민감하다는 것을 보여준다.)
Abortion is a very **sensitive** social issue in the United States.
(낙태는 미국에서 매우 민감한 사회적 문제다.)

S8   sensory, sensual, sensuous

sensory는 우리의 오감과 연관된 "감각(상)의, 지각(상)의"을 의미하고, sensual은 외모나 행동이 "육감적인, 관능적인(sexy)"을 의미하며, sensuous는 "감각에 호소하는, 감각을 기쁘게 하는"을 의미한다.

Almost all **sensory** information from the trunk and limbs passes through the spinal cord.
(몸통과 팔다리에서의 감각적 정보는 거의 모두가 척수를 통해 전달된다.)
Sharks have **sensory** organs that can detect faint electric fields from other fish.
(상어는 다른 물고기에서 발산되는 미미한 전기장도 감지할 수 있는 감각기관을 가지고 있다.)

John leaned forward and kissed her **sensual** red lips.
(존은 몸을 앞으로 기울여 그녀의 관능적 빨간 입술에 키스했다.)
The artist was obsessed by her strange, **sensual** beauty.
(그 예술가는 그녀의 기묘한 육감적 아름다움에 사로잡혔다.)

The woman I work for possesses a **sensuous** personality.
(나의 상사인 그녀는 다감한 성격의 소유자다.)
It's a **sensuous** but demanding car to drive.
(그것은 감각적이지만 운전하기가 까다로운 자동차다.)

▶ 문학작품에서 종종 sensuous는 sensual의 의미로도 쓰인다.

She was one of the most beautiful and **sensuous** women I've ever seen.
(그녀는 내가 지금까지 본 가장 아름답고 관능적인 여성 중의 한 사람이었다.)

S9   SENTENCES (문장)

문장은 일반적으로 "주어"와 "술어"로 구성되며 (종종 "조동사"가 둘 사이에 나타날 수 있다), 주어는 "명사구(noun phrases)"로, 술어는 "동사구(verb phrases)"로 표현된다.

문장 = 명사구 + (조동사) + 동사구

주어: 명사구	조동사	술어: 동사구
the committee	(will)	discuss the matter in the afternoon

1   **주어** (subjects): 주어는 문장 내에서 동사구 앞에 나타나는 명사구에 주어지는 명칭이다. 주어 역할을 하는 명사구에 대해서는 N38-N41을 보라.

2   **술어** (predicates): 문장의 술어는 동사구로 표현되며 조동사를 포함하기도 한다. 술어의 형태는 동사구의 핵인 "동사의 속성"에 따라 다양한 구조를 갖는다. 동사는 필요로 하는 보충어의 유형에 따라 "자동사, 연결동사, 단순타동사, 이중타동사, 복합타동사"로 분류된다.

My keys have **disappeared** again.   [자동사]
(나의 열쇠가 또다시 없어졌다.)
Everyone **looks** happy.   [연결동사]
(모두가 행복해 보인다.)
They **asked** a lot of questions.   [단순타동사]
(그들은 많은 질문을 했다.)

He **gave** her a present. [이중타동사]
(그는 그녀에게 선물을 주었다.)
We **elected** him club president. [복합타동사]
(우리는 그를 클럽 회장으로 뽑았다.)

(1) 자동사 (intransitive verbs): 동사구에서 어떤 보충어의 도움 없이도 홀로 쓰일 수 있는 동사를 가리킨다. (V3.1을 보라.)

John has **arrived**. (존이 도착했다.)
Your views do not **matter**. (너의 견해는 중요하지 않다.)

(2) 연결동사 (copular/linking verbs): "불완전 자동사"라고 불리며 주어와 "보어" 또는 "부가어"를 연결하는 역할을 한다. (C52와 V3.2를 보라.)

Jack **is** very happy. (잭은 매우 행복하다.)
Oslo **seems** a pleasant city. (오슬로는 아름다운 도시인 것 같다.)
My uncle **lives** in Busan. (나의 삼촌은 부산에 산다.)

(3) 단순타동사 (mono-transitive verbs): 하나의 "목적어"를 필요로 하는 동사를 가리킨다. (V4를 보라.)

Tom **caught the ball**. (탐은 볼을 받았다.)
They **built this bridge** over the river last year. (그들은 작년에 강을 건너는 다리를 놓았다.)

(4) 이중타동사 (di-transitive verbs): 두 개의 목적어, 즉 "직접목적어"와 "간접목적어"를 필요로 하는 동사를 가리킨다. (V5를 보라.)

The new car **cost them a lot of money**. (새 차를 사는 데 그들은 큰돈을 썼다.)
He **taught us English**. (그는 우리에게 영어를 가르쳤다.)

(5) 복합타동사 (complex-transitive verbs): "불완전 타동사"라고도 불리며 "목적어"와 "보어" 또는 "부가어"를 필요로 하는 동사를 가리킨다. (V6을 보라.)

You should always **keep vegetables fresh**. (채소는 항상 신선하게 보존해야 한다.)
I now **pronounce you man and wife**. (나는 이 자리에서 당신들을 남편과 아내로 선포합니다.)
You can **put the vase on the table**. (식탁 위에 꽃병을 놓을 수 있다.)

3   **문장의 유형**: 문장은 문장 내에 포함된 절의 수와 결합된 방식에 따라 분류된다.

(1) 단문(simple sentences): 하나의 절만이 있는 문장

John is reading an English grammar book. (존은 영문법 책을 읽고 있다.)

(2) 중문(compound sentences): 두 개 이상의 절이 등위 접속된 문장 (C51을 보라.)

John is reading an English grammar book, **and** Mary is writing a letter.
(존은 영문법 책을 읽고, 메리는 편지를 쓰고 있다.)

(3) 복문(complex sentences): 한 절이 다른 절의 일부로 포함된 문장 (C40을 보라.)

John is reading an English grammar book, **because** he has to take a test next week. (존은 다음 주에 시험을 치러야 하기 때문에 영문법 책을 읽고 있다.)

4 **문장의 기능**: 문장이 언어에서 어떤 기능을 하느냐에 따른 분류

(1) 평서문(declarative sentences): 일반적으로 주어가 동사를 앞서는 특성을 가지고 있으며, 일반적으로 우리가 어떤 상황을 진술하거나 어떤 정보를 전달하고자 할 때 사용된다.

I visited France last year. (나는 작년에 프랑스를 방문했다.)
I didn't visit France last year. (나는 작년에 프랑스를 방문하지 않았다.)

(2) 의문문(interrogative sentences): 일반적으로 조동사가 주어를 앞서는 특성을 가지고 있으며, 일반적으로 우리가 상대방에게서 어떤 정보를 얻고자 할 때 사용된다. (Q2-Q7을 보라.)

Did you visit France last year? (당신은 작년에 프랑스를 방문했습니까?)
When did you visit France? (당신은 언제 프랑스를 방문했습니까?)
Where did you visit last year? (당신은 작년에 어디를 방문했습니까?)

(3) 명령문(imperative sentences): 주어인 이인칭 대명사가 표현되지 않는 것이 특징이며, 일반적으로 우리가 상대방에게 어떤 것을 할 것을 요청할 때 사용된다. (I11을 보라.)

Finish your homework in time. (숙제를 미리 끝내라.)
Call me when you're ready. (준비가 되면 나에게 연락해라.)

(4) 감탄문(exclamatory sentences): 많은 경우 how 또는 what으로 시작되는 것이 특징이며, 일반적으로 어떤 현상에 대한 화자의 느낌이나 태도를 표현한다. (E37을 보라.)

What a wonderful time we've had today! (오늘 정말로 좋았다!)
How wonderful it is today! (오늘 정말 날씨가 좋다!)
What a nice person he is! (그분은 참 좋은 사람이다!)

S10 sewage와 sewerage

이 두 단어는 종종 혼동되는 경우가 있다. sewage는 인간의 생활을 통해 만들어지는 "오수, 하수"를 의미하고, sewerage는 "하수처리, 하수도"를 의미한다.

The factory secretly dumped thousands of tons of **raw sewage** into the Han River.
(그 공장은 비밀리에 수천 톤의 처리되지 않은 오수를 한강에 흘려보냈다.)
Untreated sewage is being pumped into the sea, from where it pollutes our beaches.
(처리되지 않은 오수가 바다로 퍼부어지고 있으며, 이것이 우리 해안들을 오염시키고 있다.)
Seoul is a city with **a modern sewerage system**.
(서울은 현대식 하수처리 시설을 갖춘 도시다.)
Some cities do not provide their citizens with proper **sewerage services**.
(어떤 도시들은 시민들에게 적절한 하수처리를 해주지 못하고 있다.)

▶ "하수처리장"을 영국영어에서는 "sewage works"라고 하고 미국영어에서는 "sewage plant"라고 한다. "sewage works"는 단수라는 점에 유의하라.

A sewage works/plant uses chlorine in sewage treatment.
(오수처리장은 오수처리에 염소를 사용한다.)
We send **raw sewage** to **a sewage plant** through **sewers** for disposal.
(우리는 처리되지 않은 오수를 처리하기 위해 하수관을 통해 처리장으로 보낸다.)

S11 shade과 shadow

shade는 햇빛이 가려져서 만들어진 "그늘, 응달"을 의미하고, shadow는 사람이나 물건의 "그림자"를 의미한다. 따라서 "나무 그림자"는 "a shadow of a tree"이고 "나무 그늘"은 "a shade of a tree"다.

She was sitting in the **shade** of a large oak tree. (그녀는 큰 오크나무 그늘 아래 앉아 있었다.)
That plant had better be kept in the **shade**. (그 식물은 그늘에 두는 것이 좋다.)

The building cast its **shadow** across the street.
(그 건물은 거리를 가로질러 그림자를 드리웠다.)
Nothing would grow in the **shadow** of the wall.
(그 성벽의 그림자 아래에서는 아무것도 자랄 수 없다.)

S12 shall

양상조동사의 하나지만 그 사용이 매우 제한적이다. shall은 현대영어에서 주로 "일인칭 주어"를 가진 문장에서 사용된다.

1 **제안과 요청**: 제안하거나 상대방에게 어떤 결정을 내릴 것을 요청할 때 사용된다.

   Shall I open the window? (창문을 열까요?)
   What **shall I** get for dinner? (저녁 식사가 무엇입니까?)
   Shall we go out for a walk? (산책하러 갈까요?)

2 **미래**: shall은 영국영어에서 종종 will 대신에 미래를 표현할 때 사용된다.

   I **shall** never forget you. (나는 당신을 결코 잊지 않을 것입니다.)
   (= I will never forget you.)
   We **shall** be away next week. (우리는 다음 주에 떠날 것입니다.)
   (= We will be away next week.)
   Where **shall** we buy bread for these people to eat?
   (우리가 어디서 떡을 사서 이 사람들을 먹이겠느냐?) [요 6:5]

3 **지시와 약속**: 격식을 갖춘 지시나 약속 등을 표현할 때 사용된다.

All students **shall** attend classes regularly. (모든 학생들은 수업에 정규적으로 참석해야 한다.)
All payments **shall** be made in cash. (모든 지불은 현금으로 할 것이다.)

4   shan't: "shall not"의 축약형으로 미국영어에서는 별로 사용되지 않는다.

I **shan't** be here tomorrow. (나는 내일 여기 올 수 없을 것이다.)
(= I won't be here tomorrow.)
I **shan't** see you again. (나는 너를 다시는 보지 않을 것이다.)
(= I won't see you again.)

S13   should

should는 양상조동사로서 다른 양상조동사와 마찬가지로 뒤에는 동사의 원형이 오며, 다양한 의미를 표현한다.

You **should** be more careful. (더 조심해야 한다.)
He **should** have had his dissertation in by May 1.
(그는 5월 1일까지 논문을 제출했어야 했다.)

1   충고 (advice): 충고란 어떤 것을 받아들일 것인가 아닌가를 결정할 권리를 청자에게 주는 것이지만, 종종 일종의 지시나 명령으로 간주될 수도 있다.

You **should** stay in bed until you feel better. (더 나아질 때까지 침대에 누워 있어야 한다.)
Everybody **should** wear seat belts. (누구나 안전벨트를 매야 한다.)

▶ "would, ought to, had better"도 유사한 의미를 표현한다.

I **would** see a doctor if I were you. (내가 너라면 의사를 볼 것이다.)
You **ought to** take your medicine as prescribed. (약을 처방에 따라 먹어야 한다.)
You'**d better** read the first two chapters by tomorrow. (내일까지 첫 2개의 장을 읽어야 한다.)

2   의무 (duty): 바람직하거나 필요하다고 생각되는 행위를 표현할 때 사용한다.

All students **should** submit their papers by a given date.
(모든 학생들은 주어진 날짜까지 보고서를 제출해야 한다.)
You **should** change trains at Daejeon if you're going to Mokpo.
(목포에 가려면 대전에서 기차를 갈아타야 한다.)

▶ "ought to, had better, need to" 등도 의무를 표현할 수도 있다.

I **ought to** phone my parents tonight. (나는 오늘 밤에 부모님에게 전화해야 한다.)
You'**d better** be in a hurry if you want to catch the train.
(기차에 타려면 서두르는 것이 좋다.)
He **needs to** exercise more if he's to lose weight.
(그는 체중을 빼려면 운동을 더 해야 할 필요가 있다.)

had better에 대해서는 H1을 보라.

3 **개연성** (probability): 어떤 상황이 실현될 "개연성"이 있음을 표현한다.

It **should** be a nice day tomorrow. (내일 날씨가 좋을 겁니다.)
They **should** be feeling hungry after all that work.
(그 모든 일을 끝냈으니 그들은 배고픔을 느낄 거야.)

(1) ought to도 같은 의미로 쓰인다.

He **ought to** be in his office by now. (그는 지금쯤 사무실에 있을 겁니다.)

(2) "should"와 "ought to"는 개연성의 정도에 있어서 "may/might"보다 높고 "must"보다 약하다.

He **may/might** be at the office by now.　　　[불확실]
(그는 지금쯤 사무실에 있을지도 모릅니다.)
He **should** be at the office by now.　　　　　[예상]
(그는 지금쯤 사무실에 있을 겁니다.)
He **must** be at the office by now.　　　　　　[확실]
(그는 지금쯤 틀림없이 사무실에 있을 겁니다.)

(3) 이 조동사들은 have 조동사와 함께 "과거의 개연성"을 나타낼 수 있다.

He **may have** arrived at the office by then. (그는 그때쯤 사무실에 있었을지도 모릅니다.)
He **should have** arrived at the office by then. (그는 그때쯤 사무실에 있었을 겁니다.)
He **must have** arrived at the office by then. (그는 그때쯤 틀림없이 사무실에 있었을 겁니다.)

4 **추정적 상황** (putative situations): 미래에 일어날 것으로 "추정되는 상황"을 표현할 때 사용된다.

If an economic crisis **should** arise, the government would have to take immediate action.
(만약 경제적 위기가 일어난다면 정부는 즉각적인 조치를 취해야 할 것이다.)
Tell him to see me, if you **should** meet him. (만약 그를 만나면 나를 만나보라고 말해라.)

5 **가상적 상황** (imagined situations): "일인칭 주어(I 또는 we)"와 함께 "가상적 상황"을 표현할 때 사용된다.

I **should** be surprised if many people voted for him.
(그에게 투표하는 사람이 많다면 나는 놀랄 것이다.)
If anyone treated me like that, I **should** complain to the manager.
(누구든 나를 그런 식으로 대하면 나는 지배인에게 불만을 표시할 것이다.)

▶ 이런 의미로는 would가 더 널리 사용된다.

What **would** you do if you won a million dollars?
(만약 너에게 100만 불이 생긴다면 무엇을 할 것이냐?)

I wish they **would** come and visit us. (그들이 우리를 찾아오면 좋으련만.)

6 **과거의 의도 또는 기대**: "일인칭 주어(I 또는 we)"와 함께 "과거의 의도 또는 기대"를 표현한다.

We knew that we **should** be leaving the next day.
(우리는 그 다음 날 떠날 것이라는 것을 알았다.)
I **should** be amazed if I got the job. (내가 취직이 됐다면 놀랐을 것이다.)

▶ 또한 would가 더 널리 사용된다.

They said they **would** meet us at 10:30 at the station.
(그들은 정거장에서 10시 30분에 우리를 만날 것이라고 말했다.)
Alex knew he **would** be tired the next day. (앨릭스는 그 다음 날 지치게 될 것을 알았다.)

7 **간접화법**: should는 간접화법에서 "shall의 과거형"으로 사용된다.

I asked him if I **should** leave the window open. (나는 그에게 창문을 열어놔도 되는지 물었다.)
He told her that we **should** be away the following week.
(그는 우리가 그 다음 주에 떠날 것이라고 그녀에게 말했다.)

8 **특정 어휘 다음에서**: 특히 영국영어에서 "요구, 권유, 계획, 의도, 제안" 등을 뜻하는 "동사, 형용사, 명사의 보충어"로 오는 that-절에 쓰인다. (S37을 보라.)

He **insisted** that we **should** leave at once. (그는 우리가 즉시 떠나야 한다고 강력히 주장했다.)
They expressed their **wish** that he **should** accept the offer.
(그들은 그가 그 제안을 받아들이기를 바랐다.)
It's **essential** that a meeting **should** be convened this week.
(회의가 금주에 소집되는 것이 매우 중요하다.)

▶ 미국영어에서는 종속절에서 should가 생략된 "가정법 동사", 즉 "원형동사"가 쓰인다.

He **insisted** that we **leave** at once. (그는 우리가 즉시 떠나야 한다고 강력히 주장했다.)
They expressed their **wish** that he **accept** the offer.
(그들은 그가 그 제안을 받아들이기를 바랐다.)
It's **essential** that a meeting **be** convened this week.
(회의가 금주에 소집되는 것이 매우 중요하다.)

가정법에 대해서는 S37을 보라.

9 **should have + 동사의 과거분사**: 기대하였으나 "실제로 일어나지 않은 상황"을 말할 때 사용된다.

They **should have** called the police. (그들은 경찰을 불렀어야 했다.)
He **should have** arrived last night, but his train was delayed.
(그는 어젯밤에 도착했어야 하는데 기차가 연착되었다.)

if-절의 should에 대해서는 I4.2를 보라.
in case 다음에 오는 should에 대해서는 I14.3을 보라.
so that과 in order that 다음에 오는 should에 대해서는 S22를 보라.
How should ...?에 대해서는 H22.4를, Why should ...?에 대해서는 W17.3을 보라.
must의 상세한 용법에 대해서는 M32-M34를 보라.

S14 since (시간)

since는 기간(duration)을 표현하는 "전치사, 접속사, 부사"로 사용될 수 있다.

They have been living in Nigeria **since** 1990. [전치사]
(그들은 1990년부터 나이지리아에서 살고 있다.)
He has been very unhappy **since** he lost his wife. [접속사]
(그는 부인과 사별한 후에 매우 불행하다.)
We first met 10 years ago. We have been great friends **since**. [부사]
(우리는 10년 전에 처음 만났으며, 그때부터 우리는 좋은 친구 사이였다.)

이유를 의미하는 since에 대해서는 B12를 보라.
독립전치사에 대해서는 P39를 보라.

1   **for와 since**: 영어에서 기간을 의미하는 대표적인 단어로는 전치사 for가 있다. for는 "단순히 기간"을 표현하지만, since는 "기간의 시점"을 표현한다는 점에서 다르다. 다음을 비교해 보라.

I haven't seen a movie **since the birth of our baby**.
(나는 우리 아이의 출생 이후 영화를 한 편도 못 봤다.)
(*I haven't seen a movie **for the birth of my baby**.)
I haven't seen a movie **for years**.
(나는 몇 년 동안 영화를 한 편도 못 봤다.)
(*I haven't seen a movie **since years**.)

위의 예에서 since는 "아이의 출산 이후"부터 시작하여 현시점까지를 의미하고, for는 "과거 수년 전"부터 현시점까지를 의미한다. since-구/절이 표현하는 기간의 종점은 발화가 일어나는 "현시점(now)"이 될 수도 있고, 그 기간의 시점과 현시점 "사이의 어느 시점"이 될 수도 있다.

2   **since-절과 시제**: "since-구/절"을 포함하는 문장에서 주절의 시제는 사용되는 "동사의 속성"과 "since-절"이 나타내는 기간의 "종점이 어느 시점"이냐에 따라 결정된다.

(1) 현재완료: 어떤 행위가 "과거의 어느 시점에서 현시점"까지 지속될 경우 주절의 시제는 "현재완료"가 된다.

He**'s worked** in the same office **since** he came here in 1980.
(그는 1980년도에 여기에 온 이래 (지금까지) 같은 사무실에서 일해 왔다.)

Since I came to Korea in 2010, I **haven't spoken** English.
(나는 2010년에 한국에 온 이후 영어를 사용하지 않았다.)
We**'ve been** waiting here **since** two o'clock.
(우리는 2시부터 여기서 기다리고 있었다.)
The factory**'s been** at this place **since** the 1970s. (공장은 1970년대부터 이 장소에 있었다.)

(2) 과거완료: 어떤 행위가 "과거의 어느 시점과 현 시점 사이의 어느 시점"에서 일어났을 경우에는 주절의 시제는 "과거완료"가 된다.

Before I met him in 1990, he**'d worked** in the same office **since** 1980.
(내가 1990년에 그를 만나기 전에 그는 1980년부터 같은 사무실에서 일했었다.)
Before he got a job at school, he **hadn't studied** the subject **since** he graduated from college in 2001.
(그는 학교에 취직하기 전에는 2001년에 대학을 졸업한 이래 그 과목을 공부하지 못했다.)
Before they got married last year, they **had maintained** a good friendship **since** they were boys. (그들은 어린 시절부터 작년에 결혼하기 전까지 좋은 우정을 유지했다.)

(3) 현재시제: 어떤 사건의 결과로 "현시점에 어떤 상태"에 있을 때 주절의 시제는 "단순현재"가 될 수 있다.

He **seems** to know a lot about Africa **since** he met an African friend.
(그는 아프리카 친구를 만난 이후 아프리카에 대해서 많이 아는 것 같다.)
She **looks** much prettier **since** her plastic surgery last year.
(그녀는 작년에 성형 수술을 받은 이후 훨씬 더 예뻐 보인다.)
Everything **is** going well **since** I returned from five months in America.
(내가 미국에서 5개월을 보내고 귀국한 이래 모든 것이 잘 되고 있다.)

▶ 현시점의 "습관적 행위"의 경우에도 "현재시제"를 사용할 수 있다.

They **visit** their parents every month **since** they bought a car.
(그들은 차를 산 이후에 매달 부모님을 찾는다.)
He **reads** the Bible every day **since** he accepted Christianity.
(그는 기독교를 받아들인 후에 매일 성경을 읽는다.)

(4) 과거시제: 주절의 동사가 "비지속적 행위"를 의미할 때는 주절의 시제는 "과거형"이 되고 "since-절"의 시제는 "과거완료"가 될 수 있다.

She **stopped** seeing him **since** her father **had died** a few years ago.
(그녀는 아버지가 몇 년 전에 돌아가신 이후 그를 만나는 것을 그만두었다.)
We **moved** to a small suburban apartment **since** Father **had lost** his job.
(우리는 아버지가 실직한 이후 변두리의 작은 아파트로 이사했다.)
He **changed** his mind **since** he **had talked** to his lawyer.
(그는 변호사와 말한 후에 마음을 바꿨다.)

(5) since-절: "since-절"의 동사가 그 기간 동안 "지속적인 행위"를 의미할 경우에는 시제가 "완료형"이 될 수 있다.

Since they**'ve lived** in Seoul, they**'ve been** increasingly happy.
(그들은 서울에서 살게 된 후부터 점점 더 행복해졌다.)
We've been feeling better **since** we**'ve been** taking more exercise.
(우리는 운동을 더 많이 한 후부터 기분이 더 좋아졌다.)
Since he**'s had** a garden, he**'s grown** all their vegetables himself.
(그는 정원을 가진 다음부터는 직접 모든 채소를 기른다.)

▶ 완료시제와 과거시제의 "since-절"은 대조를 이룬다. 다음을 비교해보라.

Since they **have lived** in Seoul, they **have been** increasingly happy.
(그들은 서울에서 살게 된 후부터 점점 더 행복해졌다.)
Since they **lived** in Seoul, they **have been** increasingly happy.
(그들은 서울에 살아본 후부터 점점 더 행복해졌다.)

완료형은 현시점(now), 즉 발화시점에도 "그들이 서울에 살고 있다"는 것을 암시하지만, 과거형은 "그들이 현시점에는 서울에 살고 있지 않다"는 것을 암시한다. 그러나 live와 같은 동사와는 달리 "비지속적 의미"를 가진 동사의 경우에는 과거형이 그러한 의미를 나타내지 않는다. 다음을 비교해보라.

Since they **moved** to Seoul, they have been increasingly happy.
(그들은 서울로 이사 온 후부터 점점 더 행복해졌다.)

위 문장은 "그들이 서울에 아직도 살고 있는지 않는지"를 말하고 있지 않다.

3   it is + 기간 + since: 이 구조에서 주절의 "be동사"가 "현재완료" 또는 "현재시제"가 될 수 있으며, 특히 미국영어에서는 "완료형"이 선호된다.

It**'s at least 10 years since** those riots took place.
It**'s been at least 10 years since** those riots took place.
(그 소동이 일어난 지 적어도 10년이 되었다.)

It**'s a long time since** we had a salary increase.
It**'s been a long time since** we had a salary increase.
(임금이 인상된 지 오래되었다.)

4   ever since: "since-구"를 강조할 때 사용된다.

We bought that house in 1980, and have lived there **ever since**.
(우리는 저 집을 1980년에 샀고, 그때부터 그곳에 살았다.)
She's been terrified of the sound of aircraft **ever since** the clash.
(그녀는 비행기 추락사고 이후부터 항공기 소리를 들으면 겁에 질린다.)

5   since when ...?: "놀라움"이나 "노여움"을 표현할 때 사용된다.

Since when have you been interested in my feelings?
(네가 언제부터 내 기분에 관심을 가졌었느냐?)

Since when have you decided to pay for the expenses?
(너는 언제부터 비용을 내기로 했느냐?)

현재완료시제에 대해서는 P45를 보라.
과거완료시제에 대해서는 P17을 보라.
since와 from의 차이점에 대해서는 F21을 보라.
as 혹은 because를 의미하는 since에 대해서는 B12를 보라.

S15 small과 little

1 **크기**: 단순히 크기만을 말할 때는 small과 little이 큰 의미적 "차이가 없이" 사용될 수 있다.

He lives in a **little/small** room at the top of my house.
(그는 우리 집의 조그마한 옥탑방에서 산다.)
We sat around a **little/small table**, eating and drinking wine.
(우리는 조그마한 식탁에 둘러앉아서 음식을 먹고 포도주를 마셨다.)
A **little/small** group of art students have applied for the contest.
(소집단의 미술 학도들이 콩쿠르에 지원했다.)

▶ 그러나 어떤 기준이나 평균에 비하여 작거나 적은 것은 "small"이 더 자연스러우며, "little"은 크기뿐만 아니라 화자의 "감정적 선호"를 표현하기도 한다.

You're too **small** to be a policeman.
(너는 경찰관이 되기에는 키가 너무 작다.)
(You're too **little** to be a policeman보다 자연스럽다.)
The shirt comes in three sizes — **small**, medium and large.
(셔츠는 세 가지 크기, 즉 소, 중, 대로 만들어진다.)
She's **small** for her age. (그녀는 나이에 비해 키가 작다.)

My brother is a nasty **little** monster. (내 남동생은 심술쟁이 꼬마 괴물이다.)
(My brother is a nasty **small** monster보다 자연스럽다.)
They've bought a pretty **small** house in the country. (그들은 시골에 예쁜 작은 집을 샀다.)
It was another of his silly **little** jokes. (그것은 그의 또 다른 분별없는 야비한 농담이었다.)

2 **나이**: small과 little은 둘 다 "어린 나이(young)"를 의미할 수 있다.

We didn't have toys like this when we were **small/little**.
(우리가 어렸을 때 이런 장난감들이 없었다.)
Looking after **small/little** children can be very tiring.
(나이 어린 아이들을 돌보는 것은 정말 사람을 지치게 하는 일일 수 있다.)

▶ 그러나 동생이나 어린 자식을 가리킬 때는 "little"을 사용한다.

Her **little** (= younger) brother and sister are fighting again.
(그녀의 남동생과 여동생이 또다시 싸우고 있다.)

Mom, I'm 17 — I'm not **your little girl** any longer.
(엄마, 내 나이가 열일곱이에요. 나는 더 이상 엄마의 어린 딸이 아니란 말이에요.)

3   **고정된 표현**: 몇몇 고정된 표현에서 "little"은 "short"의 의미로 사용된다.

She had a ring on her **little finger**. (그녀는 새끼손가락에 반지를 끼고 있었다.)
The little hand of the clock has stopped at six. (시계의 시침이 6시에 서 있다.)
For **a little/short while**, the city functioned as the region's capital.
(잠시 동안 그 도시는 그 지역의 수도 역할을 했다.)

▶ 그러나 다음과 같은 경우에는 small이 사용된다.

"Did you know Bill went to school with my brother?" "It's **a small world**, isn't it?"
("너는 빌이 내 동생과 함께 학교에 다녔다는 것을 알았어?" "세상 참 좁지요?")
It must have cost him **a small fortune**. (그분 돈 꽤나 들었겠습니다.)
I didn't have any **small change** for the parking meter.
(나에게는 주차 미터기에 필요한 잔돈이 하나도 없었다.)
You can buy **small arms** easily in the United States.
(미국에서는 누구나 소형 총기를 쉽게 살 수 있다.)

양화사로서의 little에 대해서는 A5를 보라.

S16   smell

smell은 영국영어에서 불규칙동사로서 과거시제형과 과거분사형이 smelt이지만, 미국영어에서는 규칙동사다. smell은 "연결동사" 또는 "정적 타동사"로 사용될 때는 "진행형"이 없다.

1   **연결동사**: 연결동사란 주어와 그 보어를 연결시켜 주는 역할을 하는 동사를 말한다. smell은 보어로 "형용사"나 "명사구"를 취할 수 있으며, 주어가 어떤 냄새를 가지고 있는가를 표현한다. (C52를 보라.)

The stew **smelled delicious**. (스튜가 맛있는 냄새가 났다.)
(*The stew **was smelling** delicious.)
M'm! Something **smells good**! (음! 좋은 냄새가 나네!)
(*M'm! Something**'s smelling** good.)

▶ 보어로 "명사구"가 오면 그 앞에 "of" 또는 "like"가 필요하다.

It **smells like a rotten egg**. (그것은 썩은 달걀과 같은 냄새가 난다.)
My clothes **smelled of smoke**. (내 옷에서 연기 냄새가 났다.)

2   **자동사**: smell은 주어에서 "나쁜 냄새가 나다(smell bad)"의 의미를 가질 수 있다.

Your **feet smell**! Why don't you wash them? (발에서 냄새가 난다. 발 좀 씻지 그래!)

I should tell you that **your breath smells**. (너 입 냄새가 난다고 말하지 않을 수 없다.)

3 　정적 타동사: "(냄새를) 느끼다, 감지하다(perceive)"의 의미로 쓰이며, 종종 "can 조동사"가 사용된다.

Can you **smell something** burning? (무언가 타는 냄새가 나지 않아?)
When we opened the door, we **smelled the gas**. (우리가 문을 열었을 때 가스 냄새가 났다.)

4 　동적 타동사: "진행형"이 가능하며 코로써 "냄새를 맡다/맡아보다(sniff)"의 의미를 갖는다.

When I entered the greenhouse, she **was smelling the flowers**.
(내가 온실에 들어갔을 때 그녀는 꽃 냄새를 맡고 있었다.)
He picked the scarf up and **smelt it** carefully. "Chanel No. 5," he said.
(그는 스카프를 집어 들고 조심스럽게 냄새를 맡았다. 그리고는 "샤넬 넘버 파이브"라고 말했다.)

▶ 동적 타동사로서 어떤 좋지 않은 상황을 "알아차리다/낌새를 채다"를 의미한다.

Mike **smelled** trouble when he heard of her presence at the club meeting.
(마이크는 클럽 회의에 그녀가 참석했다는 말을 듣고 소동이 일어날 낌새를 챘다.)
I **smelled** danger, immediately two people with masks came in the shop.
(마스크를 쓴 두 사람이 가게에 들어오자마자 나는 위험을 느꼈다.)

smell과 유사한 동사들에 대해서는 P23을 보라.

S17　so-1: 부사

so는 어떤 자질을 강조하거나 화자의 강한 감정적 느낌을 표현하는 "정도부사"로서 형용사나 부사 앞에서 그 의미를 "강조하는 역할"을 한다.

Thank you for being **so patient**. (그렇게 참아줘서 고맙습니다.)
Why are you driving **so fast**? (너는 왜 그렇게 빨리 운전을 하느냐?)
Why are you **so afraid**? (어찌하여 이렇게 무서워하느냐 ...) [막 4:40]

I didn't know she had **so many** children. (나는 그녀에게 그렇게 많은 자녀가 있는 줄 몰랐다.)
I've never seen **so much** money in my life. (나는 평생 그렇게 많은 돈을 본 적이 없다.)

정도부사에 대해서는 D4-D8을 보라.

1 　so much: so는 "비교급" 형용사나 부사를 직접 수식할 수 없으며, "much"를 대동해야 한다.

She looks **so much older**. (그는 훨씬 더 늙어 보인다.)
(*She looks **so older**.)
He felt **so much better** than the day before. (그는 전날보다 훨씬 더 기분이 좋았다.)
(*He felt **so better** than the day before.)

so many와 so much의 다른 용법에 대해서는 S21을 보라.

2 **so + 형용사/부사 (that-)절**: 이 구조는 어떤 결과가 나오게 된 "원인을 강조"할 때 사용된다.

I'm **so tired that** I could sleep in this chair.
(나는 너무나 지쳐서 이 의자에서도 잘 수 있다.)
You were **so rude to her (that)** I don't think she'll be coming back.
(네가 그녀에게 너무나 무례하게 해서 그녀가 돌아올 것이라고 나는 생각하지 않는다.)
He walks **so slowly that** nobody's willing to go with him.
(그는 걸음이 하도 느려서 아무도 함께 걸으려고 하지 않는다.)
Everything happened **so quickly (that)** I didn't have time to think.
(모든 것이 너무나 빨리 일어나서 나는 생각할 여유가 없었다.)

▶ so + 형용사/부사 as to: 이 구조는 "주절의 주어와 종속절의 주어"가 같을 때 종종 사용된다.

She's not **so stupid as to** believe what you said.
(그녀는 네가 말한 것을 믿을 정도로 바보가 아니다.)
(= She's not so stupid (that) she'd believe what you said.)
I'm not **so desperate as to** agree to that. (나는 그것에 동의할 정도로 절망적이지는 않다.)
(= I'm not so desperate (that) I'd agree to that.)
The word is **so rarely used as to** be almost obsolete.
(그 단어는 아주 드물게 사용되어서 거의 폐어가 되었다.)
(= The word is so rarely used (that) it's almost obsolete.)

결과절에 대해서는 R20을 보라.

3 **so + 형용사 + a(n) 명사**: so의 수식을 받는 형용사가 "단수 가산명사"를 수식할 경우에는 "so + 형용사"를 부정관사 앞으로 이동시킨다.

I've never been to **so expensive a restaurant** before.
(나는 이렇게 값비싼 음식점에 지금까지 가 본 적이 없다.)
I've never spoken to **so large a crowd** before.
(나는 전에 이렇게 큰 대중 앞에서 연설해 본 적이 없었다.)

▶ 위 구조에서 형용사를 관사와 명사 사이에 그대로 두면 so를 such로 바꿔야 한다.

Such a big increase in tax would be very damaging.
(그렇게 큰 세금 인상은 매우 해로울 수 있다.)
(*A **so big increase** in tax would be very damaging.)
It's **such terrible weather**. (정말 끔찍한 날씨다.)
(*It's **so terrible weather**.)

이 구조에 대해서는 A19.7과 S39를 보라.

4   **문장 + so**: 앞에서 언급한 내용을 강조할 때 문장 끝에 so를 놓는다.

Is that why you hate him **so**? (그것이 네가 그를 그렇게 미워하는 이유냐?)
He annoys me **so**. (그는 나를 몹시 귀찮게 한다.)
You worry **so**! (걱정을 많이 하는구나!)

5   **고정된 표현**

(1) so long: 헤어질 때 구어체에서 종종 사용된다. (G19.1을 보라.)

Well, **so long**, friend, see you around. (그래 친구야 잘 있어. 또 보자.)
So long, John, I'll come back next Monday. (존아 잘 있어. 다음 월요일에 다시 올게.)

(2) so be it: 체념하듯 어떤 것을 받아들일 경우 사용된다.

If that means delaying the trip, **so be it**.
(만약 그것 때문에 여행을 연기해야 한다면, 할 수 없지 뭐.)

(3) and so on/forth: 목록을 나열한 표현의 끝에서 사용되며, 목록에 더 추가할 것이 있음을 나타낸다.

The patient can eat apples, apple juice, apple sauce, **and so on**.
(환자는 사과, 사과주스, 사과소스 등을 먹을 수 있다.)

(4) so-and-so: 이름을 잊어버리거나 직접 언급하고 싶지 않을 경우 또는 불경스러운 표현을 사용하고 싶지 않을 경우에 사용된다.

Don't worry about what old **so-and-so** says. [이름 대신에]
(나이 많은 누군가가 말한 것에 신경 쓰지 마라.)
She dined with Mr. **so-and-so** at **so-and-so's**.
(그녀는 모처에서 모씨와 식사를 같이 했다.)

(5) so-so: 어떤 상태가 그리 좋지 않을 경우 사용된다.

"How are you feeling today?" "Oh, **so-so**." (= "Not too well.")
("오늘 기분이 어때?" "오, 그저 그래.")
"Was the concert any good?" "**So-so**." (= "Not too good.")
("음악회가 좋았어?" "그저 그랬어.")
He's a **so-so** tennis player. (그는 그저 그런 테니스 선수야.)

S18   so-2: 접속사

so는 접속사로 사용될 수 있으며 앞의 절과 뒤에 오는 절을 연결하는 역할을 한다.

1   **이유**: 어떤 "이유" 때문에 어떤 행위나 상황이 일어나는 것을 말할 때 (R4를 보라.)

Why don't you start out early, **so (that)** you don't have to hurry?
(서두르지 않으려면 왜 일찍 출발하지 않느냐?)

There're no buses, **so** we'll have to walk. (버스가 없으니 걸어야만 할 것이다.)
Put your trust in the light while you have it, **so that** you may become sons of light.
(너희에게 아직 빛이 있을 동안에 빛을 믿으라 그리하면 빛의 아들이 되리라.) [요 12:36]

2 **결과**: 어떤 상황의 "결과"로 다른 상황이 발생하는 것을 말할 때

I was feeling hungry, **so** I made myself a sandwich.
(나는 배가 고파서 직접 샌드위치를 만들어 먹었다.)
I was getting tired, **so** I came home early.
(나는 지쳐서 집에 일찍 왔다.)

3 **계획**: 상대방의 어떤 "계획"을 알고 있거나 무엇인가를 알게 되었을 때

So we leave on Thursday and get back the next Tuesday, yes?
(그러니까 목요일에 떠나서 다음 화요일에 돌아오는 것 맞지요?)
So we're not getting away this weekend after all?
(그렇다면 결국 이번 주말에는 어디 가지 않는다는 거지요?)
So that's what he does, when I'm not around!
(그러니까 그것이 내가 없으면 그가 하는 짓이라는 거지!)
So that's why he made an excuse and left early!
(그것 때문에 그가 핑계를 대고 일찍 떠났다는 거지!)

4 **so what?**: 어떤 상황에 관심이 없거나 "중요성"을 부여하지 않을 때 (W6.6을 보라.)

"She might complain to your manager." "**So what** (if she does)? — I know I'm in the right."
("그녀가 지배인에게 불만을 표시할 수도 있다." "그래서 어쨌다는 거야? 내가 옳다는 것 나는 알아.")
"The Manchester United allowed two goals in the first half." "**So what?** I'm no longer interested in the game." ("맨체스터 유나이티드가 전반전에 두 골을 허용했다." "그게 어떻다는 거야? 나는 그 경기에 더 이상 관심이 없어.")

5 **(just) as ... so**: 격식적 표현으로서 "유사한 두 대상이나 상황" 등을 비교할 때 사용된다.

Just as Koreans love their soju, **so** the Japanese love their sake.
(한국 사람들이 소주를 좋아하는 것처럼 일본사람들은 사케를 좋아한다.)
... **as** Jonah was three days and three nights in the belly of a huge fish, **so** the Son of Man will be three days and three nights in the heart of the earth.
(요나가 밤낮 사흘 동안 큰 물고기 뱃속에 있었던 것 같이 인자도 밤낮 사흘 동안 땅속에 있으리라.) [마 12:40]
As you have testified about me in Jerusalem, **so** you must also testify in Rome.
(네가 예루살렘에서 나의 일을 증언한 것 같이 로마에서도 증언하여야 하리라.) [행 23:11]

S19   so-3: 대용어

so는 (조)동사와 결합하여 앞에서 이미 언급된 내용을 대신하는 대용어(substitute words) 역할을 한다.

1 **do so**: "do so"는 앞에서 언급된 "동사구"를 대신하여 쓰인다.

"Has he **informed the police**?" "No, but he'll **do** so tomorrow."
("그가 경찰에 알렸습니까?" "아니요. 그가 내일 알릴 겁니다.")
We didn't **complain**: we knew that to **do** so would be pointless.
(우리는 불평하지 않았다. 그래봤자 소용이 없다는 것을 우리는 알고 있었다.)

▶ "do so"는 "정적 동사구"의 대용어로 사용되지 않는다.

*He **loved her**, at least he said he **did** so.
(참고: He **loved her**, at least he said he **did**.)

do so에 대해서는 D27을 보라.

2 **think so**: 이 구조에서 so는 앞에서 언급한 "절"을 가리키는 대용어로 사용된다.

"Are they putting the price up?" "I **think** so." (= I think they are putting the price up.)
("그들은 값을 올릴 겁니까?" "그럴 거라고 생각합니다.")
She thought he was wrong but was too polite to **say** so. (= say that he was wrong)
(그녀는 그가 잘못이라고 생각했으나 예의상 그렇게 말하지 못했다.)

(1) think 외에도 다음과 같은 동사가 이 구조를 허용한다.

appear	assume	believe	expect
fear	gather	guess	hope
imagine	presume	reckon	say
seem	suppose	tell	trust 등

"Have the couple divorced?" "It **appears** so." (= appears that the couple have divorced.)
("그 부부가 이혼했습니까?" "그런 것 같습니다.")
"Can you fix my computer by tomorrow?" "Yes, I **reckon** so."
("제 컴퓨터를 내일까지 고칠 수 있으십니까?" "네, 고칠 수 있다고 생각합니다.")

(2) 이 구조는 조건 "접속사 if"와 "형용사 afraid"와도 허용된다.

"It's going to rain tomorrow." "**If** so, we'll postpone the picnic."
("내일 비가 올 것입니다." "만약 비가 오면 야유회를 연기할 것입니다.")
"Does this mean that he has to give up?" "I'm **afraid** so." (= Yes)
("이것은 그가 포기해야 한다는 것을 의미합니까?" "그렇습니다.")
In my father's house are many rooms, **if** it were not so, I would have told you.
(내 아버지 집에 거할 곳이 많도다. 그러지 않으면 너희에게 일렀으리라.) [요 14:2]

3   **not think**와 **hope not**: 긍정적 so에 대응되는 "부정적 대용어"로는 not가 사용된다.

"Will Kim be there?" "I **hope not**." (= I hope Kim will not be there.)
("김 군이 그곳에 있을까요?" "없기를 바랍니다.")
We'll have the party in the garden if the weather is good. **If not** (= the weather is not good), it'll have to be inside.
(날씨가 좋으면 정원에서 파티를 가질까 합니다. 그렇지 않으면 실내에서 가져야지요.)

(1) so는 부정소와 함께 앞에 오는 문장을 부정할 수 있다.

"Aren't you coming here tomorrow?" "No, I **don't suppose so**."
("내일 이곳에 안 올 겁니까?" "예, 못 올 것으로 생각합니다.")
"Will it rain?" "I **don't expect so**." ("비가 올까요?" "안 올 겁니다.")

(2) "hope so"와 "be afraid so"의 부정은 일상적인 부정문 형태를 따르지 않고, so를 not로 대치하여 만든다.

"Is she coming to the meeting?" ("그녀가 회의에 올 겁니까?")
"I **hope not**." (아니기를 바랍니다.) (*I **don't** hope **so**.)
"Can you accept my invitation?" ("나의 초대를 받아들일 수 있습니까?")
"I'm **afraid not**." ("미안하지만, 안 되겠는데요.") (*I'm **not** afraid **so**.)

(3) "think"의 경우에는 일상적인 부정문 형태가 더 자주 쓰인다.

"Are your parents going to attend the graduation ceremony?"
("당신의 부모님이 졸업식에 오실 겁니까?")
"I **don't think so**." ("못 오시리라고 생각합니다.")
(I think not보다 더 자주 쓰인다.)

4   **so do I**: 앞에서 언급한 상황이나 행동이 "다른 대상에게도 적용"된다는 것을 표현한다.

He likes to have a ham sandwich for lunch. **So do I**.
(그는 점심으로 햄 샌드위치를 먹고 싶다. 나도 그렇다.)
"I've an enormous amount of work to do." "**So do I**."
("나는 할 일이 엄청나게 많다." "나도 그렇다.")
"I'm allergic to nuts." "**So is my brother**."
("나는 견과류에 알레르기 반응을 보인다." "내 동생도 그렇다.")
She'll take a vacation at the end of July, and **so will he**.
(그녀는 7월 말에 휴가를 가려고 하고, 그도 그렇다.)
Jesus got up and went with him, and **so did his disciples.**
(예수께서 일어나 따라가시매 그의 제자들도 가더니.) [마 9:19]

▶ 이 구조는 "부정문" 다음에는 쓰이지 않고 부정형으로 사용되지도 않는다.

*She **doesn't** want to go with him, and/but **so do I**.
*She'll take a vacation at the end of July, and/but **so won't he/so will he**.

5   **so I do**: 이 구조는 앞에 언급한 상황에 대해 "확실한 동의"를 표현할 때 사용된다.

"Look, she's wearing a hat just like yours." "**So she is!**"
("봐! 그녀가 네 것과 똑같은 모자를 쓰고 있잖아." "정말, 그러네요!")
"That's her brother — he looks like James Dean." "**So he does!**"
("저 사람이 그녀의 남동생인데 제임스 딘을 닮았다." "참, 그렇네!")
"Jill has misspelled our name." "**So she has!**"
("질이 우리 이름의 철자를 잘못 썼다." "정말, 그랬네!)

6   **so I understand**: "say, hear, understand, tell, believe" 등과 같은 단어와 함께 사용되며, 이 구조는 화자의 의견이 어디에서 왔는지 혹은 그 의견의 근거가 무엇인지를 말할 때 사용된다.

"Has he lost a fortune?" "**So they say.**" ("그는 큰돈을 잃었다면서?" "사람들이 그러던대요.")
"Mary's getting married." "Yes, **so I heard**." ("메리가 결혼한다던대." "네, 그렇게 들었습니다.)
"The Professor is ill." "**So I understand.**"
("교수님이 아프시다는데." "나도 그렇게 알고 있습니다.")

▶ 이 구조는 "think, hope, suppose"와 같은 동사들과는 사용되지 않는다.

"Mary's getting married." "*Yes, **so I hope**."
"Are they putting the price up?" "***So I think**."

neither/nor am I 등에 대해서는 N16.5와 7을 보라.
도치된 어순의 다른 예에 대해서는 I47-I49를 보라.

S20 so, then, therefore

"so, then, therefore"는 현 상황이 앞에서 방금 "언급한 상황의 결과"로 일어났다고 표현할 때 사용하는 접속어다.

1   **therefore**: 독립적이지만 논리적으로 연결된 두 개의 절을 연결하며, 두 번째 절이 첫 번째 절에서 도출될 수밖에 없는 "논리적 결론"임을 의미하는 격식을 갖춘 표현이다.

He was the only candidate; **therefore** he was elected.
(그는 유일한 후보자였으므로 의당 그는 당선되었다.)
I missed the last flight, and **therefore** decided to stay the night at the airport.
(나는 마지막 비행기를 놓쳤기 때문에 당연히 그날 밤을 공항에서 보내기로 했다.)

2   **so**: 구어체에서 많이 쓰이는 접속사로서 두 절의 연결이 반드시 논리적이 아닐 수도 있고 불명확할 수도 있다.

There're no buses, **so** you'll have to go home on foot.
(버스가 없으니까 걸어서 집에 가야 할 것이다.)

I felt bad, **so** I stopped working and went home.
(나는 기분이 좋지 않아서 일을 그만두고 집으로 갔다.)

3   then: 한 화자의 말에 다른 화자가 "연결된 응답"으로 말할 때 많이 사용된다.

"You say you don't want to be a doctor." "**Then**, what do you want to be?"
("너는 의사가 되고 싶지 않다고 하는데." "그렇다면 무엇이 되고 싶으냐?")
"It isn't here." "**Then**, it must be in the next room."
("그것이 여기 없다." "그렇다면 다음 방에 있겠네.")

이들과 유사한 접속어에 대해서는 C39.9를 보라.

S21 so much와 so many

"so much"는 "불가산명사"와 함께 쓰이고, "so many"는 "복수명사"와 함께 쓰인다.

I didn't know she had **so many children**. (나는 그녀에게 그렇게 자녀가 많은지 몰랐다.)
We don't want to spend **so much money** for food.
(우리는 먹는 데 그렇게 많은 돈을 쓰고 싶지 않다.)

1   only so much/many: 수와 양의 "한계"를 말할 때 사용된다.

I could buy **only so much** sugar for you. (나는 너에게 그 정도의 설탕만을 사줄 수 있었다.)
There're **only so many** hours in the working day. (작업 일에는 그 정도의 시간만이 있다.)

2   so much와 so: "so much"는 so와는 달리 "형용사" 앞에서 사용될 수 없고, 반대로 "비교급" 표현 앞에서는 "so much"만 사용될 수 있다.

Your hair is **so beautiful**. (너의 머리카락은 정말 아름답다.)
(*Your hair is **so much beautiful**.)
She's **so much more beautiful** now. (그녀는 지금이 훨씬 더 아름답다.)
(*She's **so more beautiful** now.)

3   대명사: "so much"와 "so many"는 의미가 명백하면 명사 없이 사용될 수 있다.

He ate three already, and said he could eat **as many** again.
(그는 이미 세 개를 먹었고 다시 그만큼 더 먹을 수 있다고 말했다.)
I can't eat all that meat — there's **so much**!
(나는 그 고기를 다 먹을 수 없다. 고기가 너무 많다.)
I was expecting a few phone calls, but not **so many**. (나는 전화가 몇 통화 올 것으로는 생각하고 있었으나 그렇게 많은 전화가 오리라고는 생각하지 않았다.)
I have **so much** to tell you. (나는 너에게 할 말이 너무 많다.)

4   부사: "so much"는 부사로 쓰일 수 있다.

We're looking forward to your visit **so much**.
(우리는 당신의 방문을 진정으로 고대하고 있습니다.)
I wish you didn't smoke **so much**. (나는 당신이 담배를 그렇게 많이 피지 않기를 바랍니다.)

5 **so much for**: 구어체에서 어떤 것이 "더 이상 가능하지 않다"고 말할 때 사용한다.

Now, it's started raining; **so much for** my idea of taking a walk.
(지금 비가 오기 시작했으니 산책을 하자는 나의 생각은 접어야겠다.)
The car's broken down again. **So much for** our trip to the seaside.
(자동차가 다시 고장이 났다. 해변으로의 여행은 그만두어야겠다.)

6 **not so much A as/but B**: "A보다는 오히려 B임"을 표현한다.

I do**n't so much** dislike him **as** hate him! (나는 그를 싫어한다기보다 혐오한다.)
It was**n't so much** his appearance I liked **as** his personality.
(내가 좋아했던 것은 그의 외모가 아니라 그의 인품이었다.)
It's **not so much** that I don't want to come, **but** I simply don't have the time.
(내가 오고 싶지 않은 것이 아니라 단순히 시간이 없다.)

7 **(not/without) so much as**: 비단언적 맥락에서 "... 조차(even)"라는 의미로 쓰인다.

He did**n't so much as** say thank you, after all we'd done for him.
(= He didn't even say thank you, after all we'd done for him.)
(우리는 그에게 모든 것을 해 주었는데 그는 고맙다는 말조차 하지 않았다.)
If he **so much as** looks at another woman, she'll kill him.
(= If he even looks at another woman, she'll kill him.)
(그가 다른 여자를 쳐다보기만 해도 그녀는 그를 죽일 것이다.)
He left **without so much as** saying goodbye.
(= He left without even saying goodbye.)
(그는 작별인사 조차도 하지 않고 떠났다.)

many와 much의 상세한 용법에 대해서는 M7을 보라.

S22 so that과 in order that

"so that"와 "in order that"는 "목적절"을 이끄는 접속사 역할을 한다. 주절의 상황은 목적절의 상황이 발생하게 하는 원인이 될 수 있지만, 주절의 상황이 발생하여도 목적절의 상황이 앞으로 일어날 수도 있고 그렇지 않을 수도 있다. 따라서 목적절에는 "미래성"을 표현하는 "will", "가능성"을 표현하는 "can", "개연성"을 표현하는 "may", "추정"을 표현하는 "should"와 같은 양상조동사가 나타난다. "in order that"는 "so that"보다 더 격식적 표현이다. (P67을 보라.)

▶ ... so that/in order that ... will/can/may/should ...

They're going to London **so that** they **may** see the Queen.
(그들은 여왕을 볼 수도 있기 때문에 런던을 가려고 한다.)
I have come into the world as a light, **so that** no one who believes in me **should** stay in darkness.
(나는 빛으로 세상에 왔으니 무릇 나를 믿는 자로 어둠에 거하지 않게 하려 함이로다.) [요 12:36]
Fasten the sunshade securely **so that** it **won't** blow away.
(바람에 날아가지 않도록 차양을 안전하게 잡아매라.)
As soon as you find him, report to me, **so that** I too **may** go and worship him.
((아기를) 찾거든 내게 고하여 나도 가서 그에게 경배하게 하라.) [마 2:8]
Parents are willing to help **in order that** the children **can** have an after-school club every day. (아이들이 매일 방과 후 클럽 활동을 할 수 있도록 부모님들은 도울 의향이 있다.)

▶ 비격식적 문체에서는 so 뒤에서 that가 종종 생략된다.

He's left early **so** he **will** arrive in time. (그는 시간 안에 도착할 수 있도록 일찍 떠났다.)
Speak slowly **so** everyone **may** understand you. (모두가 너를 이해할 수 있도록 천천히 말해라.)

1 **will과 현재시제**: 목적절의 "현재시제"는 목적절의 "미래 조동사 will" 대신에 사용될 수 있다.

Leave early **so that** you **won't/don't** miss the train. (기차를 놓치지 않도록 일찍 떠나라.)
We ought to write to him **in order that** he **does not/will not** feel we're hiding things from him.
(우리가 그에게 무엇인가 숨기고 있다고 생각하지 않도록 우리는 그에게 편지를 써야 한다.)

2 **과거시제**: 주절이 과거시제일 경우 목적절의 조동사가 과거형인 "would, could, should"가 되며, may의 과거형 might는 매우 격식적 문체에서만 사용된다.

I **packed** him a little food **so** he **wouldn't** get hungry.
(나는 그가 배고프지 않도록 그에게 음식을 약간 싸 주었다.)
He **stood** on a chair **so that** he **could** reach the top shelf.
(그는 꼭대기 선반에 손이 닿을 수 있도록 의자 위에 올라섰다.)
Everyone **was** informed by letter **in order that** no mistakes **should** be made.
(어떠한 착오도 발생하지 않도록 모든 사람에게 편지로 통보되었다.)
We **sent** monthly reports to the director **in order that** he **might** have full information about progress. (우리는 감독이 진전에 대한 완전한 정보를 가질 수 있도록 월간 보고서를 보냈다.)

3 **(in order) for ... to와 (in order) to**: 이들도 목적 부정사절을 이끌 수 있다.

Send the letter express **in order for him to** get it before Monday.
(그가 편지를 월요일 이전에 받을 수 있도록 속달로 보내라.)
I'm making an early start **(in order) not to** get stuck in the traffic.
(교통에 막히지 않도록 나는 일찍 출발하려고 한다.)

in order to와 so as to의 부정사 구조에 대해서는 P67을 보라.
결과를 표현하는 so ... that에 대해서는 R20을 보라.
"so that ... not"를 의미하는 lest에 대해서는 L8.1을 보라.

S23　some

some은 강 발음[sʌm]과 약 발음[səm]을 가지고 있으며, "양화사, 한정사, 대명사, 부사"로 쓰인다.

We need someone with **some** experience.	[양화사]
(우리는 경험이 좀 있는 사람이 필요하다.)	
Can you give me **some** idea of the cost?	[한정사]
(가격에 대해서 단서라도 좀 줄 수 있습니까?)	
I've just made a pot of coffee. Would you like **some**?	[대명사]
(내가 방금 커피를 한 그릇 끓였습니다. 좀 드시겠습니까?)	
Would you like **some** more cake?	[부사]
(케이크를 좀 더 드시겠습니까?)	

1　**양화사**: 수량을 정확히 말하지는 않지만 "막연한 수량"을 표현한다.

She needs **some** apples for this recipe. (그녀는 이 요리를 위해 사과가 좀 필요하다.)
My mother has inherited **some** land. (나의 어머니는 땅을 좀 상속받았다.)
Some people believe in life after death. (어떤 사람들은 사후 세계를 믿는다.)

▶ 막연한 수량을 표현할 필요가 없을 때는 some이 생략될 수 있다.

She bought **(some)** pears for dessert. (그녀는 후식으로 배를 (좀) 샀다.)
We've planted **(some)** roses in the garden. (우리는 정원에 장미를 (좀) 심었다.)
They ordered **(some)** blankets for the winter. (그들은 겨울에 대비해 담요를 (좀) 주문했다.)

▶ some은 치수명사 앞에서 "상당한 정도의 수량"을 의미한다.

The fire went on for **some** time, before it was brought under control.
(화재는 제압되기까지 상당한 시간 동안 지속되었다.)
The railway station is at **some** distance from the village.
(기차 정거장은 마을에서 상당한 거리에 있다.)
It was **some** years later when they met again. (그들이 다시 만난 것은 여러 해가 지난 후였다.)

2　**한정사**: some[səm]은 명사 앞에서 가리키는 대상이 "명확하지 않음"을 표현한다. 우리말로는 "어떤"이라는 뜻에 가깝다.

There must be **some** reason for her behavior.
(그녀의 행동에는 틀림없이 어떤 이유가 있을 것이다.)
Some guy called you while you were gone. (네가 없을 때 어떤 사람이 전화를 했다.)

▶ 이 경우 some은 "부정관사 a/an"과 유사하다. 그러나 항상 바꿔서 사용될 수 있는 것은 아니다.

Some/A girl called you while you were out. (네가 외출했을 때 어떤/한 아가씨가 전화했다.)
She's currently seeing **some/a** man from New York.
(그녀는 현재 뉴욕 출신의 어떤/한 남자를 만나고 있다.)
My daughter needs **a** new coat. (나의 딸은 새 코트가 한 벌 필요하다.)
(*My daughter needs **some** new coat.)
I have **a** car. (나에게는 차 한 대가 있다.) (*I have **some** car.)

▶ some은 매우 "인상적인 상황" 또는 "실망스러운 상황"을 말할 때도 사용된다.

Wow, that was **some** dinner! (와, 대단한 저녁 식사였다!)
That was **some** party last night! (어젯밤 파티 정말 대단했다.)
Some hotel that turned out to be — it was dreadful!
(나중에 알게 된 것이지만 그 호텔은 형편이 없었다.)
Some people just don't know when to shut up. (어떤 인간은 입을 다물어야 할 때를 모른다.)

3   some과 any: some은 특히 "긍정문"에서 any와 대조를 이루며, 의문문에서 some은 "긍정적 응답"을 기대될 때 사용되며, any는 "비단언적 맥락"에서 두루 쓰인다.

There must be **some** reason for what he has done.
(그가 그것을 한 것에는 틀림없이 어떤 이유가 있을 것이다.)
(*There must be any reason for what he has done.)
We don't just accept **any** students. (우리는 어떤 학생이나 받아들이는 것은 아니다.)
(*We don't just accept some students.)

Do you have **some** money? (돈 좀 있지?)[긍정적 응답 기대]
Do you have **any** money? (돈 좀 있나?)   [중립적 입장]

any에 대해서는 A74-78을 보고, some과 any의 차이에 대해서는 S24를 보라.

4   대명사: some[sʌm]은 그 의미해석에 문제가 없을 경우 "독립적인 대명사"로 사용될 수 있다.

He asked for money and I gave him **some** (money).
(그가 돈을 요구해서 내가 (돈을) 좀 주었다.)
"Do you know where the screws are?" "There're **some** in the garage."
("나사못이 어디 있는지 아세요?" "차고에 몇 개 있는데요.")
... **some** who are standing here will not taste death before they see the Kingdom of God come with power. (... 여기 서 있는 사람 중에는 죽기 전에 하나님의 나라가 권능으로 임하는 것을 볼 자들도 있느니라.) [막 9:1]

▶ some of: some은 대명사로서 "of-구"를 대동할 수 있다. 이 경우에 of 다음에 오는 명사구는 "대명사"가 되거나 "정관사, 지시사, 소유격과 같은 한정사"를 대동해야 한다.

Some of you here have already met the President.
(여기 있는 너희들 중에 몇 사람은 이미 대통령을 만났다.)
Some of his jokes are very rude. (그의 농담의 어떤 것은 너무 야하다.)
(***Some of jokes** are very rude.) (참고: **Some jokes** are very rude.)
Can I have **some of the cake**? (케이크 좀 먹을 수 있을까요?)
(*Can I have **some of cake**?) (참고: Can I have **some cake**?)

5   **부사**: some[sʌm]은 숫자 앞에서 "개략적인 수량"을 표현한다. (N43.17을 보라.)

Some fifty tons of stone are taken from the quarry every day.
(약 50톤의 돌이 채석장에서 매일 채굴된다.)
It happened **some twenty** years ago. (그것은 대략 20년 전에 일어났다.)

▶ 이때 some은 one을 의미하는 "부정관사 a/an"과 함께 쓰일 수 없다.

There were **some thousand** people demonstrating in the street.
(대략 천 명의 사람들이 거리에서 시위하고 있었다.)
(*There were **some a thousand** people demonstrating in the street.)
There were **some one thousand** people demonstrating in the street.
(대략 천 명의 사람들이 거리에서 시위하고 있었다.)

▶ 그러나 같은 의미의 about는 some과 대조를 이룬다.

There were **about a thousand** people demonstrating in the street.
(대략 천 명의 사람들이 거리에서 시위하고 있었다.)
(*There were **about thousand** people demonstrating in the street.)
There were **about one thousand** people demonstrating in the street.
(대략 천 명의 사람들이 거리에서 시위하고 있었다.)

S24   some과 any

1   **단언적 맥락과 비단언적 맥락**: some과 any는 둘 다 정확한 수량이 중요하지 않은 "불확정적 양과 수"를 의미할 수 있다. some은 "단언적 맥락"에서, any는 의문문이나 부정문과 같은 "비단언적 맥락"에서 사용된다. (N24를 보라.)

He wants to acquire **some** information about our work.
(그는 우리 작업에 대한 정보를 좀 얻고 싶어 한다.)
Do you need **any** information about our work? (당신은 우리 작업에 대한 정보가 필요합니까?)

2   **any**: any는 "불가산명사"와 "복수가산명사"와 함께 쓰일 수 있으며, "단수가산명사"가 올 때는 일반적으로 부정관사 a(n)이 사용된다.

He didn't provide **any evidence** to support this claim.
(그는 이 주장을 뒷받침할 어떠한 증거도 내놓지 않았다.)
Have there been **any studies** to prove this? (이것을 입증할 어떤 연구가 있습니까?)

She doesn't have **a bank account**. (그녀는 은행계좌가 없다.)
(*She doesn't have **any bank account**.)
I don't have **a car**. (나는 차가 없다.) (*I don't have **any car**.)

3　　**의문문의 some**: "긍정적 응답"을 기대하는 의문문이나 혹은 의문문 형태로 무엇을 "요청" 하거나 "제안"할 경우에는 some이 사용된다.

Have you bought **some** milk at the grocery store?
(식품점에서 우유를 샀지요?) [화자는 청자가 우유를 샀을 것으로 기대한다.]
Shouldn't there be **some** instructions with it? (그것과 함께 어떤 지시문이 있을 텐데?)
Could I have **some** water? (물 좀 마실 수 있을까요?)
Would you like **some** more coffee? (커피 좀 더 드시지요.)

긍정문의 any에 대해서는 A77을 보라.

4　　**if-절**: some과 any는 "if-절"에도 많이 나타난다.

If you want to have **some/any** more coffee, please ask the waitress.
(커피를 더 마시고 싶으면 웨이트리스에게 말하십시오.)
If you want **some/any** help, let me know. (도움이 필요하면 저에게 알려 주십시오.)

▶ 때때로 any는 "if there is/are any"의 의미를 암시한다.

Any cars parked in this road will be towed away. (이 길에 주차하는 차는 모두 견인될 것이다.)
(= **If there are any cars** parked in this road, they will be towed away.)
The police will arrest **any men** trespassing on government property.
(경찰은 국유지를 불법 침입하는 사람은 누구든지 체포할 것이다.)
(= **If there are any men** trespassing on government property, the police will arrest them.)

some에 대해서는 S23을 보라.

S25　some time, sometime, sometimes

유사한 철자를 가진 이 세 표현은 의미적으로나 통사적으로 다르다.

1　　**some time**: 두 단어에 강세가 다 오는 [sʌ́m táɪm]으로 발음되며, "꽤 오랫동안, 상당한 기간 동안"을 의미하는 명사구다.

It was **some time** before they managed to turn the alarm off.
(경보기를 끄기까지 꽤 시간이 걸렸다.)
She's lived in Italy for **some time**, so she speaks Italian quite well.
(그녀는 이탈리아에 꽤 오랫동안 살았기 때문에 이탈리아어를 상당히 잘한다.)

2　　**sometime/some time**: [sʌ́mtaɪm]으로 발음되며, 일반적으로 미래 또는 과거의 "미확정 시

간"을 의미하는 부사다.

We'll take a vacation **sometime/some time** in July.
(우리는 7월 언제쯤에 휴가를 갈 것이다.)
Our house was built **sometime/some time** around 2000.
(우리 집은 2000년경 언젠가 건축되었다.)

▶ sometime은 형용사로서 "(지금이 아니고) 이전의(former)" 의미로도 사용된다.

The inquiry will be headed by Lord James, **sometime** editor of the "Daily News".
(조사는 한때 "데일리 뉴스"의 편집인이었던 제임스 경이 이끌게 될 것이다.)
Allen, a **sometime** delivery driver, lives with his elderly mother.
(이전에 배달 기사였던 앨런은 그의 노모와 같이 살고 있다.)

3 sometimes: [sʌ́mtaɪmz]로 발음되며 빈도부사로서 (F18.3을 보라.) "때때로"를 의미한다.

I **sometimes** have to work late. (나는 때때로 늦게까지 일해야 한다.)
The journey takes a week, **sometimes** even longer.
(그 여정은 일주일 걸리는데 때때로 더 걸리기도 한다.)
Sometimes, Grandma would tell us stories about her childhood.
(종종 할머니는 자신의 어린 시절에 대해서 우리에게 이야기를 하시곤 했다.)

S26 soon

soon은 "현 시점으로부터 곧" 또는 "어떤 사건 후에 곧"을 의미하는 부사로서, 문두나 문미 그리고 문중 위치에 나타날 수 있다.

Soon the ice will be thick enough to walk on.
(곧 얼음이 두꺼워져서 그 위를 걸을 수 있을 것이다.)
The men should be released **soon**. (그 사람들은 곧 풀어주어야 한다.)
The dog will **soon** learn that this behavior is unacceptable.
(개는 이런 행동이 허용되지 않는다는 것을 곧 배우게 될 것이다.)

Paula became pregnant **soon** after they were married.
(그들은 결혼하고 곧 폴라가 임신했다.)
As soon as she entered the room, she knew there was something wrong.
(그녀는 방에 들어가자마자 무엇인가 이상하다는 것을 알았다.)
As soon as Jesus was baptized, he went up out of the water.
(예수께서 세례를 받으시고 곧 물에서 올라오실새) [마 3:16]

1 as soon as: "as soon as-절"이 미래를 의미할 때 조동사 will이 사용되지 않고 "현재시제" 또는 "현재완료"가 사용된다.

I'll tell you **as soon as** I **hear** from her. (그녀에게서 소식이 오는 대로 너에게 알려주겠다.)
(*I'll tell you **as soon as** I'll hear from her.)

They'll be allowed to go, **as soon as** they've **paid** the bill.
(청구서를 지불하면 언제든지 그들은 가도 됩니다.)
(*They'll be allowed to go, **as soon as** they'll pay the bill.)

2   sooner: soon의 비교급으로 다양한 의미를 표현한다.

The sooner we get this job finished **the better**.
(우리는 이 일을 빨리 끝낼수록 더 좋다.)
The sooner I get this work done **the sooner** I can go home.
(나는 이 일을 빨리 마치면 마칠수록 더 빨리 집에 갈 수 있다.)
I'd **sooner** die **than** marry her. (나는 그녀와 결혼하기보다 차라리 죽겠다.)
(= I'd **rather** die **than** marry her.)
"Would you like to go out for dinner?" "I'd **sooner** stay home."
("저녁 식사를 나가서 하겠습니까?" "나는 집에 있고 싶은데요.")
(= I'd **rather** stay home.)

3   no sooner ... than: "as soon as"의 의미로 사용된다.

No sooner had he sat down **than** the telephone rang. (그가 앉자마자 전화가 울렸다.)
(= **As soon as** he had sat down, the telephone rang.)
"Can you fix my phone?" "Don't worry — **no sooner** said **than** done."
("내 전화 좀 고쳐줄 수 있어요?" "걱정 마세요. 금방 됩니다.")
(= it will be fixed **immediately**.)

no sooner ... than과 같은 의미로 쓰이는 hardly ... when에 대해서는 H5를 보라.

S27   sound

sound는 연결동사의 하나로서 "무엇을 듣거나 들은 소리로써 한 대상이 어떤 것 같이 보이거나 생각된다"는 것을 의미한다. sound는 다른 연결동사와 마찬가지로 "형용사"나 "명사구"를 보어로 갖는다.

1   형용사 보어: 모든 연결동사와 마찬가지로 형용사를 보어로 취한다.

The whole story **sounded very odd**. (이야기 전체가 몹시 이상하게 들렸다.)
$80 a day **sounds about right** for a decent hotel room.
(그 정도 깨끗한 호텔방 치고는 하루에 80불이면 괜찮게 생각된다.)
She **sounded very depressed** when I spoke on the phone yesterday.
(그녀는 어제 전화로 말할 때 목소리가 몹시 침울하게 들렸다.)

2   명사구 보어: 명사구가 보어로 올 때는 "like"가 뒤따르지만 명사구가 형용사처럼 주어의 속성을 기술할 때는 영국영어에서 종종 "like"가 생략될 수도 있다.

He **sounds just like someone** who I used to work with.
(그는 내가 한때 함께 일을 했던 누군가와 똑같은 것 같다.)
Nick **sounds like a nice guy**. (닉은 좋은 친구 같다.)
That **sounds a good idea**. (그것 좋은 생각 같은데.)

3 절 보어: 절이 보어로 올 때는 "like/as if/as though"가 뒤따른다.

It **sounds like** you had a good time on your trip.
(여행 중에 재미있는 시간을 보낸 것 같이 들린다.)
It **sounds** to me **as if** he needs professional help.
(나에게는 그가 전문가의 도움이 필요한 것처럼 생각된다.)
You **sound as though** you have a sore throat. (너는 마치 목이 아픈 것 같은 목소리다.)

4 How does it sound?: 제안에 대한 상대방의 의견을 물을 때 사용한다.

I'll be in Busan next Friday and take you out for dinner in the evening. **How does it sound?** (나는 다음 주 금요일에 부산에 가서 저녁에 당신과 밖에서 식사를 하려는데, 어떻게 생각하세요?)

연결동사에 대해서는 C52를 보라.

S28 speak와 talk

두 단어 모두 "말하다(say words)"라는 의미로 사용되며 거의 의미적 차이가 없다.

She was **speaking/talking** so fast that I could hardly understand her.
(그녀는 말을 너무 빨리 해서 나는 거의 알아듣지 못했다.)
How do babies learn to **speak/talk**? (아이들은 어떻게 말하는 것을 배웁니까?)
He **spoke/talked** very softly. (그는 매우 차분한 목소리로 말했다.)
They were **speaking/talking** in a whisper, and no one could hear what they were saying.
(그들은 작은 목소리로 말을 해서 아무도 그들이 말하는 것을 알아들을 수 없었다.)

1 대화 (conversation): speak는 목소리를 써서 말하는 것을 모두 가리키며 반드시 청자가 있어야 하는 것은 아니다. talk는 반대로 청자가 반드시 있고 대화함으로써 서로 상의하거나 어떤 정보를 전달하는 것을 의미한다.

I was so shocked that I couldn't **speak**. (나는 너무 충격을 받아서 말을 할 수 없었다.)
"Hello, may I **speak** to John Smith?" "Yes, **speaking**."
("여보세요. 존 스미스와 통화할 수 있을까요?" "존 스미스가 전데요.")

They sat and **talked** about their trip. (그들은 앉아서 그들의 여행에 대해서 말했다.)
I got the truth from **talking** with Elena. (나는 엘러너와의 대화를 통해 진실을 밝혔다.)

2 연설 (speech): speak는 "격식을 갖춘" 강의나 연설을 의미하고, talk는 "격식을 갖추지 않

은" 강의나 담화를 의미한다.

Dr. Johnson **spoke** at the teachers' annual convention.
(존슨 박사는 교사들의 연례집회에서 연설했다.)
Only one member of Parliament **spoke** in favor of the bill.
(국회의 한 의원만이 그 법안에 찬성하는 연설을 했다.)

He intends to **talk** to young people about the dangers of AIDS.
(그는 에이즈의 위험성에 대해 젊은이들에게 말할 예정이다.)
She'll **talk** on the issues she cares about, including education.
(그녀는 교육을 포함하여 관심이 있는 문제에 대해서 말할 것이다.)

3   언어 (languages): speak는 언어를 구사할 수 있는 "능력"을 말할 때 사용되며, talk는 언어를 써서 "말하는 것"을 의미할 수 있다.

Can you **speak** English? (당신은 영어를 할 줄 압니까?)
I don't **speak** a word of French. (= any French at all)
(나는 프랑스어를 한마디도 못 한다.)

They started **talking** in Spanish. (그들은 스페인어로 대화하기 시작했다.)
She **talks** (in) French at work and English at home.
(그녀는 일할 때는 프랑스어를 쓰고 집에서는 영어를 쓴다.)

▶ 그러나 항상 어떤 언어를 쓰는 사람을 표현할 때는 speaking을 사용한다.

We hired a French-**speaking** secretary. (우리는 프랑스어를 하는 비서를 뽑았다.)
(*We hired a French-talking secretary.)
German-**speaking** people are known to be diligent.
(독일어를 쓰는 사람들은 부지런한 것으로 알려졌다.)

4   생각/의견과 중요한 주제: speak는 "통상적인 생각이나 의견"을 말하는 것을 말하고, talk는 어떤 "주제에 대해 대화"하는 것을 말한다.

Her co-workers do not **speak** ill of her. (그녀의 동료들은 그녀를 나쁘게 말하지 않는다.)
He emphasized that he was **speaking** as a private citizen, not in any official capacity.
(그는 어떤 공적인 자격에서가 아니라 사적인 시민의 한 사람으로서 말하고 있다는 것을 강조했다.)
Strictly **speaking**, it's my money, not yours. I earned it.
(엄밀히 말해서 그것은 네 돈이 아니라 내 돈이다. 내가 번 것이다.)

Parents should **talk** with their children about drug abuse.
(부모는 아이들과 마약 남용에 대해서 대화를 해야 한다.)
Is there somewhere we can **talk** in private?
(우리가 은밀히 대화를 할 수 있는 곳이 어디 있을까?)
He tried to stop his ex-wife from **talking** on live TV.
(그는 전 부인이 생방송 텔레비전에 나가서 말하는 것을 막으려고 애썼다.)

5   **여타의 경우**: 다음의 경우에는 speak와 talk를 바꾸어 쓰지 않는다.

We have to pull down the barriers, **so to speak**, of poverty.
(우리는 소위 빈곤의 장벽을 무너뜨려야 한다.)
The club accepts only people who **speak the same language**.
(클럽은 같은 언어를 사용하는 사람들만 받아들인다.)
Dan, **speaking for** the students, started the meeting.
(학생들을 대변하는 댄이 회의를 시작했다.)
Do you think he's **speaking the truth**? (당신은 그가 진실을 말하고 있다고 생각합니까?)

How dare you **talk back** to me! (네가 감히 나한테 대꾸를 해!)
You do **talk nonsense** as usual. (당신은 여전히 허튼 소리를 하는군요.)
What are you **talking about**? We got there in plenty of time.
(무슨 말을 하는 거야? 우리는 시간이 넉넉하게 그곳에 도착했어.)
I worked in hotels for years, so I **know what I'm talking about**.
(나는 수년간을 호텔에서 일했기 때문에 내가 무슨 말을 하고 있는지 알고 있습니다.)

say와 tell에 대해서는 S3을 보라.

S29   SPELLING (철자)

가장 좋은 철자법은 단어의 철자가 그 발음을 가장 잘 반영하는 것이라고 할 수 있다. 단어 중에는 그 자체가 어근(root)일 수도 있지만, 많은 단어들은 어근 또는 어간(stem)에 접사(affixes)를 붙여 만들어진다. 예를 들어 leaders라는 단어는 lead라는 어근에 파생접미사(derivational suffix) -er이 붙어 leader라는 단어가 만들어진 다음, 어간 leader에 굴절접미사(inflectional suffix) -s가 붙어 만들어진다. 그러나 접사를 적절한 위치를 찾아 붙이기만 하면 단어가 만들어지는 것은 아니다. lead에 단순히 -er을 붙이면 되지만, hit라는 단어에는 마지막 자음을 반복한 다음 -er을 붙여 hitter라고 해야 하고, leader에 단순히 -s를 붙이면 복수가 되지만 coach라는 단어에는 -es를 붙여 coaches라고 해야 한다.

1   **대문자**: 영어로 글을 쓸 때 중요시되는 대문자의 사용에 대해서는 P56과 N1-N4를 보라.

2   **자음의 반복**: 모음으로 시작하는 접미사 앞 단어가 다음과 같은 조건을 모두 충족시키면 마지막 자음문자가 반복된다.

  (a) 단어가 하나의 자음문자로 끝날 때
  (b) 마지막 자음문자 앞에 하나의 모음문자가 올 때
  (c) 마지막 자음문자 앞의 모음에 강세가 올 때

  (1) 단음절 단어: 하나의 자음문자로 끝나는 단음절 단어에서는 "자음문자의 반복"이 일어난다.

  big : bi**gg**er   drug : dru**gg**ist   red : re**dd**ish
  stop : sto**pp**ed   swim : swi**mm**ing   slip : sli**pp**ery

(2) 다음절 단어: 다음절 단어에서는 "마지막 음절에 강세"가 올 때만 자음문자의 반복이 일어난다. 다음을 비교해보라.

forgét : forgétting   vísit : vísiting
begín : begínning   ópen : ópened
permít : permítted   gállop : gálloper
occúr : occúrrence   cléver : cléverer

confér : conférring : conférred : cónference
defér : deférring : deférred : déference
infér : inférring : inférred : ínference
prefér : preférring : preférred : préference
refér : reférring : reférred : réference

(3) 특히 영국영어에서 (b)와 (c)의 조건에 대한 예외가 "-l, -p, -s, -t"로 끝나는 단어에서 종종 나타난다. 아래 단어에서 주강세가 첫 음절에 온다.

bias : biasing/biassing   combat : combating/combatting
equal : equaling/equalling   focus : focusing/focussing
handicap : handicapping   kidnap : kidnaping/kidnapping
travel : traveling/travelling   worship : worshiping/worshipping

3 **-ic 어미**: -ic으로 끝나는 동사는 "-ed, -er, -ing 어미"와 결합하면 -ick로 바뀐다.

mimic : mimicked : mimicking   picnic : picnicked : picnicker
panic : panicked : panicking   traffic : trafficker : trafficking

4 **마지막 -e의 생략**: "모음문자로 시작하는 접미사" 앞에서는 단어의 마지막 -e를 생략된다.

debate : debated   explore : exploration   fame : famous
hope : hoping   refuse : refusal   solve : solvable

(1) die와 dye, sing과 singe: 이들 단어에서는 각각 die와 sing의 -ing형과 구분하기 위해 dye와 singe에서는 마지막 -e가 생략되지 않는다.

die : dying [dáɪŋ]   dye : dyeing [dáɪŋ]
sing : singing [síŋɪŋ]   singe : singeing [síndʒɪŋ]

(2) -ce나 -ge로 끝나는 단어: -ce와 -ge로 끝나는 단어는 각각 [s]와 [dʒ]의 발음을 유지하기 위해서 "a-"나 "o-"로 시작하는 접미사 앞에서는 마지막 "-e"를 유지한다. 다시 말해서 "c"와 "g"는 "a"나 "o" 바로 앞에서는 각각 [k]와 [g]로 발음되기 때문에 마지막 "-e"를 생략하면 잘못된 발음을 유발할 수 있다.

notice : noticing : noticeable : *noticable
trace : tracing : traceable : *tracable
change : changing : changeable : *changable

(en)courage : encoura**g**ing : coura**geous** : *couragous

▶ 다음의 단어는 두 가지 형이 가능하다.

like : lik**(e)able**   love : lov**(e)able**   move : mov**(e)able**

5 **마지막 -e의 보존**: "자음문자로 시작하는 접미사" 앞에서는 마지막 -e가 생략되지 않는다.

move : mov**ement**   force : : force**ful**
care : care**less**   lone : lone**ly**
trouble : trouble**some**

▶ 다음의 단어는 예외다.

argue : arg**ument**   awe : aw**ful**   due : d**uly**
true : tr**uly**   whole : who**lly**

▶ 다음의 단어는 두 가지가 가능하다.

abridg**(e)ment**   acknowledg**(e)ment**   judg**(e)ment**

6 **-y의 -i로의 변화**: "자음문자+y"로 끝나는 다음절 단어는 접미사 앞에서 -y를 -i로 바꿔야 한다.

happy : happ**ily**   study : stud**ies**   amplify : amplif**ier**
mercy : merc**iful**   colony : colon**ial**   mystery : myster**ious**
reply : repl**ied**   empty : empt**iness**   pacify : pacif**ication**

▶ busy + ness는 business와 구별하기 위해서 busyness로 쓴다.

7 **-y 어미의 보존**: "자음문자+y"로 끝나는 단음절 단어는 접미사와 결합해도 -y 어미를 그대로 보존한다.

dry : dry**ness** : dry**ly**/dri**ly**   shy : shy**ly** : shy**ness**
sly : sly**ly** : sly**ness**   wry : wry**ly** : wry**ness**

(1) 또한 "-ing" 어미와 "-'s" 어미와 결합할 때도 -y가 유지된다.

apply : appl**ying**   play : pla**ying**   study : stud**ying**
the spy : the spy**'s** name   the mercenary : the mercenary**'s** fiancée

(2) "모음문자+y"로 끝나는 단어는 접미사와 결합해도 -y가 보존된다.

employ : employ**er**   play : play**ful**   annoy : annoy**ance**
destroy : destroy**s**   spray : spray**ed**   pay : pay**ment**

(3) -y로 끝나는 고유명사에는 접미사가 붙어도 -y가 -i로 변하지 않는다. 이것은 인명의 원래의 철자를 유지하려는 의도에서라고 할 수 있다.

Harry : the Harry**s**   Mary : two Mary**s**

(4) 예외로는 다음과 같은 것들이 있다.

day : da**i**ly	gay : ga**i**ly	lay : la**i**d
pay : pa**i**d	say : sa**i**d	slay : sla**i**n

8　**명사의 "-s복수형"과 동사의 삼인칭 단수 현재의 "-s형"**: 명사에 대해서는 N30을 보고, 동사에 대해서는 P43을 보라.

9　**-ly 접미사와 -le로 끝나는 단어**: -le로 끝나는 단어가 -ly와 결합할 경우 "-le + -ly"는 -ly로 바뀐다.

amp**le** : amp**ly**	probab**le** : probab**ly**	simp**le** : simp**ly**
ab**le** : ab**ly**	nob**le** : nob**ly**	id**le** : id**ly**

▶ 예외로는 다음과 같은 것들이 있다.

sole : so**lely**	pale : pa**lely**	whole : who**lly**

10　**-ly 접미사와 -ue로 끝나는 단어**: -ue로 끝나는 단어에는 -e를 생략하고 -ly를 붙인다.

due : du**ly**	true : tru**ly**

▶ 예외로는 vague와 vaguely가 있다.

11　**-ly 접미사와 -ll/-l로 끝나는 단어**: -ll로 끝나는 단어는 -ly와 결합할 경우에 -y만 붙이고, -l로 끝나는 단어에는 -ly를 붙인다.

chill : chill**y**	dull : dull**y**	full : full**y**
faithful : faithful**ly**	economical : economical**ly**	

12　**-ic로 끝나는 단어**: -ic로 끝나는 형용사에 -ally를 붙인다. 정상적인 대화에서는 -ally의 -al은 발음 되지 않는다. 예를 들어 basically는 [béɪzɪklɪ]로 발음된다.

bas**ic** : bas**ically**	dramat**ic** : dramat**ically**
econom**ic** : econom**ically**	emphat**ic** : emphat**ically**
realist**ic** : realist**ically**	specif**ic** : specif**ically**

▶ 예외로는 public : publicly가 있다.

영국영어와 미국영어의 철자 차이에 대해서는 A67을 보라.

S30　SPELLING과 PRONUNCIATION (철자와 발음)

많은 영어 단어에서 철자와 발음은 다르다. 그 주된 이유는 지난 몇 백 년 동안 발음에는 큰 변화가 있었으나 철자법은 크게 변하지 않았기 때문이다. 이로 인하여 영어에서는 한 문자가 여러 가지 음으로 발음되고, 반대로 한 음이 여러 가지 문자로 표현될 수 있다.

특히 문자와 발음의 차이는 자음에서보다 모음에서 더 많이 나타난다.

1 **이음 동문자**: 하나의 문자가 여러 가지 음으로 발음되는 경우

a	[eɪ] ate	[æ] at	[e] many	[ə] woman
ea	[e] bread	[eɪ] break	[ɪə] hear	[əː] heard
	[ɑː] heart	[iː] lead		
ou	[ʌ] country	[əʊ] soul	[aʊ] sound	[ʊ] would
	[ɔː] bought			
oo	[uː] fool	[ʊ] foot	[ʌ] blood	[oʊ] brooch
th	[θ] think	[ð] then	[t] Thomas	
ch	[tʃ] chapter	[ʃ] champagne	[k] chaos	

자음문자에 대해서는 S30.4를 보라.

2 **동음 이문자**: 하나의 음이 여러 가지 문자로 표기되는 경우

[iː]	keep	me	key	tea
	belief	receipt	amoeba	machine
[ɪ]	bit	biscuit	busy	women
	minute			
[ʌ]	butter	come	couple	once
	blood			
[aɪ]	eye	buy	by	bye
	idea	Thai	height	guide
[eɪ]	hate	daily	great	lay
[k]	chemist	curious	kite	quick
[ʃ]	ship	audition	suspicion	unscheduled
	chef	admission	issue	insurance
[tʃ]	champion	catch	adventure	

3 **묵음 문자**: 철자에는 나타나지만 실제로 발음되지 않는 경우 (괄호 속의 문자는 발음되지 않는다.)

- (b) bom(b), clim(b), com(b), bom(b), dum(b), lam(b), plum(b)er, de(b)t, de(b)tor, dou(b)t, su(b)tle
- (c) a(c)quire, a(c)quit, as(c)ertain, des(c)end, fas(c)inate, indi(c)t, mus(c)le, s(c)ent, s(c)issors
- (ch) s(ch)ism, s(ch)ismatist
- (ck) bla(ck)guard
- (d) han(d)kerchief, san(d)wich, We(d)nesday
- (g) ali(g)n, champa(g)ne, forei(g)n, si(g)n, poi(g)nant, impu(g)n, (g)nat, (g)nome,

	(g)naw
(gh)	bou(gh)t, cau(gh)t, dau(gh)ter, hei(gh)t, hi(gh), li(gh)t, mi(gh)t, nei(gh)bor, ni(gh)t, ou(gh)t, ri(gh)t, strai(gh)t, thou(gh)t, throu(gh), ti(gh)t, wei(gh)t
(h)	(h)eir, (h)erb, (h)onor, (h)our, ex(h)ibition, r(h)etoric, r(h)ythm, shep(h)erd, spag(h)etti, ve(h)ement, ve(h)icle
(k)	(k)nee, (k)nife, (k)nob, (k)nock, (k)now
(l)	a(l)mond, ca(l)m, cou(l)d, fo(l)k, ha(l)f, sa(l)mon, shou(l)d, ta(l)k, wa(l)k, wou(l)d
(n)	autum(n), colum(n), condem(n), dam(n), hym(n), solem(n)
(p)	(p)neumonia, (p)salm, (p)sychiatrist, (p)sychology, (p)sychotherapy, (p)seudo, cu(p)board, cor(p)s, em(p)ty, recei(p)t
(r)	i(r)on
(s)	ai(s)le, i(s)le, i(s)land, i(s)let
(t)	bankrup(t)cy, cas(t)le, ches(t)nut, Chris(t)mas, fas(t)en, glis(t)en, lis(t)en, mor(t)gage, mus(t)n't, whis(t)le, wres(t)le, of(t)en, sof(t)en, stre(t)ch
(th)	as(th)ma
(u)	bodyg(u)ard, ga(u)ge, g(u)arantee, g(u)ess, g(u)est, g(u)ide, g(u)ilty, g(u)ise, g(u)itar, disg(u)ise
(w)	(w)rap, (w)rite, (w)rong, (w)ho, (w)hose, (w)hom, (w)hole, ans(w)er, s(w)ord

4 **자음문자와 발음**: 자음문자나 문자의 결합체가 항상 동일하게 발음되는 것은 아니다. 몇 가지 예를 알아보기로 하자.

(1) 문자 "wh"로 시작하는 단어는 원래 "hw"로 표기되었으며, 그 표기가 현재의 발음에 반영되어 있다. 현대영어에서 "wh"로 시작하는 단어는 [hw]로 발음되는 것과 [h]로 발음되는 것 두 가지가 있다.

[hw]: **wh**ale, **wh**at, **wh**eel, **wh**ere, **wh**ich, **wh**ether, **wh**ite, **wh**ither
[h]: **wh**o, **wh**om, **wh**ose, **wh**ole, **wh**ore

▶ [hw]에서 [h]음은 매우 약화되어 경우에 따라서는 잘 들리지 않지만 (이런 이유에서 사전에서는 [*h*]로 표기된다) 위의 단어들은 현재까지도 문자 [w]로 시작하는 단어와 발음에 있어서 뚜렷하게 구별될 뿐만 아니라 [h]로 시작하는 단어와도 구별된다. 다음에 주어진 단어들의 발음을 비교해보라.

whale[*h*weɪl] : wail [weɪ] : hail [heɪl]   **wh**at[*h*wɑt] : watt[wɑt] : hot[hɑt]
wheel[*h*wi:l] : weal[wi:l] : heel [hi:l]   **wh**ere[*h*wɛər] : wear[wɛər]: hair[hɛər]
which[*h*wɪtʃ] : witch [wɪtʃ] : hitch[hɪtʃ]   **wh**it[*h*wɪt] : wit[wɪt] : hit[hɪt]
whether[*h*wéðər] : weather[wéðər] : heather[héðər]
whither[*h*wíðər] : wither[wíðər] : hither[híðər]

(2) 문자 "ch"는 **ch**urch의 [tʃ], ma**ch**ine의 [ʃ], e**ch**o의 [k]로 발음될 수 있다.

[tʃ]: an**ch**ovy, ar**ch**, ar**ch**bishop, ar**ch**er, ar**ch**enemy, **ch**air, **ch**amber, **ch**arm, **ch**ore,
[ʃ]: **ch**agrin, ca**ch**e, **ch**ampagne, **ch**ampaign, **ch**andelier, **ch**arlotte, mousta**ch**e

[k]: anarchist, archeology, archaic, archetype, architect, monarch, schedule

(3) 문자 "g"는 give의 [g]와 gentle의 [dʒ]로 발음된다.

[g]: eager, gag, gate, gear, gib, giggle, gild, gilt, guide, league, legal, tiger
[dʒ]: agile, digest, digit, gesture, ginger, gymnasium, imaginary, magic, vegetable

(4) 문자 "h"는 home에서처럼 [h]로 발음되기도 하고 hour에서처럼 묵음[ ]이 될 수 있다.

[h]: habit, herbal, history, hospital, hotel, huge, human, humble, humid, forehand
[ ]: exhaust, exhibit, forehead, heir, herb, prohibition, shepherd, vehement, vehicle

(5) 문자 "c"는 모음문자 "e"와 "i" 앞에서는 [s]로 발음되고, 나머지 모음문자 "a, o, u" 앞이나 "자음문자" 앞에서 또는 단어 끝에서는 [k]로 발음된다.

[s]: accept, center, central, city, civilian, except, concept, receive, perceive
[k]: accept, acorn, can, corn, cube, comic, conquer, class, cruel, systematic

► 문자 "c"로 끝나는 단어가 문자 "i"나 "e"로 시작하는 접미사를 가질 경우에 "c" 문자의 [k]발음을 유지하려면 문자 "k"를 뒤에 붙인다.

mimic : mimicking   picnic : picnicked   traffic : trafficker
(참고: magician, syntactician, mechanical, systematical을 보라.)

(6) 문자 "n"은 [k]로 발음되는 문자 "c"나 "ch" 앞에서 또는 문자 "k, q, x" 앞에서 일반적으로 [ŋ]으로 발음된다.

[ŋ]: concubine, instinct, uncle, anchor, ink, tank, banquet, anxiety, sphinx, minx

► 예외로는 conclude, concoct, concomitant, concord, concur 등이 있다.

(7) 문자 "ng"는 단어의 끝에 올 때 [ŋ]으로 발음되고, 이 발음은 일반적으로 뒤에 다른 어미가 붙어도 유지된다.

[ŋ]: among, bring, cling, ending, fang, hang, king, long, nothing, ring, sing, thing, strong
     bringing, singer, singing, hanged, things, kingdom

► 예외로는 longer[lɔ́:ŋgər], stronger[strɔ́(:)ŋgər] 등이 있다.

► 현대영어에서는 드물게 나타나지만 "ng"로 끝나는 단어에 "th"어미가 붙으면 두 음 사이에 [k]음이 수의적으로 나타난다.

length [lɛŋθ] 또는 [lɛŋkθ]   lengthen [léŋθən] 또는 [léŋkθən]
strength [strɛŋθ] 또는 [strɛŋkθ]   strengthen [stréŋθən] 또는 [stréŋkθən]

► 문자 "ng"가 중간위치에 올 때는 [ŋg] 또는 [ndʒ]로 발음된다.

[ŋg]: anger, angle, congress, finger, language, longer, mangle, single, stronger
[ndʒ]: angel. change, danger, hinge, mange, range, singe, sponge, strange

(8) 문자 "th"는 일반적으로 [θ] 또는 [ð]로 발음된다.

[θ]: arithmetic, athlete, author, bath, breath, cloth, fifth, loath, mouth, thank, theater, thank,

think, thorn, thought, threat, three, thrill, throat, throw, thumb, truth, worth, wreath
[ð]: although, another, bathe, bother, breathe, brother, father, gather, loathe, mother, that, the, them, there, this, those, though, thus, together, weather, whether, worthy, wreathe

▶ "th"는 몇몇 고유명사에서 [t]로 발음된다.

Esther, Thomas, Thompson, Thailand, Thames

▶ "th"가 명사의 어미일 경우에는 항상 [θ]로 발음된다.

birth, death, depth, growth, hearth, lath, strength, truth, width

▶ [θ] 발음의 "th"어미를 가진 명사가 다른 어미가 붙어 "동사"나 "형용사"가 되면 "th"는 [ð]로 발음된다.

bath[bæθ] : bathe[beɪð]　　　　breath[brɛθ] : breathe[bri:ð]
cloth[klɔ:θ]: clothe[kloʊð]　　　worth[wə:rθ] : worthy[wə́:rðɪ]

▶ [θ] 발음의 "th"어미를 가진 몇몇 명사는 복수형에서 "th"가 [ð]로 발음된다.

mouth[maʊθ] : mouths[maʊðz]　　truth[tru:θ] : truths[tru:ðz]
sheath[ʃi:θ] : sheaths[ʃi:ðz]　　　cloth[klɔ:θ] : cloths[klɔ:θs] 또는 [klɔ:ðz]

(9) 문자 "ough"는 여덟 가지 발음을 가지고 있다.

plough [plaʊ]　　though [ðoʊ]　　thought [θɔ:t]　　through [θru:]
cough [kɔ:f]　　hiccough [híckʌp]　hough [hɑk/hɔk]　tough [tʌf]

S31　stationary와 stationery

이 두 단어는 동일한 발음[stéɪʃənèrɪ]을 가지며, stationary는 "정지된, 멈춘"을 의미하고, stationery는 "문방구, 편지지"를 의미한다.

The population of France remained **stationary** almost for a century.
(프랑스의 인구는 거의 1세기 동안 정지상태로 있다.)
House prices have been **stationary** for several months. (집값이 몇 달 동안 움직임이 없다.)

Herbert bought a notebook at the **stationery** store. (허버트는 문방구점에서 공책을 샀다.)
Don't miss our summer sale of **stationery** and office equipment.
(문구와 사무기기의 여름 세일을 놓치지 마십시오.)

S32　statue, stature, statute

statue[stǽtʃu:]는 "조각상, 조상"을, stature[stǽtʃər]는 "키, 신장" 또는 "재능, 위상"을, statute[stǽtʃu:t]는 "법률, 규칙, 정관"을 의미한다.

Nearly every city in the United States has a **statue** of some famous man.
(미국의 거의 모든 도시에는 유명인의 조각상이 있다.)

I watched him nearly for an hour; he sat rigid, immovable like a **statue**.
(나는 그를 거의 한 시간 동안 바라봤는데 조각상처럼 굳은 부동의 자세로 앉아 있었다.)
The **Statue** of Liberty stands on Liberty Island in New York Bay.
(자유의 여신상은 뉴욕 만에 있는 리버티 섬에 있다.)

A man five feet tall is above average **stature** in this country.
(5피트의 남자가 이 나라에서는 평균 신장이 넘는다.)
Bernard is short in **stature**, with a large head. (버나드는 키는 작고 머리가 크다.)
He's the sole scientist of **stature** leading the research team.
(그는 연구팀을 이끌 재능을 가진 유일한 과학자다.)
During his lifetime this man's **stature** as an art critic was tremendous.
(이 사람은 살아 있는 동안 미술비평가로서의 명성이 대단했다.)

The **statute** is very tough because it was designed to prevent organized crimes.
(그 법률은 조직범죄를 차단하기 위해 만들어진 것이기 때문에 매우 엄격하다.)
The salaries of most federal workers are set by **statute**.
(대부분의 연방정부 직원의 봉급은 법령으로 정해진다.)
In this country prices of every merchandise and wages of every worker are controlled by **statute**. (이 나라에서는 모든 상품의 가격과 모든 노동자의 임금이 법의 통제를 받고 있다.)

S33   stop, cease, halt, pause, quit

이 단어들은 어떤 상황이나 사건 또는 활동 등을 "중단하거나 완전히 끝내는 것"을 의미한다.

1   stop: 대표적인 동사로서 자동사 또는 타동사로 쓰이며, "(움직임을) 멈추다," "(하던 것을) 중단하다, 중단시키다," "(잠시) 멈추다," "(어떤 것이 일어나지 않도록) 가로막다" 등의 의미를 갖는다.

He **stopped** suddenly when he saw Sarah. (그는 사라를 보자 갑자기 멈춰 섰다.)
She **stopped** the car and got out. (그녀는 차를 멈추고 내렸다.)
The referee **stopped** the game. (심판은 경기를 멈췄다.)
The rain has **stopped**. (비가 그쳤다.)

I **stopped** to tie my shoe. (나는 신발 끈을 매기 위해 멈췄다.)
We **stopped** for a drink on our way home.
(우리는 집으로 오는 도중에 한잔하려고 들렸다.)

The government **stopped** publication of the book. (정부는 그 책의 출판을 금지했다.)
I'm leaving now and you can't **stop** me.
(나는 지금 떠나려고 하는 데 당신은 나를 막을 수가 없다.)

▶ stop (someone) doing: "stop doing something"은 하던 일을 "그만두다"를 의미하고,

"stop someone doing something"은 어떤 사람으로 하여금 하던 일을 "그만두게 하다"를 의미한다.

At last, they **stopped destroying** the rain forests. (결국 그들은 열대우림 파괴를 멈췄다.)
Stop judging by mere appearances, and make a right judgment.
(외모로 판단하지 말고 공의롭게 판단하라.) [요 7:124]
No one could **stop the baby crying**. (아무도 그 아이의 울음을 멈출 수가 없었다.)

▶ stop doing something과 stop to do something: "stop"은 전자의 경우에는 타동사로 쓰이고 후자의 경우에는 자동사로 쓰인다. 다음을 비교해보라.

He **stopped giving** me a lift. (그는 나를 태워주는 것을 그만뒀다.)
He **stopped to give** me a lift. (그는 나를 태워주기 위해 멈췄다.)

2 cease: "멈추다, 멈추게 하다"를 의미하며, 종종 격식적 표현으로서 "영원히 멈추다, 끝나다"를 표현할 때 사용되기도 한다.

The music **ceased** suddenly when he turned off the radio
(라디오를 끄니까 갑자기 음악이 멈췄다.)
East Germany **ceased** to exist in 1990. (동독은 1990년에 없어졌다.)

▶ cease fire!: 군대에서 "사격중지!"라는 명령으로 사용되기도 한다.

"**Cease** fire!", shouted the company leader. ("사격중지!"라고 중대장이 소리쳤다.)

3 halt: 어떤 상황이 계속되는 것을 "막다, 멈추게 하다"를 의미하며, 특히 뉴스보도나 신문기사에서 많이 사용된다.

The government has failed to **halt** economic decline. (정부는 경제악화를 막는 데 실패했다.)
Safety concerns have led them to **halt** work on the dam.
(안전문제가 그들로 하여금 댐 공사를 멈추게 했다.)

▶ "정지하다, 멈추다(stop moving)"를 의미하기도 하며, 특히 군에서 "정지명령"을 할 때 사용된다.

The soldiers **halted** and rested from their march. (병사들은 행군을 멈추고 휴식을 가졌다.)
Company **halt!** (중대 세!)
Halt! Who goes there? (정지! 누구냐?)

4 pause: 하던 것을 다시 시작하기 전에 "잠시 중단하는 것"을 의미한다.

She **paused** for a moment. (그녀는 잠시 멈췄다.)
He **paused** for breath, then continued up the hill.
(그는 숨을 돌리기 위해 잠시 멈췄다가 계속해서 산을 올랐다.)

5 quit: 비격식적 단어로서 "직업, 학교, 활동, 습관" 등을 "그만두다"를 의미한다.

He **quit** his job after an argument with a colleague.
(그는 동료와 다툰 다음 직장을 그만두었다.)
I **quit** school at 15 because my father died.
(나는 아버지가 죽어서 15살에 학교를 그만두었다.)

▶ quit: 특히 미국영어에서 "좋지 않거나 짜증나는 일을 중단"하는 것을 표현할 때 사용된다.

The majority of smokers say that they'd like to **quit** the habit.
(흡연자의 대부분은 흡연 습관을 끝내고 싶다고 말한다.)
I wish you'd all **quit complaining**. (너희들 모두 불평을 그만했으면 좋겠다.)

S34 street, avenue, boulevard

"street, avenue, boulevard"는 행인보다 "차를 위한 도로(passage)"를 의미한다.

1   street: street는 도시나 마을 내에 있는 차를 위한 도로를 "총칭적"으로 가리킨다.

I walked further down **the street**. (나는 거리를 따라 더 아래로 걸었다.)
He parked the car on the other side of **the street**. (그는 차를 거리의 다른 쪽에 주차했다.)

2   avenue: avenue는 street과 같은 의미로 쓰일 수 있으며, 종종 street와 보충적 의미로 쓰인다. 한 도시나 마을에서 street가 한 방향으로 놓여 있으면, street와 교차되는 도로를 종종 avenue라고 부르며, 이 경우 종종 avenue가 더 넓고 번화한 도로를 가리킨다. avenue는 또한 모든 종류의 넓고 좁은 street를 비롯하여 street의 한 부분을 가리키기도 한다. (뉴욕 시에서는 남북으로 난 도로를 "avenue"라고 하고 동서로 난 도로를 "street"라고 부른다.)

There's a shop at the eastern corner of **Fourth Street** and **Fifth Avenue**.
(4번가와 5번가의 동쪽 모퉁이에 상점이 있다.)
We drove through a beautiful tree-lined **avenue** leading to the mansion.
(우리는 대저택으로 향하는 양쪽에 가로수가 있는 아름다운 길을 따라 운전했다.)

3   boulevard: boulevard는 도시의 "넓은 street"을 가리킨다. 특히 푸른 나무와 잔디 그리고 관목이 양쪽에 심어진 거주지의 street를 의미한다.

The government planned to replace the narrow streets of the capital city with wide **boulevard**. (정부는 수도의 좁은 거리를 넓은 대로로 바꾸기로 계획했다.)
It was quite an experience to drive through **Sunset Boulevard**.
(선셋 가를 따라 운전하는 것은 대단한 경험이었다.)

4   road: road는 street보다 더 포괄적인 의미를 갖는다. road는 차가 다니는 비포장도로에서부터 매우 현대적인 고속도로(highway)까지를 가리킬 수 있다.

There're far more cars on the **roads** now than there used to be.
(옛날보다 지금은 도로에 자동차가 훨씬 더 많다.)

I was driving along the **road** when a kid suddenly stepped out in front of me.
(내가 도로를 따라 운전하고 있었는데 갑자기 아이가 내 앞으로 걸어 나왔다.)

▶ 일반적으로 시골길에는 street를 붙이지 않으며, road는 도시와 시골길에 두루 쓰인다.

Cars can be parked on both sides of **the road**. (도로의 양쪽에 자동차를 세울 수 있다.)
The road out of our village goes up a steep hill.
(우리 마을에서 나오는 길은 가파른 언덕으로 올라간다.)

5 route: [ruːt] 또는 [raʊt]로 발음되며, 한 곳에서 다른 곳에 이르는 "노선, 경로, 항로"를 의미한다.

Are you sure that this is the best **route** to Yongin?
(이 길이 용인 가는 최고의 노선인 게 확실해?)
All escape **routes** were blocked by armed police.
(무장 경찰이 모든 탈출로를 막았다.)

▶ route는 미국영어에서 "도시 간의 주요 도로"를 표시할 때 사용된다.

Turn left at Bulmal Junction and take **Route** 6 to go to Yangpyung.
(양평에 가려면 벌말 사거리에서 좌회전하고 6번 도로를 택하십시오.)

S35 STRESS (강세), RHYTHM (운율), INTONATION (억양)

1 **강세 (stress)**: 우리는 어떤 음절에 주위의 음절보다 더 강한 강세를 주어 발음함으로써 그 음절을 두드러지게 만든다. 예를 들면 company에서는 첫 음절인 "com-"에, determine에서는 두 번째 음절인 "-ter-"에 강세가 온다.

company [kʌ́mpənɪ]   determine [dɪtə́ːrmɪn]

2 **주강세와 부강세**: 종종 더 긴 단어는 두 개의 강세음절(stressed syllable)을 갖기도 한다.

economical [ìːkənɑ́mɪkəl]

[ì-]의 강세는 [-ná-]의 강세보다 약하지만 다른 음절보다는 강하다. 이런 음절을 "부강세(secondary stress)" 음절이라고 부른다. 음절 중에 주강세나 부강세가 오지 않는 음절을 "무강세(unstressed)" 음절이라고 부른다. 강세를 받는 음절의 모음은 [i], [ɪ], [e], [ɛ], [ɒ], [ʌ], [ə], [æ], [ɑ], [ɔ], [u], [ʊ], [aɪ], [aʊ], [eɪ], [oʊ], [ɔɪ] 등이지만, 무강세 음절의 모음은 거의 대부분의 경우 [ə] 또는 [ɪ]로 발음된다.

confidence [kɑ́ːnfɪdəns]
confusion [kənfjúːʒən]
apparently [əpǽrəntlɪ]
congregation [kɑ̀ːŋgrɪɡéɪʃən]

3 **강세의 착오**: 영어에서 잘못된 음절에 강세를 주어 발음하면 많은 경우 잘 못 알아듣게 된다. 두 개의 음절을 가진 다음 단어들의 강세에 대해 살펴보자. 이 단어들은 "명사"로 사용될 때는 첫 번째 음절에 강세가 오고, "동사"로 사용될 때는 두 번째 음절에 강세가 온다. 이러한 현상은 16세기 중반에 시작하여 지금은 약 150개 이상의 단어로 확대되었다고 한다. 몇 개의 예를 들면 다음과 같다.

concert	conduct	conflict	content
contest	contract	contrast	convert
desert	digest	exploit	exploit
incline	increase	insert	insult
object	permit	present	produce
progress	project	protest	rebel
record	refuse	survey	suspect 등

▶ 이렇게 강세가 오는 음절의 위치가 바뀜에 따라 모음의 발음에도 변화가 나타났다. 예를 몇 가지 들면 다음과 같다.

	명사	동사
concert	[kɑ́:nsərt]	[kənsɔ́rt]
present	[prézənt]	[prɪzént]
record	[rékərd]	[rɪkɔ́:rd]
produce	[próʊdjus]	[prədjúːs]

4 **리듬** (rhythm): 모든 단어는 독립적으로 말할 때는 강세음절을 가지고 있다. 그러나 단어를 연결하여 문장을 구성하게 되면 강세를 유지하는 단어와 강세를 잃는 단어가 나타난다. 우리는 이러한 강세를 "문장강세(sentence stress)"라고 한다. 예를 들어 "I am glad to see you" 문장에서 glad와 see에 문장강세가 온다: "I am glád to sée you." 다른 언어와는 달리 영어에서는 문장강세가 문장을 읽는 리듬과 관계가 있다.

▶ 리듬법칙: 문장강세는 규칙적인 간격으로 발생한다.

다음의 두 문장을 비교해보라.

The bóy is ínterested in enlárging his vocábulary.
(그 소년은 자신의 어휘력을 넓히는 데 관심이 있다.)
Gréat prógress is máde dáily. (매일 큰 진전이 이어지고 있다.)

첫 번째 문장에는 15개의 음절이 있고 두 번째 문장에는 7개의 음절이 있지만, 문장강세를 받는 음절은 둘 다 네 개씩이다. 따라서 이 두 문장을 읽는 속도는 거의 같다. 즉 첫 번째 문장을 읽을 때는 무강세음절들을 압축하여 발음하고, 두 번째 문장을 읽을 때는 부족한 무강세음절을 보충하기 위해 강세음절을 좀 길게 발음함으로써 전체 문장을 읽는 속도를 맞춘다. 일반적으로 문장강세를 받는 단어는 문장에 어휘적 의미를 부여하는 "내용어(content words)"이고, 강세를 받지 않는 단어는 문장의 문법적 개념을 표현하는 "기능어(function words)"다.

내용어: 명사, 동사, 형용사, 부사, 지시사, 의문사

기능어: 조동사, 관사, 전치사, 인칭대명사, 소유격 대명사, 관계대명사, 접속사

5 **억양** (intonation): 억양이란 우리가 말하는 "선율(tune)"을 가리킨다. 더 구체적으로 말해서 우리의 말(speech)을 구성하는 음절들(syllables)은 일정한 음조(tone)로 발음된다. 일반적으로 음조는 세 가지 단계 또는 유형, 즉 "정상음조(normal tone), 고음조(high tone), 저음조(low tone)"로 분류된다. 음조는 절대적 개념이 아니라 상대적 개념이라는 점에 유의하라. 우리는 어떤 음절을 주위의 음절과 같은 음조로 발음할 수도 있고, 더 높은 음조로 발음할 수도 있으며, 더 낮은 음조로도 발음할 수도 있다. 다시 말해서 한 음조의 단계는 주위의 음조의 단계와 비교해서 결정된다. 음조는 음절의 강세(stress)와 관계가 있으며, 일반적으로 문장강세를 받는 음절은 높은 음조로 발음되고, 무강세 음절은 정상음조나 낮은 음조로 발음된다. 음조의 변화는 한 음절에서 다른 음절로 옮겨가는 "이동(shift)"과 한 음절 내에서 미끄러지듯 변화가 일어나는 "굴절(inflection)"이 있다. 우리는 문장이나 어떤 표현을 말할 때 일어나는 "음조의 변화"를 "억양"이라고 한다.

음조는 여러 가지 방식으로 표현될 수 있지만, 여기서는 Prator(1951)를 따라 선으로 나타내겠다. "정상음조"는 단어 바로 밑에 줄을 그어 표시하고, "고음조"는 단어 바로 위에 줄을 그어 표시하며, "저음조"는 단어 밑에서 약간 떨어져서 줄을 그어 표시하기로 하겠다. 음조의 "이동"은 두 음조를 "수직선"으로 표시하고, 음조의 "굴절"은 "곡선"으로 표기하기로 하겠다. 억양은 특히 문장이나 주어진 표현 끝에서 가장 뚜렷하게 나타난다. 여기서는 문장 끝에서 나타나는 "상승-하강(rising-falling)억양"과 "상승(rising)억양"에 대해서만 간단히 논하기로 하겠다.

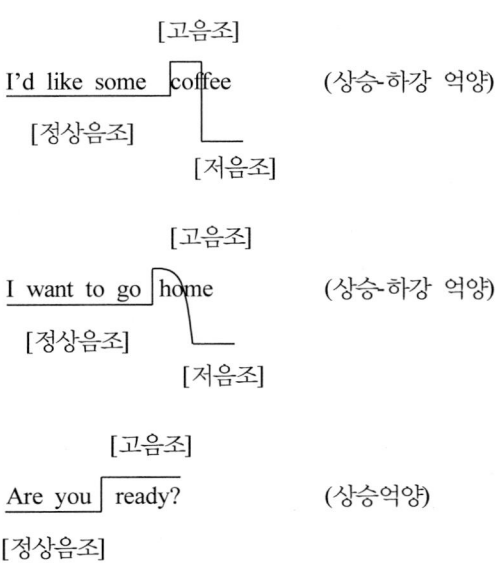

▶ 상승-하강억양은 일반적으로 "서술문, 명령문, 내용의문문"에서 쓰이고, 상승억양은 "가부(yes-no)의문문"과 "서술문형의 의문문" 그리고 "접속된 표현"을 연결할 때 쓰인다.

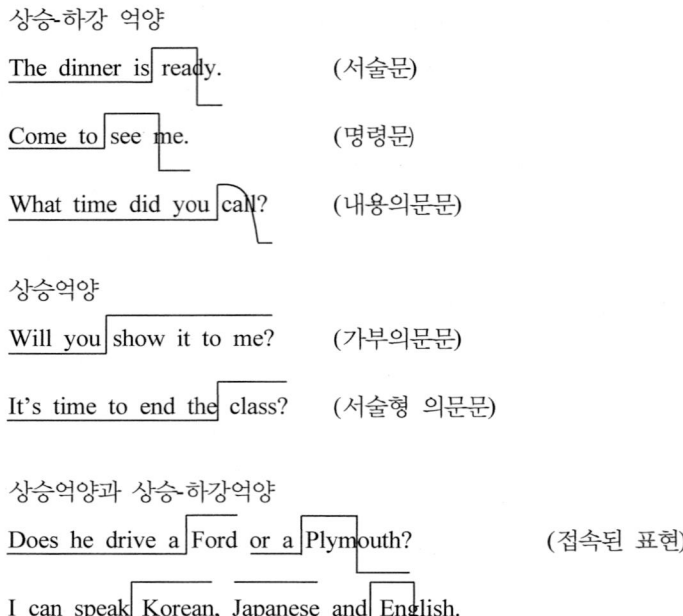

S36　SUBJUNCTS (종속어)

종속어는 문장의 한 성분 또는 전체를 수식하는 부사구로서 "견해, 예절, 주어지향, 초점, 정도, 강조, 확실성 부사구"가 있다.

1　**견해 종속어**: "from what point of view"의 응답이 될 수 있는 부사구로서 "문두위치"에 오는 것이 특징이다.

economically	ethically	geographically
legally	linguistically	personally
politically	scientifically	technically 등

Personally, the proposal seems irrelevant at the present moment.
(개인적으로 보면 그 제안이 현재로서는 적절치 않은 것 같다.)
(= From a personal viewpoint, the proposal seems irrelevant at the present moment.)
Technically, the two countries are still at war.
(엄밀히 말해서 두 국가는 아직도 전쟁 중에 있다.)
(= From a technical point of view, the two countries are still at war.)

▶ 다음을 비교해 보라.

Scientifically, the question that John raised is relatively unimportant.
(과학적 입장에서 볼 때 존이 거론한 질문은 비교적 중요하지 않다.)

The scientist is analyzing the phenomenon **scientifically.**
(과학자가 그 현상을 과학적으로 분석하고 있다.)

앞 문장에서는 scientifically가 "from a scientific point of view"라는 의미의 "견해 종속어"이고, 두 번째 문장에서는 "in a scientific way"라는 의미의 "방식 부가어"다.

방식 부가어에 대해서는 A23.6을 보라.

2 **예절 종속어**: "please"처럼 문장에 겸손함을 추가해 주는 부사구로서 일반적으로 "문중위치"에 오며, "cordially, kindly" 등이 있다.

You are **cordially** invited to our wedding on May the 10th.
(5월 10일에 있을 저희들의 결혼에 당신을 성심으로 초대합니다.)
He **kindly** offered me his seat. (그는 친절하게도 자신의 자리를 나에게 양보했다.)

위 문장을 "He offered me his seat kindly" (= 그는 친절하게 (= in a kind manner(양태부가어)) 자신의 자리를 나에게 양보했다")와 비교해 보라. 위 문장을 풀어쓰면 "He was kind enough to offer me his seat (= 그는 친절하게도 나에게 자리를 양보했다)"와 같다.

3 **주어지향 종속어** (subject-oriented): 문장의 주어가 문장이 표현하는 상황에 대해 가지는 "태도"나 "느낌"을 표현하는 부사구로서 일반적으로 "문두위치"에 온다.

consistently	deliberately	intentionally
proudly	resentfully	with great pride
enthusiastically	reluctantly	sadly 등

Deliberately, the boss told us nothing about the accident.
(일부러 사장은 사고에 대해서 우리에게 아무 말도 하지 않았다.)
With great pride, he announced that President Kim Dae Jung would receive the Year 2000 Nobel Peace Prize.
(큰 자부심을 갖고 그는 김대중 대통령이 2000년도 노벨평화상을 수상할 것이라고 발표했다.)

4 **초점 종속어**: 문장 성분의 의미를 "제한"하거나 "강조"하는 부사구로서 "문중위치"나 수식하는 성분 "바로 앞"에 온다.

especially	even	just
largely	mainly	merely
mostly	only	primarily
precisely	purely	solely 등

I am **merely** telling you what has happened. (나는 무슨 일이 있었는지를 너에게 말할 뿐이다.)
("I am not telling you anything else"의 의미를 내포한다.)
Only her sister visited her in hospital. (그녀의 여동생만이 입원한 그를 방문했다.)
("No one else visited her in hospital"의 의미를 내포한다.)
The story seemed to be **mostly** true. (이야기가 대부분 사실인 것 같았다.)

("Most of the story seemed true"의 의미를 내포한다.)

5   **정도 종속어**: 문장의 술어 부분이 기술하고 있는 상황의 "강도를 증가 또는 감소"시키는 부사구로서 "문중위치"에 나타나는 것이 특징이다.

absolutely	almost	as
barely	by no means	completely
considerably	deeply	entirely
extremely	far	fully
hardly	highly	in no way
largely	little	more
most	much	nearly
particularly	partly	perfectly
quite	rather	scarcely
slightly	so	somewhat
strongly	thoroughly	too
to some extent	totally	very
virtually	wholly 등	

He ran **too** fast for me to catch up.
(그는 너무나 빨리 달려서 내가 따라잡을 수 없었다.)
They have **so** little money they can't afford their meals.
(그들은 돈이 별로 없어서 먹을 것도 마련할 수 없다.)
They have **completely** ignored my instructions.
(그들은 나의 지시를 완전히 무시했다.)
My final decision has been **somewhat** influenced by your remarks.
(나의 마지막 결심은 어느 정도 당신의 말에 영향을 받았다.)

6   **강조 종속어**: 문장의 한 성분의 의미를 "강조"하는 부사구로서 일반적으로 조동사를 앞서는 "문중위치"에 나타나며, 대부분이 부연어(disjuncts)로도 쓰일 수 있다. (D20을 보라.)

actually	certainly	clearly	definitely
frankly	honestly	indeed	just
literally	obviously	plainly	really
right	simply	surely	way 등

I **honestly** don't think that is true. (나는 솔직히 그것이 사실이라고 생각하지 않는다.)
I **just** can't understand why he should have left her.
(나는 그가 왜 그녀를 떠났는지 전혀 이해할 수 없다.)
They have **obviously** been misled by him. (그들은 그에 의해 명백히 잘못 인도되었다.)
She **definitely** ruined his chances to be elected President.
(그녀는 그가 대통령으로 선출될 수 있는 기회를 명백하게 망쳤다.)

▶ 위의 단어들이 부연어로 쓰이는 다음의 문장을 위의 문장과 비교해 보라.

Honestly, I don't think that is true. (솔직히 말해서 그것이 사실이라고 생각하지 않는다.)
Obviously, they've been misled by him. (그들이 그에 의해 잘못 인도된 것이 명백하다.)

7   확실성 종속어: 어떤 사건에 대한 "확실성의 정도"를 표현하는 부사구다.

| absolutely | certainly | clearly | definitely |
| maybe | obviously | perhaps | probably 등 |

It would **probably** be a good time to take a break.
(어쩌면 지금이 잠깐 쉴 좋은 시간일 수 있다.)
She's **definitely** much older than me. (그녀는 확실히 나보다 나이가 많다.)

▶ maybe와 perhaps는 종종 문두위치에도 나타난다.

Maybe you were right after all. (어쩌면 결국 네가 옳았을 수 있다.)
Perhaps it'll snow tomorrow. (어쩌면 내일 비가 올 거야.)

8   방식 종속어: 방식 종속어는 "방식 부가어"로도 사용될 수 있으며 (방식 부가어에 대해서는 A23.6을 보라.), 수식하는 표현 바로 앞에 온다.

| economically | ethically | geographically | legally |
| politically | scientifically | technically 등 |

In **economically** advanced countries, women tend to marry later.
(경제적으로 발전한 국가에서는 여성이 늦게 결혼하는 경향이 있다.)
Election law is a **politically** sensitive issue. (선거법은 정치적으로 민감한 문제다.)

▶ 방식 부가어로 쓰이는 다음의 예를 보라.

They reached the conclusion that they'd solve the issue **politically**.
(그들은 그 문제를 정치적으로 해결하기로 결정했다.)
The space allocated to us is so narrow that we have to use it **economically**.
(배정된 공간이 너무 좁아서 우리는 그 공간을 경제적으로 이용해야 한다.)

S37   SUBJUNCTIVE MOOD (가정법)

가정법 동사는 특히 미국영어에서 많이 나타난다. 우리가 누구에게 어떻게 할 것을 "제안하거나(suggest), 추천하거나(recommend), 요청하거나(ask), 요구하거나(demand), 주장하거나(insist), 충고(advice)할 때," 또는 "어떻게 하는 것이 중요하다거나(important), 필수적이거나(essential), 불가결한 것이라(vital)고" 주장할 때 종속절의 동사가 "원형형태"를 취한다. 즉 삼인칭 단수 현재 동사는 "-s어미"를 취하지 않으며, "be동사"는 모든 경우에 원형인 "be"가 사용된다. 또한 동사는 "시제"에 대해서도 변화를 보이지 않는다.

He **suggested** to her that they **go** out for dinner.
(그는 그녀에게 저녁 먹으러 나가자고 제안했다.)
I **demanded** that she **be** on time. (나는 그녀에게 늦지 말라고 요구했다.)

He **insisted** that she **reconsider** her decision.
(그는 그녀가 그녀의 결정을 재고하라고 주장했다.)
It's **essential** that every child **have** the same medical treatment.
(모든 아이들이 동일한 의학적 진료를 받는 것이 필수적이다.)
Our **advice** was that the company **invest** in new equipment.
(우리는 회사가 새로운 장비에 투자하라고 충고했다.)

1 **부정**: 가정법 동사는 부정형을 만들 때 "do동사"를 필요로 하지 않는다.

It's **desirable** that he **not** leave school before finishing his exams.
(그가 시험이 끝나기 전에 학교를 나가지 않는 것이 바람직하다.)
He **insisted** that she **not reconsider** her decision.
(그는 그녀가 그녀 자신의 결정을 재고하지 말라고 주장했다.)

2 should: 영국영어에서는 원형동사 대신에 "should + 동사"나 일상적인 "현재시제와 과거시제 동사"가 널리 사용된다.

He said it's **essential** that you **should be/were** on time.
(그는 네가 늦지 않는 것이 매우 중요하다고 말했다.)
He **insisted** that he **should be/was given** the same opportunities.
(그는 자신에게도 동일한 기회가 주어져야 한다고 주장했다.)

3 if ... were: 비실제적 조건을 의미하는 "if-절"에서 were는 종종 "모든 주어"와 함께 쓰인다.

If he **were** naturalized, he **could vote** in the next presidential election.
(만약 그가 귀화했다면 다음 대통령 선거에서 투표를 할 수 있을 것이다.)
If I **were** a bit younger, I'**d spend** all my time travelling.
(만약 내가 조금만 젊었다면 나는 여행하는 데 나의 모든 시간을 쓸 것이다.)

▶ "if I were you"는 또한 타인에게 충고를 하거나 어떻게 행동하는 것이 좋은가를 말할 때 종종 사용된다.

I wouldn't worry about it **if I were you**. (내가 너라면 그것에 대해서 걱정하지 않을 것이다.)
If I were you, I'd accept his apology. (내가 너라면 그의 사과를 받아들일 것이다.)

▶ "실현 불가능한 소원"을 말할 때 wish 다음에 오는 "that-절"에는 일반적으로 "과거형 동사"가 온다.

I **wish** I **were** a billionaire. (내가 억만장자라면 좋겠다.)
All our friends **wish** you **didn't leave** the team.
(우리 친구 모두는 네가 팀을 떠나지 않기를 원했다.)

4 act/behave as if: "... 인 양 행동하다"의 의미로 사용되며 동사는 "가정법 were"나 "과거완료"가 사용될 수 있다.

He **acts as if** he **were** a millionaire. (그는 마치 백만장자인 것처럼 행동한다.)
He **acted as if** he **had been** a king. (그는 자기가 마치 왕이었던 것처럼 행동했다.)
Why does she **behave as if** she **were** stupid?
(그녀는 어째서 자신이 멍청이인 것처럼 행동합니까?)

5 관용적 표현: 관용적인 표현에서도 가정법 동사가 사용된다.

God **save** the Queen! (여왕 폐하 만세!)
God **bless** Korea! (한국에 신의 가호가 있기를!)
(If we have to pay 1 million won,) then so **be** it.
((우리가 100만 원을 갚아야 한다면) 할 수 없지 뭐.)
Heaven **help** us! (신이여 우리를 도와주소서!)

S38 SUBSTITUTION (대치)

영어뿐만 아니라 모든 언어의 보편적 속성의 하나는 말을 할 때 가능한 한 동일한 표현을 반복하는 것을 자제하는 것이다. 앞에서 말한 표현과 같은 표현이 나타나면 뒤 표현을 아주 "삭제"하는 방법과 더 간단한 표현으로 "대치(substitution)"하는 방법이 있다. 이러한 생략과 대치는 의미적으로 아무런 문제가 없을 경우에만 허용된다.

My brother didn't like to study. So **my brother** didn't go to college.
(나의 남동생은 공부하기를 싫어한다. 따라서 나의 남동생은 대학에 진학하지 않았다.)

위의 두 문장을 결합하여 하나의 문장을 구성할 수 있다. 두 가지 방법이 있는데 하나는 대치방법이고 다른 하나는 생략방법이다. (생략에 대해서는 E13-E19를 보라.)

My brother didn't like to study, and so **he** didn't go to college.
(나의 남동생은 공부하기를 싫어했고, 따라서 그는 대학에 진학하지 않았다.)
My brother didn't like to study, and so ___ didn't go to college.
(나의 남동생은 공부하기를 싫어했고, 따라서 대학에 진학하지 않았다.)

1 삼인칭 대명사: "삼인칭 대명사(예: he, she 등)"는 명사구를 대치할 수 있으며, 대명사는 대치한 명사구와 "수와 성"에서 일치해야 한다.

The little boy looked down at **his left hand**, and found out that **it** was covered with mud. (그 어린 남자아이는 자신의 왼손을 내려다보았고, 왼손에 진흙이 범벅인 것을 알았다.)

대명사 "his"는 "the little boy"를 가리키고, "it"는 "his left hand"를 가리킨다.

The new professor kept **her** distance. **She** didn't call **students** by **their** first names.
(새로 온 교수님은 일정한 거리를 두었다. 그녀는 학생을 부를 때 이름을 부르지 않았다.)

위 문장에서 대명사 "her"와 "she"을 통해 "the new professor"가 여성이라는 것을 알 수 있다.

2 **재귀대명사**: 재귀대명사는 가리키는 명사구가 같은 절 내에 있을 때 쓰인다. (R8을 보라.)

In despair, **the old man** hanged **himself**. (그 노인은 절망에 빠져 목을 맸다.)
Tourists have to take measures to protect **themselves**.
(여행자들은 자신을 보호할 조치를 취해야 한다.)

3 **관계대명사**: 관계대명사도 선행 명사구와 일치를 보인다. (R12-R15를 보라.)

The man who was invited to the conference is my uncle.
(학회에 초청된 사람은 나의 삼촌이다.)
The house which was repainted white is my uncle's.
(흰색으로 다시 칠한 집이 나의 삼촌 집이다.)

4 **일인칭과 이인칭 대명사**: 이들 대명사도 명사구를 대치할 수 있는데 제약이 있다. 일인칭 대명사는 일인칭 대명사가 포함된 등위접속 명사구를, 이인칭 대명사는 일인칭 대명사를 포함하지 않고 이인칭 대명사와 등위접속된 명사구를 대치한다. (P54.2를 보라.)

My wife and I are going to Brazil. **We** hope to stay there for a week.
(내 처와 나는 브라질에 가려고 한다. 우리는 그곳에서 일주일간 머물기를 희망한다.)
You and Mary can stop work now. **You** can both eat **your** lunch in the kitchen.
(당신과 메리는 지금 일을 멈출 수 있습니다. 당신들 두 분은 부엌에서 점심을 드실 수 있습니다.)

5 **부정대명사**: "everyone, someone, somebody, no one, anyone" 등과 같은 "단수 부정대명사"는 종종 "복수대명사"로 대치된다.

Everyone should take care of **themselves**. (모든 사람은 스스로를 돌봐야 한다.)
Everybody was shocked when **they** heard the news.
(모든 사람이 그 소식을 듣고 충격을 받았다.)
No one deserves a vacation unless **they** finish their homework.
(누구도 숙제를 마치지 않으면 휴가를 갈 자격이 없다.)
Anyone can come to the picnic with **their** family. (누구나 가족과 함께 야유회에 올 수 있다.)

▶ 격식적 문체에서는 종종 등위접속된 단수 대명사를 사용한다.

The teacher told **every student** to submit **his or her** assignment by tomorrow.
(선생님은 모든 학생들에게 내일까지 숙제를 제출하라고 말했다.)

6 **집단명사**: 집단을 하나의 개체로 볼 때는 "단수대명사"로, 집단의 구성원에 중점을 줄 때는 "복수대명사"로 대치된다.

The Kennedy family still has **its** summerhouse on that island.
(케네디 가족은 아직도 그 섬에 여름별장을 소유하고 있다.)
My next-door family always quarrel among **themselves**.
(나의 이웃집 가족은 항상 그들끼리 다툰다.)

7   **one과 ones**: one은 "단수명사구" 전체 또는 단수명사구의 명사만을 대치할 수 있고, ones 는 "복수명사구"의 명사를 대치할 수 있다.

   "Do you have **a computer**?" "No. I'm going to buy **one**."
   ("컴퓨터 가지고 있어?" "아니요. 한 대 사려고 합니다.")
   The **train** was crowed so we decided to catch a late **one**.
   (기차가 만원이어서 우리는 다음 기차를 타기로 했다.)
   The only **jokes** I know are the **ones** that I hear from you.
   (내가 알고 있는 농담은 너한테 들은 것이 전부다.)

8   **that과 those**: that는 "단수", those는 "확정적 (definite) 복수명사구"를 대치할 수 있다. that는 "비인칭 단수명사구만"을 대치할 수 있다.

   The wine is quite different from **that** produced in France.
   (그 포도주는 프랑스에서 생산되는 것과 상당히 다르다.)
   The paintings of Gaugin's Tahiti period are more famous than **those** he painted in France.
   (고갱이 타히티에 있을 때 그린 그림이 그가 프랑스에서 그린 것보다 더 유명하다.)
   The students of the 1990s were much taller than **those** of the 1960s.
   (1990년대의 학생들이 1960년대의 학생들보다 키가 훨씬 크다.)

9   **do**: do/does/did는 "be동사"를 제외한 모든 "어휘동사"를 포함하고 있는 동사구를 대치할 수 있다. (D27.1을 보라.)

   "Do you go to church on Sundays?" "Yes, I **do** / No, I **do**n't."   [짧은 응답]
   ("일요일에 교회에 갑니까?" "네, 갑니다./아니요, 안 가는데요.")
   He denied doing it, **didn't** he?   [부가의문문]
   (그는 그것을 하지 않았다고 부인했지?)
   He didn't do it, **did** he?
   (그가 그것을 하지 않았지?)
   They like to watch football, and so **do** we/we **do** too.   [등위접속절]
   (그들도 축구경기를 보는 것을 좋아하고, 우리도 그렇다.)
   They don't like to play football, and neither **do** we/we **don't** either.
   (그들도 축구를 하는 것을 싫어하고, 우리도 그렇다.)
   They enjoyed the visit more than we **did**.   [비교구문]
   (그들은 우리보다 구경을 더 즐겼다.)
   Do you go fishing as often as he **did**?
   (당신도 그분만큼 자주 낚시를 갑니까?)

10   **do so/it/that**: D27.2-7을 보라.

11   **so와 not**: "so"와 so의 부정형인 "not"는 우리의 "생각이나 의견"을 표현할 때 사용되는

동사(appear, believe, expect, guess, hope, imagine, presume, seem, suppose, think 등)와 함께 쓰일 경우 앞에서 언급된 절의 내용을 가리키는 "대용어"가 될 수 있다. (S19를 보라.)

"Will you be able to help us?" "I believe **so**." ("우리를 도와줄 수 있으세요?" "그러지요.")
"Weren't your parents pleased?" "No, I suppose **not**."
("부모님이 기뻐하지 않으셨어요?" "기뻐하지 않았다고 생각합니다.)
"He promised to visit us next week." "I hope **so/not**."
("그가 다음 주에 우리를 찾아오기로 약속했다." "그랬으면/안 그랬으면 좋겠는데.")

▶ so와 not는 "if"나 "afraid"와도 함께 쓰일 수 있다.

"Has the news reached home yet?" "I'm afraid **so**/I'm afraid **not**."
("그 소식이 벌써 가족에게 전달됐습니까?" "그런 것 같은데요/아직 아닌 것 같은데요.)
"I may be free this evening." "If **so**, let's have dinner at Outback."
("나는 오늘 저녁에 시간이 있을 것 같다." "만약 그렇다면 아웃백에서 저녁을 합시다.)
The weather forecast said **it would be fine all day**; if **not**, we'll cancel all the outdoor activities. (일기예보에 따르면 종일 날씨가 갤 것이다. 만약 그렇지 않으면 우리는 모든 야외행사를 취소할 것이다.)

12 **it와 that**: 11에서 언급한 동사들을 제외한 많은 동사들은 "it" 또는 "that"가 함께 쓰인다.

"Bill hasn't found a job yet." "How do you **know it/that**?"
("빌은 아직도 직업을 구하지 못했다." "너는 그것을 어떻게 알았어?")
(*How do you **know so/not**?)

"The FBI was investigating the explosion in the city." "I **heard it/that** from my brother."
("에프비아이가 도시에서 있었던 폭발사건을 조사하고 있었다." "나는 내 동생에게서 그것을 들었다.)
(*I **heard so/not** from my brother.)

13 **부사 대용어**: 부사 대용어에는 "시간부사 대용어, 장소부사 대용어, 과정부사 대용어, 정도부사 대용어"가 있다. (S19를 보라.)

(1) 시간부사 대용어 (then, that): 대표적인 대용어로는 then이 있으며, 종종 that가 대용어로 사용될 수 있는데 이 경우 that는 주어로 쓰여야 한다.

We saw John **on Monday evening**; we told him **then** that we would be coming to the party. (우리는 월요일 저녁에 존을 만났으며, 그때 그에게 우리가 파티에 갈 것이라고 말했다.)
"He'll arrive here just **before six o'clock**." "**That** seems early enough."
("그는 6시 바로 전에 도착할 것입니다." "그 시간이면 충분히 빠른 것 같습니다.)

(2) 장소부사 대용어 (here, there, it, that): 대표적인 장소 대용어로는 here와 there가 있으며, 종종 it와 that가 장소부사를 대신하는 대용어로 쓰일 수 있는데 반드시 주어로 쓰여야 한다.

John is **in London** and Mary is **there** too. (존도 런던에 있고 메리도 그곳에 있다.)

"He put the pen **in the top drawer**." "**That/It** seemed a good place."
("그는 펜을 꼭대기 서랍에 넣어 두었다." "그곳이 좋은 곳인 것 같다.")

(3) 양태부사 대용어 ((in) that way, like that): 대표적인 양태 대용어로는 "(in) that way"와 "like that"이 있다.

She plays the piano **with great concentration**. But she doesn't study **that way/like that**.
(그녀는 온정신을 집중하여 피아노를 연주하지만, 공부는 그런 식으로 하지 않는다.)

14   형용사 대용어 (so): so는 때때로 "형용사의 대용어"로 사용된다.

The weather is **stormy**, and will remain **so** through the weekend.
(날씨가 폭풍우가 치고 있고 주말 내내 그렇게 지속될 것이다.)
"Is she still **depressed**?" "Less **so** than yesterday."
("그녀는 아직도 의기소침해 있느냐?" "어제보다는 덜 그렇습니다.")

S39   such와 so

1   **기능과 위치**: such는 명사구 내에서 "한정사, 한정사 선행어, 한정사 후행어"가 나타날 수 있는 위치에 나타나며, 격식적 문체에서 종종 "대명사"로도 쓰인다. so는 "부사"나 "형용사" 앞에 와서 이들을 수식하는 역할을 한다. (so에 대해서는 S17-S19를 보라.)

I've never had **such delicious food** in my life.	[한정사]
(나는 일생 동안 그렇게 맛있는 음식을 먹어본 적이 없다.)	
It's not clear what we should do in **such a situation**.	[한정사 선행어]
(우리는 그런 상황에서 무엇을 해야 할지 명백하지 않다.)	
I don't tolerate **any such behavior** in my class.	[한정사 후행어]
(나는 내 학급에서 그런 행동을 절대로 용납하지 않는다.)	
Thank you for being **so patient**.	[형용사 수식어]
(그렇게 인내해 주신 것에 감사합니다.)	
Why are you driving **so fast**?	[부사 수식어]
(왜 운전을 그렇게 빨리 합니까?)	

2   **한정사**: such가 "한정사 선행어"로 쓰이는 경우는 뒤에 오는 단수 가산명사가 "부정관사 a/an"을 대동할 경우에 한하며, 불가산명사와 복수 가산명사의 경우에는 "한정사"처럼 사용된다.

I've never seen **such a beautiful house**. (나는 그렇게 아름다운 집을 본 적이 없다.)
Such behavior isn't acceptable in this school. (그러한 행동은 이 학교에서는 용납될 수 없다.)
I don't believe **such rumors**. (나는 그런 소문은 믿지 않는다.)

3   **양화 한정사**: such는 "양화사 한정사(some, any, no 등)"와 함께 쓰일 때는 "한정사 후행어"로 쓰인다.

You shouldn't listen to **any such** nonsense. (너는 그런 허튼 소리를 들어서는 안 된다.)
There's **no such** thing as ghosts. (귀신같은 그런 것은 없다.)

4 **대명사**: such는 격식적 문체에서 종종 "대명사"로 쓰인다.

I may have offended you, but **such** was not my intention.
(내가 당신을 화나게 했나요. 그러나 그것이 내 의도는 아니었습니다.)
A victory for Brazil had been predicted and **such** indeed was the result.
(브라질의 승리가 예견되었으며, 그것이 사실은 결과였다.)

5 **강조**: such와 so는 어떤 속성의 강도를 강조하는 "한정사" 또는 "한정사 선행어"로 쓰인다. 이 경우 such는 형용사를 포함하는 명사구 내에 나타나지만, so는 아래에서와 같이 "형용사가 부정관사 앞으로 이동"할 경우에만 쓰일 수 있다. 다시 말해서 so는 불가산명사나 복수명사를 수식하는 형용사와 함께 쓰일 수 없다.

such + a(n) + (형용사) + 단수 가산명사
such + 형용사 + 복수 가산명사/불가산명사
so + 형용사 + a(n) + 단수 가산명사

That's **such a good movie**. (그것은 참 훌륭한 영화다.)
(= That's **so good a movie**.) (*That's **so a good movie**.)
I've never seen **such a beautiful house** in my life.
(나는 평생 그렇게 아름다운 집을 본 적이 없다.)
(= I've never seen **so beautiful a house** in my life.)
(*I've never seen **so a beautiful house** in my life.)

I've never seen **such beautiful pearls**. (나는 그렇게 아름다운 진주를 본 적이 없다.)
(*I've never seen **so beautiful pearls**.)

I've never had **such delicious food** in my life.
(나는 평생 그렇게 맛있는 음식을 먹어본 적이 없다.)
(*I've never had **so delicious food** in my life.)

6 **such/so ... that**: 이 구문은 어떤 대상이 지닌 속성으로 인하여 일어난 "결과"를 표현할 때 사용된다. (R20을 보라.)

It was **such a tiny kitchen that** I didn't have to do much to keep it clean.
(부엌이 너무나 작아서 깨끗이 유지하는 데 별로 할 일이 없었다.)
The homework was **so easy that** it could be done in ten minutes.
(숙제가 하도 쉬워서 10분 만에 끝낼 수 있었다.)
God **so loved the world that** he gave his one and only Son, ...
(하나님이 세상을 이처럼 사랑하사 독생자를 주셨으니 ...) [요 3:16]

▶ 위에서와 마찬가지로 so는 "단수 가산명사" 앞에 있는 형용사가 부정관사 a(n) 앞으로 오면 such를 대신할 수 있다.

It was **so tiny a kitchen that** I didn't have to do much to keep it clean.
(부엌이 너무나 작아서 깨끗이 유지하는 데 별로 할 일이 없었다.)

7   such/so ... as to: 격식적 문체로서 "such/so ... that"과 유사하게 쓰이며, 특히 주절의 주어와 종속절의 주어 같을 때 쓰인다. (S17.2를 보라.)

He was **such an important man/so important a man as to** be protected by the police.
(그는 경찰의 보호를 받을 정도로 매우 중요한 인물이었다.)
His handwriting was **so small as to** be visually illegible.
(그는 글씨를 하도 작게 써서 육안으로 볼 수 없을 정도였다.)

8   such that과 such as to: 격식적 문체로서 주절에서 언급한 속성이 너무 강해서 종속절에서 언급한 "결과"가 나오게 됨을 표현할 때 사용된다.

The force of the explosion was **such that** windows were blown out.
(폭발의 힘이 창문이 깨져나갈 정도로 강했다.)
His manner was **such as to** offend nearly everyone he met.
(그의 태도는 그가 만나는 거의 모든 사람에게 불쾌감을 줄 정도였다.)

9   such (a(n)) + (형용사) + 명사 + as: as 뒤에는 명사구 또는 절이 올 수 있으며, "... 와 같은/...인 것처럼"의 의미로 쓰인다.

I've never lived in **such a large house as this** before.
(나는 전에 이 집과 같이 큰 집에서 살아본 적이 없다.)
Nowadays inflation is not **such a big problem as it used to be**.
(오늘날에는 인플레이션이 옛날처럼 그렇게 큰 문제가 아니다.)
Such clothes as they gave us were not fit to wear.
(그들이 기증한 것과 같은 옷은 입기에 적합하지 않았다.)

10 such + 명사: 매우 격식을 갖춘 문제에서 "이미 언급된 형태의" 의미로 쓰인다.

He always comes to school late. He must know that **such behavior** is not acceptable in this school.
(그는 항상 학교에 지각한다. 그는 그런 행동이 이 학교에서는 용납되지 않는다는 것을 알아야 한다.)
People talk bad things about Mary, but I don't believe **such rumors**.
(사람들은 메리에 대해서 나쁜 점을 말하지만 나는 그런 소문을 믿지 않는다.)
"Did you say she was pregnant?" "No, I said **no such thing**."
("그녀가 임신했다고 말했습니까?" "아니요. 나는 그런 말 안 했습니다.")
She needs to see a psychiatrist or **some such person**.
(그녀는 정신과의사 또는 그와 같은 사람을 만나봐야 한다.)
When you hear of wars and rumors of wars, do not be alarmed. **Such things** must happen, but the end is still to come. (난리와 난리에 대한 소문을 들을 때에 두려워하지 말라. 이런 일이 있어야 하되 아직 끝은 아니니라.) [막 13:7]

11   **such와 very**: such는 종종 very가 적절한 단어로도 사용될 수 있는 맥락에서 어떤 속성의 "강점"을 표현할 때 사용된다. very는 단순히 "새로운 정보"를 제공하는 데 반하여, such는 주로 이미 "알려진 정보"를 강조한다. 다음을 비교해보라.

       He married **a very wonderful wife**.   [새로운 정보]
       (그는 매우 훌륭한 부인과 결혼했다.)
       Where did he meet **such a wonderful wife**?   [알려진 정보]
       (그는 어디서 그렇게 훌륭한 부인을 만났습니까?)
       The weather was **very cold**.   [새로운 정보]
       (날씨가 매우 춥다.)
       We didn't expect **such cold weather**.   [알려진 정보]
       (우리는 그렇게 추운 날씨를 기대하지 않았다.)

       ▶ 명사 앞에 직접 사용되는 such는 "great, extreme" 등과 같은 단어와 대조된다. 다음을 비교해보라.

       The news caused **great excitement** among scientists.   [새로운 정보]
       (그 뉴스는 과학자들을 크게 흥분시켰다.)
       Nobody expected that the news would cause   [알려진 정보]
        such excitement among scientists.
       (아무도 그 소식이 과학자들을 그렇게 크게 흥분시킬 줄 생각하지 못했다.)

12   **such as**: 예를 들 때 사용된다.

       That sum of money will cover costs **such as** travel and accommodations.
       (그 금액은 여행과 숙박과 같은 비용을 포함할 것입니다.)
       My doctor told me to avoid fatty foods **such as** bacon or hamburgers.
       (나의 전문의는 베이컨이나 햄버거와 같은 기름진 음식을 피하라고 했다.)

13   **as such**: 종종 부정적 의미로 "말 그대로의" 의미로 사용된다.

       There wasn't much vegetarian food **as such**, although there were several different types
         of cheese. (다양한 종류의 치즈가 있지만 말 그대로의 채식주의자 음식은 많지 않다.)
       We were second-class citizens and they treated us **as such**.
       (우리는 2등 시민이며, 그들은 우리를 그렇게 대했다.)

14   **such and such**: "한정사 선행어" 위치에 오며 정확하게 언급하고 싶지 않은 "특정 대상"을 가리킬 때 사용된다.

       If they tell you to come at **such and such** a time, just get there a couple of minutes early.
       (만약 그들이 너에게 여차여차한 시간에 오라고 하면, 그곳에 이삼 분 일찍 가도록 해라.)
       The bank is offering **such and such** gifts if you open an account there.
       (은행은 우리가 새로운 계좌를 열면 선물이라는 것을 준다.)

       very에 대해서는 D5.5와 6 그리고 V10을 보라.

정도의 개념을 표현하는 다른 방법에 대해서는 D4-D8을 보라.

S40   suggest와 propose

1   **제안**: suggest는 다른 사람에게 무엇을 할 것인가 또는 어디로 갈 것인가 등에 대해 "자신의 생각을 말할 때" 사용되는 데 반하여, propose는 공식적으로 어떤 "계획이나 해결책 또는 새로운 이론을 제시할 때" 사용된다.

She wrote to me and **suggested** a meeting. (그녀는 편지로 나에게 회동을 제안했다.)
Helen **suggested** asking her father for his opinion.
(헬렌은 그녀의 아버지에게 의견을 물어보라고 제안했다.)
I **suggest** that you call me before you leave. (떠나기 전에 나에게 전화할 것을 제안한다.)

She **proposed** a boycott of the meeting. (그녀는 회의의 거부를 제안했다.)
The project also **proposes** extending the expressway.
(그 사업은 또한 고속도로를 연장할 것을 제안하고 있다.)
In his speech he **proposed** that the UN should set up an emergency plan for the refugees.
(그는 연설에서 유엔이 난민을 위한 비상계획을 세워야 한다고 제안했다.)

2   **목적어**: 위의 예에서 볼 수 있듯이 이 두 단어는 "절, 동명사, 명사"를 목적어로 취할 수 있으나, "목적어 + 부정사 구조"는 허용하지 않는다.

*He **suggested her to ask** her father for his opinion.
*He **proposed the President to sign** the treaty.

3   **that-절**: "that-절"의 동사형태는 미국영어와 영국영어에서 다르다.

▶ 미국영어의 격식적 문체에서 "가정법 동사"가 자주 쓰인다. (S37을 보라.)

She proposed that the UN **set up** an emergency fund for poor countries.
(그녀는 유엔이 빈국을 위한 비상기금을 설치해야 한다고 제안했다.)
He suggests that she **not go** to college. (그는 그녀에게 대학에 진학하지 말라고 한다.)

▶ 영국영어에서는 조동사 should가 흔히 쓰인다.

She proposed that the UN **should set up** an emergency fund for poor countries.
(그녀는 유엔이 빈국을 위한 비상기금을 설치해야 한다고 제안했다.)
He suggests that she **should not go** to college. (그는 그녀에게 대학에 진학하지 말라고 한다.)

4   **간접목적어**: 간접목적어는 항상 "전치사 to"를 동반해야 한다.

Can you suggest a good bookstore **to us**? (너는 우리에게 좋은 서점을 말해줄 수 있어?)
(*Can you suggest **us** a good bookstore?)
I propose a toast **to the bride and groom**. (나는 신랑과 신부에게 건배를 제안합니다.)
(*I propose **the bride and groom** a toast.)

5   May/Can I suggest: "공손하게 대안"을 제안할 때 쓰인다.

May I suggest that you think carefully before you act?
(행동하기 전에 주의 깊게 생각해보시라고 말씀드리고 싶습니다.)
Can I suggest that we take the subway instead of a taxi?
(택시 대신에 지하철을 탈 것을 말씀드립니다.)

S41   supplementary와 complementary

1   supplementary: 부족한 것에 대한 "보충의, 추가의"를 의미한다.

We provided the **supplementary** water supply facilities in case the main ones fail.
(우리는 주된 물 공급시설이 고장이 날 경우를 생각해서 보충 시설을 설치했다.)
The publisher published a volume **supplementary** to the original encyclopedia.
(출판사는 원래의 백과사전의 보충 책자를 출판했다.)
It's possible that natural gas can be used as a **supplementary** energy source.
(천연가스를 보충적인 에너지원으로 사용하는 것이 가능하다.)

2   complementary: 어떤 것이 완성되도록 "보충하는" 또는 서로에게 부족한 것 또는 필요로 하는 것을 "(서로) 보충해주는, 상보적인" 것을 의미한다.

Farming in the South and industry in the North are **complementary**, each producing what the other needs.
(남부의 농업과 북부의 공업은 서로가 필요한 것을 생산하기 때문에 상보적이다.)
The computer and the human mind have different but **complementary** abilities.
(컴퓨터와 인간은 다르지만 서로에게 도움을 주는 능력을 가지고 있다.)
The four seasons are **complementary** parts of the year.
(사계절은 한 해의 상보적 일부가 된다.)

▶ "supplementary angle"은 "보각"이라고 하며 두 개의 각을 합치면 $180°$가 된다. "complementary angle"은 "여각"이라고 하며 두 개의 각을 합치면 $90°$가 된다.

A 30-degree angle is the **complementary angle** of a 60-degree angle, and the supplementary angle of a 150-degree angle.
(30도 각도는 60도 각도의 여각이고, 150도 각도의 보각이다.)

▶ complementary와 발음이 같은 complimentary[kàmpləméntərɪ](찬사의, 경의를 표하는)를 혼동하지 않도록 하라.

He delivered a **complimentary** address at the party in honor of my new book.
(그는 나의 새 책 출판기념회에서 축사를 했다.)
She received only two **complimentary** copies of her new book.
(그녀는 본인의 새 책 증정본으로 두 권밖에 못 받았다.)

T1 take

take는 타동사로서 취하는 목적어에 따라 다양한 의미를 갖는다. 몇 가지 중요한 의미를 제시하면 다음과 같다.

1 "(동의 없이) 가져가다/옮기다(remove)"라는 의미로 사용된다.

   Who's **taken** my umbrella? (누가 내 우산을 가져갔느냐?)
   Someone **took** my shoes by mistake so I had to wear John's to go home.
   (누가 실수로 내 신발을 가져가서 나는 존의 신을 신고 집에 가야 했다.)

2 "받아들이다(accept)"라는 의미로 사용된다.

   We'd like you to **take** the gift of your choice. (우리는 네가 선택한 선물을 받으면 좋겠다.)
   If you'd **taken** my advice, you wouldn't have lost so much money.
   (만약 네가 내 충고를 받아들였다면 그렇게 많은 돈을 잃지 않았을 것이다.)

3 "잡다(hold)"라는 의미로 사용된다.

   He **took** her arm and led her across the street.
   (그는 그녀의 팔을 잡고 거리 건너편으로 데리고 갔다.)
   The man **took** the girl by the neck and dragged her away.
   (그 남자는 아가씨의 목을 잡고 끌고 가버렸다.)

4 "노획하다/점유하다(catch)"라는 의미로 사용된다.

   Rebels ambushed the train and **took** several civilians.
   (반군들은 기차를 습격하여 몇 명의 민간인들을 잡아갔다.)
   Now that the friendly forces have **taken** the airport, the end of the war is nearer.
   (아군이 공항을 점령했기 때문에 전쟁의 끝이 더 가까워졌다.)

5 "이동하다/데려가다(move)"라는 의미로 사용된다.

   My suitcases were **taken** to London by mistake. (나의 가방이 실수로 런던까지 가버렸다.)
   We **took** him to look at some new houses. (우리는 그를 데려가서 새 집들을 보여주었다.)

6 "얻다/벌다(gain)"라는 의미로 사용된다.

   The film **took** $10 million in its first week. (그 영화는 개봉 첫 주에 천만 불을 벌었다.)
   The princess **takes** the title of queen when she marries the king.
   (공주는 왕과 결혼하면 여왕의 직위를 얻는다.)

7 "공부하다/연구하다(study)"라는 의미로 사용된다.

   Clara is **taking** economics at university. (클라라는 대학에서 경제학을 공부하고 있다.)

What subjects are you planning to **take** next semester?
(너는 다음 학기에 어떤 과목들을 공부할 계획이냐?)

8 "반응하다(react)"라는 의미로 사용된다.

He doesn't **take** any interest in his children.
(그는 자신의 아이들에게 관심을 전혀 보이지 않는다.)
She **took** offence too easily. (그녀는 너무 쉽게 화를 낸다.)

9 "(약 따위를) 섭취하다(intake)"라는 의미로 사용된다.

Take two tablets before bedtime. (자기 전에 두 알을 섭취하십시오.)
The doctor will ask whether you're **taking** any medication.
(의사는 당신이 어떤 약을 먹고 있는 중인지를 물을 것입니다.)

10 "빼다/감하다(subtract)"라는 의미로 사용된다.

"What do you get if you **take** 5 from 12?" "Seven."
("12에서 5를 빼면 답이 무엇이냐?" "7입니다.")
Ten **take** away nine equals one. (10에서 9를 빼면 1이다.)

11 어떤 일을 하는 데 어느 정도의 "시간, 돈, 속성" 등이 "필요한가(need)"를 표현한다. 여기에는 네 가지 구조가 흔히 쓰인다.

(1) 예비 it 주어

It **took** me three hours to get home last night. (나는 어젯밤에 집에 가는 데 3시간이 걸렸다.)
It **takes** courage to admit you are wrong. (자신의 잘못을 인정하려면 용기가 있어야 한다.)
It **takes** patience to look after the children. (아이들을 돌보려면 인내심이 있어야 한다.)

(2) 사람 주어: 일반적으로 시간 명사를 목적어로 취한다.

I **took** three hours to get home last night. (나는 어젯밤에 집에 가는 데 3시간이 걸렸다.)
She **takes** all day to get out of the bathroom. (그녀는 욕실에서 나오는 데 하루 종일 걸린다.)
They **took** two hours to unload the cargoes. (그들은 짐을 하역하는 데 2시간 걸렸다.)

(3) 행위 주어

The **journey took** me a fortune. (나는 여행에 큰돈을 썼다.)
Parachuting takes a lot of courage. (낙하산을 타고 내려오는 것은 많은 용기를 필요로 한다.)
Gardening takes a lot of time. (정원 가꾸는 일은 많은 시간이 소요된다.)

(4) 부정사 동사의 목적어가 주어

The homework will **take** all day to finish. (숙제를 하는 데 하루 종일 걸릴 것이다.)
The wound **took** a long time to heal. (그 상처는 치유되는 데 오래 걸렸다.)
Repairs **take** a lot of energy to carry out. (수리를 하는 것은 많은 에너지를 필요로 한다.)

12 take는 "행위명사"와 함께 다양한 행위를 표현한다. (V7.5를 보라.)

He's **taking a rest** after working all night. (그는 밤새도록 일한 후에 쉬고 있다.)
I'd like to **take a look** at the new furniture. (나는 새 가구를 보고 싶습니다.)
Mike enjoys **taking a shower** every morning. (마이크는 매일 아침 샤워를 즐긴다.)
It's good to **take a break** when you can't concentrate on your work.
(일에 집중할 수 없을 때 쉬는 것이 좋다.)

▶ 이외에도 take는 많은 행위명사를 목적어로 취할 수 있다.

take a drink/a sip/a picture
take a bath/a shave/a wash
take a break/a rest/a seat/a sleep
take a breath/a dive/exercise/a leap/a step/a swim/a walk
take a guess

T2   taste

taste는 "지각동사"의 하나로서 진행형이 없으며 어떤 것이 "어떤 맛을 가지고 있는가"를 표현할 때 사용된다. (P23을 보라.) taste는 또한 "연결동사"로서 형용사와 명사구를 보어로 취한다. (C52를 보라.)

These oranges **taste nice**. (이 오렌지는 맛이 좋다.)
Oh, this **tastes delicious**! (와, 이거 정말 맛있다!)

명사를 보어로 취할 경우에는 명사 앞에 of나 like가 온다.

This yogurt **tastes of strawberries**. (이 요구르트는 딸기 맛이 난다.)
It **tastes** just **like champaign** to me. (나에게는 샴페인과 똑같은 맛이 난다.)

1 **지각하다** (perceive): 음식의 "맛을 알아차리는 것"을 말하며 진행형이 없으며, 종종 can과 함께 사용된다.

I **taste almond** in this cake. (이 케이크에서 아몬드 맛이 난다.)
I've caught a bad cold so I **can't taste what I'm eating**.
(나는 심한 감기가 들어서 먹는 음식의 맛을 알 수 없다.)
I **can taste garlic** in the soup. (수프에서 마늘 맛이 난다.)

2 **시험하다/해보다** (test): "맛을 알아보기 위해" 적은 양의 음식을 먹어보거나 마셔보는 것을 의미한다. 진행형이 가능하며, 종종 can과 함께 사용된다. (P23.3을 보라.)

I always **taste the wine** before allowing the waiter to fill my glass.
(나는 웨이터가 내 잔에 포도주를 붓기 전에 항상 시음한다.)
Taste this sauce and tell me if I need to add some more salt.
(이 소스의 맛을 보고 소금을 좀 더 넣을 필요가 있는지 말해줘.)

"Stop eating the cake." "I'm just **tasting it** to see if it's OK."
("케이크를 그만 먹어라." "나는 케이크가 괜찮은지 보려고 맛을 보고 있을 뿐인데.")

3   **경험하다** (experience): 어떤 상황을 짧은 기간에 걸쳐 경험하는 것을 표현한다.

Once people have **tasted luxury**, it's very hard to settle for anything less.
(일단 사람들은 사치스러운 삶을 경험하게 되면, 그보다 덜한 삶을 받아들이기가 매우 힘들다.)
Having **tasted freedom**, the bird would not return to its cage.
(그 새는 자유의 맛을 보았기 때문에 새장으로 돌아오지 않을 것이다.)

T3   tasteful과 tasty

tasteful은 "취미가 고상한, 품위 있는"을 의미하고, tasty는 요리 등이 "맛있는, 식욕을 돋우는"을 의미한다.

He wore a flannel suit, a white shirt, and a **tasteful** but sombre tie.
(그는 플란넬 양복에 흰 셔츠를 입고 우아하면서 수수한 색의 타이를 맸다.)
Her Christmas cards are very **tasteful** and beautifully inscribed.
(그녀의 크리스마스카드는 매우 품위 있으며 아름답게 서명이 되어 있다.)

These sausages are very **tasty** — where did you buy them?
(이 소시지는 정말 맛있다. 어데서 샀어?)
Served hot or cold, these **tasty** little cheese balls are ideal as an appetizer.
(이 맛 좋은 작은 치즈 볼은 뜨겁게 먹거나 차게 먹어도 이상적인 후식이 된다.)

▶ tasty는 일반적으로 사람에는 사용하지 않지만, 구어체에서 종종 "섹시하고 매력적인"의 의미로 쓰인다.

If you're coming to the party, you can bring that **tasty** girlfriend of yours.
(파티에 올 거면 그 매력적인 너의 여자 친구를 데려와도 된다.)

T4   that

that는 영어에서 가장 다양하게 쓰이는 단어 중의 하나다.

What's **that** you're writing?	[지시대명사]
(네가 쓰고 있는 저것이 무엇이냐?)	
Look at **that** man!	[지시한정사]
(저 사람 봐라!)	
She said **that** she would come.	[접속사]
(그녀는 오겠다고 말했다.)	
The letter **that** came this morning is from my father.	[관계사]
(오늘 아침에 온 편지는 아버지한테서 온 것이다.)	
"Mary, he wanted to talk to you." "Why was **that**?"	[대용어]

("메리야, 그가 너와 말하고 싶었대." "왜 그랬대요?")
No one expected it to cost **that** much.　　　　　　　　[부사]
(아무도 그렇게 많은 비용이 들 것으로 생각하지 않았다.)

1　**지시사**: 어떤 대상을 지시하거나 확인할 때 사용된다.

That's my wife you're talking to. (네가 말하고 있는 여자가 내 처다.)
That looks heavy — may I carry it for you?
(그거 무거워 보이는데요, 제가 들어 드릴까요?)
"Who's **that** with him?" "A friend of mine."
("그와 함께 있는 저 사람 누구냐?" "제 친굽니다.")

2　**지시한정사**: 어떤 대상을 가리키는지 "청자가 볼 수 있다고 생각할 때" 한정사로 사용된다.

Look at **that** man. (저 사람 봐라.)
Did you get **that** cheque I sent? (내가 보낸 저 수표 네가 받았나?)
That idiot delivery man again knocked on my door!
(저 바보 같은 배달원이 다시 우리 집 문에 노크를 하네!)

▶ that가 시간명사의 한정사로 쓰이면 과거의 시간을 표현한다.

When I was ten, I visited the town where my grandfather was born. **That year** the weather was hot and humid.
(내가 10살 때 할아버지가 태어난 마을에 방문했었다. 그 해는 날씨가 덥고 습했다.)

3　**접속사**: that가 이끄는 절에 대해서는 T5-T8을 보라.

4　**대용어**: that는 "앞에서 언급한 표현"을 가리키는 대용어로 사용될 수 있다.

"We're going to have dinner at **La Seine**." "Where's **that**?"
("우리는 라센느에서 저녁을 먹으려고 한다." "그것이 어디 있어요?")
"Grandma gave me $1,000 for my birthday." "What are you going to do with **that**?"
("할머니가 내 생일에 천 달러를 주었다." "너는 그것으로 뭘 하려고 하느냐?")
My **handwriting** is like **that** of a much younger child.
(내 글씨는 아주 어린아이들의 것과 같다.)
"**You've never cared about me**." "**That**'s not true."
("너는 나에게 관심을 가진 적이 없었다." "그것은 사실이 아니다.")
"They say here that **tomatoes are fruit**." "**That** can't be right. They're vegetables."
("여기서는 사람들이 토마토를 과일이라고 말한다." "그것은 옳지 않다. 토마토는 채소다.")

5　**부사**: that는 부사로서 so처럼 "정도의 강도"를 표현할 때 사용된다.

He's too old to walk **that far**. (그는 나이가 많아서 그렇게 멀리 걸을 수 없다.)
She missed hitting the car in front by **that much**. (그녀는 차와 정면충돌을 요 정도로 면했다.)

He said that not even a child could be **that stupid**.
(그는 어린아이도 그렇게 미련할 수 없다고 말했다.)
"He told me it's very cold outside." "It's not **that cold**."
("그 사람 말이 밖이 굉장히 춥다던데." "그렇게 춥지는 않아요.")

this와 that, these와 those에 대해서 D9를 보라.

T5   that-절-1: 명사절

"that-절"은 "명사절" 외에도 "형용사절, 부사절, 동격절" 등으로 사용될 수 있다.

I can't believe **that she's only 40**. [명사절]
(나는 그녀가 40밖에 안 됐다는 것을 믿을 수 없다.)
That's the car **that John wants to buy**. [형용사절]
(저것이 존이 사고 싶어 하는 차다.)
I was so tired **that I fell asleep**. [부사절]
(나는 너무 피곤해서 잠이 들었다.)
It's a fact **that I have written this book**. [동격절]
(내가 이 책을 쓴 것이 사실이다.)

우리가 어떤 절을 명사절(nominal clauses)이라고 부르는 것은 이 절이 문장 내에서 명사구가 나타날 수 있는 위치에 올 수 있기 때문이다. 문장에서 명사구가 올 수 있는 위치는 "주어"와 "목적어" 그리고 "전치사의 목적어" 위치다. 그 중에서 간접목적어는 "수혜자(recipient)" 역할을 하기 때문에, 명사구를 제외한 어떠한 표현도 간접목적어로 쓰일 수 없다.

1   **주어절**: "that-절"은 문장의 주어가 될 수 있다.

That the water has been polluted is a matter of grave concern.
(물이 오염되었다는 것은 매우 심각한 관심사다.)

▶ 외치: 주어 "that-절"은 뒤로 외치되고 그 자리에 "허사 it"가 오는 구조가 더 자주 쓰인다. (E42와 P53.7,8을 보라.)

It's a matter of grave concern **that the water has been polluted**.
(물이 오염되었다는 것은 매우 심각한 관심사다.)

▶ the fact: "that-절"이 주어 위치에 오면 부자연스럽기 때문에 종종 "the fact"를 앞에 두기도 한다.

The fact that the water has been polluted is a matter of grave concern.
(물이 오염되었다는 사실은 매우 심각한 관심사다.)

2   **목적어절**: "that-절"은 문장의 직접목적어로 쓰일 수 있다. (that-절을 목적어로 택하는 동사에 대해서는 V4.3과 V5.6과 7을 보라.)

We believe **that he may take the last train home**.
(우리는 그가 마지막 기차로 집에 올 것이라고 생각한다.)

> ▶ 수동형과 외치: 목적어 "that-절"은 수동문의 주어 위치에 올 수 있으며, 주어 위치에 있는 "that-절"은 문장 끝으로 외치되고 그 자리에 "허사 it"가 온다. (E42를 보라.)

That he may take the last train home is believed.
It is believed **that he may take the last train home**.
(그가 마지막 기차로 집에 올 것으로 생각된다.)

3   보어절: "that-절"은 주어보어가 될 수 있다.

My assumption is **that interest rates will soon fall**.
(나의 가정은 이자율이 곧 떨어질 것이라는 것이다.)
One hypothesis is **that the victim fell asleep while driving**.
(한 가지 가설은 희생자가 운전 중에 잠들었다는 것이다.)
It's not **that I don't like the car,** but it's too expensive for me.
(= **Not that I don't like the car,** but it's too expensive for me.)
(그 차가 싫어서가 아니라 나에게는 너무 부담스럽다.)

4   형용사 보충절: "that-절"은 형용사 보충어로 쓰일 수 있다. (A21.5를 보라.)

I'm **sure that there's a logical explanation for all this**.
(나는 이 모든 것에 대한 논리적 설명이 존재한다고 확신한다.)
I'm really **glad that I don't have to go back there again**.
(나는 그곳에 다시 돌아가지 않게 되어 정말로 기쁘다.)

5   동격절: "that-절"은 동격절로 사용될 수 있다. (A81.2를 보라.)

His claim **that Argentina was once an advanced nation** is correct.
(아르헨티나가 한때는 선진국이었다는 그의 주장은 옳다.)
Not everyone believes the idea **that inflation is a necessary evil**.
(모든 사람이 인플레이션이 필요악이라는 생각을 믿는 것은 아니다.)

6   전치사 목적절: "that-절" 앞에는 일반적으로 전치사가 올 수 없다. 전치사를 "that-절" 앞에서 생략할 수 없는 상황이 오면 일반적으로 "the fact"를 "that-절" 앞에 놓는다.

Everybody was surprised **at the fact that** she was only 40 years old.
(모든 사람이 그녀가 40세밖에 되지 않았다는 사실에 놀랐다.)
(*Everybody was surprised **at that** she was only 40 years old.)
He refused to help me **despite the fact that** I asked him several times.
(내가 그에게 여러 번 요청했음에도 불구하고 그는 나를 돕는 것을 거절했다.)
(*He refused to help me **despite that** I asked him several times.)
In spite of the fact that she had three small children, the judge sent her to prison for

six months.
(그녀에게 세 명의 어린 자녀가 있다는 사실에도 불구하고 판사는 그녀를 6개월간 감옥에 보냈다.)
(***In spite of that** she had three small children, the judge sent her to prison for six months.)

▶ "that-절"은 예외적으로 전치사 "but, except, in, save" 등을 대동할 수 있다. (P38.1을 보라.)

I know nothing about the man **except/save that** he lives next door.
(나는 그가 이웃에 산다는 것 외에 그에 대해서 아는 것이 없다.)
John was held responsible **in that** (= because) he was the leader of the team.
(존은 팀의 지도자였기 때문에 책임을 졌다.)

T6   that-절-2: 형용사절과 부사절

1   **형용사절**: "that-절"은 사람과 사물을 두루 수식할 수 있는 형용사절, 즉 "관계절"로 사용될 수 있다. (R12를 보라.)

The girl **that we invited to the party** is my sister.
(우리가 파티에 초청한 그 아가씨는 내 여동생이다.)
I repaired the chair **that my son had broken**.
(나는 내 아들이 부순 의자를 수리했다.)

2   **부사절**: that는 여러 유형의 단어와 결합하여 "복합 접속사"를 구성하여 "부사절"을 이끈다.

(1) 전치사 + that
(2) 부사 + that
(3) 분사 + that
(4) for all/such/in order + that
(5) 명사/형용사 + that

(1) 전치사 + that: but/except/in/save that

There's no question **but that** he's the guilty one. (그가 죄인이라는 것 외에는 질문이 없다.)
I know nothing about him **except that** he lives next door.
(나는 그가 이웃에 산다는 것 외에 그에 대해서 아는 바가 없다.)
I've been lucky **in that** I've never had to worry about money.
(나는 돈 때문에 걱정했던 경우가 없었다는 점에서 행운이었다.)
Little is known about his early life, **save that** he had a brother.
(그에게 남자 형제가 있었다는 것 외에 그의 초기 생애에 대해서는 알려진 것이 거의 없다.)

(2) 부사 + that: not/now/only/so (that)와 so/such ... (that)

Now (that) I've heard the music, I understand why you like it.
(내가 그 음악을 들어보니까 네가 왜 좋아하는지 알겠다.)

Not that I don't like her, but she's too rich.
(나는 그녀가 안 좋아서가 아니라 그녀에게는 돈이 너무 많다.)
He'd succeed, **only (that)** he's rather lazy. (그는 게으르지만 않다면 성공할 것이다.)
I packed him a little food **so (that)** he wouldn't get hungry.
(내가 음식을 좀 싸 주었기 때문에 그는 배가 고프지 않을 것이다.)
It moved **so** quickly **(that)** we didn't see anything.
(너무나 빨리 움직여서 우리는 아무것도 볼 수 없었다.)
The interview was **such** a nightmare **(that)** I prefer to forget all about it.
(그 대담은 끔찍한 악몽이어서 나는 모든 것을 잊고 싶다.)

(3) 분사 + that: considering/given/granted/granting/provided/providing/seeing/supposing + (that)

Considering (that) he's only been learning English a year, he speaks it very well.
(그가 1년간 영어를 배웠다는 점을 고려할 때 영어를 참 잘한다.)
Granted (that) he has a lot of money, it doesn't mean that he's going to pay for our dinner. (그에게 돈이 많다고 하더라도 그것이 그가 우리의 저녁 식사 값을 낼 것이라는 것을 의미하지는 않는다.)
We shall hold the meeting here, **provided (that)** there's no opposition.
(반대가 없다면 우리는 여기서 회의를 개최할 것이다.)

(4) for all/such/in order that: "for all (that)"에서만 that의 생략이 허용된다.

For all (that) I know, he may have already arrived at his destination.
(내가 아는 한 그는 이미 목적지에 도달했을 것이다.)
His enthusiasm was **such that** it inspired everybody. (그의 열정은 모두를 고무시킬 정도였다.)
They went to Spain **in order that** they might see a bullfight.
(그들은 투우를 관람하려고 스페인을 방문했다.)

(5) 명사구/형용사 +that: 미국영어에서는 주어보어가 "명사구"일 경우에, 영국영어에서는 주어보어가 "형용사"일 경우에 보어가 접속사 that 앞으로 전치될 수 있으며, 이 경우 "that-절"은 양보절로 해석된다.

Fool that he was, he managed to solve the puzzle that we couldn't.
(그는 비록 바보이지만 우리가 못 푼 퍼즐을 풀어냈다.)
Very rich that she was, she never donated money to charity.
(그녀는 매우 부자였지만 자선에 돈을 기부한 적이 없다.)

3   **소원과 놀라움**: "바램, 분노, 놀라움, 슬픔" 등을 표현하는 "문학적 글"에서 사용된다.

That I might see her once more! (내가 그녀를 다시 한번 더 만날 수 있다면!)
Oh, **that** she were alive to see this! (아, 그녀가 살아서 이것을 본다면!)
... **that** everyone who believes in him may have eternal life.
(... 이는 그를 믿는 자마다 영생을 얻게 하려 하심이라.) [요 3:15]

T7   that-절-3: that의 생략

비격식적 문체에서 접속사 that는 종종 생략될 수 있다. that의 생략에 대해서는 사람에 따라 다른 견해를 가지고 있다는 점에 유의하라.

1 **목적어절**: "that-절"이 동사의 "목적어"로 쓰일 경우 흔히 that가 생략될 수 있다.

We **believe (that)** he may take the last train home.
(우리는 그가 막차로 집에 올 것이라고 생각한다.)
She **said (that)** she'd never get there in time.
(그녀는 그곳에 절대로 시간 내에 도달할 수 없다고 말했다.)
It wasn't easy to **convince** my wife **(that)** we couldn't afford a new car.
(우리가 새 차를 감당할 수 없다는 것을 내 처에게 확신시키는 것이 쉽지 않았다.)
He **reminded** me **(that)** I hadn't written to Mother.
(그는 내가 어머니에게 편지를 쓰지 않았다는 것을 알려주었다.)

2 **that의 생략을 허용하지 않는 목적어절**: 다음의 단순타동사와 이중타동사 다음에서는 일반적으로 that의 생략이 허용되지 않는다.

(1) 단순타동사

acknowledge	agree	argue	conjecture
explain	point out	propose	remark
reply	report	scream	shout
telegraph 등			

They **agreed that** elections would be held in May.
(그들은 5월에 선거를 치르기로 합의했다.)
The newspaper **reported that** more than ten people had been shot.
(신문에 따르면 열 명 이상의 사람이 총살당했다고 한다.)
Mother **telegraphed that** she would arrive home by afternoon plane.
(어머니는 오후 비행기로 집에 올 것이라고 전보를 보냈다.)

(2) 이중타동사

| advise | assure | notify | teach 등 |

I **advised** her **that** she should wait. (나는 그녀에게 기다리라고 충고했다.)
The doctor has **assured** us **that** he'll be fine. (의사는 그가 나을 것이라고 우리에게 장담했다.)
We **notified** the police **that** our new car had been stolen.
(우리는 새 차를 도난당했다고 경찰에 알렸다.)
Failing the test **taught** me **that** I needed to work harder.
(시험에 실패한 것이 더 열심히 공부해야 한다는 것을 가르쳐 주었다.)

3 **형용사 보충어절**: "that-절"이 인칭주어를 선택하는 "감정(emotion)형용사"의 보충어로 쓰

일 경우 that가 생략될 수 있다. 이 분류는 학자에 따라 약간의 차이를 보인다.

afraid	angry	certain	fearful
glad	happy	hopeful	positive
proud	sorry	sure	amazed
annoyed	astonished	concerned	delighted
determined	disappointed	surprised	pleased
worried 등			

I'm **sure (that)** there's a logical explanation for all this.
(나는 이 모든 것에 대한 논리적 설명이 있을 것으로 확신한다.)
I'm really **glad (that)** I don't have to go back there again.
(나는 그곳에 다시 돌아가지 않아도 되어서 정말 기쁘다.)
He was **proud (that)** the magazine had agreed to publish her first novel.
(그는 그 잡지가 그의 첫 소설을 출간하기로 동의한 것을 자랑스러워 했다.)
He's **amazed (that)** I've never heard of the Rolling Stones.
(그는 내가 롤링스톤에 대해서 들어본 적이 없다는 것에 놀랐다.)
He was **worried (that)** we wouldn't have enough money.
(그는 우리에게 돈이 충분하지 않다는 것을 걱정했다.)

4 **that 생략이 허용되지 않는 형용사 보충어절**

| aware | cognizant | conscious | ashamed |
| disgusted | perplexed | puzzled | upset 등 |

Were you **aware that** the country had huge economic problems?
(당신은 나라가 크나큰 경제적 난관에 봉착해 있다는 것을 압니까?)
He wasn't **conscious that** he was the only man who wasn't wearing a suit.
(그는 자신이 정장을 입지 않은 유일한 사람이라는 것을 의식하지 못하고 있었다.)
He was **ashamed that** he had shouted at her. (그는 그녀에게 소리를 지른 것을 창피해했다.)
He was very **upset that** you didn't reply to his letters.
(그는 네가 편지 답장을 하지 않은 것에 매우 화가 났다.)

5 **보어절**: "that-절"이 보어로 쓰일 경우에는 일반적으로 that가 생략되지 않는다.

My assumption is **that** interest rates will soon fall.
(나의 가정은 이자율이 곧 하락할 것이라는 것이다.)
The government's claim was **that** war was inevitable.
(정부의 주장은 전쟁이 불가피하다는 것이었다.)
One hypothesis is **that** the driver fell asleep while driving.
(한 가지 가설은 운전자가 운전 중에 졸았다는 것이다.)

6 **동격절**: 명사구의 동격절로 사용될 경우에는 일반적으로 that가 생략되지 않는다.

Many people support **my belief that** he is right.
(많은 사람들이 그가 옳다는 나의 믿음을 지지하고 있다.)
His claim that the Korean War hasn't technically ended yet is correct.
(한국전쟁은 엄밀히 말하면 아직 끝나지 않았다는 그의 주장이 옳다.)
I've come to **the conclusion that** he's not responsible for the accident.
(나는 그가 사고에 책임이 없다는 결론에 도달했다.)
Not everyone agrees to **the idea that** there's no life on Mars.
(모든 사람들이 화성에 생명체가 없다는 생각에 동의하는 것은 아니다.)

▶ 그러나 "fact나 proof" 등과 같은 명사 다음에서는 종종 that가 생략될 수 있다.

The fact (that) people are not interested in this election bothers the Mayor.
(사람들이 이번 선거에 관심이 없다는 사실이 시장을 괴롭혔다.)
Do you have **any proof (that)** he stole your bag?
(그가 당신의 가방을 훔쳤다는 증거가 있습니까?)

7 **외치절**: "that-절"이 주어 위치에 나타날 경우에는 that의 생략이 허용되지 않지만, 주어 위치에서 문장 끝으로 "외치될 경우"에는 that의 생략이 허용된다. 다음을 비교해보라.

Everybody believes **(that)** the problem cannot be solved.
(모든 사람이 그 문제는 해결될 수 없다고 생각한다.)
That the problem cannot be solved is believed by everybody.
(= **It**'s believed by everybody **(that)** the problem cannot be solved.)
(그 문제는 해결될 수 없다는 것이 모두의 생각이다.)
(*The problem cannot be solved is believed by everybody.)

That the water has been polluted is a matter of grave concern.
(= **It**'s a matter of grave concern **(that)** the water has been polluted.)
(물이 오염되었다는 것은 심각한 문제다.)
(*The water has been polluted is a matter of grave concern.)

▶ 외치절에서의 that의 생략은 "비인칭 형용사"(certain, clear, essential, inevitable, likely, necessary, obvious, possible, true 등)와 "연결동사"(appear, be, seem 등) 구조에서 특히 많이 나타낸다.

It is **certain (that)** the presidential election will be held next year.
(대통령 선거가 내년에 있을 것이 확실하다.)
It was **obvious (that)** Bill was lying. (빌이 거짓말을 하고 있는 것이 명백했다.)
It **seemed (that)** he had proposed to her at the graduation party.
(그는 졸업파티에서 그녀에게 결혼을 신청한 것 같았다.)

8 **분열문**: 분열문에서도 that의 생략이 허용된다.

It was the dog **(that)** I gave the water to. (내가 물을 준 것은 개였다.)
It was in September **(that)** I first noticed it. (내가 그것을 처음 알아차린 것이 9월이었다.)

It was a white suit **(that)** John wore at the dance last night.
(존이 어젯밤에 댄스할 때 입었던 것은 흰 양복이었다.)
It was last night **(that)** John wore a white suit at the dance.
(존이 댄스할 때 흰 양복을 입었던 것은 어젯밤이었다.)
It was at the dance **(that)** John wore a white suit last night.
(존이 어젯밤에 흰 양복을 입었던 것은 댄스할 때였다.)

9 **관계절**: that가 "목적어"를 가리키는 "관계대명사"나 부사적 표현을 가리키는 "관계부사"로 쓰일 때 생략이 허용된다.

The man **(that)** we invited to the picnic is my brother-in-law.
(우리가 야유회에 초청한 사람은 나의 매형이다.)
I repainted the house **(that)** we had painted ten years before.
(나는 우리가 10년 전에 페인트칠을 한 집을 다시 페인트칠을 했다.)
He's the policeman **(that)** the burglar fired the gun at. (그가 도둑이 총을 쏜 경찰관이다.)
This is the house **(that)** my family used to live in. (이것이 우리 가족이 살았던 집이다.)
(= This is the house where/in which my family used to live.)
She will arrive the day **(that)** I graduate from college (on).
(그녀는 내가 대학을 졸업하는 날에 도착할 것이다.)
(= She will arrive the day when/on which I graduate from college.)
I'm making cakes the way **(that)** my mother made them.
(나는 나의 어머니가 하던 방식으로 케이크를 만들고 있다.)
(= I'm making cakes the way in which my mother made them.)

▶ 그러나 관계대명사가 "주어"를 가리킬 경우에는 that가 생략될 수 없다.

The girl **that** invited us to the party is my sister.
(우리를 파티에 초청한 아가씨는 나의 여동생이다.)
(*The girl invited us to the party is my sister.)
I repaired the chair **that** had been broken by my son.
(나는 나의 아들에 의해 부서진 의자를 수리했다.)
(*I repaired the chair had been broken by my son.)

▶ 그러나 주어를 가리키는 관계대명사 that는 "전이(transferred)관계절"에서 생략되어야 한다. (R15.4를 보라.)

He decided to give a second chance to the boy **(that)** he thought _____ was honest.
(그는 정직하다고 생각하는 소년에게 다시 한 번 기회를 주기로 했다.)
My parents met the man **(that)** I wish _____ would marry me.
(나의 부모님은 나와 결혼해 주기를 바라는 남자를 만났다.)

10 **부사절**: that가 포함된 접속사가 이끄는 부사절에서의 that의 생략에 대해서는 T6.2를 보라.

T8   that-절과 비교절

1 **that-관계절**: 관계절에서 주어나 목적어가 관계대명사 "that"로 대치되어 관계절 앞으로 이동한다. 다시 말해서 관계절에 원래 있던 주어나 목적어는 생략되어야 한다. (R12.1을 보라.)

There're lots of things **that** we need to buy ____ before the trip.
(여행 전에 우리가 사야 할 물건이 많다.)
(*There're lots of things **that** we need to buy **them** before the trip.)

They've installed a machine **that** ____ prints names on badges.
(그들은 배지에 이름을 새기는 기계를 설치했다.)
(*They've installed a machine **that it** prints names on badges.)

2 **비교절**: 관계절에서와 마찬가지로 비교절에서도 동일한 형태의 생략이 일어난다.

She said she'd **rather** die **than** ____ live in this city.
(그녀는 이 도시에 살기보다 차라리 죽겠다고 말했다.)
(*She said she'd **rather** die **than she** live in the city.)

They sent **more** books **than** we ordered ____.
(그들은 우리가 주문한 것보다 더 많은 책을 보냈다.)
(*They sent **more** books **than** we ordered **them**.)

David writes short stories, **as** you know ____.
(데이빗은 네가 아는 것처럼 단편소설을 쓴다.)
(*David writes short stories **as** you know **it**.)

He's certainly a teacher, **as** ____ is clear from his manner.
(그의 태도에서 명백한 것처럼 그는 확실히 선생님이다.)
(*He is certainly a teacher, **as it** is clear from his manner.)

3 **the same (...) as + 절**: as 뒤에 절이 나올 경우에도 as는 일종의 관계대명사처럼 사용된다. (S2.3을 보라.)

They're living in **the same house as** they lived 10 years ago.
(그들은 10년 전에 살았던 같은 집에서 살고 있다.)
I graduated from **the same university** last year **as** my Dad had thirty years ago.
(나는 아버지가 30년 전에 졸업한 같은 대학을 작년에 졸업했다.)

▶ 따라서 뒤따르는 성분이 절일 경우에는 "관계대명사"나 "관계부사"가 올 수 있다.

They're living in **the same house where** they lived 10 years ago.
(그들은 10년 전에 살았던 같은 집에서 살고 있다.)
I graduated from **the same university** last year **that** my Dad had thirty years ago.
(나는 아버지가 30년 전에 졸업한 같은 대학을 작년에 졸업했다.)

He was wearing **the same suit as/which/that** he'd worn two years ago.
(그는 2년 전에 입었던 같은 양복을 입고 있었다.)

T9   there is와 there are

there는 대명사로서 어떤 대상의 존재나 어떤 상황의 발생을 표현하는 소위 "존재문(existential sentences)"이라고 부르는 문장의 "가주어(dummy subject)" 또는 "문법적 주어(grammatical subject)"로 사용된다. 이렇게 사용되는 there를 "존재 there"라고 부르며, 이 경우 there는 "장소부사인 there"의 발음인 [ðeər]가 아니라 [ðər]로 발음된다. there를 뒤따르는 동사는 항상 there로 대치된 "진(true) 주어"와 일치한다.

There**'s a cat** in the kitchen. (부엌에 고양이가 있다.)
(= **A cat is** in the kitchen.)
There**'re lots of people** at the plaza. (광장에 많은 사람들이 있다.)
(= **Lots of people are** at the plaza.)
There**'s nothing** wrong, is there? (아무 일 없지?)

1   **불확정**(indefinite) **명사구 주어**: "불확정 명사구"가 주어이고 be가 나타나는 문장에는 "there-구문"이 더 자연스럽다.

Three birds are in that cage. (저 새장에 새 세 마리가 있다.)
There're three birds in that cage.

Is anyone interested? (관심이 있는 사람 있습니까?)
Is there anyone interested?

2   **진행조동사** be: "진행조동사" be와 "불확정" 명사구 주어를 가진 문장은 "there-구문"으로 바꾸어 쓸 수 있다.

No one was helping her with setting the table.
(식탁을 준비하는 데 아무도 그녀를 돕고 있지 않았다.)
(=**There was no one helping** her with setting the table.)

A speech therapist will be helping the children who have problems.
(언어치료사가 문제가 있는 아이들을 도울 것이다.)
(=**There'll be a speech therapist helping** the children who have problems.)

3   **수동조동사** be: "수동조동사" be와 "불확정 명사구 주어"를 가진 문장도 "there-구문"으로 바꾸어 쓸 수 있다.

A statue was erected in honor of the fallen soldiers.
(전사한 병사들을 기념하는 동상이 세워졌다.)
(=**There was a statue erected** in honor of the fallen soldiers.)

Important documents were stolen from the office yesterday.
(중요한 서류가 어제 사무실에서 도난당했다.)
(=**There were important documents stolen** from the office yesterday.)

4 **존재동사 be 홀로**: 불확정 명사구 주어와 "존재동사 be"로만 구성된 문장에는 there가 의무적으로 쓰인다.

*Honest politicians **are**.
There are honest politicians. (정직한 정치가도 있다.)

*Ten-thousand species of beetles **are**.
There are ten-thousand species of beetles. (딱정벌레만 수만 종이 있다.)

*Accidents **have** always **been**.
There have always **been** accidents. (사고는 항상 있게 마련이다.)

5 **존재동사 be와 비정형절**: 존재동사 be를 가진 "비정형(nonfinite)절"에서는 there가 "의무적"으로 쓰인다. (비정형 동사에 대해서는 F10을 보라.)

*I'd like **a photocopier to be** in the library.
I'd like **there to be a photocopier** in the library.
(나는 도서관에 복사기가 있는 것이 좋겠다.)
(참고: There's a photocopier in the library.)

*He was dismayed at **so little interest being** in his work.
He was dismayed at **there being so little interest** in his work.
(그는 자신의 일에 사람들이 거의 관심이 없는 것에 당황했다.)
(참고: There's so little interest in his work.)

6 **불확정 명사구 선행사**: 비록 존재동사 be가 없는 문장이라 할지라도 그 문장의 "불확정 명사구"를 관계절의 "선행사"로 가질 경우 "there-구문"을 만들 수 있다.

She wants to tell him **something** about me.
(그녀는 그에게 나에 대해서 무엇인가 말하고 싶어 한다.)
(참고: **something** (that) she wants to tell him about me ...)
There's **something** (that) she wants to tell him about me.
(그녀가 그에게 나에 대해서 말하고 싶은 무엇인가 있다.)

I'd like to put **some books** on the bookshelf. (나는 서가에 책들을 좀 올려놓고 싶다.)
(참고: **some books** (that) I'd like to put on the bookshelf ...)
There're **some books** (that) I'd like to put on the bookshelf.
(내가 서가에 올려놓고 싶은 책들이 좀 있다.)

7 **be 동사 외의 동사들**: 문학적 글에서는 존재문에 be동사 외에도 "위치"나 "이동" 또는 "존재"를 표현하는 동사들이 제한적으로 쓰인다.

come	enter	exist	follow
go	live	remain	ride
sit	stand 등		

There'll **come** a time when you'll regret your decision.
(당신은 자신의 결정을 후회하게 될 때가 올 것입니다.)
As evening approached, there **came** a rich man from Arimathea, named Joseph, ...
(저물었을 때에 아리마대의 부자 요셉이라는 사람이 왔으니 ...) [마 27:5]
Suddenly there **entered** a strange figure dressed all in black.
(온통 검게 옷을 입은 낯선 사람이 갑자기 들어왔다.)
There **followed** an uncomfortable silence. (불편한 침묵이 이어졌다.)
Once upon a time there **lived** a princess and a wicked queen.
(옛날 옛적에 공주와 사악한 여왕이 살았습니다.)
There **remained** only two people in the room. (방에는 두 사람만 남았다.)
In front of the door there **stood** a couple of policemen. (문 앞에 두 명의 경찰관이 서 있었다.)

8 **be동사를 동반하는 동사와 형용사:** 어떤 동사와 형용사는 "to be"를 동반할 경우 there를 "가주어"로 가질 수 있다.

동사: appear, happen, seem, tend 등
형용사: bound, certain, likely, sure 등

There seem to be too many applicants for the job.
(그 일자리에 너무나 많은 지원자들이 온 것 같다.)
(= It seems that there're too many applicants for the job.)
There happened to be a car accident on the way. (도중에 자동차 사고가 있었다.)
There tends to be less sleep when people get older.
(나이가 들면 사람들은 잠을 덜 자는 경향이 있다.)

Do you think **there's likely to be** a storm this afternoon?
(당신은 오늘 오후에 폭풍우가 있을 가능성이 있다고 생각합니까?)
(= Do you think it's likely there's a storm this afternoon?)
Is there bound to be any difficulty in getting tickets?
(티켓을 얻는 데 어떤 어려움이 따릅니까?)
There's sure to be trouble when he gets home late.
(그가 집에 늦게 올 때는 확실히 문제가 있다.)

9 **확정 명사구:** 일반적으로 존재문은 "확정적(definite)명사구"를 "진주어"로 가질 수 없다.

The man is in the living room. (응접실에 그 남자가 있다.)
(***There's the man** in the living room.)

John is working in the garden. (존이 정원에서 일하고 있다.)
(***There's John** working in the garden.)

▶ 그러나 어떤 질문의 "응답"으로 혹은 문제에 대한 "해결"로 사람이나 물건의 명칭을 열거할 때 종종 존재 there를 사용하기도 한다. 이 경우 항상 "단수 be동사"가 사용된다는 점에 유의하라.

"Who else do you want to invite?" "Well, **there's Bill**, and John, and Mary or Barbara.
("그 외에 누구를 초청하고 싶으냐?" "저, 빌과 존과 메리나 바브라가 있습니다.")
"What's left to pack?" "**There's the lantern** I borrowed from your brother and **the tent** we need for tonight."
("짐 쌀 것이 무엇이 남았지?" "내가 네 형님에게서 빌린 랜턴과 밤에 필요한 천막이 있다.)

10 **동사의 일치**: 비격식적 문체에서는 "be동사"가 "진주어"의 수와 일치하지 않는 경우가 흔히 나타난다.

There's several pages of this book missing. (이 책에서 여러 쪽이 없어졌다.)
There's two policemen at the door, Dad. (아빠, 문 앞에 경찰 두 명이 왔어.)
There's some grapes in the refrigerator, if you're still hungry.
(아직도 배가 고프면 냉장고에 포도가 좀 있다.)

▶ 문법적으로 올바른 것은 아니지만 진주어가 "등위접속"된 두 개의 명사구로 구성되어 있을 경우 종종 "근접 명사구"와 일치를 보이는 경우가 있다.

There's a hammer and two screwdrivers in the trunk.
(트렁크에 망치 하나와 드라이버 두 개가 있다.)
There're two screwdrivers and a hammer in the trunk.
(트렁크에 드라이버 두 개와 망치 하나가 있다.)

11 **there의 특별 용법**: "doubt, need, point, purpose, question, reason, sense, use" 등은 there와 특별한 구조를 형성한다.

There's no doubt that she's guilty.
(그녀가 유죄라는 것은 의심의 여지가 없다.)
There's no need for you to come if you don't want to. (원하지 않으면 올 필요 없다.)
Is there any point in talking about it again?
(그것에 대해서 다시 말할 필요가 있어?)
There's no purpose in trying to escape. (도망치려고 애쓸 이유가 없다.)
There's no question of paying back the money by tomorrow.
(내일까지 돈을 돌려드리는 것에는 의심의 여지가 없습니다.)
There's no reason whatsoever to doubt her story.
(그녀의 이야기를 의심할 하등의 이유가 없다.)
There's no sense in getting upset about it now.
(지금 그것에 대해서 화를 내는 것은 의미가 없다.)
There's no use in asking any more questions about it.
(그것에 대해서 더 의문을 제기하는 것은 아무 소용이 없다.)

T10 there you go와 there you are

이 두 표현은 쓰이는 맥락이 거의 동일하다.

1   불만족스럽거나 불행한 상황을 "체념하듯 받아들일 때" 사용되며, 일반적으로 접속사 but 다음에서 사용된다.

It's very bad, **but there you are**. There's nothing for us to do about it.
(참 안된 일인데 어쩌겠어. 우리가 그것에 대해서 할 수 있는 것이 없다.)
It's a pity you have to fire him, **but there you are**.
(그를 해고해야 하는 것은 안타까운 일이지만 그럴 수밖에 없잖아요.)
He didn't pass the course, **but there you go** — he can try again next semester.
(그가 과정에서 실패한 것을 인정하고, 다음 학기에 다시 시도해볼 수 있잖아.)

2   다른 사람에게 물건을 넘겨주면서, 예를 들어 점원이 고객이 구입한 물건을 "넘겨주면서" 또는 음식점에서 음식을 "가져다주면서" 사용하는 표현으로 쓰일 수 있다.

There you go. I'll wrap it up for you. (여기 있습니다. 제가 포장해 드릴게요.)
There you are! A nice cup of coffee. (자 여기 맛있는 커핍니다.)

3   자신이 앞에서 말할 것이 옳았다는 것을 상대에게 "확인하고 싶을 때" 사용된다.

There you are, then. There's nothing to worry about.
(그런데 내가 말했잖아, 걱정할 필요 없다고.)
There you are. I knew you'd forget if you didn't write it down.
(내가 뭐라고 했어. 나는 네가 그걸 써놓지 않으면 잊어버릴 줄 알았어.)
There you go. I knew I was right.
(말했잖아. 내가 옳다는 것을 알고 있었어.)

T11 think

think는 어떤 상황이 우리에게 알려짐으로써 그것에 대한 우리의 "의견을 표현"하는 의미와 어떤 상황에 대해 우리의 "두뇌를 능동적으로 사용"하는 의미 그리고 어떤 것을 "기억"하거나 "상상"하는 의미로 사용된다.

1   **의견의 표현**: 어떤 대상이나 상황에 대한 특별한 "의견"이나 "생각"을 표현하며, 일반적으로 진행형이 허용되지 않는다.

He **thought** that they'd be going away in July.
(그는 그들이 7월에 떠날 것이라고 생각했다.)
What do you **think** of your new school? (너는 새 학교에 대해서 어떻게 생각하느냐?)
I **thought** it appropriate to invite him to the picnic.
(나는 그를 야유회에 초대하는 것이 적절하다고 생각했다.)

"Do you **think** it'll rain?" "Yes, I **think** so."
("비가 오리라고 생각합니까?" "네, 그렇게 생각합니다.")
We **thought** her quite a clever girl. (우리는 그녀가 매우 영리한 아가씨라고 생각했다.)
They've been **thought** to be lost. (그들은 행방불명된 것으로 생각되었다.)

2   두뇌의 사용: 어떤 의견이나 결론을 얻기 위해 "두뇌를 쓰는" 의미로 사용되며, 일반적으로 진행형을 허용한다.

Are animals able to **think**? (동물도 생각할 수 있습니까?)
You should **think** before doing that. (우리는 행동하기 전에 생각을 해야 한다.)
Do you **think** in English when you speak English?
(당신은 영어를 말할 때 영어로 생각합니까?)
He **thought** very hard before deciding to leave her job.
(그는 직장을 그만두기로 결정하기 전에 매우 깊이 생각을 했다.)
I can't **think** what else we could have done.
(나는 우리가 그 외에 무엇을 할 수 있었을지 생각이 안 난다.)
It was impossible to know what he **was thinking**.
(그가 무슨 생각을 하고 있는지 아는 것이 불가능하다.)

3   remember: "기억하다" 또는 "회상하다"의 의미로 쓰인다.

He's trying to **think** where he'd seen her before.
(그는 그녀를 전에 어디서 보았는지 기억해 내려고 애쓰고 있다.)
She was **thinking** to herself how handsome the young man was.
(그녀는 그 젊은이가 얼마나 잘 생겼는가를 속으로 생각하고 있었다.)
I couldn't **think** where I'd left my keys. (내가 열쇠를 어디에 두었는지 생각이 나지 않았다.)

4   imagine: 특히 "can't/couldn't"와 함께 "상상하다"의 의미로 쓰인다.

I **can't think** what you mean. (네가 무엇을 의미하는지 나는 상상이 안 간다.)
I **couldn't think** why she had left. (나는 그녀가 왜 떠났는지 상상할 수가 없다.)
You **can't think** how glad I'm to see you.
(내가 너를 만나게 되어 얼마나 기쁜지 너는 상상하지 못할 것이다.)

5   think about/of

▶ 적절성의 점검: 어떤 계획이나 제안이 "바람직한가를 알아보는 것"을 의미한다.

They're seriously **thinking about/of** emigrating to Australia.
(그들은 호주로 이민 가는 것을 심각하게 고려하고 있다.)
Please **think about** his proposal and let me know your opinions tomorrow.
(그의 제안을 검토해 보시고 내일 저에게 의견을 알려 주십시오.)

▶ remember: "기억하다" 또는 "회상하다"의 의미로도 쓰인다.

We may be 5,000 miles apart but I'm **thinking about/of** you.
(우리가 5,000마일이나 떨어져 있지만 나는 당신 생각을 하고 있다.)
I always **think of** Joe in that long brown fur coat.
(나는 조를 항상 긴 갈색 털 코트를 입은 사람으로 기억한다.)

6 think of/about ... as: 어떤 대상이 "특정 신분이나 속성을 가지고 있음"을 표현한다.

Dick had always **thought of Kate as** someone to be avoided.
(딕은 항상 케이트를 회피해야 할 인물로 보고 있었다.)
My parents **thought of me as** capable of doing a degree.
(나의 부모님은 나에게 학위를 취득할 능력이 있는 것으로 간주했다.)

7 think to do something: think 다음에는 일반적으로 "to-부정사"를 선택하지 않지만, 이 구조는 어떤 것을 "기대하다" 또는 "의도하다"의 의미로 사용된다.

I never **thought to see** you again. (나는 너를 다시 볼 것이라고 전혀 기대하지 않았다.)
He **thinks to deceive** us. (그는 우리를 속이려고 한다.)
I never **thought to look** for the book under the cushions.
(나는 방석 아래서 책을 찾아볼 생각을 해보지 않았다.)
Who would have **thought to see** you! (누가 너를 보리라고 기대했겠느냐!)

8 think + 목적어 (+ to be) + 보어: 매우 격식적인 글에서 사용되는 구조다.

Dick had always **thought Kate (to be) a fool.** (딕은 항상 케이트를 바보라고 생각했었다.)
We **thought him (to be) a sensible person.** (우리는 그를 재치 있는 사람으로 생각했다.)
My parents **thought me (to be) capable of leading the club.**
(나의 부모님은 내가 그 클럽을 이끌 능력이 있는 것으로 간주했다.)
They **thought her (to be) fascinating.** (그들은 그녀를 매혹적이라고 생각했다.)

▶ 수동구문에서는 to be가 있는 것이 자연스럽다.

He **was thought to be** a sensible person. (그는 재치 있는 사람으로 여겨졌다.)
Fred **is thought to be** able to fix the car.
(프레드는 자동차를 수리할 수 있는 것으로 생각된다.)
She **was thought to be** a terrorist. (그녀는 테러리스트로 간주됐다.)

9 think it + necessary/possible/best 등: it가 부정사의 "예비 목적어"로 사용될 수 있다.

I **thought it appropriate** to invite him to speak at the meeting.
(나는 그를 회의에서 연설하도록 초대하는 것이 적절하다고 생각했다.)
I **thought it better** to pretend that I knew nothing.
(나는 아무것도 모르는 척하는 것이 더 나을 것으로 생각했다.)

10 **전이된 부정**: think와 같은 동사를 주절의 동사로 가지고 있는 복합문에서 종속절의 부정이

주절의 부정으로 전이되는 것을 말한다. 이런 전이된 부정은 매우 제한된 동사가 주절의 동사로 쓰일 때만 가능하다. 다음의 두 부정문을 비교해보라.

I think it's **not** a good idea. (나는 그것이 좋은 생각이 아니라고 생각한다.)
I **don't** think it's a good idea. (나는 그것이 좋은 생각이라고 생각하지 않는다.)

두 번째 문장은 자신의 의미 외에 첫 번째 문장의 의미도 가지고 있다. 그런데 일반적으로 부정이 전이된 문장이 그렇지 않은 문장보다 더 자연스럽다. (N12를 보라.)

11 I ... think/thought (that): 이 구조는 다양한 의미를 표현할 수 있다.

(1) I thought (that) ...: 어떤 것을 "공손히 제안"할 때

I thought we'd go swimming tomorrow. (우리 내일 수영하러 가는 것 어떠세요?)
I thought we'd meet for dinner. (저녁 식사를 위해 만나는 것이 어떻습니까?)

(2) I had thought (that) ...: 어떤 것을 잘못 앎으로써 "실망감을 표현"할 때

I had thought that we'd go swimming tomorrow.
(우리가 내일 수영하러 가는 것으로 알았는데요.)
I had thought we'd meet for dinner.
(우리가 내일 저녁 식사를 위해 만나기로 되어 있는 것으로 알았는데요.)

(3) I should/would think와 I should/would have thought ...: 어떤 것이 "사실일 수도 있다"고 생각할 때

I should think we'll need at least twelve bottles of wine.
(나는 우리가 적어도 포도주 12병이 필요할 것으로 생각합니다.)
I would have thought that it would be better to wait.
(나는 기다리는 것이 더 좋을 것이라고 생각했다.)

▶ "I should have thought"는 또한 "비판"을 이끌 수 있다.

I should have thought he could have washed his hands, at least.
(나는 그가 적어도 손은 닦을 수 있었을 것이라고 생각했어야 했다.)

▶ I would think/I would have thought (that): 사실이 아닌 것을 "사실이기를 바랄" 때

I would have thought the school would do more to help a child like Craig.
(나는 학교가 크레이그와 같은 아이를 더 도와줄 수 있다고 생각했었다.)

12 to think: 어떤 상황이나 경험이 얼마나 "놀라운 것"인지 또는 "어리석은 것"인지를 표현할 때 사용한다.

To think that we went to Las Vegas and won a $100,000 jackpot!
(우리가 라스베이거스에 가서 10만 불짜리 잭팟을 터뜨렸다고 생각해 보라)
To think that I left you alone in a place with a madman at large!
(내가 당신을 미친 사람이 돌아다니고 있는 곳에 홀로 남겨두었다고 생각해 보시오.)

I (don't) think so와 I thought so에 대해서는 S19.2와 3을 보라.

T12 through

영어에서 기간의 (시작과) 끝을 표현하는 것 중에 (from ...) to가 있다. 이 경우 일반적으로 to/till의 목적어는 그 기간에 포함되지 않는다. 예를 들어 (from June) to September에서 September는 기간에 포함되지 않는다. 미국영어에서는 September도 포함하는 표현으로 to 대신에 through를 사용한다.

We camped there **from** June **through** September.
(우리는 그곳에서 6월부터 9월 끝까지 야영을 했다.)
The strike continued **through** the summer. (파업은 여름 내내 계속되었다.)

▶ 그러나 영국영어에서는 이런 의미로 through를 사용하지 않고 목적어 앞에 "the end of"를 놓거나 뒤에 "inclusive"를 사용한다.

We camped there from June to September **inclusive**.
(우리는 6월부터 9월을 포함하여 그곳에서 야영을 했다.
The strike continued to **the end of** the summer. (파업은 여름 끝까지 계속되었다.)

from ... to에 대해서는 F20과 U3.2를 보라.

T13 time

1   **기간**: "초, 분, 시간, 날, 달, 년" 등의 개념으로 정의되는 "시간의 흐름"을 의미한다. 이 경우 time은 "불가산명사"로 사용된다.

Einstein changed the way we think about space and **time**.
(아인슈타인은 우리가 공간과 시간에 대해서 생각하는 방식을 바꾸어 놨다.)
Customers are allowed only the limited amount of **time** to examine the goods.
(고객에게는 상품을 살펴보는 데 제한된 시간만이 허용된다.)
Only **time** will tell whether we made the right decision.
(시간만이 우리가 옳은 결정을 했다는 것을 말해줄 것이다.)
I'll visit him if I have **time**. (시간이 나면 너를 찾아보겠다.)

▶ 그러나 기간을 제한하는 형용사의 수식을 받을 때는 "부정관사 a(n)"를 가질 수 있다.

I first met Jennifer **a long time** ago. (나는 제니퍼를 오래전에 처음 만났다.)
They stopped for **a short time** to rest horses. (그들은 말을 쉬게 하려고 잠시 동안 정지했다.)
I enjoyed the course at first, but after **a time** I got bored with it.
(나는 처음에는 과목이 좋았으나 조금 지나서 싫증이 났다.)

2   **시계의 시간**: 시계에 나타나는 시간을 의미할 수 있다.

"**What time** is it?" "It's about ten." ("몇 십니까?" "대략 10시 정도 되었습니다.")

What time do you finish work? (몇 시에 일이 끝납니까?)

▶ 시계를 가진 사람에게 시간을 물을 때

What time do you have? (지금 몇 십니까?)   [미국영어]
What time do you make it? (지금 몇 십니까?)   [영국영어]

▶ 시간을 아는 사람에게 시간을 물을 때

Do you have the time? (시간이 어떻게 됐습니까?)   [미국영어]
Have you got the time? (시간이 어떻게 됐습니까?)   [영국영어]

3   **때/경우** (occasion): 어떤 사건이 발생하거나 어떤 일이 일어난 때를 표현한다.

It was **the first time** that we lost the game.
(우리가 경기에 진 것이 처음이었다.)
The last time I saw Jane was Tuesday evening.
(내가 제인을 마지막으로 본 것은 화요일 저녁이었다.)
How many times did you take your driving test?
(너는 운전 시험을 몇 번이나 치렀느냐?)
At that time they will see the Son of Man coming in a cloud with power and great glory. (그때에 사람들이 내가 구름을 타고 능력과 큰 영광으로 오는 것을 보리라.) [눅 21:27]

4   **시점**: 어떤 사건의 발생에 "적절한 시점" 또는 어떤 일이 "기대되는 시점"을 표현한다.

What would be **a good time** for me to call you?
(내가 너에게 전화하기 좋은 시간이 언제냐?)
It's **time** for me to go. (내가 갈 시간이다.)
It's **time** we fed the dog. (개에게 밥 줄 시간이다.)

5   **when**: 비격식적 문체에서는 time 다음에 오는 관계절에서 when 대신에 종종 that가 사용되거나 생략된다.

Do you remember **the time (that)** Freddy pretended to be a bachelor?
(프레디가 총각인 체하던 때를 너는 기억하냐?)
You can come up and see me **any time (that)** you like.
(네가 좋을 때 아무 때나 올라와서 나를 볼 수 있다.)
The first time (that) I saw her, my heart stopped.
(내가 그녀를 처음 봤을 때 내 심장이 멈췄다.)

6   **on time과 in time**: on time은 "정각에"를 의미하고 in time은 "여유 있게"를 의미한다.

The plane arrived right **on time**. (비행기가 정각에 도착했다.)
If we don't hurry up, we won't be **in time** to catch the train.
(우리가 서두르지 않으면 기차 시간에 맞출 수 없을 것이다.)

시간표현과 함께 쓰이는 take에 대해서는 T1.11을 보라.
it's time 다음에 오는 구조에 대해서는 I52를 보라.
by the time에 대해서는 B37.5를 보라.

T14 TIME EXPRESSIONS (시간 표현)

영어에서 시간은 "부사, 전치사구, 명사구, 부사절"을 써서 표현한다.

I'll go fishing **tomorrow**.　　　　　　　　　　[부사]
(나는 내일 낚시를 갈 것이다.)
She went to the library **in the afternoon**.　　[전치사구]
(그녀는 오후에 도서관에 갔다.)
He's coming to see us **next week**.　　　　　　[명사구]
(그는 다음 주에 우리를 보러 온다.)
My dad died **when I was seventeen**.　　　　　[부사절]
(나의 아버지는 내가 17살일 때 돌아가셨다.)

▶ 대부분의 시간표현은 일반적으로 문두와 문미 위치에 올 수 있다.

Tomorrow, I'll go fishing.
In the afternoon, she went to the library.
Next week, he's coming to see us.
When I was seventeen, my dad died.

1　　**부사**: 시간부사로는 다음과 같은 것들이 있다.

afterwards	before	now	once
recently	sometime	soon	then
today	tomorrow	tonight	yesterday 등

We had lunch, and **afterwards** we sat on the sofa for a while.
(우리는 점심을 먹고, 그 후에 잠시 소파에 앉아 있었다.)
We have to leave Seoul for Singapore **tonight**.
(우리는 오늘 밤에 서울을 떠나 싱가포르로 가야 한다.)
Where did you go **yesterday**? (너는 어제 어디에 갔었느냐?)
Today I will be with you in paradise.
(오늘 네가 나와 함께 낙원에 있으리라.) [눅 23:43]

(1) 단음절 부사 "now, once, soon, then"와 "recently"는 문중위치에도 올 수 있다.

They **now** live in the suburb of Busan. (그들은 지금 부산의 교외에 살고 있다.)
We have **once** owned a house like this. (우리는 한때 이런 집을 소유한 적이 있다.)
They **soon** realized their mistake. (그들은 이내 실수를 알아차렸다.)
I was **then** studying in the United States. (그때 나는 미국에서 공부하고 있었다.)
He has **recently** been promoted to Associate Professor. (그는 최근에 부교수로 승진했다.)

(2) "today, tomorrow, tonight, yesterday"는 명사로 쓰일 수 있다.

Today is Monday, so **tomorrow** is Tuesday. (오늘이 월요일이므로 내일은 화요일이다.)
Yesterday was my birthday. (어제가 내 생일이었다.)

2   전치사구: 대부분의 시간표현은 전치사구로 구성되며, 시간전치사에는 다음과 같은 것들이 있다.

after	before	at	between
by	from	in	on
since	through(out)	till	until
up to 등			

대표적인 시간전치사는 "at, on, in"으로서 이들에 대해서는 A112를 보라.
after와 before에 대해서는 A34를 보라.
between에 대해서는 B26을 보라.
by에 대해서는 B37.4-6을 보라.
from과 since에 대해서는 F21을 보라.
through에 대해서는 T12를 보라.
till과 until에 대해서는 U3을 보라.
up to에 대해서는 U5를 보라.

3   명사구: 시간명사가 다음의 단어의 수식을 받을 경우 "시간전치사"를 대동할 수 없다. (P38.4를 보라.)

all	any	each	every
last	next	that	this
tomorrow	yesterday 등		

He's going to Africa **next week/next year**. (그는 다음 주에/내년에 아프리카에 간다.)
(*He's going to Africa **in next week/in next year**.)
I saw her **last Thursday/last month**. (나는 그녀를 지난 목요일에/지난달에 봤다.)
(*I saw her **on last Thursday/in last month**.)
John came to my office **yesterday morning/yesterday afternoon**.
(존은 어제 오전에/어제 오후에 내 사무실에 왔다.)
(*John came to my office **on yesterday morning/on yesterday afternoon**.)
I see her **every evening/every night**. (나는 매일 저녁/매일 밤 그녀를 본다.)
(*I see her **in every evening/in every night**.)
Every summer/Every winter she returns to her childhood home.
(매해 여름/매해 겨울 그녀는 어릴 때 살던 집으로 돌아온다.)
(***In every summer/In every winter** she returns to her childhood home.)
They visit their parents **each year**. (그들은 매해 부모님을 찾는다.)
(*They visit their parents **in each year**.)

I didn't feel very well **that week**. (나는 그 주에 몸이 매우 좋지 않았다.)
(*I didn't feel very well **in that week**.)
Come to see me **any time**. (나를 보러 언제든 와라.)
(*Come to see me **at any time**.)
He watched the TV **all day**. (그는 하루 종일 텔레비전을 봤다.)
(*He watched the TV **for all day**.)

4 this, last, next: this는 "지금", last는 "바로 전", next는 "바로 다음"을 의미한다. 이 단어들은 모든 시간명사와 결합할 수 있지만, "day"와는 결합할 수 없다. 대신에 "today, yesterday, tomorrow"가 사용된다.

We'll have a bridge game **this Sunday/this week/this month/this year**.
(우리는 이번 일요일에/이번 주에/이 달에/올해에 브리지 카드놀이를 할 것이다.)
We'll have a bridge game **today**.
(우리는 오늘 브리지 카드놀이를 할 것이다.)
(*We'll have a bridge game **this day**.)

He left the town **last Saturday/last weekend/last year**.
(그는 마을을 지난 토요일에/지난 주말에/작년에 떠났다.)
He left the town **yesterday**. (그는 어제 마을을 떠났다.)
(*He left the town **last day**.)

We'll be ready to fight **next Friday/next week/next month**.
(우리는 다음 금요일에/다음 주에/다음 달에 싸울 준비가 될 것이다.)
We'll be ready to fight **tomorrow**.) (우리는 내일 싸울 준비가 될 것이다.)
(*We'll be ready to fight **next day**.)

(1) "the last day"와 "the next day"는 각각 "yesterday"와 "tomorrow"의 의미로 쓰이지 않는다. (L1과 N18을 보라.)

I spent **the last day** of my summer vacation at home.
(나는 여름휴가의 마지막 날을 집에서 보냈다.)
John proposed to Marry **the next day** they met.
(존은 메리를 만난 그 다음날 프러포즈를 했다.)

(2) morning과 afternoon: "last"와 "next"는 "morning"이나 "afternoon"과 결합할 수 없으며, 대신에 "yesterday"나 "tomorrow"가 쓰인다. 그러나 "today"는 "this" 대신에 쓰일 수 없다.

He arrived here **yesterday morning/yesterday afternoon**.
(그는 어제 오전에/어제 오후에 여기 도착했다.)
(*He arrived here **last morning/last afternoon**.)
He'll arrive here **tomorrow morning/tomorrow afternoon**.
(그는 내일 오전에/내일 오후에 여기 도착할 것이다.)
(*He'll arrive here **next morning/next afternoon**.)

We had lunch together **this morning/this afternoon**.
(우리는 오늘 오전에/오늘 오후에 점심을 같이 했다.)
(*We had lunch together **today morning/today afternoon**.)

(3) evening과 night: "evening"의 경우에는 "this evening"과 "tomorrow evening" 그리고 "yesterday evening"이 가능하지만, "night"의 경우에는 "*this night" 대신에 "tonight"가 있고, "tomorrow night"는 가능하지만 "*yesterday night" 대신에 "last night"라고 한다.

	morning	afternoon	evening	night	day
this	O	O	O	tonight	today
last	X	X	X	O	yesterday
next	X	X	X	X	tomorrow
today	X	X	X	X	X
yesterday	O	O	O	X	X
tomorrow	O	O	O	O	X

5   **today/tomorrow week**: 특히 영국영어에서 종종 "다음 주 오늘(a week from today)"과 "다음 주 내일(a week from tomorrow)"을 각각 "today week/a week today"와 "tomorrow week/a week tomorrow"로 표현한다.

He left on Monday, so he should be back **today week/a week today**.
(그는 월요일에 떠났기 때문에 다음 주 월요일에 돌아올 것이다.)
He left on Monday, so he should be back **tomorrow week/a week tomorrow**.
(그는 월요일에 떠났기 때문에 다음 주 화요일에 돌아올 것이다.)

6   **부사절**: 영어에는 다양한 "시간접속사"가 있다. (C40.2와 5를 보라.)

after	before	as	as soon as
immediately (that)	now (that)	once	since
till	until	when	whenever
while 등			

after와 before에 대해서는 A34를 보라.
as에 대해서는 A94와 A99를 보라.
as soon as에 대해서는 S26.1을 보라.
now (that)에 대해서는 N42.3을 보라.
once에 대해서는 O12를 보라.
since는 S14를 보라.
till과 until에 대해서는 U3을 보라.
when에 대해서는 W7을 보라.
whenever에 대해서는 W16을 보라.
while에 대해서는 A99와 W13을 보라.

T15   to

to는 "이동, 방향, 시간, 수혜자" 등을 표현하는 전치사로 쓰이며, 특히 "부정사(infinitives)"를 이끄는 단어로 쓰인다.

1   **이동**: 이동하여 도달하는 종착지를 표현한다.

He stood up and walked **to the door**. (그는 일어서서 문까지 걸어갔다.)
They intend to send a spaceship **to Mars** in June.
(그들은 6월에 화성에 우주선을 보낼 예정이다.)
We enjoy taking a weekly **trip to** the supermarket. (우리는 슈퍼에 매주 가는 것을 즐긴다.)

▶ "from-구"를 써서 출발지를 표현할 수 있다.

The train ran **from Seoul to Busan**. (그 기차는 서울에서 부산까지 운행했다.)
I used to cycle all the way **from home to the office** and back every day.
(나는 옛날에 매일 자전거로 집에서 사무실까지 갔다가 돌아오곤 했다.)

▶ "from ... to"는 거리를 표현할 수도 있다.

How many kilometers is **from Seoul to Busan**? (서울에서 부산까지 몇 킬로미터나 됩니까?)
The equipment helps us to measure the exact distance **from Earth to the Moon**.
(그 장비는 우리가 지구에서 달까지의 정확한 거리를 재는 데 도움이 된다.)

2   **방향**: 이동하는 방향이나 어떤 대상이 있는 방향을 표현한다.

You have to turn **to the left** at the next intersection to go to the station.
(정거장에 가려면 다음 교차로에서 왼쪽으로 돌아야 한다.)
Incheon is about 20 miles **to the west of Seoul**.
(인천은 서울에서 서쪽으로 약 20마일 정도 된다.)
There's a very steep trail **to the top of the mountain**.
(산 정상까지 가는 매우 가파른 오솔길이 있다.)

3   **수혜자/경험자**: 어떤 행위의 수혜자 또는 경험자를 표현한다.

His uncle had left big money **to him** before he died.
(그의 삼촌은 죽기 전에 그에게 큰돈을 남겼다.)
The little boy believes Santa Claus sends presents **to the children**.
(그 어린 남자아이는 산타클로스가 아이들에게 선물을 보낸다고 믿는다.)
He whispered something **to the girl** beside him.
(그는 옆에 있는 아가씨에게 무엇인가 속삭였다.)

4   **목적**: 어떤 장소에 가는 "목적," 그곳에서 일어날 "사태"나 "행위"를 표현한다.

My parents go **to church** every Sunday. (나의 부모님은 일요일마다 교회에 간다.)

Did you receive an invitation **to the party**? (파티 초청장을 받았습니까?)
I have asked Ben and Cathy **to dinner** next week.
(나는 다음 주에 벤과 캐시를 저녁 식사에 청했습니다.)

5   **변화**: 어떤 상황의 변화를 표현한다.

You have to wait until the traffic lights change **to green**.
(우리는 교통 신호등이 녹색으로 바뀔 때까지 기다려야 한다.)
Not everybody supports a return **to the traditional way of life**.
(모든 사람이 전통적 생활 방식으로 돌아가는 것을 지지하는 것은 아니다.)
She sang to put the baby **to sleep**. (그녀는 노래를 불러 아이를 잠들게 했다.)

6   **시간**: 기간의 끝을 표현할 때 사용된다.

The normal working week is from Monday **to Friday**.
(정상적인 주 노동일은 월요일부터 금요일까지다.)
It'll take from this year **to the end of 2023** to build the subway.
(지하철을 건설하는 데 올해부터 2023년 말까지 걸릴 것이다.)

▶ to는 일반적으로 "from ... to 구조"에서만 시간을 표현한다. "기간의 끝"만을 표현할 때는 "until" 또는 "up to"를 사용한다. (U3을 보라.)

We're going to stay here **until/up to Sunday**. (우리는 이곳에 일요일까지 머물려고 한다.)
(*We're going to stay here **to Sunday**.)

▶ 그러나 to 앞에 "기간"을 의미하는 시간명사가 오면 to를 "시간 전치사"로 사용할 수 있다.

It's only **two weeks to your birthday**. (네 생일까지 2주밖에 남지 않았다.)
I have **two more years to the retirement** from teaching.
(나는 교직에서 은퇴하기까지 2년 더 남았다.)

7   **접촉/연결**: 어떤 것이 다른 것과 "접촉" 또는 "연결"된 상태를 표현한다.

The gangster held a knife **to her throat**. (그 악한은 그녀의 목에 칼을 들이댔다.)
Would you tie the rope **to the tree**? (로프를 나무에 묶어 줄래요?)
They were dancing cheek **to cheek** all night. (그들은 밤새도록 볼을 맞대고 춤을 추었다.)

8   **태도/의견**: 어떤 상황에 대한 "태도"나 "의견"을 표현할 때 사용된다.

Tickets cost $200 each and **to some people** that's a lot of money.
(표 한 장에 200불을 지불했다. 어떤 사람에게는 이것이 큰돈이다.)
To her, ages do not matter; only love is what matters.
(그녀에게는 나이는 문제가 되지 않고 오직 사랑만이 중요하다.)
The whole thing sounds suspicious **to me**. (모든 것이 나에게는 의심스러워 보인다.)

9   **비교**: 두 대상이나 수치를 "비교"할 때 사용된다.

       Korea beat Japan by **two goals to none** at the soccer game of the London Olympics.
       (한국은 런던 올림픽 축구 경기에서 일본을 2대 0으로 패배시켰다.)
       His tough prison sentence is **nothing to the pain** he caused the family.
       (그의 무거운 실형은 그가 그 가족에게 끼친 고통에 비하면 아무것도 아니다.)
       We're only getting **1,000 won to a dollar** at the moment.
       (우리는 현재 1달러에 천 원을 받을 뿐이다.)

10   **대략**: 정확한 수치를 모를 때 두 수치 사이에 사용된다.

       There must have been **ten to twelve thousand** people at the concert.
       (음악회에 1만 명에서 1만 2천 명 정도의 사람이 온 것이 틀림없다.)
       I think I saw **seven to eight** children walking through the hall.
       (나는 칠팔 명의 아이들이 강당을 가로질러 걸어가는 것을 봤다고 생각한다.)
       He jumped from **eight to ten** meters of the rock.
       (그는 8에서 10미터 정도 높이의 바위에서 뛰어내렸다.)

11   **부정사**: to는 "부정사구"를 이끈다. (부정사에 대해서는 I30-I39를 보라.)

       We **agreed to help them**. (우리는 그들을 돕기로 동의했다.)
       We have **permission to stay here overnight**.
       (우리는 이곳에 밤새도록 있을 수 있는 허가를 받았다.)
       Nobody doubted that our team was **certain to win**.
       (아무도 우리 팀이 확실히 승리할 것을 의심하지 않았다.)

T16   too

too는 필요 또는 적절 "기준을 넘는 정도"를 표현하는 표현으로서 "형용사"와 "부사" 그리고 "much와 many와 같은 한정사"들 앞에 올 수 있다.

       I'm getting **too old** for romantic relationships.
       (나는 낭만적 관계를 갖기에는 너무나 나이가 들어가고 있다.)
       We're **too late** — the meeting was over. (우리가 너무 늦었다. 회의가 끝났다.)
       You've put **too much** salt in the soup. (수프에 소금을 너무 많이 넣었다.)

1   **to-부정사**: "too + 형용사/부사/한정사" 구조는 "to-부정사구"를 대동할 수 있으며, 어떤 사건이 발생하거나 어떤 상황이 성립하기에는 어떤 "속성의 강도가 지나치다"는 것을 표현한다.

       He's **too young to get married**. (그는 결혼하기에는 너무 어리다.)
       It was **too hot to go sightseeing**. (관광을 나가기에는 날씨가 너무나 더웠다.)
       The holyday flew by **too quickly to have a rest**.
       (휴일은 너무 빨리 지나가서 쉬지를 못한다.)

There're **too many students to study** in this small room.
(이 작은 방에서 공부하기에는 학생이 너무 많다.)

▶ 위 문장을 다음의 문장과 비교해보라.

There're **too many students studying** in this small room.
(이 작은 방에서 너무 많은 학생이 공부하고 있다.)

2 **부정사의 주어**: 부정사는 자신의 주어를 가질 수 있으며, 주어 앞에는 "전치사 for"가 온다.

This box is **too heavy for me to lift**. (이 상자는 내가 들기에 너무 무겁다.)
It's **too cold for them to go out to play**. (그들이 나가서 놀기에는 날씨가 너무 춥다.)
He spoke **too fast for us to follow** what he was saying.
(그는 너무 빨리 말해서 무슨 말을 하는지 우리는 이해할 수가 없었다.)
There was **too much snow for us to go walking**.
(눈이 너무 와서 우리는 산책을 할 수 없었다.)

3 **주절의 주어**: 주절의 주어는 (a) 표현되지 않을 수도 있고, (b) 주절의 주어와 부정사의 주어가 동일할 수도 있고, (c) 부정사 동사의 목적어가 될 수도 있고, (d) 부정사의 전치사구의 목적어가 될 수도 있다.

(a) It's **too cold to play tennis**. (테니스를 하기에는 날씨가 너무 춥다.)
(b) We're **too old to travel abroad**. (우리는 외국 여행을 하기에는 나이가 너무 많다.)
(c) The problem was **too easy to understand**. (그 문제는 이해하기가 너무 쉬웠다.)
(d) The wall is **too thick** for the drill **to pierce through**.
    (그 벽은 드릴이 뚫기에는 너무나 두껍다.)

4 **목적어 주어**: 위의 (c)와 (d)에서와 같이 목적어가 주절의 주어로 이해될 경우 일반적으로 부정사의 대명사 목적어는 표시되지 않지만, 부정사가 "별도의 주어"를 가질 경우 대명사 목적어가 "수의적"으로 나타날 수 있다.

The water is **too salty to drink**. (물이 너무 짜서 마실 수가 없다.)
(*The water is **too salty to drink it**.)
The box is **too heavy to lift**. (상자가 너무 무거워서 들어 올릴 수가 없다.)
(*The box is **too heavy to lift it**.)

The water is **too salty for us to drink (it)**. (물이 너무 짜서 우리가 마실 수가 없다.)
They moved **too quickly for us to see (them)**.
(그들은 너무 빨리 움직여서 우리가 볼 수 없었다.)

5 **중의성**: too 구문은 종종 중의성을 보인다.

She's **too young to date**. (그녀는 데이트하기에는 너무 어리다.)
(= She's too young to date others./She's too young for others to date her.)
(그녀는 너무 어려서 다른 사람과 데이트할 수 없다./그녀는 너무 어려서 다른 사람이 그녀와 데이트

할 수 없다.)

He's **too shy to talk to**. (그는 너무 수줍어해서 말을 할 수가 없다.)
(= He's too shy for anyone to talk to him./He's too shy to talk to anyone.)
(그는 너무 수줍어해서 누가 그에게 말을 할 수가 없다./그는 너무 수줍어서 아무와도 말을 하지 않는다.)

6   **수식어**: 비교급을 수식하는 "much, far, very much, a lot (구어체), lots (구어체), rather, a little, a bit (구어체), even, way"는 too를 수식할 수 있다. (C33.1을 보라.)

The package is **a bit too big** to send by mail. (소포가 우편으로 보내기에는 좀 크다.)
The stairs are **much too steep** for the old people. (층계가 노인들에게는 지나치게 가파르다.)
He's **a lot too weak** to help you at all. (그는 너에게 어떤 도움을 주기에는 너무 허약하다.)
She's **rather too polite** to say anything like that.
(그녀는 지나칠 정도로 공손해서 그런 말을 할 리가 없다.)
The shoes are **way too big** for her.
(신발이 그녀에게는 지나치게 너무 크다.)

7   **명사구**: too는 "명사를 수식하는 형용사"를 수식할 수 없다.

*He couldn't solve this **too simple** problem.
(참고: He couldn't solve this **very simple** problem.)
(그는 아주 간단한 이 문제를 풀 수 없었다.)
*It's **too strong** evidence to support his theory.
(참고: It's **very strong** evidence to support his theory.)
(그것은 그의 이론을 뒷받침하는 매우 강력한 증거다.)

▶ 그러나 "부정관사 a(n) + 형용사 + 명사"의 구조에서는 too가 형용사를 수식할 수 있다. 이 경우 형용사가 부정관사 a(n) 앞으로 반드시 이동되어야 한다. (A19.7을 보라.)

It's **too expensive a desk** for a child's room. (그 책상은 아이 방에 놓기에는 너무 비싸다.)
(*It's **too an expensive desk** for a child's room.)
(*It's **a too expensive desk** for a child's room.)
It's **too cold a day** to go walking. (산책하기에는 날씨가 너무 춥다.)
(*It's **too a cold day** to go walking.)
(*It's **a too cold day** to go walking.)

8   **all/only too**: "바람직하지 않은 상황"이 실현되었음을 강조할 때 사용된다.

Beggars are becoming an **all too familiar** sight in our cities.
(거지가 우리 도시에서는 너무나 흔한 광경이 되고 있다.)
I regret to say that these rumors are **only too true**.
(유감이지만 이 소문들은 애석하게도 사실입니다.)

9   not too: "not very"를 뜻한다.

   She **doesn't** seem **too upset** about it. (그녀는 그것에 대해서 그렇게 화가 난 것 같지 않다.)
   He **won't** be **too pleased** to see you. (그는 당신을 만나는 것을 그렇게 반가워하지 않을 겁니다.)

10 too much: too와는 달리 "too much"는 형용사 앞에 올 수 없다.

   The houses would be **too expensive** for average people.
   (그 집들은 보통 사람들에게는 너무 비쌀 수 있다.)
   (*The houses would be **too much expensive** for average people.)
   They were **too upset** that we didn't stay with them.
   (그들은 우리가 그들과 함께 하지 않은 것에 몹시 화가 났다.)
   (*They were **too much upset** that we didn't stay with them.)
   too much에 대해서는 T17을 보라.
   also를 의미하는 too에 대해서는 A60.5를 보라.

T17 too much와 too many

"too much"와 "too many"의 차이는 much와 many의 차이와 같다. "too much"는 불가산명사와 함께 사용되고 "too many"는 복수명사와 함께 사용된다.

Nowadays we eat food with **too much fat and cholesterol**.
(오늘날에는 사람들이 지방과 콜레스테롤이 지나치게 많은 음식을 먹는다.)
Too many people have been killed since the war began.
(전쟁이 발발한 이래 너무 많은 사람들이 죽었다.)

many와 much의 차이점에 대해서는 M7을 보라.

1   **수식어**: 비교급과 too를 수식하는 "much, far, a lot, lots, rather, a little, a bit, way" 등은 too much와 too many를 수식할 수 있다. (T16.6을 보라.)

   I've been drinking **much too much** alcohol recently.
   (나는 최근에 지나칠 정도로 많은 술을 마신다.)
   You ask **far too many** questions. (너는 지나치게 많은 질문을 한다.)
   This coffee contains **a bit too much** caffeine. (이 커피에는 조금 많은 카페인이 들어 있다.)
   It's **a little too much** work for one person. (한 사람이 하기에는 일이 좀 많다.)
   He smokes **rather too many** cigarettes a day. (그는 하루에 꽤 많은 담배를 피운다.)
   The teacher gave **way too much** homework to finish in a day.
   (선생님은 하루에 끝내기에는 지나치게 많은 숙제를 내주었다.)

   ▶ 비록 "much too much"는 허용되지만 "much too many"는 허용되지 않는다.

   *You ask **much too many** questions.
   (참고: You ask **far too many** questions.)

2   **대명사**: 의미가 명백할 경우 "too much"와 "too many"는 수식받는 명사를 생략하고 독립적으로 "대명사"처럼 쓰일 수 있다.

    She's eating **too much** and drinking **too much**. (그는 너무 많이 먹고 너무 많이 마신다.)
    "Do you know how many girls applied for the secretarial job?" "**Too many**."
    ("비서직에 몇 명의 여성들이 지원했는지 알아?" "굉장히 많은 사람들이 지원했어.")

    ▶ too much of a: 등급성 명사와 함께 쓰이며 어떤 "자질이나 속성이 지나침"을 가리킨다.

    He's **too much of a coward** to do that. (그는 그것을 하기에는 너무나 비겁하다.)
    The soldier was **too much of a patriot** to betray his country.
    (그 병사는 애국심이 아주 강해서 조국을 배반하지 않았다.)

    too much of a(n)와 같은 구조에 대해서는 C28.9와 D6.4를 보라.

T18   try to와 try and

"try to + 부정사" 대신에 "try and + 부정사"를 사용하는 것에 대한 적법성에 대해 논란이 오래 지속되었다. 많은 학자들은 "try and + 부정사" 구문이 문법적으로 옳지 않으며 단지 구어체에서만 허용되는 것으로 주장했으나, 20세기에 들어오면서 이 구조에 대한 태도가 바뀌어 영어의 한 구문으로 허용하게 되었다.

Try to take some form of daily exercise. (어떤 형태의 운동이든 매일 하도록 노력해라.)
= **Try and take** some form of daily exercise.

▶ "try to + 부정사"를 항상 "try and + 부정사"로 바꿀 수 있는 것은 아니다. 동사 try가 "원형"을 유지할 경우에만 "try to"를 "try and"로 바꿀 수 있다. 바꾸어 말해서 "tries to, tried to, trying to"의 경우에는 to를 and로 바꿀 수 없다.

I think you should **try to/and help** him as a family.
(너는 가족으로서 그를 도와야 한다고 나는 생각한다.)
I think you should have **tried to/*and help** him as a family.
(너는 가족으로서 그를 도왔어야 한다고 나는 생각한다.)

I always **try to/and be** punctual. (나는 항상 시간을 지키려고 애쓴다.)
He always **tries to/*and be** punctual. (그는 항상 시간을 지키려고 애쓴다.)

I'll **try to/and do** my best to make her comfortable.
(나는 그녀가 편하도록 최선을 다할 것이다.)
I'm **trying to/*and do** my best to make her comfortable.
(나는 그녀가 편하도록 최선을 다하고 있다.)

I glanced at her face to **try to/and see** if she was disappointed.
(나는 그녀가 실망했는가를 보려고 그녀의 얼굴을 얼핏 쳐다봤다.)
Do **try to/and behave** better. (좀 더 얌전히 행동하도록 해라.)

▶ "try and"와 유사한 구조로는 "go and"와 "come and"가 있다. (G16.2를 보라.)

I'll **go to/and put** the books on the desk. (내가 가서 책을 책상 위에 놓겠다.)
I'll **come to/and help** you move the rest of the boxes.
(내가 가서 나머지 상자들을 옮기는 것을 도와주겠다.)

U1　unless

unless는 "부정적 조건절"을 이끄는 접속사로서 종종 "if ... not"를 대치하여 쓰일 수 있다. 이 경우 unless는 "except if"의 의미로서 주절에서 언급된 상황에 대한 예외를 말할 때 "if ... not"를 대치할 수 있다.

You keep working **unless** I tell you to stop. (내가 너에게 그만두라고 말하지 않으면/내가 너에게 그만두라고 말할 경우를 제외하고는 일을 계속해라.)
(= ... **if** I **don't** tell you to stop/... **except if** I tell you to stop.)

Unless there's a strike, the trains will be running normally.
(파업이 없으면/파업이 있는 경우를 제외하고는 기차는 정상적으로 운행할 것이다.)
(= **If** there's **not** a strike .../**Except if** there's a strike ...)

... **unless** you change and become like little children, you will never enter the kingdom of heaven. (너희가 돌이켜 어린아이들과 같이 되지 아니하면 결단코 천국에 들어가지 못하리라.) [마 18:3]

1　if ... not과 unless: "if ... not"를 언제나 unless로 바꿀 수 있는 것이 아니다. 다음을 비교해 보라.

You can't get a job **unless** you have experience.
(경험이 있을 경우를 제외하고는 취직을 할 수 없다.)
You can't get a job **if** you **don't** have experience. (경험이 없으면 취직을 할 수 없다.)

"unless 문장"은 "경험이 있을 경우에만 취직을 할 수 있다(= you can only get a job if you have experience)"고 말하고 있지만, "if not 문장"은 "경험이 없으면 취직할 수 없다"고 할 뿐 "경험이 있어야만 취직할 수 있다"고 말하지는 않는다. 다시 말해서 unless는 어떤 사태가 일어나지 않거나 거짓이 될 수 있는 "유일한" 상황을 말하고자 할 때 사용된다.

Don't promise anything **unless** you're 100 per cent sure.
(100퍼센트 확신할 경우를 제외하고는 약속을 하지 마라.)
(= Only promise things that you're 100 per cent sure of.)
... **unless** you change and become like little children, you will never enter the kingdom of heaven. (... 너희가 돌이켜 어린아이들과 같이 되지 아니하면 결단코 천국에 들어가지 못하리라.) [마 18:3]

2　**부정적 상황**: unless는 주절의 상황을 바꿀 예외적인 "긍정적 상황"을 말할 때 사용되기 때문에, "부정적 상황"이 우리가 말하고자 하는 상황이 있게 한 주요 원인이라고 생각할 때는 unless를 사용할 수 없다. 예를 들어 다음 문장을 생각해보자.

My wife will be very pleased **if** I **don't** get home early.
(내가 집에 일찍 들어가지 않으면 내 처는 몹시 기뻐할 것이다.)

위 문장에서 "내가 일찍 귀가하지 않는 것 (즉 부정적 상황)"이 내 처를 기쁘게 하는 "주요 원인"이기 때문에, "if ... not"를 unless로 바꿀 수 없다.

*My wife will be very pleased **unless** I get home early.

"if ... not"를 unless로 바꾼 위 문장은 "내가 일찍 귀가하는 경우만을 제외하면 내 처가 기뻐할 것이다"라는 의미가 된다. 다음 문장에서도 if-절의 "부정적 상황"이 주절의 상황이 있게 한 주요 원인이기 때문에 if를 unless로 바꾸는 것은 적절하지 않다.

Larry felt much better **if** you were **not** late to the party.
(네게 파티에 늦지 않았다면 그는 기분이 훨씬 좋았을 것이다.)
(*He felt much better **unless** you were late to the party.)

I'll be really surprised **if** she **doesn't** keep her word.
(그녀가 약속을 지키지 않는다면 나는 정말 놀랄 것이다.)
(*I'll be really surprised **unless** she keeps her word.)

What shall we do **if** they do**n't** reply to our letter?
(그들이 우리 편지에 답장을 하지 않으면 어떻게 할 것입니까?)
(*What shall we do **unless** they reply to our letter?)

3   **비실제적 상황**: 비실제적 상황이란 실현될 수 없는 상황을 말하기 때문에 unless를 사용할 수 없다. 왜냐하면 있을 수 없는 상황을 제외할 수 없기 때문이다.

He would be our best player **if** he were **not** so lazy.
(그가 게으르지 않으면 우리의 최고 선수가 될 수 있을 겁니다.)
(*He would be our best player **unless** he were so lazy.)

If she had**n't** waked me up, I would have missed the school bus.
(그녀가 나를 깨우지 않았다면 나는 학교 버스를 못 탔을 것이다.)
(***Unless** she had waked me up, I would have missed the school bus.)

첫 번째 문장에서는 "he is lazy"가 전제되기 때문에 이 상황을 제외할 수 없으며, 두 번째 문장에서는 "she waked me up"이 전제되기 때문에 이 상황을 제외할 수 없다.

4   **비단언적 표현**: 조건절에 비단언적 표현이 있을 때 "if ... not"를 unless로 바꿀 수 없다.

I'm cancelling the order **if** the goods **aren't** ready **yet**.
(상품이 아직 준비가 안 됐다면 나는 주문을 취소하겠다.)
(*I'm cancelling the order **unless** the goods are ready **yet**.)

I'll have to go to the movie alone, **if** I **can't** find **anyone** to go with.
(같이 갈 사람을 찾지 못하면 나는 혼자서 영화 구경을 가야 할 것이다.)
(*I'll have to go to the theater alone, **unless** I can find **anyone** to go with.)

위 문장에서 비단언적 단어인 yet과 anyone은 자신이 포함될 문장이 비단언적 문장인 "부정문"이라는 것을 전제로 하기 때문에, 위 문장에서는 unless를 사용하기 위한 "긍정적 상황"을 가정할 수가 없다.

5   whether: if가 whether의 의미로 쓰일 때는 "if ... not"를 unless로 바꿀 수 없다.

I want to know **if** he **hasn't** stayed overnight.
(나는 그가 밤새도록 머물지 않았는지 알고 싶다.)
(*I want to know **unless** he has stayed overnight.)

Maurice asked me **if** I **didn't** want to go to the beach.
(모리스는 나에게 바다로 수영하러 가고 싶지 않느냐고 물었다.)
(*Maurice asked me **unless** I wanted to go to the beach.)

6   not unless: "only if"의 뜻으로 쓰인다.

"Will you marry her?" "**Not unless/Only if** she wants to."
("그녀와 결혼할 겁니까?" "그녀가 원할 경우에만.")
We'll fire at them **not unless/only if** they fire at us.
(그들이 우리에게 총을 쏘지 않는 한 우리는 그들에게 총을 쏘지 않을 것이다.)
(= 그들이 우리에게 총을 쏠 경우에만 우리는 그들에게 총을 쏠 것이다.)

if가 쓰이는 문장에 대해서는 12-15를 보라.

U2   unsatisfied와 dissatisfied

unsatisfied는 "충족되지 않은, 만족하고 있지 않은"을 의미하고, dissatisfied은 "불만인, 불만스러운"을 의미한다.

The company has a special program for **unsatisfied** consumers.
(회사는 만족하지 않은 고객을 위해 특별한 프로그램을 가지고 있다.)
His evasive answers to our questions left us **unsatisfied**.
(우리 질문에 대한 그의 책임회피성 대답이 우리를 만족시키지 못했다.)
His parents are always **unsatisfied** at whatever he does.
(그의 부모님은 그가 무엇을 하든 항상 만족하지 못한다.)

Almost all the employees are **dissatisfied** with their salaries.
(거의 모든 직원들이 자신의 월급에 불만이다.)
If you're **dissatisfied** with this product, please return it.
(만약 이 상품에 불만이 있으시면 반품하십시오.)
When he doesn't get what he wants, he's always **dissatisfied**.
(그는 원하는 것을 갖지 못하면 항상 불만이다.)

U3   until과 till

until/till은 전치사 또는 접속사로 쓰이며 어떤 상황이 일정 기간 동안 "지속되다가 종료"되는 시점을 표현할 때 사용된다. till은 구어체에서 더 자주 쓰인다.

The ticket is valid **until/till** March.   [전치사]
(표는 3월까지 유효하다.)

The shop is open **until/till** the sunset.
(상점은 일몰까지 연다.)

He waited **until/till** she had finished speaking.   [접속사]
(그는 그녀가 연설을 끝낼 때까지 기다렸다.)

She didn't have a boyfriend **until/till** she was 18.
(그녀는 18세까지 남자친구가 없었다.)

1   until/till + 명사/절: until/till와 결합하는 표현은 "시간 표현"일 수도 있고 "사태 표현"일 수도 있다.

He said that we had to be there **until 10 o'clock**.
(그는 우리가 10시까지 그곳에 있어야 한다고 말했다.)
We camped there **until/till September**. (우리는 9월까지 그곳에서 야영을 했다.)
He didn't have a girlfriend **until he was thirty**. (그는 서른이 될 때까지 여자 친구가 없었다.)
She worked for the same company **until the war**. (그녀는 전쟁 때까지 같은 회사에서 일했다.)

2   from: 어떤 기간의 시작부터 끝을 표현할 때는 "from ... until/till"보다는 "from ... to"를 사용하는 것이 좋다. (T15.6을 보라.)

We camped there **from June to September**. (우리는 6월부터 9월까지 그곳에서 야영을 했다.)
(*We camped there **from June until September**.)
She took care of her father **from 1990 to the time of his death**.
(그녀는 아버지를 1990년부터 돌아가실 때까지 돌봤다.)
(*She took care of her father **from 1990 till the time of his death**.)

(1) up to가 until/till 대신에 사용되기도 한다.

We camped there **from June up to September**.
(우리는 6월부터 9월까지 그곳에서 야영을 했다.)

(2) until/till/up to는 어떤 기간의 끝만을 나타낼 때 사용될 수 있지만, to는 시작 시점을 표현하는 "from-구"가 없을 경우에는 사용하지 않는 것이 좋다.

We camped there **until/till/up to September**. (우리는 그곳에서 9월까지 야영을 했다.)
(*We camped there **to September**.)
She continued to care for her father **until/till/up to the time of his death**.
(그녀는 아버지가 돌아가실 때까지 계속해서 돌봤다.)
(*She continued to care for her father **to the time of his death**.)

▶ 그러나 앞에 "기간을 의미하는 명사구"가 올 경우 to도 사용될 수 있다.

It's only **two weeks until/till/up to/to Christmas**. (크리스마스까지 2주밖에 남지 않았다.)
He has **only a few years until/till/up to/to retirement**.
(그는 은퇴까지 몇 년밖에 남지 않았다.)

3 **장소**: 종종 until/till이 "장소 명사"와 함께 쓰이지만, 실제로는 어떤 "상황이 종료되는 시점"을 의미한다고 볼 수 있다.

Stay on the train **until** (you get to) **Daejeon**, and then change.
(대전(에 도착할 때)까지 기차에 타고 있다가 그 다음에 기차를 갈아타세요.)
(*Stay on the train **to** (you get to) **Daejeon**, and then change.)
It took almost ten hours to walk **to the top of the mountain**.
(산 정상까지 걸어가는 데 거의 10시간이 걸렸다.)
(*It took almost ten hours to walk **until the top of the mountain**.)

4 **until-절의 시제**: "until-절"이 미래에 어떤 것이 일어날 것을 표현할 경우 "현재시제 동사"가 사용된다.

She'll stay in her house **until her son returns from the war**.
(그녀는 아들이 전쟁에서 돌아올 때까지 그녀의 집에 머무를 것이다.)
(*She'll stay in her house until her son **will return** from the war.)
We won't start **until Jack comes**. (잭이 올 때까지 우리는 출발하지 않을 것이다.)
(*We won't start until **Jack will come**.)

▶ 그러나 "until-절"이 "상황의 완결"을 의미할 때는 현재완료와 과거완료형이 사용된다.

Add sugar and stir **until it has dissolved**. (설탕을 넣은 다음 녹을 때까지 저어주세요.)
We waited **until he had finished speaking**. (우리는 그녀가 연설을 끝낼 때까지 기다렸다.)

5 **until과 동사**: until은 어떤 상황이나 사태가 "일정 기간 동안 지속"되는 것을 의미하기 때문에 "비지속적 행위"를 의미하는 동사와는 함께 쓰일 수 없다.

We **stayed** there **until Easter**. (우리는 부활절까지 머물렀다.)
(*We **arrived** there **until Easter**.)
He **slept until 10 o'clock**. (그는 10까지 잤다.)
(*He **got up until 10 o'clock**.)
Whenever you enter a house, **stay** there **until you leave that town**.
(어디서든지 누구의 집에 들어가든 그곳을 떠나기까지 거기 유하라.) [막 6:10]

▶ 순간적 행위를 의미하는 동사의 "부정형"은 그 행위가 일어나지 않는 상황이 지속적이기 때문에 until과 함께 나타날 수 있다.

We **didn't arrive until Easter**. (우리는 부활절까지 도착하지 못했다.)
He **didn't get up until 10 o'clock**. (그는 10시까지 일어나지 않았다.)
... he had **no union until she gave birth to a son**.
(... 아들을 낳기까지 동침하지 아니하니.) [마 1:25]

▶ 그러나 "반복적인 순간적 행위"를 의미하는 동사와는 함께 쓰일 수 있다.

He **knocked** on the door **until she opened it**.
(그는 그녀가 문을 열 때까지 노크했다.)

We were **kicking** balls **until 6 o'clock in the afternoon**.
(우리는 오후 6시까지 공을 차고 놀고 있었다.)

6 until과 by: until은 어떤 상황이 특정 시점까지 "지속되는 것"을 말하지만, by는 어떤 행위나 사건이 특정 시점 이전이나 그보다 늦지 않은 시점에 "일어나는 것"을 말한다.

I think they'll arrive here **by Easter**. (나는 그들이 부활절까지는 올 것이라고 생각한다.)
I think they'll stay here **until Easter**. (나는 그들이 부활절까지 여기 머물 것이라고 생각한다.)
The final report needs to be ready **by next Monday**.
(최종 보고서는 다음 월요일까지 준비되어야 한다.)
The final report needs to be kept here **until next Monday**.
(최종 보고서는 다음 월요일까지 이곳에 보관되어야 한다.)

7 not until: "not until"은 어떤 시점 이전이나 어떤 상황이 일어나기 전에는 다른 상황이 일어날 수 없다는 것을 강조할 때 사용된다.

"Can I go to the beach and swim now?" "**Not until** you've done your homework."
("지금 해변에 가서 수영해도 됩니까?" "숙제를 마칠 때까지는 안 돼.")
It was **not until** midnight that their quarrel finally came to an end.
(자정이 돼서야 그들의 언쟁이 드디어 끝이 났다.)

8 until recently: "until recently/now/then"은 변화가 있기 전에 상황이 어떠했는가를 말할 때 사용된다.

Until recently, make-up was not allowed in high schools.
(최근까지 고등학교에서는 화장이 허용되지 않았다.)
Until now, I could not earn enough money to support my family.
(지금까지 나는 가족을 부양할 충분한 돈을 벌 수 없었다.)

U4   up과 down

up과 down은 일반적으로 "부사" 또는 "전치사"로 사용된다.

Put these books **up** on the shelf.   [부사]
(이 책들을 서가 위에 올려놓아라.)
Get **down** off the table.
(식탁 위에서 내려와라.)
We followed her **up the stairs** and to a large room.   [전치사]
(우리는 그녀를 층계 위로 따라가서 큰 방에 다다랐다.)
I walked **down the hill** to where I'd parked my car.
(나는 언덕 아래로 걸어서 차를 주차해 놓은 곳으로 갔다.)

1. **높은 위치와 낮은 위치**: up과 down은 각각 더 높은 위치와 낮은 위치로 이동하거나 그 위치에 있는 것을 표현한다.

   We climbed **up** a tree to have a better view. (우리는 더 잘 보려고 나무 위로 올라갔다.)
   The sun was going **down** and it would soon be dark. (해가 지고 있었고 곧 어두워졌다.)
   His office is just **up** those stairs. (그의 사무실은 저 계단 바로 위에 있다.)
   The bedroom is **down** those stairs. (침실은 저 계단 밑에 있다.)

2. **중심과 변두리**: 어떤 곳이 출발지보다 더 "중심"이 된다고 생각할 때는 up을 쓰고 "변두리"가 된다고 생각할 때는 down을 사용한다.

   Have you been **up to London** recently?
   (당신은 최근에 런던에 올라간 적이 있습니까?)
   She's just gone **down to her summer house** by the beach.
   (그녀는 해변에 있는 여름 별장으로 방금 내려왔다.)

   이런 의미에서 런던행 기차를 "up trains"라고 하고 런던 발 기차를 "down trains"라고 한다. 마찬가지로 우리말에도 "상경"과 "낙향"이라는 말이 있다.

3. **along**: up과 down은 큰 의미적 차이 없이 길이나 통로를 따라 일정한 거리를 이동하거나 근처에 있는 위치를 표현할 때 "along"과 유사한 의미로 쓰인다.

   We walked **up/down/along** the road towards the station.
   (우리는 정거장을 향하는 길을 따라 걸었다.)
   The bathroom is just **up/down/along** the corridor. (화장실은 복도 바로 저쪽에 있습니다.)

4. **north와 south**: (지도에서 북쪽은 위로, 남쪽은 아래로 향하고 있기 때문에) up과 down은 각각 북쪽과 남쪽으로 이동하거나 그 방향의 위치를 표현한다.

   We drove **up to Chicago** for the conference.
   (우리는 학회에 참석하기 위해 북쪽으로 시카고로 운전해 갔다.)
   They drove all the way **down from Boston to Miami**.
   (그들은 보스턴에서 마이애미까지 남쪽으로 운전해 갔다.)

   They live **up north**. (그들은 저 위 북쪽에 산다.)
   We have a summer villa **down south**. (우리는 저 아래 남쪽에 여름 별장을 가지고 있다.)

5. **uptown과 downtown**: 미국영어에서 uptown은 도시의 상업중심지(downtown)를 벗어난 비교적 부유한 계층이 사는 지역을 가리킨다.

   He now lives in an apartment a little **uptown**.
   (그는 지금 약간 변두리의 주택지에 있는 아파트에 살고 있다.)
   I have to go **downtown** later for shopping.
   (나는 좀 있다가 쇼핑하러 시내로 가야 한다.)

6　　특별한 표현들

(1) be up: "어떤 (좋지 않은) 일이 일어나거나 문제가 생겼음"을 말할 때 사용한다.

As soon as I saw my Mom's face, I knew that something **was up**.
(나는 엄마의 얼굴을 보자마자 무슨 일이 터졌구나 하는 것을 알았다.)
What's **up**? Why is she crying? (무슨 일이야? 그녀가 왜 울고 있어?.)

(2) up and down: "위로 아래로, 앞으로 뒤로" 반복해서 움직이거나 어떤 것이 "도처에" 산재하여 있는 것을 의미한다.

The soldiers were running **up and down** the hill for hours as part of their training.
(병사들이 훈련의 일부로 언덕을 몇 시간 동안 위아래로 뛰고 있었다.)
We walked **up and down** the path through the forest all day.
(우리는 숲속에 난 오솔길을 하루 종일 왔다 갔다 했다.)
You'll find quite a number of concrete military bunkers **up and down** the country.
(국가의 도처에서 많은 콘크리트 군사 진지를 보게 될 것이다.)

(3) ups and downs: "좋은 일과 나쁜 일이 섞여서 일어나는 것"을 의미한다.

Like most couples we've had our **ups and downs**, but the life is like that.
(대부분의 부부처럼 우리의 결혼생활에도 기복이 있었지. 그런데 인생이란 그런 거 아닌가.)
There'll be some **ups and downs**, but economic recovery is certain in the near future.
(오르막과 내리막이 좀 있겠지만, 가까운 장래에 경제가 회복될 것은 확실하다.)

(4) upside down: "위아래가 바뀐, (상황이) 엉망진창인"을 의미한다.

I think you hung the abstract painting **upside down**.
(내 생각에는 그 추상화를 거꾸로 건 것 같다.)
The dogs have turned our house **upside down**.
(개들이 집을 엉망으로 어질러 놨다.)

U5　　up to

1　　상한선: 수나 양의 "상한선"을 표현한다.

The World Cup Stadium can hold **up to 50,000 spectators**.
(월드컵 경기장은 관객을 5만 명까지 수용할 수 있다.)
The young man can eat jajangmyun **up to five bowls**.
(그 젊은이는 자장면을 다섯 그릇까지 먹을 수 있다.)

2　　up until: "up to"는 "up until"과 마찬가지로 어떤 "시점"까지 어떤 사태가 지속되거나 발생해야 함을 표현할 때 사용된다. (U3을 보라.)

You may call me any time **up until/up to** nine at night.
(밤 9시까지는 언제든지 나에게 전화할 수 있다.)

Up to 1990, the growth of per capita income increased 5% per year.
(1990년까지 일인당 소득이 매년 5%씩 성장했다.)

3   **자격/능력**: 어떤 것을 할 수 있는 "자격" 또는 "능력"이 있음을 표현할 때 사용된다.

He played quite **up to his reputed ability**. (그는 소문으로 들었던 능력에 맞게 경기를 했다.)
I'm afraid Tim isn't **up to the job**. (미안하지만 팀은 그 일에 맞지 않습니다.)
His sons were not **up to running the business without him**.
(그의 아들들은 그 없이 사업을 끌고 갈 정도가 아니었다.)

4   **비밀**: 하지 말아야 할 일을 비밀리에 하는 것을 표현한다.

Why did you need a room unless you are **up to something**?
(무언가 꿍꿍이가 있지 않다면 왜 방이 필요했느냐?)
They must have known what their father was **up to**.
(그들은 아버지가 무엇을 꾸미려고 했는지 알았어야 했다.)

5   **책임**: 누구에게 "책임"이 있음을 말할 때 사용된다.

It's **up to the manager** to make sure things are done on time.
(제시간에 일이 확실히 끝나도록 하는 것은 지배인의 책임이다.)
It's **up to you** to make the final decision on the journey.
(여행에 대한 최종 결정은 너에게 달려 있다.)

U6   used to-부정사

"used to"는 양상조동사의 (M24.2를 보라.) 하나로서 동사의 "원형", 즉 "부정사"와 함께 쓰인다. "used to"는 항상 "과거시제"로서 현재시제형이 없으며, 현시점에는 이미 끝난 "과거의 습관이나 상태"를 표현한다.

He **used to smoke** when he was young, but now he's stopped.
(그는 젊었을 때 담배를 피웠으나 지금은 끊었다.)
(*He **used to smoke** when he was young, and he's still smoking.)
(참고: He **smoked** when he was young and he's still smoking.)
There **used to be** a jewelry shop at that corner. (저 모퉁이에 보석상이 있었다.)
I **used to work** in New York City. Now, I'm working in Chicago.
(나는 한때 뉴욕에서 일했으나, 지금은 시카고에서 일하고 있다.)

be used to에 대해서는 U7을 보라.

1   **의문형과 부정형**: "used to 문장"의 가장 무난한 의문형과 부정형은 used를 "어휘적 동사"로 간주되는 형태다.

You **didn't use to** eat fish when you were younger. (너는 젊었을 때 물고기를 먹지 않았었다.)

Did you **use to** go to church regularly? (너는 규칙적으로 교회에 다녔느냐?)
He **used to** smoke, **didn't** he? (그는 담배를 피웠었지?)

▶ 영국영어의 격식적 문체에서는 간혹 used를 조동사로 간주하는 형태가 나타나지만 무리한 표현으로 간주된다. used는 부가의문문에서는 조동사로 쓰이지 않는다.

?You **used not** to eat fish when you were younger.
?**Used** you to go to church regularly?
*He used to smoke, **usedn't** he?

2 used to의 사용: "used to"는 일생의 한 부분에서 "규칙적으로 혹은 지속적으로 있었던 습관적 행위나 상황"이 여건의 변화로 지금은 더 이상 존재하지 않게 되었음을 의미한다. 따라서 "used to"는 "과거의 어느 한때에 있었던 일이나, 이것이 얼마나 오래 지속되었는가, 혹은 얼마나 자주 일어났는가"를 단순히 말하는 데는 사용되지 않는다. 다음을 비교해보라.

*I **used to** work very hard **last month**.
(참고: I **worked** very hard **last month**.) (나는 지난달에 열심히 공부했다.)

*I **used to** live in Suwon **for three years**.
(참고: I **lived** in Suwon **for three years**.) (나는 수원에 3년간 살았다.)

*I **used to** live in Busan **until 1990**.
(참고: I **lived** in Busan **until 1990**.) (나는 1990년까지 부산에 살았다.)

*I **used to** go to France **seven times last year**.
(참고: I **went** to France **seven times last year**.) (나는 지난해에 일곱 번 프랑스에 갔다.)

*I **used to** go to France **twice every year until I was 15**.
(참고: I **went** to France **twice every year until I was 15**.)
(나는 15살이 될 때까지 매년 두 번씩 프랑스에 갔다.)

used to와 would의 차이점은 W23.6을 보라.
used의 발음에 대해서는 U7을 보라.

U7　used to + (동)명사

1 "be/become/get/grow used to + (동)명사"는 어떤 상황에 익숙해 있어서 그 상황이 "놀랍지도 생소하지도 당황스럽지도 않다"는 것을 표현한다.

I do the dishes every day, so I**'m used to it**. (나는 매일 접시를 닦아서 지금은 익숙하다.)
She**'s not used to being** spoken to in that rude way.
(그녀는 그런 식의 무례한 말을 듣는 것에 익숙하지 않다.)
I can't **get used to the idea** that spiders are not insects.
(나는 거미가 곤충이 아니라는 생각을 아직도 받아들여지지 않는다.)

2 "accustomed to"가 "used to"와 같은 의미로 사용된다.

It took a while for me to **get accustomed to** all the rules and regulations.
(나는 모든 규칙과 규정에 익숙해지는 데 시간이 좀 걸렸다.)
Our eyes will quickly **become accustomed to** the dark.
(우리의 눈은 어둠에 재빨리 적응할 것이다.)

▶ "used to"의 경우에는 used를 [ju:st]로 발음하고, used가 "형용사"로 사용될 때는 (예를 들어 "used cars"의 경우에는) [ju:zd]로 발음된다.

He **used**[ju:st] **to** sell **used**[ju:zd] cars. (그는 중고차를 팔았었다.)
He's **used**[ju:st] **to** driving **used**[ju:zd] cars. (그는 중고차를 운전하는 것에 익숙하다.)

V1 VERBS (동사)-1: 정형동사와 비정형동사

동사는 그 기준에 따라 여러 형태로 구분될 수 있다. 시제를 포함하느냐 않느냐에 따라, 동사가 어떤 의미적 속성을 지니느냐에 따라, 어떤 종류의 보충어(complements)를 선택하느냐에 따라 분류할 수 있다.

동사는 "시제(tense)"와 "서법(mood)" 요소를 포함하느냐 않느냐에 따라 "정형(finite forms)과 비정형(non-finite forms)"으로 나뉜다. (F10을 보라.)

He **talks** too much. [정형동사]
(그는 말을 너무 많이 한다.)
He **talked** too much.
(그는 말을 너무 많이 했다.)
He doesn't want to **talk** in public. [비정형동사]
(그는 사람들 앞에서 말하고 싶어 하지 않는다.)
I don't like **talking** in public. [비정형동사]
(나는 사람들 앞에서 말하는 것을 좋아하지 않는다.)
He had his own portrait **hung** in his office. [비정형동사]
(그는 자신의 초상화를 사무실에 걸어놓게 했다.)

1 **정형동사**: 정형동사는 화자가 자신이 말하는 내용에 대해서 어떤 생각을 가지고 있느냐를 표현하게 되는데, 이것을 동사의 서법(mood)이라고 한다. 영어의 동사는 세 가지 "서법", 즉 "직설법(indicative mood), 명령법(imperative mood), 가정법(subjunctive mood)" 중의 어느 하나에 속하거나 양상(modal)조동사를 대동하게 된다.

John **was** sleeping. [직설법]
(존은 잠을 자고 있었다.)
Leave at once. [명령법]
(즉시 떠나라.)
I wish I **were** you. [가정법]
(내가 너라면 좋겠다.)
He **may** not be there. [양상조동사]
(그는 그곳에 없을 수도 있다.)

(1) 직설법: 직설법 정형동사를 포함하는 문장은 화자가 자신이 말하는 것이 "사실이라고 생각하거나 사실이라고 믿을 만한 근거"가 있다고 생각할 때 사용되며, "현재시제형"과 "과거시제형"이 있다.

They **play** poker on Saturday nights. (그들은 토요일 밤에는 포커게임을 한다.)
They **expected** us to be back in a week. (그들은 우리가 일주일 후에 돌아올 것으로 생각했다.)

(2) 명령법: "요청"이나 "명령" 또는 "지시"를 표현할 때 쓰이며 동사의 "원형(simple form)"이 쓰인다.

▶ 2인칭 명령법: 주어는 일반적으로 생략된다.

Open the door. (문을 열어라.)
Don't open the door. (문을 열지 마라.)

► 1인칭 명령법: let로 시작한다.

Let's open the door. (문을 열자.)
Let's **not** open the door. (문을 열지 말자.)

명령법에 대해서는 I11을 보라.

(3) 가정법: 가정법 동사는 우리가 누구에게 어떻게 할 것을 "제안, 추천, 요구, 주장, 충고" 할 때, 또는 어떤 상황이 "중요하다거나, 필수적이거나, 불가피한" 것이라 말할 때 종속절의 동사가 "원형형태"를 취한다. be동사는 모든 경우에 원형인 "be"가 사용되며, 동사는 "시제"에 대해서도 변화를 보이지 않는다.

He **suggested** to her that they **leave** early to get the bus.
(그는 그녀에게 버스를 타기 위해 일찍 떠날 것을 제안했다.)
Her boss **demanded** that she not **be** late. (그녀의 상사는 그녀에게 늦지 말 것을 요구했다.)
I **insisted** that he **reconsider** his decision to get a job.
(나는 그가 취직을 하겠다는 결심을 재고하기를 강력히 주장했다.)
It's **essential** that everyone **have** the same medical treatment.
(모든 사람이 동일한 의학적 치료를 받는 것이 매우 중요하다.)
Our **advice** was that the company **invest** in new equipment.
(우리의 충고는 회사가 새로운 장비에 투자하는 것이었다.)

► **should**: 영국영어에서는 원형동사 대신에 "should + 동사"나 일상적인 "현재시제"와 "과거시제" 동사가 널리 사용된다.

He said it's **essential** that you **should be/were** on time.
(그는 네가 정시에 도착하는 것이 중요하다고 말했다.)
He **insisted** that he **should be/was given** the same opportunities.
(그는 자기에게도 같은 기회가 주어지기를 강력히 주장했다.)

► **were**: "비실제적 조건"이나 "비실제적 소망"을 표현하는 절에서 were는 종종 모든 주어와 함께 쓰인다.

If he **were** married to a rich woman, he **could afford** to buy the Ferrari sports car.
(만약 그가 부자 여자와 결혼했다면 페라리 스포츠카를 살 수 있을 것이다.)
If I **were** you, I should stop smoking. (내가 너라면 담배를 끊겠다.)
I wish it **were** Saturday. (토요일이라면 좋겠다.)

가정법에 대해서는 S37을 보라.

(4) 양상조동사: 정형동사의 특성의 하나는 화자가 자신의 말에 대한 "다양한 생각"을 표현하는 "양상조동사"를 가질 수 있다는 것이다.

He **may** know her address. (그는 그녀의 주소를 알지도 모른다.)
You **ought to** see a lawyer. (너는 변호사를 만나는 것이 좋겠다.)

You **must** be tired. (너는 지친 게 틀림없다.)

양상조동사에 대해서는 M21-M24를 보라.

2   **비정형동사**: 비정형동사는 정형동사와는 달리 시제(tense)나 서법(mood)을 나타내는 요소를 포함하지 않기 때문에, "수"나 "인칭"과의 일치를 보이지 않으며 또한 "양상조동사"를 포함하지 않는다. 그런 의미에서 비정형동사는 "불완전한" 형태의 동사라고 할 수 있지만, 이들은 문장 내에서 정형동사가 할 수 없는 다양한 기능을 수행한다. 비정형동사에는 "부정사형(infinitives)"과 "분사형(participles)" 두 유형이 있으며, 분사형에 "-ing(현재)분사형"과 "-ed(과거)분사형"이 있다. 비정형동사를 포함하는 구조는 의미를 함축적으로 나타내기 때문에 같은 의미를 나타내는 정형동사 구문보다 축약된 구조를 갖는 것이 일반적이다. 따라서 고급스러운 글을 쓰는 사람들은 비정형동사 구문을 많이 쓰며, 어려운 영어 글을 이해하려면 비정형동사 구조를 이해하는 것이 매우 중요하다.

He advised me not **to invest** money at this time.   [부정사]
(그는 나에게 이 시점에는 돈을 투자하지 말라고 충고했다.)
Not **knowing** anyone in town, he felt very lonesome.   [-ing형 분사]
(그는 마을에 아는 사람이 하나도 없어서 몹시 외로움을 느꼈다.)
Persuaded by his brother, he decided to go to college.   [-ed형 분사]
(그는 형님에게 설득되어 대학에 진학하기로 결심했다.)

(1) 부정사: 부정사란 동사의 원형, 즉 사전에 나타나는 형태의 동사를 가리키며 일반적으로 동사 앞에 to를 갖는다. 부정사는 "명사적, 형용사적, 부사적"으로 사용될 수 있다.

(a) 명사적 용법: "주어, 목적어, 보어"로 사용될 수 있다.

To see his children again will make him very happy.   [주어]
(그의 아이들을 다시 보는 것은 그를 매우 행복하게 할 것이다.)
For you to come to the meeting is absolutely necessary.
(당신이 회의에 참석하는 것이 절대적으로 필요하다.)

It'll make him very happy **to see** his children again.   [외치된 주어]
(그의 아이들을 다시 보는 것은 그를 매우 행복하게 할 것이다.)
It's absolutely necessary **for you to come to the meeting**.
(당신이 회의에 참석하는 것이 절대적으로 필요하다.)

Every student wants **to learn English**.   [목적어]
(모든 학생이 영어를 배우기를 원한다.)
She advised him **to go to the doctor**.
(그녀는 그에게 의사를 만나보라고 충고했다.)

The best thing is **to tell the truth**.   [보어]
(최선은 진실을 말하는 것이다.)
We consider him **to be a genius**.
(우리는 그가 천재라고 생각한다.)

(b) 형용사적 용법: 명사를 수식하는 관계절처럼 쓰인다.

She has no one **to help her**. (그녀를 도와 줄 사람이 아무도 없다.)
He's a good man **for you to know**. (그는 네가 알아두어야 할 훌륭한 분이다.)

(c) 부사적 용법: 부정사는 다른 부사처럼 "전체 문장, 동사, 형용사 또는 다른 부사"를 수식할 수 있다.

To tell the truth, I don't understand him at all.
(사실대로 말하면 나는 그를 전혀 이해할 수 없다.)
We eat **to live**; we should not live **to eat**.
(우리는 살기 위해 먹어야지 먹기 위해 살아서는 안 된다.)
The music is too difficult for me **to play correctly**.
(그 음악은 너무 난해해서 나는 정확하게 연주할 수가 없다.)
It's raining too hard **to go out for walking**. (비가 너무 심하게 와서 산책을 나갈 수 없다.)

부정사에 대해서는 130-139를 보라.

(2) 분사: 분사란 동사의 "현재분사형(-ing형)"과 "과거분사형(-ed형)"을 가리킨다. -ing형은 진행형을, -ed형은 완료형과 수동형을 구성할 때 사용된다.

We're **waiting** for the department store to open.　　[진행형]
(우리는 백화점이 열기를 기다리고 있다.)
I've **lived** in this city since I was born.　　[완료형]
(나는 태어나서부터 이 도시에 살았다.)
We **were** all **invited** to the graduation party.　　[수동형]
(우리 모두는 졸업식 연회에 초대되었다.)

분사는 이 외에도 "형용사적, 부사적, 서술적 그리고 명사적"으로 사용된다.

(a) 형용사적 용법: 명사를 앞에 또는 뒤에서 수식할 수 있다.

Don't disturb the **sleeping** baby. (잠자는 아이를 건드리지 마라.)
Look at the baby **sleeping** in the cradle. (요람에서 자고 있는 아이를 봐라.)

He issued a **written** statement. (그는 문서화된 성명서를 배포했다.)
He received a letter **written** in English. (그는 영어로 쓴 편지 한 통을 받았다.)

(b) 부사적 용법: 접속사 없이 쓰이는 분사는 "시간, 이유, 조건, 결과, 양보" 등 다양한 부사적 의미를 표현한다. (P4.2를 보라.)

Writing something on a card, he handed it over to her.　　[시간]
(그는 카드에 무엇인가 쓴 다음 그것을 그녀에게 주었다.)
The elevator **being out of order**, we had to walk up the stairs.　　[이유]
(엘리베이터가 고장이 나서 우리는 계단으로 걸어 올라가야 했다.)
Although **hired as a bookkeeper**, she also does secretarial work.　　[양보]
(그녀는 회계사로 채용되었으나 비서 일도 한다.)

(c) 서술적 용법: 주절의 주어나 목적어와 "서술적 관계", 즉 "보어관계"를 형성한다.

He seemed **frightened** at the news. (그는 뉴스에 놀란 것 같다.)
I find the news very **frightening**. (나는 뉴스가 매우 놀랍다고 생각한다.)

(d) 명사적 용법: 명사적으로 사용되는 -ing형 분사를 종종 "동명사(gerunds)"라고 부르며, 동명사는 "주어, 동사의 목적어, 전치사의 목적어, 보어"로 쓰일 수 있다. (동명사에 대해서는 G7-G12를 보라.)

Looking after the children requires patience.　　　　　[주어]
(아이를 돌보는 것은 인내심을 요구한다.)
He'll never admit **having done such a thing**.　　　　　[목적어]
(그는 그런 짓을 했다고 절대로 인정하지 않을 것이다.)
He was accused of **smuggling illegal goods**.　　　　　[전치사 목적어]
(그는 불법적 상품을 밀수한 것으로 고발되었다.)
Her worst habit is **smoking**.　　　　　[보어]
(그녀의 가장 나쁜 버릇은 흡연이다.)

분사에 대해서는 P2-P5를 보라.

V2   VERBS-2: 의미

동사는 "행위(action), 사건(event), 과정(process)" 등 동적인(dynamic) 상황을 의미할 수도 있고, "지각(perception), 인지(cognition), 관계/상태(relation/state)" 등 정적인(stative) 상황을 의미할 수도 있다.

1   **동적 동사**: "행위, 사건, 과정동사"가 있다.

(1) 행위(action)동사

abandon	ask	beat	climb
construct	drink	eat	hit
kick	kill	learn	look (at)
move	play	read	say
speak	tell	walk	write 등

(2) 사건(event)동사

befall	break down	burst	explode
happen	inherit	occur	pay
receive	support	take place 등	

(3) 과정(process)동사

change	contain	darken	deepen
deteriorate	develop	die	decrease
diminish	expand	grow	improve

increase	lack	mature	reduce
slow down	strengthen	thicken	widen 등

2 **정적동사**: "지각, 인지, 관계/상태, 감정동사"가 있다.

(1) 지각(perception)동사

appear	feel	hear	look
notice	observe	see	seem
smell	taste 등		

(2) 인지(cognition)동사

abhor	admire	adore	agree
appreciate	assume	believe	consider
desire	detest	disagree	dislike
doubt	envy	esteem	expect
fancy	fear	feel (= think)	find (= consider)
follow (= understand)	forget	forgive	gather (= understand)
guess	hate	hope	imagine
intend	know	like	love
mean	mind	need	plan
prefer	presume	promise	realize
recall	recognize	recollect	refuse
regard	regret	remember	respect
satisfy	see (= understand)	suggest	suppose
think (that)	trust	understand	want
wish 등			

(3) 관계/상태(relation/state)동사

apply to	be	become	belong to
comprise	concern	consist of	contain
cost	depend on	deserve	differ from
equal	exist	fit	have
hold	include	interest	involve
lack	matter	mean	need
owe	own	please	possess
remain	require	resemble	satisfy
suffice	suit	tend	weigh 등

(4) 감정(emotion)동사

alarm	amaze	astonish	confuse
delight	disappoint	embarrass	excite
frighten	impress	irritate	please
puzzle	shock	startle	surprise 등

3 **동적 동사와 정적 동사의 차이**: 이 두 부류의 동사는 몇 가지 문법적 차이를 보인다.

(1) 진행형: 동적 동사와는 달리 정적 동사는 일반적으로 "진행형"이 허용되지 않는다.

These men **constructed/are constructing** a road through the forest.
(이 사람들은 숲을 가로지르는 도로를 건설했다/건설하고 있다.)
The machine **functions/is functioning** normally again.
(그 기계는 다시 정상적으로 작동한다/작동하고 있다.)
Knowledge in the field of genetics **has developed/is developing** very rapidly.
(유전학 분야의 지식이 급속도로 발전했다/발전하고 있다.)
The surveys **appear** to contradict the government's claims.
(조사는 정부의 주장을 반박하는 것으로 보인다.)
(*The surveys **are appearing** to contradict the government's claims.)
Everybody **understands** your problem. (모두가 너의 문제를 이해한다.)
(*Everybody **is understanding** your problem.)
It **depends** on him whether they'll succeed. (그들의 성공 여부는 그에게 달려 있다.)
(*It **is depending** on him whether they'll succeed.)

▶ 감정동사는 "타동사"로 쓰일 경우 진행형이 가능하기도 하다.

Don't play with razors. You**'re frightening me.**
(면도칼을 가지고 놀지 마라. 너 나를 소름 끼치게 한다.)
He**'s embarrassing her** by asking questions about her marriage life.
(그는 그녀의 결혼생활에 대해서 질문함으로써 그녀를 난처하게 하고 있다.)

(2) 명령문: 정적 동사는 일반적으로 명령문에서 쓰이지 않는다. (I11을 보라.)

Learn the language! (그 언어를 배워라!) (***Know** the language!)
Look at me! (나를 봐라!) (***See** me!)

(3) do: 정적 동사는 "do대동사"가 나타나는 "유사분열문"에서 쓰일 수 없다. (C19.6을 보라.)

What I **did** was (to) **learn** the language. (내가 한 것은 그 언어를 배우는 것이었다.)
(*What I **did** was (to) **know** the language.)
What I **did** was (to) **go** to college. (내가 한 것은 대학에 가는 것이었다.)
(*What I **did** was (to) **resemble** him.)

(4) 사역구문: 정적 동사는 사역구문의 "종속절"로 쓰일 수 없다. (C10을 보라.)

I made her **learn** the language. (나는 그녀가 그 언어를 배우도록 했다.)
(*I made her **know** the language.)
He persuaded me to **go** to college. (그는 나에게 대학에 진학하라고 설득했다.)
(*He persuaded me to **resemble** him.)

4 **수동형**: 문법적으로 타동사만이 수동형이 가능하지만, 타동사라고 할지라도 의미적으로 수

동형을 허용하지 않는 경우가 많다. (P7-P14를 보라.)

(1) 행위와 과정: 일반적으로 행위동사는 수동형을 허용하지만, 과정동사는 "행위자(agent)의 통제"를 받을 경우에만 수동형이 허용된다.

The rebels **attacked** the city. [행위]
(반군이 도시를 공격했다.)
The city **was attacked** by the rebels.
(도시가 반군의 공격을 받았다.)
The captain **changed** the course of the ship. [과정]
(선장은 배의 항로를 바꿨다.)
The course of the ship **was changed** by the captain.
(배의 항로가 선장에 의해 바뀌었다.)

▶ 그러나 행위자에 의해 통제되지 않는 과정은 수동을 허용하지 않는다.

The ship **changed** its course. (배가 항로를 바꿨다.)
(*The course **was changed** by the ship.)
The evening shadows **darkened** the room. (저녁의 그림자가 방을 어둡게 했다.)
(*The room **was darkened** by the evening shadows.)

(2) 사건: 사건동사는 일반적으로 수동형을 허용하지 않지만, "행위자에 의하여 만들어진 사건"일 경우에는 수동형을 허용하기도 한다.

The first atomic bomb **was exploded** in 1945. (첫 원자폭탄이 1945년에 폭발했다.)
(= We **exploded** the first atomic bomb in 1945.)
The murderer **was caught** by the detective. (살인자가 형사에게 잡혔다.)
(= The detective **caught** the murderer.)
My brother **caught** malaria in Malaysia.
(내 남동생은 말레이시아에서 말라리아에 걸렸다.)
(*Malaria **was caught** by my brother in Malaysia.)
Jessica **inherited** quite a lot of money from her uncle.
(제시카는 삼촌에게서 꽤 많은 돈을 상속받았다.)
(*A lot of money **was inherited** by Jessica from her uncle.)
My sister **received** an anonymous letter yesterday.
(나의 여동생은 어제 발신인 불명의 편지를 한 통 받았다.)
(*An anonymous letter **was received** by my sister yesterday.)

(3) 관계/상태: 관계동사는 일반적으로 수동형을 허용하지 않는다.

She **resembles** her mother. (그녀는 어머니를 닮았다.)
(*Her mother **is resembled** by her.)
He **owns** an expensive car. (그는 비싼 차를 소유하고 있다.)
(*An expensive car **is owned** by him.)

Your password should **consist of** at least 5 characters.
(패스워드는 적어도 다섯 개의 문자로 구성된다.)

(4) 감정동사의 수동형에 대해서는 P8.4와 P9.3을 보라.

V3 VERBS-3: 보충어

동사는 "보충어"를 갖느냐 안 갖느냐, 갖는다면 어떤 종류의 보충어를 갖느냐에 따라 다양한 형태로 분류된다. 동사 뒤에 오는 보충어로는 "직접목적어, 간접목적어, 주어보어, 주어부가어, 목적어보어, 목적어부가어"가 있다.

1. **자동사** (intransitive verbs): 자동사란 동사구를 구성함에 있어서 목적어나 보어 또는 부가어를 필요로 하지 않는 동사를 가리킨다. 자동사에는 세 가지 종류가 있다.

   (1) 순수 자동사: 목적어나 보어를 어떠한 경우도 취할 수 없는 동사를 가리킨다.

appear	arrive	blink	blush
collapse	come	cough	cry
die	disappear	elapse	fade
faint	fall	go	happen
laugh	lie	materialize	matter
pause	rain	rise	scream
sleep	slip	smile	sneeze
snow	tremble	vanish	wait
walk	yawn 등		

   It was **raining**; suddenly, the clouds **disappeared**, and the sun **rose**.
   (비가 오고 있었다. 갑자기 구름이 사라지고 해가 떴다.)
   Time **elapsed** but no one **arrived** and the show didn't **materialize**.
   (시간이 지났으나 아무도 도착하지 않았고 공연은 열리지 않았다.)
   The baby was **coughing**, **sneezing** and **crying** all night without **sleeping**.
   (아이가 밤새도록 잠을 자지 않고 기침하고 재채기를 하고 울어댔다.)

   (2) 목적어: 동사 중에는 목적어를 취함으로써 타동사로도 쓰일 수 있고, 목적어가 없이 자동사로 쓰일 경우에는 "목적어가 있는 것으로 이해되는 자동사"가 있다.

approach	cook	drink	drive
enter	help	hunt	kill
knit	leave	pass	play
read	sew	smoke	write 등

   A big storm is **approaching** (the city). (큰 폭풍우가 (도시에) 접근하고 있다.)
   George **smokes** (a pipe). (조지는 (파이프) 담배를 피운다.)
   He is **reading** (a book). (그는 독서를 하고 있다.)

(3) 주어와 목적어: "자동사"로도 쓰이고 "타동사"로도 쓰이는 동사 중에 "주어"와 "동사" 관계에 변화가 일어나는 자동사가 있다. 수동문에서처럼 타동사의 목적어가 자동사의 주어가 된다. 이 동사에는 두 가지 종류가 있다.

(a) 능격동사 (ergative verbs): 이 동사에서는 목적어가 주어가 되면서 "동사의 행위자"는 표현되지 않는다.

begin	break	change	close
drop	explode	float	freeze
grow	improve	increase	melt
move	open	roll	sink
slow	start	stop	tear
turn	unite	vary	wake
walk	widen	work 등	

He **broke the vase**.   **The vase broke**.
(그가 꽃병을 깼다.)   (꽃병이 깨졌다.)
He **opened the door** slowly.   **The door opened** slowly.
(그는 문을 천천히 열었다.)   (문이 천천히 열렸다.)
We can't **start the engine**.   **The engine** won't **start**.
(우리는 엔진을 작동할 수 없다.)   (엔진이 작동되지 않을 것이다.)
The new governor has **improved conditions in prison**.   **Conditions in prison** have **improved**.
(새 주지사는 교도소의 상태를 개선했다.)   (교도소의 상태가 개선되었다.)

(b) 중간동사 (middle verbs): 기본적으로 타동사이지만 "양태부사"와 함께 수동의 의미를 지닌 자동사로 사용될 수 있다.

amuse	clean	cut	drive
embarrass	flatter	frighten	intimidate
iron	offend	pacify	please
read	sell	shock	translate
wash 등			

The meat **cut surprisingly easily**. (고기가 놀랍게도 잘 잘린다.)
She doesn't **frighten easily**. (그녀는 쉽사리 놀라지 않는다.)
My car doesn't **drive smoothly**. (내 차가 부드럽게 달리지 않는다.)
His recent book **sells well**. (그가 최근에 낸 책이 잘 팔린다.)
The shirt **washed cleaner than I'd expected**.
(셔츠가 내가 생각했던 것보다 더 깨끗이 세탁되었다.)

2   **연결동사** (copular verbs): 연결동사란 주어와 "주어보어(subject complements)" 혹은 "주어지향 부가어(subject-oriented adjuncts)"를 연결해 주는 동사를 가리킨다. 주어보어와 주어지향 부가어는 주어의 속성을 "규정"하거나, 주어가 누구인가를 "확인"하거나, 또는 주어가 어떤 "상황"에 있는가를 표현한다. 가장 대표적인 연결동사는 "be동사"이며, 주어보어로는

"명사(구)"와 "형용사(구)"가 쓰이고, 주어지향 부가어는 "부사(구)"가 사용된다.

Mary is the most beautiful girl I've ever met.
(메리는 내가 지금까지 만났던 가장 아름다운 아가씨다.)
Mary is very happy. (메리는 매우 행복하다.)
Mary is in bed. (메리는 잠자고 있다.)

(1) 명사구: 명사구를 보어로 가지는 연결동사들 중에는 보어 앞에 "to be" 또는 "like"를 동반하는 것이 보통이다.

appear	be	become	feel (like)
look (like)	make	prove	seem
smell like	sound (like)	turn 등	

John **turned traitor**. (존은 배반자가 되었다.)
Oslo **seems (to be) a pleasant city**. (오슬로는 즐거운 도시인 것 같다.)
He **looks like a fine boy**. (그는 좋은 아이로 보인다.)
I **feel (like) an absolute fool**. (나는 완전히 바보 같은 느낌이 든다.)
He'll **make a good teacher**. (그는 훌륭한 선생이 될 것이다.)

(2) "be, appear, seem" 등은 "that-절, 부정사구 또는 동명사구"를 보어로 가질 수 있다.

His only object in life **is to make much money**.
(그의 생애의 유일한 목표는 돈을 많이 버는 것이다.)
What she insists on **is his watering the plants every day**.
(그녀는 그에게 매일 나무에 물을 주라고 단호하게 말했다.)
It **appears that he's ill**. (그는 아픈 것 같이 보인다.)
(= He appears to be ill.)

(3) 형용사구: 형용사를 보어로 취하는 동사는 다음과 같다.

appear	be	become	feel
get	look	remain	seem
smell	sound	taste 등	

I **feel tired**. (나는 지쳤다.)
She **looks happy**. (그녀는 행복해 보인다.)
He **became ill**. (그는 병이 들었다.)
The soup **tastes good**. (수프가 맛이 좋다.)

▶ "He died young(그는 젊어서 죽었다)"에서 동사 die는 연결동사가 아니지만 구조적으로 연결동사처럼 사용되고 있다.

(4) 부가어: 다음의 동사는 일반적으로 "공간 부가어", "방향 부가어" 또는 "시간 부가어"를 대동함으로써 완전한 동사구를 구성한다.

be	come	go	hang
last	lie	live	last

remain	sail	stand	stroll
stay	take 등		

The children **are at the zoo**. (아이들은 동물원에 갔다.)
The kitchen **is downstairs**. (부엌은 아래층에 있다.)
The ship **sailed out of the harbour**. (배가 항구 밖으로 나아갔다.)
My uncle **lives in Busan**. (나의 삼촌은 부산에 산다.)
His boring lecture **lasted (for) three hours**. (그의 지루한 강연은 세 시간이나 지속됐다.)
The refugees are allowed to **remain in Korea**. (피난민들은 한국에 남는 것이 허용되었다.)

3   **타동사** (transitive verbs): 타동사는 자동사와는 달리 "(직접)목적어"를 의무적으로 동반하는 동사로서 "단순 타동사, 이중 타동사, 복합 타동사" 세 가지 유형이 있다. 타동사의 문법적 특징은 일반적으로 "수동형"을 허용한다는 것이다. (수동형에 대해서는 P7-P14를 보라.)

They **built this building** last year.   [단순타동사]
(그들은 작년에 이 다리를 건설했다.)
This building **was built** last year.
(이 다리는 작년에 건설되었다.)

He **gave his sister the car**.   [이중타동사]
(그는 자기의 여동생에게 차를 주었다.)
His sister **was given** the car.
(그의 여동생은 차를 받았다.)

They **elected Mr. Peterson president of the company**.   [복합타동사]
(그들은 피터슨 씨를 회사의 사장을 뽑았다.)
Mr. Peterson **was elected** president of the company.
(피터슨 씨가 회사의 사장으로 뽑혔다.)

V4   VERBS-4: 단순타동사

일명 "완전 타동사"라고도 불리는 단순타동사(mono-transitive verb)는 "명사구, 전치사구, 절" 등을 직접목적어로 취할 수 있다.

1. 동사＋명사구
2. 동사＋전치사구
3. 동사＋that-절
4. 동사＋WH-절
5. 동사＋부정사절
6. 동사＋WH-부정사절
7. 동사＋동명사

1   **명사구 목적어**: 가장 대표적인 타동사로서 대부분의 타동사가 이에 속한다.

Tom **caught the ball**. (탐이 볼을 잡았다.)
Did you **telephone the doctor**? (의사에게 전화했느냐?)
Nobody will **believe you**. (아무도 너를 믿지 않을 것이다.)
Where did you **hear that rumor**? (그 소문을 어디서 들었느냐?)
He **lost the tickets** for tonight's game. (그는 오늘 밤 경기의 티켓을 잃어버렸다.)

2 전치사구 목적어: 일명 "전치사적 동사"라고 하며 전치사구의 목적어가 동사의 목적어로 행동한다.

My friend **paid for my round trip air fares**.
(내 친구가 왕복 항공권을 지불했다.)
Mary hasn't **accounted for the accident**.
(메리는 사고의 원인을 설명하지 않았다.)

▶ 수동문에서 전치사의 목적어가 주어가 된다는 점에 유의하라.

My round trip air fares were paid for by my friend.
(나의 왕복 항공권은 내 친구에 의해 지불되었다.)
The accident hasn't been accounted for by Mary.
(사고의 원인은 메리에 의해 설명되지 않았다.)

전치사적 동사에 대해서는 P41을 보라.

3 that-정형절 목적어

admit	agree	announce	argue
bet	believe	claim	consider
complain	decide	doubt	expect
explain	fear	feel	forget
guess	hear	hope	insist
know	notice	predict	promise
prove	realize	recognize	regret
remember	report	say	see
suggest	suppose	tell	think
understand	warn	write 등	

Everybody **hoped (that) she would sing**. (모두는 그녀가 노래하기를 희망했다.)
The government **announced (that) the economy had hit the bottom**.
(정부는 경제가 바닥을 쳤다고 발표했다.)
She suddenly **realized (that) the students were all crying**.
(그녀는 모든 학생들이 울고 있다는 것을 갑자기 알아차렸다.)
He **said (that) the road would be blocked**.
(그는 도로가 차단되었을 수도 있다고 말했다.)

4 WH-정형절 목적어

ask	beware	check	choose
decide	demonstrate	depend	disclose
discover	discuss	doubt	enquire
explain	express	find out	forget
guess	inquire	judge	know
ponder	prove	reflect	show
wonder 등			

He **asked what** we wanted. (그는 우리가 무엇을 원하는지 물었다.)
We have to **decide (on) which train** we'll take.
(우리는 어느 기차를 탈 것인가를 결정해야 한다.)
The waiter **inquired whether** we'd like to sit near the window.
(웨이터는 우리가 창문 가까이에 앉고 싶은지를 물어봤다.)
We're **pondering why** our football team has lost the game.
(우리는 우리 축구팀이 왜 패배했는지를 곰곰이 생각해보고 있다.)

▶ "부정문"과 "의문문"에서 "WH-정형절" 목적어를 갖는 동사

argue	arrange	care	confirm
consider	hear	imagine	indicate
know	learn	make out	mind
note	notice	observe	perceive
point out	predict	realize	remember
say	see	tell	think 등

I **don't mind whether you're ready to join us**.
(나는 당신이 우리와 함께 할 준비가 되어 있는지에 관심이 없다.)
Do you **know whether he can get here in time**?
(너는 그가 이곳에 늦지 않게 도착할 수 있는지 알고 있느냐?)
He won't notice **who's behind the conspiracy**.
(그는 그 음모 뒤에 누가 있는지 알아차리지 못할 것이다.)

5 부정사절 목적어

choose	claim	decide	demand
deserve	determine	fail	forget
hate	hope	intend	learn
like	love	manage	mean
offer	prefer	pretend	promise
proceed	refuse	resolve	struggle
tend	try	undertake	volunteer
want	wish 등		

They **determined to cross the desert**. (그들은 사막을 가로지르기로 결심했다.)
Everyone **refuses to talk to her**. (모든 사람이 그녀와 말하는 것을 거부했다.)
The girls **prefer to go by train**. (아가씨들은 기차로 가기를 원한다.)
He **pretended to be interested in what she says**.
(그는 그녀가 말하는 것에 흥미를 느끼는 체했다.)

▶ 의문문과 부정문에서 "부정사절 목적어"를 취하는 동사

afford   arrange   care 등

We **can't afford to buy a new rug**. (우리는 새로운 양탄자를 살 능력이 없다.)
She **doesn't care to spend much time with my children**.
(그녀는 나의 아이들과 많은 시간을 보내는 것을 개의치 않는다.)

6 WH-부정사 목적어

ask	check	decide	demonstrate
depend	discover	discuss	enquire
explain	find out	forget	inquire
judge	show	wonder 등	

John **asked what to do next**. (존은 다음에 무엇을 해야 하는지 물었다.)
We haven't yet **decide (on) which train to take**.
(우리는 어느 기차를 탈지 아직 결정하지 않았다.)
I **wonder who to interview for the job**.
(나는 취직을 위해 누구를 면담해야 할지 잘 모르겠다.)
The manual **shows how to fix the equipment**.
(매뉴얼은 그 장비를 어떻게 수리하는가를 보여준다.)

▶ 부정문과 의문문에서 WH-부정사 목적어를 취하는 동사

arrange	consider	hear	imagine
indicate	know	learn	note
notice	observe	perceive	remember
say	see	tell 등	

Have you **considered whether to accept my offer**?
(당신은 나의 제안을 받아들일 것인가를 생각해 봤습니까?)
Nobody **knows what to do** to overcome the financial problems.
(아무도 재정적 난관을 극복하기 위해 무엇을 해야 할지 모르고 있다.)
Do you **remember who to invite to the party**?
(파티에 누구를 초대할 것인지 기억하고 있습니까?)

7 동명사 목적어

acknowledge   admit   appreciate   avoid

cannot help	complete	contemplate	consider
defer	delay	deny	discuss
dislike	encourage	endure	enjoy
escape	evade	excuse	face
fancy	feel like	finish	forgive
give	imagine	involve	keep (on)
leave off	mean	mention	mind
miss	postpone	practice	put off
quit	recall	recommend	regret
remember	report	resent	resist
risk	(can't) stand	stop	suggest
tolerate	understand	withhold 등	

They have **considered selling** their home to pay back the debt.
(그들은 부채를 갚기 위해 집을 파는 것을 생각해 보았다.)
You must **practice playing** the piano if you want to be good at it.
(피아노를 잘 치기를 원하면 연습을 해야 한다.)
She really **appreciated** his/him **helping** her sister yesterday.
(그녀는 자기의 여동생을 어제 도와준 그에게 진심으로 감사했다.)
I **recommend** your/you **studying** the report very carefully.
(나는 당신이 그 보고서를 매우 신중하게 살펴보기를 권고한다.)
I narrowly **avoided being hit** by the car.
(나는 가까스로 자동차에 치이는 것을 피했다.)

▶ mind는 의문문과 부정문에서 동명사 목적어를 갖는다. (M18을 보라.)

I **don't mind driving** if you're tired. (나는 네가 피곤하다면 운전을 해도 상관없다.)
I **don't mind going** where you go. (나는 네가 가는 곳에 가도 괜찮다.)
Did you **mind being** away from home for so long?
(당신은 오랫동안 집을 나와 있어도 상관이 없었습니까?)

부정사와 동명사를 둘 다 목적어로 취하는 동사에 대해서는 G10을 보라.

V5   VERBS-5: 이중타동사

일명 "여격동사(dative verbs)"라고도 부르는 이중타동사(di-transitive verbs)는 두 개의 목적어, 즉 직접목적어와 간접목적어를 갖는다. 이중타동사에는 다양한 유형이 있다.

1. 동사 + 명사구 + 명사구
2. 동사 + 명사구 + 명사구/to-전치사구
3. 동사 + 명사구 + 명사구/for-전치사구
4. 동사 + 명사구 + to-전치사구
5. 동사 + 명사구 + from-전치사구

6. 동사 + 명사구 + that-절/WH-절
7. 동사 + to-전치사구 + that-절
8. 동사 + 명사구 + to-부정사구/WH-부정사구

1 **동사 + 명사구 + 명사구**: 직접목적어와 간접목적어가 둘 다 명사구인 경우

allow	ask	bear	bet
charge	cost	envy	fine
forgive	permit	refuse	strike
tax	wish 등		

My parents **allow me only 100,000 won a month**.
(나의 부모님은 나에게 한 달에 10만 원의 용돈만 허용한다.)
The new car **cost them a lot of money**. (그들은 큰돈을 들여 새 차를 샀다.)
He'll **forgive her the debt**. (그는 그녀에게 빚을 면제해 줄 것이다.)
I **wish you good luck**. (너에게 행운을 빈다.)

2 **동사 + 명사구 + 명사구/to-전치사구**: 간접목적어를 수의적으로 "to-전치사구"로 바꿀 수 있는 경우

award	bring	cable	deny
feed	give	grant	hand
leave	lend	offer	owe
pass	promise	read	sell
send	show	take	teach
tell	throw	write 등	

He **gave me the book**. (그는 나에게 책을 주었다.)
He **gave the book to me**.

We **lent him some money**. (우리는 그에게 돈을 빌려주었다.)
We **lent some money to him**.

He **taught us English**. (그는 우리에게 영어를 가르쳐 주었다.)
He **taught English to us**.

3 **동사 + 명사구 + 명사구/for-전치사구**: 간접목적어를 수의적으로 "for-전치사구"로 바꿀 수 있는 경우

bake	build	buy	cook
design	fetch	find	fix
get	hire	leave	make
order	peel	rent	reserve
save	sing	spare	write 등

1152 | Practical Modern English II

Jim **bought Mary a present**. (짐은 메리에게 선물을 사 주었다.)
Jim **bought a present for Mary**.

She **made me a hat**. (그녀는 나에게 모자를 만들어 주었다.)
She **made a hat for me**.

I'll **save you some cake**. (나는 너를 위해 케이크를 좀 남겨놓을 것이다.)
I'll **save some cake for you**.

▶ 직접목적어가 대명사일 경우에는 간접목적어는 전치사구로 표현되어야 한다.

He **gave it to me**. (그는 그것을 나에게 주었다.) (*He **gave me it**.)
Jim **bought it for Mary**. (짐은 메리에게 그것을 사 주었다.) (*Jim **bought Mary it**.)

4   동사 + 명사구 + to-전치사구: 간접목적어로 "to-전치사구"를 취하는 경우

announce	confess	contribute	convey
declare	deliver	describe	donate
exhibit	explain	introduce	mention
put	refer	return	reveal
say	submit	transfer 등	

He **described his house to us**. (그는 우리에게 그의 집에 대해서 설명해 주었다.)
I **explained the problem to her**. (나는 그녀에게 문제를 설명했다.)
She **returned the book to the library**. (그녀는 도서관에 책을 반납했다.)
The students **submitted their papers to the professor**.
(학생들은 보고서를 교수에게 제출했다.)

5   동사 + 명사구 +from-전치사구: 간접목적어로 "from-전치사구"를 취하는 경우

| acquire | borrow | collect | excuse |
| obtain | recover | retrieve | withdraw 등 |

The United States **acquired Alaska from Russia** in 1859.
(미국은 1859년에 러시아로부터 알래스카를 취득했다.)
He **borrowed a large sum of money from the bank**.
(그는 은행에서 큰돈을 빌렸다.)
She **withdrew $1,000 from ATM**. (그녀는 현금지급기에서 1,000달러를 인출했다.)
The boy **retrieved the kite from the tree**. (그 소년은 나무에서 연을 회수했다.)

6   동사 + 명사구 + that-절/WH-정형절: "정형절"이 직접목적어가 되는 경우

advise	assure	convince	inform
notify	persuade	promise	remind
satisfy	show	teach	tell
warn	write 등		

John **convinced everyone (that) he was innocent**.
(존은 모든 사람에게 자신이 무죄라는 것을 납득시켰다.)
They **told me (that) John was ill**. (그들은 나에게 존이 아프다고 말했다.)
Have you **warned them (that) there'll be a big storm tonight**?
(그들에게 오늘 밤에 큰 폭풍이 불 거라고 경고했습니까?)

► ask를 비롯하여 위의 동사들은 일반적으로 "비단언적 맥락"에서 "WH-정형절"을 취할 수 있다.

He **asked me what time it was**. (그는 나에게 몇 시냐고 물었다.)
He **didn't remind me how we would start the engine**.
(그는 엔진을 어떻게 시동을 거는지 나에게 알려주지 않았다.)
She **didn't tell me when she had returned from Europe**.
(그녀는 나에게 언제 유럽에서 돌아왔는지 말하지 않았다.)

7   동사 + to-전치사구 + that-절: "that-절"을 직접목적어로, "to-전치사구"를 간접목적어로 취하는 동사

acknowledge	admit	announce	complain
confess	declare	explain	mention
notify	point out	promise	propose
prove	recommend	remark	report
say	show	signal	state
suggest	teach	write 등	

He **admitted to me that he took my purse**.
(그는 내 지갑을 가져갔다고 나에게 인정했다.)
I **reported to the police that there was a car accident**.
(나는 자동차 사고가 있었다고 경찰에 알렸다.)
He **wrote to me that he was going to get married in January**.
(그는 1월에 결혼할 것이라고 나에게 편지를 보냈다.)

8   동사 + 명사구 + to-부정사/WH-부정사: "비정형절"이 직접목적어가 되는 경우

(1) to-부정사 목적어

advise	ask	beg	beseech
command	direct	entreat	forbid
instruct	invite	order	persuade
pray	recommend	remind	request
teach	tell	urge	warn 등

Bill **advised Mark to see a doctor**. (빌은 마크에게 의사를 만나보라고 충고했다.)
They **persuaded Mary to stay with them**.
(그들은 메리를 자신들과 함께 있으라고 설득했다.)

He **warned** his disciples not to tell anyone that he was the Christ.
(제자들에게 경고하사 자기가 그리스도인 것을 아무에게도 이르지 말라 하시니라.) [마 16:20]

(2) WH-부정사 목적어

advise	ask	instruct	remind
show	teach	tell	warn 등

She **advised me what to wear for the party**.
(그녀는 나에게 파티에 무엇을 입을 것인가를 충고했다.)
The instructor **taught us how to drive the truck**.
(교관은 우리에게 트럭을 운전하는 법을 가르쳐 주었다.)
My daughter **reminded me (of) what to buy for her birthday**.
(내 딸이 자신의 생일에 무엇을 사줄 것인가를 상기시켰다.)

9 **이중타동사의 특성**: 이중타동사는 몇 가지 문법적 특성을 가지고 있다.

(1) 대부분의 이중타동사는 간접목적어를 생략하고 "단순타동사"로 사용될 수 있다.

The old man may **give a large donation**. (그 노인은 큰 기부금을 낼지도 모른다.)
The student **bought several new books**. (그 학생은 새 책 몇 권을 샀다.)

(2) "ask, pay, teach, tell, show" 등 몇몇 동사는 직접목적어나 간접목적어를 생략할 수 있다.

The professor **taught us linguistics**. (그 교수님은 우리에게 언어학을 가르쳤다.)
The professor **taught linguistics**. (그 교수님은 언어학을 가르쳤다.)
The professor **taught us**. (그 교수님은 우리를 가르쳤다.)
I **paid him $10** to clean the room. (나는 그에게 10불을 주고 방을 치우게 했다.)
I **paid $10** to clean the room. (나는 10불을 주고 방을 치우게 했다.)
I **paid him** to clean the room. (나는 그에게 돈을 주고 방을 치우게 했다.)

(3) "assign, bring, give, hand, lend, send, tell" 등 몇몇 동사는 두 가지 "수동문"을 허용한다.

The company **gave us the guarantee in writing**. (회사는 우리에게 문서로 된 보증서를 주었다.)
We **were given** the guarantee in writing. (우리는 문서로 된 보증서를 받았다.)
The guarantee **was given** us in writing. (문서로 된 보증서가 우리에게 주어졌다.)
The hospital **lent us a wheelchair**. (병원은 우리에게 휠체어를 대여해 주었다.)
We **were lent** a wheelchair. (우리는 휠체어를 대여받았다.)
A wheelchair **was lent** us. (휠체어가 우리에게 대여되었다.)

▶ 두 번째 수동문에서 간접목적어를 "전치사구"로 표현하는 것이 더 자연스럽다.

The guarantee **was given to us** in writing. (문서로 된 보증서가 우리에게 주어졌다.)
A wheelchair **was lent to** us. (휠체어가 우리에게 대여되었다.)

V6   VERBS-6: 복합타동사

일명 "불완전 타동사"라고도 부르는 복합타동사(complex-transitive verb)는 목적어 다음에 "목적어보어"를 취하거나 "목적어지향 부가어"를 취하는 것이 특징이다. 목적어보어는 일반적으로 "명사구" 또는 "형용사구"가 되지만 동사에 따라 다양한 형태로 구분된다. 유의할 점은 한 동사가 다양한 유형의 목적어보어를 취할 수 있다는 점이며, 이들은 대부분 수동형이 가능하다.

1. 동사 + 명사구 + 형용사구
2. 동사 + 명사구 + to be + 형용사구
3. 동사 + 명사구 + 명사구
4. 동사 + 명사구 + to be + 명사구
5. 동사 + 명사구 + as + 명사구
6. 동사 + 명사구 + for + 명사구
7. 동사 + 명사구 + 부가어

1   형용사구 목적어보어: 동사 + 명사구 + 형용사구

believe	call	certify	confess
consider	declare	drive	find
get	have	hold	imagine
judge	keep	leave	like
make	paint	prefer	presume
proclaim	pronounce	prove	render
report	think	send	set
suppose	think	turn	wish 등

She **left** all the letters **unopened**. (그녀는 모든 편지를 개봉하지 않은 채 놔두었다.)
You should always **keep** vegetables **fresh**. (우리는 채소를 항상 신선하게 보존해야 한다.)
We **painted** the house **white**. (우리는 집을 하얗게 페인트칠을 했다.)
I **found** the cage **empty**. (나는 새장이 빈 것을 발견했다.)
The doctor **pronounced** the man **dead**. (의사는 그 사람이 사망했다고 선언했다.)

▶ 기본적으로 단순타동사 구문에 "목적어보어"가 나타나는 경우가 있다.

They **bought** the house **cheap**. (그들은 집을 싸게 샀다.)
He always **drinks** his coffee **hot**. (그는 항상 커피를 뜨겁게 마신다.)
The man **opened** the window **wide**. (그 사람은 창문을 활짝 열어놓았다.)
She **served** the food **cold**. (그녀는 음식을 차게 대접했다.)
I **want** my coffee **stronger than this**. (나는 커피가 이것보다 더 진한 것을 좋아한다.)

2   to be + 형용사구 목적어보어: 동사 + 목적어 + to be + 형용사구

| believe | certify | confess | consider |

declare	drive	find	get
imagine	judge	make	paint
presume	proclaim	pronounce	prove
render	report	think	set
suppose	think	wish 등	

The doctor **pronounced her condition to be hopeless**.
(의사는 그녀의 상태가 희망이 없다고 선언했다.)
We **consider Mr. Lee to be very intelligent**.
(우리는 이 군이 매우 똑똑한 것으로 생각한다.)
We all **knew this snake to be very venomous**.
(우리는 모두 이 뱀이 맹독이 있다는 것을 알고 있었다.)
I **hold you to be responsible**. (나는 너에게 책임이 있다고 생각한다.)
The exercise **makes us all be hungry**. (운동은 우리 모두를 배고프게 만든다.)

3 명사구 목적어보어: 동사 + 명사구 + 명사구

appoint	baptize	believe	call
certify	choose	christen	confess
consider	crown	declare	elect
find	hold	imagine	judge
keep	leave	make	name
presume	proclaim	pronounce	prove
suppose	think	vote	wish 등

We **considered Bill a genius**. (우리는 빌을 천재로 여겼다.)
They **elected John chairman**. (그들은 존을 회장으로 뽑았다.)
They **named him William** after his grandfather.
(그들은 할아버지를 따라 윌리엄이라고 불렀다.)
I now **pronounce you man and wife**.
(나는 당신들이 지금부터 남편과 아내가 되었음을 선언합니다.)

4 to be + 명사구 목적어보어: 동사 + 명사구 + to be + 명사구

appoint	baptize	choose	christen
consider	crown	elect	name
vote 등			

He **appointed Miss Kim to be his secretary**. (그는 김 양을 비서로 임명했다.)
We **considered him to be a genius**. (우리는 그를 천재라고 생각했다.)
The President **named him to be Secretary of State**.
(대통령은 그를 국무장관으로 임명했다.)

5 as-명사구 목적어보어: 동사 + 명사구 + as-명사구

accept as	acknowledge as	appoint (as)
certify (as)	characterize as	choose (as)
class as	consider (as)	count (as)
crown (as)	define as	describe as
elect (as)	esteem (as)	intend as
proclaim (as)	regard as	report (as)
see as	take as	treat as
use as 등		

He **appointed Miss Kim as his secretary**. (그는 김 양을 비서로 임명했다.)
We **regarded Bill as our friend**. (우리는 빌을 친구로 간주했다.)
The judge **took what he said in the court as evidence**.
(판사는 그가 법정에서 말한 것을 증거로 채택했다.)

▶ as-형용사구 목적어보어: "as-명사구"를 취하는 동사들 중에 "appoint (as), esteem (as), elect (as), crown (as), intend as"를 제외하고 모든 동사가 "as-형용사구"를 보어로 취할 수 있다. 여기서 "as-형용사구"는 "as + being + 형용사구"에서 being이 생략된 것이라고 할 수 있다.

He **described the situation as (being) hopeless**. (그는 상황이 희망이 없다고 설명했다.)
They **regarded the future as (being) promising**.
(그들은 미래가 기대할 만하다고 생각하고 있었다.)

6 **take와 mistake**: "for-구"를 목적어보어로 취한다.

John **took me for a fool**. (존은 나를 바보로 생각했다.)
I **mistook her for my sister**. (나는 그녀를 나의 여동생으로 잘못 생각했다.)

7 **목적어 지향 부가어**: 복합타동사에는 목적어 다음에 부가어를 취하는 것이 있다. 이 경우 부가어로는 "공간(space) 전치사구", 특히 "(추상적) 방향"을 가리키는 전치사구가 나타난다. 따라서 이동의 의미를 지닌 "사역동사"가 주로 쓰인다.

bring	drive	get	lay
lead	leave	place	put
see	send	set	show
sit	stand	take 등	

I **slipped the key into the lock**. (나는 열쇠를 자물쇠 속으로 밀어 넣었다.)
He'll **see you home**. (그는 당신을 집까지 데려다 줄 것입니다.)
(= He'll escort you home)
You can **put the vase on the table**. (꽃병을 식탁 위에 놓아도 됩니다.)
Nobody here wants to **put you in danger**.
(여기의 아무도 너를 위험에 빠뜨리기를 원하지 않는다.)
Take your hands out of your pockets. (호주머니에서 손을 빼라.)

Do not **put the Lord your God to the test**.
(주 너의 하나님을 시험하지 말라.) [눅 4:12]

V7   VERBS-7: 경동사

우리는 일반적으로 동사를 사용하여 "행위"를 표현한다. 그러나 이러한 "행위동사(action verbs)" 중에 상당수가 동일한 형태의 명사를 가지며, 우리는 이러한 명사를 "행위명사(action nouns)"라고 부른다. 이러한 행위동사는 일명 "경동사(light verbs)"라고도 부르는 "다목적(general-purpose)동사"(예: give, have, take 등)와 결합하여 상응하는 행위동사와 같은 의미를 가진 표현을 구성할 수 있다.

Suddenly, she **screamed** loudly and **fell** to the ground.
(갑자기 그녀는 크게 소리를 지르면서 땅 위에 쓰러졌다.)
(= Suddenly, she **gave a** loud **scream** and **had a fall** to the ground.)

He **attempted** to speak to the President. (그는 대통령에게 말을 하려고 시도했다.)
(= He **made an attempt** to speak to the President.)

1 give: give는 일반적으로 사람들이 내는 "소리"를 표현하는 명사나 얼굴의 "표정"을 표현하는 명사 또는 "몸동작"을 표현하는 명사와 결합할 수 있다.

He **gave a cough** to attract my attention. (그는 나의 주의를 끌기 위해 기침을 했다.)
(= He **coughed** to attract my attention.)
I'm going to **give a speech** on women's liberation movement.
(나는 여성 해방 운동에 대해서 연설을 하려고 한다.)
(= I'm going to **speak** on women's liberation movement.)
She **gave a frown** at him disapprovingly.
(그녀는 찬성하지 않는다는 표시로 눈살을 찌푸렸다.)
(= She **frowned** at him disapprovingly.)
He's **giving a talk** about early Korean poetry.
(그는 초기 한국의 시에 대해서 말하고 있다.)
(= He's **talking** about early Korean poetry.)

give a chuckle/a cough/a cry/a laugh/a lecture/a shout/a scream/a speech/a talk
give a frown/a grin/a smile/a yawn
give a clean/a hug/a kick/a push/a shake/a signal/a wave

▶ 이 구조는 간접 목적어와 함께 사용될 수 있다. (예: She **gave me a smile**.)

If the car won't start, we'll **give it a push**.
(차가 시동이 걸리지 않으면 우리가 차를 떠밀 것이다.)
(= If the car won't start, we'll **push it**.)
If something doesn't work, I usually **give it a kick**.
(무엇인가 작동하지 않으면 나는 보통 발로 찬다.)

(= If something doesn't work, I usually **kick it**.)
Could you **give the carpet a clean**? (양탄자를 세척해 줄 수 있습니까?)
(= Could you **clean the carpet**?)

▶ 흔히 쓰이는 다른 표현에는 다음과 같은 것들이 있다.

"Perhaps salt will make it taste better." "OK, let's **give it a try**."
("어쩌면 소금이 맛을 더 좋게 할 겁니다." "그래요, 한 번 해봅시다.")
I'll **give you a call** if I hear anything. (무엇인가 들으면 전화할게요.)
"Are you coming to the movie?" "No, I'm tired. I'll **give it a miss**."
("영화 보러 올 겁니까?" "아니요, 피곤해서요. 한 번 빼먹을까 합니다.")

give에 대해서는 G14를 보라.

2   go (for): 스포츠나 운동과 관련이 있는 명사가 온다.

He offered me to **go for a ride** in his new car.
(그는 자기의 새 차를 타보러 가자고 제안했다.)
(= He offered me to **ride** in his new car.)
Let's **go for a walk**. (걸으러 갑시다.)
(= Let's **walk**.)

go for a drive/a ride/a run/a sail/a swim/a walk

▶ 또한 "go for a bath/a shower, go for a pee/a piss/a crap/a shit"와 같은 표현에도 유의하기 바란다.

Do I have time to **go for a pee** before we leave?
(우리가 떠나기 전에 소변을 볼 시간이 있습니까?)
(= Do I have time to **pee** before we leave?)

go 동사에 대해서는 G16과 G17을 보라.

3   have: 여러 가지 행위명사와 결합하여 다양한 행위를 표현한다.

Let's **have a drink**. (한잔합시다.)
(= Let's **drink**.)
I'm going to **have a bath**. (나는 목욕을 하려고 합니다.)
(= I'm going to **bathe**.)
What time do you usually **have a walk**? (보통 언제쯤 산책을 갑니까?)
(= What time do you usually **walk**?)

▶ 이외에도 have는 많은 행위명사를 목적어로 취할 수 있다.

have a drink/a sip
have a bath/a shave/a shower
have a dream/a lie-down/a rest/a sleep

have a chat/a fight/a quarrel/a talk
have a dance/a swim/a ride/a walk/a fall
have a look/a try

have와 행위명사의 결합에 대해서는 H7.2를 보라.

4   make: make는 여러 가지 행위명사와 결합할 수 있다.

He **made an** unsuccessful **attempt** to resist arrest.
(그는 체포에 반항하려고 시도했으나 실패했다.)
(= He unsuccessfully **attempted** to resist arrest.)
They **made a trip** around the world for their 50th wedding anniversary.
(그들은 결혼 50주년 기념으로 세계일주 여행을 했다.)
(= They **tripped** around the world for their 50th wedding anniversary.)
You must **make a careful choice** of your profession.
(직업을 선택할 때는 주의해야 한다.)
(= You must **carefully choose** your profession.)

make arrangements/an attempt/changes/progress
make a contribution/a donation/an offer/payments/a profit
make an apology/an error/an excuse/a mistake
make a choice/a decision/a guess
make a (phone) call/a request/a speech/a suggestion
make a journey/a trip

make와 행위명사에 대해서는 M3.5를 보라.

5   take: 어떤 행위를 표현할 때 동사 대신에 take와 행위명사를 써서 표현한다.

Would you like to **take a look** at the painting? (이 그림을 보시겠습니까?)
(= Would you like to **look** at the painting?)
Mike's just **taking a shower**. (마이크는 막 샤워를 하고 있다.)
(= Mike's just **showing**.)
He pured wine into the glass and **took a sip**. (그는 포도주를 잔에 따라서 한 모금 마셨다.)
(= He pured wine into the glass and **sipped**.)

take a drink/a sip
take a bath/a shave/a wash
take a break/a rest/a seat/a sleep
take a breath/care/a dive/exercise/a leap/a step/a swim/a walk
take a guess

take와 행위명사에 대해서는 T1.12를 보라.

V8   VERBS-8: 불규칙동사

"불규칙동사(irregular verbs)"란 "과거형"이나 "과거분사형"을 구성할 때 "-ed어미"를 붙이지 않는 동사를 가리킨다. 영어의 불규칙동사에는 여러 가지 유형이 있으며, 그 대표적인 불규칙동사를 유형별로 나열하면 다음과 같다. 불규칙동사의 완전한 목록은 좋은 사전을 보라. (규칙동사에 대해서는 P15를 보라.)

1   세 가지 형이 발음과 철자가 동일한 동사: 몇몇 동사는 두 가지 형태를 허용한다.

원형	과거형	과거분사형
bet	bet/betted	bet/betted
cost	cost	cost
cut	cut	cut
hit	hit	hit
hurt	hurt	hurt
let	let	let
put	put	put
quit	quit/quitted	quit/quitted
set	set	set
shut	shut	shut
split	split	split
wed	wed/wedded	wed/wedded
wet	wet/wetted	wet/wetted

2   모음에서 차이가 나는 동사

원형	과거형	과거분사형
become	became	become
begin	began	begun
bind	bound	bound
bleed	bled	bled
come	came	come
dig	dug	dug
drink	drank	drunk
feed	fed	fed
fight	fought	fought
find	found	found
get	got	got/gotten
hang	hung	hung
hold	held	held
lead	led	led
light	lit/lighted	lit/lighted

원형	과거형	과거분사형
meet	met	met
read [ri:d]	read [red]	read [red]
ring	rang	rung
run	ran	run
shine	shone	shone
shoot	shot	shot
sing	sang	sung
sink	sank	sunk
sit	sat	sat
speed	sped	sped
spin	span/spun	spun
spit	spat	spat
stand	stood	stood
stick	stuck	stuck
strike	struck	struck
swing	swung	swung
swim	swam	swum
understand	understood	understood
win	won	won
wind [waɪnd]	wound [waʊnd]	wound [waʊnd]

3 과거분사형이 [-n]으로 끝나는 동사

원형	과거형	과거분사형
arise	arose	arisen
awake	awoke	awaken
be	was/were	been
beat	beat	beaten
bite	bit	bitten
blow	blew	blown
break	broke	broken
choose	chose	chosen
do	did	done
draw	drew	drawn
drive	drove	driven
eat	ate [eɪt]	eaten [i:tn]
fall	fell	fallen
fly	flew	flown
forget	forgot	forgotten
forgive	forgave	forgiven
freeze	froze	frozen
give	gave	given
go	went	gone
grow	grew	grown
hide	hid	hidden

know	knew	known
ride	rode	ridden
rise	rose	risen
see	saw	seen
shake	shook	shaken
show	showed	shown
speak	spoke	spoken
steal	stole	stolen
take	took	taken
tear	tore	torn
throw	threw	thrown
wake	woke	woken
wear	wore	worn
write	wrote	written

4　과거형과 과거분사형이 처음인 [-d] 또는 [-t]로 끝나는 동사

원형	과거형	과거분사형
bend	bent	bent
bring	brought	brought
build	built	built
burn	burnt	burnt
buy	bought	bought
catch	caught	caught
deal	dealt [delt]	dealt
dream	dreamt [dremt]/dreamed	dreamt/dreamed
feel	felt	felt
have	had	had
keep	kept	kept
lay	laid	laid
lean	leant/leaned	leant/leaned
learn	learnt/learned	learnt/learned
leave	left	left
lend	lent	lent
lose	lost	lost
make	made	made
mean	meant [ment]	meant [ment]
pay	paid	paid
say	said [sed]	said [sed]
sell	sold	sold
send	sent	sent
sleep	slept	slept
smell	smelled/smelt	smelled/smelt

spill	spilled/spilt	spilled/spilt
spoil	spoiled/spoilt	spoiled/spoilt
teach	taught	taught
think	thought	thought

5 혼동을 일으키는 동사들

(1) lay와 pay는 철자에 있어서는 불규칙동사이지만, 발음에 있어서는 규칙동사다.

원형	과거형	과거분사형
lay	**laid**	**laid**
pay	**paid**	**paid**

(2) 이들은 자동사와 타동사로서 상호교환해서 사용될 수 있지만, 이 동사들 중에 wake가 가장 흔히 쓰이며 종종 전치사적 부사 up과 함께 쓰인다.

원형	과거형	과거분사형
awake	**awaked/awoke**	**awaked/awoken**
wake	**waked/woke**	**waked/woken**
awaken	**awakened**	**awakened**
waken	**wakened**	**wakened**

I **woke** up three times in the night. (나는 밤에 세 번이나 깼었다.)
Please **wake** me (up) at 5:30. (5시 30분에 나를 깨워주세요.)

▶ waken은 문학 작품에서 wake 대신 종종 사용된다.

The princess didn't **waken** for a hundred years. (공주는 백 년 동안 깨어나지 않았다.)
Then the prince **wakened** her with a kiss. (그런데 왕자가 키스로써 공주를 깨게 했다.)

▶ awake와 awaken도 문학작품에서 종종 사용되는 단어로서 감정이나 인식의 각성을 의미할 때 자주 사용된다.

Her letter **awoke** old memories. (그녀의 편지가 옛 추억을 일깨웠다.)
Old memories **awoke** in her when she read the letter.
(그녀가 편지를 읽었을 때 옛 추억이 그녀에게서 되살아났다.)
The news **awakened** the country to the danger of war.
(그 소식은 국가에 전쟁의 위험을 깨닫게 했다.)

(3) find와 found는 종종 혼동을 일으킨다.

원형	과거형	과거분사형
find	found	found
found	founded	founded

They **found** the lost child. (그들은 실종된 아이를 찾았다.)
The room was **found** empty, when they got there.
(그들이 그곳에 갔을 때는 방이 비어 있었다.)

He **founded** the school in 1970. (그는 1970년에 학교를 설립했다.)
Harvard University was **founded** by John Harvard in 1636.
(하버드 대학은 1636년에 존 하버드에 의해 설립되었다.)

(4) lay, lie, lie는 자주 혼동을 일으키는 동사다.

원형	과거형	과거분사형
lay	laid	laid
lie	lay	lain
lie	lied	lied

I **laid** the newspaper on the table. (나는 신문을 식탁 위에 놓았다.)
A bird **lays** an egg. (새는 알을 낳는다.)

The wounded soldiers were **lying** on the battleground.
(부상당한 병사들이 전쟁터에 누워 있었다.)
I'm very tired; I must **lie** down. (나는 너무 지쳐서 누워 있어야 한다.)

It's not good to **lie** to your friend. (친구에게 거짓말을 하는 것은 좋지 않다.)
You **lied** to me when you said you loved me.
(너는 나를 사랑한다고 말했을 때 나에게 거짓말을 했다.)

(5) arise, raise, rise도 유사한 의미를 가진 동사로 혼동을 일으킨다.

원형	과거형	과거분사형
arise	arose	arisen
raise	raised	raised
rise	rose	risen

Difficulties will **arise** as we do our job. (우리가 일을 하다보면 어려운 일이 있게 마련이다.)
I **raised** my finger to my lip as a sign for silence.
(나는 침묵의 표시로 손가락을 들어 입술에 갖다 댔다.)
The river **rose** high after the heavy rain. (폭우 후에는 강물이 상승했다.)

arise는 "(사건, 어려움 등이) 일어나다, 발생하다"라는 뜻으로, rise는 "(해, 달 등이) 뜨다, (fall의 반의어로) 오르다, 상승하다"의 뜻으로 주로 사용된다. 시에서는 가끔 arise가 rise의

Practical Modern English II

의미로 쓰이기도 한다. "아침에 일어나다"라는 뜻으로는 구어체인 get up이 있지만, arise는 시에서 가끔 같은 뜻으로 사용되기도 한다. rise도 좀 딱딱한 표현이지만 get up의 뜻으로 사용된다.

6 **영국영어과 미국영어의 차이**: 미국영어와 영국영어 사이에는 다음과 같은 몇 가지 차이가 있다.

(1) 미국영어에서는 "burn, dream, lean, learn, smell, spell, spill, spoil" 등이 규칙동사로 사용되지만, 영국영어에서는 과거시제와 과거분사에 "-t"가 흔히 나타나며 또한 규칙형도 나타난다. 이 두 형태는 때때로 용법이 다르기도 하다.

원형	과거형	과거분사형
burn	burned/burnt	burned/burnt
dream	dreamed/dreamt	dreamed/dreamt
lean	leaned/leant	leaned/leant
learn	learned/learnt	learned/learnt
smell	smelled/smelt	smelled/smelt
spell	spelled/spelt	spelled/spelt
spill	spilled/spilt	spilled/spilt
spoil	spoiled/spoilt	spoiled/spoilt

(2) wake는 미국영어에서 규칙동사로 사용되기도 한다.

원형	과거형	과거분사형
wake	woke/waked	woken/waked

(3) spit는 미국영어에서 spit과 spat을 둘 다 과거시제 혹은 과거분사로 사용할 수 있다.

원형	과거형	과거분사형
spit	spit/spat	spit/spat

(4) quit와 wet가 영국영어에서는 규칙동사이지만 미국영어에서는 fit를 포함하여 quit와 wet가 일반적으로 불규칙동사로 사용된다.

원형	과거형	과거분사형
fit	fit	fit
quit	quit/quitted	quit/quitted
wet	wet/wetted	wet/wetted

(5) dive는 영국영어에서 규칙동사이지만 미국영어에서는 불규칙동사로 쓰일 수 있다.

원형	과거형	과거분사형
dive	dived/dove	dived

(6) 미국영어에서 get의 과거분사는 got 혹은 gotten이다. (G13을 보라.)

원형	과거형	과거분사형
get	got	got/gotten

V9 VERBLESS CLAUSES (무동사절)

우리가 어떤 표현을 "절(clause)"이라고 부르는 것은 일반적으로 이 표현이 동사적 성분을 포함하고 있음을 의미한다. 동사적 성분이 없는 표현을 절이라고 부르는 이유는 이 표현이 완전한 절처럼 이해된다는 점과 종종 완전한 절 형태로 재구성할 수 있다는 점이다. 무동사절은 구어체에서 흔히 쓰인다.

1 **주절**: 무동사절이 주절이 되는 이 표현은 특히 대화에서 많이 사용된다.

How about Monday at eight? [제안]
(월요일 8시가 어떠세요?)
What about a nice cup of tea?
(차 한잔하는 것 어떠세요?)

("He's decided to work part-time.") What for? [질문]
("그는 시간제로 일하기로 했다.") (왜요?)
("Will you drive her home, please?") Why me?
("네가 좀 그녀를 집까지 차로 데려다 줄 수 있냐?") (왜 납니까?)

Everybody out! (모두 나가시오.) [지시]
Off the grass! (잔디를 밟지 마시오!)

How strange a remark! (참으로 이상한 촌평이네!) [감탄]
What a beautiful bride! (정말 예쁜 신부다!)

Good morning! (안녕하세요!) [인사]
Hi! (안녕!)

Good luck! (행운을 빕니다!) [소망]
Happy birthday! (행복한 생일 되십시오!)

2 **종속절**: 무동사절은 종속절로 자주 쓰인다.

When alone, the girl started screaming. (그 아가씨는 혼자가 되자 소리를 지르기 시작했다.)

Though a good student, Jim failed to pass his English exam.
(짐은 훌륭한 학생이지만 영어시험에 떨어졌다.)
When a child, he had been taught to listen rather than speak.
(그는 어릴 때 말을 하기보다 남의 말을 들으라고 배웠다.)
With the children at school, we can't leave the town.
(아이들이 학교를 다니기 때문에 우리는 이 도시를 떠날 수 없습니다.)
While at college, he was an active member of the dramatic society.
(대학시절에 그는 연극 협회의 활동적인 멤버였다.)
Whether right or wrong, he comes off worst in argument.
(옳든 그르든 그는 논쟁에서 최악으로 끝맺는다.)
If in doubt, contact the local safety officer. (의심이 가면 지방 안전국 요원을 접촉하시오.)

축약된 표현에 대해서는 E13-E19를 보라.

3 **격언**: 무동사절은 격언이나 속담에서 자주 사용된다.

The more, the better. (많을수록 더 좋다. (다다익선))
No smoke without fire. (불 안 땐 굴뚝에 연기 날까.)
Like father, like son. (부전자전)
More haste, less speed. (바쁠수록 돌아가라.)
Out of sight, out of mind. (눈에서 멀어지면 마음에서도 멀어진다.)

V10　very

1 **부사**: very는 부사로서 "형용사, 부사, 양화사의 의미를 강조하는" 표현이다.

The fishing industry is **very important** to this area. (어업은 이 지역에 매우 중요하다.)
The traffic is moving **very slowly** this morning.
(오늘 아침에는 차들이 매우 천천히 움직인다.)

▶ 부정적 의미를 가진 표현과 함께 쓰일 경우 "별로, 그다지"의 의미를 갖는다.

The secretary **wasn't very** helpful in preparing your speech.
(연설을 준비하는 데 비서가 그다지 도움이 되지 않았다.)
Very little is known about the causes of the disease.
(병의 원인에 대해서 알려진 것이 별로 없다.)

2 **very**: very는 이미 "very"의 의미를 내포하고 있는 "awful, fascinating, fantastic, horrible, horrific, invaluable, priceless, terrible, tremendous"와 같은 형용사와는 함께 사용하지 않는 것이 좋다. 대신에 "absolutely"나 "really"와 같은 표현을 사용한다.

Their house is **absolutely fantastic**.
(그들의 집은 엄청나게 화려하다.)
(Their house is **very fantastic**보다 자연스럽다.)

You're making an **absolutely terrible** mistake.
(너는 대단히 큰 실수를 하고 있는 것이다.)
(You're making a **very terrible** mistake보다 자연스럽다.)
This plan could save us a **really tremendous** amount of money.
(이 계획은 우리에게 정말로 엄청나게 큰돈을 절약하게 해 줄 수 있다.)
(*This plan could save us a **very tremendous** amount of money.)

▶ 그러나 very는 "최상급 형용사의 의미를 강조"할 수 있다.

This is the **very best** chocolate cake I've ever tasted.
(이것은 내가 지금까지 먹어본 최고의 초콜릿 케이크다.)
I think we selected the **very worst** candidate in this election.
(나는 우리가 이번 선거에서 최악의 후보를 선출했다고 생각한다.)

3 very much: very는 much와 함께 동사를 수식할 수 있다.

Thank you **very much**. (대단히 감사합니다.)
He **very much regrets** what happened. (그는 있었던 일에 대해서 매우 후회스러워 한다.)

▶ "very much"는 전치사구도 수식하기도 한다.

He was **very much in demand** as a teacher. (그를 선생으로도 필요로 하는 곳이 많다.)
He must have been **very much out of his mind** to employ her.
(그녀를 채용한 것은 그가 정신이 나가도 많이 나간 것이 틀림없었다.)

4 형용사: very는 형용사로서 "한정사 the(그리고 몇몇 확정적 한정사)"와 함께 명사 앞에 올 수 있으며, 어떤 특정 대상에 대한 "정확성을 강조하는" 의미로 쓰인다.

The famous scientist died in **this very room**.
(그 유명한 과학자가 바로 이 방에서 서거했다.)
This is **the very book** I've been looking for all month.
(이것이 내가 한 달 내내 찾아다니던 바로 그 책이다.)
... **this very night**, before the rooster crows, you will disown me three times.
(오늘 밤 닭 울기 전에 네가 세 번 나를 부인하리라.) [마 26:34]

유사한 강조어인 too에 대해서는 T16을, enough에 대해서는 E24를 보라.

V11   virtually와 actually

"virtually(사실상 (in effect))"는 실제로 어떤 상황이 일어나고 있는지 "확신이 없으면서 그 상황을 실제상황"으로 말할 때, "actually(실제로 (in fact))"는 실제로 "어떤 상황이 일어났는가"를 말할 때 사용한다.

It's **virtually** impossible to catch drug dealers.
(마약 판매자를 체포하는 것은 사실상 불가능하다.)

Their twins are **virtually** identical. (그들의 쌍둥이는 사실상 똑같이 생겼다.)
The new carbon fiber tennis racquets are **virtually** unbreakable.
(새로운 탄소섬유 테니스 라켓은 사실상 부러뜨릴 수가 없다.)

I didn't **actually** see her — I just heard her voice.
(나는 실제로 그녀를 못 봤고 목소리만 들었을 뿐이다.)
The model currently on the market is **actually** a version of the old machine.
(현재 시장에 있는 모델은 실제로 옛날 기계의 한 변형이다.)
Did he **actually** attack you or just threaten you?
(실제로 그가 당신을 공격했습니까 혹은 위협만 했습니까?)

If your lawyer speaks for you in court, you're **virtually** speaking for yourself, although you're not **actually** there. (만약 당신의 변호인이 법정에서 당신을 대신해서 말한다면, 실제로는 당신이 법원에 없지만 사실상 당신 자신이 말하는 것이다.)

V12 vocation, avocation, profession, occupation

1. vocation: 인생의 목표가 특정 형태의 일을 하도록 부름을 받았다는 "소명의식"에 기초한 "성직, 천직, 사명"을 의미한다.

    Converted in early teens, he chose the ministry as his **vocation**.
    (10대 초기에 개종한 그는 목사를 그의 성직으로 선택했다.)
    At 40 John has found his true **vocation** as a writer.
    (40이 돼서 존은 작가로서의 자신의 천직을 찾았다.)
    Mary regards the teaching profession as a **vocation**.
    (메리는 가르치는 직업을 소명으로 여기고 있다.)

2. profession: 일반적으로 "교육, 의학, 법, 성직"과 같이 특별한 교육이 필요한 "전문직, 지적 직업"을 가리킬 때 사용된다. 또한 profession은 "생업을 위한 직업"을 의미하기도 한다.

    Teaching is a **profession** that requires a total commitment.
    (교직은 모든 것을 바치는 참여가 요구되는 직업이다.)
    Medicine was once a male-dominated **profession**. (의학은 한 때 남성 위주의 전문직이었다.)
    Kelly was a lawyer by **profession**. (켈리는 직업이 변호사였다.)

3. occupation: "생업을 위해 정기적으로 일을 하는 직업"을 두루 가리킨다. 특히 occupation은 공적인 맥락에서 통상적인 "정규직(full-time) 직업"을 말할 때 사용된다.

    The research shows that the majority of the working population works in service **occupations**.
    (연구는 근로인구의 대부분이 서비스업에 종사함을 보여준다.)
    Please, state your name, age, and **occupation**. (당신의 성명과 나이와 직업을 말하시오.)
    Please, fill in the details of your **occupation**.
    (귀하의 직업에 대한 상세한 내용을 빈칸에 기입하십시오.)

4   **avocation**: 주 직업 외에 여유 시간에 "취미(hobby)로 하는 일"을 가리킨다.

He's a lawyer by **vocation**, and writing stories is his **avocation**.
(그는 주업이 변호사이고, 취미로 이야기 글을 쓴다.)
Stamp-collecting as well as fishing is Dr. Evan's **avocation**.
(낚시와 더불어 우표수집이 에반스 박사의 취미생활이다.)

W1   -ward와 -wards

방향을 가리키는 표현으로 "backward(s), downward(s), forward(s), homeward(s), northward(s), outward(s), upward(s)" 등이 있으며, 이들은 "형용사" 또는 "부사"로 사용될 수 있다.

1 **형용사**: 이 단어들이 형용사로 쓰일 때에는 "-s"가 붙지 않으며, 명사를 앞에서만 "한정적"으로 수식할 수 있다.

Some people still think of Korea as a **backward** country.
(어떤 사람들은 아직도 한국을 후진국으로 생각하고 있다.)
(*Some people still think of Korea as a **backwards** country.)
(*Some people still think that Korea is **backward**.)
The **eastward/*eastwards** route might be quicker. (동쪽 노선이 더 빠를 수도 있다.)
You're not allowed to make a **forward/*forwards** pass in rugby.
(럭비에서는 전방으로 공을 패스하는 것이 허용되지 않는다.)

2 **부사**: 부사로 사용되면 "-s"가 붙을 수도 있고 붙지 않을 수도 있다. -s를 가진 것은 영국영어에서 더 흔히 쓰이고, 없는 것은 미국영어에서 더 흔히 쓰인다.

They moved the chairs **backward(s)**. (그들은 의자를 뒤로 옮겼다.)
The soldiers stepped **forward(s)** three paces. (병사들은 앞으로 세 걸음을 내디뎠다.)
He turned his face **upward(s)** to the plane. (그는 비행기를 향해 얼굴을 위로 들었다.)
Let's start driving **homeward(s)**. (집을 향해 차로 출발하자.)

▶ "look forward, bring forward, put forward"와 같은 비유적 표현에서는 항상 "-s 없는" 형태가 사용된다.

I **look forward to** hearing from you soon. (나는 당신에게서 곧 소식을 듣기를 고대합니다.)
None of the ideas that you **put forward** has been accepted.
(네가 내놓은 아이디어의 어느 것도 채택되지 않았다.)
The government **has brought forward** new proposals to tackle the problem.
(정부는 문제를 타개하기 위해 새로운 제안을 제시했다.)

3 **toward(s)와 afterward(s)**: toward(s)는 "전치사"로만 사용되며, towards는 영국영어에서 사용되고 toward는 미국영어에서 흔히 사용된다. afterwards는 "부사"로만 사용되며, 영국영어에서 afterwards가 사용되고, 미국영어에서는 afterward와 afterwards 둘 다 사용된다.

She stood up and walked **toward(s) him**. (그녀는 일어나서 그를 향해 걸어갔다.)
He leaned **toward(s) his wife** and whispered. (그는 몸을 부인 쪽으로 기울이고 속삭였다.)
We had tea, and **afterward(s)** we sat in the garden for a while.
(우리는 차를 마시고, 그 후에 정원에 잠시 동안 앉아 있었다.)

W2   way

1 **길**: "길, 방향, 통로" 등을 의미한다.

   Does anybody know **the way** to Incheon International Airport?
   (누군가 인천국제공항에 가는 길을 압니까?)
   Route 35 is **the quickest way** to the sea from here.
   (35번 도로가 여기서 바다로 가는 가장 빠른 길이다.)
   I was afraid of losing **my way** in the dark. (나는 어둠 속에서 길을 잃을까 봐 두려웠다.)

2 **거리/기간**: "거리" 또는 "기간"을 의미한다.

   We still have **a long way** to go. (우리는 아직도 갈 길이 멀다.)
   I had to park the car **some way** from the restaurant.
   (나는 음식점에 좀 떨어진 곳에 차를 주차해야 했다.)
   She stayed with him in the ambulance **all the way** to the hospital.
   (그녀는 병원으로 가는 내내 구급차에서 그와 함께 있었다.)
   A peace settlement seems **a long way** off. (평화 정착은 먼 것 같다.)

3 **가능성**: 여러 가능성 중에 특정의 "의견, 생각, 행위"를 선택하는 것을 의미한다.

   I'm not sure **which way** he'll decide. (나는 그가 어느 방책으로 결정할지 확신할 수 없다.)
   Make your mind up **one way** or the other. (이렇게 든 저렇게 든 결심을 하십시오.)

4 **방법**: 원하는 결과를 얻기 위한 "방법"을 표현할 때 사용된다.

   What's **the best way** to learn a foreign language? (외국어를 배우는 최상의 방법은 무엇입니까?)
   There're **many ways** of solving the problem. (그 문제를 해결하는 데는 많은 방법이 있다.)

5 **상태**: 좋지 않은 "상태"나 "조건"을 의미한다.

   He's been in **a bad way** (= very ill) ever since the operation.
   (그는 수술 이후부터 몸이 매우 좋지 않았다.)
   She's in **a terrible way** (= very upset) since her husband left her.
   (그녀는 남편이 떠난 후부터 몹시 힘든 정신 상태에 있다.)

6 **관점**: 어떤 사태를 보는 "관점"을 말할 때 사용된다.

   In a/one way you're right, I suppose. (어떤 점에서는 네가 옳다고 생각한다.)
   Working at home makes sense, **in many ways**.
   (여러 관점에서 볼 때 집에서 일하는 것이 이치에 맞는다.)

7 **강조부사**: "시간, 공간, 정도의 차이"를 강조하는 "강조부사"로 사용된다.

   After the third lap, he was **way behind the other runners**.

(그는 세 바퀴를 돌았을 때 다른 주자보다 많이 뒤떨어져 있었다.)
Although he started later than us, he's **way ahead of us now**.
(그는 우리보다 늦게 출발했지만, 지금은 우리를 훨씬 앞서있다.)
Dinosaurs became extinct **way before mankind first appeared on Earth**.
(공룡은 인간이 지구상에 처음 나타나기 훨씬 이전에 멸종했다.)
Many prisoners of war haven't returned home **way after the war ended**.
(전쟁이 끝난 지 매우 오래된 후에도 많은 전쟁포로들이 집으로 돌아오지 않았다.)
She spends **way too much money on clothes**. (그녀는 옷에 지나치게 많은 돈을 쓴다.)
He's **way more intelligent than his brother**. (그는 형보다 훨씬 더 머리가 좋다.)
Her IQ is **way above the average**. (그녀의 아이큐는 평균을 훨씬 능가한다.)

8 **in/on the way**: 정관사는 "소유격 대명사(예: my, your, our 등)"로 대치될 수 있다. "in the way"는 어떤 행위를 가로막는 "장애"를 표현하고, "on the way"는 어떤 상황이 "진행 중이거나 곧 발생할 것임"을 가리킨다.

I can't move the car — there's a big truck **in the way**.
(나는 차를 움직일 수가 없다. 큰 트럭이 가로막고 있다.)
Sorry, am I **in your way**? (미안합니다. 제가 방해가 됩니까?)

They think many changes **on the way**. (그들은 많은 변화가 일어나고 있는 중이라고 생각한다.)
The ships are already **on their way** to Busan. (배들은 이미 부산을 향해 가고 있는 중이다.)
... while they were **on their way** to buy the oil, the bridegroom arrived.
(그들이 [기름을] 사러 간 사이에 신랑이 오므로 ...) [마 25:10]

9 **by the way**: 대화의 주제를 바꿀 때 종종 사용되는 접속어다. (C39.12를 보라.)

I met John on the campus yesterday. **By the way**, he sent you his regards.
(어제 교정에서 존을 만났다. 그런데 말이야, 그가 너에게 안부를 전했다.)
I think we've considered the subject enough. **By the way**, what time is it?
(나는 우리가 그 주제를 충분히 고려했다고 생각합니다. 도대체, 지금 몇 십니까?)

10 **to-부정사와 of-ing**: way가 "방법" 또는 "수단"을 의미할 경우 "to-부정사"와 "of-ing구조" 가 다 가능하며 의미적으로 큰 차이는 없다

There's **no way to prove/of proving** that he's guilty.
(그가 유죄라는 것을 입증할 방법이 없다.)
Evening classes are **one way to meet/of meeting** new people.
(야간학교는 새로운 사람들을 만나는 한 방법이다.)
There's **no way to know/of knowing** if the treatment will work.
(그 치료가 효력이 있을지 알 길이 없다.)

11 **관계절**: way를 수식하는 관계절에서 how가 "관계부사"로 사용될 수 없다. (R12.10을 보라.)

*This is **the way how** he spoke.

► how 대신에 구어체에서는 "that"가, 문어체에서 "in/by which"가 사용된다.

This is **the way that** he spoke. (이것이 그가 말하는 방식이다.)
This is **the way in which** he spoke. (이것이 그가 말하는 방식이다.)

12　**전치사의 생략**: 구어체에서 way를 포함하는 전치사구에서 종종 전치사가 생략될 수 있다.

I think you're approaching the problem **(in) the wrong way**.
(나는 네가 그 문제에 잘못된 방식으로 접근하고 있다고 생각한다.)
Sorry, I didn't know he felt **(in) that way**.
(미안합니다. 나는 그가 그렇게 생각하고 있는지 몰랐습니다.)
Do it **(in) any way** you like. (당신이 좋아하는 방식대로 하시오.)
I find it easier to work **(in) this way**.
(나는 이 방식으로 일하는 것이 더 쉽다는 것을 알게 됐다.)

13　**the way + 절**: 구어체에서 종종 "...처럼/ ...에 의하면/...하는 것으로 판단하면"을 의미하는 부사구로 쓰인다.

He doesn't do it **the way I do**. (그는 내가 하는 것처럼 하지 않는다.)
The way things are going, perhaps he won't come at all.
(현 상황으로 판단하건데 그는 아마도 오지 않을 것이다.)
After **the way he's lied**, I just don't trust him anymore.
(그가 거짓말을 했다는 생각이 든 후에는 나는 그를 더 이상 신뢰하지 않는다.)

14　**no way**: 구어체에서 "no"라는 말을 강력하게 표현할 때 사용된다.

"Can I borrow your car tomorrow?" "**No way!**"
("내일 차를 좀 빌릴 수 있을까요?" "천만의 말씀입니다."
I haven't played cards with her for money — **no way**!
(나는 결코 그녀와 돈을 걸고 카드를 친 적이 없다.)

W3　we

1　**일인칭 복수 we**: we는 "일인칭 복수 대명사"로서 "you"를 포함할 수도 있고 안 할 수도 있다.

"When shall **we** meet again?" "Let's meet on Friday, shall **we**?"
("언제 우리 다시 만날까요?" "금요일에 만나는 것 어때요?")
"Did you go to the supermarket?" "No, **we** didn't."
("슈퍼에 갔었습니까?" "아니요, 우리 안 갔는데요.")

2　**인간(mankind)**: "인간 전부"를 가리킬 수 있다.

We live in a period of great changes. (우리는 대변혁의 시대에 살고 있다.)
Science tells **us** that the sun is getting hotter.
(과학은 태양이 점점 뜨거워지고 있다고 말한다.)

3   **사설(editorial) we**: 화자나 필자가 말이나 글에서 청자나 필자들을 "끌어들이는 표현"으로 사용된다.

As **we** saw in Chapter 4, slavery was not the only cause of the Civil War.
(우리가 4장에서 본 것처럼 노예제도가 남북전쟁의 유일한 원인이 아니었다.)
In this class **we** will briefly look at the history of art since Rembrandt.
(이번 수업에서 우리는 렘브란트 이후의 미술 역사를 간단히 살펴볼 것이다.)

4   **조직(organizational) we**: 정부 또는 어떤 조직을 가리킬 때 사용되기도 한다.

In the 19th century **we** neglected our poor as we amassed wealth.
(19세기에 우리는 부를 축적하면서도 가난한 이웃을 방치했다.)
Today **we** are much concerned with the welfare of the people.
(오늘날 우리는 국민의 복지에 더 많은 관심을 쏟는다.)

5   **어버이(parental) we**: 환자나 어린아이에게 말할 때 종종 "you"의 의미로 쓰인다.

How are **we** feeling today, Bill? (빌, 우리 오늘 기분이 어때?)
Now **we** don't want to be late to school, do **we**? (우리 오늘 학교에 지각하고 싶지 않지?)

6   **제왕(royal) we (짐)**: 군주가 종종 자신을 가리킬 때 사용한다.

We are not amused. (짐은 마음이 즐겁지 않다.)
We are not interested in the possibilities of defeat. (짐은 패배의 가능성에 관심이 없다.)

we의 다른 용법에 대해서는 O14와 P52를 보라.

W4   well, good, fine

1   well과 good: 이 두 단어는 유사한 의미를 가질 뿐만 아니라 better와 best를 비교급과 최상급으로 갖는다는 점에서 같다. (건강을 말할 때를 제외하고는) well은 "부사"로 사용되고 good은 "형용사"로 사용된다.

The car runs **well**. (자동차가 잘 달린다.)
It's a **good** car. (좋은 차다.)

He teaches very **well**. (그는 매우 잘 가르친다.)
I like that teacher. He's very **good**. (나는 저 선생님을 좋아한다. 그는 매우 훌륭하신 분이다.)

She speaks English **well**. (그녀는 영어를 잘한다.)
She speaks **good** English. (그녀는 훌륭한 영어를 구사한다.)

It's a **well**-made car. (잘 만든 차다.)
She's a **good**-looking girl. (그녀는 잘 생긴 아가씨다.)

> ▶ 미국영어의 구어에서 good이 부사 well처럼 사용되지만 많은 교사들이 이러한 용법을 잘못된 것으로 간주한다.

The business is doing **good** now. (사업이 지금 잘 되고 있다.)
Listen to me **good**! (내 말 잘 들어!)

2 well과 fine: well은 형용사로 사용될 경우 "건강상태"를 말하며, 종종 fine도 유사한 뜻으로 사용된다.

"How are you today?" "Very **well**, thanks." ("오늘 어떠세요?" "덕분에 매우 좋습니다.")
I hope you get **well** again soon. (다시 빨리 건강해지기를 바랍니다.)

"How are you?" "**Fine**, thanks, how are you?"
("안녕하십니까?" "덕분에 잘 지냅니다. 선생님은 어떠십니까?")

3 good: good은 부정문이나 비교구문에서 "healthy/well"의 의미로 쓰이기도 하지만, 일반적으로 "건강에 좋은 것"을 의미하며 이 경우 well은 사용되지 않는다.

She **isn't** feeling too **good/well** today. (그녀는 오늘 건강이 그렇게 좋지 않습니다.)
Fresh fruit and vegetables are **good** for you. (신선한 과일과 채소는 건강에 좋습니다.)
(*Fresh fruit and vegetables are **well** for you.)
Make sure you eat plenty of **good** fresh food. (건강에 좋은 신선한 음식을 많이 먹도록 하시오.)

4 well: well은 명사 앞에 올 수 없다.

He's a **healthy baby**. (그는 건강한 아이다.) (*He's a **well baby**.)

ill과 sick에 대해서는 I8을 보라.

5 연결부사 well: 새로운 것을 말하려고 할 때 구어체에서 많이 사용되는 연결부사, 즉 "접속어"다. 특히 어떤 상황에 대한 자신의 응답이 갑자기 생각나지 않거나 응답을 생각하는 데 시간이 필요할 때 사용된다. (C39.13을 보라.)

Well, what shall we do today? (그런데, 우리 오늘 뭘 할까요?)
"What's your opinion on my proposed course of action?" "**Well**, I don't really know."
("내가 제안한 행동 방향을 어떻게 생각하십니까?" "글쎄요, 나는 잘 모르겠는데요.")
"I think Scotland is beautiful." "**Well**, yes, but the weather can be terrible!"
("나는 스코틀랜드가 아름다운 곳이라고 생각합니다." "네, 그렇습니다만 날씨가 가혹할 수 있지요.")

W5   were

were는 형태적으로 be동사의 "복수 과거시제형"으로서 일인칭과 3인칭 "단수 현재시제형"

was와 대조를 이룬다. (B2를 보라.)

we/you/they **were** ...
I/he/she/it **was** ...

▶ 비실제적 의미: 조건절이 "비실제적 의미"를 표현할 때 were는 "모든 주어"에 대해서 사용될 수 있다.

I wouldn't lend the man the money even if **he were** my brother.
(그가 내 형이라 할지라도 나는 그 사람에게 돈을 빌려주지 않을 것이다.)
If **I were** living in Busan, we could meet more often.
(내가 부산에 산다면 우리가 더 자주 만날 수 있을 것이다.)
If **I were** you, I wouldn't let him come with us.
(내가 너라면 그를 우리와 함께 가게 하지 않을 것이다.)

were to에 대해서는 B9.7을 보고, 가정법에 대해서는 S37을 보라.

W6   what

1   **의문대명사**: what는 의문대명사로서 사람이 아닌 "사물"에 대한 정보를 요구할 때 사용된다.

"**What** are you looking for?" "I'm looking for **my car key**."
("무엇을 찾고 있습니까?" "자동차 열쇠를 찾고 있습니다.")
"**Who** are you looking for?" "I'm looking for **my son**."
("누구를 찾고 있습니까?" "내 아들을 찾고 있습니다.")
She asked me **what** I had to buy. (그녀는 내가 사야 했던 것이 무엇이냐고 물었다.)
I want to know **what** happened to the lady. (나는 그 부인께 무슨 일이 있었는지 알고 싶다.)

2   **의문한정사**: what는 "사람" 또는 다른 "사물"에 대해 물어볼 때 "한정사"로 사용된다. (Q4.3을 보라.)

What color is the new car? (새 차가 무슨 색깔이냐?)
What painters do you admire most? (어떤 화가를 너는 가장 존경합니까?)
What good is it for a man to gain the whole world, yet forfeit his soul?
(사람이 만일 온 천하를 얻고도 제 목숨을 잃으면 무엇이 유익하리오?) [막 8:36]
They're discussing **what programmes** to develop for children.
(그들은 아이들을 위해 어떤 프로그램을 개발할 것인가를 논의하고 있다.)
I don't know **what children** she's talking about.
(나는 그녀가 어떤 아이들에 대해서 말하고 있는지 모르겠다.)
... **what good thing** must I do to get eternal life?
(... 내가 무슨 선한 일을 하여야 영생을 얻으리이까?) [마 19:16]

3 **직업**: what는 "직업"을 물어볼 때 사용된다.

"**What**'s her father?" "He's a lawyer." ("그녀의 아버지는 무슨 일을 하십니까?" "변호삽니다.")
"**Who**'s her father?" "He's John Smith, the son of a banker."
("그녀의 아버지는 누구십니까?" "존 스미스 씨로서 그는 은행가의 아들입니다.)

4 **시간과 날짜**: what는 "시간과 날짜"를 물어볼 때 사용된다.

"**What time** is it?" "It's 10 a.m." ("몇 십니까?" "오전 10십니다.")
"**What**'s the date (today)?" "It's April the first." ("(오늘이) 며칠입니까?" "4월 1일입니다.)
"**What**'s the day of the week?" "It's Monday." ("무슨 요일입니까?" "월요일입니다.")
"**What date** is your birthday?" "(It's) the fifteenth of April."
("생일이 언젭니까?" "4월 15일입니다.")
"In **what year** was Beethoven born?/**What year** was Beethoven born (in)?" "In 1770."
("베토벤이 어느 해에 태어났습니까?" "1770년에 태어났습니다.")

5 **반향의문문**: what는 반향의문문에서 앞 문장의 일부에 대해 질문할 때 사용된다. (Q5.2를 보라.)

"I'll pay for the lunch." "You'll **what**?" ("점심 값을 내가 내겠다." "네가 뭘 하겠다고?")
"She set fire to the garage." "She did **what** (to the garage)?"
("그녀가 차고에 불을 질렀다." "그녀가 (차고에) 뭘 했다고?")

6 **특별 의문문**: 완전한 문장 형태를 갖추지 않고 what를 사용하여 질문을 할 수 있다.

(1) what?: 방금 말한 것을 "반복할 것을 요청"하거나 "놀라움을 표현"할 때 (매우 불손한 표현이 될 수 있기 때문에 가급적 사용하지 않는 것이 좋다.)

"Could you turn the music down a bit?" "**What?**"
("음악을 약간 낮추어 줄 수 있습니까?" "뭐라고?")
"I think I've lost my passport." "**What?**" ("내가 여권을 잊어버린 것 같다." "뭐라 그랬어?")

(2) what about: 무엇을 "제안"하거나 새로운 것을 "소개"할 때

What about the supper at my place next Monday?
(다음 주 월요일에 우리 집에서 저녁 식사하는 것이 어떻습니까?)
What about going to a movie? (영화 구경 가는 것 어떠세요?)

That's the food for the party — **what about** the wine?
(그것이 파티를 위한 음식입니다. 포도주는 어떻게 됐습니까?)
What about Patricia for the job? What's she doing nowadays?
(그 자리에 퍼트리셔가 어떻습니까? 그녀는 요사이 무엇을 하고 있답니까?)

(3) what for: "이유"를 물어 볼 때

"She's decided to work part time." "**What for?**"
("그녀는 시간제로 일하기로 했답니다." "왜 그랬대?")

What did you do that **for?** (너는 왜 그랬느냐?)

(4) so what: "개의치 않음"을 표현할 때

"Your room is a real mess." "**So what**?" ("네 방이 엉망이다." "그래서 어떻다는 거야?")
"You look awful." "**So what**?" ("네 모습이 끔찍하다." "그게 어때서?")

(5) what if: 어떤 것을 하자고 "제안"하거나 또는 어떤 상황이 발생하면 어찌할 것인가를 표현할 때

What if we move to a house closer to the school?
(학교에 가까운 집으로 우리 이사하면 어떨까?)
What if we get married next month? (다음 달에 결혼하는 것 어떻게 생각하세요?)
What if you see the Son of Man ascend to where he was before!
(그러면 너희는 인자가 이전에 있던 곳으로 올라가는 것을 본다면 어떻게 하겠느냐) [요 6:62]
What if this plan of yours fails, what then?
(만약 당신의 이 계획이 실패한다면 다음은 어떻게 됩니까?)
What if it rains tomorrow? We'll just have to postpone the picnic.
(내일 비가 오게 되면요? 야유회를 연기할 수밖에 없지 뭐.)

동사에 대한 질문에 사용되는 what에 대해서는 Q4.4를 보라.

7   **관계대명사**: 관계대명사 what는 선행사가 없는 "독립 관계대명사"로 쓰인다. 이 경우 what는 "... 것/바/일(the thing(s)/that which)"을 의미한다. (상세한 것은 R14.1과 2를 보라.)

Show me **what** you bought at the market. (네가 시장에서 산 것을 나에게 보여줘라.)
I hope you're going to give me **what** I need.
(네가 내가 필요로 하는 것을 마련해 주기를 바란다.)
Give to Caesar **what** is Caesar's, and to God **what** is God's.
(가이사의 것은 가이사에게, 하나님의 것은 하나님에게 바치라.) [마 22:21] [눅 20:25]
What comes out of a man is **what** makes him 'unclean'.
(사람에게서 나오는 그것이 사람을 더럽게 하느니라.) [막 7:20]

8   **유사분열문**: 문장의 한 성분을 강조하기 위해 what를 문장 앞에 두어 유사분열문을 구성할 수 있다. (C19.3을 보라.)

What he did was morally wrong. (그가 한 것은 도덕적으로 옳지 않았다.)
What those kids need is some love and affection.
(그 어린이들이 필요로 하는 것은 약간의 사랑과 애정이다.)

9   **한정사 what**: 명사적 관계절에서 what는 명사와 함께 나타나는 한정사로 사용될 수 있다.

She gave his son **what money** she had. (그녀는 가진 모든 돈을 아들에게 주었다.)
(= She gave his son all the money she had.)
I'll give you **what help** I can. (나는 할 수 있는 데까지 너를 돕겠다.)

(= I'll give you any help that I can.)

10 **감탄사**: what는 "명사구"와 결합하여 "감탄표현"을 만든다. (상세한 것은 E37.3을 보라.)

What a lovely garden you have! (정말 아름다운 정원을 가지셨습니다!)
What beautiful weather! (참 쾌청한 날씨입니다!)
What nice people they are! (참으로 좋은 분들입니다!)

W7　when

when은 시간을 묻는 "의문부사"로 쓰이거나 "시간절"을 이끄는 "접속사"로 사용되며, "시간 대명사"로도 사용된다.

"**When** do you plan to come back home?" "On the fifth of June."　　[부사]
("언제 너는 집에 돌아올 계획이냐?" "6월 5일이에요.")
Call me **when** you get back.　　　　　　　　　　　　　　　　　　[접속사]
(돌아오면 나에게 전화해라.)
Since **when** have you regarded her as your future wife?　　　　　[대명사]
(언제부터 당신은 그녀를 당신의 미래 부인이라고 간주했습니까?)

1 **의문부사**: 의문문에서 "언제((at) what time)"를 의미한다. (Q4.2를 보라.)

"**When** are you coming back?" "At five in the afternoon."
("너는 언제 돌아올 것이냐?" "오후 5시에요.")
"Do you know **when** Japan surrendered in the Pacific War?" "On August 15th, 1945."
("당신은 일본이 태평양 전쟁에서 언제 항복했는지 압니까?" "1945년 8월 15일입니다.")
I don't know **when** I'll see you again. (나는 당신을 언제 다시 볼지 모른다.)

2 **시간부사절**: when은 "시간을 의미"하는 부사절을 이끌 수 있다.

Rachel was ten **when** her mother died. (레이첼은 어머니가 죽었을 때 열 살이었다.)
When he was in the college, he taught American history.
(그는 대학에 있을 때 미국역사를 가르쳤다.)
I'll call you **when** I get home. (내가 집에 도착하면 너에게 전화할게.)

3 **관계부사절**: when은 "시간명사"를 수식하는 관계부사절을 이끌 수 있다. (R12.9-13을 보라.)

Spring is **the season when** the farmers are busiest. (봄은 농부들이 가장 바쁜 계절이다.)
1988 was **the year when** the Olympic Games were held in Seoul.
(1988년은 올림픽이 서울에서 개최된 연도다.)
We remember **the time when** they first arrived at our place.
(우리는 그들이 우리 집에 처음 도착했을 때를 기억한다.)

4   **if**: 자연현상이나 일상적으로 있을 수 있는 상황을 말할 때는 when이 "if의 의미"로 쓰인다.

When water boils, it changes into steam. (물이 끓으면 증기로 변한다.)
It's not easy to make speeches, **when** you've never spoken in public before.
(전에 연설을 해본 적이 없으면 대중 앞에서 연설을 한다는 것이 쉽지 않다.)

5   **while**: "when-절"이 "진행형"일 경우 when은 while로 이해될 수 있다.

I ran into her, **when** I **was jogging** in the park this morning.
(나는 오늘 아침에 공원에서 조깅을 하다가 그녀와 마주쳤다.)
They arrived **when** we **were having** dinner.
(우리가 저녁을 먹고 있을 때 그들이 도착했습니다.)

6   **in spite of the fact that**: "…이 사실임에 불구하고"라는 뜻으로 쓰일 수 있다.

He hardly pays for his own meal **when** in fact he has thousands of dollars in his account.
(그는 실제로 은행에 수천 달러를 가지고 있지만 자신이 먹은 음식 값을 거의 내지 않는다.)
Why did she steal the bag **when** she could easily afford to buy it?
(그녀는 핸드백을 부담 없이 살 수 있는 처지임에도 불구하고 왜 절도를 했습니까?)

7   **considering the fact that**: 한 사실에 비추어 어떤 사실이 놀랍다는 점을 표현한다.

How can you say that you love her **when** you've never even met her?
(당신은 그녀를 한 번도 만난 적이 없는데 어떻게 그녀를 사랑한다고 말할 수 있습니까?)
You can't complain of being lonely **when** you don't attempt to meet people.
(당신은 사람들을 만나려고 해보지도 않고 외롭다고 불평할 수 없습니다.)

8   **대명사**: 전치사의 목적어로 쓰일 수 있다.

Until when do you wish to stay with us? (언제까지 우리와 함께 있기를 원합니까?)
They're getting married in August, **by when** the house should be finished.
(그들이 결혼하는 8월까지는 집이 마무리되어야 합니다.)
Since when have you been interested in my feelings?
(언제부터 당신이 내 기분에 관심이 있었습니까?)

W8   when-절과 if-절

1   **확실성과 개연성**: when은 어떤 것이 "실현될 확신"이 있을 때 사용하고, if는 어떤 것이 "실현될 개연성"이 있을 때 사용된다.

We'll go driving **when you are ready**. (네가 준비가 될 때 우리는 운전하러 갈 것이다.)
[준비가 될 것이라고 확신하고 있을 때]
We'll go driving **if you are ready**. (네가 준비가 되면 우리는 운전하러 갈 것이다.)
[준비가 될 수도 있고 안 될 수도 있을 때]

We'll stay at home **when it rains**. (비가 올 경우 우리를 집에 있을 것이다.)
[비가 올 것으로 확신하고 있을 때]
We'll stay at home **if it rains**. (만약 비가 오면 우리는 집에 있을 것이다.)
[비가 올 수도 있고 안 올수도 있을 때]

2   **원인과 결과**: 어떤 사건이나 상황이 일어나면 따라서 일어나게 되는 유형의 사건이나 상황을 말할 때 사용된다.

When/If lead is added to gasoline, it improves the car's performance.
(휘발유에 납을 추가하면 차의 성능을 향상시킨다.)
If/When I go to bed late, I feel terrible in the morning.
(잠자리에 늦게 들면 아침에 몹시 힘들다.)
If/When you boil water, it changes into steam. (물은 끓이면 증기로 변한다.)

3   **미래의 상황**: 미래의 상황을 말할 때는 "when-절"과 "if-절" 둘 다 "현재시제"나 "현재완료시제"를 사용한다.

I'll call you again **when I get home**. (내가 집에 도착하면 너에게 다시 전화할게.)
(*I'll call you again when I'll get home.)
Remove the supports **when concrete has hardened**.
(콘크리트가 굳으면 지지대를 제거하시오.)

If you need money, I can lend you some. (돈이 필요하면 내가 좀 빌려줄게.)
(*If you will need money, I can lend you some.)
I'll tell you **if I've finished**. (끝나면 내가 너에게 말할게.)

when과 과거완료에 대해서는 P17.2를 보라.

W9   whereabouts와 whereby

1   whereabouts[wɛ́(:)ərəbàuts]: 구어체에서 종종 쓰이는 어휘로서 "대략적인 위치"를 물어보거나 말할 때 사용되는 "(의문)부사"로 쓰이기도 하고, 사람이나 물건이 있는 "위치"를 의미하는 "명사"로도 쓰인다.

I don't even know **whereabouts** to look. [부사]
(나는 어디쯤을 봐야 할지도 모르겠다.)
Whereabouts did you put your watch?   [의문부사]
(너는 시계를 어디쯤에 두었느냐?)
Do you know **whereabouts** you are now? (네가 어디쯤에 있는지 알고 있어?)

They seem to know his **whereabouts**.   [명사]
(그들은 그의 소재를 알고 있는 것 같다.)
The police want to know the **whereabouts** of his brother.
(경찰은 그의 동생의 거처를 알고 싶어 한다.)

▶ whereabouts가 주어위치에 오면 단수와 복수 동사를 다 허용한다.

His present **whereabouts** is/are unknown. (그의 현 위치는 알려지지 않았다.)

2   whereby: 격식적 문체에서 주로 쓰이며, 관계대명사로서 "그것에 의하여(by means of which)" 또는 "그것에 따라(according to which)"를 의미한다. whereby의 선행사로는 일반적으로 가산성 추상명사인 "agreement, arrangement, law, method, plan, proposal, scheme, suggestion, way" 등의 단수형이 쓰인다.

He devised **a plan whereby** we might escape.
(그는 우리가 탈출할 수도 있는 계획을 마련했다.)
They'll set up **a new law whereby** all children are to receive cheap milk.
(그들은 새로운 법을 만들어 그것으로 모든 어린이들이 우유를 값싸게 먹게 할 예정이다.)
The two universities had **an arrangement whereby** students from one university could attend classes at the other.
(두 대학교는 한 대학교의 학생들이 다른 대학교에서 수업을 들을 수 있도록 하는 협정을 맺었다.)

▶ 드물게 의문부사로서 "무엇에 의하여(by what), 어떻게(how)"의 의미로 쓰이기도 한다.

Whereby shall we recognize him? (우리가 그를 어떻게 알아볼 수 있겠습니까?)
Whereby were these heavy stone blocks raised to this place?
(어떤 방식으로 이 무거운 돌덩어리를 이 장소까지 끌어올렸을까?)

W10   whether (or)

▶ "whether ... or ..."는 상호 접속사로서 우리가 어떤 것을 선택하거나 불확실한 것에 대해서 말할 때 사용된다.

She wasn't sure **whether to stay or leave**.
(그녀는 머물 것인가 떠날 것인가를 확신할 수 없었다.)
Elizabeth asked me **whether I needed any help**.
(엘리자베스는 도움이 필요한지를 나에게 물었다.)
He can't decide **whether or not he tells her**.
(그는 그녀에게 말할 것인지 말하지 말 것인지를 결정할 수가 없다.)

▶ whether는 주절의 상황이 일어나고 안 일어나고와는 상관이 없음을 표현하는 부사절을 이끌 수 있다.

I'm going to report to the police **whether you like it or not**.
(나는 네가 좋아하든 않든 경찰에 알릴 것이다.)
Only poor farmers, **whether owners or tenants**, will be affected by the bill.
(지주가 됐든 소작농이 됐든 가난한 농부들만이 그 법령의 영향을 받을 것이다.)

▶ "or (...) not"가 사용되는 방법에는 다음의 세 가지가 있다.

I don't care **whether** you like it **or not**.

I don't care **whether or not** you like it.
I don't care **whether** you like it **or whether** you **don't**.
(네가 좋아하든 말든 나는 상관이 없다.)

whether와 if에 대해서는 W11을 보라.

W11 whether와 if

1 **간접 가부의문절**: whether와 if는 "간접 가부의문절"이 종속절로 나타날 때 사용된다. (Q4.6을 보라.)

   Do you know **whether/if the banks are open (or not)**?
   (은행이 열었는지 아닌지 압니까?)
   I'm not sure **whether/if she'll agree**.
   (그녀가 동의할지 아니 할지 나는 확신할 수 없다.)
   Tell us **if you are the Christ, the Son of God**.
   (네가 하나님의 아들 그리스도인지 우리에게 말하라.) [마 26:63]

2 **접속사 or**: "whether"와 "if"는 or 다음에 오는 표현이 완전한 절일 경우 반복해서 나타난다.

   I can't find out **whether/if the flight has been delayed or whether/if it has been cancelled**. (나는 비행기가 연착된 것인지 아닌지 혹은 취소된 것인지 아닌지 알 수가 없다.)
   No one knows **whether/if the boy lost his way or whether/if he was kidnapped**.
   (그 남자아이가 길을 잃었는지 혹은 납치가 되었는지 아무도 모른다.)

3 **주어절과 보어절**: "if"는 간접 가부의문절이 "주어절"이나 "보어절"로 사용될 때는 쓰이지 않는다.

   Whether she likes the present isn't clear to me.
   (그녀가 선물을 좋아하는지 아닌지 나에게는 분명하지 않다.)
   (***If she likes the present** isn't clear to me.)
   The question was **whether we could pass the test**.
   (질문은 우리가 시험에 통과할 수 있느냐다.)
   (*The question was **if we could pass the test**.)

   ▶ 그러나 주어절을 문장 끝으로 외치시키면 "if"도 가능하다.

   It isn't clear to me **whether/if she likes the present**.
   (그녀가 선물을 좋아하는지 아닌지 나에게는 분명하지 않다.)

4 **전치사**: 전치사 다음에는 "if"가 올 수 없다.

   He didn't answer the question **of whether the membership fee should be raised**.
   (그는 회비를 올려야 하는가에 대한 질문에는 답하지 않았다.)
   (*He didn't answer the question **of if the membership fee should be raised**.)

The question arose **as to whether his decision was unlawful**.
(그의 결정이 불법이라는 것에 대해 질문이 제기됐다.)
(*The question arose **as to if his decision was unlawful**.)

접속사 앞에서는 전치사 생략에 대해서는 P38.3을 보라.

5   **부정사절**: "if"는 "부정사절"을 이끌 수 없다.

   I didn't know **whether to believe him or not**.
   (나는 그를 믿어야 할지 말아야 할지 몰랐다.)
   (*I didn't know **if to believe him or not**.)
   He was uncertain **whether to stay or leave**.
   (그는 머물러야 할지 떠나야 할지에 대해 분명하지 않았다.)
   (*He was uncertain **if to stay or leave**.)

6   **or not**: "whether"만이 바로 뒤에 "or not"을 가질 수 있다.

   I wondered **whether or not** we would accept the proposal.
   (나는 우리가 그 제안을 받아들여야 할지 말아야 할지 의심이 갔다.)
   (= I wondered **whether/if** we would accept the proposal **or not**.)
   (*I wondered **if or not** we would accept the proposal.)
   Tell me **whether or not** you agree.
   (동의하는지 안하는지를 나에게 말하십시오.)
   (= Tell me **whether/if** you agree **or not**.)
   (*Tell me **if or not** you agree.)

7   **whether ... or**: or 양쪽에 선택을 위한 "두 상황"이 주어질 때는 whether가 선호된다.

   He wasn't sure **whether he would stay or leave**.
   (그는 머물 것인가 떠날 것인가에 확신이 없다.)
   (*He wasn't sure **if he would stay or leave**.)
   Nobody knows **whether he'll go to college or get a job**.
   (아무도 그가 대학에 갈 것인지 직업을 얻을 것인지 모른다.)
   (*Nobody knows **if he'll go to college or get a job**.)

8   **문두위치**: 간접 가부의문절이 문장의 "주어"로 쓰이거나 "문두위치"로 전치되면 "whether"만 사용된다.

   Whether he'll be on time doesn't seem to be certain.
   (그가 정각에 도착할 것인가 아닌가는 분명하지 않은 것 같다.)
   (***If he'll be on time** doesn't seem to be certain.)
   Whether he really intends to help me, I cannot say.
   (그가 진심으로 나를 도와 줄 의향이 있는지 나는 말할 수 없다.)
   (***If he really intends to help me**, I cannot say.)

W12 which

which는 "의문사"로서 의문문을 구성하는 데 사용되며, 명사를 수식하는 관계절을 이끄는 "관계대명사"로도 쓰인다.

(There're five shirts.) **Which** are you buying?　　　　[의문사]
((셔츠가 다섯 개가 있다.) 어느 것을 사려고 합니까?)
She does like **the dress which** I bought for her birthday.　　[관계대명사]
(그녀는 내가 생일선물로 사준 드레스를 정말 좋아한다.)

1　**의문사**: 다른 의문사 who나 what와는 달리 which는 "정해진 몇 가지 가능성" 중에서 어느 하나를 선택할 것인가를 묻는 질문을 구성한다. (Q4.9를 보라.)

What do you want to buy? (무엇을 사고 싶습니까?)
Which do you want to buy? ((이것들 중에) 어느 것을 사고 싶습니까?)

Who do you want to take? (누구를 데려가고 싶습니까?)
Which do you want to take? ((이 사람들 중에) 어느 사람을 데려가고 싶습니까?)
Which is lawful on the Sabbath: to do good or to do bad, to save life or to kill?
(안식일에 선을 행하는 것과 악을 행하는 것, 생명을 구하는 것과 죽이는 것, 어느 것이 옳으냐?)
 [막 3:4]

2　**of-구**: 다른 의문사와는 달리 "of-구"를 가질 수 있으며, "of-구"는 which의 "선택의 범위"를 규정한다.

Which of the musicians do you admire most? (그 음악가들 중에 누구를 가장 존경합니까?)
Which of these chocolates would you like to have?
(이 초콜릿들 중에 어느 것을 먹고 싶습니까?)
Which of these three do you think was a neighbor to the man who fell into the hands of robbers?
(네 생각에는 이 세 사람 중에 누가 강도 만난 자의 이웃이 되겠느냐?) [눅 10:36]
There're so many beautiful cars. I don't know **which (of them)** to buy.
(멋있는 차가 너무 많아서 어느 것을 사야 할지 모르겠다.)

3　**의문 한정사**: which가 한정사로 쓰일 경우에도 "선택의 범위"가 정해진다. 다음을 비교해 보라.

Which newspaper do you read? (Dong-a, Chosun or Jungang?)
((동아일보, 조선일보, 중앙일보 중에) 어느 신문을 보십니까?)
What newspaper do you read? (무슨 신문을 보십니까?)
I asked her **which movie** she wanted to watch. (나는 그녀가 어느 영화를 보고 싶은지 물었다.)

4　**관계대명사**: which는 사람이 아닌 사물을 가리키는 명사구를 선행사로 갖는 관계절의 관계

대명사로 사용될 수 있다.

The chair **which he broke** has been repaired. (그가 부러뜨린 의자가 수리됐다.)
Here are the papers **which you were looking for**. (네가 찾고 있던 서류가 여기 있다.)

Here's **a good book which** describes animals. (여기 동물을 잘 설명한 책이 한 권 있다.)
The house which has just been sold was built in the early 1900s.
(방금 팔린 그 집은 1900년대 초에 지어졌다.)

▶ which는 "비제한적 관계대명사"로서 명사구가 아닌 표현을 선행사로 가질 수 있다. (R13.5를 보라.)

They say John **loves Mary, which** he doesn't.
(존이 메리를 사랑한다고 그들이 말하는데 그렇지 않다.)
(= They say John **loves Mary**, but he doesn't love her.)
Bill likes mathematics, which I find strange.
(빌이 수학을 좋아하는데 나는 그것이 이상하다고 생각한다.)
(= **Bill likes mathematics,** and I find it strange that Bill likes mathematics.)

W13 while

while은 "접속사" 또는 "명사"로 사용된다.

They arrived **while** we were having breakfast.   [접속사]
(우리가 아침을 먹고 있는데 그들이 왔다.)
It takes a **while** to recover from the operation.   [명사]
(수술에서 회복하려면 시간이 좀 걸릴 것이다.)

1 **동시성**: 두 상황이나 행위가 "동시에 일어남"을 표현할 때 사용된다.

While she was asleep, thieves broke in and stole her handbag.
(그녀가 잠자고 있을 때 도둑이 들어 그녀의 손가방을 훔쳐 갔다.)
Would you look after the children **while I do shopping**?
(내가 장 보는 동안 아이들을 좀 봐주시겠습니까?)
While I am in the world, I am the light of the world.
(내가 세상에 있는 동안에는 세상의 빛이로다.) [요 9:5]

2 **대조 (whereas)**: 두 상황이나 행위가 "대조"되고 있음을 나타낼 때 사용한다. 이 경우 whereas가 같은 의미로 사용될 수 있다.

He earns forty thousand dollars a month **while/whereas I earn a meager five thousand**.
(그는 한 달에 4만 달러를 버는 데 반하여 나는 미미한 오천 달러를 번다.)
Tom is extrovert and confident **while/whereas Katy is shy and quiet**.
(캐시는 수줍음을 타고 조용한 데 반하여 탐은 외향적이고 자신감에 차 있다.)

3 **기대 밖**: 한 상황이 다른 상황의 관점에서 볼 때 놀랍거나 기대되지 않을 경우에 사용된다.

While he hates mathematics, he always gets good grades in it.
(그는 수학을 싫어하는데 항상 수학에서 좋은 점수를 받는다.)
While we welcome his support, we disagree with a lot of his views.
(우리는 그의 지지를 환영하지만, 많은 그의 견해에는 동의하지 않는다.)

4 **whilst**: 영국영어의 격식적 문체에서 "while" 대신에 "whilst"가 쓰이기도 한다.

Whilst I fully understand your point of view, I do also have some sympathy with Abraham's.
(나는 당신의 견해를 충분히 이해하지만, 아브라함의 견해에도 어느 정도 공감을 합니다.)
Whilst you were out socializing with all your friends, I was at home working.
(당신은 밖에서 친구들과 교제하는 동안 나는 집에서 공부만 하고 있었다.)

5 **명사**: while은 (짧은) 기간을 의미하는 "명사"로 사용될 수 있다.

At least, he is able to relax **for a while**. (적어도 그는 잠시 동안 쉴 수 있다.)
The doctor will be with you **in a while**. (의사 선생님이 곧 오실 것입니다.)
I was upstairs asleep in bed **all the while**. (나는 그동안 내내 위층에서 잠을 자고 있었습니다.)
I saw her in the shop **once in a while**. (나는 이따금씩 그녀를 상점에서 보았습니다.)
"When did that happen?" "Oh, it was **a while ago**.
("그것이 언제 일어났습니까?" "오, 잠시 전에요.")
I heard they stayed there **for quite a while**.
(나는 그들이 그곳에 꽤 오랫동안 머물렀다고 들었습니다.)

as와 while의 차이에 대해서는 A99를 보고, awhile과 a while에 대해서는 A123을 보라.

W14 WH-어와 ever

▶ ever는 "WH-의문사"와 함께 사용되면 문장의 의미에 "놀라움, 분노, 감탄" 등의 감정을 더하게 된다.

Who ever is calling us up at this hour? (누가 도대체 이 시간에 잠자는 우리를 깨우는 거야?)
What ever made you do such a thing? (무엇이 너로 하여금 그런 짓을 하게 만든 거야?)
How ever did you manage to start the car? I couldn't.
(네가 무슨 수로 자동차 시동을 건 거야? 나는 할 수 없었는데.)
When ever will you have time to have a rest?
(당신은 도대체 언제쯤이나 쉴 시간을 가질 수 있습니까?)
Why ever didn't you tell the police the truth?
(대체 당신은 어째서 경찰에 진실을 말하지 않은 겁니까?)
Where ever can she have hidden the stolen jewelry?
(도대체 어느 곳에 그녀가 장물 보석을 숨겼을까?)

▶ ever는 "WH-관계절"에서도 같은 "감정적" 의미로 사용된다.

Who ever robbed the safe is still a complete mystery.
(도대체 누가 금고를 털었는지 지금까지 완전한 미스터리다.)
Nobody knows **what ever** caused this panic.
(대관절 무엇이 이러한 공포를 유발시켰는지 아무도 모른다.)

▶ 비격식적 구어체에서 "on earth, the hell, the heck" 등과 같은 표현이 ever 대신에 사용될 수 있다.

What the hell are you talking about? (대관절 너는 지금 무슨 말을 하고 있는 거야?)
Where on earth have you been? (도대체 너는 어디 갔었어?)
Who the heck are you? (도대체 당신은 누굽니까?)
How on earth did you manage to open the lock?
(도대체 너는 그 자물쇠를 어떻게 열 수 있었던 거야?)
I don't know **what on earth** caused this mess.
(무엇이 이런 혼란을 야기했는지 나는 전혀 알 수가 없다.)

whoever 등에 대해서는 W16을 보라.
ever에 대해서는 E31을 보라.

W15 who, whom, whose

"who, whom, whose"는 사람을 가리킬 때 사용되는 "의문사"나 "관계대명사"로 쓰인다. whom은 who의 목적어형으로 지금은 점점 사용의 빈도가 낮아지고 있으며, whom이 사용되던 위치에 who가 사용되고 있다. whose는 who의 속격형으로 명사를 수식하는 "한정사"로 쓰이며, 종종 "독립적"으로 사용되기도 한다.

1 who: who는 "주어, 목적어, 보어, 전치사 목적어"로 쓰일 수 있다.

Who was late to the meeting?   [주어]
(회의에 누가 지각했습니까?)
I don't know **who** will be my brother-in-law.
(나는 누가 나의 매부가/처남이 될지 모릅니다.)

Who do you love?   [목적어]
(너는 누구를 사랑하느냐?)
Guess **who** I saw at the bus stop.
(내가 버스 정류장에서 누구를 봤는지 맞춰봐.)

Who are they?   [보어]
(그들은 누굽니까?)
Nobody knows **who** they are.
(아무도 그들이 누군지 모릅니다.)

Who do you want to speak to?　　　　　　[전치사 목적어]
(누구에게 말하고 싶습니까?)
Can you tell me **who** you want to talk with?
(누구와 말하고 싶으신지 나에게 말해 줄 수 있습니까?)

▶ 목적어와 전치사 목적어 위치에는 whom이 쓰일 수도 있다.

Whom do you love? (너는 누구를 사랑하느냐?)
You are my Son, **whom** I love; with you I am well pleased.
(너는 내 사랑하는 아들이라. 내가 너를 기뻐하노라.) [막 1:11]
Whom did you talk to? (누구와 이야기했느냐?)
To **whom** did you talk? (누구와 이야기했느냐?)

2　　관계대명사: "who, whom, whose"는 관계절을 이끌 수 있다. (R12와 R13을 보라.)

The woman **who we invited** to the party was our teacher.
(우리가 연회에 초대했던 여자 분은 우리 선생님이었다.)
The woman **who was invited** to the party was our teacher.
(연회에 초대된 여자 분은 우리 선생님이었다.)
The woman **who you spoke to** was my mother-in-law.
(네가 말을 한 여성은 나의 장모/시어머니였다.)
The girl **to whom you spoke** was my sister-in-law.
(네가 말을 한 아가씨는 내 처제/올케였다.)

▶ whose는 사람이 아닌 명사를 수식하는 "한정사"로 쓰일 수 있다.

The girl whose friends we invited was my sister.　　[사람]
(우리가 친구를 초대한 아가씨는 내 여동생이었다.)
They lived in **the house whose** wall was painted white. [사물]
(그들은 벽을 흰색으로 페인트칠한 집에서 살았다.)

W16　whoever, whatever 등

why와 whose 그리고 (현대영어에서는) whom을 제외한 모든 "WH-단어"에 -ever를 붙여 하나의 단어로 만들 수 있다.

whoever　　　　whatever　　　　whichever　　　　however
whenever　　　　wherever　　　　whomever

이 단어들은 선행사를 가지고 있지 않은 또는 선행사를 자체 내에 가지고 있는 "관계대명사"나 "관계부사"처럼 사용되며, 일반적으로 다음의 세 가지 의미로 사용된다.

1　　양보절: 양보 부사절로서 "아무리 ... 일지라도(no matter who/what ...)"를 의미한다. 이러한 해석은 일반적으로 "WH-절"이 문장의 필수성분, 즉 "주어절"이나 "목적어절"이 아닌 "부사절"처럼 사용될 경우에 나타난다.

Whoever you are, don't come in. (네가 누가 됐든 들어오지 마라.)
Whatever happens, you know that I'll stand by you.
(무슨 일이 일어난다 할지라도 나는 너를 지지할 것이라는 것을 알지.)
It'll cost a lot of money **whichever way you do it**.
(어떤 방식으로 그것을 처리하든지 간에 많은 돈이 들어갈 것이다.)
However you look at it, it's still a mess.
(네가 그것을 어떻게 생각하는지는 몰라도 아직 엉망이다.)
Come and visit me **whenever you want**. (원하면 언제든지 나를 찾아와라.)
Wherever I go, I always bump into him. (어디를 가든지 나는 항상 그와 마주친다.)

2   any/every person/thing …: (필요하거나 원하거나 가능한 것이) "누구이든, 무엇이든, 어느 것이든, 어떤 것이든" 등을 의미한다.

I'll take **whoever** wants to go. (나는 가기를 원하는 사람은 누구든지 데려가겠다.)
… **whoever accepts me** accepts the one who sent me.
(… 나를 영접하는 자는 나를 보내신 이를 영접하는 것이니라.) [요 13:20]
Whoever eats my flesh and drinks my blood has eternal life, and I will raise him up at the last day. (내 살을 먹고 내 피를 마시는 자는 영생을 가졌고 마지막 날에 내가 그를 다시 살리리니.) [요 6:54]
… **whoever** wants to save his life will lose it, but **whoever** loses his life for me and for the gospel will save it. (누구든지 자기 목숨을 구원하고자 하면 잃을 것이요 누구든지 나와 복음을 위하여 자기 목숨을 잃으면 구원하리라.) [막 8:36]
I eat **whatever** I want and I don't put on weight.
(나는 먹고 싶은 것은 다 먹지만 체중은 늘지 않는다.)
… **whatever** you bind on earth will be bound in heaven, and **whatever** you loose on earth will be loosened in heaven.
(네가 땅에서 무엇이든지 매면 하늘에서도 매일 것이요, 네가 땅에서 무엇이든지 풀면 하늘에서도 풀리리라.) [마 16:19]
Either Monday or Wednesday — choose **whichever** day is best for you.
(월요일과 수요일 중에 당신에게 가장 좋은 날을 택하십시오.)
However you travel, it'll take you at least three days.
(어떻게 여행을 하든 적어도 3일은 걸릴 것이다.)
People always want more, **however** rich they are.
(사람들은 아무리 부자라 할지라도 항상 더 갖기를 원한다.)
Whenever I go to Seoul, I try to see my friend Vicky.
(나는 서울에 갈 때마다 친구 비키를 보려고 한다.)
Children will play **wherever** they happen to be.
(아이들은 어느 곳에 있든 간에 장난하며 논다.)
Wherever there is a carcass, there the vultures will gather.
(주검이 있는 곳에는 독수리들이 모일 것이니라.) [마 24:28]

▶ whoever와 whichever는 "(누구인지는 모르지만) 어떤 특정 대상"을 가리킬 수 있다.

Could I speak to **whoever** is in charge of cosmetics department?
(화장품 부서를 책임지고 있는 분과 말 좀 할 수 있을까요?)
(= Could I speak to the person (**whoever** he/she may be) who is in charge of cosmetics department?)

Whichever player scores the highest number of points will be the winner.
(가장 많은 점수를 얻는 선수가 누구이든 간에 승자가 될 것이다.)
(= The player (whichever player he/she may be) who scores the highest number of points will be the winner.)

3   놀라움: ever가 "의문사"와 함께 쓰일 때와 마찬가지로 "-ever어미"를 가진 의문사는 whichever를 제외하고 "긍정 의문문"의 앞 위치에 올 때 "놀라움"을 표현한다.

Whoever would do a thing like that to an old woman?
(도대체 누가 나이 드신 여자 분에게 그런 짓을 한 거야?)
Whatever is he doing with that rod? (대관절 그는 그 막대기로 무엇을 하려고 합니까?)
However did you manage to get him to agree to that?
(도대체 당신은 어떻게 그가 그것에 동의하도록 한 겁니까?)
Whenever do you get the time to do these things?
(당신은 언제쯤 이 일을 할 시간을 낼 겁니까?)
Wherever did you get that idea? (당신은 도대체 어디서 그런 아이디어를 얻었습니까?)

4   whatever와 whichever: 이들은 "접속사"이면서 명사를 수식하는 "한정사"로 쓰일 수 있다.

Whatever trouble you are in, I'm always willing to help you.
(네가 어떠한 어려움에 처할지라도 나는 항상 너를 도와줄 의향이 있다.)
Whichever country you travel, make sure you prepare thoroughly.
(어느 나라를 여행하든지 철저히 준비를 하는 것을 잊어서는 안 된다.)

▶ whatever와 whichever는 "접속사 속성"을 가지고 있으므로 이들을 "한정사"로 갖는 명사구를 수식하는 관계절은 관계접속사, 즉 "관계대명사"를 가질 수 없다.

Whatever trouble (*that) you are in, I'm always willing to help you.
(네가 어떤 곤경에 처하더라도 나는 너를 항상 도와줄 의향이 있다.)
Whichever boy (*who) wrote this e-mail must be punished.
(이 이메일을 쓴 사람이 어느 남자아이이든 벌을 받아야 한다.)

▶ however는 "접속사"이면서 형용사나 부사를 수식하는 "부사"로 쓰일 수 있다.

However much he eats, he never gets fat. (그는 아무리 많이 먹어도 절대로 살이 찌지 않는다.)
However fast we drive, we're not going to get there in time.
(아무리 빨리 운전해도 우리는 그곳에 시간 내에 도착하지 못할 것입니다.)

5   주어와 목적어: "whoever, whatever, whichever"가 이끄는 절은 "주어, 목적어, 전치사 목적어"로 쓰일 수 있다.

Whoever uprooted that tree ought to be ashamed of themselves.
(저 나무를 뿌리째 뽑은 사람은 그가 누구든지 부끄러워해야 한다.)
I'll take **whoever wants to go**. (나는 가기를 원하는 사람은 누구든지 데려갈 것이다.)
He's shot **at whoever leaves the school building**.
(그는 학교 건물을 나오는 사람에게는 그가 누구든 총을 쐈다.)
Whatever caused the disease is not clear.
(무엇이 그 병의 원인이었는지 명백하지 않다.)
Children were allowed to do **whatever they liked**.
(아이들은 그들이 좋아하는 것이 무엇이든지 하게 했다.)
Spend the money **on whatever you like**. (네가 좋아하는 것이 무엇이든 그것에 돈을 써라.)
Whichever method you choose will be accepted.
(당신이 선택한 방법이 무엇이든 받아들여질 것입니다.)
Either Monday or Tuesday, choose **whichever day**.
(월요일이나 화요일 중에 어느 날이든지 선택하십시오.)
Whichever coffee shop would you prefer to meet **in**?
(어느 커피점에서든지 당신은 모임을 갖는 것이 괜찮습니까?)

6 whatever와 however: whatever는 부정문을 "강조하는 부사"로, however는 "연결부사"로서 앞 말한 것과 "대조되는 것"을 말할 때 사용된다.

He has shown no interest **whatever** in anything scientific.
(그는 과학적인 것에는 그것이 무엇이든 간에 관심을 보이지 않았다.)
Setting up a business is exciting. **However**, it requires a great deal of effort.
(사업을 시작하는 것은 흥분되는 일이다. 그러나 사업은 많은 노력을 필요로 한다.)

▶ 격식적 문체에서는 whatsoever가 whatever와 같은 의미로 사용되기도 한다.

That's just a stupid argument that has nothing **whatsoever** to do with your job.
(그것은 당신의 일과 전혀 관련이 없는 바보 같은 논쟁이다.)

7 동사의 생략: whatever와 however로 시작하는 절에서 "동사"와 때때로 "비인칭 주어"가 생략될 수 있다.

Whatever the outcome of the war (may be), there'll be no winners.
(전쟁의 결과가 무엇이든 승자는 없을 것이다.)
The building must be saved, **whatever the cost (may be)**.
(그 건물은 비용이 얼마가 되든지 살려야 한다.)
There's no meal, **however delicious (it is)**, that I can enjoy only by myself.
(식사가 아무리 맛이 있다고 할지라도 내가 혼자서 즐길 수 있는 식사는 없다.)
I'd like to see you **whenever (it is) convenient**. (나는 편리할 때는 언제고 너를 보고 싶다.)
Wherever (it is) possible I use honey instead of sugar.
(나는 가능한 곳에는 설탕 대신에 꿀을 사용한다.)

8   whoever he/she is, whatever/wherever that is: 방금 언급한 사람이나 상황 또는 장소를 "알지도 못하고 들어보지도 못했다는 것"을 표현할 때 사용되며, 종종 "be동사" 대신에 "may be"가 나타나기도 한다.

He's received a letter from **Raoul Smith, whoever he is/may be**.
(그는 누군지 모르지만 라올 스미스라는 사람에게서 편지를 받았다.)
The doctor says she has **fibrositis, whatever that is**.
(의사는 그녀가 무엇인지 모르지만 섬유 조직염이라는 병에 걸렸다고 한다.)
She wants to move to **Faxton, wherever that is**.
(그녀는 어딘지는 모르지만 팩스턴이라는 곳으로 이사 가기를 원한다.)

9   응답: 이 단어들은 구어체에서 종종 질문에 대한 응답으로 "질문자에게 선택의 여지를 줄 때" 사용된다.

"What flavor do you want? Strawberry, vanilla, chocolate?" "**Whatever**."
("딸기, 바닐라, 초콜릿 중에 어떤 맛을 좋아합니까?" "아무거나 좋습니다.")
"I'll call you tomorrow or the day after." "Okey, **whenever**."
("내일이나 그 다음날 전화하겠습니다." "아무 때나 좋습니다.")
"Do you want tea or coffee?" "**Whichever**."
("차를 마시겠습니까? 커피를 마시겠습니까?" "어느 것이든 좋습니다.")

10   or whatever/wherever/whenever: 이 단어들은 앞에서 나열한 것을 제외한 같은 유형의 "물건, 장소, 시간" 등을 표현할 때 사용된다.

Would you like some orange juice or a beer **or whatever**?
(오렌지 주스나 맥주 또는 무엇이 마시고 싶으십니까?)
Whether they arrive tonight, tomorrow, **or whenever**, they'll be welcome.
(그들이 오늘밤이나 내일 또는 언제 도착하든지 환영받을 것이다.)
You can find her at home, at school, **or wherever**.
(너는 그녀를 집이나 학교 또는 어디서든지 볼 수 있다.)

no matter who/what/etc.에 대해서는 M9.3을 보라.

W17 why와 why not

why는 기본적으로 이유를 묻는 "의문사"나 "관계부사"로 사용된다. (의문문에 대해서는 Q4를 보라.)

Why do you have to take all these tests?   [의문사]
(당신은 왜 이 모든 검사를 받아야 합니까?)
I don't know **why** she isn't here.   [의문사]
(나는 그녀가 어째서 여기 없는지 모릅니다.)
There's no reason **why** we shouldn't succeed.   [관계부사]

(우리가 성공 못 할 이유가 없다.)

1. **짧은 응답**: 일반적으로 긍정 서술문에 대해서는 "why"가, 부정 서술문에 대해서는 "why not"가 이유를 묻는 짧은 응답으로 사용된다.

    "She wants to meet you." "**Why?**" ("그녀가 당신을 만나고 싶답니다." "왜요?")
    "I won't be able to come into work tomorrow." "**Why not?**"
    ("나는 내일 출근을 못 할 수 있습니다." "어째서요?")

    ▶ "why not?"는 또한 "제안"이나 "동의"를 표현할 때도 사용될 수 있다.

    If you're so unhappy, **why not** get a divorce? (그렇게 불행하면 이혼하지 그러세요?)
    "We could invite Mary and John." "Yes, **why not**."
    ("우리는 메리와 존을 초대할 수 있다." "네, 좋아요.")
    "Shall we eat Korean food this evening?" "Yes, **why not**."
    ("오늘 저녁에 한국 음식을 먹읍시다." "네, 좋습니다.")

2. **why + 부정사**: 여기서는 "to없는 원형부정사"가 사용되며 "어떤 행위를 할 필요가 없음"을 표현할 때 사용된다.

    Why wait? Let's leave now. (왜 기다립니까? 지금 떠납시다.)
    Why worry? You can't do anything about it.
    (걱정을 왜 하십니까? 당신이 할 수 있는 게 없잖아요.)
    Why in a hurry? We have plenty of time.
    (왜 서두릅니까? 시간이 넉넉합니다.)

3. **why ... should**: 어떤 행위에 대한 "놀라움이나 거부의 의사"를 표현할 때 사용된다.

    Why should I bother to help you, if you're so ungrateful?
    (당신이 그렇게 고마워할 줄 모르는데 내가 왜 당신을 돕는 데 신경을 써야 합니까?)
    "Lend me some money." "**Why should** I?" ("돈 좀 빌려주세요." "왜 내가 그래야 합니까?")

    how와 함께 쓰이는 유사한 구조는 H22와 Q4를 보라.

4. **why not do sth/why doesn't sb do sth?**: 어떤 것을 "제안을 할 때" 사용된다.

    If you're so unhappy, **why not leave** her? (그렇게 불행하면 그녀를 떠나지 그러세요?)
    Why don't you bring over the video for us to watch?
    (우리가 볼 수 있게 비디오를 좀 가져오지 그러세요?)

    ▶ 짜증이 나서 어떤 사람에게 어떻게 하기를 말할 때 사용된다.

    Why don't you mind your own business? (당신의 일에나 신경을 쓰세요.)
    Why don't they leave her alone? (그들은 왜 그녀를 가만히 두지 않는 거야?)

5. **특정 대상**: 어떤 대상이 "선택된 이유"를 물어볼 때 사용된다.

Why me? Why can't somebody else drive you?
(왜 납니까? 다른 사람이 당신을 태워다 줄 수 없습니까?)
"He's going to accompany your daughter to the party." "**Why him**?"
("그가 당신의 딸을 파티에 동반할 것입니다." "왜 그 사람입니까?")

6   why don't you: 명령문을 좀 "부드럽게" 만드는 역할을 한다.

Have a drink, **why don't you**. (한잔하는 거 어때?)
Why don't you sit down and relax! (앉아서 쉬시는 게 어떠세요?)

W18   will

will은 영어에서 "미래(future)시간"을 표현하는 대표적인 양상조동사다. (양상조동사에 대해서는 M21-M24를 보고, 미래시간에 대해서는 F23을 보라.) will과 그 축약형인 "-'ll"과 "will not"의 축약형 "won't"는 모든 인칭의 주어와 함께 쓰일 수 있다. (축약형에 대해서는 C46을 보라.)

A meeting **will** be held at 10 a.m. next Monday.
(다음 월요일 오전 10시에 회의가 개최될 것이다.)
We**'ll** need money next week. (다음 주에 우리는 돈이 필요하다.)
I hope they **won't** be late. (그들이 늦지 않기를 바란다.)
No doubt I**'ll** see you tomorrow. (확실히 나는 내일 너를 볼 것이다.)

1   의향/의도: 어떤 일을 할 "의향이 있거나 준비가 되었음"을 표현한다.

The doctor **will** see you tomorrow. (의사는 내일 당신을 볼 것입니다.)
I **won't** eat anything. (나는 아무것도 먹지 않겠다.)
Will you have another cup of coffee? (커피 한 잔 더 마실래?)
Will you really lay down your life for me?
(네가 나를 위해 네 목숨을 버리겠느냐?) [요 13:38]

2   요청/부탁: 다른 사람에게 어떤 일을 해 줄 것을 부탁하거나 요청할 때 사용된다.

Will you call me later? (나중에 전화할래?)
Will you give me her address, please? (제발 그녀의 주소를 나에게 알려주실래요?)
You**'ll** do it because I said so. (내가 하라고 했으니까 해라.)
Won't you have some cake? (케이크 좀 안 드시겠어요?)

3   가능성/능력: can의 의미로 "가능성"을 표현할 수 있다.

This car **will** hold five people comfortably. (이 차에는 다섯 사람이 편히 탈 수 있다.)
The food we have here **will** feed only six people.
(여기 있는 음식으로는 여섯 명만 먹일 수 있습니다.)

Will this single fireplace heat the whole house?
(이 벽난로 하나로 집 전체를 난방 할 수 있을까요?)

4 **일반적 사실**: 일반적으로 일어나는 "현상이나 진리"인 것을 표현할 때 사용된다.

The product with the better-known brand **will** always sell better.
(잘 알려진 상표를 붙인 제품이 항상 더 잘 팔린다.)
Oil **will** float on water. (기름은 물 위에 뜬다.)
Fruit **will** keep longer in the refrigerator. (과일은 냉장고에서 더 오래 보존된다.)

5 **명령/규칙**: 명령이나 어떤 규칙을 말할 때 사용된다.

Will you be quiet! (조용히 할래!)
You**'ll** go to college because your Dad said so.
(너는 아버지 가라니까 대학에 가야 한다.)
Every employee **will** carry an identity card at all times.
(모든 직원은 항상 신분증을 소지해야 한다.)

6 **습관**: 종종 어떤 대상의 좋지 않은 "습관적" 또는 "독특한" 행동이나 속성을 말할 때 사용된다. 이 경우에는 동사의 "현재형"을 써도 그 의미의 차이가 거의 없다.

He**'ll talk** for hours if you give him the chance.
(기회를 주면 그는 몇 시간이고 말한다.)
(= He **talks** for hours if you give him the chance.)
Tracy **will keep** asking silly questions.
(트레이시는 말도 안 되는 질문을 계속한다.)
(= Tracy **keeps** asking silly questions.)

7 **확실성**: 현재나 미래 상황에 대한 "확실성" 혹은 "믿음"을 표현할 수 있다.

That**'ll** be Tom coming home now. (지금 집에 오고 있는 사람은 탐일 것이다.)
Don't call them now — they**'ll** be having supper.
(지금 전화하지 마라. 그들은 저녁을 먹고 있을 것이다.)
"There's somebody coming up the stairs." "That**'ll** be Mary."
("누군가 계단을 올라오고 있다." "그건 메리일 겁니다.")

▶ "will have + 과거완료"는 과거에 대한 "확실성"이나 "믿음"을 표현할 수 있다.

As you**'ll have noticed**, there're some flaws in the data.
(당신이 알아차린 것처럼 재료에 약간의 오류가 있습니다.)
You**'ll** recently **have received** the result of your medical examination.
(귀하는 최근에 건강검진 결과를 받으셨을 것입니다.)
We can't go and see them now — they**'ll have gone** to bed.
(지금 가도 그들을 보지 못할 것입니다. 그들은 잠에 들었을 겁니다.)

W19 wish

1 **부정사**: "would like 또는 want"의 의미로서 "to-부정사"와 함께 쓰일 수 있으며, 이들보다는 더 격식적인 표현이다.

I **wish to make** a complaint. (나는 불평을 하고 싶습니다.)
If you **wish to discuss** this matter, please do not hesitate to contact me.
(만약 이 문제에 대해서 토의하고 싶으면 나에게 언제고 연락하십시오.)
You may leave now, if you **wish**. (원하면 지금 떠나도 좋다.)

2 **명사구 목적어**: wish는 "would like나 want"와 마찬가지로 부정사 앞에 "목적어"를 가질 수 있지만, wish는 일반적으로 부정사가 없는 "명사구 목적어"는 허용하지 않는다.

I don't **wish you to report** the accident to the police.
(나는 네가 사고를 경찰에 알리지 않으면 좋겠다.)
Do you **wish me to come** back later? (내가 나중에 다시 오기를 바랍니까?)
Would you **like me to come** back later? (내가 나중에 다시 와도 괜찮겠습니까?)
Do you **want me to come** back later? (내가 나중에 다시 오기를 원합니까?)

Would you **like a drink**? (뭐 마시겠습니까?)
Do you **want a drink**? (마실 것 드릴까요?)
*Do you **wish a drink**?

▶ 부정사에서 종종 "to be"는 생략될 수 있다.

We **wished the work (to be) complete**, but it wasn't.
(우리는 작업이 끝나기를 바랐지만 끝나지 않았다.)
They **wished her (to be) anywhere** except in their house.
(그들은 그녀가 그들의 집을 제외하고는 어디든지 가 있기를 바랐다.)

3 **두개의 목적어**: 어떤 사람에게 "축복을 비는 표현"에서 두 개의 목적어를 갖는다.

We **wish you a Merry Christmas and a Happy New Year**.
(즐거운 성탄과 행복한 새해가 되기를 기원합니다.)
They all **wish us a safe journey**. (그들 모두는 우리의 안전한 여행을 기원했다.)
I **wish you good luck**. (행운이 있기를 빕니다.)

4 **that-절**: "불가능하거나 있을 수 없는 일" 또는 "비실제적 상황"임을 알면서도 그것이 이루어지기를 바랄 때 사용되며, "that-절"의 시제는 일반적으로 "과거"가 된다.

I **wish (that)** I didn't have to go to work today. (오늘 출근하지 않아도 되면 좋겠다.)
I **wish (that)** I could afford a new car. (새 차를 살 수 있으면 좋으련만.)
They **wished (that)** she were with them. (그들은 그녀가 그들과 함께 했었기를 바랐다.)

5 **미래의 소원 (hope)**: wish는 일반적으로 "미래에 어떤 일이 일어나기"를 소원할 때는 사용

되지 않으며, 대신에 "hope"가 사용된다. (H21을 보라.)

I **hope** you **get** home safely. (집까지 무사히 오기를 바란다.)
(*I **wish** you **get** home safely.)
We **hope** that more young people **will join** the club.
(우리는 더 많은 젊은이들이 클럽에 가입하기를 희망한다.)
(*We **wish** that more young people **will join** the club.)

6   시제: "wish + that-절"에서 과거시제는 "현재" 또는 "미래시간"을 의미하고, 격식적 문체에서는 많은 사람들이 "was" 대신에 "were"를 사용한다.

I wish I **spoke** Russian. (내가 러시아어를 할 수 있으면 좋겠다.)
(= I hope I can speak Russian now.)
We wish you **were** staying a little longer. (우리는 네가 좀 더 머무르면 했는데.)
I wish I **was/were** a bird. (내가 새라면 좋을 텐데.)

7   wish와 과거완료: wish절에서 "어떤 일이 일어나거나 일어나지 않기"를 원할 때는 "과거시제"나 "조동사 would/could"를 사용하고, "어떤 일이 일어났거나 일어나지 않았기"를 원할 때는 "과거완료"를 사용한다.

I wish I **didn't** have to go. (나는 가지 않으면 했는데.)
[여하튼 나는 가야 한다.]
I wish they **would** stop arguing. (그들이 싸움을 그만두면 좋을 텐데.)
[그들은 싸움을 그만두지 않았다.]
I wish they **could** help us more. (그들이 우리를 더 도와줄 수 있으면 좋을 텐데.)
[그들은 우리를 더 도울 수가 없다.]
I wish you **hadn't said** that. (네가 그 말을 하지 않았으면 좋았을 텐데.)
[너는 이미 그 말을 해버렸다.]
Now she wishes she **had gone** to university.
(지금은 그녀가 대학에 갔으면 좋았을 것이라고 생각한다.) [그녀는 대학에 가지 않았다.]
Do you ever wish you**'d remained** single instead of marrying?
(당신은 결혼 대신에 독신으로 남아 있었을 것을 하고 바란 적이 있습니까?)
[당신은 결혼했다.]

if only와 함께 쓰이는 유사한 구조에 대해서는 I6.1을 보라.
과거시제가 현재 또는 미래 의미를 갖는 여타 경우에 대해서는 P19를 보라.

W20   with

1   동반 (accompaniment): 둘 또는 그 이상의 사람이나 사물 또는 상황이 "함께 존재하거나 일어나는 것"을 표현한다.

She's in the kitchen **with her mother**. (그녀는 어머니와 함께 부엌에 있다.)
I am **with you** for only a short time, and then I go to the one who sent me.
(내가 너희와 함께 조금 더 있다가 나를 보내신 이에게로 돌아가겠노라.) [요 7:33]
I always wear **these shoes with this dress**.
(나는 항상 이 드레스를 입을 때 이 신을 신는다.)
Could I have **my ice cream with some apple pie**, please?
(죄송하지만 아이스크림을 애플파이와 함께 먹을 수 있을까요?)
He's been **with the department** since 1990. (그는 1990년부터 이 부서와 함께했다.)
Did you know that the glasses have been **with us** since the 14th century?
(14세기부터 우리가 안경을 쓰기 시작했다는 것을 알고 있습니까?)
He lay in bed **with the window open**. (그는 창문을 열어 놓은 채 침대에 누워 있었다.)
The day started **with the great American breakfast**.
(하루를 맛있는 미국식 아침 식사로 시작했다.)
My son always studies **with television on**.
(내 아들은 항상 텔레비전을 켜 놓은 채 공부를 한다.)

2   **수단/방법** (means/method): 어떤 것을 "도구, 방법, 수단"으로 사용하는 것을 말한다.

He shot her at close range **with a pistol**. (그는 권총으로 근접한 거리에서 그녀를 쏘았다.)
I paid for the jacket **with a gift certificate** I'd been given for Christmas.
(나는 크리스마스 때 받은 상품권으로 재킷 값을 치렀다.)
Please, handle this package **with care**. (이 소포를 조심스럽게 다루십시오.)
They set up the business **with the help of a bank loan**.
(그들은 은행 대출의 도움으로 사업을 시작했다.)
The car window was smashed by the thief **with a baseball bat**.
(도둑놈이 야구방망이로 자동차 창문을 부쉈다.)
I baptize you **with water,** but he will baptize you **with the Holy Spirit**.
(나는 너희에게 물로 세례를 베풀었거니와 그는 너희에게 성령으로 세례를 베푸시리라.) [막 1:8]

3   **부분/특성** (part/feature): 어떤 사람이나 사물의 "한 부분 또는 특성"을 표현한다.

The tall gentleman **with a beard** is my uncle. (턱수염이 있는 키 큰 신사분이 내 삼촌이다.)
We need someone **with new ideas**. (우리는 새로운 아이디어를 가진 사람이 필요하다.)
I'd like a double room **with a sea view**. (바다가 보이는 더블베드가 있는 객실을 주십시오.)
He left the school **with no qualifications**.
(그는 어떠한 자격증명서도 받지 못하고 학교를 떠났다.)
The doctor spoke **with a soft Irish accent**.
(의사는 부드러운 아이리시 말투로 말을 했다.)
He arrived in Los Angeles **with nothing but the clothes he was wearing**.
(그는 입고 있는 옷 외에는 아무것도 가진 것이 없이 로스앤젤레스에 도착했다.)

4   **이유** (reason): 어떤 느낌이나 행위 또는 상황의 "원인"을 표현한다.

He was trembling **with fear at the thought of another injection**.
(그는 주사를 또 한 대 맞아야 한다는 생각에서 오는 공포 때문에 떨고 있었다.)
He's been at home **with a bad cold** for the past week.
(그는 심한 감기로 지난주에 집에 있었다.)
I can't do anything **with all that noise going on**.
(나는 이 모든 잡음이 계속되는 한 아무것도 할 수 없다.)
With exams approaching, it's a good idea to review your class notes.
(시험이 가까워지고 있으므로 수업 요약 기록을 복습하는 것이 좋은 생각이다.)

5   느낌 (feeling): 어떤 대상에 대한 "느낌이나 감정"을 표현하는 형용사들과 함께 쓰인다.

angry	bored	delighted	disappointed
furious	irritated	patient	pleased
satisfied	upset 등		

She was **furious with** him for letting things get out of hand.
(그녀는 사태를 주체하지 못하게 만든 것에 대해 그에게 격노했다.)
Katherine has been very **patient with** me. (캐서린은 나에게 큰 인내심을 보였다.)
You're not still **upset with** me, are you? (나한테 아직도 화가 나신 것 아니지요?)

▶ "faithful, generous, good, hostile, kind, nice, polite, rude"와 같은 형용사는 어떤 대상을 행한 "행위"를 보여주며, 이 경우 "전치사 to"가 사용된다.

He was **faithful to** his principles to the last. (그는 끝까지 자신의 원칙에 충실했다.)
Everybody was very **nice to** me. (모두가 나에게 몹시 친절했다.)
Why are you so **rude to** her? (너는 왜 그녀에게 그렇게 막 대하느냐?)

6   지지와 반대: with는 무엇을 "함께하거나 지지"를 표현한다.

They worked **with** their oldest competitor to kill off their new rivals.
(그들은 새로운 적수를 쓰러뜨리기 위해 오래된 경쟁자와 손을 잡았다.)
Shall we work **with** Ann? (앤과 함께 일합시다.)
They conspired **with** the enemy. (그들은 적과 음모를 꾸몄다.)
I'll be **with** Harry all the way on this issue.
(나는 이 문제에 대해서는 해리와 끝까지 같이 할 것이다.)

▶ 그러나 다음의 동사들과 사용되면 "반대(against)의 의미"를 표현한다.

argue	battle	clash	compete
conflict	contend	debate	dispute
fight	play	quarrel	struggle 등

New evidence **conflicts with** previous findings. (새로운 증거가 먼저의 결과와 상충한다.)
We **debated with** him on the future of democracy.
(우리는 민주주의 장래에 대해서 그와 논쟁했다.)
Britain **contended with** Spain for control of the sea in the 17th century.

(브리튼은 17세기에 바다의 지배권을 놓고 스페인과 다투었다.)
Stop **playing with** the light switch! (전등 스위치를 가지고 장난하지 마라.)

7　비율 (rate): 어떤 상황이 "비율적"으로 나타나는 것을 의미한다.

The risk of cancer increases **with the number of cigarettes you smoke**.
(암의 위험은 당신이 피우는 담배 수에 따라 증가합니다.)
Stopping distances for cars vary **with the speed they are travelling at**.
(자동차의 정지거리는 달리는 자동차의 속도에 따라 다르다.)

8　소원 (wish): (특히 편지 끝에) 안부 인사를 표현할 때 사용된다.

With best wishes from Alfred, (앨프레드가 행운을 빕니다.)
With my love, (나의 사랑) [여성의 편지를 끝맺는 말]

9　양보 (despite): 양보적 의미를 표현한다.

With all his faults, he's one of the best teachers we've ever had.
(그의 모든 결점에도 불구하고 그는 지금까지 우리에게 있었던 최고의 선생님 중의 한 분이다.)
With all your advantages, you're not a success.
(너의 모든 유리한 입장에도 불구하고 너는 성공하지 못했다.)
With all its disadvantages, the movie was a great success.
(모든 불리한 여건에도 불구하고 영화는 대성공이었다.)

W21　within과 without

within와 without은 전치사와 부사로 사용될 수 있다.

1　within (전치사): 어떤 상황이 어떤 "한계" 내에서 일어남을 표현할 때 사용된다.

(1) 시간적 한계

We must get back to the base **within 24 hours**.
(우리는 작전기지로 24시간 내에 귀대해야 한다.)
Half of all kinds of birds in the world may disappear **within the next 300 years**.
(세계의 모든 종류의 새들 중의 절반은 다음 300년 내에 사라질 수 있다.)

(2) 공간적 한계

The invading German troops came **within 50 miles of Paris**.
(침공하는 독일 군부대가 파리에서 50마일 내에 도달했다.)
Adjust the driver's seat so that all the controls are **within reach**.
(모든 조정 장치에 손이 닿을 수 있도록 운전 좌석을 조정하시오.)

(3) 조직체 또는 규칙의 한계

There've been a lot of changes **within the department** since I joined.
(내가 들어온 이래 부서 내에서 많은 변화가 있었다.)
Security firms have to work strictly **within the law**.
(보안 회사들은 엄격히 법 테두리 내에서 일해야 한다.)

2 without (전치사): 어떤 것이 결여된 상황을 표현한다.

(1) 필요한 것의 결여

After the storm we were **without electricity** for a week.
(폭풍이 지나간 후에 우리는 한 주 동안 전기 없이 지냈다.)
The refugees walked for two days **without food and water**.
(피난민들은 먹을 음식과 마실 물 없이 이틀간을 걸었다.)

(2) 기대되는 것의 결여

I got to my destination **without too much difficulty**.
(나는 큰 어려움 없이 목적지에 도달했다.)
He was able to bend the pipe **without breaking it**.
(그는 파이프를 부러뜨리지 않고 구부릴 수 있었다.)

(3) 생각이나 느낌의 결여

She told her story **without anger or bitterness**.
(그녀는 분노나 괴로움 없이 자신의 이야기를 했다.)
This is **without doubt** the best Chinese food I've ever had.
(의심의 여지없이 이것은 내가 먹어본 최고의 중국 음식이다.)

(4) 결여될 경우의 상황

Breakfast is not the same **without a cup of coffee and the morning paper**.
(아침 식사는 커피 한 잔과 조간신문이 없으면 같은 것이 아니다.)
I don't know what I'd do **without you**. (나는 너 없이는 무엇을 할 수 있을지 모른다.)

3 within과 without: within은 장소전치사로서 "안에(inside)"라는 의미로 사용될 수 있으나, without은 within과 대조를 이루는 경우에 "밖에(outside)"라는 의미의 전치사로 사용된다.

The princess has lived only **within the walls of the castle**.
(공주는 성벽 내에서만 살았다.)
We walked along the footpaths **within the public park**.
(우리는 공원 내에 있는 보도를 따라 걸었다.)
Thousands of excited fans gathered both **within and without the hall**.
(수천 명의 흥분된 팬들이 공연장 안팎에 모여들었다.)
Proving the existence of God is not the problem **within or without the realm of science**.
(신의 존재를 증명하는 것은 과학의 영역 내의 또는 밖의 문제가 아니다.)

4 　　부사: within과 without은 드물게 부사로 사용되며, within은 "안에"를, without은 "밖에"를 의미한다.

It's cold outdoors but warm **within**. (밖은 추운데 안은 따뜻하다.)
The house has been painted white **within** and **without**. (집을 안팎으로 흰 페인트칠을 했다.)
The curtains are white **within** and blue **without**. (커튼이 안은 하얗고 밖은 파랗다.)

5 　　from within: within은 "명사"로서 from의 목적어 위치에 올 수 있다.

A soft voice **from within** said, "I'm just coming."
(내부로부터의 부드러운 목소리가 "내가 곧 갈 것이다"라고 말했다.)
The government must make an attempt to reform **from within**.
(정부는 내부로부터의 개혁을 시도해야 한다.)

W22　worth, worthwhile, worthy

worth는 "전치사" 또는 "명사"로 사용되고, worthwhile과 worthy는 "형용사"로 사용된다.

This painting is **worth** $1 million.	[전치사]
(이 그림은 백만 불의 가치가 있다.)	
He doesn't seem to know the true **worth** of friendship.	[명사]
(그는 진정한 우정의 가치를 모르는 것 같다.)	
Everybody wants to do a **worthwhile** job.	[형용사]
(모든 사람이 보람이 있는 일을 하기를 원한다.)	
His courage is **worthy** of high praise.	[형용사]
(그의 용기는 높은 칭찬을 받을 만하다.)	

1 　　전치사: "가치"를 표현하는 명사구를 목적어로 가질 수 있다.

His art collection is **worth** a fortune. (그의 미술품 수집은 천만금의 가치가 있다.)
She bought a piece of land **worth** 5 billion won. (그녀는 50억 원짜리 땅을 샀다.)
It was a lot of hard work, but it was **worth** it. (많이 힘든 일이었으나 그만한 가치가 있었다.)

2 　　it's worth … ing: 어떤 행위의 "가치"를 말할 때는 동명사를 사용한다.

It isn't **worth waiting** for Joan. (조안을 기다릴 가치가 없다.)
It isn't **worth helping** you. (너를 도와줄 가치가 없다.)
It's **worth talking** to your father. (너의 아버지에게 말할 만한 가치가 있다.)
It isn't **worth getting** angry with her. (그녀에게 화를 낼 가치가 없다.)

▶ 위의 구조에서 동명사절의 "목적어"를 주절의 "주어"로 이동할 수 있다.

Joan isn't **worth** waiting for. (조안을 기다릴 가치가 없다.)
You aren't **worth** helping. (너를 도와줄 가치가 없다.)
Your father is **worth** talking to. (너의 아버지에게 말할 만한 가치가 있다.)

She isn't **worth** getting angry with. (그녀에게 화를 낼 가치가 없다.)

3 **명사**: 금전적 또는 시간적 "가치"나 어떤 대상의 "중요성"을 표현한다.

She bought **$50,000 worth** of land from me last year.
(그녀는 작년에 나에게서 5만 달러 가치의 땅을 구입했다.)
The thunder storm caused **millions of dollars' worth** of damage.
(폭풍우는 수백만 달러의 피해를 입혔다.)
We had only **two days' worth** of food left.
(우리에게는 이틀 먹을 음식만이 남았다.)
The new computer system has already proved its **worth**.
(새로운 컴퓨터 체계는 이미 자신의 가치를 입증했다.)

4 worth one's while: 어떤 일을 하는 것이 그만한 가치가 있다는 것을 표현할 때 사용한다.

It might be **worth your while** to talk to the head of the department.
(네가 부서장에게 말을 하는 것이 그만한 가치가 있을 것 같다.)
Some people think it isn't **worth their while** to work without payment.
(어떤 사람들은 보수를 받지 않고 일할 가치가 없다고 생각한다.)
You'll find it **worth your while** to learn something about her before meeting her.
(너는 그녀를 만나기 전에 그녀에 대해서 알아보는 것이 가치가 있다는 것을 알게 될 것이다.)

5 worthwhile: 형용사로 명사의 "한정적 수식어"로 쓰일 수 있으며, 서술적으로 쓰일 때는 "-ing형 분사"와 "to-부정사"를 둘 다 보충어로 취할 수 있다.

He wanted to do a **worthwhile job**. (그는 보람 있는 일을 하기를 원했다.)
We have to make the program financially **worthwhile** for the students.
(우리는 프로그램을 재정적으로 학생들에게 이득이 되도록 만들어야 한다.)
It wasn't **worthwhile continuing the project**. (그 사업은 계속할 가치가 없다.)
I think it's **worthwhile to clarify your position**.
(당신의 입장을 명백히 할 가치가 있다고 생각합니다.)

▶ "worth + -ing 구조"에서와는 달리 "worthwhile + -ing 구조"에서는 목적어를 주어위치로 이동할 수 없다.

The project wasn't **worth continuing** _____. (그 사업은 계속할 가치가 없다.)
[참고: It wasn't **worth continuing** the project.]
*The project wasn't **worthwhile continuing** _____.
[참고: It wasn't **worthwhile continuing** the project.]

▶ 영국영어에서는 종종 하이픈을 사용한 "worth-while"을 사용하기도 한다.

6 worthy: 형용사로서 서술적으로 쓰일 때는 "전치사 of"를 대동한다.

The bank might think you are **worthy of** a loan for your new project.
(은행은 당신의 새로운 사업에 대해 당신에게 대출을 해줄 가치가 있다고 생각할지 모릅니다.)
She's willing to donate a big money to **a worthy cause**.
(그녀는 가치 있는 명분에 대해서는 큰돈을 기증할 의향이 있습니다.)
I'm sure his motives were **worthy**. (나는 그의 동기가 훌륭했다고 확신한다.)

▶ "worthy of"의 목적어로는 일반적으로 "동명사"가 쓰이지 않지만, "worthy"의 보충어로 종종 "to-부정사"가 쓰인다.

His proposal is **worthy of** consideration. (그의 제안은 고려해볼만 하다.)
(*His proposal is **worthy of** considering.)
His proposal is **worthy to be considered**.)
... the thongs of whose sandals I am not **worthy to stoop down and untie**.
(... 나는 굽혀 그의 신발 끈을 풀기도 감당하지 못하겠노라.) [막 1:7]
I am no longer **worthy to be called** your son.
(지금부터는 아버지의 아들이라 일컬음을 감당하지 못하겠나이다.) [눅 15:19]

7   worthies: 복수형 worthies는 명사로서 존경을 받거나 중요한 "인물"을 의미한다.

We were met by a group of local **worthies**. (우리는 한 집단의 지방 유지들의 마중을 받았다.)
The front row of chairs was reserved for civilian **worthies**.
(앞 줄 의자들은 민간인 유지들을 위해 남겨두었다.)

W23 would

would는 양상조동사로서 형태적으로는 will의 과거형이며, 축약형으로 had의 축약형과 같은 "-'d"를 갖는다.

1   **비실제적 의미**: would는 "if-절"과 함께 사용될 때 "비실제적 의미"를 표현한다.

(1) would + 원형부정사: 이 구조는 "현재" 또는 "미래"에 있지도 않고 있을 수도 없는 것을 표현한다.

If I were rich, I **would go** on a cruise around the world.
(나는 부자라면 세계 일주 크루즈 여행을 할 것이다.)
If I were you, I **wouldn't marry** the girl. (내가 너라면 그 아가씨와 결혼하지 않을 것이다.)

(2) would have + 과거분사: 이 구조는 "과거"에 있지도 않았고 있을 수도 없는 것을 표현한다.

If we had lived in the 19th century, we **wouldn't have driven** a car.
(우리가 19세기에 살았다면 자동차를 운전하지 못했을 것이다.)
If I hadn't met her, I **would have lived** single.
(만약 내가 그녀를 만나지 않았다면 독신으로 살았을 것이다.)

2 **미래**: "말하는 시점"에는 아직도 일어나지 않은 과거 행위에 대해 말하는 "과거에서의 미래 (future in the past)"를 표현하는 데 사용된다. (F23.7과 P19.3을 보라.)

We hoped that elementary schools **would** be open on Monday.
(우리는 초등학교가 월요일에 개학하기를 희망했다.)
A report said that Korean unemployment **would** continue to rise.
(보고서는 한국의 실직자 수가 계속 상승할 것이라고 했다.)
He introduced to me the woman who he **would** marry one day.
(그는 자신이 언제고 결혼할 여성을 나에게 소개했다.)
None of us expected he **would** win the world chess championship.
(우리 중에 아무도 그가 세계 체스대회에서 우승할 것이라고 기대하지 않았다.)

▶ would have는 "과거의 관점"에서 과거를 돌이켜 말할 때 사용된다.

We thought they **would have gotten** home by 5 o'clock, but there was no reply when we called. (우리는 그들이 5시까지 집에 도착할 것으로 생각했다. 그러나 우리가 그들에게 전화했으나 응답이 없었다.)
He told us she **would have died** long before, but I saw her a few days ago.
(그는 그녀가 오래전에 죽었을 것이라고 말했는데, 나는 그녀를 며칠 전에 봤다.)

3 **간접화법**: 간접화법에서 인용동사가 과거시제일 경우 직접화법의 will은 간접화법에서 would가 된다. (상세한 것은 I27과 I28을 보라.)

직접화법: "Tomorrow **will** be fine," said the forecast.
(일기예보는 "내일은 날씨가 좋을 것이다"라고 했다.)
간접화법: The forecast said the next day **would** be fine.
(예보는 그 다음날 날씨가 좋을 것이라고 했다.)

4 **의도/기대**: 과거에서의 "의도"나 "기대"를 표현할 때 사용된다.

He said that he **would** see his brother tomorrow. (그는 남동생을 내일 보겠다고 말했다.)
He said he **would** always love her. (그는 그녀를 항상 사랑할 것이고 말했다.)
They promised that they **would** help. (그들은 돕겠다고 약속했다.)
They said they **would** meet us at 10 o'clock at the station.
(그들은 우리를 정거장에서 10시에 만나겠다고 말했다.)
She said she **wouldn't** be coming to the library anymore.
(그녀는 도서관에 더 이상 오지 않겠다고 말했다.)

5 **상상의 상황**: 상상하거나 일어나기를 원하는 "가상적 상황"을 표현할 때 사용된다.

What **would** you do if you won one million dollars?
(100만 달러가 생긴다면 무엇을 할 것입니까?)
I wish they**'d** come and visit us. (그들이 우리를 찾아오면 좋을 텐데.)
If only he **would** listen to me. (그가 내 말을 듣는다면 좋을 텐데.)

▶ 일어나지 않았거나 일어날 수 없는 상황을 말할 때도 사용된다.

Everything **would** be very different if your father were still alive.
(너의 아버지가 아직도 살아 계시다면 모든 것이 달라졌을 것이다.)
I **would have called** you, but there wasn't time.
(내가 너에게 전화를 했어야 하는데 시간이 없었다.)

6 **습관**: 과거에 자주 또는 항상 "습관처럼 한 행동"을 표현할 때 사용된다. 이 경우 would 대신에 "used to"를 사용할 수도 있다. (U6을 보라.)

When we were younger, we **would/used to** help each other with our homework.
(우리는 어렸을 때 숙제를 하는데 서로를 돕곤 했다.)
When we worked in the same office, we **would** often have coffee together.
(우리가 같은 사무실에서 일했을 때는 종종 커피를 함께 마시곤 했다.)
On summer evenings we **would** sit out in the garden.
(우리는 여름밤에는 정원에 나가 앉아 있곤 했다.)

▶ would는 used to와는 달리 "과거의 상황"에 대해 말할 때는 사용할 수 없다.

We **used to** live in Busan. (우리는 부산에 살았다.)
(*We **would** live in Busan.)
"Do you remember Harry Jones?" "He **used to** be a radio announcer on the MBC."
("해리 존스를 기억해?" "그는 MBC의 라디오 아나운서였다.")
("Do you remember Harry Jones?" "*He **would** be a radio announcer on the MBC.")

7 **가능한 상황**: "있을 수도 있는 상황"을 표현할 때 사용된다.

I**'d** hate to miss the show. (나는 그 공연을 놓치고 싶지 않다.)
Christmas **wouldn't** be the same without you. (네가 없는 크리스마스는 똑같지 않을 것이다.)
Don't bother to remove all the weeds — it **would** take too long.
(모든 잡초를 제거하려고 신경 쓰지 마라. 시간이 너무 오래 걸릴 수 있다.)

▶ would have: "있었을 수도 있다고 생각하는 상황"을 표현할 때 사용된다.

It**'d have been** too boring to sit through the whole speech.
(연설이 끝날 때까지 앉아 있었다면 몹시 지루했을 것이다.)
Everybody **would have regretted** if they saw the show.
(그들이 공연을 봤다면 모두 후회했을 것이다.)

8 **부탁/요청**: will보다 부드러운 형태로서 타인에게 어떤 것을 "정중하게 부탁하거나 제안할 때" 사용한다. (R17.4를 보라.)

Would you mind sharing a room? (방을 함께 써도 괜찮겠습니까?)
Would someone please tell me what's going on?
(지금 무슨 일이 일어나고 있는지 누가 좀 말해줄 수 있습니까?)
If you**'d** just wait a moment, I'll see you soon. (잠시만 기다리시면 곧 뵙겠습니다.)

Would you like to come with us? (우리와 함께 가시겠습니까?)

9 **선호**: 원하는 것을 표현할 때 사용된다.

My parents **would** like to meet you as soon as possible.
(나의 부모님이 가능한 한 빨리 너를 보고 싶어 하신다.)
I'd hate you to leave now. (나는 네가 지금 떠나게 하고 싶지 않다.)
I'd rather stay in this evening, if that's all right with you.
(네가 괜찮다면 나는 오늘 저녁에 머물고 싶다.)
Which **would** you **rather** do — go swimming or play tennis?
(수영을 할까요? 테니스를 칠까요? 어느 것이 좋겠습니까?)

▶ would have: 과거시점에서 "좋아했던 것"을 표현한다.

Clara **would have liked** to refuse the offer.
(클라라는 그 제안을 거절하기를 바랐을 것이다.)

10 **목적**: "so that-절"에서 쓰이며 어떤 일을 가능하게 하거나 막으려는 "목적"을 표현할 때 사용된다.

We packed all the books in wooden boxes **so that** they **wouldn't** get damaged.
(우리는 책들이 못 쓰게 되지 않도록 모두 나무 상자에 넣었다.)
We walked silently on tiptoe **so that** we **wouldn't** disturb anyone.
(우리는 다른 사람들에게 폐를 끼치지 않도록 발끝으로 조용히 걸었다.)
He spoke very slowly in a loud voice **so that** everybody **would** understand his speech.
(그는 모든 사람들이 그의 연설을 이해할 수 있도록 큰 목소리로 아주 천천히 말했다.)

11 **의견** (opinion): 불확실한 것에 대해 겸손하게 "의견을 표현"할 때 사용된다.

I'd think I'd be happier in a different school.
(나는 다른 학교에 가면 더 행복할지도 모른다고 생각하는데요.)
"Will it cost a lot?" "**I'd** imagine so."
("돈이 많이 들까요?" "그럴지도 모른다고 생각하는데요.")
I **wouldn't have thought** you should do it like that.
(나는 네가 그것을 그런 식으로 해야 할 것이라고 생각조차 못 했을 것이다.)

12 **거부/불발** (would not): 어떤 일을 "거부"하거나 애써도 어떤 일이 "일어나지 않았음"을 표현한다.

He **wouldn't** give us any help. (그는 우리에게 어떤 도움도 주지 않았을 것이다.)
The door **wouldn't** open, no matter how hard she pushed.
(그녀가 아무리 힘써 밀어도 문은 열리지 않았을 것이다.)

13 **충고**: "충고"를 하거나 "요청"할 때 사용된다.

I **wouldn't** worry about it, if I were you. (내가 너라면 그것에 대해서 걱정하지 않을 것이다.)
You'**d** try to get there if you can. (할 수 있으면 그곳에 가도록 노력해 봐라.)
What **would** you do if you were in my position? (네가 내 입장이라면 너는 어떻게 할 것이냐?)

14 would that (= if only): 강한 "소원"이나 "욕망"을 표현할 때 사용된다.

Would that she could see her famous son now.
(그녀가 유명해진 자신의 아들을 지금 볼 수 있다면 좋으련만.)
Would that we had seen her before she died.
(그녀가 죽기 전에 우리가 그녀를 만나 봤으면 좋았으련만.)

if only 다음에 오는 would에 대해서는 16을 보라.
will에 대해서는 W18을 보라.

Y1 year, grade, form

이 단어들은 영어에서 학교의 "학년"을 가리킬 때 사용되는 단어다.

1   **grade**: 미국영어에서 "학년"을 의미하는 단어로서 "the first grade(초등학교 1학년)"부터 "the sixth grade(초등학교 6학년)," "the seventh grade(중등학교 1학년)"부터 "the ninth grade(중등학교 3학년)," "the tenth grade(고등학교 23학년)"부터 "the twelfth grade(고등학교 3학년)"까지를 가리킨다.

Jackie is in **the sixth** grade, and so am I. (재키는 초등학교 6학년이고 나도 그렇다.)
As a child, he had skipped two **grades** in school. (그는 어릴 때 학교에서 두 학년을 월반했다.)

▶ 미국영어에는 대학생의 학년을 가리키는 별도의 단어들이 있다. freshman은 "1학년생"(여학생도 해당), sophomore는 "2학년생," junior는 "3학년생," senior는 "4학년생"을 의미한다.

He's a **freshman** at Harvard. (그는 하버드대학교 1학년생이다.)
My grandson will be a **senior** this year. (나의 손자는 금년에 대학 4학년이 될 것이다.)

2   **year와 form**: 영국영어에서 year는 대학을 포함하여 모든 학교의 "학년"을 표현할 때 두루 사용된다. form은 영국영어에서 종종 공립학교가 아닌 중등학교에 다니는 11세부터 18세까지의 학생들의 "학년"을 가리키는 표현으로 사용된다. "first form"은 미국의 "seventh grade(중1)"에 해당하고 "sixth form"은 "twelfth grade(고3)"에 해당한다고 볼 수 있다.

He's a **second year student** majoring economics at London University.
(그는 런던대학교의 2학년생으로 경제학을 전공하고 있다.)
There're 150 pupils in **the second year** at our school.
(우리 학교 2학년에는 150명의 학생이 있다.)
I hated teaching **the fifth year**. They were always causing trouble.
(나는 5학년 학생을 가르치는 것을 싫어했다. 그들은 항상 문제를 일으키기 때문이었다.)

He's now in **the fifth form**. (그는 지금 5학년이다.)
There're six classes in **the third form** of this secondary school.
(이 중학교의 3학년에는 6개 반이 있다.)

▶ the sixth form: 영국 중등학교에서 가장 높은 학년으로서 16세부터 18세까지의 학생들이 더 상위 학교로의 진학을 준비하기 위해 2년 동안 공부하는 6학년을 의미한다.

Some pupils of **the sixth form** failed to reach the required standard.
(6학년 학생들 중의 몇은 요구되는 기준에 도달하지 못했다.)

Y2 yes와 no

1   **긍정적/부정적 응답**: 기본적으로 yes는 "의문문, 서술문, 제안, 부탁"에 대한 "긍정적 대답"을 할 때 사용하고, no는 "부정적 대답"을 할 때 사용된다.

"Is that real gold?" "**Yes**." ("그거 진짜 금이냐?" "네.")
"He's a really nice guy." "**Yes**, he is." ("그는 참 좋은 사람이다." "네, 그렇습니다.")
"Would you like a sandwich?" "**Yes**, please." ("샌드위치 드시겠어요?" "네, 주십시오.")
"Can I have a glass of water?" "**Yes**, of course." ("물 한 잔 마실 수 있습니까?" "네, 물론입니다.")

"Are you Japanese?" "**No**, I'm Korean."
("당신은 일본 사람입니까?" "아니오, 나는 한국 사람입니다.)
"You're always complaining about work?" "**No**, I'm not."
("너는 일에 대해서 항상 불평을 한다지?" "아니오, 저는 안 그러는데요.")
"Would you like some more cake?" "**No**, thank you."
("케이크 좀 더 드시겠습니까?" "저는 괜찮습니다.")
"Would you help me finish the job?" "**No**, sorry. I have to leave right now."
("일을 끝내도록 저를 도와주시겠습니까?" "미안합니다만 안 되겠는데요. 저는 지금 가야 합니다.")

2　**부정 의문문과 yes/no**: "부정 의문문"에 대한 대답에서 yes와 no는 그 내용에 "동의하느냐 동의하지 않느냐"에 따라 사용되는 것이 아니라, yes를 쓰면 "긍정적 답변"이 되고 no를 쓰면 "부정적 답변"이 된다. 예를 들어 다음을 비교하라.

"**Are** you happy?" ("행복하십니까?")
"**Yes**." ("네.") / "**No**." ("아니오.")
"**Aren't** you happy?" ("행복하지 않습니까?")
"**Yes**." ("네.") / "**No**." ("아니오.")

위의 두 질문에 대해서 "yes"라는 대답은 "I am happy(나는 행복하다)"를 의미하고, "no"라는 대답은 "I am not happy(나는 행복하지 않다)"를 의미한다.

3　**부정 서술문**: no는 "부정 서술문"을 인정하거나 용납함을 표현한다.

"They **shouldn't** drive so fast." "**No**, it's really dangerous."
("그들은 그렇게 과속해서는 안 된다." "안 되지요. 정말 위험합니다.")
"We're **not** at the center of the city." "**No**, but we're almost there."
("우리는 도시 중심에 도착하지 못했다." "못 했지만 거의 왔습니다.")

4　**반응**: yes는 "부름, 손짓, 신호"에 대해 긍정적 반응을 표현할 때 사용된다.

"Mike!" "**Yes** sir, how can I help you?" ("마이크 군!" "네 어르신, 무엇을 도와드릴까요?")
[전화벨이 울려서 전화를 집어 귀에 대고] **Yes**? (여보세요!)

5　**감정**: yes는 "행복감"이나 "흥분상태"를 표현할 때 쓰이고, no는 "놀라움, 괴로움, 실망감"과 같은 감정을 표현할 때 사용된다.

Yes, Mesi has scored again! (그럼 그렇지, 메시가 다시 골을 넣었어!)
"She's nearly sixty." "**No**, you're kidding." ("그녀는 거의 60세가 되었다." "설마, 농담이지.")
Oh no, I've lost my passport!. (오, 맙소사. 여권을 분실했다.)

"Jane and I are just good friends." "**Oh yes**."
("제인과 나는 그저 좋은 친구일 뿐이다." "오, 그래.")

6 　**한정사**: no는 yes와는 달리 "한정사"로 사용될 수 있다.

There's **no** food left in the refrigerator. (냉장고에 음식이 남아 있지 않다.)
They live in a house with **no** central heating. (그들은 중앙난방이 없는 집에서 산다.)

7 　**no way**: no를 강조하는 표현으로 "no way"가 종종 쓰인다.

"Did you pay the bill?" "**No way**, not until they deliver the computers."
("청구 금액을 지불했습니까?" "아닙니다. 컴퓨터가 배달될 때까지는 안되지요.")
"Can I have the sandwich in the refrigerator?" "**No way**, it's for my little brother."
("냉장고에 있는 샌드위치를 먹어도 됩니까?" "안되지. 그건 내 꼬맹이 남동생이 먹을 거야.")

8 　**yeah와 nope**: 미국영어에서 쓰이는 비격식적 구어체로 "yeah[jɛə/jæ/jɑː/jɔː](= yes)"와 "nope[noʊ](= no)"가 있다.

Michael said, "**Yeah**, that's right." (마이클이 "응, 그것이 옳다"라고 말했다.)
"Will you help me win an argument?" "**Nope**. Slug it out!"
("내가 논쟁에서 이길 수 있도록 도와줄 수 있냐?" "아니, 힘껏 해봐!")

부정 의문문에 대해서는 N13.4-8을 보라.
Do/Would you mind ...?에 대한 응답에서의 yes와 no에 대해서는 M18.6과 7을 보라.

Y3　you

you는 2인칭 대명사로서 대명사 중에 유일하게 단수와 복수의 구분이 없다. 단지 재귀대명사에서는 구분이 있다.

	주어	목적어	속격 한정사	속격 대명사	재귀대명사
단수	you	you	your	yours	yourself
복수					yourselves

영어에서 2인칭 대명사가 단수와 복수의 구분이 없는 것은 언어변화의 산물이다. 현대영어의 초기까지도 단수 2인칭 대명사 thou(주어), thee(목적어), thy(속격 한정사), thine(속격 대명사), thyself(재귀대명사)와 더불어 복수 2인칭 대명사 ye(주어), you(목적어), your(속격 한정사), yours(속격 대명사), yourselves(재귀대명사)가 사용되었다. 중세영어에 들어와서 프랑스어의 "vous와 tu"의 영향으로 윗사람에게 말을 할 때 단수 thou와 thee 대신에 복수 ye와 you를 사용하기 시작했으며, 16세기 말에 와서는 발음이 유사한 주어형 ye가 목적어형 you와 통합되었다.

	주어	목적어	속격		재귀대명사
			한정사	대명사	
단수	thou	thee	thy	thine	thyself
복수	ye	you	your	yours	yourselves

우리는 지금도 고전을 읽거나 약간 오래 전에 출판된 성경을 읽으면 "thou, ye, thy"와 같은 2인칭 대명사와 마주치게 된다.

you의 다른 용법에 대해서는 O14와 P52를 보라.

Z1 ZERO ELEMENTS (영의 요소)

"영(zero)"의 개념은 언어연구에서 오래 전부터 애용되어 왔다. 가령 대부분의 유사한 단어나 구조에 나타나는 어떤 언어현상이 일부 단어나 구조에 나타나지 않는다고 하자. 우리는 일반적으로 이 현상을 두 가지 방법으로 설명하려고 한다. 하나는 나타나지 않기 때문에 아예 존재하지 않는다고 보는 것이고, 다른 하나는 비록 외형은 없지만 "영의(zero)" 단어나 구조가 있다고 보는 것이다. 다음의 두 동사를 비교해보자.

I **walked** all the way to Incheon. (나는 인천까지 내내 걸었다.)
He **cut** the cord with a knife. (그는 칼로 줄을 끊었다.)

walk에는 과거시제 형태소 "-ed"가 있지만 cut에는 없다. 우리는 이 현상을 두 가지 방법으로 설명할 수 있다. 하나는 cut와 같은 동사는 과거시제 형태소를 붙이지 않고도 과거시제형으로 사용될 수 있다는 방법이고, 다른 하나는 보이지는 않지만 "영의" 과거시제 형태소가 있다고 보는 방법이다.

1   **영의 관사** (zero article): 영의 관사에 대해서는 A91을 보라.

2   **영의 복수** (zero plural): 영어에서 명사의 복수형은 여러 가지 형태로 실현된다.

dog + 복수 형태소 = dogs
knife + 복수 형태소 = knives
man + 복수 형태소 = men

그러나 어떤 단어는 단수형과 복수형이 동일하다. 이 경우 복수명사는 영의 복수 형태소를 가지고 있다고 할 수 있다. (N33.2를 보라.)

You can see **a deer** running away from a hound. (너는 사냥개에 쫓기는 사슴을 보고 있다.)
Deer are still the best game animals in the country.
(사슴은 이 나라에서 아직도 최고의 사냥 동물이다.)

deer + (영의) 복수 형태소 = deer

그리고 cattle과 같이 복수형으로만 쓰이는 명사에는 영의 복수 형태소가 내재되어 있다고 할 수 있다. (N33.1을 보라.)

3   **영의 속격** (zero genitive): 그리스어나 라틴어식 성명이나 유명인의 경우에는 "s-속격"과 "영의 속격"이 둘 다 가능하다. (G4.3을 보라.)

Jesus'(s) disciples   **Socrates'(s)** philosophy
Moses'(s) Ten Commandments   **Aristophanes'(s)** works

Dickens'(s) novels   **Keats'(s)** poems
James'(s) works   **Burns'(s)** poems

여기서 유의해야 할 점은 종종 영의 속격형이 "s-속격형"처럼 발음된다는 점이다.

▶ for ... -'s sake구의 속격형: 고유명사의 경우에는 치찰음으로 끝나도 "s-속격"을 사용하지만, 보통명사의 경우에는 치찰음으로 끝나면 "영의 속격"을 사용한다.

for **Charles's** sake   for **Jones's** sake   for **God's** sake
for **goodness'** sake   for **peace'** sake   for **convenience'** sake

4   영의 관계대명사 (zero relative pronoun): 관계절에서 동사의 목적어나 전치사의 목적어가 관계대명사를 가리킬 경우 관계대명사가 생략될 수 있다. (R12.6을 보라.)

The woman **(who) we invited** is my mother. (우리가 초대한 여성분은 나의 어머니다.)
The chair **(which) he broke** has been repaired. (그가 부순 의자는 수리되었다.)
The woman **(who) you spoke to** is my mother. (네가 말을 한 여자 분이 나의 어머니다.)
Here are the papers **(which) you were looking for**. (여기 네가 찾던 신문이 있다.)

이 현상도 두 가지 방법으로 설명할 수 있다. 지금까지의 분석처럼 관계대명사가 있다가 생략되었다고 말할 수도 있고, 위의 조건이 충족되면 영의 관계대명사가 온다고 분석할 수도 있다.

5   영의 that-접속사 (zero that-conjunction): 우리는 앞에서 목적어절, 형용사 보충어절, 외치절, 분열문을 이끄는 접속사 that를 수의적으로 생략할 수 있다고 분석했다. 그러나 이 경우에도 "영의 that-접속사"가 나타난다고 말할 수 있다. (R12.6와 T7을 보라.)

We **believe (that)** he may take the last train home. (우리는 그가 막차를 탈 것으로 생각한다.)
She **said (that)** she'd never get there in time.
(그녀는 시간 내에 그곳에 절대로 도착하지 못할 것이라고 말했다.)
I'm **sure (that)** there's a logical explanation for all this.
(나는 이 모든 것에 논리적인 설명이 있다고 확신한다.)
He was **worried (that)** we wouldn't have enough money.
(그는 우리가 충분한 돈을 마련하지 못할 것을 걱정했다.)
It's **believed** by everybody **(that)** the problem cannot be solved.
(그 문제는 해결될 수 없다고 모든 사람이 믿고 있다.)
It's **certain (that)** the election will be held in May. (선거가 5월에 치러질 것이 확실하다.)
It was **the dog (that)** I gave water to. (내가 물을 준 것은 개였다.)
It was **last night (that)** John wore a white suit at the dance.
(존이 춤을 출 때 흰 양복을 입었던 것은 어젯밤이었다.)

Z2   zero와 naught

숫자 "0"을 표현하는 영어 단어는 여러 개가 있다.

1   **naught와 zero**: 일반적으로 영국영어에서는 숫자 "0"을 naught라고 하고, 미국영어에서는 zero라고 한다. 영국에서도 점차로 zero를 사용하는 사람이 늘어나고 있다.

A million is 1 with six **naughts/zeroes** after it. (100만은 1 다음에 0이 6개가 붙는다.)
One minus **naught/zero** point 3 equals naught/zero point seven. (1 빼기 0.3은 0.7이다.)

▶ 온도를 말할 때는 영국과 미국영어에서 공히 "0"을 zero라고 하고, zero는 그 자체로 섭씨(Celsius/Centigrade) "0°"를 의미하기도 한다.

Zero degrees Celsius (= 0°C) is thirty-two degrees Fahrenheit (= 32°F).
(섭씨 0도는 화씨 32도다.)
The temperature is expected to drop to twenty degrees below **zero** (= -20°) tonight.
(오늘 밤에 기온이 영하 20도로 떨어질 것으로 예상된다.)

▶ 1 degree(1도)를 제외한 모든 온도표시는 0 degrees(0도)를 포함하여 복수 "degrees"를 사용한다.

▶ naught는 종종 "nought, aught, ought"로 표기되기도 한다.

2   nil과 nothing: 경기에서 "0점"은 영국영어에서 "nil"이라고 하고, 미국영어에서는 "zero" 혹은 "nothing" 또는 매우 드물게 "zip"이라고 한다.

And the score at half-time is: Scotland three, England **nil/nothing**.
(그리고 하프타임 점수는 스코틀랜드 3 영국 0이다.)
Our team won the match by two goals to **nil/nothing**.
(우리 팀이 그 시합을 2대 0으로 이겼다.)
We beat them ten to **zip/nothing** in that football game.
(우리는 그 축구경기에서 그들을 10대 0으로 물리쳤다.)

▶ 테니스나 이와 유사한 경기에서는 "0점"에 대해서는 (불어에서 달걀을 뜻하는 "l'oeuf"에서 유래한) "love"라는 단어를 사용한다.

Forty-**love**; Andrews to serve. (40대 0. 앤드류 서브하세요.)

▶ 전화번호나 은행계좌번호를 불러줄 때처럼 숫자를 하나씩 말할 때는 "0"을 종종 문자 "o"처럼 발음한다.

My bank account number is four one three **o** six. (나의 은행 계좌번호는 41306이다.)
Her phone number is two nine six, four two double **o**. (그녀의 전화번호는 296-4200이다.)

용어 해설

가부 의문문(yes-no question): yes나 no가 적절한 응답이 될 수 있는 의문문을 말한다: Do you like to study English grammar?

가산명사(count noun): 가산명사는 동일한 유형의 독립적 개체들의 집합을 의미한다. 예를 들어 "house"라는 단어는 "house"라는 독립적 개체들의 집합체를 가리킨다. 이 개체는 같은 유형의 개체로 분리될 수 없는 것이 특징이다. "house"에는 "출입문, 창문, 안방, 건넌방, 마루" 등이 있지만 이들이 개별적으로 "house"가 될 수 없다. 또한 가산명사는 독립적 개체를 가리키기 때문에 단수와 복수가 가능하며, 따라서 부정관사(a/an)와 기수(cardinal numbers)와 함께 쓰일 수 있다: She bought **an new house** for herself; She rent **ten houses** for the staff. 그러나 "water, air, salt, oxygen, milk"와 같은 불가산명사는 일종의 물질을 가리키며, 이들을 작게 쪼갠 부분도 여전히 동일한 물질을 가리킨다: She usually eats **bread** with her soup; *She bought **ten breads** in the supermarket.

가정법(subjunctive): I **demanded** that she **be** on time; It is **essential** that every child **have** the same medical treatment와 같은 문장에서처럼 우리가 상대방에게 어떻게 할 것을 제안, 요청, 주장, 충고할 때 또는 어떤 상황이 중요하다거나 불가피한 것이라고 주장할 때 종속절의 동사가 "원형형태"를 취한다. 다시 말해서 삼인칭 단수 현재 동사는 -(e)s 어미를 취하지 않으며, be 동사는 모든 경우에 원형인 be가 사용되는데, 이러한 동사를 현재시제 가정법 동사라고 한다. If he **were** here, he'd tell you what to do와 같은 문장에서 볼 수 있는 것처럼 be 동사의 과거시제 가정법형은 were로서 모든 형태의 주어와 함께 쓰일 수 있다.

간접의문문(indirect question): 다른 절의 종속절로 나타나는 의문문을 간접의문문이라고 부른다: I'm sure **whether he will turn up**. 간접의문문에서는 주어와 조동사의 도치가 일어나지 않는다: I wonder **who he will meet**.

감탄문(exclamation): "놀라움, 즐거움, 괴로움" 등 우리의 감정을 표현할 때 사용하는 구조의 한 형태를 말한다. 감탄문은 일반적으로 "what"(예: **What a fool** I am!) 또는 "how"(예: **How blind** I was!)로 시작한다.

격(case): 격이란 단어가 문장 내에서 하는 역할이나 나타나는 위치에 따라 다른 형태를 취하는데, 이 변하는 형태를 격이라고 한다. 영어의 대명사의 경우는 세 가지 격형태가 구별된다: She likes **him**; He likes **her**; I love **my** parents. 주어로 쓰인 대명사 "she, he, I" 등을 "주어격(nominative case)"이라고 하고, 목적어로 쓰인 대명사 "him, her" 등을 "목적어격(objective case)"이라고 하며, my와 같은 대명사를 "소유격(possessive) 혹은 속격(genitive case)"이라고 한다.

경동사(light verb): 우리는 일반적으로 동사를 사용하여 어떤 행위(action)를 표현한다. 그러나 이러한 행위동사 중에 상당수가 동일한 형태의 명사를 가지며, 우리는 이러한 명사는 행위명사(action nouns)라고 부른다. 행위명사는 일명 "경동사(light verbs)"라고도 부르는 다목적(general-purpose)동사(give, have, get, take 등)와 결합하여 상응하는 행위동사와 같은 의미를 가진 표현을 구성할 수 있다: Suddenly she **screamed** loudly and **fell** to the ground (= Suddenly she **gave a** loud **scream** and **had a fall** to the ground).; He **attempted** to speak to the President (= He **made an attempt** to speak to the President).

공백화(gapping): 생략의 한 형태로서 특히 타동사 문장의 등위접속 구조에서 뒤에 오는 동사를 생략하는 현상을 공백화라고 한다: John **bought** apples and Mary **(bought)** pears and Jane **(bought)** peaches.

관계절(relative clause): He likes the man **who hates him**과 같은 문장에서 "the man"을 수식하는 절인 "who hates him"을 관계절이라고 한다. 관계절은 명사구를 수식하기 때문에 종종 형용사절이라고도 불린다. 관계절에는 위의 예에서처럼 명사구를 제한적으로 수식하는 제한적 관계절과 명사구에 대해 추가적인 설명을 하는 비제한적 관계절(예: Jerry Smith, **who works as a janitor**, won a million dollar lottery)이 있다. "who"처럼 관계절을 이끄는 표현을 관계대명사(relative pronoun)라고 하며, 관계대명사로는 "who, which, that" 등이 있다.

관사(article): 관사는 한정사(determiner)의 일종으로서 정관사(definite article) "the"(예: He rejected **the job** that I offered)와 부정관사(indefinite article) "a(n)"(예: He hasn't had **a job** since 2010) 그리고 "영의 관사(zero article)"(예: Nowadays, **jobs** are hardly available for the boys)가 있다.

구동사(phrasal verb): 구동사는 외형적으로는 전치사적 동사와 유사하지만, 전치사적 동사의 경우에는 동사와 전치사가 결합한 구조를 가지고, 구동사는 동사와 전치사적 부사가 결합한 구조를 갖는다는 점이다: The plane **took off** from Incheon on time; They **called off** the picnic because of bad weather.

능격동사(ergative): "someone broke the window"와 "the window broke"에서처럼 동사의 변화 없이 타동사가 자동사가 되면서 그 목적어를 주어로 취하는 동사를 능격동사라고 한다. 능격동사로는 "begin, close, grow, sink, start, stop" 등이 있다.

능동문(active)과 수동문(passive): 능동문이란 수동문과 대조되는 문장형태로서 행위자가 문장의 주어가 되는 문장형태를 가리킨다: **The boy** broke the window. 이에 반하여 수동문에서는 주어인 행위자가 by-구로 되어 문장 뒤로 이동하고 목적어는 수동문의 주어가 되며, 동사는 "be 동사 + 동사의 과거분사"형을 취한다: The window was broken **by the boy**.

단수(singular)와 복수(plural): 말 그대로 단수는 하나의 사물을 가리키고(예: a boy, the car, this table), 복수는 둘 이상의 사물을 의미한다(예: two boys, cars, these tables). 영어에서 단수와 복수는 주어와 동사의 일치(예: **A student is** waiting for you in your office; **Several**

students are waiting for you in your office.)와 대명사의 선택에서 중요한 역할을 한다(예: "Where's **your car**?" "**It**'s in the garage"; He owns about **a dozen cars** — each of **them** is worth at least $100,000.).

단순타동사(monotransitive): "He fixed his car"의 동사 "fix"처럼 하나의 목적어만을 취하는 동사를 말한다.

단언적(assertive)과 비단언적(nonassertive): 단어 중에는 긍정 서술문에서 일반적으로 사용되는 단어들이 있는가 하면, 긍정 서술문이 아닌 부정문이나 의문문에서 주로 사용되는 단어들이 있다. 긍정 서술문에만 주로 사용되는 단어를 "단언적"이라고 부르고(예: I need **some** money for lunch; They've arrived **already**), 의문문이나 부정문에 주로 사용되는 단어를 "비단언적"이라고 부른다(예: Do you need **any** money for lunch?; They haven't arrived **yet**).

대명사(pronoun): 대명사는 일반적으로 명사적 표현을 대신하여 사용되는 단어라고 정의하고 있다. 예를 들어 "John thinks people dislike **him**"과 같은 문장에서 명사 "John"을 반복하는 것을 피하기 위해 문장 끝에서 "John"을 "him"으로 대치했다. 물론 우리가 대명사라고 부르는 단어 중에는 명사를 대신하여 쓰인다고 할 수 없는 것들이 있다. 예를 들어 "**It**'s raining now"와 "**Somebody** knocks at the door"에서 허사 "It"와 부정대명사 "Somebody"는 명사적 표현을 대신하여 쓰였다고 할 수 없다.

대치(substitution): 대치는 모든 언어의 보편적 속성의 하나로서 우리가 말을 할 때 가능한 한 동일한 표현을 반복하는 것을 자제하고, 더 간단한 표현을 대신 사용하는 것을 말한다. 예를 들어 "**The man** looked down at **his left hand**, and found out that **it** was covered with blood" 문장에서 대명사 "his"는 "the man"을 대치하고, "it"는 "his left hand"를 대치하고 있다. 또한 "He **hit me** — I don't understand why he **did so**"에서 "did so"는 "hit me"를 대치하고 있다.

도치(inversion): 두 표현의 상대적 위치가 바뀌는 것을 가리킨다. 영어에는 조동사가 주어 앞으로 이동하는 것(예; **Were** the children's toys hidden under the bed?)과 부사구와 함께 동사구를 문장 앞으로 전치하는 것 두 가지 유형이 있다(예: **Under the bed were hidden** the children's toys).

동명사(gerund): 동명사란 동사에 -ing어미를 붙여 명사처럼(예: **Hunting** rare animals is prohibited by law/We enjoyed **fishing** in the lake) 사용하는 표현을 가리킨다. 동사-ing형을 "동명사"라고 부르는 이유는 이 구문이 동사의 특성과 명사의 특성을 모두 가지고 있기 때문이다. 동명사는 명사처럼 "주어, 목적어, 보어, 전치사의 목적어, 명사의 수식어"로 쓰일 수 있으며, 동사처럼 명사구를 목적어로 취하며 동사처럼 부사의 수식을 받을 수 있다: We enjoyed **playing tennis regularly every weekend**.

동사(verb): 동사는 문장을 구성하는 주요 성분의 하나인 술어를 구성하는 핵심적 단어로서 영어에서 가장 다양한 굴절어미를 갖는 단어범주다. 삼인칭 단수 현재시제형(예: He **studies** English), 과거시제형(예: He **studied** English), 완료형(예: He has **studied** English), 진행형(예: He is **studying** English)이 있으며, to-부정사를 구성한다(예: He likes **to study** English).

동사구(verb phrase): 동사가 핵어인 구로서 동사와 그 보충어로 이루어진다. 동사는 취할 수 있는 보충어의 종류에 따라 연결동사(예: She **looks happy**), 단순타동사(예: He **loves her**), 이중타동사(예: He **gave me cookies**), 복합타동사(예: He **made her happy**)로 분류되며, 보충어 없이도 쓰이는 동사(예: He **disappeared**)를 자동사라고 한다.

등급성(gradable): 정도의 차이를 보이는 속성을 지닌 단어를 등급성 단어라고 부른다. 이 단어들은 정도부사인 "fairly/very/extremely"와 같은 단어의 수식을 받을 수 있으며, 일반적으로 비교급과 최상급 구문을 구성할 수 있다는 점이다. 예를 들어, "very tall"은 가능하지만 "*very dead"는 불가능하며, "taller, tallest"는 가능하지만 "*deader, deadest"는 불가능하다.

명령문(imperative) 지시나 명령을 할 때 사용되는 문장 형태로서 일반적으로 주어가 표현되지 않는다: Be quiet!; Don't say anything!

명사(noun): 영어의 명사는 "보통명사"와 "고유명사(John, Seoul 등)"으로 크게 분류된다. 보통명사는 가산명사와 불가산명사로 분류되며, 가산명사는 가산 구상명사(예: book-books)와 가산 추상명사(예: difficulty-difficulties)로 분류되고, 불가산명사는 불가산 구상명사(예: iron)와 불가산 추상명사(예: homework)로 나뉜다.

명사구(noun phrase): 명사구는 일반적으로 핵어인 명사와 이를 수식하는 표현으로 구성된다. "the handsome boy who is standing in the corner"에서 명사 "boy"가 핵어이며, "the handsome"은 명사를 앞에서 수식하는 "선행수식어"가 되고, "who is standing in the corner"는 명사를 뒤에서 수식하는 "후행수식어"가 된다.

목적어(object): 목적어란 타동사가 자신의 의미를 완성하는 데 필요한 성분으로서 일반적으로 명사구나 대명사가 목적어가 된다. 타동사 중에는 목적어를 하나만 필요로 하는 단순타동사(예: The man locked **the gate**)와 두 개의 목적어를 필요로 하는 이중타동사(예: John gave **Stacy the flowers**)가 있다. 우리는 전치사 뒤에 오는 명사구나 대명사를 전치사의 목적어라고 부른다(예: He sat on **the table**).

문법적 기능(grammatical function): 어느 특정 표현이 문장 내에서 수행하는 역할, 즉 주어, 보어, 목적어, 부가어와 같은 역할을 의미한다.

문장(sentence): 문장이란 우리가 의사소통을 할 때 가장 흔히 쓰는 표현의 단위로서 일반적으로 주어와 술어로 구성되며, 주어는 명사구(noun phrases)로 술어는 동사구(verb phrases)로 표현된다. 영어의 철자법에서 문장은 첫 단어는 대문자로 시작하고(예: **A** boy approached me), 문장의 끝에는 마침표나 의문부호 또는 감탄부호를 찍어야 한다(예: Who's coming with us?; How pretty she is!).

반향 의문문(echo question): 누가 방금 말한 것 중에 어떤 점에 대해서 의구심을 가질 때 우리는 그가 말한 것의 전부 또는 대부분을 메아리처럼 반복함으로써 질문하는 의문문의 한 형태를 말한다. 예를 들어 만약 내가 "I went to Greenland last winter"라고 말하고 당신은 내 말을 믿지 않을 경우 당신은 "You went **where** last winter?"라는 반향 의문문으로 응답할 것이다.

보어(complement): 보어는 일반적으로 두 가지 의미로 쓰인다. 협의의 보어는 주어나 목적어를 보충하는 주어보어와 목적어보어를 가리키지만, 좀 더 광의의 보어는 동사, 형용사, 명사와 함께 쓰여 그 의미를 완성해 주는 모든 보충어를 가리킨다.

Allison is **a famous opera singer**.	[주어보어]
Philip is **very encouraged**.	
Why ever did they elect him **chairman**?	[목적어보어]
You make me **nervous**.	
He lost **the tickets** for tonight's game.	[동사의 목적어]
I suddenly realized **that the band had stopped playing**.	
I'm **interested in cookery**.	[형용사 보충어]
The soup is **ready to eat**.	
He planned our **journey to Rome**.	[명사 보충어]
I heard the **rumour that the city had been captured**.	

보통명사(common noun)와 고유명사(proper noun): 명사는 보통(common)명사와 고유(proper)명사로 분류된다. 보통명사는 사람이나 사물을 가리키는 반면, 고유명사는 이러한 사람이나 사물에 주어지는 고유의 명칭(names)을 의미한다. 보통명사는 일반적으로 관사(a(n)과 the)와 함께 쓰일 수 있는 데 반하여(예: a book, the friend, the water, a tiger 등), 고유명사는 특별한 경우에만 관사와 함께 쓰일 수 있다. 글에서 고유명사는 대문자로 시작한다(예: Brian, Korea, Miss Williams, Earth 등).

복문(complex sentence): 복문이란 둘 이상의 절을 가진 문장으로서 하나의 절이 주절(main clause)이 되고 나머지 절은 종속절(subordinate clause)이 되는 문장을 가리킨다: He said **that he would return home before Christmas**; He went to bed early, **because he was tired**.

부가어(adjunct): 부가어란 부사구의 일종으로서 "시간, 공간, 양태, 수단/도구와 행위자, 방식, 정황 부사구"가 있다. 부가어는 문장의 필수 성분인 "주어, 동사, 목적어, 보어"처럼 문장의 중요한 성분으로 해석되는 경우가 많으며, 한 문장에 여러 개의 부가어가 나타날 수 있다(예: He put his hat **on the table quietly when he entered the room**). 또한 부가어는 일반적으로 질문의 대상이 될 수 있다. 예를 들어, **Where** did he put his hat quietly when he entered the room?; **How** did he put his hat on the table when he entered the room?; **When** did he put his hat on the table quietly?가 가능하다.

부가의문문(tag question): 부가의문문은 조동사와 대명사로 구성되며 문장 끝에 위치한다. 주절이 긍정일 경우에는 부가의문문은 부정이 되고(예: She **is** happy, **isn't she?**), 주절이 부정일 경우에는 부가의문문은 긍정이 된다(예: She's **not** happy, **is** she?).

부분사(partitive): 부분사 구조란 "전체의 한 부분(a part of a whole)"을 의미하는 구조를 가리킨다. 가산명사와 불가산명사가 모두 부분사 구조를 구성할 수 있으며, 부분사 구조에는 "질(quality) 또는 형태(form)"를 가리키는 것(예: a new **type** of computer, different **types** of)과 "양(quantity)"을 가리키는 것(예: a **piece** of cake, a large **crowd** of people) 두 가지 유형이 있다.

부사(adverb): 부사의 기본적인 역할은 문장을 수식하거나(예: **Fortunately**, everything worked out **all right in the end**), 동사를 수식할 수 있으며(예: The student visited the professor **yesterday**), 형용사와(예: She has a **really beautiful** face), 다른 부사를 수식할 수 있다(예: They are smoking **very heavily**). 많은 부사는 형용사에 "-ly 어미"를 붙여 만들어진다.

부양 양화사(floating quantifier): "all, both, each"와 같은 양화사는 자신이 수식하는 표현의 바로 앞에서 문장의 다른 위치로 이동할 수 있다: **All/Both** the students won the prizes; The students **all/both** won the prizes.

부연어(disjunct): 발화의 형태에 대한 "화자의 논평"이나 발화가 기술하고 있는 상황에 대한 "화자의 생각"을 표현하는 부사구를 "부연어"라고 한다. 부연어에는 문체 부연어(예: **Honestly**, there is nothing I can do to help)와 내용 부연어(예: **Stupidly**, she refused to take his advice)가 있다.

부정(negation): 어떤 명제를 부정하는 것을 말한다. 부정은 일반적으로 조동사 다음에(조동사가 없으면 "do"를 도입한 후에) "not/n't"을 삽입하여 만들지만(예: I **don't** like hamburgers), 부정에는 "not/n't" 외에도 부정대명사 "nobody, nothing, none" 등(예: **Nobody** wants to go)과 부정부사 "never, hardly" 등(예: I've **never** been there)이 사용된다.

부정사(infinitive): 영어의 동사는 "시제, 인칭, 상"에 의해 형태가 변하는데, 동사의 부정사형은 이러한 변화가 전혀 실현되어 있지 않은 동사의 원형을 가리킨다. 동사의 원형은 종종 to 다음에 나타나기 때문에 "to-부정사"라고도 부른다: The important thing is **to stay calm in the class**. to가 없는 동사의 원형은 양상조동사와 조동사 do 다음에 나타난다: I will **do** it alone/ I don't **like** him. 부정사구는 명사적으로(예: **To see her children again** will make her very happy; I like **to have corn flakes for breakfast**), 형용사적으로(예: She bought a new book **to read during her vacation**), 부사적으로(예: He went to Busan **to visit his grandparents**; **To tell the truth**, it seems that nobody understood his lecture at all) 사용될 수 있다.

분리 부정사(split infinitive): 부정사를 이끄는 to와 관련 동사가 다른 표현이 끼어들어 분리되어 있는 부정사 구조를 가리킨다. "It's important to **really** try hard"와 같은 문장에서 to와 동사 try 사이에 부사 really가 끼어 있으므로 분리 부정사의 한 예라고 할 수 있다.

분사(participle): 영어의 동사는 두 가지 분사형을 가지고 있다. 진행(progressive)분사라고 부르는

"-ing형"과 과거(past)분사라고 부르는 "-ed형"이 있다. "-ing형"분사는 동명사(예: **Hunting animals** is prohibited)와 "be 동사"와 함께 진행상(예: A man's **talking** to Liz)을 표현하는 데 사용되고, "-ed형"은 "have 동사"와 결립하여 완료상(예: I've recently **met** her)과 "be 동사"와 결합하여 수동문(예: The building **was built** last year)을 구성하는 데 사용된다.

분열문(cleft sentence): 분열문이란 문장의 한 성분을 강조하고 싶을 때 사용되는 문장의 형태 중의 하나를 말한다. 분열문의 기본형은 it-분열문으로서 "주어"(예: **It was Jane who/that** put the vase on the table), "목적어"(예: **It was the vase that** Jane put on the table), "부가어"(예: **It was on the table that** Jane put the vase)등이 강조성분이 될 수 있다.

비교급(comparative)과 최상급(superlative): 형용사와 부사 중에 일반적으로 "very"나 "fairly" 등의 수식을 받을 수 있는 것들의 비교급과 최상급으로 사용될 수 있다. 비교급형과 최상급형을 만드는 방법에는 "-er과 -est" 어미를 사용하는 방법(예: John can run **faster** than Bill; His car runs **fastest** among the cars)과 "more"와 "most"를 사용하는 방법(예: This book's **more expensive** than that one; She was **most beautiful** in her wedding dress)이 있다.

비인칭 대명사(impersonal): it가 어떤 지시를 갖지 않고 쓰일 경우 비인칭 대명사라고 부른다. "it"가 비인칭 대명사로 쓰이는 경우는 "날씨, 시간, 거리" 등을 표현(예: **It's** ten o'clock; **It's** dark outside)할 때와 외치된 표현의 위치를 예시(preparatory/ anticipatory)해주는 표현(예: **It** is rumoured that he is unhappy)으로 사용될 경우다.

사역동사(causative verb): "bid(= request), cause, get, have, let(= allow), make" 등의 동사는 타동사로서 "어떤 사람이나 물건으로 하여금 어떤 행위나 사건 또는 변화가 일어나도록 한다"는 원인과 결과의 의미로 사용될 때, 이들을 사역동사라고 부른다: Our teacher **let** us stay up all late; He **had** them expelled; She **bid** the children be quiet.

상(aspect): 동사가 표현하는 행위의 상황(즉 진행 중인지 혹은 완료되었는지)을 가리킬 때 사용되는 용어다. 영어의 상에는 "be + -ing형 동사"로 표현되는 진행상(progressive aspect)(예: He **is taking** the medicine.)과 "have + -ed 분사형 동사"로 표현되는 완료상(perfective aspect)(예: He **has taken** the medicine.)이 있다.

상호대명사(reciprocal pronoun): "They like **each other/one another**"와 같은 문장의 each other와 one another를 상호대명사라고 부른다.

생략(ellipsis): 반복을 피하기 위해서 어떤 표현을 삭제하는 것을 생략이라고 한다. 예를 들어 "I will **do it** if you will **do it**"에서 반복을 피하기 위해서 두 번째 "do it"를 삭제하고 "I will do it if you will"이라고 말할 수 있다. 생략은 광범위한 구조에서 일어난다: **He was** poor but (**he was**) honest; "Will you **join us**?" "Yes, I will (**join you**)"; Somebody **visited his office**. Do you who (**visited his office**)?

서법(mood): 정형동사의 굴절 속성을 기술하는 용어다. 영어의 동사는 직설법(예: She **loves** pizza),

가정법(예: The judge ordered that he **be** detained immediately), 명령법(예: **Keep** quietly!)으로 사용될 수 있다.

서술적(predicative): 어떤 성분들이 서술적 관계에 있다는 형용사나 명사가 어떤 성분의 보어로 쓰인다는 말이다. 예를 들어 "John is **smart**; I consider John **smart**"와 "They are **fools**; I consider them **fools**"에서 형용사 "smart"와 명사 "fools"는 서술적으로 쓰이고 있다.

선행사(antecedent): 대명사나 재귀대명사가 가리키는 표현을 선행사라고 한다. 예를 들어, John killed himself"에서 "himself"는 "John"을 선행사로 가지고, "He is the man who we all respect"에서 관계대명사 "who"는 "the man"을 선행사로 갖는다.

성(gender): 영어 명사의 문법적 성(gender)은 자연의 성(sex)과 거의 일치한다. 따라서 단어의 의미를 알면 그 단어의 문법적 성을 구별하는 것이 어렵지 않다. 영어에서 명사의 성을 구별 짓는 가장 큰 이유 중의 하나는 영어에 남성(masculine) 대명사 he/him/his와 여성(feminine) 대명사 she/her가 있기 때문이다.

수(number): 수는 영어에서 단수형과 복수형(예: one **dog**, two **dogs**)의 대조를 표시는 개념으로, 지시사(예: **this** book, **these** books), 대명사(예: **he/they**), 정형동사(예: He **smokes**; They **smoke**)에서 수의 대조를 찾아볼 수 있다.

수식어(modifier): 수식어는 자신이 수식하는 핵어/머리어를 규정하고 제약하는 역할을 한다. 전통적으로 "handsome boy"와 같은 표현에서 형용사 "handsome"은 명사 "boy"을 수식한다고 말한다. 부사의 기본적 역할은 동사, 형용사, 다른 부사를 수식하는 것이다: He walks **slowly**; She's **very** beautiful; You're driving **too** fast.

술어(predicate): 술어는 주어와 결합하여 문장을 구성하는 성분을 가리킨다. 술어는 동사구로 구현되며, 술어의 형태는 동사구의 핵인 동사의 속성에 따라 다양한 구조를 갖는다. 동사는 필요로 하는 보충어의 유형에 따라 "자동사, 연결동사, 단순타동사, 이중타동사, 복합타동사"로 분류된다.

시제(tense): 영어에서 시제는 굴절된 정형동사를 분류하는 한 가지 방법으로서 "현재시제"와 "과거시제" 두 가지가 있다. 우리는 "He **likes** ham sandwiches"의 동사를 현재시제형이라고 하고, "He **liked** ham sandwiches"의 동사를 과거시제형이라고 한다. 현재와 과거시제의 구분은 (어느 정도는) 시간 개념과 관련이 있다. 과거시제 동사는 전형적으로 과거에 일어난 사건을 기술하는 데 반하여, 현재시제 동사는 전형적으로 현재 일어나는 사건을 기술한다. 그러나 이 상관관계가 완전히 일치하는 것이 아니다. "**Would** you mind if I **opened** the window?"에서 과거형인 opened는 과거가 아니라 시간적으로 미래를 가리킨다.

양상조동사(modals): 양상조동사에 "can, could, may, might, will, would, shall, should, must, ought to"를 포함시키는 것에는 이의가 없는 것 같다. 어떤 학자는 "used to, need, dare, had better"도 양상조동사로도 분류하기도 하고 조동사가 아닌 어휘적 동사로 분류하기도 한다.

"used to, need, dare, had better"는 양상조동사의 문법적 특성을 준수하지 않는 경우도 있다. 이들은 양상조동사의 문법적 특성과 어휘적 동사의 문법적 특성 모두 포함하고 있다고 할 수 있다. 양상조동사는 양상(즉 가능성, 미래성 또는 필연성과 같은 개념)을 표현하며, (to-없는) 원형부정사와 함께 쓰인다.

양화사(quantifier): 수량을 나타내는 표현으로서 명사를 앞에서 수식하는 한정사(예: He knows **every** student in the class; I have **some** apples)로 사용되며, 대부분은 독립적인 대명사로 사용될 수 있다(예: I hope **all** is well; (My parents went to Stanford.) **Both** got jobs in Boston after the graduation).

연결동사(copular verb): 주어와 주어에 대해 설명하는 표현을 연결하는 동사를 연결동사라고 한다. 가장 대표적인 연결동사는 be 동사이며(예: His father **is** a famous criminal lawyer), 이 외에도 "become, feel, look, seem, turn" 등이 있다(예: I do **feel** sad; That car **looks** expensive; She **became** a horse trainer).

연산자(operator): 의문문에서 주어 앞에 오는 조동사(예: What **have** you done?)와 부정문에서 부정소 "not" 바로 앞에 오는 조동사(예: I **would**n't do such a thing to upset you)를 연산자라고 한다. 조동사가 없는 문장의 의문문이나 부정문에는 연산자 "do"가 삽입된다: **Do** you love me?; You **don't** love me.

영의 표현(zero): 외형이 없는 언어표현을 가리킨다. 예로는 영의 관사(예: I do't have ( ) money)와 영의 접속사(I think ( ) she's pretty) 등이 있다.

외치(extraposition): 외치란 문장의 한 성분, 특히 주어 또는 목적어를 문장 끝으로 이동하고 그 자리에 허사(expletive)대명사를 남기는 구조를 말한다. **It** seems **that he's young enough to join the club**. 외치를 가능하게 하는 대표적인 동사는 be동사다: It **is** clear that he is too old for the job. 그 외에 "appear, happen, seem"과 같은 연결동사(예: It **appears** that they are all alive), 말하는 동사 "say, claim" 등과 생각동사 "believe, think" 등의 수동형(예: It **is claimed** that he is too young for the job; It **is believed** that he is innocent), 그리고 "certain, clear, (im)possible, likely"와 같은 형용사가 있다: It's **certain** that he hasn't found the answer yet; It's **likely** that it'll rain tomorrow.

원형 부정사(bare infinitive): 부정사절은 일반적으로 to를 동반하지만 to가 없는 원형동사는 양상조동사 다음에서(예: He **can speak** five languages fluently; She**'ll follow** you wherever you go), "사역동사"나 "지각동사"와 함께 쓰일 수 있다: He won't **let** me **help** him; I **saw** him **walk** across the road.

유사분열문(pseudo-cleft): WH-어를 써서 문장의 성분을 분리시키는 것을 유사분열문이라고 한다. 예를 들어 "Jane put the vase on the table"이라는 문장을 WH-어를 사용하여 "**What** Jane put on the table was **the vase**와 **Where** Jane put the vase was **the table**"이라는 유사분열문을 구성할 수 있다.

의문문(question): 의문문에는 화자가 청자에게 자신이 말한 내용에 동의하는지 혹은 동의하지 않는지를 묻는 가부(yes-no)의문문(예: **Will you** be waiting for me?; **Do you** want to come with us?)과 질문을 통해 어떤 정보를 얻기를 위한 WH-의문문, 즉 내용의문문이 있다(예: **Who** bought it?; **What** did he buy?).

인칭(person): 세 가지 인칭, 즉 화자를 포함하는 표현인 일인칭(예: I/we)과 화자를 배제하면서 청자를 포함하는 표현인 이인칭(예: you) 그리고 화자와 청자를 배제한 다른 사람이나 물건을 가리키는 표현인 삼인칭(예: he/she/it/they)이 있다.

인칭대명사(personal pronoun) 본유적인 인칭 속성을 가진 대명사 "I, we, you, he, she, it, they"를 가리킨다.

일치(agreement): 일치란 두 언어 표현 간의 관계로서 어떤 특정한 문법적 자질을 두 표현이 공유하는 것을 의미한다. 영어에서 가장 대표적인 일치현상은 주어와 동사 간의 일치로서 그 기본원리는 "단수주어는 단수동사를 취하고 복수주어는 복수동사를 취한다"는 것이다. 예를 들어 "The **window is** open"과 "The **windows are** open"에서 단수주어는 "is"를 선택하고, 복수주어는 "are"를 선택한다.

자동사(intransitive): "It's raining"의 동사 "rain"처럼 어떠한 보충어의 도움이 없이도 동사구에 홀로 나타날 수 있는 동사를 가리킨다.

재귀대명사(reflexive): 일인칭과 이인칭 재귀대명사는 소유격 대명사에 -self/-selves를 붙여 만들고 (myself, ourselves, yourself, yourselves), 삼인칭 재귀대명사는 목적어격 대명사에 -self/-selves를 붙여 만든다(himself, herself, itself, themselves).

전치사(preposition): 전치사는 불변의 형태를 가진 단어로서 일반적으로 그 목적어와 함께 쓰인다. 전치사는 자신의 목적어와 문장의 다른 성분과의 관계를 맺어주는 것이다. 예를 들어 "There's **a cup on the table**"에서 전치사 "on"은 자신의 목적어인 "the table"과 "a cup"의 관계, 즉 "a cup이 the table 위에 놓여 있음"을 나타낸다. 여기서 전치사는 두 대상 간의 "물리적 공간관계"를 표현하고 있다. 그러나 "The man is **in danger**"와 같은 문장에서는 전치사 "in"이 주어인 "the man"이 "위험(danger)"과 "상황적 관계"에 있음을 표현한다.

전치사구(prepositional phrase): 전치사와 그 목적어가 구성하는 구(예: at home, on Monday, in my office, to the station, for yourself)를 가리킨다.

전치사적 동사(prepositional verb): 전치사적 동사란 동사와 전치사가 결합하여 마치 하나의 동사처럼 행동하는 복합동사를 가리킨다: She **looks after** his son during the day; Jennifer really **takes after** her mother.

전치사적 부사(prepositional adverb): 전치사는 일반적으로 목적어와 함께 쓰이지만(예: He's **in his** office; He climbed **up the stairs**), 종종 목적어 없이 홀로 쓰이는데(예: You can go **in**

now; He isn't **up** yet) 이러한 전치사를 전치사적 부사라고 한다.

전치사 좌초(preposition-stranding): 전치사구에 전치사가 자신의 목적어와 분리되어 전치사가 홀로 제 자리에 남는 현상을 말한다. 예를 들어 "**Who** are you looking **for**?"에서 전치사 for는 문장 앞으로 이동한 목적어 who와 분리되어 원래의 위치에 좌초되어 있다.

전칭적(generic): "**Tigers** are ferocious; **The dog** is a faithful animal"과 같은 문장에서 "tigers"와 "the dog"는 각각 모든 "tiger"와 "dog"를 가리키는 전칭적 해석을 받는다.

절(clause): 절은 문장을 구성하는 기본요소인 주어와 술어를 가지고 있는 표현의 단위를 가리킨다. 문장은 하나 또는 그 이상의 절로 구성되고, 모든 문장은 적어도 하나의 주절(main clause)을 포함하고 있으며 하나 또는 그 이상의 종속절(subordinate clause)을 가질 수 있다: I wonder if I could borrow some sugar. 종속절에는 그 기능에 따라 "명사절"(예: We know **that he's a millionaire**), "형용사절"(예: I know a man **who can help you**), "부사절"(예: He arrived **before you came**) 등이 있다.

접속사(conjunction): 접속사란 절 또는 절의 일부를 결합하는 기능을 한다. 접속사에는 문장의 두 부분을 대등하게 연결하는 "등위접속사(coordinating conjunctions)"(예: John has long hair, **and** Bill wears jeans)와 한 부분을 다른 부분에 종속시키는 "종속접속사(subordinating conjunctions)"(예: I went to bed early **because** I was extremely tired) 두 종류가 있다.

접속어(conjunct): 접속어는 앞에서 언급된 내용과 지금부터 언급될 내용을 연결해 주는 역할을 하는 표현이다. 이 연결은 앞의 내용에 뒤의 내용이 "추가"될 수도 있고(예: The rent is reasonable, and, **moreover**, the location is perfect), "해설"이 될 수도 있으며(예: The picture is not an original; **in other words**, it is a forgery), "요약"이 될 수도 있고(예: **To sum up**, we appreciate your willingness to work cooperatively with us), "추론"이 될 수도 있다(예: You'll have to go now; **otherwise**, you'll miss your bus).

정도어(degree word): 정도의 강약을 표현하는 표현을 "정도어"라고 하며, 정도어는 일반적으로 부사로서 등급성 형용사, 동사, 부사, (특별한 경우) 명사를 수식한다. 정도어는 일반적으로 수식하는 단어 앞에 온다. 정도부사를 그 척도의 강약에 따라 분류하면 "absolutely, completely, not at all"처럼 "매우 강한 것"도 있고(예: The story he told us was **completely false**), "very, a great deal, most, highly"와 같은 "강한 것"도 있으며(예: The elephant's natural habitat has been **considerably reduced**), "rather, fairly, largely, enough"처럼 "미미한 것"도 있다(예: Today's lecture was **somewhat better** than the last).

정형동사(finite)와 비정형동사(non-finite): 정형동사는 시제요소와 서법요소를 포함하고 있는 동사로서 주어격을 지닌 (대)명사를 주어로 가질 수 있다. "What if **people/ they bother** you?"에서는 주어격 주어(people/they)를 가진 동사 "bother"는 정형동사이지만, "Don't let **people/ them bother** you"에서는 동사 "bother"는 목적어격 주어(people/them)를 가지기 때문에 비정형동사다.

조건절(conditional clause): 조건절은 일반적으로 if(예: **If you don't behave**, I'll bar you)나 unless(예: **Unless you behave**, I'll bar you)로 시작되며, 한 상황이 성립할 수 있는 조건을 제시하는 문장형태다.

조동사(auxiliary): 영어에서 "질문, 부정, 시간, 완료, 계속, 반복, 의향, 가능성, 의무" 등의 의미를 어휘적(lexical) 동사가 아닌 조동사(auxiliary verbs)를 사용하여 표현한다. 조동사에는 세 종류, 즉 "기본 조동사(primary auxiliaries: have, be, do), 양상 조동사(modal auxiliaries: can/could, may/might, shall/should, will/would, must, ought (to), used (to), dare, need), 준 조동사(semi-auxiliaries: have to, had better)" 등이 있다. 조동사는 어휘적 동사와는 달리 부정소(not)를 바로 뒤에 가질 수 있으며(예: I **cannot** help you.), 의문문에서 주어 앞으로 도치되는(예: **Can I** help you?) 특성 등을 가지고 있다.

종속어(subjunct): 종속어는 문장의 한 성분 또는 전체를 수식하는 부사구로서 "견해, 예절, 주어지향, 초점, 정도, 강조, 확실성" 등의 부사구가 있다: **Technically**, the two countries are still at war; He **kindly** offered me his seat; **Only** her sister visited her in hospital.

조응적(anaphoric): 어떤 표현이 조응적이라는 것은 그 표현 독립적인 지시를 갖지 못하고 같은 구나 문장 내에 있는 선행사(antecedent)에서 그 지시를 취하는 표현을 말한다. 예를 들어 "John described **himself** as a liberalist"에서 "himself"가 누구를 가리키는가는 선행사 "John"의 지시에서 알 수 있다.

주어(subject): 주어는 문장을 구성하는 두 개의 주성분 중의 하나로서 일반적으로 명사구(noun phrase)로 표현된다. 의미적으로 "주어"는 전형적으로 술어의 동사가 기술하는 행동을 수행하는 행위자가 되거나, 문장이 기술하고자 하는 주체가 된다. 예를 들어 "**John** smokes"에서 "John"은 "smoke"를 수행하는 행위자가 되고, "**John** is too young to be mayor of the city"에서 "John"은 이 문장의 주제가 된다.

지시사(demonstrative): 지시사는 대명사 또는 한정사로도 사용될 수 있다: **This** is my bicycle; I don't like **this dress**; **That** was my car; Who's **that girl**? this와 these는 공간적으로, 시간적으로, 상황적으로, 심리적으로 화자와 가까운 것을 가리키는 데 반하여(예: There will be another meeting later **this** week; We met **these** girls in the hotel coffee shop), that와 those는 화자와 어느 정도의 거리가 있는 것을 가리킨다(예: What did you do with **those** sandwiches? Things were very different in **those** days).

직설법(indicative): 직설법 동사란 시제 요소를 포함하는 동사로서 평서문과 의문문에서 사용된다: He **loves** you; **Can** you speak French?; He **had** been smoking.

최상급(superlative): 최상급이란 다른 것과 비교하여 특정의 속성이 최고임을 표시하기 위해 등급성 형용사나 부사에 접미사 -est를 붙이거나(예: He's one of the **richest** men in town), 부사 most를 수식어로 사용하는 구조를 가리킨다(예: He's the **most intelligent** student in class).

축약형(contraction): 축약에는 "I have"가 "I've"로 축약되는 것과 같은 "조동사의 축약"과, "do not"가 "don't"로 축약되는 것과 같은 "조동사와 부정소 not의 축약" 두 가지가 있다.

타동사(transitive): 타동사는 자동사와는 달리 (직접)목적어를 의무적으로 동반하는 동사로서 단순타동사(예: They **built this building** last year), 이중타동사(예: He **gave his sister the car**), 복합타동사(예: They **elected him president of the club**) 세 가지 유형이 있다. 타동사의 문법적 특징은 일반적으로 수동형을 허용한다는 것이다(예: This building **was built** last year; His sister **was given** the car; He **was elected** president of the club).

한정사(determiner): 한정사란 명사를 앞에서 수식하는 가장 대표적인 표현으로서 수식받는 명사의 의미해석을 다양한 방식으로 제한하는 역할을 한다. 한정사에는 "관사"(예: He is going to have a date with **the** girl tomorrow; I like to have **a** sandwich), "(대)명사 속격"(예: This is **my** room; I borrowed **John's** car), "지시사"(예: I'd like to buy **these** shoes), "양화사"(예: I'm not sure whether there're **any** clothes left for them; **Most** people think the President has done a good job this year), "의문사"(예: **Which** car do you want to drive today?)가 있다.

한정사 선행어(predeterminer): 한정사 선행어란 명사의 선행 수식어의 일종으로서 한정사 앞에 나타날 수 있는 것이 그 특징이다. 한정사 선행어로는 "all, both, half (예: **All the guests** left the party; **Both my brothers** went to Europe; I wasted **half my life** for nothing), 배수(예: My wife earns **three times my salary**), 빈도(예: She takes a bath **twice a day**), 분수(예: We ate **two-thirds the food** we have)" 등이 있다.

핵어/머리어(head): 한 표현의 핵어/머리어란 그 표현의 속성을 결정하는 주요 단어를 말한다. 예를 들어 "an old **man**"의 문법적 속성은 주로 이 표현의 핵어인 "man"의 속성에 의해 결정되기 때문에, 이 명사구를 주어로 갖는 동사는 삼인칭 단수가 되어야 하며 "**An old man lives** near the beach; **he's** my uncle"에서 삼인칭 단수 대명사 "he"가 "an old man"을 대치할 수 있다.

행위자(agent): 행위자(agent)란 어떤 행위가 있게 한 주체를 말한다. 행위자는 스스로 그 행위를 실행하거나 또는 다른 사람으로 하여금 그 행위를 실행에 옮기도록 하는 사람을 가리킨다. 능동문에서 일반적으로 행위자는 주어 위치에 오고(예: **Everyone** criticized her), 수동문에서는 by-구로 표현된다(예: She was criticized **by everyone**).

허사(expletive): 영어에는 두 가지 허사가 있다. 하나는 "**there** is almost no truth whatever in the rumour"와 같은 문장에 쓰이는 "there"와 다른 하나는 외치구문인 "**it** is impossible to persuade him to do it"과 같은 문장에 나타나는 "it"다.

형용사(adjective): 형용사의 가장 중요한 역할은 명사를 수식하는 "한정적(attributive) 역할"(예: A **young** man drove his **new** car through the **rough** road)과 주어보어(예: The author of this book is very **famous**) 또는 목적어보어(예: I consider myself **fortunate**)로 쓰이는 "서술적

(predicative) 역할"이다. 형용사는 또한 많은 경우 "-ly 어미"와 결합하여 부사가 되며(예: happy: happily; sad: sadly), "-er/-est"어미(예: happier/happiest) 또는 "more/most"와 결합하여(예: more famous/most famous) 각각 비교급형과 최상급형을 구성한다.

do-지원(do-support): 조동사가 없는 문장(예: He hates grammar)이 의문문(예: **Does** he hate grammar?)이나 부정문(예: He **doesn't** hate grammar)으로 변형될 때 또는 조동사가 필요한 여건이 만들어졌을 때(예: Never **did** we doubt that he would succeed) do동사가 삽입되어 조동사 역할을 하는 것을 가리킨다.

WH-의문문(WH-question): 가부(yes-no)의문문과 대조를 이루는 WH-어를 포함하는 의문문을 가리킨다: **What** are you doing?; **Who** else knows that he hasn't come back yet?

WH-이동(WH-movement): 영어에서 WH-어(즉 who/which/what/where/why/when/how 등)는 의문사(예: **Who** do you recommend to that position?; **Why** did he do that?)와 관계사(예: This is the man **who** I love; they borrowed a cottage **where** they would stay for the summer)로 사용되며, 두 경우 모두에서 WH-어는 자신이 포함된 절의 앞 위치로 이동한다.

참고문헌

Embree, J. A 1996. *Practical English Grammar; A Sentence-to-Paragraph Approach*. Mountain View, California: Mayfield Publishing Company.
Algeo, J. 1974. *Exercises in Contemporary English*. New York: Harcourt Brace Jovanovich, Inc.
Barnhart, C. L., S. Steinmetz and R. K. Barnhart. 1973. *A Dictionary of New English*. London: Longman Group Ltd.
Berk, L. M. 1999. *English Syntax: from Word to Discourse*. Oxford: Oxford University Press.
Burchfield, R. W. (Ed.). 1996. *The New Fowler's Modern English Usage (3rd ed.)*. Oxford: Oxford University Press.
Byrd, P. and B. Benson. 2001. *Applied English Grammar*. Orlando, Florida: Harcourt College Publishers.
Cook, L. C., A. Gethin and K. Mitchell. 1967. *A New Way to Proficiency in English*. Oxford: Blackwell.
Courtney, R. (Ed.). 1983. *Longman Dictionary of Phrasal Verbs*. London: Longman Group Ltd.
Cowie, A. P. and R, Mackin (Eds.). 1975. *Oxford Dictionary of Current Idiomatic English*. London: Oxford University Press.
Crystal, D. 1995. *The Cambridge Encyclopedia of the English Language*. New York: Cambridge University Press.
Declerck, R. 1998. *A Comprehensive Descriptive English Grammar*. Tokyo: Kaitakusha Co., Ltd.
Downing, A. and P. Locke. 2002. *A University Course in English Grammar*. London and New York: Prentice Hall International Co.
Eckersley, C. E. and Eckersley, J. M. 1963. *A Comprehensive English Grammar for Foreign Students*. London: Longmans, Green and Co., Ltd.
Embree, J. A. 1996. *Practical English Grammar: a Sentence-to-Paragraph Approach*. Mountain View, California: Mayfield Publishing Company.
Frank, M. 1972. *Modern English: a practical reference guide*. Englewood Cliffs: Prentice-Hall, Inc.
Givón, T. 1993. *English Grammar: A Function-Based Introduction,* vols. 1&2. Amsterdam, The Netherlands: John Benjamins Publishing Co.
Graver, B. D. 1979. *Advanced English Practice*. Oxford: Oxford University Press.
Greenbaum, S. 1996. *The Oxford English Grammar*. Oxford: Oxford University Press.
Greenbaum, S. and G. Nelson. 2002: *An Introduction to English Grammar (2nd ed.)*. Harlow, England: Pearson Education Ltd.
Greenbaum, S. and R. Quirk. 1990. *A Student's Grammar of the English Grammar*. London: Longnam Group Ltd.
Hayakawa, S. I. 1968. *Modern Guide to Synonyms and Related Words*. New York: Funk &

Wagnalls.
Hayden, R. E., D. W. Pilgrim and A. Q. Haggard. 1975. *Mastering American English*. New York: Prentice-Hall Inc.
Hill. L. 1979. *A Guide to Correct English (2nd ed.)*. Oxford: Oxford University Press.
Huddleston, R. and G. K. Pullum. 2002. *The Cambridge Grammar of the English Language*. Cambridge: Cambridge University Press.
Joos, M. 1964. *The English Verb: Form and Meanings*. Madison Wisconsin: The University of Wisconsin Press.
Kierzek, J. M. and W. Gibson. 1968. *The Macmillan Handbook of English (5th ed.)*. New York: the Macmillan Company Ltd.
Kim, J. M. and H. B. Lee (Eds.). 1978. *Synonyms, Antonyms, Prepositions*. Seoul: Top Publishing Co.
Lee, H. B. 2008. *Standard Practical English Grammar*. Seoul: Hankook Munwhasa.
Lee, H. B., D. H. Lee and J. S. Park. *Understanding Language*. Seoul: Sogang University Press.
Lee, H. B. 2018. *A Dictionary of Modern English Usage*. Seoul: Hankook Munwhasa.
Lee, J. M. and Bae Y. N. 1987. *A Dictionary of Linguistics (rev. ed.)*. Seoul: Bakyungsa Co. Ltd.
Leech, G. and J. Svartvik 1978. *A Communicative Grammar of English (2nd ed.)*. London: Longman Group Ltd.
Levi, J. N. 1978. *The Syntax and Semantics of Complex Nominals*. New York: Academic Press.
Lindstromberg, S. 1998. *English Prepositions Explained*. Philadelphia: John Benjamins Publishing Co.
Mackin, R. and J. Seidi. 1979. *Exercises in English Patterns and Usage (2nd ed.)*. London: Oxford University Press.
McArthur, T. 1981. *Longman Lexicon of Contemporary English*. London: Longman Group Ltd.
Palmer, F. R. 1974. *The English Verb*. London: Longman Group Ltd.
Pence, R. W., D. W. Emery. 1963. *A Grammar of Present-Day English*. New York: Macmillan Publishing Co., Inc.
Phythian, B. A. (Ed.). 1980. *A Concise Dictionary of Correct English*. London: Hodder and Stoughton.
Prator, C. H. Jr. 1957. *Manual of American English Pronunciation (rev. ed.)*. New York: Holt, Rinehart and Winston.
Quirk, R. et al. 1985. *A Comprehensive Grammar of the English Language*. London: Longman Group Ltd.
Raimes, A. 1998. *How English Works: A Grammar Handbook with Readings*. Cambridge: Cambridge University Press.
Schibsbye, K. 1970. *A Modern English Grammar (2nd ed.)*. Oxford: Oxford University Press.
Shaw, H. 1970. *Errors in English and Ways to Correct Them (2nd ed.)*. New York: Harper & Row, Publishers.
Swan, M. 1996. *Practical English Usage (2nd ed.)*. Oxford: Oxford Press
Thomson, A. J. and A. V. Martinet. 1981. *A Practical English Grammar Exercises 1-2*. Oxford: Oxford University Press.

Turton, N. 1995. *ABC of Common Grammatical Errors.* London: Macmillan Education Ltd.
Witherspoon, A. M. 1976. *Common Errors in English and How to Avoid Them.* New Jersey: Littlefield, Adams & Co.
Zandvoort, R. W. 1969. *A Handbook of English Grammar.* London: Longmans, Green and Co., Ltd.
The Holy Bible (New International Version (NIV)). 1996. Grand Rapids: Zudervan Publishing House.
The Holy Bible (New Korean Revised Edition). 2001. Seoul: Korean Bible Society.

사전

Abbreviations Dictionary. 1976. Amsterdam, the Netherlands: Elsevier Publishing Co.
The American Heritage Dictionary of the English Language. 1969. New York: American Heritage Publishing Co., Inc.
Cambridge International Dictionary of English. 1995. Cambridge: Cambridge University Press.
Collins Cobuild English Dictionary for Advanced Learners (3rd ed.). 2001. Glasgow: Harper Collins Publishers.
Dictionary of American Slang. 1975. New York: Thomas Y. Crowell Company.
A Dictionary of English Linguistics. 1990. Seoul: Shinasa.
The Firefly Visual Dictionary. 2002. Buffalo, N. Y.: Firefly Books Inc.
Longman Exams Dictionary. 2007: Pearson Education Ltd., Harlow, Essex CM20 21Ed, England.
Longman Dictionary of English Idioms. 1979. London: Longman Group Ltd.
Longman Language Activator: the World's First Production Dictionary. 1993. London: Longman Group Ltd.
The Merriam-Webster Thesaurus. 1991. Springfield, Mass.: Merriam-Webster Inc., Publishers.
A New English-Korean Dictionary. 1964. Seoul: Omungak Publishing Company.
The New Oxford American Dictionary. 2001. Oxford: Oxford University Press.
The New World Comprehensive Korean-English Dictionary. 1979. Seoul: the Si-Sa-Yong-O-Sa Publishers.
Oxford Advanced Learner's Dictionary of Current English. 1974. London: Oxford University Press.
The Random House English-Korean Dictionary. 1991. Seoul: the Si-Sa-Yong-O-Sa Publishers.
Reader's Digest Family Word Finder: A new thesaurus of synonyms and antonyms in dictionary form. 1978. London: The Reader's Digest Association Limited.
Reader's Digest Great Encyclopaedic Dictionary (vols, 3). 1978. London: the Reader's Digest Association Limited.
Reader's Digest How to Increase Your Word Power. 1975. London: the Reader's Digest Association Limited.
Webster's Dictionary of English Usage. 1989. Springfield, Massachusetts: Merriam-Webster Inc., Publishers.
Webster's Guide to Abbreviations. 1985. Springfield, Mass.: Merriam-Webster Inc., Publishers.
Webster's Third New International Dictionary. 1996. Springfield, Mass.: Merriam-Webster Inc., Publishers.
The World Book Dictionary. 1978. Chicago: Doubleday & Company, Inc.
270000 Grand English-Korean Dictionary. 1990. Seoul: Keumseong-Sa.

| 색인 |

어 휘

➡ A

a(n) A1; A42.6; A44.10; A88.3; D13.1; F18.1; N39.1,2; O12.2; P38.6; P54.6
    a(n)와 단수 가산명사 A88.4
    a(n)와 any A75.1
    a(n)와 one A90.4; N43.14
    a(n)와 per A90.5; N39.2
    a(n)와 some S23.2

a bit A4; C33.1; D4.1,2; D14.3; L7.1; T17.1
    a bit of (a) A4.2; A27.6; C28.9; D6.1,4; D8.2; Q1.2; Q9.6
    a bit과 a little A4.1; D5.1
    not a/one bit A4.4; D4.2

a couple of C53.1

a few A5; I22; N40.2; Q1.1; Q9.6; R13.7
    a few of A5.3; D8.2
    a few와 a little A5

a great/good deal (of) A6; C33.1; D4.1; D7.1; D14.3; Q1.2
    a great deal of A6.3; N40.2; Q1.2

a group of A44.3

a heck/hell of A27.6

a little A4; C33.1; D4.1; D14.3; L7.1; N40.2; T17.1
    a little bit (of) A4; A5.8; D4.1
    (a) little of A5.3
    a little과 a bit A4.2; D5.1; Q1.1; R13.7
    a little과 a few A5.1,2
    a little과 little D6.3
    not a little A4.4

a long time A23.2; L17

a long way F3.1

a lot A6.7; C33.1; D4.1; D7.1; D14.3; L7.1; Q1.2; Q9.6; T16.6; T17.1

a lot of A6.1,2; A44.3; D8.2; N40.2; Q1.2

a number of A6.3,6; A44.3; N40.2; Q1.2

a pair of C53.2; P6.6

a picture of Mary's G6

a while A123; W13.5
    a while과 awhile A123

a-형 형용사 A19.8

abandon A2.1,4
    abandon, desert, leave A2

able B3; I35.5
    be able to B3; C3.2,3

aboard A7.1; G22.4; P29.1
    aboard와 abroad A7
    aboard와 on board A7.1

about A8; A27.4; A29.2; C33.2; N43.17; P29.1; P38.4; S23.5
    about와 around A8
    about와 on A9.1

above와 below A10

above와 over A11

abroad A7.2; A23.3
    abroad와 overseas A7.2
    abroad와 aboard A7

absolutely C33.4; D4.1; D5.8; Q3.2; Q9.1;

S36.5,7; V10.2
absorbed (in) P5.9
accidental과 **incidental** I18.1
accidentally와 **incidentally** I18.2
accommodations N32.2
according to A12
accordingly C39.9
accuse A52.2
    the accused A22.5
    allege, accuse, charge, indict, sentence A52
accustomed (to) P5.9
ache P44.2; P50.11
across A13; A27.9; I16.1; P29.1; P35.4
    across와 over와 through A13
across (from)와 **opposite** O18
act A14.1
    act, action, activity A14
    act big B29.1
    act/behave as if S37.4
action A14.2
activity A14.3
actor와 **actress** G2.2
actual A16.1
    actual과 real A16.1
actually A16.2; C39.5; E21.3; S36.6
    actually와 virtually V11
AD/A.D. A3.6; D2.7; N44.2
adapt A17.1
adept A17.2
adopt A17.3
admittance A24
admission A24
advantage A25
    advantage와 benefit A25
adversary A30
    adversary와 opponent A30
advice N28.12; S37

advise G10.4; I36.2
    advise와 want I36.4,5
affect A32.1
    affect와 effect A32
afloat와 **floating** A19.8
afraid (of) A33; F19.3; G10.7; G11.2; I35.5
    I'm afraid so/not A33.4; Q3.2; S19.3; S38.11
    afraid와 frightened A19.8
    afraid, frightened, scared F19
after A34; C40.2; L17.4; P4.5; P17.2; P38.4; T14.2,6
    after ... ing A34.3; R15.8
    after와 before A34
    after와 in A35
after all A36
afterwards A35; T14.1; W1.3
again A37.2
    again and again O9.1
    again과 back A37.3,4
against P29.1
age A38; M17.2,3
    be the same age S2.4
ago A27.9; A39.1,2; L17.4; R6.3
    ago와 before A39.2; B16.12
ahead (of) B19.1; P29.1
    ahead (of)와 behind B19
ain't A64.2
aircraft N33.4
alike A19.8; A41.4
alive A19.8,9; A45.1
    alive와 live A19.8
    alive, live, living A45
all A44.1; A46; A48.2; A112.7; C19.8; I22; P32; P38.4; Q1.1; R12.15; R13.2,7; T14.3; T16.8
    all of A44.1; A46.3; A51.4,8; P32.7
    all that-절 A48.3
    all과 대명사 A49.1
    all과 명사 A49.2,3,4

all과 부정 A50
all과 both A46.1; B32.1; P32.3
all과 every A47
all, everyone, everything A48
all the + 비교급 C31.3
all과 whole A51
all in all C39.1; C39.8
all the same C48
all together A63
all together와 altogether A63
allege A52.1
allege, accuse, charge, indict, sentence A52
allegedly D20.2
allow A53.1,3; G10.4; L10.2
allow, permit, let A53
allusion A54.1
allusion, illusion, delusion A54
almost A8.3; A55; C33.4; D4.2; E2.4; S36.5
almost와 nearly A55
alone A19.8; A56.2
alone과 lonely A19.8
along A57.1; P29.1
alongside A57.2; P29.1; P39.3
aloud A58.2
aloud, loud, loudly A58
out loud A58.2
already A23.2; A59.1,4; N24.1; Q3.7
already와 still과 yet A59
also A60.1,2,5; C39.5; N25.2
alternate와 alternative A61
although A62; C40.2; C48.1; P4.5
although와 though A62
altogether A63; C33.4; C39.8; D4.1
altogether와 all together A63
always A23.2; F18.3; P50.13
am A64
am와 ain't A64.2
am와 aren't C46.8
a.m.과 p.m. A3.6; N44.2

amends N32.2
amid B26.8; P29.1
amid와 between과 among B26
among B26.7; P29.1
among와 between과 amid B26
amoral A69.3
amoral, immoral, unmoral A69
amount (of)
a large amount of A6.3
and A43.1,4,5; A70; C40.1; C51; E14.1,3; I11.3; N43.4
angry with W20.5
annals N32.2
annoyed (at/by/with) A21.4; P5.2,5; T7.3
another A44.10; A71; D13.2; N40.1; O13.6; O13.20
another와 a(n) A44.10
another와 other A71.2
another와 different A71.3
anticipate A73.1,6; N12.1
answer A72.1,3,5
answer와 reply A72.3
answer와 respond A72.5
answer, reply, respond A72
anxious (for) G11.2
any A74-A78; A112.7; C32.7; D13.2; I22; N11.5; N24; O13.9; Q1.1; R12.15; R13.2,7; S24; T14.3
any of A44.4; A74.3
any와 긍정문 A77.1
any와 영의 관사 A75.2; A91.9
any와 a(n) A75.1
any와 at all A74.5
any와 either A76
any와 every A77
any와 if-절 S24.4
any와 some S24.1
any the + 비교급 C31.3
any longer N24

anybody/anyone I23; N11.5; N24; N40.5; Q3.7; S38.5
anyhow C39.2,11; I23.5
anymore N24
anyplace I23.5; N24; R12.14
anything I23; N11.5; N24; N40.5; R12.15
anyway A79; C39.2,11; I23.5
anywhere I23.5; N24; R12.14
apart from B23
    apart from과 except B23
    apart from과 aside from B23.2
apologize A80
apparently D20.2
appear C52; I34.2; N10.9; N12.1; P23; S19.2; T9.8; V3.1,2
appraise A82; A108.2
    appraise와 apprise A82
    appraise, assess, evaluate A108
apprehend와 comprehend A83
apprise A82
approach P38.5
approximately N43.17
apt A84
    apt, likely, liable A84
Arab A85.1
Arabian A85.2
Arabic A85.3
archives N32.2
arguably D20.2
arise A86.1; V8.5
    arise, rise, raise A86
arms N32.2
army N33.2
around와 about A8; P29.1
arouse A87.1
    arouse와 rouse A87
arthritis N28.9

artificial A93.2
    artificial, man-made, synthetic A93
as A94; A95.8; C40.2; C48.1; D5.5; D8.1; F3.1; F22.5; I32.5; I48.6; L17.4; M7.4; P4.5; R4.1; R8.8; S2; S36.5; T14.6
    as interesting a hobby A19.7
    as와 because와 since와 for B12
    as와 like A97
    as와 than과 that T8
    as와 though A98; F22.5
    as와 while A99
    as와 who/that A94.3; A95.8; S2.6
as/so ... as A95; C28.1,3,4; C40.2; E16.6; P55.3
    not so ... as A95.2; C28.1
as a matter of fact C39.5
as a result C39.9
as a result of P36.4
as/so far as ... is concerned A96; C40.2
    ... is concerned A96.1,2; C39.1
    ... I know A96.3
    ... it goes A96.4
as follows C39.6
as for A103
as from A103
as if A97.8; A100; C40.2; P15.3; P17.2; P19.1
    as if와 as though A100; M6.4
    it's not as if A100.4
as it is/were A101
as/so long as A102; C40.2; I5.1
as much/many ... as A95.6-8; C28.1; C51.4
as of A103
(just) as ... so S18.5
as soon as P17.2; S26.1; T14.6
as such S39.13
as though A100; C40.2; E16.5; P15.3; P17.2; P19.1
    as though와 as if A100; M6.4
as to A103

such as to S39.8
as well A60.3,5
    might as well A60.4
as well as A104; C51.4
    as well as와 and A104.1
ashamed (of) G11.2
ashes N32.2
ashore A105.1
    ashore와 onshore A105
aside from B23
    aside from과 except B23
    aside from와 apart from B23.3
ask A106; D16.4
ask for A106.1
asleep A107
    asleep과 sleep A107
    asleep과 sleeping A19.8
    fall asleep A107.3
    fast/sound asleep A107.2
assemble A41.4
assess A108.1
    assess, appraise, evaluate A108
assets N32.2
assume N12.1; S19.2
assume/assuming (that) I5.1
assure A109.1,2
    assure, ensure, insure A109
at A110; A113.2; P35.3
    at과 in A113.1
at (시간) A112.1; P35.2; P38.4; T14.2
    at와 on과 in A112
at (장소) A111.1; P29.1; P35.4; P37
    at과 in과 on A111
at all A114; D4.2
    not at all A114.4; D4.1; M18.7
    at all과 any A114.3
at large B29.3
at any rate C39.11

at last A28.2; A115.1; P37.11
at least C33.2; C39.11
at no time I48.4
at present N42.1
at the beginning A111; F11.1
    at the beginning과 in the beginning P37.9
at the end A111.1
    at the end와 in the end P37.9
at the moment N42.1
attempt G10.1; I36.1; M3.5
audience A42.5; N33.2
auspices N32.2
authentic A116.1,2
    authentic, genuine, authoritative A116
authoritative A116.4
available A20.4
avenge와 **revenge** R21
avenue A3.5; S34.2
    avenue, street, boulevard S34
avocation V12.4
    avocation, vocation, profession, occupation V12
avoid E28.1; V4.7
    avoid와 evade E28
await A73.4
awake A118; V8.5
    wake와 awaken A118.1
awaken A118; V8.5
    awaken과 awake A118.2
award A119.1
    award와 reward A119
aware A120.2
    aware와 conscious A120
away A27.4; A121; P29.1
awesome A122.1
awful A40.1; A122.2; V10.2
    feel/look/smell/taste awful A122.2

awhile A123
    a while과 awhile A123
awkward A21.8

➡ **B**

back A37.1
    back과 again A37.3,4
backward(s) W1
bad B1; C29.8; C30.3
    feel bad B1.1
    not bad B1.3
badly A23.4; B1.4; C29.8
baggage N28.10
band P6.4
banns N32.2
bar P6.3
barely C33.4; D4.2; I48.5; N11.2; S36.5
barracks N32.6
BC/B.C. A3.6; D2.7
be A117.3; B2.2; E15.7; I34.2; N10.4; P2.4; P4.1; Q4.2; V3.2
    be와 do B2.4
    be와 have P2.4
be able to B3; C3.2
    be able to와 can B3.3; C3.2
    be able to와 be capable of B3.6
be about to A29.2; A117.5; B4; F23.6; P8.6
be apt to A84; P8.6
be bound to P8.6
be capable of B3.6
be certain to P8.6
be going to A117.5; B6; F23.4
be gone B7
be liable to P8.6
be supposed to B8; N12.1
be sure to P8.6
be that as it may M14.3

be to A117.5; B9; F23.5; I31.5; R17.1
be/get accustomed to + (동)명사 G12.2; U7
be/get used to + (동)명사 G12.2; U7
be up U4.6
be willing to B10
because A98.4; B11; B12; R4
    because, as, since, for B12
because of A23.7; B13; I17.1; R4.1
    because of와 due to와 owing to B13
become B14; C52.2; V3.2
    become of B14.3
bedding G7.3
been in/to B15
before A27.9; B16; B17; C40.2; L17.4; P4.5; P29.1; P38.4; T14.1,2,6
    before ... ing A34.3; R15.8
    before와 after A34
    before와 ago A39.2; B16.12
    before와 ever E31.5
    before와 in front of B17
begin B18; G10.1
    begin + ing/ to-부정사 B18.3
    begin to P8.6
    to begin with B18.4; C39.4
    begin과 start B18
beginning G7.3
    at the beginning (of) F11.2
    at the beginning과 in the beginning P37.9
behave/act as if S37.4
behind와 ahead (of) B19; P29.1
believe B20; I34.3; N10.9; N12.1; S19.2,6
    believe와 believe in B20
    believe it or not B20
    make believe B20
belongings N32.2
below A10; A23.3; B21; P29.1
    below와 above A10
    below와 under B21

beneath B21.2; P29.1
benefit A25
    benefit와 advantage A25
beside와 **besides** B22
besides B23.1; C39.5; E20.1; P29.1
    besides와 beside B22
    besides와 except B23
    besides와 in addition (to) B24
best C29.8
Best wishes G19
bet B25; V5.1
    I/I'll bet B25.1
    you bet B25.2
    you betcha B25.2
    (do you) want to/wanna bet B25.3
better C29.8
between A and B A23.3; B26; P29.1
    in between B26.2-4
    between과 among과 amid B26
beyond B27; P29.1
biannual B28
    biannual과 biennial B28
biennale B28
bid C10; I32.3
biennial B28
big B29
    big, large, great B29
bill B30.1; M27.3
    bill, check, invoice B30
    bill과 note M27.2,3
billiards A42.2; N32.2
billion N43.1,2,5; Q1.1,2
binoculars N32.1
bit A4
    a bit (of) A4
blade P6.3
blessed (with) P5.9

block P6.3
bloody A19.8; E21.3
bon voyage G18.3
bored (with) A21.4; P5.5; W20.5
bored와 **boring** P5.2
born과 **borne** B31
both B32; N24.1; N25.3; N39.2; O13.9; P32.6; Q1.1; R13.7
    both of-구 B32.2; P32.7
    both와 all A46.1; B32.1; P32.3
    both와 each E2.2
    both와 not B32.7
both ... and A70.5; B32.8; C40.1; C54.2; N16.6
boulevard A3.5; S34.3
    boulevard, avenue, street S34
bound to T9.8
bounds N32.2
bowels N32.2
brains N32.2
bread N28.8,12
break P8.5
breakfast A91.2; H7.3
breath P6.5
brethren N31.4
bride와 **bridegroom** G2.2
briefly D20.1
bring과 **take** B33
broad와 **wide** B34
broken C24
build P8.5
bunch P6.4
bundle P6.4
but B35; C40.1; C48.2; C51; E14.3; I32.5; P55.4; T5.6
    none but N23.7
    nothing/anything but I32.5
    but과 동사 B35.5
    but과 수사 B35.3

but과 except B23.2
but for B36.1; I4.6
but that C40.2; T6.2
but then B36.2
by A23.5; B37; M6.5-7,9; P29.1; P37.5,6; T14.2
 by와 during D30.3
 by와 near와 close to B37.2
 by와 until U3.6
 by all means A40.1; M16.3
 by any means M16.3
 by no means D4.2; M16.3; S36.5
 by means of A23.5; M6.8
 by and large C39.8
 by contrast C39.2,10; C48.2
 by far C33.4
 by oneself R8.10
 by the time (that) B37.5
 by the way C39.2,12
 day by day B37.15
 little by little B37.15
 by the hand B7.16
bye-bye G19

⇒ **C**
call C1
 call (on) C1.4
 collect call C1.3
 make a call C1.3
 pay a call C1.4
 reverse-charge call C1.3
can A117.4; B3.2; C2-C6; M21; M22.3; M23.6; M24.1; M34.3; P23.2; P50.9; S4.1
 can have C4.7,8
 can과 be able to B3.3; C3.2
 can과 may C4.1,2

cannot/can't M22.1; M23.2; M34.2
cannot but + 동사 C7; I32.5
can't help + (동)명사 C7

can't help but + 동사 C7; I32.5
cancer N28.9
capable (of) A21.3; B3.6; O6.16
care C8
 care (about) C8.3
 care for C8.4
 take care C8.2
 take care of C8.1
carpeting G7.3
catch P5.3
cattle A42.3; N33.1
cease S33.1
 cease, stop, halt, pause, quit S33
censor, censure, census C11
certain (of) C12; G10.7; G11.2; I35.1; T9.8
certainly D20.3; E21.3; Q3.2; S36.6,7
 certainly와 sure(ly) C12
chance C13; N28.11
 chance, opportunity, possibility C13
change M27.4; N28.11
 change와 money M27.4
charge A52.3
 allege, accuse, charge, indict, sentence A52
check B30.2
 check, bill, invoice B30
checkers N32.2
chess N28.12
childish와 childlike C14
chord와 cord C16
choir N33.2
choose C15.1
 choose, select, pick C15
 pick and choose C15.3
church P37.1
class A42.6; N33.2
classic과 classical C17
clean A29.1; C30.5

clear A29.1; C30.5
clearly A29.1; C30.5; S36.6,7
clergy A42.3; N33.1
climate와 weather C20
close P8.5
close와 open O16
    closed와 open O16.2
close와 shut C21
    closed와 shut C21.2
close to B37.2; C22; P29.1
    close to와 by와 near B37.2
    close to와 near (to) C22
close-by와 nearby C22.3
cloth C23.1
clothe C23.2
clothes C23.3; N32.2
clothing C23.4; N28.10
cloudy와 clouded C24
club A42.5; N33.2
clubs N32.2
cold N28.9
collaborate와 cooperate C50
college P37.1
collision과 collusion C25
color P38.6
come C26; T9.7
    come과 go C26
    come to P8.6
    come + 부정사 G16
comic과 comical C27
committee A42.5; N33.2; P54.5
communications N32.2
compare와 contrast C34
complementary와 supplementary S41
    complementary와 complimentary S41.2
complete A19.8; A21.3; M30.5
completely A46.4; D4.1; D5.8; D7.1; D8.5; Q9.1; S36.5
complimentary S41.2
comprehend와 apprehend A83
comprehensible과 comprehensive C36
concerned (with) A21.4; P5.5
    ... is concerned A96.1,2; C39.1
concerning A9.2
confidential과 secret C37
    strictly confidential C37.3
confused (with) A21.4; P5.5
congratulations C38; N32.2
conscious A120.1
    conscious와 aware A120
consequent와 consequential C41
consequently A26.2; C39.9
consider I34.3
considerably D4.1
considering (that) T6.2
constantly P50.13
consul, council, counsel C42
contagious와 infectious C43
contemptible과 contemptuous C44
contents N32.2
continual과 continuous C45
continually P50.13
continue G10.1; I36.1
contrary C47.2
    on the contrary C39.1,10; C47.2; C48.2; O11.1
    to the contrary O11.1
    contrary, contradictory, opposite C47
contrast와 compare C34
    in/by contrast C39.2; C48.2; O11.3
converse와 reverse C49
conversely C39.10; C49.1
convict A52.5
    allege, accuse, charge, indict, convict,

sentence A52
cooperate와 collaborate C50
cordially S36.2
costly A29.1; C30.2; E41.2
　　costly, expensive, dear E41
could A117.4; C2-C6; M21; M22.3; M24.1; P19.3; P50.9
　　could have C2.5; C4.6-8; M24.3
　　could와 might C55
couple과 pair C53
　　a couple of A44.3; Q1.2
credentials N32.2
crew A42.5
crossroads N32.6
crowd P6.4
cup P6.3
currently N42.1
custom C56.2
　　custom, habit, practice C56
customs N32.2
cut P8.5

➡ **D**

daily A29.1; F18.4
damages N32.2
dare A117.4; D1; I26.8; M21
darts A42.2; N32.2
day by day B37.15
dead A29.2; D3.2,4
　　dead와 die D3
deadly A29.1; C30.2
dear A29.1; C30.5; E41.3; L11.1,2
　　dear, expensive, costly E41
dearly A29.1
deceased D3.5
decide I34.4
deck P6.4

decline R10.2,4,5
　　refuse, decline, reject R10
dedicated to I36.1
deep와 shallow M17
deeply A29.1; S36.5
deer N33.4
defect F13.1
　　defect, flaw, fault F13
definitely D20.2; S36.6,7
deliberately S36.3
delighted (at/with) A21.4;; P5.5; W20.5
delusion A54.2
　　delusion, allusion, illusion A54
departed P5.4
depend P38.5; P41.1; P50.10
dependent와 dependant D10
depending on A12.2
depth M17.2
desert A2.2,4
　　desert, abandon, leave A2
deserve G9.3; I36.1
desirable D12; S37.1
　　desirable과 desirous D12
despite C48.1; I17.2; M14.3
　　despite와 in spite of I17
developed P5.4
diabetes N28.9; N32.3
determine I34.4
diamonds N32.2
diarrhea N28.9
die C52.5; D3.1,3
　　die와 dead D3
　　die of/from D3.4
difference N28.11
different A41.4; D14
　　different from/to D14.1,2
　　different than D14.2

difficult I35.1
difficulty N28.11
dime M27.3
dinner A91.2; H7.3
directly D8.5
disappointed (at/with/about) A21.4; P5.5; W20.5
discern D17.1
discreet와 **discrete** D18
discriminate D17.2
dishes N32.2
disinterested와 **uninterested** D19
disorganized와 **unorganized** D21
dissatisfied와 **unsatisfied** U2
distinguish D17.3
disused D22.1
    disused, misused, unused D22
divers와 **diverse** D23
divided B26.5.6; N33.5; P41.1
divorce와 **marry** M8
    be divorced M8.2
    get divorced M8.1
do A117.3; D24; D25; D26; D27.1; I11.2; O17.3; Q2.1; S38.9
    do ... ing D26.4
    do it D24; D27.2,4,5; S38.10
    do so D24; D27.2,3,5; S19.1; S38.10
    do that D27.2,6; S38.10
    do this D27.6
    do와 be B2.4
dollar와 **won** M27.2; N35.4
double M31.1; N39.2; P33.1
down A27.9; P29.1; U4
    down과 up U4
downstairs A23.3; A27.8
downward(s) W1
dozen N43.6; Q1.2
draughts N32.2

dregs N32.2
drop P6.3
drown D28
drug D29.1
    drug, medicine, medication D29
drunken A19.8; P5.4,7
duck N33.4
due to B13; R4.1
during D30
    during과 by D30.3
    during과 for D30.1
    during과 in D30.2

➡ **E**

each A42.6; A70.5; A112.7; D13.2; E1; F18.1; I22; N39.2; P54.6; Q1.1; R13.7; T14.3
    each of E1.2,6
    each ... the other E3.2
    each와 both E2.2
    each와 every A43.3; E2.1,3,4,5
each other E3
    each other와 one another E3.1,3
    each other와 oneself R8.10
    each ... the other E3.2
eager (for) G11.2
early A29.1; C30.2,3; E4
earnings G7.3; N32.2
earthen A19.8
easily C33.2,4
east E5
eastern A19.8
easy C30.3
economic과 **economical** E6
economically S36.1
-ed형 형용사 A21.4; P9.3
    발음 A21.4
effect A32.2
    effect와 affect A32

effective, effectual, efficient E7
e.g. C39.7
either A44.1; A60.5,7-9; D13.2; E8; E15.3; I22; N24; P54.6; Q1.1; R13.7
    not either N16.8
    either of A44.4
    either와 any A76
    either와 neither A60.9
either ... or A43.7; C40.1; C54.1; E9; O19.9
elder E10
    elder와 eldest A19.8; C29.8; E10.2
    elder와 older E10.1
electric과 electrical E11
eligible E12.1
    eligible과 illegible E12
else A27.5; C39.9; E20; I23.3
    else than/but E20.3
    or else E20.4
-ed형 분사 P2.3
embarrassed (at/about/with) A21.4; P5.5
    embarrassed와 embarrassing P5.2
-e(r)n형 형용사 A19.8; P5.7
end E22
    end + 명사구 E22.3
    end와 finish E22.1
    at the end A111.1; A115.5
    at the end와 in the end P37.9
    at the end of the day A115.5
    in the end A115.5
Englishman과 Englishwoman G2.2
enormity와 enormousness E23
enough D4.1; D5.2; D8.4; D13.2; E24; F3.1; L17.4; Q1.1
    형용사/부사 + enough a A19.7; C28.9
    형용사/부사 + enough + (명사구) + to-부정사 C28.9; E24.4
    enough of C28.9; E24.3
ensure A109.2

ensure, assure, insure A109
enter T9.7
entirely C33.4; D4.1; D7.1; S36.5
entitled to I36.1
entrails N32.2
equipment N28.10,12
error와 mistake E25
    in error E25.2
    trial and error E25.2
escaped P5.4
especially E26.1; S36.4
    especially, specially, particularly E26
essential S37
etc.(= et cetra) A43.2
eternal과 everlasting E27
eternally P50.13
evade E28.2
    evade와 avoid E28
evaluate A108.3
    evaluate, assess, appraise A108
even A29.2; D14.3; E21.3; E29; S36.4
    even now E29.3
    even then E29.3
    even so C39.10; C48.1; E29.3
even if/though C40.2; C48.1; E30; I3.6
eventually A115.2
ever A23.2; C32.7; E31; F18.3; N24; W14
    as/for ever A23.2; E31.3
    ever after/since E31.3
    ever so/such E31.7
    ever와 before E31.5
    WH-어와 ever W14
everlasting과 eternal E27
every A42.6; A43.3; A44.10; A90.5; A112.7; D13.5; E32; F18.1,2; N39.2; O12.2; P38.4; Q1.3; R12.15; R13.2; T14.3
    every bit C33.2
    every day E33.4

every now and then E32.6
every other E32.5
every single E32.5
every so often O9.5
not every E32.3
every와 all A47
every와 each E2.1,4,5
every와 대명사 따32.4
every one과 everyone I23.1
every one of E2.3
everybody/everyone E33.1,2; I23; N40.5; Q7.8; S38.5
everyone, all, everything A48
everyone과 every one I23.1
everyday E33.4
everyday와 every day E33.4
everything I23; N40.5; R12.15
everything, all, everyone A48
everywhere/everyplace E33.3; I23.5; R12.14
evidence N28.12
exactly D8.5; J3.3
example C39.7
for example C39.7
for instance C39.7
exceed와 excel E34
exceedingly와 excessively E35
except (for) E36.1-3; I32.5; P55.4; R8.8; T5.6
except that T6.2
except + 동사 E36.4
nothing/anything except (for) I32.5
except와 but B23.2
excepting E36.5
excited와 exciting P5.2
excuse E38.1
excuse me A80.1; E38.2
excuse, forgive, pardon E38
exempt와 except E39
exhausting과 exhaustive E40
exist T9.7

expect A73.2-4,6; N10.9; N12.1
expensive E41.1,2
expensive, costly, dear E41
extremely D4.1; S36.5

➡ **F**

facing I16.1
facing과 in front of와 opposite I16
facetious F1.1
factious F1.2
factitious F1.3
faded P5.4
fail (to) I34.4; P8.6
fair C30.5
fairly D4.1; Q9.2; R2.2
fairly와 rather R2.2
fall C52.5
fallen P5.4
falsehood, falseness, falsity F2
family A42.5; N33.2
famous A19.2; N26.1
notorious와 famous N26
fantastic V10.2
far A29.2; C29.8; D8.3; D14.3; F3; L7.1; S36.5; T16.6; T17.1
farther C29.8; F3.1,5
farthest C29.8; F3.1,5
fascinating V10.2
fashion과 style F4
favorite A19.2; C29.1; M30.5
fast A23.4; A29.1; C30.3,4; D5.8; F5.2,3; M6.1
fast와 quickly F5
fast와 slow M17
fast asleep A107.2; F5.3
fault F13.3
fault, flaw, defect F13
fear S19.2

fearful과 **fearsome** F6
feel B3.2; C3.6; C35.1; C52; F7; G10.1; I32.2; N12.1; P23; P24; P44.2; P50.9,11; Q4.2; V3.2
    feel good F7.4
    feel like F7.6
    feel sick I8.3
few A5.2,5,7; C29.8; D8.1; I22; N40.2; Q1.1; R12.15
    few of A5.3
    few와 little A5.2; N11.3
    few와 not many A5.4,6
fewer C29.8; C33.1; I22; L7; Q1.1; R13.7
    fewer of L7.5
    fewer와 less L7.6
fewest C29.8; I22; L5; Q1.1; R13.7
    fewest와 least L5
fictitious F1.4
figure N12.1
final F8.1
    final, last, ultimate F8
finally A115.3; C39.4
financial F9.1
    financial, fiscal, monetary, pecuniary F9
find I34.3; P5.3
fine C30.5; W4.2
    fine과 well W4.2
finish B5; E22
    finish와 end E22.1
    finish + 명사구/-ing-구 E22.2
    be/have finished B5
fireworks N32.2
firm A42.6; N33.2
first A29.1; C39.4; F11.2; N40.1
    at first F11.1
    first of all C39.4
    for the first time F11.2
    in the first place C39.4; F11.2

fiscal F9.3
    fiscal, financial, monetary, pecuniary F9
fish N33.4
fit F12.1
    fit와 suit F12
flaw F13.2
    flaw, fault, defect F13
floating과 **afloat** A19.8
flock P6.4
flooring G7.3
flu N28.9
follow C3.7; T9.7
following A12.3; N40.1
food A51.3; N28.12
foot A91.4; B37.8; N33.4
    on foot A91.4; B37.8; M6.6
footwear N28.10
for B12.3; C51.4; F14; P29.1; P38.4; R4.1
    for와 as와 because와 since B12
    for와 during D30.1
for a long time A23.2
for all (that) T6.2
for ever A23.2; P50.13
for example C39.7
for fear that L8.4
for instance C39.7
for one/another thing C39.4
for one's sake/for the sake of someone A23.7; G4.4
forbear F15.1
forebear F15.2
forget C3.7; G10.3; I34.4
forgive E38.3
    forgive, excuse, pardon E38
form Y1.2
    form, grade, year Y1
fortunate I35.1

fortunately A27.1
forward(s) A23.3; W1
fowl N33.4
frankly A26.2; E21.3; S36.6
free C30.5
frequently A23.2; F18.3
freshman Y1.1
frightened F19.1
    frightened와 afraid A19.8
    frightened, scared, afraid F19
frightened와 afraid A19.8
frightened와 frightening P5.2; V1.2
from F20; F21.2; P29.1; T14.2
    from now A27.8
    from ... through D30.6
    from ... to/until/up to A23.3; D30.5
    from과 since F21
    from within W21.5
full C30.5
fully C33.4; S36.5
fun G8.5
funds N32.2
furious with W20.5
furniture N28.10,12
further C29.8; F3.1,5
furthest C29.8; F3.1,5
furthermore C39.5

➡ G

gallows N32.6
game G1.2
    game, play, sports G1
gather S19.2
generally C39.8; F18.3
generous와 kind A21.3/7; G3
genuine A116.1,3
    genuine, authentic, authoritative A116

get C10; C52; G13; I34.3; V3.2
get 수동문 I11.4; P7.3
get around to ...-ing G12.2
get/be accustomed to ...-ing G12.2; U7
get/be used to ...-ing G12.2; U7
get to P8.6
give G14; V7.1
    give + 행위명사 G14; V7.1
    given (that) T6.2
glance와 glimpse G15
glass P6.3
glasses N32.1
go C52.4; G16.3; T9.7
    go와 come C26
    go ... ing G17.1
    go and/to + 부정사 G16.2
    go for a(n) G17.2; V7.2
    go on G10.6
    go + 부정사 G16
golden A19.8
gone B7
gone to B15.3
gonna B6.4
good A19.2; C29.8; W4.3
    good과 well W4.1
Good morning/afternoon/evening G22.1; V9.1
goods N32.2
goodbye G19
gotta H10.9
gotten H10.10; V8.6
government A42.5
grade G20.1; Y1.1
    grade, mark, results, score G20
    grade, form, year Y1
grain P6.3,5
granted/granting (that) T6.2
grassroots N32.2
grateful과 thankful G21

great, big, large B29
greatly D4.1
greens N32.2
groceries N32.2
ground floor N43.13
group N33.2
grouse N33.4
grow C35.1; C52.4
grown P5.4
guess N10.9; S19.2
gums N32.2

➡ **H**

habit C56.1
    habit, custom, practice C56
had I5.2; I48.8
had best H1.3; I32.5
had better A117.5; H1; I26.8; I32.5; M21; M23.4; S13.1,2
had got H8.1
had rather R4.2
had to M33.4,5
half C33.2; F17.1; H2; N39.2; N43.10; P32.5; P34; Q1.1
    a half F17.1; N39.2; N43.10
    a half of F17.1
    half a(n) F17.1; H2.4; N39.2
    half of A44.1,3,5; H2.2; N39.2; P32.7
    one and a half A44.5; H2.7
halt S33.3
    halt, stop, cease, pause, quit S33
handcuffs N32.1
hanged H3.1
    hanged와 hung H3
happen H4.1; I34.2; Q4.4
    happen, occur, take place H4
happen to P8.6; Q4.4; T9.8

hard A29.1; C30.3,4
hardly A23.2; C33.3,4; D4.2; H5; I48.5; N11.2; Q7.7; S36.5
    hardly ... when/before H5.2,3
hate G10.2; I34.4
have (조동사) A117.3; E15.7; H6.2; I31.2; N10.5; P2.4
have C10; H6.3,4; H7-H10; I32.3; P5.3; P50.11; Q7.9
    have + 목적어 + 동사 H10
    have + 행위명사 H7; V7.3
    have와 have (got) H8.1,3,4; N10.5
have (got) to A117.5; H10; M22.1; M23.1; M32; M33.3; M34.1
    not have (got) to M23.3; M33.2; M34.5
    will have to H8,8; M32; M33.6
he G2.6; P51
headache N28.9
headquarters N32.6
heads N32.2
healthy와 healthful H11
hear B3.2; C3.6; G10.1; H12; I32.2; P23; P24; P50.9; S19.6
    hear of/from H12.9
    hear와 listen to H12
    so I heard S19.6
heart attack/failure N28.9
hearts N32.2
heavens N32.2
heavy와 light M17
heck A27.6
    a heck of A27.6
    (in) the heck A27.6
height M17.2,3; P38.6
    be the same height as P38.6; S2.4
heir와 heiress G2.2
hell A27.6
    a hell of A27.6

(in) the hell A27.6
help H13; I32.3
    help yourself (to) H13.3
hence, thence, whence H14
herd A42.5; P6.4
here A27.8; E37.5; H15; I49.5; P43.6; S38.13
    here와 there A27.8
    here you are/go H15.6,7
hero와 **heroine** G2.2
hi G22.1,2; V9.1
high C30.3,5; H16; M17
    high와 low M17
    high와 tall H16
highly D4.1; S36.5
Highness N1.2
    His/Your (Royal) Highness N1.2
historic과 **historical** H17
holiday(s) H18
Holiness N1.2
    His/Your Holiness N1.2
home A23.3; A27.8; H19.1,3; P38.6
    home과 house H19
homeward(s) W1.2
Honorable과 **Reverend** H20
honors N32.2
honestly A23.4; D20.1; E21.3; S36.6
hope A73.3,6; H21; I34.3,4; N10.9; S19.2,6
    I hope so/not S19.3; S38.11
    hope와 wish H21; W19.5
hopeless G8.5
horde P6.4
horrible V10.2
horrific V10.2
horse N33.4
host와 **hostess** G2.2
hourly A29.1; F18.4
house H19.2; N30.4
    house와 home H19

how (의문사) D5.5; D8.1; E16.1; H22.1,4; M6.5; Q4.1; R15.7
    how about H22.4; R17.3; V9.1
    how come H22.4; Q5.1
    how ever W14
    how good a pianist A19.7
how (관계부사) C40.2; H22.3; R12.2,10-12; R14.3
    how와 the way H22.3
how (감탄사) E37.2; H22.2; S9.4; V9.1
How are you doing? D26.5; G22.1
How do you do? D26.5; G22.2
however (접속어) A27.7; C39.2,10; C48.1; H23.1
however (접속사) H23.2; W16
how much D7.2; D8.1
humanities N32.2
hundred N43.1,6; Q1.2
hung H3.2
    hung과 hanged H3
hurt P44.2; P50.11
hypocritical과 **hypercritical** H24

➡ **I**

I beg your pardon A80.1
I don't suppose so S19.3
I (don't) think so S19.2,3
I hope so/not S19.3; S38.11
I'm afraid so/not A33.4; Q3.2; S19.3; S38.11
I'm sorry A80.1
I mean C39.13
I wish G18.3; R17.2
I wonder if ... R17.4
idea N28.11
ideal A19.1; M30.5
if C40.2; E16.5,6; I2-I5; P4.5; P15.3; P17.2; P19.1; Q4.6; S38.11; W11
    if any/at all/not impossible I4.8

if anything I4.9
if ever I4.10
if in doubt V9.2
if not I3.3; I4.11,12; S38.11
if ... or not W11.6
if so I4.12; S19.2; S38.11
if와 in case I14.5
if와 when W8
if와 whether W11
if it had not been for I4.6
if ... happen I4.3
if ... not과 **unless** U1.1
if ... should I4.2
if I were you I4.1; S37.3
if it was/were not for I4.5
if ...was/were to I4.4
if ... were A31; I4.1; I7; S37.3
if ... will I4.13
if only I6; O15.6; P15.3; P19.1
ill A29.2; I8
ill과 sick I8
illegible E12.2
illegible과 eligible E12
legible L6
illicit L3.2
illusion A54.2
illusion, allusion, delusion A54
imagine I5.1; N10.9; N12.1; S19.2; S38.11; T11.4
imaginable, imaginary, imaginative I9
immediately A23.2; S26.3
immediately (that) C40.2; T14.6
immensely C33.1; D4.1; D14.3
immoral A69.1
immoral, amoral, unmoral A69
impassable, impassible, impossible I10
important I35.1
in I12; P35.3; P37.2,4; T5.6
in (시간) A112.3,4; P35.2; P38.4; T14.2

in, after, afterwards, later A35
in, at, on A112
in과 during A112.3; D30.2
in과 later L2.3
in (장소) A111.3; P29.1; P35.4
in과 at와 on A111
in a word D20.1
in addition C39.5
in addition (to) C39.5; E20.1
in addition (to)와 besides B24
in addition to ...ing G12.2
in case I14; L8.1
in case와 if I14.5
(just) in case I14.6
in case of I15
in conclusion C39.9
in contrast C48.2
in fact C39.5
in front of B17; I16; P29.1
in front of와 before B17
in front of와 facing과 opposite I16
in general C39.8
in/under no circumstances I48.4
in no way S36.5
in order (for ...) to P67.2; S22.3
in order that-절 C40.2; M14.1; P67.2; S22; T6.2
in other words C39.6,9,10
in particular C39.7
in short D20.1
in spite of C48.1; I17.1
in spite of와 despite I17
in sum C39.8
in summary C39.8
(in) that way S38.13
in that-절 C40.2; T6.2
in/at the end A115.5; P37.9
in the first place C39.4
in the way W2.8

in/on time P37.10; T13.6
inasmuch as I13.1
    inasmuch as, insomuch as, insofar as I13
incidental과 accidental I18.1
incidentally C39.12; I18.2
    incidentally와 accidentally I18.2
incline to I36.1
incomparable과 incompatible I19
incredible과 incredulous I20
indebted (to) P5.9
indeed C39.5; D5.3; E21.3; I21; S36.6
    indeed와 very I21.1
indict A52.4; I24
    allege, accuse, charge, indict, sentence A52
    indict와 indite I24
indite I24
indoors A23.3
-ing형
    -ing형 명사 G7.3
    -ing형 분사 P2.2
    -ing형 수동의미 G9.3; G10.5
    -ing형 전치사 P36.2
    -ing형 형용사 A21.4
    동명사 G7-G12
infectious와 contagious C43
information N28.12
ingenious와 ingenuous I41
innings N32.6
insanitary와 unsanitary I42
inshore A105.3
    inshore와 offshore A105.3
inside O24; P29.1
    inside out O24.4
insist S13.8; S37.1
insomuch as I13.2
    insomuch as, inasmuch as, insofar as I13
insofar as I13.3

instead (of) C39.10; I43
insure A109.2,3
    assure, ensure, insure A109
intend G10.1; I34.4
intense와 intensive I44
intent와 intention I45
intentionally D20.3; S36.3
intestines N32.2
interested (in) A21.4; G10.7; P5.2
    interested to-부정사 G10.7
    interested와 interesting P5.2
into I46; P29.1; P35.4
intrigued와 intriguing P5.2
invaluable V10.2
invoice B30.3
    invoice, bill, check B30
irritated (about/at/with) A21.4; P5.5; W20.5
it P53; S38.10
    it ... for to-절 P53.7,8
    it ... ing E42.3; G8.5; P53.7,8
    it ... that-절 E42.1; P53.7,8
    it ... WH-절 P53.7,8
    it ... as if/as though P53.7
    it is any/no good G8.5
    it is any/no use G8.5
    (it is) not that T6.2
item P6.3
it's와 its I51
it's time I52; P15.3; P19.1,5
itch P50.11

➡ **J**
jeans N32.1
jewellery N28.10
journey J1.1,6
    journey, trip, tour, travel, voyage J1
judicial, judiciary, judicious J2
junior/Jr. A3.5; N2.4; Y11.1

jury A42.5; N33.2
just A23.2; A29.2; E21.3; J3; P45.4; S36.4,6

➡ K

keep C35.1; C52.4; P5.3
kennels N32.6
kind와 **generous** A21.3,7; G3
kind of A27.6; C39.13; D7.1; K1; P6
    one of a kind K1.7
kinda K1.6
kindly A29.2; S36.2
know G10.1; K2; P4.1
    as you know A97.10
    as is well known A97.11
    get to know K2.6
    know about/of K2.1
    know how to K2.3
    you know C39.13; K2.7
    you know what? K2.8

➡ L

large B29
    large, big, great B29
    by and large C39.8
    at large B29.3
largely D4.1; S36.4,5
last A112.7; F8.2; L1.1; N40.1; P38.4; T14.3,4
    last와 the last L1.2
    last와 latest L1.3
    last but not least L5.5
    last, final, ultimate F8
lastly A115.4; C39.4
late A23.2; A29.1; C30.3,4; D3.6; L2.1
    late와 later와 latest L2
lately A23.2; A29.1; L2.4; P45.4; R6
    lately와 recently R6
later A35.4; L2.2
    later와 in L2.3

latest L2.4
latter A19.8
lawful L3.1
    lawful, legal, legitimate, licit L3
lay L4.1
    lay, lie, lie L4
leaden A19.8
learn K2.6
least C29.8; I22; L5; Q1.1; R13.7
    at least L5.6
    in the least N24
    at the (very) least L5.6
    last but not least L5.5
    least of all L5.8
    not (in) the least L5.7
    not least L5.9
    the least (of) L5.1,2
    (the) least + 형용사 L5.4
    least와 fewest L5
leave A2.3,4; C52.5; P5.3
    leave, abandon, desert A2
leftovers N32.2; R19.2
legal L3.1
    legal, lawful, legitimate, illicit L3
legally S36.1
legible과 **readable** L6
    illegible E12
legit L3.3
legitimate L3.3
length M17.1; P38.6
less C29.8; C33.1; I22; L7; Q1.1; R13.7
    less ... than C28.2; L7.3
    less of L7.5
    less of a(n) C28.4,9; D6.4
    less와 fewer L7.6
    less와 명사 L7.2
    no less (... than) L7.4
lesser L7.9
lest L8

let A53.2; C10; I29.3; I32.3; L9
    let alone L9.4
    let, allow, permit A53
    let me see C39.13
    let me think C39.13
let's I11.7; L10; M28.2; Q7.5; R17.3
let's assume/suppose (that) I5.1
let's see C39.13
letters N32.2
liable A84; L12
    liable, apt, likely A84
    liable과 responsible L12
licit L3.2
lie C52.5; L4.2; P5.3
    lie, lay, lie L4
lie L4.3
life L13
light C30.5
lightening, lightning, lighting L14
lightning L14.2; N28.12
like A97.8; A100.5; C40.2; G10.2; I32.5; R8.8
    just like that A97.4
    like someone A23.4
    like that S38.13
    nothing like C33.2
    what ... like A97.14
    like와 as A97; M6.4
like (동사) G10.2; I34.4; L15
    would like L15.2
likely A29.1; A84; I35.1,4; L16; N12.2; T9.8
    likely와 probable L16
    likely, apt, liable A84
(un)likely to I35.1,4; P8.6
links N32.6
listen (to) H12; I32.2; P23
    listen (to)와 hear H12
literally S36.6
little A5.5,7; C29.6; D4.1; D8.1; I22; I48.5; N40.2; Q1.1; Q7.7; R12.15; S36.5
    little of A5.3
    little과 a little D6.3
    little과 few A5.2; N11.3
    little과 not much A5.4,6
    little과 small S15
little by little B37.15
live (동사) T9.7
live (형용사) A19.8; A45.2
    live와 alive A19.8
    live와 living A45.2
    live, alive, living A45
livestock N33.1
living A45.2
    living과 live A45.2
    living, alive, live A45
loaf P6.3
lock P8.5
lodgings N32.2
l'oeuf N43.7
lone A56.3
lonely A29.1; C30.2
    lonely와 lonesome A56.1
lonely와 alone A19.8
lonesome A56.1
    lonesome과 lonely A56.1
long A23.2; A29.1; C30.3,4; L17
    before long A27.8
    (for) a long time A23.2; L17.1
    a long way F3.1
    for long L17.2
    (for) longer L17.3
    long ago A23.2; R6.3
    long과 short M17
look (like) C35.1; C52; L18; N12.1; P23; Q4.2; V3.2
    look as if/though L18.4
look at I32.2; S5.2

look at과 see와 watch S5
look forward to ... ing A73.5,6; G12.2
looks N32.2
lots A6; C33.1; D14.3; Q1.2; T16.6; T17.1
    lots of A6.2; N40.2; Q1.2
loud A58.1; C30.5
    loud, aloud, loudly A58
    out loud A58.2
loudly A23.4; A58.2
love G10.2; I34.4
low C30.3,5
luck N28.12
    good luck G18
lucky I35.1,4
luggage N28.10,12
lump P6.3
lunch A91.2; H7.3
luxuriant와 luxurious L19

➡ **M**
Madam/ma'am N2.3
machinery N28.10
magic과 magical M1
mains N32.2
Majesty N1.2
    His/Your Majesty N1.2
majority M2
    a/the majority (of) A6.4; A44.3; Q1.2
    in the majority A6.6
    majority와 most M2.1
    majority와 plurality M2.2
make C10; C52; I32.3; I34.3; M3; V3.2
    make + 행위명사 M3.5
    make와 전치사/부사 M4
mackerel N33.4
man G2.3; M5
manage to C3.3
man-made A93.1

man-made, artificial, synthetic A93
mankind G2.3
many A6.5; C29.8; C33.1; D8.1; D13.2; I22; M7; N40.2; Q1.1; R13.7
    a great/good many M7.11
    many a M7.10; P34.4
    many more C33.1; M7.9
    many of A44.3; M7.2
    many times O9.1
    not many A5.4,6
    many와 much M7
mark G20.1
    mark와 grade G20.1
    mark, grade, results, score G20
marry M8; P8.5
    be married M8.2
    get married M8.1
    marry와 divorce와 전치사 M8.4
mass Q1.2
matter M9
    all that matters M9.7
    it doesn't matter M9.8
    it doesn't matter that M9.5
    it doesn't matter what/who/why M9.6
    as a matter of fact M9.1
    no matter how H23.2
    no matter that M9.4
    no matter what M9.2
    what's the matter M9.3
matting G7.3
may A117.4; I48.2; M10-M14; M21; M22.3; M23.6
    be that as it may M14.3
    may as well M13.2
    may have C4.8; M11.8; M22.4; S13.3
    may not M23.2
    may well M11.7
    may와 can M11.5,6
    may와 might M10-M14
maybe S36.7

me N16.8; P52.4
mean I31.5; M15
    see what I mean M15.7
    what do you mean? M15.5
means M16; N32.6
    a means to an end M16.3
    by all means A40.1; M16.3
    by means of A23.5
    by no means D4.2; M16.3; S36.5
    not by any means M16.3
measles A42.2; N28.9; N32.3
medication D29.3
medicine D29.2
    medicine, drug, mediation D29
meet A41.4
merely S36.4
mews N32.6
might A117.4; M10-M14; M21; M22.3; P19.3
    might as well M13.2
    might have C4.8; M11.8; M22.4; M24.3; S13.3
    might well M11.7
    might와 could C55
    might와 may M10-M14
million N43.1; Q1.1,2
mind M18
    if you don't mind M18.8,9
    never mind M18.3
    not mind doing M18.4
    Would you mind M18.6
minus A43.5; L7.8; N33.5
mistake와 error E25
    by mistake E25.2
miss M19
misused D22.2
    misused, disused, unused D22
moan과 mourn M20
molten P5.4,7
momentary와 momentous M26

monetary F9.2
    monetary, financial, fiscal, pecuniary F9
money M27; N28.12
    money와 change M27.4
monthly A23.2; A29.1; F18.4
moose N33.4
moral A69.1
more C29.2,7,8; D13.2; I22; M29; N40.2; Q1.1; R13.7; S36.5
    more than + 명사 A43.6; C28.7,8; C51.4
    more ... than C28.2,3,5; E16.6; P55.3
    more of C28.4,9; M29.3
    the more ... the more C31.2
    what is more C39.5
more or less C33.4
moreover C39.5
most A6.5; C29.3,7,8; C32.6; D4.1; D5.4; D13.2; I22; M30; Q1.1; R13.7; S36.5
    make/get the most of/out of M30.7
    at (the) most M30.7
    the most M30.3-5
    most of A44.3; M30.2
    most of all M30.7
mostly S36.4
mourn과 moan M20
Mr., Mrs., Ms, Miss A3.1,4; G2.3; N1.3; N2.2
much A6.5; C33.1; C33.4; D4.1; D5.5,6; D8.1,3; D13.2; D14.3; I22; L7.1; M7; N40.2; Q1.1; R12.15; R13.7; S36.5; T16.6; T17.1
    how much of a(n) D6.4; D7.2
    much as M7.7
    much less M7.8
    much more C33.1
    much of D6.4; M7.2
    much too M7.5
    not much A5.4,6
    not much of a(n) D6.4
    too much T16.10
    very much D4.1; D7.1; D14.3; M7.6; T16.6;

V10.3
very much of a(n) C28.9; D6.4
much와 many M7
mumps A42.2; N32.3
munitions N32.2
must A117.4; I26.8; M22.1; M23.1; M32-M34
must have M22.4; M34.6
must not M22.1; M23.2; M34.4; N8.6

➡ **N**

namely C39.6
nation N33.2
naught N43.1,7,9; Z2.1
near (to) B37.2; C22; C30.3; P29.1
near (to)와 by와 close to B37.2
near (to)와 close to C22
near (to)와 nearby N5
nearby N5
nearby와 close-by C22.4
nearest와 **next** N6
nearly A8.3; A27.4; A55; C33.2,4; D4.2; E2.4; N43.17; S36.5
nearly와 almost A55
necessaries와 **necessities** N7
need A117.4; G9.3; G10.5; I26.8; M21; N8; T9.11
need ... ing G9.3; G10.5; N8.8
need not M23.3; M34.5; N8.6
need not have M24.3; N8.4
need to M23.1; N8.1,5; P8.6; S13.2
neglect와 **negligence** N14
negligent와 **negligible** N15
neither A44.1; A60.5,7-9; B32.7; D13.2; E15.3; I22; I48.3; N16; N25.3; P54.6; Q1.1; R13.7
neither of A44.4; N16.3; N23.3
neither와 either A60.9
neither do N16.5
neither ... nor A43.8; A70.5; C40.1; C54.3; E14.2; N16.6; Q1.1

never A23.2; F18.3; I48.4,5; N11.1,2; N17; Q7.7
nevertheless C39.10; C48.1; H23.1
news A42.2; N28.12
next A29.1; A112.7; C39.4; N18; N40.1; P38.4; T14.3,4
the next C33.4; N18.1,4-7; P38.4
next와 nearest N6
nice A21.8; G8.5
nice and A70.3
nickel M27.3
nill N43.7; Z2.2
no B23.4; C33.1; D13.2,5; D14.3; N11.1; N19; P54.6; Q1.3; Q7.7; R12.15
no + 명사 N19.4
no와 not all A50.2
no doubt N20.1; T9.11
doubtless N20.2
there is no doubt that N20.3; T9.11
no longer N21.3
no matter how/what H23.2; M9.3; W16.1
no more C33.1; N21.1,2
no one I23; N22; N23.2; N40.5; Q7.8; S38.5
no one과 nobody N22
no one과 none N23
no place I23.5; R12.14
no sooner ... than H5.2,3; I48.4; S26.3
no way I23.5; Y2.7
nobody B23.4; I23; N22.3; N40.5; Q7.7,8
nobody와 no one N22
nohow I23.5
none I22; N23.4; Q1.2; R12.15; R13.7
none but N23.7
none of A44.1,4; E32.3; N23.1,3; Q1.2
none the + 비교급 C31.3; N23.8
none too + 형용사/부사 N23.6
none과 no one N23
nonetheless C39.10; C48.1
nor A43.7; A60.8; C40.1; C51.4; E14.1; I48.3

nor와 neither A60.8
nor do N16.7
normally A23.2
north E5
northern A19.8
not E2.4; N19; S38.11
    not a/any N19.4; N23.5
    not a bit A4.3; D4.2
    not all과 no A50.2
    not any doubt N20.1
    not any longer N21.3
    not any more N21.4
    not any와 no A78.1
    not any와 none A78.2
not at all A114.4; D4.1; M18.7
not ... but A43.9; C40.1; R2.7
not merely ... but A43.9
not ... nor C40.1; E14.2; N16.6
not only ... but (also) A43.9; C40.1; C54.4;
    E14.2,3; N25
not quite Q9.5
not/without so much as S21.7
not/without so much A as/but B S21.6
not that ... (but) T6.2
not until C19.8; I48.4
note M27.2
    note와 bill M27.2.3
nothing B23.4; I23; N40.5; N43.7; Q7.8; R12.15;
    Z2.2
    nothing like A97.6; C33.2
notice C3.6; I32.2; P23; P24
notorious N26.2
    notorious와 famous N26
nought N43.7
now A23.2; N42.1,2; T14.1
    now and then O9.5
    from now A27.8
now (that) C40.2; E16.4; N42.3; T6.2; T14.6

nowadays N42.4
nowhere I23.5; R12.14
    nowhere near C33.2

➡ **O**
oats N32.6
object to ... ing G12.2
obligate와 oblige O3
observance와 observation O4
observe C3.6; I32.2; P23; P24
obviously S36.6,7
occasionally A23.2
occupation O5; V12.3
    occupation과 occupancy O5
    occupation, avocation, profession,
        vocation V12
occur H4.3
    occur, happen, take place H4
of N21.7; O6; P37.3,4; P41.1,2
of course A40.1; O7
    of course not O7.4
off P29.1; N33.4
official과 officer O8
offspring N33.4
often A23.2; F18.3; O9
    all/only too often O9.3
    as/so often as not O9.4
    every so often O9.5
old C29.8
    the old A22.1
    old와 young M17
    older와 oldest C29.8; E10
    older와 elder E10.1
on A111-A113; O10; P29.1; P35.2,3; P37.7
    on과 about A9.1
    on과 concerning A9.2
    on account of B13.3
    on board A7.1

on condition that I5.1
on earth A27.6; E21.3; W14
on foot M6.6; P37.5
on horseback M6.6; P37.5
on no account I48.4
on one's own O27.5
on the contrary C39.1,10; C48; O11.1
on the one hand O11.2
on the other hand C39.2,10; C48.2; O11.2
on the way W2.8
on the whole C39.8
on top of that C39.5; P29.1
on (시간) A112.2; P35.2; P38.4; T14.2
on/in time P37.10; T13.6
on (장소) A111.2; P29.1; P35.1,4
once C40.2; F18.4; N24.1; N39.2; O12; P4.5; P33; T14.1,6
(all) at once O12.3,4
for once O12.5
once and for all O12.6
once upon a time O12.7
one A90.4; O13; O14; Q1.1; R13.7; S23.5; S38.7
one of O13.3
one ... another O13.20
one ... the other O13.20
one과 a(n) N43.14
one과 you O14.1,2
one and a half A43.5
one another E3; O13.4
one another와 each other E3.1
one by one O13.5
one day O12.1; O13.18
ones O13; R13.7; S38.7
only A29.2; I38.6; J3.3; O15; R12.15; S36.4; T16.8
only if P17.2; P19.1; U1.6
only (that) T6.2
onshore A105.2,3
ashore와 onshore A105

onto A113; P29.1
open과 **close** O16
open과 closed O16.2
opened와 closed O16.3
opponent A30
opponent와 adversary A30
opportunity C13
opportunity와 chance C13.2
opposite C47.3; I16; O18; P29.1
opposite와 across (from) O18.4
opposite와 in front of와 facing I16
opposite, contrary, contradictory C47
or A43.7; C51; E14.1; I11.3; I32.5; O19; Q4.9
not와 or O19.5
or else O19.3
or rather R2.6
or so N43.17
oral O20.2,3
oral, spoken, verbal O20
orchestra N33.2
other A71.2; N40.1,2; O13.20
other와 another A71.2
other와 different A71.3
otherwise C39.2,9; O21
ought to A117.4; H1.6; I26.8; M21; M22.2; M23.4; O22; S13.1,2,3
ought to have M22.4; M24.3; O22.5
out loud A58.2
out of O23; P29.1; P35.4
outside A23.3; O24; P29.1
at the outside O24.4
outward(s) W1
over A27.4; O25; P29.1
over and over O9.1
over와 above A11
over와 across A13.1
over와 through A13
over와 through(out) D30.4

overall C39.8
overcast C24
overhear P23; P24
overseas A7.2
  overseas와 abroad A7.2
oversee P24
owing to B13; R4.1
own G5.10,11; R8.10
  of one's own O27.2
  (all) on one's own O27.5
own (동사) O28.1
  own과 possess O28

➡ **P**

pack P6.4; P8.5
packet P6.4
paint I34.3
pair C53.2; P6.6
  pair와 couple C53
pajamas/pyjamas N32.1
panelling G7.3
pants N32.1
pardon E38.4
  pardon me E38.5
  I beg your pardon A80.1; E38.6
  pardon, excuse, forgive E38
part P1.1
  part, portion, piece P1
particularly E26.3; S36.5
  in particular C39.7
  particularly, especially, specially E26
particulars N32.2
partly S36.5
patient (with) W20.5
pause S33.4
  pause, stop, cease, halt, quit S33
pay와 **paid** V8.5

pay a visit C1.4
peasantry N33.2
pecuniary F9.4
  pecuniary, financial, fiscal, monetary F9
penny, pennies, pence M27.2,3; N31.4; P21
people A42.3; N33.1
  people과 person N31.5
per A90.5; F18.1; N39.2
percent와 **percentage** P22
  percent/points와 percentage points P22.3
perfect M30.5
perfectly S36.5
perhaps S36.7
permit A53.1; G10.4
  permit, allow, let A53
perpetrate와 **perpetuate** P25
perpetually P50.13
persecute와 **prosecute** P26
personally D20.1,3; S36.1
physics A42.2
pick C15.3
  pick, choose, select C15
  pick and choose C15.3
piece P1.3
  piece, part, portion P1
pike N33.4
piles N28.9; N32.3
pity P28.1
  pity와 sympathy P28
place P38.6
plainly S36.6
play G1.1
  play, game, sports G1
please M18.7
pleased (about/with) A21.4; P5.5; W20.5
  pleased와 pleasing P5.2
plenty (of) A6.1,2,6; N40.2; Q1.1

plumbing G7.3
plus A43.5; N33.5
p.m.과 a.m. A3.6; N44.2
poet and poetess G2
poetry N28.12
point N28.11; T9.11
pointless A21.8; G8.5
police N33.1
    the police N33.1
policeman/policewoman G2.2
politic and political P31
poor A22.1
    the poor A22.1
portion P1.2
    portion, part, piece P1
possess O28.2
    possess와 own O28
possibility C13
    possibility와 chance C13.1
possible N12.2
poultry N33.1
pound M27.2
practically C33.4; D4.2; E2.4
practice C56.3
    practice, custom, habit C56
prefer G10.2; I34.4
premises N32.2
prescribe P42.1
    prescribe와 proscribe P42
present A20.4
presently N42.1
press N33.1
    the press N33.1
presume N10.9; N12.1; S19.2; S38.11
pretense와 pretension P47
pretty A27.3; A29.2; D4.1
previously A39.3

priceless P48; V10.2
    priceless와 valueless P48
primarily S36.4
principal A19.2; M30.5; P49.1
principle과 principal P49
probable L16; N12.2
    probable과 likely L16
probably A27.1; S36.7
proceedings N32.2
proceeds N32.2
profession V12.2
    profession, vocation, occupation,
        avocation V12
promise I34.4; I36.1; V2.2; V4.3,5
prone to I36.1
proper A20.4
propose G10.6
    propose와 suggest S40
proscribe P42.2
    proscribe와 prescribe P42
proud (of) G11.2
prove C52.2,3; I34.3; V3.2
provided/providing (that) C40.2; I5.1; T6.2
public A42.5; N33.1
    the public A42.5; N33.1
publicity N28.12
purpose P67; T9.11
puzzled (at/about) A21.4; P5.5

➡ **Q**

qualified (for) P5.9
quantity Q1.2
    a/the quantity of Q1.2
quarter M27.3; N39.2; N43.10; P34; Q1.2
quarters N32.2
quarterly A23.2; A29.1; F18.4
question N28.11

quick C30.3
quickly A23.4; F5.3; M6.1,2
    quickly와 fast F5
quiet Q8.1,2
    quiet, silent, still Q8
quietly A23.4
quit S33.5
    quit, stop, cease, halt, pause S33
quite A27.4; C33.1,4; D4.1; D5.8; D6.6; D7.1; D8.2,3,4; D14.4; Q9; S36.5
    quite a(n) D6.2; P34.4; Q9.3,7
    quite a bit/a few/a lot Q9.6
    quite some Q9.7
    not quite Q9.5
quote와 unquote D16.5

➡ **R**

rabies N32.3
raise A86.3
    raise, rise, arise A86
rarely A23.2; D4.2; F18.3; I48.5; N11.2; R1
rather C33.1; D4.1; D8.1,2,3; D14.3; Q9.2; R2; S36.5; T16.6; T17.1
    rather a(n) D6.2; P34.4; R2.1
    rather와 fairly R2.2
    rather than C40.2; C51.4; I32.5; R2.3,8
    or rather R2.6
re와 about A9.3
readable과 legible L6
ready I35.5
real A16
    real과 actual A16.1
really A16.2; A27.3; D5.8; D20.2; E21.3; S36.6; V10.2
reality와 realty R3
reason N28.11; R4.2
rebellion R5

rebellion, revolt, revolution R5
recently A23.2; A27.8; L2.4; P45.4; R6; T14.1
    until recently A27.8
    recently와 lately R6
reckon N10.9; N12.1; S19.2
recognize C3.7
recollect R7
    recollect와 remember R7
recommend G10.4
referee R9.1
    referee와 umpire R9
refreshments N32.2
refuse I34.4; R10.2,4,5
    refuse, decline, reject R10
regarding A9.3
    with regard to A9.3
regards N32.2
regret G10.3; S19.2
reindeer N33.4
reject R10.3,4,5
    refuse, decline, reject R10
remain C52; I34.2; T9.7; V3.2
remains N32.2; R19.4
remember C3.7; G10.3; P50.9; R7; T11.3
    remember와 recollect R7
repeatedly O9.1
repel과 repulse R16
reply A72.2,3
    reply와 answer A72.3
    reply, answer, respond A72
require G9.3; G10.5
research N28.12
residue R19.3
resources N32.2
respectable, respectful, respective R18
respective(ly) A70.5; R18.2
respond A72.4,5

respond와 answer A72.5
respond, answer, reply A72
responsible과 liable L12
results G20.1
results, grade, mark, score G20
retired P5.4
revenge와 avenge R21
Reverend와 Honorable H20
reverse와 converse C49
revolt R5
revolution R5
reward A119.2
reward와 award A119
riches N32.2
rickets N32.3
right A27.3; C30.5; D8.5; E21.3; S36.6
rise A86.2
rise, arise, raise A86
road S34.4
rob와 steal R22
roofing G7.3
roughly C33.2
rouse A87.2
rouse와 arouse A87
route S34.5
rubbish N28.12
ruin P8.5

➡ **S**

salary와 wage S1
salmon N33.4
(the) same S2
all/just the same S2.9
be the same age as S2.4
more of the same S2.10
one and the same S2.11
same difference S2.12
(and the) same to you S2.8
the same (...) as C28.1; S2.2,3
satisfied (with) A21.4; P5.5; W20.5
save C35.2; T5.6
save that T6.2
savings G7.3; N32.2
say S3.1-3,5; S19.6
say와 tell S3
scales N32.1
scarcely C33.3,4; D4.2; J3.3; N11.2; Q7.7; S36.5
scared F19.2
scared, frightened, afraid F19
school P37.1,2
at school과 in school P37.2
scientifically S36.1
scissors N32.1
score G20.3; N43.6
score, grade, mark, results G20
scrap P6.3,5
secret와 confidential C37
top secret C37.3
see B3.2; C3.6; G10.1; I32.2; P23; P50.9,11; S4; S5
see if/whether S5.5
see, look at, watch S5
seeing (that) C40.2; T6.2
see above/below A10.4
see above/over A11.6
seem B10; C35.1; C52; I34.2; N10.9; N12.1; P23; S6; S19.2; S38.11; T9.8; V3.2
it seems ... that/as if/as though/like S6.5
seem like S6.4
seem to P8.6; S6.1-3
seldom A23.2; F18.3; I48.5; N11.2; R1
select C15.2
select, choose, pick C15
semiannual B28
send P5.3

senior/Sr. A3.5; N2.4; Y1.1
sense T9.11
sensible A19.2; S7
    sensible과 sensitive S7
    sensible of: S7
sensory, sensual, sensuous S8
sentence A52.6
    allege, accuse, charge, indict, convict.
    sentence A52
series N32.6; P6.4
seriously D20.1
set P6.7
several A6.5; D13.2; N40.2; Q1.1
sewage와 sewerage S10
shade와 shadow S11
shall A117.4; I28.3; M21; M22.1; M23.5; S12
    shall I/we ... Q7.5; R17.3
shan't S12.4
shape P38.6
shaven P5.7
shavings G7.3
she G2.6; P51
sheep N33.4
sheet P6.3
shingles N28.9; N32.3
shocked (by/at) A21.4; P5.5
short C30.5
    in short D20.1
    to cut a long story short D20.1
shortcomings N32.2
shorts N32.1
shout at/to A113.2,3
should A117.4; H1.6; H22.4; I4.2; I5.2; I14.3;
    L8.2; M21; M22.2; M23.4,5; P19.3; S13;
    S22.2; S37.2; W17.3
    should have M22.4; M24.3; S13.9
shrimp N33.4

shrunken P5.4,7
shut와 close C21
    shut와 closed C21.2
sick과 ill I8
silent Q8.2
    silent, quiet, still Q8
silken A19.8
similar A41.4
similarly C39.5
simply E21.3; S36.6
since (시간) C40.2; D30.7; F21.1-3; P4.5; P35.6;
    P45.3; S14; T14.2,6
    ever since S14.4
    it is ... since S14.3
    since then A27.8
    since when ... ? S14.5
    since와 for S14.1
    since와 from F21
since (이유) B12; C40.2; R4.1
    since, because, as, for B12
Sir/sir N2.3
sit C52.5; P5.3; T9.7
size P38.6
sleep A107
    sleep과 asleep A107
    get to sleep A107.4
    go to sleep A107.3
sleeping과 asleep A19.8
slice P6.3
slightly C33.1; D4.1; D14.3; S36.5
slow C30.5
slowly A23.4
small과 little S15
smell B3.2; C3.6; C35.1; C52; P23; P50.9,11;
    S16; V3.2
smile (at) A113.2
snipe N33.4

so A27.7; C39.9; C51.4; D5.5,7; D8.1; E15.3; E21.3; E37.4; F3.1; I48.3,7; M7.4; S17-S19; S20.2; S36.5; S38.10,11; S39
    문장 + so S17.4
    so + 형용사 + a(n) A19.7; C28.9; S17.3
    so + 형용사/부사 + as (to) S17.2
    so + 형용사/부사 + that-절 S17.2
    so와 so much S21.2
so am/do I S19.4
so-and-so S17.5
so as to + 동사 P67.2
so ... as to S39.7
so be it S17.5
so far A23.2; P45.3
so/as far as A96; C40.2
    ... is concerned A96.1,2
    ... I know A96.3
    ... it goes A96.4
(and) so forth/on S17.5
so I am/do S19.5
so I understand S19.6
so long G19.2; S17.5
so many/much ... that R20.3
so many S21.1,3
so much S17.1; S21.1,3,4
    so much와 so S21.2
    so much for S21.5
    without/not so much A as/but B S21.6
    (without/not) so much as S21.7
so-so S17.5
so (that) C40.2; E16.4; M14.1; P67.3; R20.1; S22; T6.2
so that ... not ... L8.1
so ... that C28.9; C40.2; L8.1; R20.2; S17.2; T6.2
so to speak A101.2
so what? S18.4

solely S36.4
some A44.1; D13.2; N11.5; N24; N43.17; O13.9; P38.4; Q1.1; R12.15; R13.7; S23
    some of A44.1,3
    some day A23.2; O12.1
    some time O12.1; S25.1,2
    some과 영의 관사 A91.9
    some과 의문문 S24.3
    some과 any S23.3; S24
some[səm]과 some[sʌm] S23.2,4,5
somebody/someone I23; N11.5; N24; N40.5; Q3.7; Q7.8; R13.2; S38.5
someplace R12.14
something N11.5; N24; N40.5; R12.15
    something like A97.5
sometime A29.2; I23.5; O12.1; S25.2; T14.1
sometimes A23.2; F18.3; N24; O9.5; S25.3
somewhat C33.1; D4.1; D14.3; S36.5
    somewhat of a(n) D6.4
somewhere A23.3; I23.5; N24; P38.6; R12.14
soon A23.2; C30.3; S26; T14.1
    as soon as S26.1,3
sooner S26.2
    no sooner ... than C40.2; H5.2; I32.5; I48.4; S26.3
sophomore Y1.1
sorry (for) G10.7; G11.2
    I'm sorry A80.1
sort of A27.6; C39.13; K1
sound B10; C35.1; C52; G10.1; N12.1; P23; S27; V3.2
    sound like/as if/as though S27.2,3
south E5
southern A19.8
spacecraft N33.4
spades N32.2
spaghetti N28.12
speak와 talk S28

species N32.6
specially E26.2
    specially, especially, particularly E26
specifically C39.6
speck P6.3
spectacles N32.1
spirits N32.2
spoils N32.2
spoken O20.1
    spoken, oral, verbal O20
sports G1.3
    sports, game, play G1
staff N33.2
stairs N32.2
stand C52.5; P5.3; T9.7
start B18.1,2; G10.1
    start와 begin B18
    to start with B18.4
startled (at/by) A21.4; P5.5
stationary와 **stationery** S31
statue, stature, statute S32
stay C52.4
steal과 **rob** R22
steelworks N32.6
steps N32.2
steward와 **stewardess** G2.2
stick P6.3
still A29.2; A59.2,4; C39.1; C48.1; N24.1
    still과 already와 yet A59
still (형용사) Q8.3
    still, quiet, silent Q8
stitch P6.5
stop G10.6; S33.1
    stop, cease, halt, pause, quit S33
straight A29.1,2; M6.1
street A3.5; S34.1
    street, avenue, boulevard S34

strictly speaking D20.1
strip P6.3
strongly D4.1; S36.5
style과 **fashion** F4
stupid A19.2; I35.1
succeed in C3.3
such A27.4; D5.7; D6.5; E21.3; E37.4; I48.7; S39
    such a(n) P34.4; S39.2,5-7,9
    such as A97.2; S39.12
    such as to S39.8
    such ... as to S39.7
    such that C40.2; S39.8; T6.2
    such ... that C28.9; C40.2; E16.4; R20.4; S39.6; T6.2
    such and such S39.14
    such와 so S39
suds N32.2
suggest S37
    May/Can I suggest S40.5
    suggest와 propose S40
suit F12.2; P6.3
    suit와 fit F12
sunken P5.4,7
supper A91.2; H7.3
supplementary와 **complementary** S41
supplies N32.2
suppose I34.3; N10.9; N12.1; S19.2,6
suppose/supposing (that) I5.1; P19.1; T6.2
sure A40.1; C12; C30.5; G10.7; P38.3; T9.8
surely A29.1; C30.5; D20.2; S36.6
    surely와 certain(ly) C12
surprised (by/at) A21.4; P5.5
    surprised와 surprising P5.2
surroundings N32.2
suspect N10.9
swollen P5.4
sympathy P28.2
    sympathy와 pity P28

synthetic A93.3
    synthetic, artificial, man-made A93
systems N32.2

➡ T

tableware N28.10
tails N32.2
take T1
    take + 행위명사 T1.12; V7.5
    take ... for V6.6
    take와 bring B33
take place H4.2
    take place, happen, occur H4
talk big B29.1
talk와 speak S28
tall H16; M17
    tall과 high H16
    tall과 short M17
taste B3.2; C3.6; C35.1; C52; P23; P50.9,11; T2; V3.2
tasteful과 tasty T3
team N33.2
technically A23.7; S36.1,8
tell S3; S19.2,6
    tell a lie S3.2
    tell과 say S3
temporarily A23.2
tend I34.2; T9.8
tend to P8.6
terrible V10.2
than C28.2; C31.6; C40.2; I32.5; I48.6; L17.4; R8.8
    비교급 than C31.1
    than, as, that S2.6; T8
thankful과 grateful G21
thanks N32.2
thanks to R4.1

that (접속사) A98.3; C48.1; D9; D13.1; E16.2,3,4; E37.7; T4.3; T5
    but/in/except/save that T5.6; T6.2
    considering/given/granting/granted/providing/
        provided/seeing/supposing that T6.2
    for all/such/in order that T6.2
    it ... that-분열문 C19.1,5
that (관계사) R12.2-4,7,10,13-17; R15.4,5; T4.3; T6.1
    that ... of R12.16
    that, than, as S2.6; T8
that (지시사/한정사) A42.6; A112.7; D9; I26.9; N39.1; O13.6; P38.4; P45.7; S38.10,12,13; T4.1,2,4; T14.3
    like that S38.13
    that와 this D9.8,9
    that와 those D9.7; D13.1; S38.8
that (부사) A19.7; D9.9; T4.5
    that big a house A19.7
that is (to say) C39.6
the A88; A89; D13.1; N39.1
    the 최상급 C32.1
    the 최상급 + of/in C32.2,3
    the 형용사 A22
    the와 최상급 C32.5
    the와 약자 A3.4
    the와 단수 가산명사 A88.4
    the와 불가산명사 A88.5
    the와 복수명사 A88.5
    the와 고유명사 A92
    the비교급 ... the비교급 A89.11; C31.2; C40.2
the accused A22.5
the fact that C18.3; T5.1,6
the hell A27.6; E21.3; W14
the police A42.3; N33.1
the remainder R19.5
the rest R19.1
thee Y3
then A23.2; C39.9; S20.3; S38.13; T14.1

since then A27.8
thence, hence, whence H14
there A23.3; A27.8; E37.5; H15; I49.5; P43.6; Q7.6; S38.13
    there is/are T9
    there와 here A27.8
    there you are와 there you go H15.6,7; T10
    there's no doubt/need/point/purpose/sense/use T9.11
therefore C39.2,9; S20.1
these D9; I26.9; N39.1; O13.6,7
they G2.7; O14.7; P52.5
think G10.1; I34.3; N10.9; N12.1; P50.11; S19.6; S38.11; T11
    I think/thought (that) T11.11
    think about/of T11.5
    think about/of ... as T11.6
    to think T11.12
this (지시사/한정사) A42.6; A112.7; D9; D13.1; I26.9; N39.1; O13.6; P38.4; P45.7; T14.3,4
    this means C39.6
    this와 that D9.8,9
    this와 these D9; D13.1
this (부사) A19.7; D9.9
    this + 형용사 + a(n) A19.7
thoroughly A23.4; D4.1; M6.1; S36.5
those D9; I26.9; N39.1; O13.6,7; P3.3; S38.8
thou Y3
though A62; C39.2,10; C40.2; C48.1; F22.5; P4.5
    even though A62.1
    though와 although A62
    though와 as A98; F22.5
thousand N43.1,5; Q1.2
thrice P33
throng P6.4
through (시간) T12
through(out) (장소) A13; D30.4,6; P29.1; P35.4; R4.1; T14.2
throw at/to A113.2,3

thunder N28.12
thy Y3
tidings N32.2
tight C30.5
tights N32.1
till C19.8; C40.2; D30.5; P4.5; P35.6; T12.2; T14.2,6
time T13
    in time과 on time P37.10; T13.6
    time and again O9.1
    it's time I52; P19.5
times A43.5; C33.1; M31; N33.5; N39.2; O12.2; P33.1
tired (from/of) A21.4; P5.5
    tired와 tiring P5.2
to (전치사) A113.3; P29.1; T15; W20.5
to (부정사) E15.4,6; I30-I39; P67.2; T15.11
to be honest I39.1
to begin/start with C39.4; I39.1
to conclude I39.1
to cut a long story short D20.1; I39.1
to some extent D4.1; S36.5
to sum up C39.8
to summarize C39.8
to tell the truth I39.1
today A23.2; P38.4; T14.1,4,5
to the contrary O11.1
tomorrow A23.2; A112.7; P38.4; T14.1,3,4,5
tonight T14.1,4
too A60.1,5,6; D5.5; D8.1; E15.3; F3.1; L17.4; M7.4; N25.2; S36.5; T16
    all/only too T16.8
    not too T16.9
    too few/little/much/many D8.3
    too + 형용사/부사 + a(n) A19.7; T16.7
    too와 to-부정사 C28.9; T16
too much와 too many T17
    too much T16.10

too much of a(n) C28.9; T17.2
toothache N28.9
totally D4.1; S36.5
tour J1.2
    tour, journey, travel, trip, voyage J1
toward(s) P29.1; W1.3
travel J1.3; N28.11,12
tremendous V10.2
trillion N43.1
trip J1.1,4
triple/treble N39.2; P33
troops N32.2
tropics N32.2
troubled (about/by) A21.4; P5.5
    troubled와 troubling P5.2
trousers N32.1
trout N33.4
trust S19.2
try G10.6; I34.4
try to와 **try and** T18
tubing G7.3
tuna N33.4
turn C35.1; C52; I34.2
turn down R10.6
turn out to P8.6
twice C33.1,2; F18.1; M31.1; N39.2; O12.2; P33
    twice of-구 M31.3
type of K1; P6

➡ **U**
ultimate F8.3
    ultimate, final, last F8
umpire R9.2
    umpire와 referee R9
under P29.1; P35.4
    under와 below B21
    under/in no circumstances I48.4

underneath B21.2; P29.1
understand C3.7; G10.1; P50.9; S19.6
underwear N28.10
uninterested와 **disinterested** D19
unique A19.1; M30,5
university P37.1
unless C40.2; P4.5; U1
    not unless U1.6
    unless와 if ... not U1.1
unmoral A69.2
    unmoral, amoral, immoral A69
unorganized와 **disorganized** D21
unsanitary와 **insanitary** I42
unsatisfied와 **dissatisfied** U2
until/till C19.8; C40.2; D30.5; P4.5; P35.6; T14.2,6; U3
    not until C19.8; I48.4; U3.7
    until recently/now/then A27.8; U3.8
    up until U5.2
    until과 by U3.6
unused D22
    unused, disused, misused D22
up P29.1; U4
    be up U4.6
    up and down U4.6
    ups and downs U4.6
    up until U5.2
    uptown과 downtown U4.5
up to D30.5; P45.3; T14.2; U5
    from ... to/up to U3.2
upset (at/about/with) A21.4; P5.5; W20.5
upstairs A23.3
upwards A23.3; W1
us P52.3
use T9.11
used to A117.4; M21; M24.2; U6
usually A23.2; F18.3
utterly D4.1

⇒ V

vacation H18
    vacation과 holiday H18.1
valuables N32.2
valueless과 priceless P48
vanished P5.4
verbal O20.2,4
    verbal, oral, spoken O20
vermin A42.3; N33.1
very A27.3; A29.2; C32.6; C33.4; D5.5; D8.1;
    D14.4; E21.3; Q9.2; S36.5; S39.11; V10
    the very C33.4; V10.4
    this very V10.4
    very much V10.3
via P29.1
VIP N1.2
virtually C33.4; D4.1; S36.5; V10.3
    virtually와 actually V11
vocation V12.1
    vocation, profession, occupation,
        avocation V12
voyage J1.5,6
    voyage, journey, tour, travel, trip J1

⇒ W

wage와 salary S1
wages N32.2
wait (for) A73.4,6
waiter와 waitress G2.2
wake A118; V8.5
waken A118; V8.5
want G9.3; G10.5; I34.4; I36.4; W19
    want와 advise I36.4,5
was/were + 동사 -ing P20.5
was/were going to P20.5
was/were to B9.2,3,7; P20.5
watch I32.2; P23; P24; S5

    watch, see, look S5
waters N32.2
waterwings N32.6
way S36.6; W2
    a long way F3.1; W2.2
    by the way W2.9
    in no way S36.5
    in/on the way W2.8
    (in) that way S38.13
    no way I23.5; Y2.7; W2.14
    the way W2.14
way (부사) C33.1; S36.6; T16.6; T17.1; W2.7
we O14.6; P4.7; P52.5; W3
    editorial we W3.3
    organizational we W3.4
    parental we W3.5
    royal we W3.6
    we와 you P52.1
weather C20; N28.11
    weather와 climate C20
weekly A23.2; F18.4
weigh M17.3; P50.11
weight M17.3; P38.6
    be the same weight as S2.4
welcome A114.4; C12.6; G22.4
well A23.4; A27.3; A29.2; C39.13; M6.1; W4
    well과 fine W4.2
    well과 good W4.1
were I48.8; S37.3; W5
west E5
western A19.8
what (의문사) A44.9; C40.2; E16.1; Q4; W6.1,3-6
    so what W6.6
    what about R17.3; V9.1; W6.6
    what do you mean M15.5
    what ever W14
    what if W6.6
    what for P40.1; Q5.1; W6.6
    what ... for P40.1; P67.1

what ... like P40.1
what time A112.7
what ... with M6.5
what (관계대명사) C19.3,6-8; C40.2; I32.5; R14.1,2; W6.7-9
what is more C39.5
what (감탄사) E37.3; W6.10
what a P34.4; S9.4; V9.1
what (한정사) D13.2; N39.1; Q4.3; W6.2,9
whatever C40.2; D13.2; R14.3; W16
or whatever W16.10
what ever W14
whatsoever N24; W16.6
when (의문사) E16.1; Q4.2; Q5.1; W7.1
when ever W14
when (접속사) C40.2; E16.5; P4.5; P17.2; T14.6; W7.2,4-7
when과 if W7.4; W8
when과 while W7.5
when (관계부사) C19.3,8; C40.2; E16.2; H22.3; R12.2,9; R13.4; R14.3; T13.5; W7.3
when (대명사) W7.8
whence, hence, thence H14
whenever C40.2; P4.5; R14.3; T14.6; W16
or whenever W16.10
when ever W14
where (의문사) E16.1; Q4.2
where ever W14
where ... to P40.1
where (장소 접속사) C40.2; P4.5
where (관계부사) C19.3; C40.2; H22.3; R12.2,9; R13.4; R14.3
whereabouts와 whereby W9
whereas C40.2; C48.2; W13.2
wherever P4.5; R14.3; W16
wherever C40.2; P4.5
whether C40.2; P4.5; Q4.6; W10
whether ... or (not) C40.2; E16.5; W10; W11.7
whether or not W10; W11.6

whether와 if W11
which (의문사) Q4; W12.1,2
which ever W14
which of W12.2
which (관계대명사) C40.2; E16.2; R12.2-6,16,17; R15.2; W12.4
of which R12.16; R13.1,4-8
which (한정사) D13.2; N39.1; Q4.3; W12.3
whichever C40.2; D13.2; R14.3; W16
or whichever W16.10
while C40.2,5; C48.2; E16.5; P4.5; T14.6; W13
while과 as A99
while (명사) A123; W13.5
a (little/short) while ago R6.3; W13.5
for/in a while A123; W13.5
whilst W13.4
who (의문사) A44.9; E16.1; Q4; Q5.1; W15.1
who ever W14
who (관계대명사) C19.1,4,5; C40.2; E16.2,3,8; P55.2,7; R12.2-6,15-17; R13.2,3; R14.4; R15.1,4,6; W15.2
who, than, as S2.6
whoever R14.3; W16
whole A51
on the whole C39.8
the/a whole Q1.1
the whole of A51.7,8
whole과 all A51
wholly D4.1; S36.5
whom (의문사) P55.7; W15.1
whom (관계대명사) R12.2,4,6,16; W15.2
of who(m) R12.16; R13.7,8
whose (의문사) A44.9; D13; G5.12; Q4.1
whose (관계사) C40.2; R12.2,8,16; W15.2
whose (한정사) G.5.12; Q4.3
why (의문사) Q4; Q5.1; W17
why ever W14
why not A31; I32.5; W17
why don't you ... R17.3

why (이유 접속사) C40.2
why (관계부사) E16.2; H22.3; C19.3; C40.2; R12.2,9,11,12; R13.4
wide B34; C30.5; D5.8; M17
 wide와 broad B34
 wide와 narrow M17
widow와 **widower** G2.2
wildfowl N33.1
will A117.4; F23.1,3; I2.2; M21; M22.1; M23.1,5; M24.2; W18
willing I35.5
wish H21; I31.5; I34.3,4; P15.3; P17.2; P19.1,5; R2.5; W19
 I wish you a Happy New Year. W19.3
 I wish that W19.4
 wish와 hope H21; W19.5
 wish와 시제 W19.6,7
with M6.5,8,9; P4.6; W20
 what with P4.6
with reference to P36.4
with regard to A9.3; P36.4
within P29.1; W21
 from within W21.5
without B37.10; E36.5; P29.1; W21
 without exception E2.4
 without ... ing R15.8
wits N32.2
won (₩) M27
wonder I28.2
wooden A19.8
woolen A19.8
work N28.12
worried (about/by/with) A21.4; P5.5
worse와 **worst** B1; C29.8
worth W22.1-4
 worth ... ing G8.5; W22.2
 worth one's while W22.4
worthwhile A21.8; W22.5

worthy W22.6,7
would A117.4; I2.3; M21; M22.1; M23.5; M24.2; P19.3; P20.5; S13.1,5,6; S22.2; W23
 would have I2.4
 would like/love/hate/prefer to E15.5; W19.2
 would sooner/rather I32.5; P15.3; P19.1,5; R2.4,5
 would you mind R17.4; W23.8
 would that W23.14
 would와 used to W23.6
writings G7.3; N32.2
wrong C30.5

➡ **Y**
ye Y3
yeah와 **nope** Y2.8
year Y1.2
 year, form, grade Y1
yearly A23.2; A29.1; F18.4
yell at/to A113.2,3
yes A40.1; C12.4; E15.1; Q3.2; Y2
 yes와 no Y2
yesterday A112.7; P38.4; T14.1,3,4
yet A23.2; A59.3,4; C32.7; C39.10; C40.1,2; C51.4; N24.1; Q3.7
 as yet A59.3
 not yet A59.3
 yet와 already와 still A59
you O14.1,2; P4.7; P52.4,5; Y3
 you and I/me P55.5,6
 you'd better (not) ... R17.3
 you know C39.13; K2.7
 you know what? K2.8
 you're welcome C12.6
 you should/ought to ... R17.3
 you와 one O14.1,2
 you와 we P52.1,2
young A22.1,3
 young과 old M17

Yours truly/sincerely, G19.4; L11
youth N33.2

➡ **Z**
zero Z2.1
zip N43.7

주 제 (영어)

⇒ A

abbreviations (약자) A3
    abbreviations (두문자 약자) A3.2
    abbreviations and period (약자와 마침표) A3.1; P57.1
    abbreviations and articles (약자와 정관사) A3.4
    acronyms (두문자어) A3.3
action nouns (행위명사) G14; H7.2
active form of verbs (능동형 동사) A15
adjectives (형용사) A18-A22
    adjectives and prepositions (형용사와 전치사) A21.3
    adjectives ending -e(r)n (-e(r)n 어미를 가진 형용사) A19.7
    a-prefixed (a-접두어를 가진 형용사) A19.8
    classifying (분류형용사) A19.4; C29.2
    complement of (형용사의 보충어) A21.5-8
    country name adjectives ending -sh와 -ch (-sh와 -ch어미 국가명 형용사) A22.4
    descriptive (기술형용사) A19.3
    -ed form와 prepositions (-ed형 형용사와 전치사) A21.4
    evaluative (평가형용사) A19.2
    -ing form (-ing형 형용사) A21.7
    limiting (제한형용사) A19.1; C29.1
    limiting function of (형용사의 한정적 기능) A19
    predicative function of (형용사의 서술적 기능) A21
    pronunciation of -ed form (-ed형 형용사의 발음) A21.4
    the + adjectives (the + 형용사) A22.1,3,5,6
adjuncts (부가어) A23
    manner (양태 부가어) A23.4
    means, instrument, agent (수단, 도구, 행위자 부가어) A23.5
    mode (방식 부가어) A23.6
    object-oriented (목적어지향 부가어) V6.9
    reason (이유 부가어) A23.7
    space (공간 부가어) A23.3
    subject-oriented (주어지향 부가어) V3.2
    time (시간 부가어) A23.2
adverbs (부사) A26-A28; C39; D20; S36
    adverbs와 adjectives (부사와 형용사) A29
    interrogative (의문부사) Q4.2
    negative (부정부사) I48.5; N11,2
    positions of (부사의 위치) A28.2
    relative (관계부사) R12.9-13
adverbial phrases (부사구) A26-28; C39; D20
advice (충고) A31
agent (행위자) P9
ages (나이) A38
agreeing (동의) A40
agreement (일치) A41-A44
American and British English (미국영어와 영국영어) A65-A68
    grammar (문법) A65
    pronunciation (발음) A68
    spelling (철자) A67
    vocabulary (어휘) A66
apologies (사과) A80
apostrophe (아포스트로피) P60
apposition (동격) A81
approximation (근사치) A8.3; N43.17
articles (관사) A88-A92
    definite (정관사) A88.2; A89
    definite and abbreviations (정관사와 약자) A3.4
    definite and proper nouns (정관사와 고유명사) A92
    indefinite (부정관사) A1; A88.3; A90
    zero (영의 관사) A91
    zero와 any/some (영의 관사와 any/some) A91.9

aspects (상) P50.3
    perfective (완료상) P17; P18; P45; P46
    progressive (진행상) P16; P18; P44; P46
auxiliary verbs (조동사) A117
    modal (양상조동사) M21-M24
    primary (기본조동사) A117.3
    semi-auxiliary (준조동사) A117.5; P8.6

➡ C

case (격) C9
causative constructions (사역구문) C10
clauses (절) C18
    absolute (절대절) P4.6
    adjectival (형용사절) C18.3; R12; T6.1
    adverbial (부사절) C18.3
    appositive (동격절) C18.3
    comparative (비교절) C18.3
    finite and non-finite (정형절과 비정형절) C18.1
    main and subordinate (주절과 종속절) C18.2
    nominal (명사절) C18.3; T5
    non-finite (비정형절) N41.2
    that-절 T5-T8
    verb-less (무동사절) C18.1; V9
cleft sentences (분열문) C19; N13.2
    pseudo-cleft (유사 분열문) C19.3; I34.2
colon (콜론) L11.2; P61.7; P62; P63
comma (쉼표) A81.1; A104.1; C39.2; C51; D2.3; L11.1; N43.5,9; P58; P59.3; P61.6; P62.5,7
comparatives와 superlatives (비교급과 최상급) C28-C33
    modifiers (비교급과 최상급 수식어) A5.7; C33
complement (보어) C35.1
    object (목적어보어) A20.2; I34.3
    subject (주어보어) A20.1; I34.2
complements (보충어) C35.2
compound words (합성어) P66
conditional clauses (조건절) (if-절) I2-I5
congratulations (축하) C38

conjuncts (접속어) A28.1; C39; S36
conjunctions (접속사) C40
    coordinate (등위접속사) A43; C51
    correlative (상관접속사) C54
    conjunctions와 ellipsis (접속사와 생략) C40.3
    subordinate (종속접속사) C40.2
contractions (축약) C46
    auxiliary (조동사 축약) C46.1
    negative (부정소 축약) C46.5
contrast (대조) C48
countries and nationalities (국가와 국적) A44.6; N4

➡ D

dash (대쉬) P63
dates (날짜) D2; N43.13
degree words (정도어) D4-D8
demonstratives (지시사) D9
derived noun phrases (파생명사구) D11
determiners (한정사) D13; N39.1
disjuncts (부연어) A28.1; D20
duration (기간) D30

➡ E

ellipsis (생략) E13-E19
emphasis (강조) E21
enforcement (보강) R11
exclamations (감탄문) E37
exclamation mark (감탄부호) P57.3; P61.8
extraposition (외치) E42

➡ F

formal과 informal English (형식영어과 비형식영어) F16
fractions (분수) F17
frequencies (빈도) A90.5; F18
fronting (전치) F22

future (미래) F23

➡ G
gender (성) G2
genitives (속격) G4-G6
    restricting과 classifying (제한속격과 분류속격) N37.7
genitive-noun structure (속격-명사 구조) N37
gerunds (동명사) G7-G12
goodbye (작별) G19
good wishes (축복) G18
greetings (인사) G22

➡ H
hyphen (하이픈) P66

➡ I
imperative sentences (명령문) I11; M28.2; R17.1
    let's 명령문 I11.7
indefinite pronouns (부정대명사) I22-23
    simple (단순부정대명사) A44.1; I22; R13.7
    complex (복합부정대명사) A20.1; I23
    complex indefinite adverbs (복합부정부사) I23.5
infinitives (부정사) I30-I39
    negation of (부정사의 부정) I30.3
    split (분리부정사) I30.5
    base form (원형부정사) I30.4; I32
information structure (정보구조) I40
inversion (도치) I47-I49
    verb phrase (동사구 도치) I49
    auxiliary verb (조동사 도치) I48
invitations (초대) I50

➡ L
letters (편지) G19.4; L11

➡ M
manners (양태), means (수단), instruments (도구) M6
measurements (치수) A20.2; A89.13; M17
    marked and unmarked (유표형과 무표형) M17
modifiers and heads (수식어와 핵어) M25
money (화폐) M27
mood (법) M28
    imperative (명령법) M28.2
    indicative (직설법) M28.1
    subjunctive (가정법) M28.3
multipliers (배수) M31

➡ N
names와 titles (인명과 직함) N1-N3
negation (부정) A50; N9-N13
    transferred (전이된 부정) N12
non-assertive expressions (비단언적 표현) A55.6; N11.5; N24
nouns (명사) N27-N35
    abstract (추상명사) A51.5; N28.11; N29
    action (행위명사) G7.3
    complex (복합명사) N34
    concrete (구상명사) A51.4; N29
    countable and non-countable (가산명사와 불가산명사) A88.4,5; N28
    group (집합명사) A42.5,6; P54.5
    -ing형 명사 G7.3
    irregular (불규칙명사) N31
    plural form (복수형명사) N32
    proper (고유명사) A51.8
    regular (규칙명사) N30
    singular form (단수형명사) N33
noun phrases (명사구) N38-N41
    derived (파생명사구) D11
    factive (사실적 명사구) G7.3
noun-noun structure (명사-명사 구조) N36
numbers (수사) A19.6; N40.1; N43; N44
    cardinal (기수) N40.1; N43.1-7

decimal (소수) N43.9,11
fractions (분수) F17; N43.10
ordinal (서수) N40.1; N43.8

➡ O

object (목적어) O1
    clausal (절 목적어) O1.4; P13
    complex-transitive (복합타동사 목적어) P14
    direct (직접목적어) D15; O1.1
    indirect (간접목적어) I25; O1.3
    infinitival (부정사절 목적어) I34.4; O1.4
    prepositional (전치사의 목적어) O1.2
object complement (목적어보어) O2
operators (연산자) O17

➡ P

parentheses (괄호) P64
partitive structures (부분사 구조) P6
participles (분사) P2-P5
    -ing form and -ed form (-ing형과 -ed형 의 차이) P5
    past (과거분사) (-ed형) P2.3
    present (현재분사) (-ing형) P2.2
passive sentences (수동문) P7-P14
    passive verbs (수동형 동사) P7.2
    get-passive (get-수동문) G13.2; P7.3
past time (과거시간) P20
period (마침표) P57.1; P59; P61.6; P62.8
place (장소) P29
politeness (공손함) P30
prepositions (전치사) P35-P39
    complex (복합 전치사) P36.3,4
    ellipsis of (전치사의 생략) P38
    independent (독립전치사) P39.3
    participial (분사형 전치사) P36.2
    prepositional phrases (전치사구) N41.3
    preposition stranding (전치사 좌초) P40
    simple (단순 전치사) P36.1
predeterminers (한정사 선행어) H2; N39.2; P32-P34
progressive verbs (진행형 동사) A15; P50
pronouns (대명사) P51-P55
    interrogative (의문대명사) Q4.1
    relative (관계대명사) R12.1-8
    resumptive (재생 대명사) F22.2; R11.2; R15.7,8
    subject form and object form (주어형과 목적어형) P52
punctuations (구두법) P56-P66
purpose (목적) P67

➡ Q

quantifiers (양화사) A4-A6; N40.2; Q1
questions (의문) Q2-Q7
    alternative (선택의문문) Q4.9
    declarative (서술형의문문) Q3.6
    responsive (반응의문문) Q5
    rhetorical (수사의문문) Q6
    tag (부가의문문) Q7
    WH-의문문 Q4
    yes-no (가부의문문) Q3
question mark (의문부호) P57.2; P61.8
quotation marks (따옴표) D16.1; I26.1; P61

➡ R

reason and cause (이유와 원인) R4
reflexive pronouns (재귀대명사) R8
    reflexive and pronouns (재귀대명사와 대명사) R8.7,8
relative clauses (관계절) R12-R15
    infinitival (부정사 관계절) R15
    nominal (명사적 관계절) R14
    non-restrictive (비제한적 관계절) R13
    transferred (전이된 관계절) R15.4
requests (요청) R17
results (결과) R20

➡ **S**

semi-colon (세미콜론) P59; P63
sentences (문장) S9
    functions of (문장의 기능) S9.4
    kinds of (문장의 유형) S9.3
speech (화법) I26-I29
    direct (직접화법) D16; I26
    indirect (간접화법) I26-I29
spelling (철자) S29
    spelling and pronunciation (철자와 발음) S30
stress, rhythm, intonation (강세, 운율, 억양) S35
subjuncts (종속어) A23.6; A28; D20.3; E29; O15.1; S36
subjunctive mood (가정법) I4.1; M28.3; S37
substitution (대치) S38
suggestions (제안) R17.3

➡ **T**

tenses (시제)
    past perfective (과거완료) A15.2; P17
    past perfective pregressive (과거완료진행) A15.2; P18
    past progressive (과거진행) A15.2; P16
    present perfective (현재완료) A15.1; P45
    present perfective progressive (현재완료진행) A15.1; P46
    present progressive (현재진행) A15.1; P44
    simple past (단순과거) A15.2; I52.2; P15
    simple present (단순현재) A15.1; P43
time expressions (시간 표현) T14

➡ **V**

verbs (동사) V1-V8
    complex-transitive (복합타동사) V6
    cognition (인지동사) P8.4; P50.8; V2.2
    copular (연결동사) C52
    ditransitive (이중타동사) P12; V5
    dynamic (동적동사) V2
    ergative (능격동사) V3.1
    event (사건동사) V2.1
    finite/non-finite (정형/비정형동사) V1; F10
    irregular (불규칙동사) V8
    light (경동사) V7
    middle (중간동사) V3.1
    perception (지각동사) I32.2; P23; P24; V2.2
    phrasal (구동사) P27
    prepositional (전치사적 동사) P11; P41
    prepositional phrasal (전치사적 구동사) P27.5
    process (과정동사) V2.1
    relation/state (관계/상태동사) V2.2
    simple transitive (단순타동사) V4
    stative (정적동사) V2

➡ **Z**

zero/naught (영) Z1

주 제 (한글)

➡ ㄱ

가정법 I4.1; M28.3; S37
감탄문 E37
감탄부호 P57.3; P61.8
강세, 운율, 억양 S35
강조 E21
격 C9
결과 R20
계산 A43.5; N43.15,16
공손함 P30
과거시간 P20
관계절 R12-R15
 명사적 관계절 R14
 비제한적 관계절 R13
 부정사 관계절 R15
 전이된 관계절 R15.4
관사 A88-A92
 부정관사 A1; A88.3; A90
 영의 관사 A91
 영의 관사와 any/some A91.9
 정관사 A88.2; A89
 정관사와 고유명사 A92
 정관사와 약자 A3.4
괄호 P64
구두법 P56-P66
국적과 국가 A44.6; N4
근사치 A8.3; N43.17
기간 D30

➡ ㄴ

나이 A38
날짜 D2; N43.13
능동형 동사 A15

➡ ㄷ

따옴표 D16.1; I26.1; P61
대명사 P51-P55
 관계대명사 R12.1-8
 의문대명사 Q4.1
 재생 대명사 F22.2; R11.2; R15.7,8
 주어형과 목적어형 P52
대쉬 P63
대조 C48
대치 S38
도치 I47-I49
 동사구 도치 I49
 조동사 도치 I48
동격 A81
동명사 G7-G12
동사 V1-V8
 경동사 V7
 과정동사 V2.1
 관계/상태동사 V2.2
 구동사 P27
 능격동사 V3.1
 단순타동사 V4
 동적동사 V2
 복합타동사 V6
 불규칙동사 V8
 사건동사 V2.1
 연결동사 C52
 이중타동사 P12; V5
 인지동사 P8.4; P50.8; V2.2
 전치사적 구동사 P27.5
 전치사적 동사 P11; P41
 정적동사 V2
 정형/비정형동사 V1; F10
 중간동사 V3.1
 지각동사 I32.2; P23; P24; V2.2
동명사 G7-G12
동의 A40

➡ ㅁ

마침표 P57.1; P59; P61.6; P62.8
명령문 I11; M28.2; R17.1
    let's 명령문 I11.7
명사 N27-N35
    가산명사와 불가산명사 A88.4,5; N28
    고유명사 A51.8
    구상명사 A51.4; N29
    규칙명사 N30
    단수형명사 N33
    복수형명사 N32
    복합명사 N34
    불규칙명사 N31
    집합명사 A42.5,6; P54.5
    추상명사 A51.5; N28.11; N29
    행위명사 G7.3
    -ing형 명사 G7.3
명사구 N38-N41
    사실적 명사구 G7.3
    파생명사구 D11
명사-명사 구조 N36
목적 P67
목적어 O1
    간접목적어 I25; O1.3
    복합타동사 목적어 P14
    부정사절 목적어 I34.4; O1.4
    전치사의 목적어 O1.2
    절 목적어 O1.4; P13
    직접목적어 D15; O1.1
목적어보어 O2
문장 S9
    문장의 기능 S9.4
    문장의 유형 S9.3
미국영어와 영국영어 A65-A68
    문법 A65
    발음 A68
    어휘 A66
    철자 A67
미래 F23

➡ ㅂ

배수 M31
법 M28
    가정법 M28.3
    명령법 M28.2
    직설법 M28.1
보강 R11
보어 C35.1
    목적어보어 A20.2
    주어보어 A20.1; I34.2
보충어 C35.2
부가어 A23
    공간 부가어 A23.3
    목적어지향 부가어 V6.9
    방식 부가어 A23.6
    수단, 도구, 행위자 부가어 A23.5
    시간 부가어 A23.2
    양태 부가어 A23.4
    이유 부가어 A23.7
    주어지향 부가어 V3.2
부분사 구조 P6
부사 A26-A28; C39; D20; S36
    관계부사 R12.9-13
    부사와 형용사 A29
    부사의 위치 A28.2
    부정부사 I48.5; N11,2
    의문부사 Q4.2
부사구 A26-28; C39; D20
부연어 A28.1; D20
부정 A50; N9-N13
    전이된 부정 N12
부정대명사
    단순부정대명사 A44.1; I22; R13.7
    복합부정대명사 A20.1; I23
    복합부정부사 I23.5
부정사 I30-I39
    부정사의 부정 I30.3
    분리부정사 I30.5
    원형부정사 I30.4; I32
분사 P2-P5

과거분사 (-ed형) P2.3
현재분사 (-ing형) P2.2
-ing형과 -ed형의 차이 P5
분수 F17
분열문 C19; N13.2
　유사 분열문 C19.3; I34.2
비교급과 최상급 C28-C33
　비교급과 최상급 수식어 A5.7; C33
비단언적 표현 A55.6; N11.5; N24
빈도 A90.5; F18

➡ ㅅ

사과 A80
사역구문 C10
상 P50.3
　완료상 P17; P18; P45; P46
　진행상 P16; P18; P44; P46
생략 E13-E19
성 G2
세미콜론 P59; P63
속격 G4-G6
　제한속격과 분리속격 N37.7
속격-명사 구조 N37
수동문 P7-P14
　수동형 동사 P7.2
　get 수동문 G13.2; P7.3
수사 A19.6; N40.1; N43; N44
　기수 N40.1; N43.1-7
　분수 F17; N43.10
　서수 N40.1; N43.8
　소수 N43.9,11
수식어와 핵어 M25
쉼표 A81.1; A104.1; C39.2; C51; D2.3; L11.1; N43.5,9; P58; P59.3; P61.6; P62.5,7
시간 표현 T14
시제
　과거완료 A15.2; P17
　과거완료진행 A15.2; P18
　과거진행 A15.2; P16
　단순과거 A15.2; I52.2; P15
　단순현재 A15.1; P43
　현재완료 A15.1; P45
　현재완료진행 A15.1; P46
　현재진행 A15.1; P44

➡ ㅇ

아포스트로피 P60
약자 A3
　두문자 약자 A3.2
　두문자어 A3.3
　약자와 마침표 A3.1; P57.1
　약자와 정관사 A3.4
양태, 수단, 도구 M6
양화사 A4-A6; N40.2; Q1
연산자 O17
영 Z1
요청 R17
외치 E42
의문문 Q2-Q7
　가부의문문 Q3
　반응의문문 Q5
　부가의문문 Q7
　서술형의문문 Q3.6
　선택의문문 Q4.9
　수사의문문 Q6
　WH-의문문 Q4
의문부호 P57.2; P61.8
이유와 원인 R4
인명과 직함 N1-N3
인사 G22
일치 A41-A44

➡ ㅈ

작별 G19
장소 P29
재귀대명사 R8
　재귀대명사와 대명사 R8.7,8
전치 F22

전치사 P35-P39
　　단순 전치사 P36.1
　　독립전치사 P39.3
　　복합 전치사 P36.3,4
　　분사형 전치사 P36.2
　　전치사구 N41.3
　　전치사 좌초 P40
　　전치사의 생략 P38
절　C18
　　동격절 C18.3
　　명사절 C18.3; T5
　　무동사절 C18.1; V9
　　부사절 C18.3
　　비교절 C18.3
　　비정형절 N41.2
　　절대절 P4.6
　　주절과 종속절 C18.2
　　정형절과 비정형절 C18.1
　　형용사절 C18.3; T5.1
　　that-절 T5-T8
접속사 C40
　　등위접속사 A43; C51
　　상관접속사 C54
　　접속사와 생략 C40.3
　　종속접속사 C40.2
접속어 A28.1; C39; S36
정도어 D4-D8
정보구조 I40
제안 R17.3
조건절 (if-절) I2-I5
조동사 A117
　　기본조동사 A117.3
　　준조동사 A117.5; P8.6
　　양상조동사 M21-M24
종속어 A23.6; A28; D20.3; E29; O15.1; S36
지시사 D9
진행형 동사 A15; P50

➡ ㅊ
철자 S29

철자와 발음 S30
초대 I50
축복 G18
축약 C46
　　부정소 축약 C46.5
　　조동사 축약 C46.1
축하 C38
충고 A31
치수 A20.2; A89.13; M17
　　유표형과 무표형 M17

➡ ㅋ
콜론 L11.2; P61.7; P62; P63

➡ ㅍ
파생명사구 D11
편지 G19.4; L11

➡ ㅎ
하이픈 P66
한정사 D13; N39.1
한정사 선행어 H2; N39.2; P32-P34
합성어 P66
행위명사 G14; H7.2
행위자 P9
형식영어과 비형식영어 F16
형용사 A18-A22
　　기술형용사 A19.3
　　분류형용사 A19.4; C29.2
　　제한형용사 A19.1; C29.1
　　평가형용사 A19.2
　　형용사와 전치사 A21.3
　　형용사의 보충어 A21.5-8
　　형용사의 서술적 기능 A21
　　형용사의 한정적 기능 A19
　　a-접두어를 가진 형용사 A19.8
　　-ed형 형용사와 전치사 A21.4
　　-ed형 형용사의 발음 A21.4
　　-e(r)n 어미를 가진 형용사 A19.7

-ing형 형용사 A21.7
-sh와 -ch어미 국가명 형용사 A22.4
the +형용사 A22.1,3,5,6
화법 I26-I29

간접화법 I26-I29
직접화법 D16; I26
화폐 M27